DIGITALE VERSION

Holen Sie sich jetzt den digitalen Guide mit Ihrem Zugangscode!

Und so einfach geht es:

1. Code freirubbeln.
2. QR-Code scannen oder über www.gaultmillau.de/registrieren anmelden oder App downloaden.
3. Code eingeben und die besten Gault&Millau-Adressen finden!*

Viel Spaß beim Entdecken!

231D E8MX

WG2023-005998

* Einlösbar bis zum 31.12.2023 (Kostenloser Zugang gültig für 12 Monate)

Gault&Millau

WEINGUIDE DEUTSCHLAND

WEIN GUIDE DEUTSCHLAND 2023

800 Weingüter beschrieben und bewertet, 8.000 ausgesuchte und bewertete Weine, 250 besondere Weinempfehlungen und 50 ausgewählte Schaumweine und Champagner.

LIEBE LESERINNEN UND LESER, LIEBE GENUSSMENSCHEN!

Dr. Hannah Fink-Eder

Dreißig Jahre gibt es den Gault&Millau Weinguide in Deutschland und seit diesem Jahr liegt er in den Händen des Verlages Henris Edition. Der Weinguide hat sich in diesen Jahren als Quelle seriöser Weinbewertung etabliert. Mit dieser Tradition im Rücken gibt es für uns Verantwortliche eine zwingende Aufgabe: die Qualität zu halten und Innovationen zu liefern. Genau dieser Rezeptur folgt der Guide 2023.

Fangen wir mit einer simplen Frage an: Wie spricht man am besten über deutschen Wein? Bei der Vielfalt an Anbaugebieten, Lagen, Rebsorten und Qualitäten halten wir uns im Rahmen eines Ordnungssystems ganz pragmatisch an das ABC und **beginnen mit der Ahr und enden mit Württemberg.** Dazwischen liegen viele gute Flaschen Wein, großartige Landschaften und beeindruckende Winzerpersönlichkeiten.

Sprechen wir über Innovation: Ganz im Sinne unseres neuen Empfehlungsservices **„Fill the Fridge“** für großartige Wert-Genuss-Verhältnisse können Sie diesen Guide auch dafür nutzen, Ihren Kühlschrank zu füllen. Dem Thema **Lagerfähigkeit** widmen wir mit dieser Ausgabe und in Zukunft ebenfalls unser besonderes Augenmerk. Das Label **Trinkreife** ist deshalb eine weitere Neuerung in diesem Guide.

Zeitgemäß zu publizieren, bedeutet auch digital zu sein – deshalb sind alle aktuellen Verkostungsergebnisse, Themen, Porträts, Empfehlungen und viele zusätzliche Projekte für Sie ab jetzt mit Ihrem **persönlichen Zugangscode** in diesem Buch (haben Sie ihn schon freigerubbelt?) über **unsere digitalen Medien** abrufbar. Lassen Sie sich von unserer Homepage, der

Gault&Millau-App, unserem Newsletter (haben Sie ihn schon abonniert?) oder auf Instagram inspirieren. Die **Digitalisierung** unserer Genusswelten liegt mir ganz besonders am Herzen. Auf diese Art können wir unglaublich viele Daten zur Verfügung stellen und aktuell, saisonal und persönlich kommunizieren. Ich würde mich sehr freuen, wenn Sie uns auch auf diesem Weg folgen möchten.

Noch ein weiteres **Herzensprojekt** möchte ich Ihnen vorstellen: Auf Basis des Wissensschatzes von Otto Geisel, öffentlich bestelltem und vereidigtem Sachverständigen für Weinbewertung, haben wir ein **Foodpairing-Service** in unsere App integriert. Der Auftrag an unsere Entwickler- und Expertenteams hatte eine zwingende Grundlage: Emotionen und subjektive Eindrücke sind genauso zu berücksichtigen wie wissenschaftliche Faktoren der physikalisch-chemischen Sensoren unserer Geschmacks- und Geruchszellen. Das Gehirn macht daraus ein symbiotisches Erlebnis. Unsere Foodpairing-Idee zielt also auf eine ausgeglichene Kombination ab, mit der wir Ihnen einen Leitfaden an die Hand geben, exzellente Kompositionen aus Speise und Wein zu erleben: Wir schlagen konkrete Weine zu Speisen vor – Weine, die alle von uns verkostet und bewertet wurden und somit eine perfekte Empfehlung sind.

Nun wünsche ich Ihnen sehr viel Freude bei der Lektüre unseres Guides. Arbeiten Sie mit diesen Informationen und gehen Sie auf **Reisen in die Anbaugebiete** und zu den Winzerinnen und Winzern.

Herzlich, Ihre

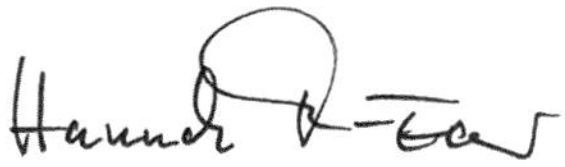

Hannah Fink-Eder
Verlegerin

LIEBE LESERIN, LIEBER LESER,

Otto Geisel

gleich zwei richtungsweisende Neuerungen präsentieren wir Ihnen zum 30-jährigen Jubiläum dieses Guides. Doch zuerst sei an dieser Stelle den vielen Verkosterinnen und Verkostern der Vergangenheit mit Joel Payne, Armin Diel und Britta Wiegelmann an der Spitze sowie Ursula Haslauer von Herzen gedankt, dass hier über drei Jahrzehnte ein so umfangreiches wie inhaltsschweres Werk entstanden ist, das unbestritten als das Leitmedium in der deutschen Weinszene gilt.

Gault&Millau goes international

Mit großem Stolz und ebenso großer Freude haben wir das schöne Südtirol als erste außerhalb Deutschlands liegende Weinbauregion in unser Buch geholt, und zwar mit Fug und Recht, denn unser Münchener Verlag Henris Edition ist auch Inhaber der Gault&Millau-Lizenzrechte für Italien. Mit dem ersten Freundschaftsspiel zwischen deutschen Spitzen-Sekten und Champagner-Preziosen feiern wir darüber hinaus die französische Herkunft unseres Guides und verbinden somit Verkostungsergebnisse unserer Kolleginnen und Kollegen von Gault&Millau France mit denen unseres deutschen Verkosterteams. Dies tun wir zum einen zur Freude unserer Leserinnen und Leser, deren Interesse schon längst auf internationale Vergleiche zielt, und zum anderen, um Zeugnis abzulegen, wie sehr uns die Renaissance der deutschen Schaumwein-Kultur in den letzten Jahren beeindruckt hat. Eine Entwicklung, die auch darauf zurückzuführen ist, dass Deutschland heute mit seiner enormen gastronomischen Vielfalt sowie mit herausragenden Weinhandlungen und Weinbars einer der größten wie interessantesten Märkte für Spitzenerzeugnisse aus der gesamten Weinwelt ist.

„Retour à la nature!“ ist ein dem Genfer Philosophen und Politikstrategen Jean-Jacques Rousseau (1712–1788) zugeschriebenes Zitat. Ob das so richtig ist oder nicht, spielt für die Kraft dieser Aussage gar keine wesentliche Rolle. Sicher aber ist, dass diese Erkenntnis nun schon seit gut zehn Generationen bekannt sein dürfte: Fast zeitgleich wurde 1713 in Deutschland erstmals der Begriff der Nachhaltigkeit in der Forstwirtschaft durch Hans Carl von Carlowitz definiert, nach dem „nicht mehr verbraucht werden darf, als jeweils nachwachsen kann“.

Es braucht keine sonderlich kritische Betrachtung, um zu erkennen, dass es uns noch nicht gelungen ist, konsequent nach dieser Definition zu leben, geschweige denn zu wirtschaften. Zum Glück sind aber die Zeiten passé, in denen Umweltsünden noch als Kavaliersdelikt galten. Noch bis vor 30 Jahren wurden beispielsweise Eisenbahn-Wagonladungen Pariser Hausmüll in den Weinbergen der Champagne entsorgt. Man hatte die Weinbauern glauben gemacht, dass sich das Großstadt-Bürgertum hauptsächlich von Austern ernähre und deren Schalen wiederum gut für die Reben seien. Heute, eine Generation später, hat sich ein großer, länderübergreifender, gesellschaftlicher Konsens mit Respekt vor der Natur gebildet, der sich in unterschiedlichster Art und Weise in der Land- und in der Weinwirtschaft widerspiegelt.

Unterschiedlich sind dabei die Ansätze auch außerhalb der Weinanbau-Methoden. Ein großer Hebel zur CO_2-Ausstoß-Verringerung liegt etwa bei einem deutlich reduzierten Gewicht der Weinflaschen. Fernab von jedweder Ideologie ist es heute allen Weingärtnerinnen und Weingärtnern ein Anliegen, ihren wichtigen Beitrag für eine freundliche Zukunft im Einklang mit der Natur zu leisten und damit aus der Weinwirtschaft die Leitkultur in der (Land-)Wirtschaft zu machen.

Mit diesen Gedanken wünsche ich Ihnen eine gute Lektüre unseres Weinguides 2023, in genussvoller Verbundenheit,

Ihr

Otto Geisel
Leiter des Expertenrats und Verkosterteams

LIEBE WEINFREUNDINNEN UND WEINFREUNDE, VEREHRTE LESERINNEN UND LESER,

Allan Sichel

Sie halten dieses wunderbare Werk, den **Gault&Millau Weinguide 2023** in Händen, der ideale Lotse, um Sie durch die immer vielschichtiger werdende Weinwelt Deutschlands zu geleiten: von der Ahr bis nach Württemberg, vom Riesling bis zum Pinot Noir, vom guten Tropfen für jeden Tag bis zum Großen Gewächs.

Dass Sie dieses Buch anzieht und fasziniert, freut mich in meinen beiden Funktionen, als Bordelaiser Négociant und als Präsident des Conseil Interprofessionnel du Vin de Bordeaux. Denn es zeigt Ihre Verbundenheit und Ihre Wissbegier in Sachen Wein. Wein und das Wissen um ihn können eine große Bereicherung im Leben sein: **Wein ist Geschichte, Kultur, Lebensart, Freundschaft, Teilen** sowie glückliche Momente zugleich. Der Gault&Millau Weinguide 2023 wird Ihnen helfen, neue Glanzstücke zu entdecken, die Sie genussvoll verkosten können.

In Deutschland wie in Bordeaux stehen die Winzerinnen und Winzer derzeit vor **großen Herausforderungen** wie Ökologie, Klima, sozialen Anforderungen und Veränderungen im Konsumverhalten. Diese Frauen und Männer gehen voran, passen sich an und stellen sich den Herausforderungen dank ihrer Überzeugungen, ihrer Leidenschaft, ihrer Begeisterungsfähigkeit und ihrer Arbeit. Gemeinsam und individuell experimentieren sie, führen Innovationen ein.

Sie begegnen dem Weinberg, dem Weinkeller und den Kundenbeziehungen mit großer Vitalität und Kreativität. Das Ziel dieser engagierten Frauen und Männer: qualitativ hochwertige, moderne und elegante Weine zu produzieren, die Mensch und Natur gleichermaßen respektieren.

Auch als Weinländer haben Deutschland und Bordeaux zahlreiche Gemeinsamkeiten: eine vom Wein geprägte Identität und Geschichte; vom Weinbau geformte Landschaften; ein **unbestreitbares Know-how**, das ständig durch bahnbrechende und innovative Winzerinnen und Winzer bereichert wird; eine inspirierende und mutige neue Generation; aber auch wissenschaftliche Kompetenzzentren wie Geisenheim und das ISVV Bordeaux, die Wegbereiter für die Zukunft sind.

Die Weinbaugebiete in Deutschland und Bordeaux sind weltberühmt: Deutschland ist eine Referenz für Weißweine, Bordeaux ist für seine Rotwein-Assemblage bekannt. Doch jedes der beiden Weinbauländer bietet weit mehr als das. Die deutschen Rotweine verdienen echte Aufmerksamkeit und die Qualität der trockenen Weißweine aus Bordeaux wird weithin gelobt. Darüber hinaus haben deutsche Winzersekte und unsere Crémants de Bordeaux ein ebenso großes Publikum erobert wie die edelsüßen Weißweine beider Länder.

Allan Sichel

Egal ob Sie Kenner oder Neuling sind, ob Sie Weine für jeden Tag oder lagerfähige Grands Vins für besondere Anlässe suchen, ob Sie unerwartete Weinstile oder neu interpretierte Klassiker suchen: Diese **großartige Auswahl an Weinen** wird Sie verführen und überraschen. Blättern Sie diesen Führer mit Vergnügen durch, möge er Sie zu neuen Entdeckungen inspirieren.

Ich wünsche Ihnen nun viel Freude bei Ihrer Reise durch die deutsche Weinwelt. Natürlich freuen auch wir uns über Besuche aus Deutschland: Lassen Sie uns die deutsch-französische Nachbarschaft, Freundschaft und Weinleidenschaft mit Leben erfüllen!

Santé. Auf Ihr Wohl!

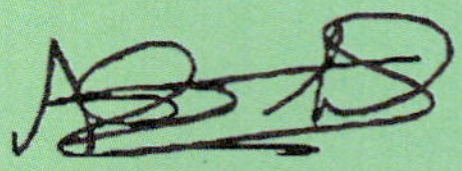

Allan Sichel
Präsident
Conseil Interprofessionnel du Vin de Bordeaux

IN HALTS VER ZEICH NIS

LEGENDE

Ihr Wegweiser durch den Gault&Millau Weinguide

ICONS

Inhaber:in

Betriebsleiter:in

Kellermeister:in

trinkreif

Weißwein

Rotwein

Sekt

Rosé

Orange Wine

Süßwein

Hall of Fame

Mitglied der
Gault&Millau Hall of Fame
Höchstbewertung
Weltspitze

€	< 50 EUR
€€	50–100 EUR
€€€	> 100 EUR

KLASSIFIZIERUNG

WEINGÜTER

Weltspitze

nationale Spitze

beeindruckend

sehr empfehlenswert

empfehlenswert

WEINE

Weltspitze

nationale Spitze

beeindruckend

sehr empfehlenswert

empfehlenswert

Rotes Symbol herausragend in seiner Kategorie

TRINK REIFE

Neue Kategorie

Erstmals führen wir in diesem Jahr eine neue Kategorie ein: die Trinkreife. Gault&Millau unterstützt dabei die herausragende Arbeit vieler Winzerinnen und Winzer, denen es schon lange eine Herzensangelegenheit ist, genussvoll deutlich zu machen, dass sich das Aromenspektrum ihrer Gewächse erst nach einer gewissen Reifezeit voll entfaltet.

Mit dieser Kategorie möchten wir **eine Frage beantworten**, die uns mit am häufigsten gestellt wird: Wann ist die Zeit gekommen, einen Wein zu öffnen, mit der Idee, ihn zum bestmöglichen Zeitpunkt zu genießen?

Rund 800 Weine sind im vorliegenden Guide zu diesem Thema von unseren Expertinnen und Experten empfohlen. Es sind Weine, die ihrer Meinung nach nun dem optimalen Reifepunkt entgegensteuern. **Für Sie bedeutet das:** Wenn Sie noch nicht im Besitz dieser Weine sein sollten, wäre es klug, diese Flaschen in den kommenden Wochen oder Monaten zu erstehen, denn bald werden diese Preziosen vollends vergriffen sein. Selbstverständlich können Sie auch die eine oder andere Flasche davon jetzt schon öffnen und genießen, denn zum ganz großen Weingenuss gehört auch das vorsichtige **Herantasten und Erleben**, wie ein solches Kulturgut meist über Jahrzehnte einen vielschichtigen Spannungsbogen aufbaut. Genießen Sie die herausragenden Qualitäten der teilweise mehrere Jahrzehnte alten (trockenen wie restsüßen) Rieslinge oder Spätburgunder aus Deutschland.

Und weil jeder dieser wunderbar gereiften Weine die absolute Perfektion beim Öffnen verdient, hat unser **Partner Forge de Laguiole** in Zusammenarbeit mit professionellen Sommeliers ein Sommelier-Messer kreiert, mit dem Sie Ihre Flasche Wein nicht einfach nur öffnen, sondern zelebrieren können: die perfekte **Symbiose aus Ergonomie, Eleganz und Effizienz.**

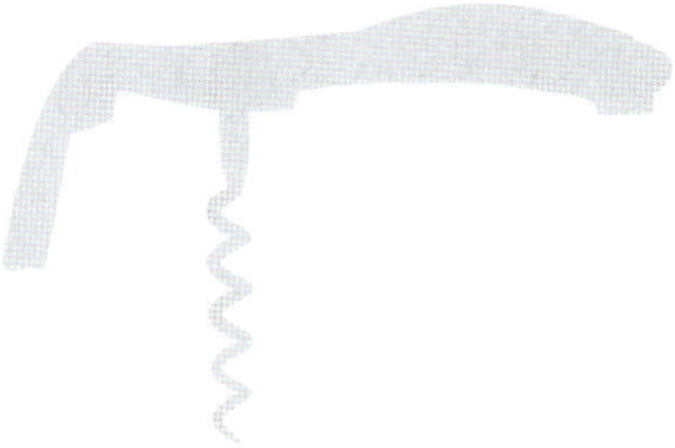

OFFIZIELLER PARTNER | FORGE DE LAGUIOLE

MISSION STATEMENT

Die Gault&Millau Weinguides laden ihre Leser auf **eine Entdeckungsreise zu den Weinen Deutschlands und ihren Erzeugern** ein. Wir tun dies aus der tiefen Überzeugung heraus, dass sich die großartigen Weine dieses Landes mit allen Weinen der Welt messen können und dass Weintrinken ein Erlebnis für alle ist und nicht nur Experten vorbehalten bleiben darf.

Wein ist eines der ältesten Kulturgüter unserer Zivilisation, insofern sollten wir uns alle auch daran erfreuen.

Was macht Gault&Millau **anders:**

1. Gault&Millau verkostet ausschließlich blind.
2. Gault&Millau verkostet in Panels mit vier bis sechs Verkosterinnen und Verkostern.
3. Gault&Millau verkostet in vergleichbaren Klassen – Qualitätsstufen, Rebsorten, Ausbauarten und Jahrgängen.
4. Die Gault&Millau Verkosterteams bestehen aus ausgewiesenen Expertinnen und Experten der deutschen Weinszene.
5. Gault&Millau sucht sich für die Verkostung der Weinguides Unterstützung aus der regionalen Weinszene, um der Typizität der Region eine starke Stimme zu geben.
6. Gault&Millau beschreibt die Weine sachlich und durchaus auch in einer emotionalen Sprache, die Neugierde weckt und verständlich ist.
7. Gault&Millau will das Erlebnis Wein durch das Herausstellen regionaler Spezialitäten stärken und zu Besuchen in den Weinbaugebieten und bei den Winzerinnen und Winzern einladen.

HOME OF
CONSUMER GOODS
ambiente
the show
3.–7. 2. 2023
FRANKFURT / MAIN
DINING
is served
Weltweit vorn wenn es um Tisch, Küche und Haushalt geht: Hier werden die Neuheiten präsentiert, Trends greifbar und Metathemen spürbar. Die Ambiente ist der globale Treffpunkt für Dining und HoReCa.
Entdecken Sie die Ambiente der Zukunft:
ambiente.messefrankfurt.com
messe frankfurt

DIE GAULT&MILLAU METHODE

Gault&Millau verkostet seit 2020 ausschließlich „blind" – das bedeutet, dass aus verhüllten Flaschen ausgeschenkt wird. Die Verkoster-Panels bestehen in der Regel aus vier bis sechs Profis aus dem Gault&Millau-Testerteam. Die Verkostungen für den vorliegenden Weinguide wurden mit unseren bewährten Verkosterinnen und Verkostern durchgeführt. Außerdem laden wir regelmäßig **Gäste** zu unseren Verkostungen ein: Das sind Winzerinnen und Winzer, Gastronominnen und Gastronomen und andere Weinexpertinnen und -experten, die mit ihrem Wissen und Ihrer Erfahrung unsere Teams ideal ergänzen. **Geleitet und strukturiert** werden die Verkostungen von Dr. Hannah-Fink Eder und Otto Geisel.

Jedes Jahr vertrauen uns viele hundert Weingüter ihre Weine für die entsprechenden Verkostungen und Bewertungen an. Für diese **verantwortungsvolle Aufgabe** haben wir ein ausgezeichnetes Team zusammengestellt und sind stolz darauf, mit diesen Weinexpertinnen und -experten zusammenarbeiten zu dürfen: Sie alle vereint eine absolute Faszination für das Thema Wein, enorm **viel Wissen und Hingabe**. Glas für Glas widmen sie sich mit allen Sinnen dem jeweiligen Wein, verkosten, diskutieren und bewerten. Gerne stellen wir sie Ihnen auf den folgenden Seiten persönlich vor!

Neben dem Wein und den Menschen, die ihn verkosten, sind natürlich die Gläser ganz entscheidend für die Qualität der präzisen Bewertung und Einordnung. Wir verkosten in **SIMPLIFY – mundgeblasenen Kristallgläsern von ZWIESEL Glas**.

Verkostet wurde in „Fruchtig & Fein Simplify" Zwiesel-Gläsern.

Danke an unsere Gäste:
Gert Aldinger (Fellbach), Andreas Braun (Stuttgart), Michael Braun (Beckstein), Claus Burmeister (Östringen-Tiefenbach), Philipp Corvers (Oestrich-Winkel), Christian Danner (Offenburg), Hartmann Dippon (Beilstein), Markus Drautz (Heilbronn), Jürgen Ellwanger (Winterbach), Stephan Filippi (Bozen), Lars Grebe (Eltville,) Elisa Gufler (Meran), Franz Haas jr. (Montan), Matthias Hahn (München), Thomas Hertlein (München), Marcus Johst (Potsdam), Hansjörg Jung (Sindelfingen), Elmar Hofer (St. Kassian), Günther Kerschbaumer (Neustift), Daniel Kiowski (Bernkastel-Kues), Wolfgang Köhler (Heilbronn), Gerhard Kofler (Girlan), Rudi Kofler (Terlan), Kilian Krauth (Heilbronn), Kathrin Larcher (Bozen), Martin Lemayr (Schreckbichl), Ulrich Mell (Deidesheim), Georg Prinz zur Lippe (Zadel über Meissen), Michaela Nübling (Ravensburg), Egon Perathoner (Gröden), Kathi Pramstrahler (Völs am Schlern), Othmar Raich (Tscherms), Niko Rechenberg (Berlin), Stephan Rohregger (Kurtatsch), Marika Rossi (Wolkenstein), Rainer Schnaitmann (Fellbach), Albrecht Schwegler (Korb), Josef Seebacher (Siebeneich), André Senoner (Bozen), Tobias Single (Fellbach), Christian Stahl (Auernhofen), Willi Stürz (Tramin), Wolfgang Tratter (St.Pauls), Ulli Ungerer (Tramin), Judith Unterholzner (Völs am Schlern), Michaela Untersulzner (Girlan), Barbara Wanner (Karlsruhe), Martin Waßmer (Bad Krozingen), Hanno Zilliken (Saarburg), Helmuth Zozin (Kaltern)

Danke auch an unsere Service-Teams in Deutschland und Südtirol:
Elvis Costa, Emanuela DaPra, Carlo di Gioia, Laura Endres, Maximilian Fröhlich, Viviane Ganesch, Jochen Heussner, Susanne Lehmann, Andreas Meraner, Max Morlacchi, Verena Rauch, Jürgen Roos, Benedikt Sauer, Johannes Sauer, Michael Sauer, Emelie Schmitt & Raphael Weingärtner.

VER KOSTER INNEN

Eva Adler, Sommelière und Weinhändlerin
Nach einem kurzen Ausflug in die Welt der Betriebswirtschaft folgte Eva Adler ihrer Leidenschaft für den Wein und absolvierte nach der Ausbildung bei einem Wein-Großhandel die Weiterbildung zur Sommelière bei der IHK München. Inzwischen ist sie ebenfalls Studentin der Kulturwissenschaften. „Die Arbeit bei Gault&Millau begeistert mich: Neues entdecken, den eigenen Weinhorizont erweitern, sich hinterfragen. Ganz besonders bereichernd: die Zusammenarbeit mit unserem tollen Team!"

Marie Christin Baunach, freiberufliche Sommelière
Sie ist in Würzburg geboren und mit dem fränkischen Weinbau aufgewachsen. Nach dem Abitur 2010 folgte eine Lehre als Hotelfachfrau im Colombi Hotel in Freiburg, danach Stationen auf der Sea Cloud II, St. Moritz, Ascona, Zermatt. Mit nur 25 Jahren war sie Restaurantleiterin in einem Gourmet Restaurant in Würzburg. Zuletzt war sie als Chefsommelière im Restaurant Überfahrt an der Seite von Christian Jürgens tätig. „Im Verkostersteam von Gault&Millau mitwirken zu dürfen, ist ein riesiges Geschenk für mich. Selten zuvor konnte ich so viele Weine degustieren, wo der Wein für sich alleine steht. Im täglichen Geschäft als Sommelière im Restaurant haben oft die Gerichte des Kochs sowie die Gästewünsche Priorität."

Jochen Benz, Sommelier JAN, München
Der in Laichingen in Baden-Württemberg geborene Jochen Benz ist ein mehrfach ausgezeichneter deutscher Sommelier. Einige seiner prägenden Stationen waren Schloss Elmau, das Restaurant Überfahrt am Tegernsee, das Hotel Victoria in Bad Mergentheim, das Wald & Schlosshotel Friedrichsruhe und Geisels Werneckhof in München. Von 2017 bis 2021 war er Sommelier im Restaurant Atelier im Bayerischen Hof München. Jetzt arbeitet er Seite an Seite mit Jan Hartwig im JAN. „Es gibt Weingüter, die einen schon lange begleiten, dann entdeckt man sie plötzlich neu und es gibt diesen Wow-Effekt. Mit den Blindverkostungen bei Gault&Millau ist das immer wieder ein Erlebnis."

Thorsten Firlus, Redakteur Handelsblatt
Der Spross einer Gastronomenfamilie schlug einen anderen Berufsweg ein: Als Herausgeber von zwei Kneipenführern und Redakteur für Lifestyle bei der WirtschaftsWoche landete er 1999 dann doch beim Thema Wein. Mit Artikeln und Reportagen über Winzer und Genießer lernte Firlus die Bandbreite von Einstiegsweinen bis zu Raritäten kennen. „In meiner Tätigkeit für den Gault&Millau-Weinguide lege ich Wert darauf, den Charakter des Weins in klarer und unterhaltsamer Sprache herauszuarbeiten."

Lukas Gerges, Restaurant Manager & Wine Director, Restaurant St. Hubertus, Südtirol
Aufgewachsen in einem kleinen Gasthof mit Bäckerei in Osttirol, wurde ihm seine Begeisterung für das Gastgewerbe sprichwörtlich in die Wiege gelegt. „Für mich ist Wein wie für andere ein Buch! Jeder Wein hat seine Geschichte und dahinter steckt viel Arbeit und Herzblut. Unsere Arbeit ist es, diese an andere weiterzugeben. Der Gault&Millau hat mit dem Weinguide eine perfekte Plattform geschaffen, um dies zu tun. Für mich ist es eine Ehre, bei diesen Verkostungen dabei sein zu dürfen."

Nina Geschka, Gastgeberin & Sommelière, Restaurant Schwarzreiter, München

Sie hat ihr Hobby zum Beruf gemacht: Ihre große Leidenschaft ist es, Gäste für neue Weine und Aromenkompositionen zu begeistern. Nina Geschka hat die Ausbildung zum WSET Diploma of Wines and Spirits in Geisenheim absolviert und ist auch privat immer interessiert daran, Neues aus der Weinwelt zu entdecken. „Ich verkoste so gerne für den Gault&Millau-Weinguide, da ich den Ansatz toll finde, möglichst viele Menschen für Wein zu begeistern. Das gelingt durch eine positive und motivierende Ansprache besser, als mit „technischen" Verkostungsnotizen."

Thomas Hausmann, Gasthaus & Weinlager zum Fischmeister, Ambach am Starnberger See

35 Jahre Gastronomie in und um München haben eine große Leidenschaft für Wein, insbesondere für Riesling und deutsche Spätburgunder, entstehen lassen. Weniger bekannte Weinbauregionen Europas und deren Weine erwecken allerdings auch das Interesse des Gastronoms. „Wir verkosten für unser Weinlager sehr viel und es findet ein reger Austausch mit Kolleginnen und Kollegen statt. In diesem Rahmen ergaben sich im Laufe der Jahre immer mehr Möglichkeiten, auch an professionellen Verkostungen teilzunehmen. Ein Teil des Gault&Millau-Teams zu sein, ist eine echte Bereicherung."

Astrid Löwenberg, Leiterin des Ressorts Sommellerie und Ernährung an der IHK Akademie München und Oberbayern

Vom linken Ufer der Saar aufs rechte Ufer der Isar. Dazwischen liegen eine gastronomische Ausbildung im Schwarzwald, eigene berufliche Schritte in Toulouse und Paris sowie unzählige Reisen in die schönsten Weingärten der Welt. Ihr Schwerpunkt sind allerdings die Weine aus deutschen Anbaugebieten. Davon hat Astrid Löwenberg schon unzählige Sommeliers begeistert. „Seit vielen Jahren bin ich mit Freude und großem Engagement im Gault&Millau-Team. In dieser Zeit haben wir die Prüf- und Bewertungskriterien so weiter entwickelt, dass ich mit Überzeugung und mit meinem Namen dafür einstehe."

Jossi Loibl, freier Autor

Seit über 30 Jahren schreibt Jossi Loibl über die Themen Wein und Gastronomie. Als freier Autor arbeitet der gebürtige Münchner für Magazine, Tageszeitungen sowie das Online-Weinmagazin Weinkenner.de. Er ist Mitglied in Weinjurys, zudem hält er regelmäßig Weinseminare. Seit 2008 verantwortet Loibl als Chefredakteur den Münchner Restaurantführer „DelikatEssen". Seine Lieblingsweine sind die weißen und roten Burgunder aus Deutschland, Frankreich und Südtirol. „Wein soll Spaß machen; und wer mehr weiß, hat oft mehr Spaß."

Andreas Lutz, Restaurantleiter & Sommelier, Restaurant Wielandshöhe, Stuttgart

Seit 2011 ist Andreas Lutz als Sommelier in Vincent Klinks Restaurant Wielandshöhe: „Ich darf hier dem schönsten Beruf der Welt und meiner Leidenschaft für Wein nachgehen. Natürlich mit vielen deutschen Weinen und schwäbischem Schwerpunkt. Das ergänzt sich ganz vortrefflich mit den professionell organisierten Verkostungen mit wunderbaren Kolleginnen und Kollegen für den Gault&Millau Weinguide."

Nina Mann, Sommelière Restaurant Victor's FINE DINING by Christian Bau, Nennig an der Mosel

Geboren im ländlichen Schwaben in Bayern war Wein erst spät in ihrem Leben das Thema. Im Restaurant Menschen glücklich zu machen – und das mit der Magie des Genusses –, dafür lebt und liebt sie. Nach Ihrer Ausbildung zur Sommelière in München suchte sie Erfahrungen wie im Nagaya in Düsseldorf oder im Schlossgarten in Stuttgart. Aktuell steht sie an der Seite von Christian Bau im drei Sterne Restaurant Victor's FINE DINING an der Mosel. „Gault&Millau besteht aus liebevollen und wissensreichen Menschen, die ihre Passion teilen, dies genieße ich am meisten. Die Verkostungen sind fordernd, beim gemeinsamen Austausch lernt man nur dazu."

Jens Pietzonka, Weinzentrale, Dresden

Nach eigenen Aussagen in einem schwierigen Weinjahr (1972) geboren, entwickelte sich innerhalb von 30 Jahren Erfahrung in der Spitzengastronomie seine Liebe zum Wein von Jahr zu Jahr mehr. Ob bei Johannes King auf Sylt, der Bühlerhöhe und Schwarzwaldstube in Baden oder bei bean&beluga in seiner Heimatstadt Dresden: Pietzonka arbeitete in besten Häusern mit großartigen Weinkarten. „2015 eröffnete ich meinen Lebenstraum – die Weinzentrale – in Dresden, in der sich meine Mitarbeiter und ich nach Herzenslust vinophil und kulinarisch austoben können."

Thomas Sommer, Smart Wines, Köln

Als Sommelier langjährig in der Spitzengastronomie in Deutschland, Frankreich und England tätig, erweiterte Thomas Sommer permanent seinen Wein- und Genusshorizont. Er errang unter anderem den Titel „Bester Sommelier Deutschlands", hat die Heimat bei der Sommelier-Welt- und Europameisterschaft vertreten und wurde dreifach zum „Sommelier des Jahres" gekürt, unter anderem von Gault&Millau im Jahr 2013. Der ausgebildete Hotelbetriebswirt arbeitet heute im Marketing und Weinvertrieb, gibt Weinkurse, coacht Gastronomen und ist als freier Sommelier, Berater und Verkoster tätig.

Herbert Stiglmaier, Journalist und Sommelier, München

„Eigentlich gibt es nur zwei Fragen, die den Weintrinker, den Leser, die User in Zusammenhang mit dem kultigen Getränk, das aus vergorenem Traubensaft besteht und ‚Wein' heißt, interessieren: Erstens: Schmeckt oder schmeckt nicht? Zweitens: Was kostet die Flasche? Ich möchte gerne mithelfen, dass diese Rechnung aufgeht. Als Journalist und IHK-geprüfter Sommelier."

Melanie Wagner, Chefsommelière, Schwarzer Adler, Oberbergen

Für die Gastronomentochter und ausgebildete Winzerin, die seit beinahe zwei Jahrzehnten als Chefsommelière bei Franz Keller arbeitet, sind Genuss und Wein wichtige Bestandteile ihres Lebens und ihrer Passion – vor allem für gereifte Gewächse. 2010 kürte sie der Gault&Millau zur Sommelière des Jahres, 2015 folgte der internationale Eckart-Witzigmann-Preis für Lebenskultur. „Dem Lockruf Otto Geisels folgend, bin ich bereits seit Ende 2017 Teil des Verkosterteams für den Gault&Millau Weinguide und stolz darauf, auch unter der neuen Regie Teil des Teams zu sein."

Ronny Weber, Sommelier & Weinakademiker, Düsseldorf

Nach über 25 Jahren in der Gastronomie ist Ronny Weber seit März 2022 für ein junges Weingut tätig. Dort ist er als Markenbotschafter verantwortlich für Vertrieb und Marketing. Nebenbei gibt er Weinseminare, betreibt eine Weinberatung und handelt mit Raritäten. Ronny Weber erlangte 2013 das Diploma in Wines & Spirits beim WSET in London und graduierte zum Weinakademiker. „Als Verkoster bei Gault&Millau schätze ich die professionelle Verkostungsatmosphäre. Alle Weine werden blind degustiert. Die Verkostungstage sind akribisch geplant. Es werden hochwertige Gläser, ausreichend Zeit und sinnvoll abgestimmte Flights bereitgestellt."

Andreas Winkelmann, Schlossgut Liebieg, Klüsserath

Seine Leidenschaft für den Wein begann während seiner gastronomischen Ausbildung mit den ersten Blindverkostungen in der Berufsschule: Jeder Jahrgang, jede Lage, jede Rebsorte und jeder Winzer machen den Wein zu etwas Einzigartigem und Geheimnisvollem, etwas, das man bis zum letzten Schluck entdecken möchte. „Die Gault&Millau-Verkostung bietet allen Winzerinnen und Winzern die gleichen Voraussetzungen. So ist es für mich immer auch eine Freude, wenn junge und noch unbekannte Betriebe den etablierten um nichts nachstehen."

WEIN PERSÖN LICH KEIT DES JAHRES

Gesine Roll

Weingut Weedenborn, Rheinhessen

Das oft gezeichnete Bild als „Königin des Sauvignon" ist irreführend, denn Gesine Roll ist vielmehr **kluge Strategin und leidenschaftliche Kämpferin** als eine auf dem Thron ruhende Feudalherrin.

Mit großem Weitblick hat die Winzerin ihre Chance ergriffen und nach dem Motto „der frühe Vogel fängt den Wurm" den väterlichen Betrieb weiterentwickelt. Dabei hat sie sich frei entfaltet und in den hohen Lagen Rheinhessens mit der Konzentration auf Sauvignon Blanc nicht nur das Potenzial der Lagen, sondern auch die Vorteile des kühleren Klimas erkannt und mit größter Hingabe ausgeschöpft.

Das Ergebnis sind Weine auf Weltspitzen-Niveau, wie sie in Deutschland in Ausprägung und Facetten-Reichtum dieser Rebsorte kein zweites Mal zu finden sind.

2020 Mathieu Kauffmann / Mosel · **2019** Fritz und Friedrich Keller / Baden · **2018** Horst und Sandra Sauer / Franken · **2017** Hans-Joachim und Dorothee Zilliken / Mosel · **2016** Peter Jakob Kühn / Rheingau · **2015** Thomas Haag / Mosel · **2014** Philipp Wittmann / Rheinhessen · **2013** Joachim Heger / Baden · **2012** Matthias Müller / Mittelrhein · **2011** Johannes Leitz / Rheingau · **2010** Tim Fröhlich / Nahe · **2009** Knipser / Pfalz · **2008** Bernhard Huber / Baden

SOMME LIER DES JAHRES

Christophe Meyer

Le Pavillon, Bad Peterstal-Griesbach

Christophe Meyer ist ein Sommelier wie aus dem Bilderbuch. Lässige Distanzlosigkeit liegt ihm so fern wie eitle Proseminare am Tisch, önologische Dogmen sind ihm so fremd wie die hektische Begeisterung angesichts neuaufziehender Trends. Im Fokus seines klassischen Service steht der Gast – ihm in aller Diskretion und mit Einfühlungsvermögen den höchstmöglichen Genuss zu bereiten, die elegante Küche von Martin Herrmann sensibel zu begleiten, ist ihm Auftrag. Dazu pflegt er seit inzwischen 16 Jahren eine Weinkarte, wie sie hierzulande selten zu finden ist, und verschließt sich dabei Entdeckungen so wenig, wie er sein Glück in der Sicherheit großer Namen sucht.

2022 C. Meyer · **2021** N. Grossmann · **2020** N. Mann · **2019** S. Hehn · **2018** C. Wilhelm · **2017** M. Franzelin · **2016** F. Glüer · **2015** D. Kiowski · **2014** M. Berlinghof · **2013** T. Sommer · **2012** M. Brandstätter · **2011** G. Tietz · **2010** M. Wagner · **2009** H. Hoppenstedt · **2008** S. Thuriot · **2007** E. Pattas · **2006** S. Weise · **2005** C. Göbel · **2004** S. Spies · **2003** K. Schattner · **2002** R. Zhouleh **2001** C. Fischer · **2000** J. Fendt · **1999** H. Thoma · **1998** M.-H. Krebs · **1997** S. Gass · **1996** A. Voigt · **1995** S. Juchems · **1994** D. Canova · **1993** B. Kreis · **1992** M. del Monego · **1991** C. Schlegel · **1990** P. Sandvoss · **1989** J. Payne · **1988** P. Bosch

NEXT GENERATION

Die jungen Weintalente Deutschlands

selected by the Gault&Millau Hall of Fame

Wir haben ein knappes Dutzend der besten Winzerinnen und Winzer Deutschlands, die wir die „**Gault&Millau Hall of Fame**“ nennen, nach den verheißungsvollsten Nachwuchs-Winzerinnen und -Winzern gefragt. Zum Teil arbeiten diese ambitionierten jungen Menschen mit ihren Eltern zusammen im Weingut, zum Teil hat schon eine Betriebsübergabe stattgefunden und andere wiederum haben ganz mutig ihr eigenes Weingut gegründet. Wir stellen Ihnen auf den folgenden Seiten diese Winzerinnen und Winzer vor. Die Porträts sind ohne Bewertung zu lesen und es liegen hier keine Verkostungsergebnisse zugrunde. Es geht uns um die Persönlichkeiten, die von ihren Eltern und Großeltern viel gelernt haben und die nun auf ihre Art und Weise den deutschen Weinbau weiterentwickeln.

Bastian Beny, RHEINHESSEN

Weingut Bastian Beny
Frauenbrunnengasse 16
67587 Wintersheim
T +49 (0) 162 4240 843
weingut@bastianbeny.de
www.bastianbeny.de

Sie bewirtschaften biologisch und biodynamisch und in Ihren Weinbergen grasen bretonische Schafe. Erzählen Sie!
Unser größter Antrieb ist es, jedes Jahr einen besseren Wein zu erzeugen als im Jahr zuvor. Der Schlüssel dazu liegt für uns im Umgang mit unseren Böden und Reben. Die Biodynamie versteht den Weinberg als lebendigen Organismus, der Platz für Vielfalt und Biodiversität bietet. Wir können dabei beobachten, wie sich die Natur regeneriert, fruchtbare Böden entstehen und sich Erträge auf natürliche Weise regulieren. So entstehen spürbar lebendige Weine.

Ein Wunsch, den Sie sich erfüllen wollen?
In der Zukunft würden wir gerne noch mehr Tiere in unserem Weingut integrieren.

Wo würden Sie gerne Wein machen, wenn nicht in Deutschland (und warum)?
Gerne in Frankreich, und dort im Burgund, da mich nicht nur die Weine, sondern auch die Liebe zum guten Essen begeistern.

Beschreiben Sie Ihr Gefühl, wenn Sie bemerken, dass die Ernte vielversprechend war.
Dankbarkeit, Freude und Spannung auf die Entwicklung.

Ein kluger Satz, der nicht von Ihnen ist.
If you can't convince them, confuse them.

Sophie Christmann, PFALZ

Weingut A. Christmann
Peter-Koch-Str. 43
67435 Gimmeldingen
T +49 (0) 6321 66039
sophie@weingut-christmann.de
www.weingut-christmann.de

Vater und Tochter, Seite an Seite. Was bleibt, was wird anders?
Ich möchte gerne weiterentwickeln, was die Generation meines Vaters erreicht hat. Meine Winzerkolleginnen und -kollegen und ich haben den Luxus, in einer Welt groß geworden zu sein, in der der deutsche Riesling schon wieder seinen festen Platz auf den besten Weinkarten der Welt hat. Das ist der Verdienst unserer Väter und Mütter. Als Teil einer jungen Winzergeneration habe ich deshalb das Glück, mit einem ganz anderen Selbstbewusstsein Weine erzeugen zu können: Wir wissen, dass in unseren Weinbergen große Weine entstehen, und müssen es der Welt nicht erst beweisen. So können wir uns mehr trauen und mutiger vorangehen.

Ein Ratschlag, den Sie von Ihrer Mutter haben?
Als ich gerade anfing, im Weingut zu arbeiten, sagte meine Mutter zu mir, dass sich die ganze Familie freue, dass mit mir die nächste Generation ins Weingut eintritt. Sie sagte weiter, dass ich mich trotzdem nie verpflichtet fühlen solle, das Weingut auch wirklich zu übernehmen. Das zu hören, war damals sehr wichtig für mich. Nach fünf Jahren ist allerdings klar, dass ich mir nichts Schöneres vorstellen kann, als Wein in Gimmeldingen zu machen.

Wo würden Sie gerne Wein erzeugen, wenn nicht in Deutschland (und warum)?
In der Pfalz singt man „Anderstwo ist anders, aber nicht wie in der Pfalz". Das trifft es für mich ziemlich genau. Es gibt viele Weinbauregionen, wie die Champagne, das Burgund oder auch das Piemont, die ich wahnsinnig spannend finde und deren Weine ich sehr schätze. Am Ende ist es aber eben doch etwas anderes als hier: Die Pfalz ist seit vielen Generationen das Zuhause meiner Familie und die heimischen Rebsorten Riesling und Spätburgunder sind unsere DNA. Deshalb haben wir auch entschieden, uns voll darauf zu konzentrieren.

Ein kluger Satz, der nicht von Ihnen ist?
Nikolas Harnoncourt, ein österreichischer Dirigent, sagte mal: „Wirkliche Qualität kann nur am Rande einer Katastrophe entstehen." So verstehen wir auch unser Weinmachen: Wir wagen uns an den Abgrund und riskieren alles, um am perfekten Tag die perfekte Traube zu ernten. Nur so entsteht am Ende wirkliche Qualität im Glas.

Philipp & Kilian Giegerich, FRANKEN

Weingut Giegerich
Weichgasse 19
63868 Grosswallstadt
T + 49 (0) 6022 6553 55
info@weingut-giegerich.de
www.weingut-giegerich.de

Wie stellen wir Sie am besten vor?
Wir sind ein zielstrebiges, junges Weingut, das eine große Leidenschaft für Wein hat. Bereits während meiner Ausbildungszeit (Zehnthof Luckert, Franken) habe ich meine Liebe zum Wein und zur Natur entdeckt. Es macht unfassbar viel Spaß und mein Bruder Kilian und ich sind mit Freude jeden Tag in unseren Weinbergen unterwegs. So war es für uns nur konsequent, in den letzten Jahren auf ökologischen Weinbau umzustellen und sich nachhaltig weiterzuentwickeln. Die Beschränkung auf wenige, qualitativ hochwertige Rebsorten (allen voran Burgunder und Silvaner) und die Hervorhebung der einzelnen Terroirs haben uns ebenfalls ein großes Stück weitergebracht.

Von wem haben Sie im Leben am meisten gelernt?
In Sachen Wein auf jeden Fall von Klaus Peter Keller. Seine Art, das Thema Wein zu fühlen, ist einzigartig und hat mich sehr inspiriert. Im Weinberg, wie auch bei einer guten Flasche Wein am Mittagstisch, konnte man immer etwas Wertvolles dazu lernen.

Was soll man in 100 Jahren über Sie sagen?
„Die viele Arbeit damals im Klingenberger Schlossberg zahlte sich aus."

Wovon können Sie nie genug kriegen?
Von großartigen Weinen.

Wo würden Sie gerne Wein machen, wenn nicht in Deutschland (und warum)?
Im Burgund. Die einzigartigen Lagen und deren Böden lassen dort weltweit einmalige Burgunder wachsen.

Katharina und Rebecca Heger, BADEN

Weinhaus Heger | Weingut Dr. Heger | Weingut Fischer
Bachenstraße 21
79241 Ihringen
T +49 (0) 7668 9951152
k.heger@heger-weine.de
www.heger-weine.de

Zwei Schwestern – ein Weingut. Erzählen Sie von Ihrer gemeinsamen Passion!
In erster Linie ist es unsere Begeisterung für das Produkt selbst, aber auch für die Weinbranche an sich: Sie ist so facettenreich, dass man ständig dazu lernt. Eine große Motivation ist auch unsere Verbundenheit zu unserem Weingut und zum Kaiserstuhl. Im Grunde machen wir nicht sehr viel anders als die Generationen vor uns: Wir profitieren vom Erfahrungsschatz unserer Eltern und ergänzen diesen durch unseren eigenen Input. Es ist dieses Zusammenspiel, das zu neuen Betrachtungsweisen führt und sich auf das große Ganze auswirkt. Vielleicht könnte man auch sagen, es ermöglicht uns eine strukturiertere und konsequentere Arbeitsweise. Unser Ziel ist es, unserem Weinstil immer treu zu bleiben und unseren Qualitätsanspruch an erster Stelle zu halten. Unsere Wunschvorstellung ist es, dass sich unsere Weine als „Klassiker" etablieren und unser Name ein Synonym für Qualität ist.

Wo würden Sie Wein machen, wenn nicht in Deutschland?
Wahrscheinlich in Frankreich, wo wir beide einige Arbeitserfahrungen im Keller bzw. im Bereich Vermarktung sammeln konnten. Insbesondere die französische Lebensart hat es uns sehr angetan. Der Genuss von gutem Essen und Weinen hat dort solch einen hohen Stellenwert – das imponiert uns sehr.

Simon Hornstein, WÜRTTEMBERG

Hornstein am See
Conrad-Forster Straße 50
D-88149 Nonnenhorn
T +49 (0) 8382 98780
info@hornstein-am-see.de
hornstein-am-see.de

Sehr schön bei Ihnen. Wir möchten gerne mehr über Ihr Zuhause und Ihre Weine wissen!
Die Bodenseeregion ist eine traumhafte Gegend. Auch weinbaulich einzigartig durch sehr eigenständige, gletschergeprägte Böden und ein alpennahes, seegeprägtes Klima. Mich interessiert vor allem diese Heimat der Rebstöcke. Das möchte ich im Wein schmeckbar machen – sowohl die Region als auch im kleineren Maßstab die unterschiedlichen Orts- und Lagencharaktere.

Sie sind zum Abendessen bei König Charles eingeladen – welche Flasche nehmen Sie mit?
2010er Ried Nussberg vom Weingut Gross in der Südsteiermark: Ich durfte von der Familie Gross sehr viel lernen und bin noch immer begeistert vom genauen Hinhören, -schauen und -schmecken der unterschiedlichen Lagen und Weine.

Was sehen Sie, wenn Sie sich im Spiegel sehen?
Aktuell, so direkt nach der Ernte, sehr markante Augenringe.

Moritz Kissinger, RHEINHESSEN

Weingut Kissinger
Außerhalb 13
55278 Uelversheim
T +49 (0) 6249 7969
www.moritzkissinger.com
moritz@weingutkissinger.de

Der beste Wein, den Sie je getrunken haben, und warum?
Puh, es ist schwierig, wirklich nur eine Flasche zu benennen. Jedoch gibt es tatsächlich diese eine Flasche, die mich und auch meine Freunde am Tisch sehr berührt hat: Es war der Chardonnay Schlossberg 2014 vom Weingut Bernhard Huber – ein wahnsinnig emotionales Energiebündel.

Das schönste Lob, das Sie je bekommen haben?
Die schönsten Schulterklopfer gibt es immer aus der Familie, sei es von meinen Eltern oder meinen Geschwistern.

Ein Glas Wein habe ich mir verdient, wenn ...
... ich drei Stunden in der Küche stand.

Von wem haben Sie in Ihrem Leben am meisten gelernt?
Von meinen Eltern.

Ein kluger Satz, der nicht von Ihnen ist?
Wer schnell gehen will, geht am besten allein, wer weit gehen will, in guter Gesellschaft.

Was trinken Sie, wenn Sie keinen Wein trinken?
Bier.

Wovon können Sie nie genug kriegen?
Champagner.

Ein Talent, das Sie von Ihrer Mutter haben?
Organisation und Struktur.

Ein Wunsch, den Sie sich noch erfüllen wollen?
Ich würde gerne mal für eine gewisse Zeit in einem guten Restaurant arbeiten.

Ihr größtes Talent?
Menschen zusammenzubringen und zu begeistern.

Maximilian Kusterer, WÜRTTEMBERG

Weingut Kusterer
Untere Beutau 44
73728 Esslingen
T +49 (0) 711 57909
weinwelt.hmkusterer@weingut-kusterer.de
www.weingut-kusterer.de

Die „Next Generation" – was ist anders?
Im Vergleich zu meinen Eltern muss ich mich nicht mehr mit der Existenzgründung auseinandersetzen. So wie viele Kollegen meiner Generation kann auch ich von der Aufbauarbeit der Eltern profitieren und somit deutlich befreiter und experimentierfreudiger arbeiten. Ich baue meine Weine mit deutlich weniger Technik aus, als es früher üblich war. Mithilfe der Gravitation kann auf Pumpen verzichtet werden und die natürliche Sedimentation im Fass erfolgt anschließend so gut, dass viele meiner Weine am Ende pur und unfiltriert abgefüllt werden können. Allerdings braucht das Zeit und diese gebe ich meinen Weinen gern.

Was fasziniert Sie am meisten?
Da man jeden Jahrgang neu interpretieren muss, ist es für mich Jahr für Jahr ein neuer Ansporn, die Gegebenheiten unserer Heimat (Boden, Klima, Lage) und das jeweilige Jahr im Wein zum Ausdruck zu bringen. Dabei ein immer besseres Gefühl für die Einzigartigkeit meiner Weinberge zu entwickeln und am Ende ausdrucksstarke Weine zu erzeugen, fasziniert und motiviert mich.

Beschreiben Sie in fünf Worten Ihr Gefühl, wenn Sie bemerken, dass die Ernte vielversprechend war!
Dankbar, erleichtert, motiviert, stolz, zufrieden.

Stefanie & Fabian Lassak, WÜRTTEMBERG

Weingut Lassak
Besigheimer Straße 23
74394 Hessigheim
T +49 (0) 7143 4089 97
info@weingut-lassak.de
www.weingut-lassak.de

Der Traum vom eigenen Weingut. Wie setzen Sie ihn um?
Unser Weingut haben wir 2016 nach mehreren Stationen im In- und Ausland neu gegründet. Stefanies Eltern haben die Jahre zuvor die Trauben an die Winzergenossenschaft geliefert und selbst keinen Wein erzeugt. Wir haben aber schon immer sehr viel Potenzial in den Lagen rund um Hessigheim gesehen. Hessigheim liegt direkt am Neckar und ist dominiert vom Muschelkalk. Aktuell konzentrieren wir uns auf drei Rebsorten: Riesling, Spätburgunder und Lemberger. Dabei liegt unser Fokus auf alten Rebbeständen in nicht flurbereinigten Lagen. Auch im Keller wird so wenig wie möglich interveniert und die Weine werden unfiltriert mit einer nur kleinen Schwefelgabe abgefüllt. Wir möchten ungeschminkte Weine mit viel Eleganz und Eigenständigkeit erzeugen, die ihre Herkunft und den Jahrgang widerspiegeln.

Der beste Wein, den Sie je getrunken haben?
Für uns gibt es nicht den „besten Wein". Wein muss uns emotional berühren und uns fesseln. Hier einen einzelnen hervorzuheben, ist gar nicht so einfach. Wir trinken auf jeden Fall sehr gerne Weine aus dem Jura, Burgund oder von der Loire.

Was trinken Sie, wenn Sie keinen Wein trinken?
Champagner.

Clemens Rosenkranz, RHEINGAU

Weingut Rebenhof
Frankfurter Straße 57–59
65239 Hochheim
T +49 (0) 6146 9897
Clemens.rosenkranz@weingut-rebenhof.de
www.weingut-rebenhof.de

Was steht für Sie im Mittelpunkt Ihres Handelns?
Es ist der Genuss! Meine Motivation ist es, Weine zu produzieren, die mit Genuss brillieren und Herkunft zeigen. Neben dem Riesling, der regional begründet die vorherrschende Rebsorte ist, liegt mein Fokus besonders auf dem Spätburgunder.

Ein kluger Satz, der nicht von Ihnen ist:
Das Maximum ist oft nicht das Optimum.

Ein guter Tag ...
... sollte mit einem Pain au chocolat und einem Kaffee beginnen. Zum Ende des Tages darf es gerne ein gutes Brot mit gesalzener Butter und einem Glas Spätburgunder sein.

Was wollen Sie noch lernen?
Gerne würde ich noch eine weitere Sprache lernen oder zumindest meine vorhandenen Kenntnisse vertiefen.

Martin Schmitt, FRANKEN

Weingut Schmitt's Kinder
Am Sonnenstuhl 45
97236 Randersacker
T +49 (0) 931 7059 197
info@schmitts-kinder.de
www.schmitts-kinder.de

Wo würden Sie gerne Wein machen, wenn nicht in Franken?
Es gibt viele Orte weltweit, an denen ich schon war und auch Wein gemacht habe. Überall gibt es faszinierende Facetten. Am liebsten sind mir jedoch die klassischen, traditionellen Weinbauländer und -regionen. Schlussendlich werde ich aber bei meinen Wurzeln bleiben. Hier in Franken gibt es noch so großes Potenzial und eine Perspektive, die ich nirgendwo sonst so hätte: Die besonderen Weinlagen von Randersacker und ein einzigartiges Terroir bilden ein starkes Fundament, auf dem ich stehe, und beste Möglichkeiten!

Was machen Sie anders als Ihr Vater?
Ein pauschales „Andersmachen" als die Generation vor mir gibt es so nicht. Ich würde dies eher als eine stete Weiterentwicklung mit vielen neuen Aspekten und anderen Sichtweisen beschreiben. Die Weine wurden in den letzten Jahren immer feiner, strukturierter und präziser, die Lagencharakteristika wurden immer schärfer herausgearbeitet.

Der beste Wein, den Sie je getrunken haben, und warum?
Den besten gibt es nicht! Aber es gibt einige Weine, die mich extrem faszinieren. Weine, die die Stilistiken aus einer anderen Epoche zeigen.

Beschreiben Sie Ihr Gefühl, wenn Sie bemerken, dass die Ernte vielversprechend war.
Freude, dass sich ein Jahr Arbeit gelohnt hat, Freude auf das Weinmachen, Freude (und Herzklopfen!) über die Entwicklung der Weine!

Franz Wehrheim, PFALZ

Weingut Dr. Wehrheim
Weinstraße 8
76831 Birkweiler
T +49 (0) 6345 3542
franz@weingut-wehrheim.de
www.weingut-wehrheim.de

Was treibt Sie an?
Die Liebe zum Wein! Ich habe mein Hobby zum Beruf gemacht und brenne für die Sache. Ich glaube, dass dies eine ganz entscheidende Komponente ist, wenn man mit der Natur arbeitet. Die Natur kann großzügig, aber auch erbarmungslos sein. Das Ziel, den perfekten herkunftsgeprägten Wein mit Wehrheimstilistik zu erzeugen, ist in jedem Jahr eine Motivation und Herausforderung zugleich.

Was ist Ihr größtes Talent?
Mein größtes Talent ist eine schnelle Auffassungsgabe und das Verarbeiten der Eindrücke, um die richtigen Entscheidungen zu treffen. Dies ist besonders im Herbst wichtig, da hier alles auch mal sehr schnell gehen kann. Dann hilft ein kühler Kopf enorm, um das Beste aus seinen Weinbergen herauszuholen.

Ein kluger Satz, der nicht von Ihnen ist!
Qualität ist niemals Zufall; sie ist immer das Ergebnis hoher Ziele, aufrichtiger Bemühung, intelligenter Vorgehensweise und geschickter Ausführung. (Will A. Foster)

Der beste Wein, den Sie bisher getrunken haben?
Eine Flasche Riesling aus dem Kastanienbusch, nachdem mein erstes Kind auf die Welt kam.

Matthias Wörner, BADEN

Hofgut Wörner
Inh. Matthias Wörner
Sendelbach 21
77770 Durbach
T +49 (0) 781 42257
kontakt@weingut-woerner.com
www.hofgut-woerner.com

Beschreiben Sie Ihre Arbeitsweise und sagen Sie uns, was Sie anders machen als die Generation vor Ihnen?
In punkto Wein ist es das Einfangen des absoluten Geschmacks der Natur und die unverfälschte Übermittlung unseres Terroirs: steile Granit- und Gneis-Weinberge, die bis auf 400 m über NN ragen, in ihrer Ost- und Westexposition eher gen Norden geneigt sind, und kühle Abwinde des Mittelgebirges, die uns eine besondere Ausgangsposition geben. Dazu kommt eine möglichst ressourcenunabhängige Wirtschaftsweise für den gesamten Hof. Jeder natürliche Rohstoff erfährt auf unserem Hofgut vollumfängliche Wertschätzung. Das Streben nach maximaler Hofautarkie ist für mich die nachhaltigste Art des Arbeitens. Zum zweiten Teil der Frage: Ehrlich gesagt besinne ich mich auf vieles vorheriger Generationen. Altes Handwerk, gepaart mit heutigem Wissensstand, hier und da vielleicht neu interpretiert.

Hören Sie bei der Arbeit Musik und wenn ja, welche?
Musik bei der Arbeit kann enorme Energien freisetzen. Gerade bei der Handarbeit im Weinberg, die sich über mehrere Wochen hinziehen kann – oder auch bei extremen Wetterphasen wie Schnee, Kälte oder Hitze –, kann man mit der richtigen Musik eine andere mentale Ebene erreichen. Meist ist das bei mir Elektronik/Deep House, gelegentlich Rock. Hip Hop eher in ruhigeren Momenten.

Welches Lied beschreibt Sie am besten?
Law of Nature von Sixfingerz: unkonventionell, getrieben von einer Kraft, nach vorne gehend.

GROSSE SCHAUM WEINE

Das prickelnde Extra in unserem Leben

Eine deutsch-französische Bestandsaufnahme von **Nina Mann,** tragende Säule des Gault&Millau-Verkosterteams, Sommelière im Restaurant Victor's FINE DINING by Christian Bau, Nennig an der Mosel

Nina Mann

Eine kurze Kabbelei, eher aus Verlegenheit, denn so recht traut sich niemand, die Flasche zu öffnen. Dann meldet sich eine freiwillige, mutige Seele, die zugleich bejubelt wird. Wie bei einer Zirkusattraktion sind alle Augen auf die Show gerichtet. So oder so ähnlich läuft es gerne mal ab, wenn man doch eigentlich nur einen Moment besonders hervorheben will. Eine Schaumweinflasche zu öffnen, ist schon eine kleine Wissenschaft. Die richtige Technik ist wichtig, um nichts vom kostbaren Gut zu verschütten oder sonstige Katastrophen auszulösen. Die Agraffe wird zunächst sorgfältig gelockert, hier sollte man darauf achten, den Verschluss nicht loszulassen. Den Korken fest im Griff, reicht meist ein kleiner Dreh, um ihn zu lösen – den Weg nach draußen sucht er sich fast wie von allein. Jetzt also kräftig dagegenhalten, bis das feine Zischen zu hören ist, die Vorfreude steigt. Nun kann der Korken entnommen werden, die Flasche leicht schräg gehalten, läuft sie auch nicht über, bis die Perlen sich etwas beruhigt haben.

Vom Nebenerzeugnis zum Lieblingsgetränk für besondere Anlässe

In Deutschland lieben wir unseren prickelnden Wein. 3,3 Liter Schaumwein pro Jahr trinken wir aktuell im Durchschnitt und das macht uns zur absoluten Weltspitze. Die vorherrschenden Marken lassen allerdings darauf schließen, auf welchem Niveau sich diese Mengen bewegen. Um sich davon abzuheben und eben diese Trinkgewohnheit auf eine neue Ebene zu heben, sind immer mehr Winzer motiviert, ihren eigenen Standard nach oben zu schrauben.

Freilich kennen wir seit jeher unseren Sekt, die vergangenen zehn Jahre produzierten wir im Jahresdurchschnitt um die 260 Millionen Liter. Allerdings eher als Nebenerzeugnis, indem fertiger Stillwein versektet wird – und so klingt leider auch sein Ruf. Die neue Generation der Winzer in Deutschland macht sich bereits an die Gegenbewegung. Die Weinberge werden auf die Schaumweinproduktion umgestellt, denn die Lese findet früher statt als die für den Stillwein, und dennoch brauchen sie gesundes, reifes Lesegut. Die Balance von Frische und Reife ist entscheidend. Anschließend werden die Trauben schonend gepresst und meist wird nur das Herzstück des Saftes, die sogenannte Cuvée, verwendet. Der Ausbau in Holz- und Edelstahltanks findet Beachtung, um das nötige Gleichgewicht in der fertigen Assemblage herzustellen. Die folgende Fülldosage, eine Lösung aus Most oder Zucker und Hefe, die die zweite Gärung in der Flasche herbeiführt, wird auf sauberen Zucker und noch gesündere Hefen untersucht. Denn hier wandelt die Hefe den zusätzlichen Zucker komplett in Alkohol und vor allem Kohlensäure um. Die Fülldosage für den finalen Geschmack und Stil ist eines jeden Winzers Geheimrezept, doch auch hier setzt man vermehrt auf weniger Zucker.

Eigenständig mit großen Vorbildern

Im Grunde sind das also Ideen, die in der Champagne schon immer selbstverständlich sind und waren. Von Kopieren soll aber nicht die Rede sein. Den Unterschied werden wir immer schmecken und das soll positiv zu bewerten sein. Neben den drei gängigen Rebsorten aus der Champagne, also Chardonnay, Pinot Noir und Schwarzriesling, finden in Deutschland etwa auch Riesling sowie Weißburgunder große Anhänger. Super spannend sind dann Sorten wie Scheurebe, die als Aperitif in ihrer Verspieltheit immer gut ansteht, oder Silvaner, der mit seinem verhaltenem Kräuteraroma viel Struktur mitbringt, was ihn oft voll und auch cremig macht bei belebender Frische. Die Vielfalt an Rebsorten verlangt eine Diversität an Böden. Die Champagne ist für ihre Belemnit-Kreide bekannt, Deutschland für Schiefer, Granit, Kalk oder Sandböden. Die Kombination aus Rebsorten und Böden verleiht uns unseren ganz eigenen Stil an Schaumweinen.

Ursprüngliches Winzerhandwerk und Umdenken für mehr Nachhaltigkeit
In der Champagne steht ebenso eine neue Generation an Winzern für das Handwerk an sich ein. Sie entfernen sich von der großen Industrie und setzen vermehrt auf individuelle Kleinabfüllungen. Der Klimawandel spielt dabei eine tragende Rolle. Das Bangen um die nötige Reife der Trauben gehört der Vergangenheit an. Die malolaktische Gärung, die für den Säureabbau zuständig ist, findet prozentual immer weniger statt und man belässt die Grundweine, wie sie sind. Auch versuchen die Winzer, ihre CO_2-Bilanz zu verbessern und auf das Nötigste zu reduzieren. Der Verkauf spielt sich gezielter ab, um den Transport zu bündeln. Was die Winzerinnen und Winzer in Deutschland und Frankreich unter anderem verbindet, ist die Suche nach alternativen Rebsorten, etwa der pilzwiderstandsfähigen Rebsorten (PIWIs) – um langfristig den chemischen Pflanzenschutz reduzieren oder ganz darauf verzichten zu können. Es wird hier wie dort vermehrt auf ökologischen Anbau gesetzt. Wenn man bedenkt, wie gebeutelt die Böden der Champagne sind, durch Kriege und jahrelange Monokultur, tut es gut, zu wissen, dass die Bewegung zurück zur Natur geht.

Champagner oder deutsche Schaumweine haben einen ganz eigenen Stellenwert. Immer öffnet man sie zu einem bestimmten Anlass: Sie spielen die allerschönste Begleitmusik, wenn es darum geht, das Leben zu feiern oder eben einen ganz besonderen Moment zu genießen.

Nina Mann

SEKT UND CHAMPAGNER

Diese Formel verspricht Genuss ohne Grenzen! Wir lieben den Blick über den Tellerrand und präsentieren Ihnen unsere Schaumwein-Favoriten mit Foodpairings.

Beim Thema hochwertiger Schaumweine feiern wir in diesem Jubiläums-Jahr die französische Herkunft unseres Guides und verbinden die Champagner-Verkostungsergebnisse unserer Kolleginnen und Kollegen von Gault&Millau France mit den Bewertungen unseres Verkoster-Teams für deutsche Spitzen-Sekte: Ein Freundschaftsspiel auf Augenhöhe!

PASSEND ZUM APERITIF ODER AUCH UM MITTERNACHT

2017 Rabanus Riesling brut
Weingut Burg Ravensburg, Kraichgau
Charmante Noten von Vanille und Toffee, dann auch grüner Apfel.
Feiner Biss am Gaumen, dezent herbe Art.
€

2014 Spécial Club Rosé Grand Cru brut
Paul Bara, Champagne
Zart lachsfarben, sehr aromatisch, ausgewogen und kraftvoll. Kirsche und Himbeere dominieren ein komplexes Aromenspiel.
€€

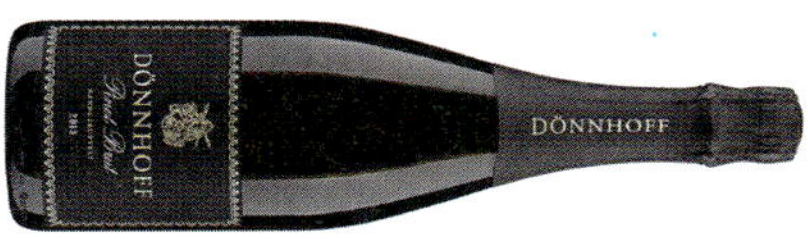

2015 Dönnhoff Pinot brut
Dönnhoff, Nahe
Kraftvoll, säurebetont und ungemein straff, elegant diskrete Aromatik mit belebender Frische.
€

2012 Blanc de Noirs brut nature
Sekthaus BurkhardtSchür, Franken
Weiniger Charakter mit Aromenspiel von Milchschokolade, Haselnüssen und roten Äpfeln. Packt am Gaumen genau richtig zu und macht Lust auf mehr.
€

2000 Brut
Taittinger, Champagne
Geröstetes Brot, Champignons, Heu und ein Hauch exotischer Früchte. Bestens eingebundene Süße, Noten von Ananas. Perfekt gereift.
€€

PASSEND ZU SANFT GESALZENEN SCHINKEN WIE SAN DANIELE, CULATELLO & PATA NEGRA

2010 Grande Réserve Chardonnay brut nature
Sekthaus Raumland, Rheinhessen
Alles außergewöhnlich. Reife Art mit lebendiger Säure und hoher Trinkfreude. Die Vereinbarkeit von Gegensätzen.
€€

2015 Reserve Blanc de Noirs brut nature
Rainer Schnaitmann, Württemberg
Elegant, animierend, erdig-würzig, rotfruchtig.
€

2014 Cuvée Mo brut nature
Schlossgut Diel, Nahe
Reifer Charakter mit Noten von Brotkrume und Malz im Auftakt. Am Gaumen warm und kraftvoll mit langem Nachhall in größter Harmonie.
€€

2014 Blanc de Blancs Grand Blanc extra brut
Philipponnat, Champagne
Nektarine, Zeste von der Pampelmuse, Mirabelle. Vollmundig, mit einer feinen Perlage, voller Spannkraft. Mundwässernde Bitterstoffe und präzise Salzigkeit.
€€

2014 Reichsrat von Buhl Prestige brut
Reichsrat von Buhl, Pfalz
Kandiszucker, Mandarine und feines Salz. Griffig, gehaltvoll, sehr reif, intensiv.
€€

PASSEND ZU AUSTERN, ROTER GARNELE & KAVIAR

2012 Les Blanches Voies Blanc de Blancs Premier Cru brut
Vilmart & Cie, Champagne
Brioche, frische Kräuter, Zeste von der Pampelmuse und geschälte Mandeln mit einer salzigen Note.
€€€

2012 Cuvée Alpha
Jacquart, Champagne
Leuchtendes Gelb verkündet Reichhaltigkeit, gelbe Früchte mit Gewürzen, Honignoten, zarte Mineralität – ein edles Schmuckstück.
€€

2012 Blanc de Blancs Chardonnay extra brut
Weingut Battenfeld-Spanier, Rheinhessen
Fantastische Harmonie, ungemein anregend, mitreißender Auftritt.
€

2018 Prestige Pinot brut nature
Griesel & Compagnie, Hessische Bergstraße
Noten von Nuss, Krokant, Minze und Apfel, markantes Aufspiel, schöne Balance, ernsthafte Art.
€

2011 Amour de Deutz Blanc de Blancs brut
Deutz, Champagne
Sehr feine Nase, diskret, elegant, Duft von Ananas, zarte Vanillearomen. Feingliedrige und gleichermaßen intensive Perlage.
€€€

PASSEND ZU GEFLÜGELTERRINEN & WILDPASTETEN

🍇🍇🍇🍇🍇
2013 XIII. Triumvirat Grande Cuvée brut
Sekthaus Raumland, Rheinhessen
Kraftvoll und mächtig. Noten von Birne, Quitte und reifem Apfel sowie reifer Mandarine. Vielschichtig, mit Tiefgang und guter Reife. Eigenständig.
€€

🍇🍇🍇🍇🍇
Blanc de Noirs Vieilles Vignes Grand Cru
Egly-Ouriet, Champagne
Duft von Marzipan und Orange, auf der Zunge zarte Safrannoten. Zurückgenommene Säure, Röst- und Raucharomen, magische Balance zwischen Spannung und Ausgeglichenheit.
€€€

🍇🍇🍇🍇
2018 Gastronome Blanc de Blancs Premier Cru brut
Pierre Gimonnet & Fils, Champagne
Sehr klare Farbe, wunderschöne Estragonnoten, vollmundig und funkelnd, feine reife Noten, expressive Finesse.
€

🍇🍇🍇🍇🍇
2010 Minéral Blanc de Blancs Grand Cru extra brut
Agrapart, Champagne
Elegant, zarte Röstaromen, Aromen von Kurkuma und gelben Früchte, schöne Länge mit Anklängen von Eisenkraut.
€€

🍇🍇🍇🍇
2012 π No. Gold extra brut
Ökonomierat Rebholz, Pfalz
Herrliche reife Noten von Steinobst gepaart mit Brioche und zarten Anklängen von Vanille, markantes wie erfrischendes Finale.
€

PASSEND ZU JAKOBSMUSCHEL-CARPACCIO & CEVICHE PERUANO SOWIE SASHIMI & SUSHI

2002 L'Étincelante
Tarlant, Champagne
Röst- und Toastaromen, weiße Schokolade. Großes Volumen, bemerkenswerte Textur und Intensität, zarte vegetabile Bitternoten, Tomatenblätter.
€€€

2016 Grande Cuveé brut nature
Franz Keller, Baden
Anspruchsvoll, fordernd, finessenreich und cremig am Gaumen, einzigartig.
€

2002 Femme de Champagne Grand Cru brut nature
Duval-Leroy, Champagne
Gut gereift mit viel Frische und Komplexität. Pfirsichnoten, Rhabarberkompott, Gebäck und Rosinen reihen sich ein.
€€€

2017 Grande Cuvée Dosage Zero
Griesel & Compagnie, Hessische Bergstraße
Sehr würzige Art, vitale Perlage, viel Kraft am Gaumen. Macht Druck.
€

2015 Riesling brut nature
Geheimer Rat Dr. von Bassermann-Jordan, Pfalz
Brioche, sehr stimmige Balance von Würze-Säure-Frucht, großartig feinperliges Mousseux.
€

PASSEND ZU SPARGEL IN ALLEN VARIATIONEN & GEMÜSESALATEN

2008 Blanc de Blancs Grande Réserve extra brut
Sekthaus Raumland, Rheinhessen
Rekordverdächtige 140 Monate in der Flasche gereift, edle reife vielschichtige Aromatik, dabei frisch und straff, sehr lang. Für den besonderen Anlass.
€€

2016 Griesel Granit F Pinot Noir brut nature
Griesel & Compagnie, Hessische Bergstraße
Weinig und nussig. Insgesamt mit klarer Ansprache und feiner Cremigkeit am Gaumen. Die vitale Säure sorgt für das Gegengewicht.
€€

2015 Les Blanchiens Premier Cru brut nature
R. Pouillon & Fils, Champagne
Jodig würzige Noten, Curry, komplex und rassig. Anklänge von Lebkuchen, frische Butter, gebrannte Maronen und Salz. Tiefe und Zartheit vereint in einem Wein.
€€

Cuvée des Caudalies Blanc de Blancs brut
De Sousa, Champagne
Toast, konfierte Zitrusfrüchten, komplex, viel Frische in der Reife, bemerkenswerte Länge.
€€

2007 Célébris extra brut
Gosset, Champagne
Würzige Noten, konfierter Ingwer, Pfeffer, zarte Frucht, Pflaumen, Bergamotte. Balancierte, weiche Perlage.
€€

PASSEND ZU STEINBUTT & SEEZUNGE MIT BEURRE BLANC

2015 Aldinger Cuvée brut nature
Weingut Aldinger, Württemberg
Beruhigend, sehr ernsthaft und charakterstark, mit reichhaltigem Aromenspiel von Apfel, Marzipan und Quitte.
€€

1996 Cuvée S Le Mesnil Blanc de Blancs brut
Salon, Champagne
Champignons, Trockenfrüchte und Enzian. Komplexität, Vibration und mineralische Spannung. Fantastische Länge.
€€€

2019 Le Mesnil Blanc de Blancs Grand Cru brut
Bruno Paillard, Champagne
Bemerkenswerte Eleganz, jodige Noten von Austern und Limette, Frische, Salzigkeit und viel Reifepotenzial.
€€€

2013 Sir Winston Churchill brut
Pol Roger, Champagne
Ein großer Klassiker, blumig, frisch, warmes Gebäck. Sehr delikat, bemerkenswerte Struktur. Schon heute ein Vergnügen, mit viel Potenzial.
€€€

2006 Cuvée Hemera brut
Henriot, Champagne
Reif und genau am Punkt, Mandeln, Trockenfrüchte, reifes gelbes Obst, gleichzeitig gut erhaltene Frische, perfektes Gleichgewicht.
€€€

PASSEND ZU ENTE MIT ORANGENSAUCE & TAJINE MIT APRIKOSEN

Grande Cuvée 160ème Edition brut
Krug, Champagne
Beeindruckende Komplexität: Röstaromen, Brioche, reife Früchte, Kraft und Finesse, feine Textur und mineralische Frische.
€€€

2014 Cristal brut
Louis Roederer, Champagne
Crème caramel, zarte Röstaromen, Rhabarber, Pampelmuse, dynamisch, lebhaft, alles in formidabler Balance.
€€€

2008 Blanc de Noirs Grande Réserve brut
Sekthaus Raumland, Rheinhessen
Haselnuss, cremig, kalkig, attraktive Reifenote, Typ Essensbegleiter, kräuterig-hefig.
€€

Grand Siècle N°23 brut
Laurent-Perrier, Champagne
Ein ganzes Panel von Aromen, von Zitrusnoten bis zum Weinbergpfirsich, über frische Butter und Ananas. Mit etwas Luft feine Toast- und Röstaromen, rund und lang.
€€€

2006 Dom Ruinart Blanc de Blancs brut
Ruinart, Champagne
Unglaubliche Jugendlichkeit für diesen gereiften Wein. Zitrusfrüchte, geschälte Mandeln, Toast, Vanille, Menthol. Sehr weinig, dabei frisch und luftig.
€€€

PASSEND ZU WEICHKÄSE WIE CHAOURCE, LANGRES & BRIE, ABER AUCH REIFEM HARTKÄSE WIE BEAUFORT, CANTAL & GRUYÈRE

2008 Grande Réserve Riesling brut
Sekthaus Raumland, Rheinhessen
Schöne Reife, präzise, kernig, stahlig, direkt, fantastisches, nahezu endloses Finale.
€€

Resolut brut nature
Weinhaus Boessneck, Franken
Rauchige Art, feine Note von Süßholz. Reif und eigenständig, animierende, zarte Bitternoten.
€

2013 Grande Réserve Grand Pinot brut nature
Wein- und Sektgut Bamberger, Nahe
Karamell, Brioche und feine Röstaromen. Hoher Wiedererkennungswert und viel Kraft am Gaumen.
€

2017 Réserve Spätburgunder brut
Sektmanufaktur Schloss Vaux, Rheingau
Reife Würze, feine Hefenoten, druckvoll am Gaumen, insgesamt ernsthafter Auftritt.
€

Réserve perpétuelle Riesling brut nature
Griesel & Compagnie, Hessische Bergstraße
Feine Hefenote trifft auf reifen Apfel. Sehr eigenständig mit hohem Wiedererkennungswert. Anspruchsvoll.
€€

PASSEND ZU PFIRSICH, MIRABELLEN UND ROTEN FRÜCHTEN, AUCH ALS KOMPOTT, MIT ANGESCHLAGENER SAHNE

2014 Cuvée MC blanc Pinot Noir extra brut
Weingut Drautz-Able, Württemberg
Markant, kraftvoll und gleichzeitig ungemein harmonisch komponierte Cuvée mit animierendem Finale, ein idealer Essensbegleiter.
€

2014 Grande Cuvée Réserve brut nature
Griesel & Compagnie, Hessische Bergstraße
Reifer Charakter, kraftvoll mit schönen Gerbstoffen, elegantes Finale, fein nussig am Gaumen.
€€

N°14 Rosé brut
Ayala, Champagne
Hellrosa glänzend, Zitrus und florale Noten, die vom Chardonnay zu kommen scheinen. Zarte Erdbeer- und Kirscharomen.
€€

2018 Assmannshäuser Rosé brut nature
Weingut Künstler, Rheingau
Rosenduft, Himbeere, Brombeere, gehaltvoll und elegant, Länge und perfekte Mousseux.
€

2008 Blanc de Blancs Grand Cru brut
Pierre Moncuit, Champagne
Frisches Brot, Salzigkeit, Zitrusnoten und eine kleine exotische Anmutung von Passionsfrucht, ausgeglichen, vollmundig und pur.
€€

5 X SPARKLING EXTRAVAGANZA AUS ITALIEN & SPANIEN

Cava Gran Reserva La Capella brut 2010
Juvé & Camps, Penedes
Aprikosen und Pfirsich im Wechselspiel mit Noten von Schwarzbrot und Nussbutter sowie ein dichtes Mundgefühl mit feiner Würze und trinkanimierender seidiger Säure.
Foodpairing: Gegrillte Aubergine mit Vadouvan-Curry und Koriander
€€€

Satèn 2018
Franca Contea, Franciacorta
Satèn unterscheidet sich vom klassischen Brut durch größere Weichheit und zartere Perlage durch weniger Druck in der Flasche. 100% Chardonnay ergibt hier eine seidige Struktur mit Anklängen von Ananas und Vanille.
Foodpairing: Crudo di mare und alle feinen Fischvorspeisen mit Zitrus und Olivenöl
€€€

Comitissa Pas Dosé Riserva 2018
Lorenz Martini, Südtirol
Klassische Cuvée aus Burgundersorten, strohgelb leuchtend. Feines Bouquet mit Honignoten, Brotkruste, weißer Pfirsich und Zitrus.
Foodpairing: Warmes Blätterteig-Pastetchen mit Geflügel-Pilzragout „Bouchée à la reine"
€

Alta Langa Contessa Rosa 60 Mesi Riserva Rosé brut 2016
Fontanafredda, Piemont
Einige Tropfen von Barolo 1967 geben diesem blassrosa Spumante seinen ganz eigenen Charakter mit Noten von Orangenzesten und Lavendel.
Foodpairing: Carne cruda – Kalbstatar mit Stangensellerie und Weißer Trüffel
€

Cava Gran Reserva La Siberia Rosé brut nature 2012
Juvé & Camps, Penedes
100% Pinot Noir stehen für Kirsche und Cassis, gepaart mit Nuancen von Brioche und Butter, zudem Noten von Haselnuss und Mandeln. Am Gaumen kraftvoll zupackend und zeitgleich zart, saftig und puristisch
Foodpairing: Perfekt zu Austern und Kaviar, aber auch zu Rebhuhn und Fasan
€€€

FILL THE FRIDGE

Spitzenweine bis 15 Euro

Wir haben die Begeisterung unseres Verkosterteams über diese Weine in einer neuen Kategorie zusammengefasst, und wir lieben sie schon jetzt. Probieren Sie doch mal!

Schon bei unseren Verkostungen der Basisweine in diesem Jahr waren wir vollends begeistert von den herausragenden Qualitäten dieser Kollektionen. Die Weine stehen für das beeindruckende Preis-Genuss-Verhältnis, das wir in allen Anbaugebieten Deutschlands finden. Die folgenden Weine sind zauberhafte Alltagsbegleiter, sie passen zur leichten Küche – können allerdings zum Teil auch sehr aromatische Gerichte begleiten. Wir hoffen, wir können Sie mit den Foodpairings inspirieren. Viel Freude mit diesen Weinen, die wir als optimale „FILL THE FRIDGE"-Weine prämiert haben!

CHARDONNAY

🍇🍇🍇🍇
2018 Asselheim handgeformt Chardonnay
Michael Schroth, Pfalz
Sehr eigenständig. Bienenwachs, Malz und Rauch im Bukett.
Cremig am Gaumen mit elegantem Finish. Anspruchsvoll.
Foodpairing: Königinpastetchen
14,90€ · 13,0%

🍇🍇🍇🍇
2019 Ihringen Winklerberg Chardonnay 1. Lage
Weingut Konstanzer, Baden
Saftig, reife gelbe Frucht, zart abgerundet, mit viel Zug, bestens strukturiert.
Foodpairing: Safranrisotto mit Parmesan
15€ · 13,5%

🍇🍇🍇
2019 Bechtheimer Fumé Chardonnay
Weingut Dackermann, Rheinhessen
Blütenaromen, nussig, rund und balanciert.
Foodpairing: Züricher Kalbsgeschnetzeltes
8,50€ · 14,0%

🍇🍇🍇
2019 Ölbaum Patriarch Chardonnay
Weingut Bös, Baden
Elegant mit dezenter Cremigkeit und feiner Balance
zwischen Frucht, leichter Restsüße und Zitrus.
Foodpairing: Gebratenes Zanderfilet mit Beurre blanc
9€ · 13,4%

🍇🍇🍇
2019 Chardonnay Spätlese trocken
Weingut Röschard, Baden
Feinkräuterig mit dezenten Noten von Brotkruste unterlegt von Zitrus.
Elegant, schmelzig, verspielt, feines Salz im Finale.
Foodpairing: Pot au feu mit Calamaretti, Tomaten und weißen Bohnen
12,50€ · 13,0%

2019 Schmieheimer Kalkofen Kalksteinfels * Chardonnay GG**
Lothar Schwörer, Baden
Schlank, elegant und balanciert, griffig mit animierender Säure, zu feinen Fischvorspeisen.
Foodpairing: Rillettes vom Räucherlachs mit Schnittlauch
13€ · 13,0%

2020 Chardonnay
Weingut Trautwein, Baden
Leicht rauchig, sehr dezent und eher karg. Die Schönheit des Leisen.
Foodpairing: Focaccia mit grünen Oliven
14€ · 12,5%

2018 Chardonnay
Weingut Jägle, Baden
Herbal, beruhigender Klassiker als Sundowner.
Foodpairing: Flammkuchen mit Feigen, Frischkäse und Wildkräutern
14,30€ · 12,5%

2020 Dreistern Chardonnay
Weingut Weishaar, Baden
Feiner Rauch trifft Walnuss. Langstreckenläufer mit viel Dynamik und Druck.
Foodpairing: Gebratene Perlhuhnbrust mit Walnusskruste
14,90€ · 13,5%

2018 Chardonnay Spätlese trocken
Familienweingut Braun, Franken
Zarte Haselnuss, fleischig, ohne vom Holz dominiert zu sein, zart und fein, tolle Länge. Schönes Spiel von Säure und feiner Bitterkeit.
Foodpairing: Wolfsbarsch mit Oliven im Pergament gegart
15€ · 13,0%

GRAUBURGUNDER

2019 Edenkobener Heilig Kreuz Grauburgunder
Weingut Damm, Pfalz
Walnuss und Speck im Bukett. Gute Länge, spannungsvoll und vielschichtig.
Foodpairing: Rote-Bete-Knödel mit Gorgonzola
14,50€ · 13,5%

2021 Neckarsulmer Scheuerberg Grauburgunder
Weingut Berthold, Württemberg
Feine Eleganz mit zurückhaltender Art, strukturiert und vollmundig.
Foodpairing: Geräuchertes Forellenfilet auf Pumpernickel
7,50€ · 12,5%

2020 Gerlachsheimer Herrenberg Selektion Grauburgunder Spätlese trocken
Becksteiner Winzer, Baden
Entspannter und feiner Wein mit großer Trinkfreude
und einem jugendlichen Herz.
Foodpairing: Bollito misto mit Salsa verde
12€ · 13,0%

2019 Löss Grauburgunder
Weingut Höfflin, Baden
Schlank und elegant, harmonische und in sich gut ausgewogene Stilistik.
Foodpairing: Gelbes Thai-Curry mit Garnelen
12,50€ · 13,0%

2020 Mergel & Keuper Grauburgunder
Johannes B., Württemberg
Animierend und durchaus fordernd, mit spannendem Aromenspiel
von Kamille, Estragon und Karamell.
Foodpairing: Linseneintopf mit Rauchfleisch
12,50€ · 13,0%

2020 SR Grauburgunder Spätlese trocken
Weingut Röschard, Baden
Filigran, leicht und elegant mit ganz feiner Butternote und würzig-kräuterigen Aromen.
Foodpairing: Pfifferlinge in Rahmsauce mit Semmelknödel
14,50€ · 13,0%

2018 Glottertäler Eichberg Barrique Grauburgunder
Roter Bur Glottertäler Winzer, Baden
Noten von Williamsbirne, sehr aromatisch und intensiv, eine stimmige Komposition.
Foodpairing: Gebratene Langustinen mit Estragon
14,90€ · 14,5%

2020 Schmieheimer Kirchberg Kalksteinfels Grauburgunder „GG“
Lothar Schwörer, Baden
Kühlender und sehr feiner Säurecharakter mit schmeichelnder Eleganz.
Foodpairing: Lachsforelle im Blätterteig mit Kräutersauce
15€ · 12,5%

2021 Grauburgunder
Matthias Keth, Rheinhessen
Klare Frucht und zarte Extraktsüße verbinden sich mit Leichtigkeit. Sollte belüftet werden.
Foodpairing: Safranrisotto mit Parmesan
7,90€ · 13,0%

2021 Königschaffhauser Hasenberg Grauburgunder
Winzergenossenschaft Königschaffhausen-Kiechlinsbergen, Baden
Feines und zartes Aromenspiel, Sommerfrische im Glas.
Foodpairing: Forelle Müllerin mit Petersilienkartoffeln
8€ · 13,5%

RIESLING (TROCKEN)

2019 Windesheimer Fels R Riesling
Weingut Marx, Nahe
Vielschichte Aromatik, viel Grip am Gaumen, lebendig im Nachhall, vielseitiger Essensbegleiter für einen ganzen Abend.
Foodpairing: Klare Edelfischsuppe mit Fenchel und Safran
15€ · 13,0%

2019 Klingener Herrenpfad Riesling
Weingut Rinck, Pfalz
Nussig, mineralisch reduktiv. Dynamik über straffe Säure, Potenzial.
Foodpairing: Geräucherter Saibling mit Spinat-Salat und Nussöl
9,50€ · 12,5%

2019 Westhofener Steingrube Riesling
Weingut Michel-Pfannebecker, Rheinhessen
Vielschichtige Aromatik, reife Säure, balanciert und anhaltend.
Foodpairing: Ceviche von der Bachforelle
10,50€ · 13,5%

2019 Maulbronner Eilfingerberg Riesling 1. Lage
Weingut Herzog von Württemberg, Württemberg
Minzig-kühl, frische Ansprache, lebhaft, knackig, hat Strahlkraft.
Foodpairing: Saiblingscarpaccio mit Zitrone, rosa Pfeffer und Olivenöl
11€ · 12,5%

2019 Norheimer Dellchen Riesling „GG“
Weingut Mathern, Nahe
Vielschichtige, reife Frucht, Bratapfel, Honig. Braucht Zeit und Luft, um sich zu öffnen, zarte Süße im Abgang.
Foodpairing: Geräucherte Entenbrust mit Waldorf-Salat
13€ · 13,0%

2019 Hainfelder Letten Réserve Riesling
Bernhard Koch, Pfalz
Fruchtig-kräuterig, hat Saft, Kraft und Struktur.
Foodpairing: Crespelle mit Spinat und Ricotta
13€ · 12,5%

2020 Schieferkristall Riesling
Karthäuserhof, Mosel
Schlank gebaut und dabei doch sehr stoffig und enorm saftig.
In sich komplett stimmig mit schönem Säurezug. Animation pur.
Foodpairing: Saltimbocca von der Wachtel mit glasierten Weintrauben
13,90€ · 10,5%

2021 Schieferkristall Riesling
Karthäuserhof, Mosel
Ein klein wenig mehr Restsüße als der Vorgänger-Jahrgang
im ansonsten salzigen Finale, die Saftigkeit und der enorme Zug
machen die neue Handschrift deutlich.
Foodpairing: Warmer Salat mit gebratenem Rehfilet und Holunderbeeren
13,90€ · 11,0%

2021 Köwericher Laurentiuslay Riesling
Riesling-Weingut Alfons Stoffel, Mosel
Mango und Ananas im Auftakt, saftig und kraftvoll am Gaumen.
Foodpairing: Salat von Gambas und Mango
14€ · 12,0%

2019 Pommerner Rosenberg Riesling
Weingut Schneiders-Moritz, Mosel
Komplex im Duft und am Gaumen, saftig und lang.
Foodpairing: Gebratene Perlhuhnbrust mit Butterpilzen
14,50€ · 12,0%

SAUVIGNON BLANC

🍇🍇🍇
2021 Sauvignon Blanc
Weingut Gehlen-Cornelius, Mosel
Loire-Typ mit feinen Noten von Grapefruit
und gelben Steinfrüchten, weicher Körper, elegant.
Foodpairing: Hechtklößchen mit Krebsbutter
8€ · 13,0%

🍇🍇🍇
2021 Ehrenstetter Oelberg Fumé Blanc Sauvignon Blanc
Franz Herbster, Baden
Gartenkräuter und Röstaromen, mundwässernd
und appetitanregend mit langem Nachhall.
Foodpairing: Salat mit gebratenem Ziegenkäse
8,90€ · 13,0%

🍇🍇🍇
2021 Flugkünstler Sauvignon Blanc
Nägelsförst, Baden
Gute Laune im Glas, kraftvoll und aromatisch,
ein echter Charmeur für die große Runde.
Foodpairing: Zucchini-Quiche mit Frischkäse und Kräutern
10,90€ · 12,5%

🍇🍇🍇
2021 II Sauvignon Blanc
Weingut von Winning, Pfalz
Duftig, fruchtig und komplex, ein sehr selbstbewusster Auftritt,
der großen Spaß macht! Kraftvoll zupackend.
Foodpairing: Auberginen-Auflauf mit Tomaten und Basilikum
11€ · 12,0%

🍇🍇🍇
2021 Sauvignon Blanc
Michael Andres, Pfalz
Würzig, herb und komplex. Ein Wein, den man sich erschließen muss
und der auf den zweiten Blick alle überzeugt.
Foodpairing: Warme Artischocken mit Schnittlauch-Vinaigrette
11€ · 12,5%

2021 Sauvignon Blanc
Ökologisches Weingut Schmidt, Baden
Verspielt und lebendig, frühlingshaft und erfrischend, der perfekte Sommerwein.
Foodpairing: Gegrillte Wassermelone mit Minzpesto
11,50€ · 12,0%

2021 Sauvignon Blanc
Bio Weingut Benzinger, Pfalz
Floraler Auftakt mit Noten von Honig, Mandel und Orange. Zarte Nussnoten am Gaumen, dezent Krokant. Vielschichtig.
Foodpairing: Walnussbrot mit Camembert
12,50€ · 12,5%

2019 Sauvignon Blanc
Weingut Dr. Baumann, Württemberg
Cremige Exotik, feine Süße am Gaumen, zugänglich und weich.
Foodpairing: Filet vom Saint-Pierre mit Algen
12,90€ · 13,5%

2021 Partie Fumé Sauvignon Blanc
Johannes B., Württemberg
Wunderschöne Kräuternote mit Brennnessel und Gras. Herbe Art, vitale Säure, top Trinkfluss. Sehr animierend.
Foodpairing: Peperonata mit Pecorino
13,50€ · 12,5%

2020 Sauvignon Blanc
Weingut Herzog von Württemberg, Württemberg
Knackig und gut balanciert mit feinem Maracujaduft und charmantem Schmelz am Gaumen.
Foodpairing: Klassischer Garnelencocktail
15€ · 13,0%

SILVANER

2020 Sulzfelder Maustal JHB S Silvaner
Weingut Brennfleck, Franken
Saftig, würzig, straff und leicht salzig, vielschichtig und anspruchsvoll.
Foodpairing: Serviettenknödel mit Kräutersalat
15€ · 13,0%

2020 Zornheim Other Worlds Silvaner
Weingut Münzenberger, Rheinhessen
Tolle Balance, mundwässernd, leicht herb, zitrisch und mit balancierter Kraft.
Foodpairing: Fischbällchen mit Koriander
9,90€ · 12,5%

2021 Röttinger Feuerstein * Silvaner**
Weingut Hofmann, Franken
Ganz klare und intensive Frucht, extraktreich, kraftvoll. Hat Potenzial.
Foodpairing: Saiblingsfilet Grenobler Art mit Zitronenfilets und Kapern
11,80€ · 12,5%

2020 Randersackerer Teufelskeller Silvaner 1. Lage
Staatlicher Hofkeller Würzburg, Franken
Verspielter Charakter mit Noten von Birne, Grapefruit und Pfirsich. Säurebetont und dabei sehr elegant.
Foodpairing: Tafelspitz mit Frankfurter Grüner Soße
12€ · 12,5%

2021 Iphöfer Kammer Keuper S Silvaner 1. Lage
Weingut Brennfleck, Franken
Sommer in der Nase, anregend, mit feinem Schmelz, dezent Salz und Röstaromen.
Foodpairing: Steinpilz-Quiche
13€ · 13,0%

2021 Sulzfelder Maustal Muschelkalk S Silvaner 1. Lage
Weingut Brennfleck, Franken
Freudig, dicht verwoben und dabei immer verspielt.
Feines Aromenspiel von Apfelstrudel und Kräutern.
Foodpairing: Wiener Schnitzel mit Preiselbeeren
13€ · 13,0%

2020 Volkach Urtyp Silvaner
Zur Schwane, Franken
Mächtig, samtig und dicht verwoben.
Am Gaumen mit viel Schmelz und Cremigkeit.
Foodpairing: Feldsalat mit geräucherter Entenbrust
14€ · 13,0%

2020 Randersackerer Marsberg Alte Reben Silvaner „GG"
Stefan Bardorf, Franken
Charmeur mit Noten von Zitrusfrüchten, Melone und Birne. Saftig und sanft.
Foodpairing: Omelett mit Gartenkräutern
14,50€ · 13,0%

2020 Großwallstadter Lützeltalerberg Alte Reben Silvaner
Weingut Giegerich, Franken
Rauchiger Auftakt, weg von der Frucht, hin zum Schmelz, sehr eigenständig.
Foodpairing: Saltimbocca vom Kalb
15€ · 13,0%

2021 Würzburger Stein Silvaner 1. Lage
Juliusspital, Franken
Zupackend und einladend, feine Brioche-Note,
knackige Säure und zarter Schmelz.
Foodpairing: Risotto mit Pfifferlingen
15€ · 12,5%

WEISSBURGUNDER

🍇🍇🍇

2021 Berg & Tal Weißburgunder
Johannes B., Württemberg
Floral und spannungsvoll durch die fein ziselierte Säure, vielschichtig und sehr freudig.
Foodpairing: Warmer Salat von Gartengemüse mit Kräuter-Vinaigrette
8,90€ · 13%

🍇🍇🍇

2021 Frucht Weißburgunder
Weingut Abril, Baden
Füllig und cremig mit vitalem Säurespiel am Gaumen, extraktreich und aromatisch.
Foodpairing: Kalbs-Blanquette mit Kräuterseitlingen
9,50€ · 13%

🍇🍇🍇

2020 Buchholzer Sonnhalde Weißburgunder Spätlese trocken
Weingut Moosmann, Baden
Charmant, verzaubernd, weich und unaufdringlich feine Speisen begleitend.
Foodpairing: Tatar vom Saibling
10€ · 14,5%

🍇🍇🍇

2021 Sulzfeld Weißburgunder
Weingut Burg Ravensburg, Baden
Zart duftiger Auftakt, am Gaumen dann kraftvoll mit dichter Struktur, hochwertiges Mitbringsel zur Gartenfeier.
Foodpairing: Klassische Antipasti
11€ · 12,5%

🍇🍇🍇

2019 Stuttgarter Mönchhalde Weißburgunder
Weingut der Stadt Stuttgart, Württemberg
Duftet nach frischem Heu, einnehmend und spannungsvoll. Er kann sehr gut mit Schärfe mithalten.
Foodpairing: Thailändischer Rindfleischsalat
12€ · 13,5%

2020 Tephrit Weißburgunder
Weingut Michel, Baden
Druckvoll, mit fester Struktur und guter Länge am Gaumen, reizvoll.
Foodpairing: Hühner-Frikassé mit Steinchampignons
13,50€ · 13%

2020 SR Weißburgunder Spätlese 1. Lage trocken
Weingut Röschard, Baden
Feinduftig und charmant mit Tiefgang und Körper, vollmundig und kraftvoll.
Foodpairing: Mousse von der Räucherforelle mit Schnittlauch
13,50€ · 13%

2020 Altenberg Weißburgunder 1. Lage
Privat-Weingut Schlumberger-Bernhart, Baden
Dezent rauchiger Auftakt mit Extrakt, Grip und Biss am Gaumen, herber Charakter mit Anspruch.
Foodpairing: Kalbsleber Berliner Art
14€ · 13,5%

2021 Heidelberger Herrenberg AS Weißburgunder 1. Lage
Weingut Seeger, Baden
Balanciert, ausgewogen, in sich ruhend, alles in Harmonie.
Foodpairing: Ricotta-Ravioli mit Salbeibutter
14,50€ · 12,5%

2021 Kaiserstuhl Weißburgunder
Holger Koch, Baden
Dezenter Schmelz, warmer Charakter mit weicher Struktur, trinkfreudig und komplex.
Foodpairing: Gebratenes Zanderfilet auf Rahmkraut
9,40€ · 12,5%

WEISSWEIN-CUVÉE

🍇🍇🍇
2020 Ölbaum Erlkönig Cuvée
Weingut Bös, Baden
Eros Ramazzotti im Glas. Der Italo-Schlager mit feiner Süße-Säure-Balance.
Foodpairing: Gegrillte Garnelenspieße
7,50€ · 12,1%

🍇🍇🍇
2020 Mathilde Cuvée
Schlossgut Hohenbeilstein, Württemberg
Mollig, kraftvoll, intensiv.
Foodpairing: Vitello tonnato
8,90€ · 12,5%

🍇🍇🍇
Cuvée
Johannes B., Württemberg
Schmeichelnder Animateur, sommerliche Trinkfreude mit weichem Körper.
Foodpairing: Geräucherter Schinkenspeck mit geröstetem Brot
9,80€ · 12,5%

🍇🍇🍇
2021 Seefelder Maltesergarten Cuvée
Weingut Noll, Baden
Gehaltvoll und charakterstark, spannungsgeladen, für Neugierige.
Foodpairing: Wildpastete mit Sauce Cumberland
9,90€ · 13,0%

🍇🍇🍇
2021 C4 Cuvée
Axel Bauer, Baden
Frisch, duftig, dezent und elegant. Sehr zugänglich, ein echter Darling.
Foodpairing: Mousse von geräucherten Süßwasserfischen
11€ · 12,0%

2020 Cuvée
Weingut Kissinger, Rheinhessen
Straffer Kraftprotz mit Noten von Speck und Rauch.
Darf ebenso intensiv begleitet werden und profitiert stark von Luft.
Foodpairing: Ganzes Freilandhuhn mit Rosmarin
15€ · 12,5%%

2021 Luftikuss Cuvée
Weingut Scheffer, Rheinhessen
Balancierte Freude mit saftiger Frucht und einer dezenten
Salzigkeit am Gaumen.
Foodpairing: Gemüsequiche mit Ziegenkäse
5,10€ · 11,5%

2021 900 Plus zwei Cuvée
Stiftungsweingut Freiburg, Baden
Intensiver Fruchtschmeichler mit vielschichtigem Aromenspiel.
Kräftig und extraktreich.
Foodpairing: Gebratene Entenbrust mit Sauerkirschen
7€ · 12,5%

2021 P.+P. Weiß Cuvée
Weingut Graf Neipperg, Württemberg
Charmant und einladend mit Noten
von Passionsfrucht, Mango und Stachelbeere.
Foodpairing: Gebratene Garnelen mit feinfruchtigem Chutney
7,20€ · 12,5%

2018 Erdung Cuvée
Öko-Weingut Zang, Franken
Kraftvoll, griffig und ein wenig wild. Ernsthaftes Kraftpaket mit Charakter.
Foodpairing: Gebackener Schafskäse
7,50€ · 12,0%

DIE BESTEN WEINE

Dieser Weinguide präsentiert eine Fülle ausgezeichneter Weine. Viele davon erreichen Bestnoten – sie sind die „Primi inter Pares". Allesamt Offenbarungen in Flaschen – Weine, die kaum besser sein könnten.

Auf den folgenden Seiten haben wir diese Weine für Sie zusammengestellt. Sie wurden mit großem Können, sowohl im Weinberg als auch im Keller, kultiviert. Hier gelingt die Kunst, das jeweilige Terroir im Wein zum Ausdruck und die Rebsorte zum Strahlen zu bringen. Wir zeigen zunächst die wichtigsten weißen Rebsorten und gehen dann über zu den Roten. Versteht sich von selbst, dass diese Weine großes Potenzial haben und natürlich auch schon jetzt ihre verheißungsvolle Entwicklung zeigen. Weine, die als Solitär beeindrucken und als passende Speisenbegleitung oft eine weitere Dimension ihres Aromenspiels erreichen können.

RIES LING

Ganz klar: Deutschland wird wie kein anderes Erzeugerland mit dieser Rebsorte identifiziert. Vor allem mit dem Besten, was die Winzerinnen und Winzer aus ihr machen: trocken, als Kabinett oder edelsüße Spezialität.

Gut so.
Damit lässt es sich vortrefflich leben und genießen.

RIESLING TROCKEN 2021

2021 Kirchenstück Riesling GG
Geheimer Rat Dr. von Bassermann-Jordan, Pfalz
So vielschichtig wie die Lage ist dieser Ausnahmewein. Er sprüht vor Energie, auch die große Leidenschaft seines Erzeugers ist deutlich spürbar, dennoch heißt es hier noch einige Jahre Geduld zu üben!
Foodpairing: Wildfang-Meerwolf in der Salzkruste
94€ · 13,0%

2021 Dalsheim Oberer Hubacker Monopol Riesling GG
Weingut Keller, Rheinhessen
Sanfter, dennoch sehr selbstbewusster Auftritt, dezent reife Noten von Kernobst, seidig am Gaumen, komplett in Harmonie mit ebenso sanftem Finale wie der Auftakt.
Foodpairing: Tatar vom Saibling mit Schnittlauch und Schmand auf Pumpernickel
k. A. · 12,5%

2021 Kastanienbusch Riesling GG
Ökonomierat Rebholz, Pfalz
Der erste und bleibende Eindruck bei dieser Riesling-Ikone ist die ungeheure Energie, die sich in einer Art Vibration an Zunge und Gaumen sanft entlädt. Das geschmackliche Spektrum wechselt dabei wie ein Chamäleon, faszinierend!
Foodpairing: Tortelli mit Cotechino und Weißer Trüffel
63€ · 12,5%

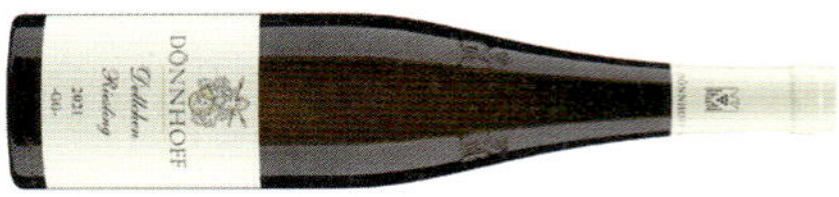

2021 Norheimer Dellchen Riesling GG
Dönnhoff, Nahe
Kühle, diskrete Art mit feinen Noten von Limette und Gartenkräutern. Eng verwoben, dicht, scharf geschliffen. Glasklar.
Foodpairing: Belon-Austern mit Asia-Vinaigrette
54€ · 13,0%

2021 Rothenberg Riesling GG
Weingut Kühling-Gillot, Rheinhessen
Nobel, diskreter Auftritt mit eher sanfter Kernobstaromatik, dabei verspielt, unendlich lang am Gaumen.
Foodpairing: Pot au feu von Flusskrebsen mit Périgord-Trüffel
195€ · 12,5%

RIESLING KABINETT 2021

2021 Oestricher Lenchen Riesling Kabinett
Peter Jakob Kühn, Rheingau
Eine hauchzarte wie vielschichtige Aromatik prägt diesen zauberhaften Kabinett und trägt ihn federleicht in eine glänzende Zukunft.
Foodpairing: Cavaillon-Melone mit weißem Port-Granité
20,50€ · 9,5%

2021 Morschberg Riesling Kabinett
Weingüter Wegeler – Gutshaus Rheingau, Rheingau
Tanzt auf der Zunge. Sanfte, kräuterige Art, dicht verwoben am Gaumen. Feine Zitrusnote von Grapefruit und Shiso-Kresse.
Foodpairing: Gebratene Langustinen mit Pomelo
21€ · 10,5%

2021 Karthäuserhofberg Riesling Kabinett
Karthäuserhof, Ruwer
Wie eine zärtliche Umarmung, feinste Rieslingaromatik mit einem markanten Säurenerv der in eine ewige Jugend trägt.
Foodpairing: Ungezuckerte Wald- und Gartenbeeren
16,90€ · 9,5%

2021 Lay Riesling Kabinett feinherb
Weingüter Wegeler – Gutshaus Mosel, Mosel
Unglaublich leise, elegant und zart, mit der perfekten Balance aus Süße und Säure. Charmant und floral, ohne jemals vordergründig zu werden.
Foodpairing: Summer-Rolls mit Koriander
21€ · 9,0%

2021 Rotenberg Altenbamberg Riesling Kabinett
Gut Hermannsberg, Nahe
Ein Kabinett wie aus dem Bilderbuch, tänzelnd, animierend und vollendet balanciert.
Foodpairing: Ceviche vom Saibling mit Chili
16,50€ · 9,5%

RIESLING KABINETT 2020

2020 Wehlener Sonnenuhr Riesling Kabinett
Weingut Joh. Jos. Prüm, Mosel
Dieser Kabinett bringt mit seiner Energie und Strahlkraft alles zum Schwingen, heute und in Jahrzehnten.
Foodpairing: Salat von Langustinen mit Fenchel und Blutorange
36€ · 8,0%

2020 Trittenheimer Apotheke Bergwingert Riesling Kabinett feinherb
Weingut Clüsserath-Eifel, Mosel
Der feinherbe Held. Noten von Pekannuss und florale Aromen im ersten Anklang. Animierendes Spiel von Süße, Herbe mit kraftvoller Säure.
Foodpairing: Frischkäse-Ravioli mit Walnuss-Pesto
18,95€ · 10,5%

2020 Erbacher Marcobrunn Riesling Kabinett
Schloss Reinhartshausen, Rheingau
Rauchiger Auftakt mit Noten von frisch geschnittenem Gras und grünem Apfel. Am Gaumen straff und salzig mit feiner Limettennote. Elegant und fein verwoben.
Foodpairing: Süßwasserfisch-Ceviche mit Koriander
21€ · 10,0%

2020 Scharzhofberger Riesling Kabinett
Weingut von Hövel, Mosel
Sehr würzig. Fester Körper, vitales Spiel von Süße und Säure. Karamellnoten und sogar ein Anflug von Cassis im Bukett. Zieht einen in seinen Bann.
Foodpairing: Salat von Waldpilzen mit Roten Johannisbeeren und Sauerampfer
21,80€ · 7,5%

2020 Zeltinger Sonnenuhr Fuder 6 Riesling Kabinett trocken
Markus Molitor, Mosel
Strahlend hell und klar, mit Tiefgang. Präzise, ohne grell zu sein. Animierend, macht neugierig.
Foodpairing: Gebratenes Kalbsbries mit glasierten Weintrauben
29€ · 11,0%

RIESLING EDELSÜSS

2011 Graacher Himmelreich Goldkapsel Riesling Auslese
Weingut Joh. Jos. Prüm, Mosel
Im wahrsten Sinne der Himmel auf Erden, eine feinsinnige Offenbarung aus einem sonnigen Jahr.
Foodpairing: Tarte Tatin mit leicht angeschlagener Vanille-Sahne
95€ · 7,5%

2021 Kiedrich Turmberg Riesling Beerenauslese 1. Lage
Robert Weil, Rheingau
Ungemein finessenreich konturiert und auf den Punkt konzentriert, dabei allerdings durch nur sehr geringen Botrytis-Befall nicht opulent wirkend.
Foodpairing: Crêpes Suzette
170€ · 8,0%

2021 Erbacher Marcobrunn Riesling Trockenbeerenauslese
Weingut Corvers-Kauter, Rheingau
Liquide Freude und animierende Größe. Noten von Bienenwachskerze und Waldhonig. Top Süße-Säure Balance, genau richtig verspielt.
Foodpairing: Blauschimmelkäse mit kandierten Früchten
290€ · 7,5%

2021 Kiedrich Gräfenberg Goldkapsel Riesling Auslese
Robert Weil, Rheingau
Das Spektrum reicht hier von zärtlich alle Sinne streichelnd bis fest zupackend am Gaumen, seidenweich in der komplexen Struktur bis fast ungestüm nicht loslassen wollend im endlos verspieltem Finale.
Foodpairing: Pochierte Birne mit Auslese-Sabayon
k.A. · 8,5%

2021 Kiedrich Gräfenberg Riesling Trockenbeerenauslese
Robert Weil, Rheingau
In dieser TBA steckt alles, was die außerordentliche Faszination der Weil'schen Weine ausmacht, sie ist das herausragendste der gesamten Palette und sicherlich auch einer der allerbeeindruckendsten Süßweine der Welt!
Foodpairing: Ein Meditationswein für die Ewigkeit
350€ · 7,5%

WEISSE & GRAUE BURGUNDER

Sie sind filigran und elegant – gleichzeitig haben sie Ausdruck und Struktur: Viele Winzerinnen und Winzer aus deutschen Anbaugebieten widmen sich den Burgunder-Sorten mit Hingabe und großem Erfolg, wie Sie hier sehen können.

Am besten sollten Sie das auch probieren.

WEISSBURGUNDER 2020

2020 R Weißburgunder
Rudolf Fürst, Franken
Expressiv im ersten Anklang. Dann, mit Luft: feines Salz, lebendig-zitrische Säure, Animation pur. Lässt einen so schnell nicht mehr los.
Foodpairing: Waller im leicht gebundenem Gemüsesud mit Meerrettich
48€ · 12,5%

2020 Wehlener Klosterberg * Weißburgunder**
Markus Molitor, Mosel
Viel aromatische Wucht und cremige Textur am Gaumen, saftig und fein cremig. Ein absoluter Charmeur.
Foodpairing: Schwertfisch mit Kapern und Meerschnecken
45€ · 13,0%

2020 Schlossberg Staufen Weißburgunder
Fritz Waßmer, Baden
Das ist Kalifornien aus Baden. Kokoscreme pur, schmelzig cremiger Eindruck am Gaumen. Ein ungemein sonniges Gemüt.
Foodpairing: Gelbes Thai-Curry mit Garnelen
52€ · 12,5%

2020 Achkarren Schlossberg Weißburgunder GG
Weingut Dr. Heger, Baden
Ausgewogene Art mit floralen Noten, viel Extrakt und Saft und auch einer dezenten Salzigkeit am Gaumen. Bleibt lang.
Foodpairing: Steinbutt mit Artischocken in Beurre blanc
31€ · 13,5%

2020 Volkacher Karthäuser Weißburgunder GG
Juliusspital, Franken
Maximal feines Aromenspiel von reifem Kernobst, cremig am Gaumen, gute Balance, langer Nachhall mit jodigen Noten.
Foodpairing: Ricotta-Ravioli mit Salbeibutter
32€ · 13,0%

WEISSBURGUNDER 2019

🍇🍇🍇🍇🍇

2019 Im Sonnenschein Weißburgunder GG
Ökonomierat Rebholz, Pfalz
Deutschlands Parade-Weißburgunder in Höchstform mit langsam beginnender Reife. Ein Mehr an Harmonie und Ausdruck ist mit dieser so leisen Rebsorte eigentlich nicht vorstellbar.
Foodpairing: Warmer Salat mit sautierten Steinpilzen und weißen Weinbergpfirsichfilets
60€ · 13,0%

🍇🍇🍇🍇

2019 Réserve Weißburgunder
Weingut Friedrich Becker, Pfalz
Fordernd, geradlinig und ohne Chichi. Noten von Akazie und Krokant, kraftvoller Säurezug am Gaumen, salziges Finale.
Foodpairing: Gebratener Schwertfisch mit Lardo
44€ · 13,5%

🍇🍇🍇🍇

2019 Kirchberg Weißburgunder GG
Weingut Salwey, Baden
Der saftige Weißburgunder. Sehr griffig texturiert mit viel Extrakt und kraftvoller Säure – fast schon fleischig im allerbesten Sinne.
Foodpairing: Risotto mit Waldpilzen und Wildkräutern
50€ · 13,0%

🍇🍇🍇🍇🍇

2019 Weißburgunder R
Rudolf Fürst, Franken
Ungemein ausdrucksstarker Weißburgunder, kraftvoll, lang und elegant, schier endlos, schwer zu toppen!
Foodpairing: Gebratene Rebhuhnbrust mit Waldpilzen à la crème
42€ · 12,5%

🍇🍇🍇🍇

2019 Im Leh Weißburgunder GG
Franz Keller, Baden
Fein verwobenes Gerüst aus Säure und Frucht. Feingliedrig und sehr erfrischend. Subtile Größe, die sich nicht aufdrängt.
Foodpairing: Seezunge Müllerin mit Zitronenbutter
35€ · 13,0%

GRAUBURGUNDER 2020

2020 Achkarrer Schlossberg Grauburgunder GG
Franz Keller, Baden
Kraftvoll und doch in sich ruhend, ein sanfter Riese mit enormen Entwicklungspotenzial, ein echter Wurf!
Foodpairing: Gratinierte Flusskrebse mit Périgord-Trüffel nach Fernand Point
35€ · 12,5%

2020 Achkarren Schlossberg Grauburgunder GG
Weingut Dr. Heger, Baden
State of the Art. Fantastische Länge, gekonnter Holzeinsatz, cremige Mitte, ganz großes Potenzial.
Foodpairing: Milchkalbskotelett mit Steinpilzen
31€ · 13,5%

2020 Sommerhalde Bombach Grauburgunder
Fritz Waßmer, Baden
Wuchtiger Auftritt, Rauch, Speck im Bukett. Am Gaumen mit kräftigem Säurezug und endloser Länge.
Foodpairing: Seeteufel-Saltimbocca auf Muschelrisotto
52€ · 12,5%

2020 Burkheimer Feuerberg Haslen Grauburgunder GG
Weingut Bercher, Baden
Eine sehr gewinnende Persönlichkeit. Noten von geröstetem Brot im Wechsel mit Johannisbeere, elegant und raffiniert.
Foodpairing: Poulet de Bresse mit Morcheln
29€ · 13,0%

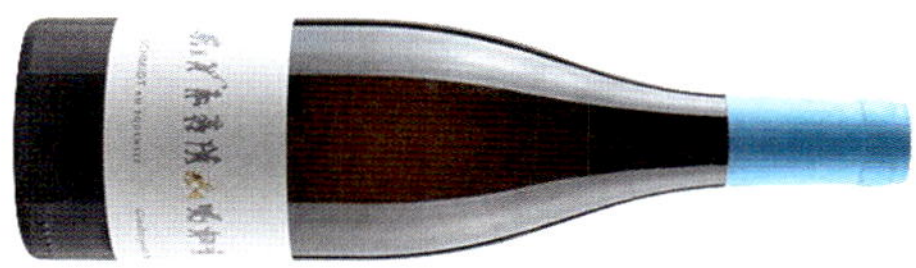

2020 Réserve Grauburgunder
Schmidt am Bodensee, Baden
„Naturweincharakter", spannungsvoll und experimentell, begeistert lange, eine echte „Rock Opera".
Foodpairing: Mit Miso glasierter Black Cod nach Joël Robuchon
36€ · 13,0%

GRAUBURGUNDER 2019

2019 Réserve Grauburgunder
Weingut Friedrich Becker, Pfalz
Herber Charme. Runder Körper, extraktreich und mit leicht süßlicher Mitte. Cremige Textur am Gaumen.
Foodpairing: Salsiccia vom Holzkohlegrill mit Linsensalat
44€ · 13,5%

2019 Jaspis Würmlin Grauburgunder unfiltriert
Weingut Ziereisen, Baden
Mächtig und muskulös mit süßem Kern. Ein Kraftpaket, das sich großartig mit Krustentieren verträgt.
Foodpairing: Hummerbisque
53,80€ · 14,0%

2019 Dottinger Castellberg Grauburgunder GC
Martin Waßmer, Baden
Griffig und anspruchsvoll. Zeigt, was Grauburgunder kann, und schöpft sein Potenzial voll aus.
Foodpairing: Geräucherte Gänsebrust mit Portwein-Feigen
38€ · 13,5%

2019 Achkarrer Schlossberg Grauburgunder GG
Franz Keller, Baden
Spannung pur, eigenständig, charakterstark, wild und nichts für schwache Nerven. Grauburgunder-Blockbuster.
Foodpairing: Gegrillte Calamari mit Knoblauch und Petersilie
35€ · 12,5%

2019 Löchle Grauburgunder GG
Weingut Burg Ravensburg, Baden
So fein: Darjeeling-Noten im Bukett, floraler Auftakt mit Druck am Gaumen und zupackend vitaler Säure.
Foodpairing: Gebratene Rebhuhnbrust mit Salbei und Pfifferlingen
30€ · 13,5%

CHAR DON NAY

Eine der populärsten Rebsorten mit großer Liebhaberschaft.

Chardonnay ist ein sympathisches Multitalent. Er überzeugt frisch, fruchtig und zart genauso wie mächtig, zupackend und geheimnisvoll.

Immer: Großes Kino!

CHARDONNAY 2019

2019 Hecklinger Schloßberg Chardonnay GG
Bernhard Huber, Baden
Mächtig. Eng verwoben, kraftvoll, geheimnisvoll. Puligny-Montrachet-Charakter, der ein ganz puristisches Pairing braucht.
Foodpairing: Steinbutt mit Steinpilzen und Beurre blanc
83€ · 12,5%

2019 R Chardonnay
Rudolf Fürst, Franken
Ewig frisch, dabei cremig am Gaumen, fein gewoben in der Mitte, macht einfach Lust auf mehr. Zug und Trinkfluss, sehr prägnant. Bleibt im Gedächtnis, leise Größe.
Foodpairing: Klassische Bouillabaisse mit Croûtons und Sauce rouille
59€ · 12,5%

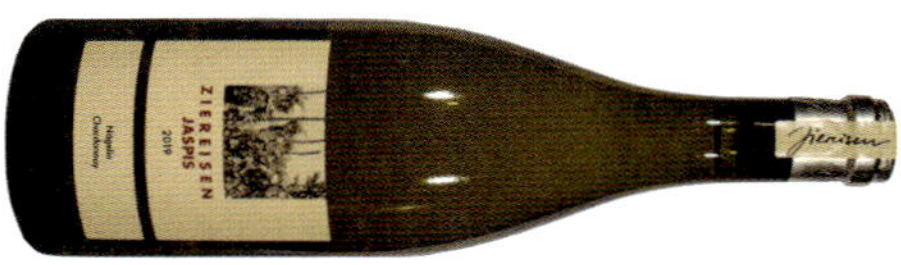

2019 Jaspis Nägelin Chardonnay unfiltriert
Weingut Ziereisen, Baden
Kraftvoll und würzig mit leichter Salzigkeit am Gaumen. Straff und dicht verwoben, zupackend und mit langem Finale.
Foodpairing: Meerwolf mit Taggiasca-Oliven im Pergament gegart
69,80€ · 13,5%

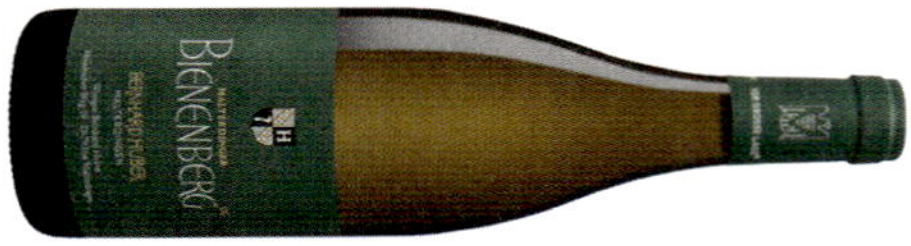

2019 Malterdinger Bienenberg Chardonnay GG
Bernhard Huber, Baden
Der Bezaubernde. Zupackend. Das ist Größe, ohne angeberisch zu sein. Kraftvoller Meursault-Stil. Expressiv. Dabei nie zu laut.
Foodpairing: Seeteufel im Ganzen mit geschmorten Tomaten und Oliven
55€ · 12,5%

2019 Dottinger Castellberg GC Chardonnay
Martin Waßmer, Baden
„Der hat alles, was man braucht." Roh, ein bombastischer Chardonnay, den man wohl besser im Sitzen auf sich zukommen lassen sollte. Großes Kino, Blockbuster.
Foodpairing: Gelbes Thai-Curry mit Garnelen
58€ · 13,0%

SAUV
IG
NON

Nein, es sind eben keine „platten pleaser“, auch wenn der Sauvignon zu den zwei Dutzend am häufigsten angebauten Rebsorten in der Weinwelt zählt.

Diese Weine hier haben sich qualifiziert, sie sind die Champions in ihrer Klasse und sie sind großartig.

SAUVIGNON BLANC 2020

🍇🍇🍇🍇🍇

2020 Ovum Sauvignon Blanc
Weingut Aldinger, Württemberg
Monumental. Eigenständig, kraftvoll, unvergleichlich. So viel explosive Kraft, dass er mit einem Warnhinweis versehen werden sollte. Ganz großes Sauvignon-Kino.
Foodpairing: Gedämpfte Languste mit Beurre blanc
40€ · 13,0%

🍇🍇🍇🍇

2020 Felswand Sauvignon Blanc
Winzerhof Stahl, Franken
Mirabelle, Salbei, Zitrusfrüchte. Warm und sommerlich, vollmundig und saftig. Das ist Trinkfreude auf hohem Niveau.
Foodpairing: Gebratenes Rotbarbenfilet mit Kräutersalat
38€ · 13,5%

🍇🍇🍇🍇

2020 Imperiale Sauvignon Blanc
Weingut von Winning, Pfalz
Rauchige Wucht mit Kokos-Vanille-Duft. Kraftvoll, schmelzig, charmant und cremig, offener Stil.
Foodpairing: Gegrillte Dorade mit Mango-Chutney
25€ · 12,5%

🍇🍇🍇🍇

2020 Bergmandel Sauvignon Blanc
Rainer Schnaitmann, Württemberg
Sauvignon auf leisen Sohlen, der seine Wucht erst auf den zweiten Blick offenbart. Herb, rauchig, anspruchsvoll.
Foodpairing: Klare Edelfischsuppe mit Fenchel und Safran
24€ · 14,0%

🍇🍇🍇🍇

2020 Réserve Sauvignon Blanc
Weingut Weedenborn, Rheinhessen
Mundwässernde Art, sehr vital. Feiner Rauch, grüne Kräuter, Brennnessel. Ganz scharf geschliffen, extraktreich und animierend.
Foodpairing: Traditionelle Tom Kha Gai
34€ · 13,0%

SAUVIGNON BLANC 2019

2019 Nacker Sauvignon Blanc Réserve
Susanne & Berthold Claußß, Baden
Wunderbarer Loire-Stil mit feiner gelber Frucht und zarter Vanille. Macht sofort Lust auf mehr. Fein schmelzig am Gaumen und sehr elegant.
Foodpairing: Rillettes von der geräucherten Seeforelle
35€ · 13,5%

2019 Sauvignon Blanc
Weingut Dr. Baumann, Württemberg
Cremige Exotik, feine Süße am Gaumen, zugänglich und weich.
Foodpairing: Filet vom Saint-Pierre mit Algensalat
12,90€ · 13,5%

2019 Ebringer Klämle Sauvignon Blanc
Schlossgut Ebringen, Baden
Prince Charming, tänzelndes Aromenspiel von Aprikose, Vanille und Holunderblüte.
Foodpairing: Pasta mit Basilikum und Pinienkernen
19,90€ · 13,5%

2019 H.A.D.E.S. Sauvignon Blanc R
Weingut Drautz-Able, Württemberg
Ganz groß mit gekonntem Holzeinsatz und fester Substanz, saftig mit vitaler Säure, Spiel und Druck am Gaumen.
Foodpairing: Pochierter Heilbutt mit Tomaten und Kapern
29€ · 13,0%

2019 Réserve 500 Sauvignon Blanc
Weingut & Privatkellerei Bimmerle, Baden
Kraftvoll und schmelzig, vitale Säure, sehr gut balanciert.
Foodpairing: Seeteufelmedaillons auf Caponata
29€ · 13,0%

SIL
VA
NER

Eindeutig die Lieblingsrebsorte der Franken. Das sollte schon gesagt werden.

Natürlich wächst der Silvaner auch in anderen Anbaugebieten und gefällt.

Er spiegelt sein Terroir sehr deutlich und ist bei Tisch oft eine gute Entscheidung.

SILVANER 2021

2021 Am Lumpen 1655 Escherndorf Silvaner GG
Weingut Max Müller I, Franken
Floral, ätherisch und vital. Sehr gut abgestimmt, lebendig, frisch und harmonisch.
Foodpairing: Fluss-Zander mit gebratenen Pfifferlingen
36€ · 12,5%

2021 Röttinger Feuerstein R Silvaner
Weingut Hofmann, Franken
Gartenkräuter, Pfeffer und Rauch im Auftakt, dann auch Aromen von Lakritz und Zimt, kräftig und eigenständig.
Foodpairing: Geräucherte Entenbrust mit Rotkrautsalat
15,80€ · 12,5%

2021 Würzburger Stein-Berg Silvaner GG
Staatlicher Hofkeller Würzburg, Franken
Saftig ohne Ende. Ein Silvaner für Riesling-Trinker mit viel gelber Frucht und vitaler Säure.
Foodpairing: Hühner-Frikassee mit Safran und Granatapfel
31€ · 13,5%

2021 Escherndorf am Lumpen 1655 Silvaner GG
Horst Sauer, Franken
Silvaner, der Leichtigkeit und Kraft vereint. Kraftvoll, extraktreich, leicht süßlich-würzig, spritzig und rund. Unglaublich viel Charme.
Foodpairing: Kürbis-Gnocchi mit Pecorino
27€ · 13,0%

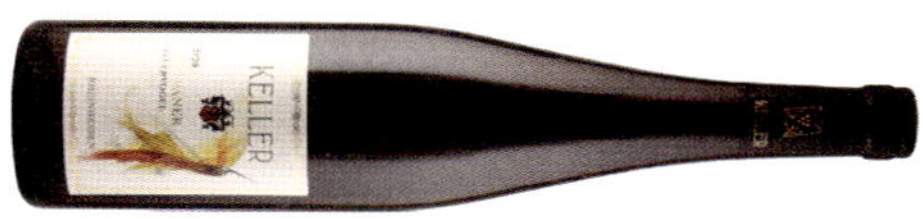

2021 Sylvaner Feuervogel Silvaner
Weingut Keller, Rheinhessen
Nussig, kräuterig in der Nase, viel Aufspiel von Süße und Säure am Gaumen, lang und erfrischend im Finale.
Foodpairing: Milchkalb-Picatta in Zitronensauce
k.A. · 13,0%

SILVANER 2020

2020 Escherndorf am Lumpen 1655 Silvaner GG
Horst Sauer, Franken
Ein sanfter Riese: komplexe und durch feine Kräuter dennoch schlank wirkende Aromatik von reifen Aprikosen mit Zitrusanklängen am Gaumen.
Foodpairing: Glattbutt mit Ricotta-Salbei-Tascherl
27€ · 13,5%

2020 Sulzfelder Maustal Mönchshöflein Silvaner „GG“
Weingut Brennfleck, Franken
Runder Typ mit würzig-rauchigem Aromenspiel, strukturiert am Gaumen. Spannendes Spiel von Extraktsüße und feiner Bitternote.
Foodpairing: Gebratenes Zanderfilet auf Rahmsauerkraut
28€ · 13,0%

2020 Vinz Alte Reben Silvaner
Weingut am Stein, Franken
Sehr würzig mit Noten von Anis, reifer Ananas und Brotkrume. Kräftiger Zug am Gaumen, druckvoll und eng verwoben, schönes Reifepotenzial.
Foodpairing: Mildes Garnelen-Curry
26€ · 13,0%

2020 Randersacker Sonnenstuhl R Silvaner Spätlese „GG“ trocken
Trockene Schmitts, Franken
Feine Noten von grünem Tee und Oliven, wunderbarer Holzeinsatz, extraktreich.
Foodpairing: Gebratener Rochenflügel in Beurre noisette mit Kapern
22,90€ · 13,5%

2020 Würzburger Stein-Berg Silvaner GG
Juliusspital, Franken
Pikante Art mit sehr feiner Bitternote am Gaumen. Ein Wein für viele Jahre mit cremig-schmelziger Textur.
Foodpairing: Gesottener Tafelspitz mit Apfelkren
32€ · 13,5%

CU VÉE WEISS

Das Beste aus jeder Sorte.

Eine Cuvée ist perfektes Teamwork, Harmonie in der Unterschiedlichkeit und bei sehr komplizierten Bedingungen oft die beste Wahl.

Applaus für diese Kompositionen.

CUVÉE WEISS 2020

🍇🍇🍇
2020 Malterdinger
Bernhard Huber, Baden
Schießpulver trifft Limettenschale. Ganz festes Korsett, kraftvoll, dabei dennoch schmelzig und offen.
Foodpairing: Langustinen-Salat mit Thai-Basilikum
25€ · 13,0%

🍇🍇🍇
2020 Maison Blanc Cuvée
Axel Bauer, Baden
Mirabelle meets Ananas. Er hüpft geradezu über die Zunge. Mit wunderschönem Nachhall.
Foodpairing: Chicken-Curry mit gelben Früchten
19,50€ · 12,5%

🍇🍇🍇
2020 Odernheimer Montfort
Weingut Disibodenberg, Nahe
Floral und sanft mit leichter Exotik, sommerlicher Würze und animierend herbem Finish.
Foodpairing: Pikante Sushi-Variationen
18,90€ · 13,5%

🍇🍇🍇
2020 Missgunst Cuvée
Weinhaus Siegmund & Klingbeil, Saale-Unstrut
Frisch-kräuterig mit Noten von Orangenzeste und Muskat. Viel Grip am Gaumen in Harmonie mit tollem Trinkfluss.
Foodpairing: Rehrücken mit confierten Mirabellen
50€ · 13,5%

🍇🍇🍇
2020 Muschelkalk
Becksteiner Winzer, Baden
Bittermandel und Mirabelle im Bukett, würzig am Gaumen mit langem Nachhall.
Foodpairing: Gegrillte Dorade mit warmer Tomaten-Kräuter-Vinaigrette
33€ · 12,5%

SPÄT
BUR
GUN
DER

Flüsterton, Zehenspitzen, feines Tuch:

Weine dieser Rebsorte zählen neben den großen Rieslingen zur Königsklasse der deutschen Weinszene.

Manchmal mit viel Kraft und Struktur, manchmal eher leise und fein – immer ausgezeichnet!

SPÄTBURGUNDER 2020

2020 Fellbacher Lämmler Spätburgunder GG
Weingut Aldinger, Württemberg
Tiefgründige, fast kühl anmutende Aromatik. Fest mit viel Druck am Gaumen will dieser ganz große Wein nicht sofort allen gefallen. Vier, fünf Jahre weglegen, es wird sich lohnen.
Foodpairing: Lamm-Navarin mit Estragon und Gartengemüse
42€ · 13,0%

2020 Idig Königsbach Spätburgunder GG
Weingut Christmann, Pfalz
Fast mystisch anmutende Tiefe mit feinem Spiel von Waldfrüchten, alles an seinem Platz, ein Meilenstein!
Foodpairing: Rehrückenmedaillons mit Sauce poivrade
90€ · 12,5%

2020 Schlossberg Spätburgunder GG
Bernhard Huber, Baden
Sehr elegant. Für die großen Ereignisse. Frische Säure, kraftvolle Tannine, feine rote Frucht. Sehr komplex und dennoch unaufgeregt.
Foodpairing: Lackierte Entenbrust mit geröstetem Kürbis
95€ · 13,0%

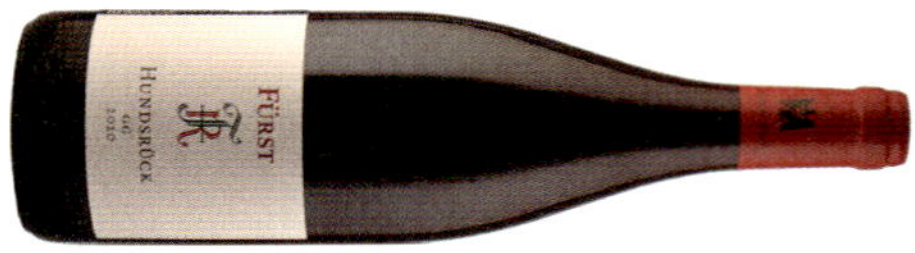

2020 Hundsrück Spätburgunder GG
Rudolf Fürst, Franken
In sich ruhende Größe. Unfassbar harmonisch mit einem Aromenspiel von Brombeere und Rauch. Der sanfte Riese.
Foodpairing: Kurz gebratene Rehmedaillons mit Sauerkirschen
135€ · 13,0%

2020 L'artiste Pinot Noir
HE Weine, Pfalz
Der Waldspaziergang. Kühler Auftritt mit Noten von Nadelbäumen, Weihrauch, Schwarzkirsche, dann auch Mokka. Sehr ernsthaft und mit großem Tiefgang.
Foodpairing: Bœuf bourguignon mit Kartoffelpürree
249€ · 13,0%

SPÄTBURGUNDER 2019

🍇🍇🍇🍇🍇

2019 Kirchberg Spätburgunder GG
Weingut Salwey, Baden
Beeindruckendes Aromenspiel aus Blutorange und Nelke. In jeder Hinsicht groß, langanhaltend, im Gedächtnis bleibend.
Foodpairing: Rehmedaillons mit Waldbeeren
60€ · 13,5%

🍇🍇🍇🍇🍇

2019 Bienenberg Wildenstein Spätburgunder GG
Bernhard Huber, Baden
Weglegen und vergessen. Beim Wiederfinden wird die Freude riesig.
Foodpairing: Ganze Freiland-Ente aus dem Ofen
138€ · 13,5%

🍇🍇🍇🍇🍇

2019 Jaspis Zipsin Pinot Noir unfiltriert
Weingut Ziereisen, Baden
Geprägt von dunkler Frucht und viel Saft am Gaumen. Das volle Paket mit feinen Bitterstoffen und kraftvollem Gerbstoff. Nichts für Zartbesaitete – für alle anderen die pure Freude.
Foodpairing: Rehmedaillons mit Wacholder
45€ · 13,0%

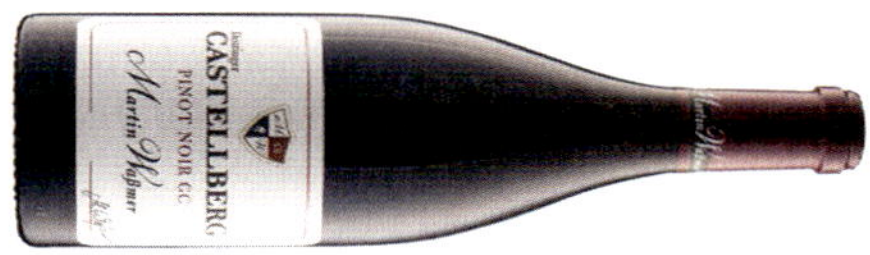

🍇🍇🍇🍇🍇

2019 Dottinger Castellberg GC Pinot Noir
Martin Waßmer, Baden
„Straight Pinot", ganz klarer Charakter, der auf unnötigen Schmuck verzichtet, mit Tiefgang und Anspruch.
Foodpairing: Kalbsbries Rumohr nach Eckart Witzigmann
74€ · 13,5%

🍇🍇🍇🍇🍇

2019 Neuenahrer Sonnenberg Spätburgunder
H. J. Kreuzberg, Ahr
Einladende Eleganz. Ein Wein mit klarer Kante und fester Tanninstruktur, einem elegant-kräuterigen Finish und langem Nachhall. Faszinierend.
Foodpairing: Tajine mit Lamm
42€ · 13,0%

SPÄTBURGUNDER 2018

2018 Graacher Himmelreich * Spätburgunder**
Markus Molitor, Mosel
Ein vitalisierender Wein burgundischer Bauweise, extraktreich und so jung. Hat viel vor sich.
Foodpairing: Loup de mer mit Sauce bordelaise
120€ · 13,0%

2018 Großkarlbach Im Großen Garten Spätburgunder GG
Weingut Knipser, Pfalz
Mandarinenschale im Auftakt. Feiner Schmelz, viel Saft am Gaumen, reif und dicht. Sehr trinkfreudige Begleitung für große Gelegenheiten.
Foodpairing: Bœuf Stroganoff
48€ · 13,0%

2018 Dottinger Castellberg GC Pinot Noir
Martin Waßmer, Baden
Stoffig, dicht, viel Frucht, Säure und Tannin in schönem Zusammenspiel, macht schon Freude, kann aber noch reifen, ein Festtagswein!
Foodpairing: Jagdfasan mit Speck und Weintrauben
74€ · 13,0%

2018 Hainfelder Letten Grande Réserve BK Pinot Noir
Bernhard Koch, Pfalz
Intensiv und dunkel mit viel Würze und Noten von Schießpulver. Am Gaumen dann ganz klar, ohne jede Molligkeit. Spannend und sehr vielschichtig.
Foodpairing: Gebratenes Bries vom Milchkalb mit Morcheln
55€ · 13,5%

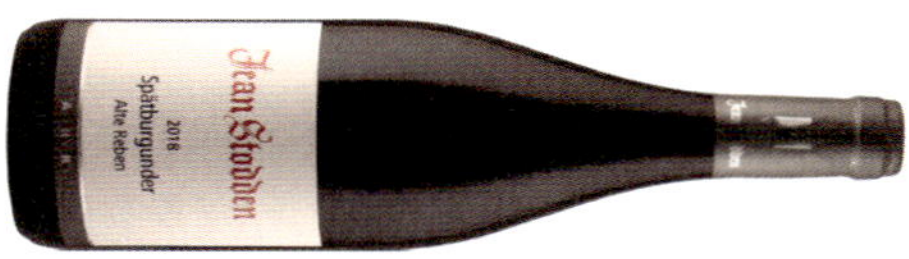

2018 Alte Reben Spätburgunder
Jean Stodden, Ahr
Vielschichtige Aromatik mit zarter Reife, viel Kraft, dabei sehr fein und elegant gebaut, anhaltend im Geschmack.
Foodpairing: Mildes Lammcurry
125€ · 13,0%

BLAU FRÄNKISCH ODER LEM BERGER

Sehr oft in Baden und Württemberg zu Hause. Die Winzerinnen und Winzer dort verstehen sich besonders gut auf diese Rebsorte.

Klassischerweise rote Früchte, Pfeffer und viel Substanz.

Für Überraschung sorgen Lemberger, die eher leise daherkommen.

BLAUFRÄNKISCH/LEMBERGER 2020

2020 Fellbacher Lämmler Lemberger GG
Weingut Aldinger, Württemberg
Schon jetzt geschmeidig. Dunkle Frucht, würzige Kräuter, viel festes Tannin am Gaumen. Dichtverwoben, komplex und lang am Gaumen.
Foodpairing: Saltimbocca vom Reh mit Salbei
42€ · 13,5%

2020 Stettener Gehrnhalde Lemberger GG
Karl Haidle, Württemberg
Helle rote Frucht, ätherische Noten, bestens strukturiert. Daran bleibt man hängen, darüber will man nachdenken.
Foodpairing: Kalbskotelett mit Pfifferlingen
48€ · 13,0%

2020 Ruthe Lemberger GG
Weingut Graf Neipperg, Württemberg
Kraftvoll, ohne fett zu werden. Frucht und Würze sind gut ausbalanciert. Mit dichter Struktur am Gaumen.
Foodpairing: Auf der Haut gebratener Zander mit Beurre rouge
30€ · 13,5%

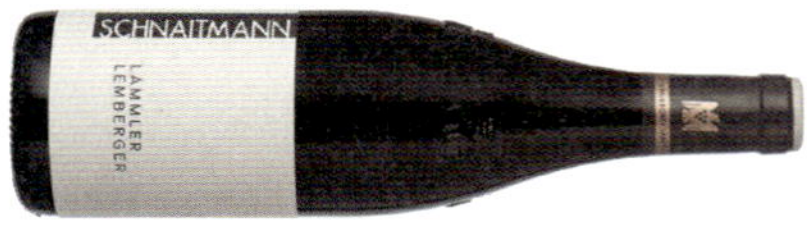

2020 Fellbacher Lämmler Lemberger GG
Rainer Schnaitmann, Württemberg
Das Kräuterbeet. Noten von Melisse und Waldmeister, schlank und fest gebaut mit griffigem Tannin-Gerüst und bezaubernder Frucht.
Foodpairing: Rheinischer Rindssauerbraten mit Rosinen
58€ · 12,5%

2020 Stettener Berge Lemberger GG
Karl Haidle, Württemberg
Ganz klassisches Aromenspiel von Eukalyptus und Kirsche. Süßlich-sauer am Gaumen, sehr animierend, frisch und laut. Ein fordernder Wein mit viel Gesprächspotenzial.
Foodpairing: Entrecôte vom Weiderind in Pfefferrahmsauce
38€ · 13,0%

BLAUFRÄNKISCH/LEMBERGER 2019

2019 Fellbacher Lämmler Lemberger GG
Rainer Schnaitmann, Württemberg
Auftakt mit Heidelbeere und Marzipan, dann Pfeffer im Bukett. Weich und anheimelnd, charmant.
Foodpairing: Klassische Rindsroulade mit Kartoffel Kürbis-Püree
48€ · 13,0%

2019 Fellbacher Lämmler Lemberger GG
Weingut Aldinger, Württemberg
Rauchig mit Aromen von Eukalyptus und Zeder. Anspruchsvoll und nachhaltig, bleibt im Gedächtnis.
Foodpairing: Blutwurst-Gröstl mit Salbei
42€ · 13,5%

2019 Réserve Lemberger
Albrecht Schwegler, Württemberg
Würzige Stilistik, das klassische Beispiel für Lemberger: gediegen, ernsthaft, kraftvoll, erwachsen.
Foodpairing: Schwäbischer Zwiebelrostbraten mit Butterspätzle
38€ · 14,0%

2019 Spermen R Blaufränkisch GG
Weingut Seeger, Baden
Kirsche und Vanille im Bukett, feine Noten von Schokolade mit schmelziger Textur, warm und mit dezenter Frucht am Gaumen.
Foodpairing: Geschmortes Short Rib mit Szechuanpfeffer
28,50€ · 13,5%

2019 Michaelsberg Lemberger GG
Weingut Dautel, Württemberg
Kirsche und Eisen, Rauch und Speck. Top-Reife, viel Potenzial, Langstreckenläufer mit Extrakt und kraftvollem Gerüst.
Foodpairing: Roastbeef im Ganzen mit Sauce béarnaise
34€ · 13,0%

BLAUFRÄNKISCH/LEMBERGER 2018

2018 Cleebronner Michaelsberg Lemberger GG
Weingut Dautel, Württemberg
Erfrischender Typ mit jugendlicher Art, würzig und gleichzeitig fein am Gaumen, zupackende Art mit Potenzial für die Zukunft.
Foodpairing: Milchkalbsleber mit Apfelscheiben
34€ · 13,0%

2018 Württemberg HADES Lemberger
J. Ellwanger, Württemberg
Würzig, rauchig, speckig, samtig und rund, in sich ruhend und ausgeglichen.
Foodpairing: Ganze Rehkeule aus dem Ofen mit Wildrahmsauce und Spätzle
26€ · 14,0%

2018 Spitzenberg Lemberger GG
Weingut Wachtstetter, Württemberg
Komplexer Lemberger, der in seiner würzigen Aromatik an Piemont erinnert, für anspruchsvolle Genießer.
Foodpairing: Lammkoteletts mit Safranrisotto
29,80€ · 14,0%

2018 Stettener Mönchberg Schalksberg Lemberger GG
Weingut Beurer, Württemberg
Kraftvoller, feinwürziger Lemberger mit reifer idealtypischer Aromatik, eine echte Persönlichkeit.
Foodpairing: Ossobuco mit Safranrisotto
35€ · 13,0%

2018 Hohenbeilsteiner Schlosswengert Lemberger GG
Schlossgut Hohenbeilstein, Württemberg
Sehr markant. Vom Holz geprägt, wuchtig, ganz weit weg von der Frucht. Fordert alle Sinne, braucht Zeit und belohnt einen am Ende.
Foodpairing: Coq au vin rouge mit Speck und Schalotten
24€ · 13,5%

CU VÉE ROT

Substantielle Gerbstoffe, Kraft, Trinkfreude und optimale Bedingungen, diese Weine zu kräftigen Speisen zu kombinieren.

Wild ist nicht zu wild für diese Tropfen!

CUVÉE ROT 2018

2018 Granat
Albrecht Schwegler, Württemberg
Kokosnuss und Brombeere im Auftakt, Komplettpaket aus Gerbstoffen und Kraft, sehr intensiv, steht für sich allein. Bleibt im Gedächtnis und hat großes Lagerpotenzial.
Foodpairing: Geschmortes Rehschäufele mit Waldbeeren
56€ · 14,5%

2018 Kreation CMX
Bernhard Ellwanger, Württemberg
Animierend, reizvoll, spannend mit sehr kräftigem Tanningerüst und Zug am Gaumen. Dazu darf es kräftig werden.
Foodpairing: Rotweinrisotto mit Ochsenmark
16,90€ · 14,5%

2018 Sommeracher Katzenkopf R
Richard Östreicher, Franken
Der Internationale. Cassis und Vanille, viele dunkle Gewürze, ätherische Noten, kraftvoll zupackende Tannine.
Foodpairing: Hirschgulasch mit Serviettenknödeln
35€ · 13,0%

2018 Adolzfurter Schneckenhof CM
Weingut Birkert, Württemberg
Würziger Schmeichler mit direkter Art, stoffig, feinwürzig und durchaus ein wenig deftig.
Foodpairing: Linsengemüse mit geräuchertem Häxle vom Landschwein
26€ · 14,5%

2018 Cuvée
Weingut Lämmlin-Schindler, Baden
Elegante Trinkfreude mit viel Cassis und Blaubeere im Bukett, erfrischend und elegant, bleibt spannungsvoll.
Foodpairing: Hirschkalbskotelett mit Rotwein-Holunder-Sauce
19,50€ · 14,0%

CUVÉE ROT 2019

2019 Premiere
Axel Bauer, Baden
Karamelliger Auftakt mit feiner Brombeernote, Länge, Fülle und Gestalt. Ein echter Charakterkopf mit Anspruch.
Foodpairing: Gefüllte Taube mit Portwein-Feigen
39€ · 14,0%

2019 Dux
Weingut Herzog von Württemberg, Württemberg
Rauchig-speckiger Auftakt mit viel Kraft schon im Bukett. Der zieht sein Programm voll durch, kraftvoll und wuchtig, mit Tiefgang und Spannung am Gaumen.
Foodpairing: Asiatisch gewürzte Lange Rippe vom Landschwein
45€ · 14,0%

2019 Esslinger Schenkenberg Abt Fulrad Zukunft
Teamwerk Esslingen, Württemberg
Cassis und dunkle Gewürze sorgen für einen aromatischen Auftritt. Am Gaumen balanciert und lebendig.
Foodpairing: Kaninchen in Dijon-Rahmsauce
13€ · 14,0%

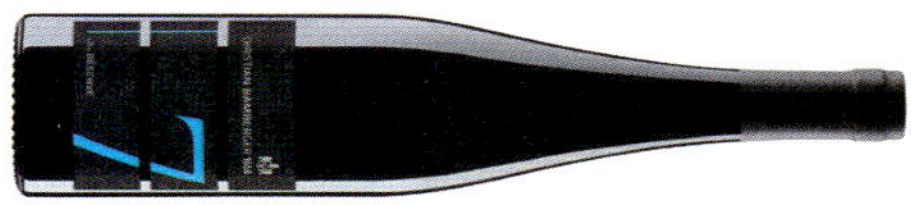

2019 Réserve
Christian Bamberger Steinhardter Hof, Nahe
Ungemein kraftvolle wie ausdrucksstarke Rotweinkomposition mit viel Harmonie und Eleganz am Gaumen.
Foodpairing: Wunderbar zu Côte de Bœuf mit Sauce béarnaise
30€ · 14,0%

2019 Ducissa
Weingut Herzog von Württemberg, Württemberg
Eine echte Persönlichkeit, ansprechend mit Fülle, kräftigem Gerbstoff und Länge am Gaumen, fein strukturiert und präsent.
Foodpairing: Lammkeule mit Rosmarin im Ganzen rosa gebraten
25€ · 14,0%

AHR

AHR

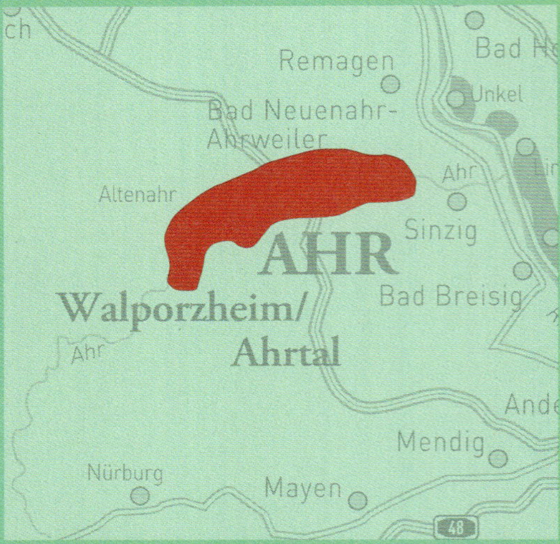

REBFLÄCHE
564 Hektar, ein Bereich, eine Großlage, 40 Einzellagen

REBSORTEN
Weißwein 19 % (Riesling 8,2 %, Weißburgunder 3,9 %,), Rotwein 81 % (Spätburgunder 65 %, Frühburgunder 5,9 %, Regent 3 %)

BÖDEN
Schiefer und Lösslehm, vulkanisches Gestein im mittleren Ahrtal

BESONDERHEIT
Die Ahr ist Deutschlands größtes geschlossenes Rotwein-Gebiet. Bei der Flutkatastrophe 2021 wurden etwa zehn Prozent der Weinbauflächen zerstört.

GRUND ZUR HOFFNUNG NACH DER KATASTROPHE

von GISELA KIRSCHSTEIN

Ganz im Norden von Rheinland-Pfalz schlängelt sich die Ahr durch meterhohes Felsgestein und tiefe Schluchten. Die Hänge gehören zu den steilsten überhaupt, auf dunklem Schiefer und Basalt wächst hier zu 80 Prozent Rotwein: Die Ahr ist ein kleines, aber feines Paradies. Doch das endete jäh am 14. Juli 2021: Eine gigantische Flutwelle raste durch das Tal und hinterließ eine zweigeteilte Welt.

Oben die grünen Weinberge in vollem Saft – unten die Verwüstungen durch die Flutkatastrophe. Das gilt auch für den Weinbau: Nichts ist mehr wie zuvor an der Ahr. Außer den Weinen.
Wenige Kilometer südlich der alten Bundeshauptstadt Bonn hat die kleine Ahr ein tiefes Tal ins Schiefergestein gegraben: Steile Felswände wechseln mit lieblichen Hängen und romantischen Burgruinen auf Felsspitzen. Die Hänge sind dicht mit Weinreben überzogen, schon die Römer bauten hier Wein an. Mit gut 500 Hektar Rebfläche gehört die Ahr zu den kleinen Weinanbaugebieten in deutschen Landen: 80 Prozent sind mit Rotweinsorten bestockt, 65 Prozent der Rebfläche gehören ganz dem Spätburgunder. Man darf mit Fug und Recht sagen: Hier liegt die Keimzelle für die Renaissance der deutschen Rotweine, zumindest eine davon. Es waren Visionäre wie Werner Näkel und später Alexander Stodden, die ab den 1980er-Jahren die ersten Rotweine in französische Barriquefässer legten. Heute gehören ihre Spätburgunder zur Weltklasse, die Ahr ist zum wichtigsten Rotweinanbaugebiet Deutschlands gereift – buchstäblich. Doch über das Spätburgunder-Paradies brach ab dem Nachmittag des 14. Juli 2021 die Katastrophe herein:

RENAISSANCE DEUTSCHER ROTWEINE

Die kleine Ahr, sonst gerade einmal 30 Zentimeter hoch, stieg erst auf fünf Meter, dann auf sechs – und schließlich neun, zehn Meter hoch. Die gigantische Flutwelle riss alles mit, was im Wege stand: Sie sprengte Brücken und zerstörte Straßen, sie vernichtete ganze Häuser – und kostete 134 Menschenleben.

9.000 Häuser waren am Ende beschädigt, 42.000 Menschen hatten zum Teil alles verloren, was sie besaßen. Schwer getroffen auch das Herzstück des Ahrtals: der Weinbau. Von den 65 Weinbaubetrieben blieben nur drei verschont, alle anderen standen vor Trümmern: Weinfässer, Traktoren, Schatzkammern und die noch im Tank schlummernden Schätze – alles dahin.

Doch aus den Trümmern bargen die Winzer schlammverkrustete Weinflaschen: Die **Aktion Flutwein** war geboren. Es wurde die größte Crowdfunding-Aktion der bundesdeutschen Geschichte mit 47.500 Spendern und rund 4,5 Millionen Euro eingenommenen Hilfsgeldern, die den zerstörten Weingütern zugutekommen. Tausende freiwillige Helfer eilten nach der Flut ins Tal, das Wort **SolidAHRität** – es wurde neu buchstabiert.

Und das Wunder geschah: Zwölf Wochen nach der Flutkatastrophe brachten sie die Weinlese 2021 ein – dank Hunderter Lesehelfer und der tatkräftigen Unterstützung von Winzer-Kollegen aus dem ganzen Land. Es wurde eine Weinlese der Hoffnung: Die Trauben aus den Weinbergen, zum Großteil von der Flut verschont, wurden zum wichtigsten Jahrgang der Ahr, zum großen Überlebensanker.

Denn noch ist lange nicht alles gut im Ahrtal. Ein Jahr nach der Flut gähnen noch immer leere Häuserruinen allerorten, der Aufbau stockt, die Gelder fließen nur zäh. Manch Weingut steht nicht mehr, manch historisches Erbe wird es so nicht mehr geben. Aus den Trümmern aber soll die Ahr neuer, moderner und zukunftsfähiger entstehen. Es gibt eine Bereitschaft, neue Wege zu gehen, gerade jetzt nach der Flut, sagen sie hier.

Die „Jungen Wilden“ im Tal wollen längst mehr, als Bustouristen abzufüllen, ihre Weine spielen in den oberen Ligen mit, ihre jungen Vertreter im Profi-PR-Fach. Gleich drei Deutsche Weinköniginnen kamen in zwölf Jahren von der Ahr. Sie bringen royalen Glanz, professionelles Marketing und viel Aufmerksamkeit in das kleine Tal, und das ist gut so. Denn junge, hervorragend ausgebildete Weinmacher kreieren Spannendes: mineralische Weißweine, große Rotweine – und Blanc de Noirs, die mit ihren filigranen und fruchtigen Spielarten zum Feinsten gehören, was die deutsche Weinszene zu bieten hat.
Kreativ, verspielt, eigensinnig – die Ahr gehört den Individualisten und den Solidaristen. Bis heute liefern Hunderte Kleinstwinzer ihre Trauben an die Genossenschaften Dagernova und Mayschoß-Altenahr. Der kleine Wingert gehört von alters her zum Familienerbe, gleich nebenan zaubert der Winzer von Weltruf seine Spitzenkreationen ins Glas – auch dieses Spannungsfeld macht den Zauber der Ahr aus.

Die ersten Vinotheken haben wieder geöffnet, auf den Weinfesten funkelt wieder der Wein im Glas. Über den Rotweinwanderweg wird wieder gewandert, **SolidAHR-Wandern** natürlich. Es wird dauern, bis die Wunden am Boden des Ahrtals heilen. Doch solange die Weinreben an den Hängen stehen, geküsst von der Sonne, ihre Wurzeln tief in den Basalt treibend – solange wird es sie geben, die funkelnden Weine von der Ahr.

WEINGÜTER

119
J.J. ADENEUER*
Max-Planck-Straße 8
53474 Bad Neuenahr-Ahrweiler

119
GEBRÜDER BERTRAM*
Hauptstraße 3
53507 Dernau

120
WEINGUT BROGSITTER
Max-Planck-Straße 1
53501 Grafschaft

121
BURGGARTEN
Landskroner Straße 61
53474 Bad Neuenahr-Ahrweiler

122
WEINMANUFAKTUR DAGERNOVA
Heerstraße 91–93
53474 Bad Neuenahr-Ahrweiler

123
DEUTZERHOF
Deutzerwiese 2
53508 Mayschoß

124
MARC JOSTEN
Ringofenstraße
53424 Remagen

125
H. J. KREUZBERG*
Schmittmannstraße 30
53507 Dernau

126
PETER KRIECHEL*
Walporzheimerstraße 83–85
53474 Bad Neuenahr-Ahrweiler

127
MAIBACHFARM
Im Maibachtal 100
53474 Bad Neuenahr-Ahrweiler

128
KLOSTER MARIENTHAL*
Klosterstraße 3–5
53507 Dernau

129
WINZERGENOSSENSCHAFT MAYSCHOSS-ALTENAHR
Ahrrotweinstraße 42
53508 Mayschoß

130
WEINGUT MEYER-NÄKEL*
Friedenstraße 15
53507 Dernau

131
WEINGUT NELLES*
Göppinger Straße 13a
53474 Bad Neuenahr-Ahrweiler

131
ERWIN RISKE
Wingertstraße 28
53507 Dernau

132
MAX SCHELL
Rotweinstraße 41–43
53506 Rech

133
WEINGUT SERMANN*
Seilbahnstraße 22
53505 Altenahr

134
SONNENBERG
Heerstraße 98
53474 Bad Neuenahr-Ahrweiler

WEINGÜTER
ÜBERSICHT A-Z

135
JEAN STODDEN
Rotweinstraße 7–9
53506 Rech

* Wir berücksichtigen die besondere Situation an der Ahr und dass die Winzerinnen und Winzer für diesen Weinguide keine Weine einstellen konnten. Deshalb beziehen sich die gekennzeichneten Weingutsbewertungen auf die Verkostungsergebnisse des Jahres 2021.

J.J. ADENEUER*

Max-Planck-Straße 8
53474 Bad Neuenahr-Ahrweiler
T +49 (0) 2641 34473
www.adeneuer.de

Frank & Marc Adeneuer
Tim & Frank Adeneuer
Verbände VDP
Rebfläche 13 ha
Produktion 100.000 Flaschen
Verkaufszeiten Mo–Fr 9–12 Uhr und 13.30–18 Uhr
Sa 10–15 Uhr
und nach Vereinbarung

Profil online

Auch dem Rotwein-Spezialisten J.J. Adeneuer in Ahrweiler hat die Flut 2021 schwer zugesetzt: Der Keller musste komplett entkernt werden, die Großen Gewächse in den Holzfässern – futsch. Inzwischen reifen zwei neue Jahrgänge in den Barriques, man setzt auf Burgunderstil und sensiblen Holzeinsatz. Es geht weiter im VDP-Weingut, in dem die Leidenschaft zu 90 Prozent Spät- und Frühburgundern gehört: Adeneuers feinfruchtige Rote gehören zu den besten der Ahr. Seit 2015 gibt es auch einen kleinen Anteil Weißburgunder. Ende 2022 soll die neue Vinothek fertig werden.

- **2016** J.J. Adeneuer No°1 Spätburgunder
  25€ | 13,5%
- **2018** Alte Lay Spätburgunder GG
  54€ | 13%
- **2018** Gärkammer Kleine Kammer Spätburgunder
  25€ | 13,5%
- **2018** J.J. Adeneuer N°2 Spätburgunder
  16€ | 13,5%

GEBRÜDER BERTRAM*

Hauptstraße 3
53507 Dernau
T +49 (0) 2643 8314
www.gebrueder-bertram.de

Christian & Markus Bertram
Rebfläche 3,1 ha
Produktion 23.000 Flaschen
Verkaufszeiten Mo, Mi–So 10–18 Uhr
und nach Vereinbarung

Profil online

Christian und Markus Bertram machen auf ganzen fünf Hektar Rebflächen bemerkenswerte Burgunder – dann brach am 14. Juli 2021 die Ahrflut über Dernau herein und damit auch über das Weingut. Noch heute steht ein Verkaufscontainer vor dem stark zerstörten Haus, doch aufgebaut wird: Der Weinbau reicht in der Familie Bertram Jahrhunderte weit zurück, das soll auch so bleiben.

- **2018** 1904 Spätburgunder
  8,90€ | 13,5%
- **2018** Dernauer Hardtberg Spätburgunder
  23,50€ | 13,5%
- **2018** Dernauer Pfarrwingert Spätburgunder
  25,50€ | 13,5%
- **2018** Nova R Spätburgunder
  15,80€ | 13,5%

WEINGUT BROGSITTER *Aufsteiger*

Max-Planck-Straße 1
53501 Grafschaft
T +49 (0) 2225 9181 11
www.brogsitter.de

Hans-Joachim Brogsitter
Rebfläche 33 ha
Produktion 180.000 Flaschen
Gründung 1600
Verkaufszeiten Mo–Fr 8–20 Uhr
Sa 9–20 Uhr
So 13–19 Uhr

Profil online

Das Weingut Brogsitter ist ein Gigant an der Ahr: 33 Hektar Rebfläche, Weinbau seit 1600, seit 1860 Weinexporteure, dazu die älteste Privat-Sektkellerei an der Ahr. Mehr als 410 Jahre Tradition und Erfahrung vereinen sich heute am Sitz in Grafschaft-Gelsdorf, wo Firmenchef Hans-Joachim Brogsitter die Geschicke lenkt. Dem Weingut auf der Höhe – seit zehn Jahren biodynamisch arbeitend – passierte bei der Ahrflut nichts, doch das Feinschmecker-Restaurant Sanct Peter in Walporzheim wurde stark zerstört und lebt weiter als Pop-up im Weingut Brogsitter.

○ **2018** Ahr Ad Aram Blanc de Noir Spätburgunder
14,95€ | 13%

○ **2019** Gau Algesheimer Abtei Brogsitter Réserve Riesling
9,95€ | 13%

○ **2019** Gau Algesheimer Johannisberg Brogsitter Réserve Chardonnay
9,95€ | 13%

○ **2019** Walporzheimer Alte Lay Hommage Riesling „GG"
19,80€ | 13%

○ **2020** Ad Aram Blanc de Noir Ahr Spätburgunder
19,80€ | 14,5%

○ **2021** Brogsitter No. 1 Blanc de Noir Ahr Spätburgunder
8,95€ | 12,5%

○ **2021** Brogsitter Rheinhessen Auxerrois
7,95€ | 12%

○ **2021** Brogsitter Weiß Grau Rheinhessen Weißburgunder
6,95€ | 12,5%

● **2017** Walporzheimer Klosterberg Vom Löss Ahr Spätburgunder
14,95€ | 13%

● **2018** Ahr Ahr-Schiefer Pinot Noir
7,95€ | 13,6%

● **2018** Ahr Edition B Frühburgunder
9,95€ | 13,4%

● **2018** Ahr Edition B Spätburgunder
9,95€ | 13,8%

● **2018** Ahrweiler Silberberg Brogsitter Hommage Spätburgunder „GG"
25,80€ | 13,5%

● **2018** Brogsitter Ad Aram Spätburgunder
19,80€ | 13,5%

● **2018** Walporzheimer Alte Lay Brogsitter Hommage Spätburgunder „GG"
25,80€ | 13,5%

● **2018** Walporzheimer Kräuter-berg Brogsitter Hommage Spätburgunder „GG"
25,80€ | 14,5%

● **2019** Ad Aram Ahr Frühburgunder
19,80€ | 13,5%

● **2019** Ad Aram Ahr Spätburgunder
19,80€ | 13,5%

● **2019** Ahr Tradition – 420 Jahre Weingut Brogsitter Spätburgunder
9,95€ | 13,3%

● **2019** Ahr-Schiefer Pinot Noir Ahr Spätburgunder
10,80€ | 13%

● **2019** Walporzheimer Alte Lay Brogsitter Hommage Ahr Spätburgunder „GG"
25,80€ | 13,5%

● **2019** Walporzheimer Alte Lay Hommage Spätburgunder „GG"
25,80€ | 13,6%

● **2019** Walporzheimer Kräuterberg Brogsitter Hommage Ahr Spätburgunder „GG"
25,80€ | 13,5%

- **2019** Walporzheimer Kräuterberg Hommage Spätburgunder „GG" — 4 Trauben
  25,80€ | 13,5%
- **2020** Ahrweiler Silberberg Brogsitter Hommage Ahr Spätburgunder „GG" — 3 Trauben (rot)
  25,80€ | 14%
- **2020** Brogsitter Edition B Ahr Frühburgunder — 2 Trauben
  9,95€ | 13%
- **2020** Brogsitter Edition B Ahr Spätburgunder — 2 Trauben
  9,95€ | 13%
- **2020** Walporzheimer Kräuterberg Brogsitter Hommage Ahr Spätburgunder „GG" — 3 Trauben (rot)
  25,80€ | 13%
- **2020** Walporzheimer Pfaffenberg Brogsitter Hommage Ahr Frühburgunder „GG" — 3 Trauben
  25,80€ | 13,5%
- **2020** Ars, Rheinhessen Spätburgunder — 2 Trauben (rot)
  9,95€ | 13%
- **2020** Eichstetter Vulkanfelsen – Rosé vom Löss, Baden Spätburgunder — 2 Trauben
  6,99€ | 13,2%
- **2020** Prim-Ahr-Ballerina Rosé — 2 Trauben
  7,95€ | 12,8%
- **2020** Rosé, Private Edition Spätburgunder — 2 Trauben
  7,95€ | 13%

BURGGARTEN

Aufsteiger

Landskroner Straße 61
53474 Bad Neuenahr-Ahrweiler
T +49 (0) 2641 21280
www.weingut-burggarten.de

Paul-Michael & Heiko Schäfer
Paul-Michael Schäfer
Verbände VDP
Rebfläche 15 ha
Produktion 120.000 Flaschen
Verkaufszeiten Mo–Fr 10–12 Uhr und 13.30–18 Uhr
Sa–So 10–13 Uhr

Profil online

Das zweitgrößte Privatweingut an der unteren Ahr wagte 2019 den Sprung in den VDP. In der Familie Schäfer erzeugt Sohn Paul-Michael seit 20 Jahren im Keller kraftvolle, hocharomatische Rotweine oder neuerdings die „Drei Brüder"-Linie. Sohn Nummer zwei, Heiko, umsorgt die Trauben im Weinberg, während der Jüngste, Andreas, gemeinsam mit Frau Verena das „Weinquartier" mit 20 kreativen Themenzimmern führt. Die Ahrflut traf auch hier mit voller Wucht Haus und Keller, doch Vinothek und Weinquartier sind bereits wieder zurück, die Straußwirtschaft soll 2023 folgen.

● **2018** Neuenahrer Schieferlay Spätburgunder GG
38€ | 13,5%

● **2018** Neuenahrer Sonnenberg Frühburgunder GG
35€ | 13,5%

● **2018** Walporzheimer Kräuterberg Spätburgunder GG
55€ | 13,5%

● **2019** Burggarten Spätburgunder GG
47€ | 13,5%

● **2019** Kräuterberg Spätburgunder GG
61€ | 13,5%

● **2020** Alt Lay Spätburgunder GG
45€ | 13,5%

● **2020** Burggarten Spätburgunder GG
47€ | 13,5%

● **2020** Kräuterberg Spätburgunder GG
61€ | 14%

● **2020** Schieferlay Spätburgunder GG
40€ | 13,5%

trinkreif

● **2017** Heimersheimer Burggarten Spätburgunder GG
42€ | 13,5%

● **2017** Walporzheimer Kräuterberg Spätburgunder
55€ | 13,5%

WEINMANUFAKTUR DAGERNOVA

Heerstraße 91–93
53474 Bad Neuenahr-Ahrweiler
T +49 (0) 2641 94720
www.dagernova.de

Christian Poppelreuter
Günter Schüller
Verbände Slow Food, Sommelier-Union
Rebfläche 150 ha
Produktion 1.100.000 Flaschen
Gründung 1873
Verkaufszeiten Bad Neuenahr
Mo–Fr 8–18 Uhr
Sa 8–12 Uhr
Dernau
(Ahrweg 7)
Mo–Fr 8–18 Uhr
Sa–So 10–18 Uhr

Profil online

600 Herzen und 1200 Hände treiben die Winzergenossenschaft Dagernova, das Herzblut ist bitter nötig: Die Flut 2021 verwüstete Vinothek und Kulinarium in Dernau und nahm 130.000 Flaschen. Doch es geht weiter: In Dernau hat eine Vinothek wieder eröffnet, Bad Neuenahr steht noch. Unter „Handschrift“ wird das Mittelsegment abgefüllt, „Kultwein“ heißen die besten Lagen – 2022 macht Hoffnung.

○ **2021** Handschrift Weißburgunder
8,90€ | 11%

● **2018** Dernauer Hardtberg Frühburgunder
25€ | 12%

● **2018** Edition Frühburgunder
16,90€ | 13,4%

● **2018** Heimersheimer Kapellenberg Spätburgunder
24,90€ | 14,1%

- 2018 Heimersheimer Landskrone Spätburgunder
  24,90€ | 13,6%
- 2018 Marienthaler Spätburgunder
  16,90€ | 14%
- 2018 Neuenahrer Sonnenberg Spätburgunder
  24,90€ | 13,5%
- 2019 Alte Rebe Spätburgunder
  34,90€ | 13,2%
- 2019 Cuvée Noir
  16,90€ | 13,5%
- 2019 Handschrift Frühburgunder
  10,90€ | 13%
- 2019 Heimersheimer Kapellenberg Spätburgunder
  24,90€ | 14,1%
- 2019 Walporzheimer Kräuterberg Spätburgunder
  24,90€ | 12,9%
- 2020 Spätburgunder
  8,90€ | 13%
- 2021 Spätburgunder
  7,50€ | 11%

DEUTZERHOF

Deutzerwiese 2
53508 Mayschoß
T +49 (0) 2643 7264
www.deutzerhof.de

Jürgen Doetsch
Hans-Jörg Lüchau
Verbände VDP, Deutsches Barrique-Forum
Rebfläche 7 ha
Produktion 37.000 Flaschen
Gründung 1574
Verkaufszeiten Mo, Di, Do, Fr 10–12 Uhr und 13–17 Uhr
Sa 10–16 Uhr
und nach Vereinbarung

Profil online

Der traditionsreiche Deutzerhof in Mayschoß gehört zu den wenigen Weingütern an der Ahr, die von der Flutkatastrophe verschont blieben – dank Höhenlage. Nur der Hausbach vor der Tür machte kurz einen Besuch in der Vinothek. Das kleinste VDP-Weingut der Ahr wurde 2020 von Jürgen Doetsch, einem Freund der Vorgängerfamilie Hehle, übernommen. Kellermeister ist weiterhin Hans-Jörg Lüchau, der mit dem kleinen Team große Burgunder mit viel Charakter in Barriques und großen Holzfässern ausbaut, die zum Teil unfiltriert gefüllt werden.

- 2021 Deutzerhof Blanc de Noir Spätburgunder
  11€ | 11%
- 2018 Alfred C. Alte Reben Portugieser
  19€ | 13%
- 2018 Deutzerhof Cuvée Légère Spätburgunder feinherb
  9,90€ | 13%
- 2018 Deutzerhof Spätburgunder
  11€ | 13,5%
- 2018 Eck Spätburgunder GG
  57€ | 13,5%

2018 Kirchtürmchen Spätburgunder GG
48€ | 13%
2018 Landskrone Spätburgunder GG
38€ | 13,5%
2018 Mönchberg Frühburgunder GG
38€ | 13,5%
2018 Mönchberg Spätburgunder GG
46€ | 13,5%
2018 Purpur Dornfelder
18€ | 13%
2019 Grand Duc Réserve Spätburgunder
55€ | 14%
2020 Eck Spätburgunder GG
57€ | 13,5%
2020 Herrenberg Frühburgunder GG
42€ | 14%
2020 Kirchtürmchen Spätburgunder GG
48€ | 14%
2020 Landskrone Spätburgunder GG
38€ | 13%
2020 Mönchberg Frühburgunder GG
38€ | 13,5%
2020 Mönchberg Spätburgunder GG
46€ | 14%
2021 Toujours Spätburgunder
10,50€ | 11%

trinkreif

2016 Grand Duc Réserve Spätburgunder
| 13,5%
2017 Altenahrer Eck Spätburgunder GG
57€ | 13,5%
2017 Grand Duc Réserve Spätburgunder
55€ | 14%
2017 Mayschosser Mönchberg Spätburgunder GG
52€ | 13,5%

MARC JOSTEN

Ringofenstraße
53424 Remagen
T +49 (0) 177 7979 047
www.marcjosten.de

Profil online

Marc Josten
Rebfläche 9 ha
Produktion 45.000 Flaschen
Verkaufszeiten nach Vereinbarung

Das Weingut Marc Josten hat längst seinen Schwerpunkt an der Ahr, seit dem Ausstieg von Kompagnon Torsten Klein 2017 schwingt Marc Josten allein das Zepter. Von den neun Hektar Rebflächen liegt die Hälfte in Leutesdorf am Mittelrhein, hier frönt Josten vor allem seiner Leidenschaft für den Sauvignon Blanc. Der neueste Streich: Der maischevergorene Sauvignon „Substanz". Aus Mayschoß und Ahrweiler kommen die dichten und spannenden Spätburgunder. Die Ahrflut nahm Josten 2021 einen Weinberg in Rech, der Weinausbau geht wie zuvor in der Ahrweiler Halle weiter.

2017 Mönchberg Pinot Noir
48€ | 13,5%
2021 Schiefer Rosé Regent
9,90€ | 11,5%

trinkreif

○ **2016** Leutesdorfer Gartenlay Sauvignon Blanc
36€ | 13,5%

○ **2017** Leutesdorfer Gartenlay Sauvignon Blanc
36€ | 13,5%

● **2015** Mönchberg Frühburgunder
36€ | 13%

● **2016** Mönchberg Pinot Noir
48€ | 13%

● **2017** Glanzstück Pinot Noir
26€ | 13%

● **2017** Laacherberg Pinot Noir
36€ | 13,5%

● **2017** Mönchberg Privatedition Max Otte Pinot Noir
36€ | 13%

● **2015** Réserve Riesling brut nature
26€ | 12,5%

H. J. KREUZBERG*

Schmittmannstraße 30
53507 Dernau
T +49 (0) 2643 1691
www.weingut-kreuzberg.de

Ludwig Kreuzberg & Frank Josten
Benno Wagner
Ludwig Kreuzberg & Benno Wagner
Verbände VDP
Rebfläche 9 ha
Produktion 59.998 Flaschen
Gründung 1953
Verkaufszeiten Jan.–März
Mo–Fr 9–17 Uhr
Sa, So und Feiertag 12–17 Uhr
Apr.–Dez.
Mo–Fr 9–17 Uhr
Sa, So und Feiertag 10–17 Uhr

Profil online

Das alte Weingut H. J. Kreuzberg in Dernau gibt es nicht mehr. Die Ahrflut vom 14. Juli 2021 hinterließ eine Ruine, auch der Weinkeller mit den alten Jahrgängen ist zerstört. Und trotzdem produzieren Ludwig Kreuzberg und Kellermeister Benno Wagner weiter ihre hocheleganten Spätburgunder: Mit Sondergenehmigung werden die Weine von den neun Hektar Weinbergen nun in Meckenheim bei Bonn ausgebaut. Die Weine gibt's in „Pauls FlutbAHR": Vertriebsleiter Paul Schneider hat schlicht einen aus Holz gezimmerten Weinstand direkt vor das alte Weingut gestellt.

● **2018** Ahrweiler Silberberg Spätburgunder GG
42€ | 13,2%

● **2018** Dernauer Hardtberg Frühburgunder GG
39€ | 13,1%

● **2018** Devonschiefer Réserve Spätburgunder
85€ | 13,5%

● **2018** Neuenahrer Schieferlay Spätburgunder GG
35€ | 13,5%

● **2018** Neuenahrer Sonnenberg Spätburgunder GG
42€ | 13,5%

● **2018** Schiefersteillagen Devonschiefer R Réserve Spätburgunder GG
85€ | 13,5%

● **2019** Ahrweiler Silberberg Spätburgunder
42€ | 13%

● **2019** Dernauer Hardtberg Frühburgunder
42€ | 13%

● **2019** Devonschiefer R Spätburgunder
108€ | 13%

● **2019** Neuenahrer Sonnenberg Spätburgunder
42€ | 13%

● **2020** Devonschiefer Spätburgunder
25€ | 13%

● **2020** Walporzheimer Frühburgunder
25€ | 13%

trinkreif

● **2016** Devonschiefer Réserve Spätburgunder
85€ | 13,3%

● **2017** Ahrweiler Silberberg Spätburgunder GG
39€ | 13,5%

● **2017** Devonschiefer R Spätburgunder
| 13,5%

● **2017** Neuenahrer Sonnenberg Spätburgunder GG
39€ | 13,5%

PETER KRIECHEL*

Walporzheimerstraße 83–85
53474 Bad Neuenahr-Ahrweiler
T +49 (0) 2641 36193
www.weingut-kriechel.de

Ernst, Michael & Peter Kriechel
Michael Hewel
Verbände Schlahrvino
Rebfläche 28 ha
Produktion 260.000 Flaschen
Gründung 1555
Verkaufszeiten Mo–Fr 9–17 Uhr
Sa, So und Feiertag
Jan.–März
12–17 Uh
Apr.–Dez.
10–17 Uhr

Profil online

Peter Kriechel und „Flutwein" – das gehört heute zusammen. Auch das Weingut Kriechel wurde durch die Flutkatastrophe an der Ahr 2021 schwer geschädigt, das Weinhaus in Marienthal komplett zerstört. Das Haupthaus in Walporzheim überlebte, aus dem schlammgefluteten Keller barg Peter Kriechel Jun. die ersten „Flutwein"-Flaschen – der Start der großen Hilfsaktion für die Ahr-Winzer. Im größten Privatweingut an der Ahr wird seither wiederaufgebaut, die Ernte 2021 reift in den Tanks. Und trotz Flut heimste man sechs Preise beim „Ahrwein des Jahres" ein.

● **2018** Ahr B Spätburgunder
15,50€ | 13,5%

● **2018** Ahr S Spätburgunder
9,90€ | 13,5%

● **2018** Ahrweiler Rosenthal Spätburgunder
25€ | 13,5%

● **2018** Marienthaler Rosenberg Frühburgunder
39€ | 13,5%

● **2018** Neuenahrer Sonnenberg R Spätburgunder
25€ | 13,5%

● **2018** Walporzheimer Kräuterberg Spätburgunder
25€ | 13,5%

MAIBACHFARM

Im Maibachtal 100
53474 Bad Neuenahr-Ahrweiler
T +49 (0) 2641 36679
www.maibachfarm.de

Renate Günther
Alexander Weber
Verbände Bioland
Rebfläche 9 ha
Produktion 35.000 Flaschen
Gründung 1999
Verkaufszeiten Mo–Fr 10–16 Uhr
Sa–So 11–17 Uhr
und nach Vereinbarung

Profil online

Hoch oben über dem Ahrtal liegt die Maibachfarm und genau das rettete den gerade neun Hektar großen Betrieb im idyllischen Maibachtal: Von den direkten Auswirkungen der Ahrflut blieb man verschont. Die Wurzeln liegen in einem Ausflugslokal, 1998 gründete hier ein junges Team ein Weingut, das konsequent auf biologische Weine setzt. Auf Burgunder will man sich konzentrieren, seit 2016 werden alle Weine spontanvergoren. Das Ergebnis: individuelle, komplexe Charaktere von Schiefer, Vulkangestein und Grauwacke. Eine Straußwirtschaft gibt's natürlich auch.

○ **2021** Weißburgunder
12,50€ | 12,4%

● **2017** Dernau Spätburgunder
19€ | 13%

● **2017** Heimersheimer Burggarten Spätburgunder
29€ | 13,3%

● **2020** Ahrweiler Spätburgunder
17€ | 13,5%

● **2020** Spätburgunder
12,50€ | 13,5%

2021 Spätburgunder
12,50€ | 12,2%
2019 Spätburgunder brut
21€ | 12,3%

trinkreif

2017 Ahrweiler Silberberg Spätburgunder
35€ | 13,3%
2017 Glanzstück Spätburgunder
49€ | 13%
2017 Recher Herrenberg Spätburgunder
29€ | 13,5%
2017 Walporzheimer Terrassenlage Spätburgunder
29€ | 13,3%

KLOSTER MARIENTHAL*

Klosterstraße 3–5
53507 Dernau
T +49 (0) 2641 98060
www.weingut-kloster-marienthal.de

Profil online

Rebfläche 4,5 ha
Produktion 45.000 Flaschen
Verkaufszeiten Mo–So 10–18.30 Uhr und nach Vereinbarung

Hoch oben über dem Ahrtal liegt die malerische Klosterruine Marienthal von 1137, das Gut direkt am Rotweinwanderweg blieb in der Flutnacht 2021 unbeschadet. Das galt indes nicht für den Wein: Rund 18.000 Flaschen verloren sie in den Fluten, der Jahrgang 2020 war praktisch futsch. Neue Weine gibt es aus dem Jahr 2021, in bewährt feiner Qualität von Kellermeister Markus Bertram.

2020 Cuvée Blanc
8,50€ | 11,5%
2019 Der Abt Spätburgunder
28€ | 13,5%
2019 Der Mönch Spätburgunder
13,90€ | 13,5%
2019 Frühburgunder
17€ | 13,5%

WINZER-GENOSSENSCHAFT MAYSCHOSS-ALTENAHR

Aufsteiger

Ahrrotweinstraße 42
53508 Mayschoß
T +49 (0) 2643 93600
www.wg-mayschoss.de

Dirk Stephan
Matthias Baltes
Rolf Münster
Rebfläche 150 ha
Produktion 1.400.000 Flaschen
Gründung 1868
Verkaufszeiten Mo–Fr 8–18.30 Uhr
Sa, So und Feiertag 9–18.30 Uhr

Profil online

Die älteste Winzergenossenschaft der Welt wurde bei der Flutkatastrophe im Ahrtal schwer getroffen: Alle drei Vinotheken wurden zerstört, besonders hart traf es das Haupthaus in Mayschoß mit den legendären Kellern. Inzwischen sind in Mayschoß und Walporzheim provisorische Verkaufsräume eröffnet, es gibt wieder Kellerführungen und Weinproben. Die Weine sind weiter exzellent, berühmt ist die Winzergenossenschaft für ihren Blanc de Noir. 960.000 Liter betrug die Erntemenge der 460 angeschlossenen Winzer 2021. In Mayschoß soll 2023 der Wiederaufbau beginnen.

2019 Klassiker Riesling
8,20€ | 13%

2019 S Riesling
11,50€ | 12,5%

2018 Edition Ponsart Nr. 29 Spätburgunder
15,70€ | 14%

2018 Gründerwein Spätburgunder
8,40€ | 13,5%

2018 Mayschosser Laacherberg Spätburgunder
38€ | 14,5%

2018 R Pinot Noir
20,90€ | 14%

2018 Walporzheimer Alte Lay Spätburgunder
38€ | 14%

2020 Ahr Frühburgunder Goldkapsel Frühburgunder
19,80€ | 13,5%

2020 Ahr Goldkapsel Domina
15,50€ | 13%

2020 Ahr Goldkapsel Portugieser
15,50€ | 13,5%

2020 Mayschosser Mönchberg Ahr Spätburgunder Premium Spätburgunder
38€ | 14%

2020 Pinot Noir R Spätburgunder
20,90€ | 14%

2020 Walporzheimer Alte Lay Ahr Spätburgunder Premium Spätburgunder
38€ | 14%

2020 Walporzheimer Kräuterberg Ahr Premium Spätburgunder
38€ | 14%

2019 Riesling Auslese
20€ | 7,5%

Omega Cuvée
22€ | 19%

trinkreif

2016 Altenahrer Eck Spätburgunder
38€ | 14%

2016 Mayschosser Laacherberg Spätburgunder
38€ | 14%

WEINGUT MEYER-NÄKEL*

Friedenstraße 15
53507 Dernau
T +49 (0) 2643 1628
www.meyer-naekel.de

Werner Näkel
Meike & Dörte Näkel
Verbände VDP, Fair'n Green
Rebfläche 23 ha
Produktion 140.000 Flaschen
Verkaufszeiten Mo–Fr 9–12 Uhr und 14–17 Uhr
Sa 11–16 Uhr

Profil online

Im Weingut Meyer-Näkel wütete die Ahrflut 2021 so wie kaum anderswo: Fast das gesamte Gut wurde ein Opfer der Flutwelle, die Schwestern Meike und Dörte Näkel kamen nur knapp mit dem Leben davon – acht Stunden saßen sie in einer Baumkrone fest. Dahin waren Produktionshalle, Fahrzeuge und Weinjahrgänge des wohl berühmtesten Ahr-Weinguts, das Vater Werner Näkel als Quereinsteiger mit unglaublicher Visionskraft zu internationalem Renommee führte. Große Pinots gibt es hier weiter, die Schwestern setzen auf Terroir und Spontanvergärung, der Wiederaufbau läuft.

● **2018** Blauschiefer Spätburgunder
21€ | 13,5%

● **2018** Grauwacke Spätburgunder
16,50€ | 13,5%

● **2018** Kräuterberg Spätburgunder
72€ | 13,5%

● **2018** Pfarrwingert Spätburgunder
54€ | 13,5%

● **2018** Silberberg Spätburgunder
45€ | 13,5%

● **2018** Sonnenberg Spätburgunder
45€ | 13,5%

● **2018** Spätburgunder
12,50€ | 13,5%

WEINGUT NELLES*

Göppinger Straße 13a
53474 Bad Neuenahr-Ahrweiler
T +49 (0) 2641 24349
www.weingut-nelles.de

Thomas Nelles
Philip Nelles
Verbände VDP
Rebfläche 9,5 ha
Produktion 70.000 Flaschen
Gründung 1479
Verkaufszeiten Mo–Fr 9–12 Uhr und 14–18 Uhr
Sa 10–14 Uhr

Profil online

Auch Winzer Philipp Nelles stand am Morgen des 15. Juli 2021 knietief im Schlamm in seinem Weingut in Heimersheim bei Bad Neuenahr, die Fluten der Ahr hatten seine Keller und das schicke Restaurant verwüstet. Drei Jahrgänge verlor der Topwinzer an die Fluten. Inzwischen ist das Restaurant zurück und auch Top-Rotweine werden im VDP-Betrieb mit der markanten „1479", dem Jahr der ersten urkundlichen Erwähnung, auf dem Etikett wieder gefüllt. Auch nachhaltig geht es weiter, die Rotweine werden weitgehend unfiltriert gefüllt.

● **2017** SL Schieferlay Spätburgunder GG
55€ | 13,5%
● **2018** 1ahr Spätburgunder
26€ | 13,5%
● **2018** Burggarten B-52 Spätburgunder GG
45€ | 13,5%
● **2019** Blanc de Noir Spätburgunder
11€ | 12,5%

ERWIN RISKE

Wingertstraße 28
53507 Dernau
T +49 (0) 2643 8406
www.weingut-riske.de

Volker Riske
Jan Riske
Rebfläche 8 ha
Produktion 40.000 Flaschen
Verkaufszeiten Sa 10–18 Uhr
So, Feiertag 15–18 Uhr
Mo–Fr nach Vereinbarung sowie während der Straußenzeit

Profil online

Auch im Weingut Erwin Riske war nach dem 14. Juli 2021 nichts mehr wie zuvor: Die Ahrflut verwüstete Keller, Weingut und Wohnhäuser. Doch Aufgeben gilt nicht: Das Traditionsweingut macht weiter. Die wunderschöne Straußwirtschaft mitten in Dernau ist wiedereröffnet, die Ferienwohnungen sind im Wiederaufbau. Sohn Jan Riske ist inzwischen Betriebsleiter, aus Dernauer Lagen und dem Bad Neuenahrer Sonnenberg entstehen Spät- und Frühburgunder, vom Mittelrhein kommen Weißburgunder und Riesling. Jan holte 2016 den Önologen-Nachwuchspreis erstmals an die Ahr.

○ **2018** Leutesdorfer Gartenlay Riesling
14,90€ | 13%
○ **2021** Alte Reben Riesling
12€ | 12%
○ **2021** Sauvignon Blanc
14€ | 12%
● **2018** Bad Neuenahrer Sonnenberg R Spätburgunder
32€ | 13,5%

- **2018** Dernauer Hardtberg Frühburgunder
  19,90€ | 13%
- **2018** Dernauer Hardtberg Spätburgunder
  25,50€ | 13%
- **2018** Dernauer Pfarrwingert R Spätburgunder
  42€ | 13%
- **2018** Dernauer Pfarrwingert Spätburgunder
  29€ | 13%
- **2018** Schieferturm Spätburgunder
  16,90€ | 13%
- **2019** Bad Neuenahrer Sonnenberg R Spätburgunder
  35€ | 13%
- **2020** Bad Neuenahrer Sonnenberg Spätburgunder
  22€ | 13%
- **2020** Dernauer Hardtberg Frühburgunder
  22€ | 13%
- **2020** Dernauer Hardtberg Spätburgunder
  27€ | 13%
- **2020** Dernauer Pfarrwingert R Spätburgunder
  45€ | 13%
- **2020** Dernauer Pfarrwingert Spätburgunder 1. Lage
  32€ | 14%
- **2020** Schieferfels Spätburgunder
  16€ | 13%
- **2020** Schieferturm Spätburgunder
  19€ | 13%

trinkreif

- **2016** Dernauer Pfarrwingert R Spätburgunder
  42€ | 13,5%

MAX SCHELL

Rotweinstraße 41–43
53506 Rech
T +49 (0) 2643 3580
www.max-schell.de

Profil online

Wolfgang Schulze-Icking
Rebfläche 4 ha
Produktion 30.000 Flaschen
Verkaufszeiten Mo–So 10–18 Uhr

Am Morgen des 14. Juli 2021 hatte Wolfgang Schulze-Icking noch drei Hektar Weinberge – am 15. Juli waren es nur noch zwei. Die Ahrflut nahm ihm ein Drittel seiner Weinberge und 90 Prozent seiner 2020er-Premiumweine. Haus und Hof standen unter Wasser, die Maschinenhalle gleich fünf Meter hoch. Heute strahlt die kleine Vinothek in Rech in neuem, modernem Glanz und in den neuen Barriquefässern im Keller reifen ausdrucksstarke Burgunder. Zum Weingut Max Schell gehören nun auch Filetstücke im Ahrweiler Silberberg und dem Neuenahrer Sonnenberg – insgesamt vier Hektar.

- **2018** Ahrweiler Rosenthal Grand Max S Spätburgunder
  22,50€ | 14%
- **2018** Ahrweiler Rosenthal Grand Max Spätburgunder
  16,80€ | 13,5%
- **2018** Ahrweiler Silberberg Spätburgunder
  19,50€ | 14,5%
- **2019** Ahrweiler Rosenthal Grand Max Spätburgunder
  18€ | 13%
- **2019** Alte Reben Frühburgunder
  14,50€ | 13%

WEINGUT SERMANN*

Seilbahnstraße 22
53505 Altenahr
T +49 (0) 2643 7105
www.sermann.de

Lukas Sermann
Rebfläche 8,1 ha
Produktion 60.000 Flaschen
Gründung 1936
Verkaufszeiten Do–Di 10–18 Uhr

Profil online

Im Weingut Serman versank 2021 nicht nur der gesamte 2020er-Weinjahrgang in den Fluten: Gutsgebäude mit Vinothek, Weinlager, Produktionshalle – alles war zerstört. Trotzdem holten sie acht Wochen später den neuen Jahrgang aus den Weinbergen, elf Hektar bewirtschaftet Lukas Serman inzwischen und seine Weine werden immer spannender. 70 Prozent Spätburgunder stehen am Hang, 63 Prozent Weißwein kommen in die Flaschen, Leckeres wie Blanc de Noir mitgezählt. Vor Kurzem zog die Gastronomie mit dem Thüres wieder im Gutshaus ein – die Ahr kämpft sich zurück.

○ **2019** Altenahrer Eck Alte Reben 1939 Riesling
14,40€ | 12,5%

○ **2019** Altenahrer Eck Riesling Spätlese
12,90€ | 7,5%

○ **2019** Altenahrer Übigberg Auf Graben Weißburgunder
17,40€ | 12,5%

● **2018** Dernauer Pfarrwingert Spätburgunder
24,70€ | 13,5%

● **2018** Marienthaler Trotzenberg Spätburgunder
18,90€ | 13,5%

● **2019** Marienthaler Frühburgunder
10,40€ | 13%

● **2019** Mayschosser Burgberg Spätburgunder
10,40€ | 12,5%

● **2019** Altenahrer Eck wurzelecht Riesling Auslese
22,90€ | 8,5%

SONNENBERG

Heerstraße 98
53474 Bad Neuenahr-Ahrweiler
T +49 (0) 2641 6713
www.weingut-sonnenberg.de

Marc Linden
Rebfläche 6 ha
Produktion 45.000 Flaschen
Gründung 1982
Verkaufszeiten Mo–Fr 10–12 Uhr und 14–18 Uhr
Sa 10–14 Uhr
So und Feiertag 10–12 Uhr

Profil online

Der kleine Familienbetrieb residiert im einstigen Wochenendsitz der Familie Mülhens, den Schöpfern von „4711" aus Köln. Die traumhafte Jugendstilvilla blieb von der Flut verschont. Winzer Marc Linden verlor „nur" Weinberge in Walporzheim. So gibt es seine mineralisch-erdigen Spätburgunder und frischen Blanc de Noirs weiter, ausgebaut im Holzfass – für Linden gehört das Barrique nicht an die Ahr.

2021 Grauburgunder feinherb
8€ | 11,5%

2021 Grauburgunder halbtrocken
9€ | 11,5%

2021 Weißburgunder
9€ | 11,5%

2018 Cuvée 1. Lage
50€ | 14,5%

2020 A Spätburgunder 1. Lage
20€ | 14%

2020 Neuenahrer Schieferlay Spätburgunder
10€ | 13,5%

2020 Spätburgunder
9€ | 12,5%

2020 Spätburgunder halbtrocken
9€ | 12%

2021 Ahrweiler Frühburgunder
16€ | 13,5%

2021 Spätburgunder
10€ | 12,5%

2021 Spätburgunder feinherb
10€ | 12,5%

2018 Carat Cuvée brut
12€ | 11,5%

JEAN STODDEN

Rotweinstraße 7–9
53506 Rech
T +49 (0) 2643 3001
www.stodden.de

Alexander Stodden
Verbände VDP, Fair'n Green
Rebfläche 9 ha
Produktion 50.000 Flaschen
Gründung 1578
Verkaufszeiten Mo–Fr 9–12 Uhr
Mo, Di, Do und Fr 14–17.30 Uhr
Sa 10–13 Uhr

Profil online

Stoddens Spätburgunder gehören zum Besten, was das Ahrtal aber auch Deutschland insgesamt zu bieten hat: Gerhard Stodden gehörte zu den Pionieren, die aus den Ahr-Trauben samtweiche Rotweine zur Spitzenqualität brachten. Heute führt Sohn Alexander das seit 1578 bestehende Weingut, das seit 2005 dem VDP angehört – und kitzelt aus den teils 100 Jahre alten Rebstöcken Terroir und Finesse in Perfektion heraus. Doch die Ahrflut hat auch hier in Rech Spuren der Verwüstung hinterlassen: Das Weingut Stodden wurde samt preisgekrönter Vinothek und Kellern geflutet, zwei Hektar Weinberge gingen verloren. Doch auch hier geht es weiter.

- **2018** Alte Reben Spätburgunder
  125€ | 13%
- **2018** Hardtberg Spätburgunder GG
  49€ | 12,5%
- **2018** Herrenberg Alte Reben Spätburgunder
  125€ | 13%
- **2018** Herrenberg Frühburgunder GG
  39€ | 13%
- **2018** Recher Herrenberg Spätburgunder
  31€ | 13%
- **2018** Recher Herrenberg Spätburgunder GG
  79€ | 13%
- **2018** Sonnenberg Spätburgunder GG
  59€ | 12,5%
- **2020** Alexander die Großen Spätburgunder
  90€ | 13%
- **2020** Pegel735 Spätburgunder
  30€ | 13%
- **2020** Rescued by H.O. Spätburgunder
  50€ | 13%

trinkreif

- **2017** Ahrweiler Rosenthal Spätburgunder GG
  65€ | 13%
- **2017** Alte Reben Spätburgunder
  118€ | 13,5%
- **2017** Mayschosser Mönchberg Spätburgunder GG
  | 13%
- **2017** Recher Herrenberg Frühburgunder GG
  39€ | 12,5%
- **2017** Recher Herrenberg Spätburgunder GG
  79€ | 13,5%

BADEN

BADEN

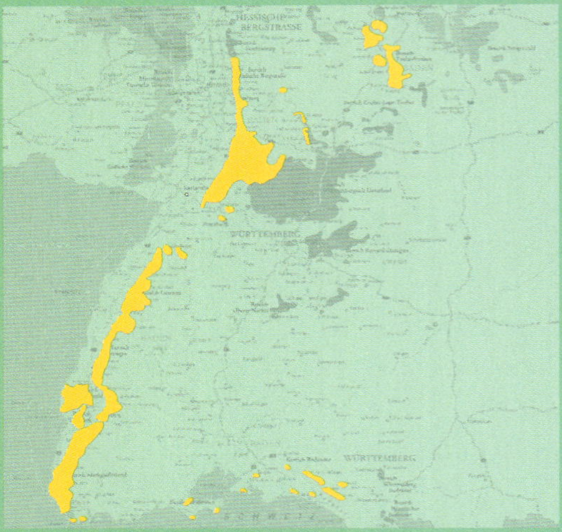

REBFLÄCHE
15.783 Hektar, neun Bereiche, 16 Großlagen, 306 Einzellagen

REBSORTEN
Weißwein 61 % (Müller-Thurgau 14,3 %, Weißburgunder 10,3 %, Riesling 5,9 %, Grauburgunder 1,4 %) Rotwein 39 % (Spätburgunder 32,8 %, Gutedel 6,7 %)

BÖDEN
Moränenschotter am Bodensee, tertiäre Kalk-, Ton- und Mergelböden, vulkanische Böden am Kaiserstuhl und im Markgräflerland, Muschelkalk und Keuper im Kraichgau und Taubergrund.

HEIMAT FÜR GANZ GROSSEN WEIN

von ANKE KRONEMEYER

Hier wachsen zahlreiche Spitzen-Weine, hier wird der Genuss groß geschrieben, hier fühlt man sich wie im Paradies. Das liegt zum einen am sonnigen Klima, aber auch an der wunderschönen Landschaft mitsamt den Weinbergen und Rebterrassen, aber vor allem an der herzlichen Gastfreundschaft der Menschen zwischen Badischer Bergstraße und dem Markgräflerland.

Baden besteht dabei nicht nur aus einer einzelnen Region, sondern weinbaurechtlich gesehen sogar aus neun. Das Weinbaugebiet Baden mit seinen knapp 16.000 Hektar Rebfläche ist das drittgrößte Anbaugebiet Deutschlands und erstreckt sich in Nord-Süd-Richtung über eine Länge von etwa 400 Kilometern. Im Süden wachsen die Reben am Bodensee, im Markgräflerland, am Tuniberg, im Breisgau und am Kaiserstuhl, Ortenau, Kraichgau und Badische Bergstraße schließen sich Richtung Norden an, im Osten wächst der Wein dann außerdem noch in Tauberfranken ebenfalls auf badischem Gebiet. Dabei unterscheiden sich diese neun Regionen untereinander: Die einen Rebstöcke gedeihen auf Moränenschotter am Nordrand des Bodensees, andere auf tertiären Kalk-, Ton- und Mergelböden, wieder andere auf Löss, Vulkanverwitterungsgestein oder Muschelkalk. Im Norden des Anbaugebiets finden sich neben den Burgundersorten auch Riesling und Schwarzriesling. In der Ortenau wachsen vor allem Spätburgunder und Riesling, im Breisgau, am Kaiserstuhl und am Tuniberg werden meist rote und weiße Burgunder gekeltert.

MALERISCHE KULTURLANDSCHAFT UND GROSSE BURGUNDER

Der Gutedel kommt aus dem Markgräflerland an der Schweizer Grenze, die filigransten Müller-Thurgau-Weine gibt es am Bodensee. Ganz generell gilt Baden – auch wegen seiner Nähe zu Frankreich – als ausgesprochenes Burgunderland. Baden bleibt zudem das wichtigste deutsche Anbaugebiet für Spätburgunder, der auch international höchstes Renommee erfährt. In Baden wachsen zu 60 Prozent weiße, zu 40 Prozent rote Rebsorten. Das Klima, die hübschen Weinorte und die landschaftliche Vielfalt locken seit jeher viele Gäste nach Baden. Touristen lieben es, durch Städte wie Heidelberg, Konstanz, Baden-Baden, Karlsruhe oder Freiburg zu schlendern, Aktivurlaub beim Wandern oder Radfahren zu machen oder abends bei einem Glas Wein aus der Region in einem der Spitzen-Restaurants oder einem Landgasthof heimische Küche zu genießen.

Ein Tipp: der badische Weinradweg

Er beginnt am Dreiländereck im Süden von Baden und führt über 460 Kilometer Richtung Norden. Die acht Etappen sind unterschiedlich lang, man kann unterwegs immer wieder eine Ruhepause einlegen, auf Weingütern übernachten oder in Straußwirtschaften einkehren.

Tage des offenen Weinkellers

Gefeiert wird natürlich auch in Baden – so finden übers Jahr verteilt mehr als 100 Weinfeste statt, außerdem laden die mehr als 50 badischen Winzergenossenschaften regelmäßig zu Tagen des offenen Winzerkellers ein.

WEINGÜTER

WEINGÜTER
ÜBERSICHT A-Z

175
THOMAS HARTENECK
Brezelstraße 15
79418 Schliengen

176
WEINGUT DR. HEGER
Bachenstraße 19
79241 Ihringen

177
WEINGUT HEINEMANN
Mengener Straße 4
79238 Ehrenkirchen

178
WEINGUT HEITLINGER
Am Mühlberg 3
76684 Östringen

180
FRANZ HERBSTER
Krozinger Straße 36
79238 Ehrenkirchen

180
WEINGUT HERMANN
Alt-Vogtsburg 19
79235 Vogtsburg im Kaiserstuhl

181
WEINGUT HISS
Hauptstraße 31
79356 Eichstetten

181
WEINGUT HÖFFLIN
Schambachhof 3
79268 Bötzingen

182
WEINGUT HONOLD
Am Hummelberg 1
76684 Östringen

183
BERNHARD HUBER
Heimbacher Weg 19
79364 Malterdingen

184
WEIN- & SEKTGUT HUMMEL
Oberer Mühlweg 5
69254 Malsch

184
KILIAN HUNN
Rathausstraße 2
79288 Gottenheim

185
WEINGUT JÄGLE
Balgerstraße 8
79341 Kenzingen

185
GEBRÜDER MATHIS
Enggasse 21
79291 Merdingen

186
GERHARD KARLE
Scherkhofenstraße 69
79241 Ihringen

187
STAATSWEINGUT KARLSRUHE-DURLACH
Posseltstraße 19
76227 Karlsruhe

188
LORENZ & CORINA KELLER
Steinbuck 36
79771 Klettgau

188
FRANZ KELLER
Badbergstraße 44
79235 Vogtsburg im Kaiserstuhl

190
FRIEDRICH KIEFER
Bötzinger Straße 13
79356 Eichstetten

190
WEINGUT KLUMPP
Heidelberger Straße 100
76646 Bruchsal

WEINGÜTER
ÜBERSICHT A-Z

207
MARKGRAF VON BADEN – SCHLOSS STAUFENBERG
Schloss Staufenberg
77770 Durbach

208
WINZERVEREIN MEERSBURG
Kronenstraße 19
88709 Meersburg

209
WEINGUT MICHEL
Winzerweg 24
79235 Vogtsburg im Kaiserstuhl

210
BIO-WEINGUT MISSBACH
Schönbergstraße 32
79285 Ebringen

211
WEINGUT MOOSMANN
Schwarzwaldstraße 78
79183 Waldkirch

212
ADAM MÜLLER
Adam-Müller-Straße 1
69181 Leimen

212
NÄGELSFÖRST
Nägelsförst 1
76534 Baden-Baden

213
SCHLOSS NEUWEIER
Mauerbergstraße, 21
76534 Baden-Baden

214
SVEN NIEGER
Gartenstraße 21
76534 Baden-Baden

215
WEINGUT NOLL
Kirchstraße 20a
79426 Buggingen

215
OBERKIRCHER WINZER
Renchener Straße 42
77704 Oberkirch

216
KAISERSTÜHLER WINZERVEREIN OBERROTWEIL
Bahnhofstraße 31
79235 Vogtsburg im Kaiserstuhl

216
SCHLOSS ORTENBERG
Am Sankt Andreas 1
77799 Ortenberg

217
PIEPER BASLER
Weierbächle 1&3
77654 Offenburg

218
WEINGUT PIX
Eisenbahnstraße 19
79241 Ihringen

219
WEINGUT PLAG
Leibergerweg 1
75057 Kürnbach

219
WEINGUT BURG RAVENSBURG
75056 Sulzfeld

220
WEINGUT REBHOLZ
Bergstraße 1
78315 Radolfzell am Bodensee

WEINGÜTER
ÜBERSICHT A-Z

235
WEINGUT STIGLER
Bachenstraße 29
79241 Ihringen

236
WINZERHOF STREBEL
Geisbergstraße 8
97922 Lauda-Königshofen

237
RALF TRAUTWEIN
Hauptstraße 106
79268 Bötzingen

237
WEINGUT TRAUTWEIN
Riegeler Straße 2
79353 Bahlingen

238
WEINGUT VOLLMER
Lautenbach 1
77770 Durbach

239
JOSEF WALZ
Hauptstraße 34
79423 Heitersheim

239
FRITZ WASSMER
Lazariterstraße 2
79189 Bad Krozingen

242
MARTIN WASSMER
Am Sportplatz 3
79189 Bad Krozingen

244
WEINGUT WEISHAAR
Hauptstraße 164
79356 Eichstetten

244
WEINGUT WÖHRLE
Weinbergstraße 3
77933 Lahr/Schwarzwald

245
FRANZ XAVER
Schwarzwaldstraße 3
79183 Waldkirch

246
WEINGUT ZÄHRINGER
Johanniterstraße 61
79423 Heitersheim

247
WEINGUT ZIEREISEN
Markgrafenstraße 17
79588 Efringen-Kirchen

248
WEINGUT ZIMMERLIN
Kirchweg 2
79268 Bötzingen

249
WEINGUT ZIMMERMANN
Bürgelnblick 1 –
Auf dem Schliengener Berg
79418 Schliengen

249
WEINGUT ZOTZ
Staufener Straße 3
79423 Heitersheim

WEINGUT ABRIL

Am Enselberg 1
79235 Vogtsburg im Kaiserstuhl
T +49 (0) 7662 9493 230
www.weingut-abril.de

Weingut Abril
Eva-Maria Köpfer
Daniel Hank
Verbände Ecovin
Rebfläche 30 ha
Produktion 140.000 Flaschen
Gründung 1740
Verkaufszeiten Mo–Fr 8–12 Uhr und 13–17.30 Uhr
Sa 9.30–13 Uhr

Profil online

Während viele bekannte Weingüter am Kaiserstuhl nicht mehr wachsen wollen oder Flächen abgeben, befindet sich das Weingut Abril weiter auf Expansionskurs. Der umtriebigen Geschäftsführerin Eva Köpfer ist es gelungen, ein junges und engagiertes Team um sich zu scharen. Jahr für Jahr wird im Weinberg und im Keller hart gearbeitet, um die Qualität weiter zu steigern – mit Erfolg. Mit Jürgen Jehle vervollständigt seit Kurzem ein erfahrener Weinmacher das Kellerteam um Kellermeister Daniel Hank.

- **2020** Ameisental Zeit Réserve Grauburgunder
  28€ | 13,5%
- **2020** Bischoffinger Rosenkranz Stein Grauburgunder
  16€ | 13,5%
- **2020** Bleckmen Zeit Réserve Chardonnay
  28€ | 13%
- **2021** Frucht Weißburgunder
  9,50€ | 13%
- **2018** Bischoffinger Steinbuck Zeit Réserve Pinot Noir
  28€ | 13,5%
- **2019** Steinbuck Zeit Réserve Pinot Noir
  36€ | 13,5%
- **2020** Scheurebe brut nature
  15€ | 11%

trinkreif

- **2003** P.art Spätburgunder
  42€ | 17%

WINZERGENOSSENSCHAFT ACHKARREN

Aufsteiger

Schlossbergstraße 2
79235 Vogtsburg im Kaiserstuhl
T +49 (0) 7662 93040
www.achkarrer-wein.com

Denis Kirstein
Christoph Rombach
Verbände Fair'n Green
Rebfläche 186 ha
Produktion 1.900.000 Flaschen
Gründung 1929
Verkaufszeiten April–Dez.
Mo–Fr 9.30–17.30 Uhr
Sa 9–13 Uhr

Profil online

Der nachhaltige Ausbau der Genossenschaftsweine liegt Geschäftsführer Denis Kirstein und Kellermeister Christoph Rombach am Herzen. Das Siegel Fair'n Green ist ein erster Schritt zu mehr Nachhaltigkeit. Ganze 75 Prozent der Trauben der 266 Mitglieder wachsen im berühmten und viel gelobten Achkarrer Schlossberg. Der zunehmend niedrigere Restzuckergehalt in den trockenen Weinen der Achkarrer wirkt vielversprechend.

- **2020** Achkarrer Schlossberg Edition A Grauburgunder
  24€ | 14%
- **2021** Achkarrer Sauvignon Blanc
  8,20€ | 13%
- **2021** Achkarrer Schlossberg Edition Bestes Fass Auxerrois
  11,90€ | 13%
- **2021** Achkarrer Schlossberg Edition Bestes Fass Gewürztraminer Spätlese trocken
  11,90€ | 14%
- **2021** Achkarrer Schlossberg Edition Bestes Fass Muskateller
  11,90€ | 12%
- **2021** Achkarrer Schlossberg Edition Bestes Fass Müller-Thurgau
  11,90€ | 13,5%
- **2021** Achkarrer Schlossberg Edition Bestes Fass Scheurebe
  11,90€ | 12%
- **2021** Achkarrer Schlossberg Grauburgunder Spätlese trocken
  8,90€ | 13%

● **2019** Achkarrer Schlossberg Diavolo, Edition Bestes Fass Cuvée
10,90€ | 13,5%

● **2019** Achkarrer Schlossberg Edition A Pinot Noir
29€ | 14%

● **2020** Achkarrer Schlossberg Edition Bestes Fass Spätburgunder
10,90€ | 13,5%

● **2020** Riesling brut
12,90€ | 12,5%

AFFENTALER WINZER

Neu

Betschgräblerplatz
77815 Bühl
T +49 (0) 7223 98980
www.affentaler.de

Dr. Ralf Schäfer
Leo Klär
Rebfläche 336 ha
Produktion 2.850.000 Flaschen
Gründung 1908
Verkaufszeiten Mo–Fr 8.30–18 Uhr
Sa 9–13 Uhr
So 10–14 Uhr

Profil online

Auch abseits der „Affenflasche", die mit ihrem ins Glas geprägten und kupfern schimmernden Primaten zum Charakteristikum der Genossenschaft geworden ist, liefern die Affentaler Winzer einige Hingucker: Stolze 725 Mitglieder ernten die Trauben für die 85 Weine, die sich in ganze neun Produktlinien fügen. Riesling und Pinot Noir stehen im Fokus, ergänzt von Aromasorten und weißen Burgundern.

○ **2019** Bühlertaler Engelsfelsen Gewürztraminer
14,90€ | 14,5%

○ **2020** Altschweierer Sternenberg SLK Grauburgunder
12,50€ | 14%

○ **2020** Ottersweierer Althof SLK Weißburgunder
14,90€ | 14%

○ **2020** Ralschbach SLK Riesling
12,50€ | 13,5%

● **2018** SLK Spätburgunder
24,50€ | 14,5%

● **2020** SLK Scheurebe Auslese
13,80€ | 12%

ALDE GOTT WINZER SCHWARZWALD

Aufsteiger

Talstraße 2
77887 Sasbachwalden
T +49 (0) 7841 20290
www.aldegott.de

Michael Huber
Rebfläche 264 ha
Produktion 2.000.000 Flaschen
Gründung 1948
Verkaufszeiten April–Okt.
Mo–Fr 9–18 Uhr
Mo–Fr 9–12 Uhr und 13.30–18 Uhr
Sa 9–17 Uhr
So und Feiertag 11–17 Uhr

Profil online

Wenn sich der Schwarzwald verkorken ließe, hier würde man ihn bekommen. Das Erfolgsrezept von Kellermeister Michael Huber und Geschäftsführer Günter Lehmann besteht in Tradition und Kontinuität. Dass sich Altbewährtes und Neues nicht ausschließen, unterstreicht die Jungwinzer-Sektion CreatiWi, die mit eigenen Projekten das Sortiment der über 350 Mitglieder umfassenden Genossenschaft bereichert.

○ **2015** Weitblick Réserve Grauburgunder
28€ | 15%
○ **2020** Gewürztraminer
12,50€ | 15,5%
○ **2020** Granit Riesling
20€ | 13%
○ **2021** Sauvignon Blanc
11€ | 12,5%
● **2015** Weitblick Réserve Spätburgunder
28€ | 14,5%
● **2018** Weitblick Spätburgunder
19€ | 15,5%

trinkreif

● **2017** Weitblick Spätburgunder
37€ | 13,5%

WEINGUT AUFRICHT

Höhenweg 8
88719 Stetten
T +49 (0) 7532 2427
www.aufricht.de

Robert & Manfred Aufricht
Robert Markheiser
Rebfläche 42 ha
Produktion 350.000 Flaschen
Verkaufszeiten Mo–Sa 10–12 Uhr und 14–18 Uhr

Profil online

Das Weingut von Robert und Manfred Aufricht am Bodensee ist ohne Zweifel ein besonderer Ort für Genießer. Die Sonne spiegelt sich auf dem Wasser und in der Ferne grüßen die schneebedeckten Alpen. Hinzu kommen Weine, die von einer akribischen Arbeit im Weinberg und im Keller sowie vom besonderen Seeklima zeugen. Sohn Johannes experimentiert gekonnt mit neuem Holz und hat eine kleine, eigene Weinlinie kreiert. Und auch Tochter Sophia bringt sich tatkräftig in das Weingut mit ein.

○ **2018** 3 Lilien Sauvignon Blanc
30€ | 13,5%
○ **2019** Kalkbrunnen Chardonnay
24,90€ | 13%
○ **2021** Eichhölze Grauburgunder
20,90€ | 13,5%
○ **2021** Kalkbrunnen Chardonnay
27,90€ | 12%
○ **2021** Pfattishag Sauvignon Blanc
31€ | 13%
○ **2021** Sommertal Weißburgunder
27,90€ | 13%
● **2018** Johannes Aufricht Krähen Pinot Noir
59€ | 12,5%
● **2019** Von Alten Reben Frühburgunder
22€ | 13%
● **2020** Spätburgunder
44€ | 13,5%

AXEL BAUER

Aufsteiger

Erlenstraße 38
77815 Bühl
T +49 (0) 7223 8301 277
www.weingut-axel-bauer.de

Axel Bauer
Torsten Klein
Verbände Fair'n Green
Rebfläche 34 ha
Produktion 65.000 Flaschen
Gründung 2016
Verkaufszeiten Mi–Fr 13–17 Uhr und nach Vereinbarung

Profil online

Aus der Medienbranche zurück zum Wein. So ging es Axel Bauer im Jahr 2012, als er als aus einer Weinbaufamilie stammend beschloss, seinen Job an den Nagel zu hängen und Wein zu produzieren. Allerdings nicht wie die Vorfahren, die bei der Genossenschaft abgegeben hatten, sondern ganz nach eigenen Vorstellungen. 2015 erwarb er den dafür notwendigen Keller und wird seit 2019 vom Önologen Torsten Klein unterstützt. Neben badischen Klassikern werden auch internationale Rebsorten wie Cabernet Sauvignon und Merlot für die Grande Cuvée ausgebaut.

○ **2019** Blacklist Müller-Thurgau
16,80€ | 11,5%
○ **2019** Meisterstück Riesling
16,80€ | 12,5%
○ **2019** Meisterstück Sauvignon Blanc
19,50€ | 13%
○ **2019** Sauvignon Blanc
45€ | 12,5%
○ **2020** Grand Vin Chardonnay
65€ | 12,5%
○ **2020** Grand Vin Gewürztraminer
39€ | 15%
○ **2020** Maison Blanc Cuvée
19,50€ | 12,5%
○ **2020** Meisterstück Sauvignon Blanc
25€ | 12,5%
○ **2020** Parzelle No. 6517 Müller-Thurgau feinherb
39€ | 13%
○ **2021** C4 Cuvée
11€ | 12%
● **2019** Grande Cuvée
65€ | 13,5%
● **2019** Premier Vin Pinot Noir
39€ | 13%
● **2019** Premiere Cuvée
39€ | 14%
● **2020** Premier Vin Pinot Noir
45€ | 12,5%
● **2020** Premiere Cuvée
45€ | 13,5%
● **2020** Maison Spätburgunder
19,50€ | 11,5%
● **2021** Handwerk Spätburgunder
11€ | 11%

WEINGUT BECKER

Oberer Jagdweg 13
69254 Malsch
T +49 (0) 7253 25189
www.weingutbecker.de

Alexander Becker
Verbände Ecovin
Rebfläche 8 ha
Produktion 50.000 Flaschen
Gründung 1981
Verkaufszeiten Di–Fr 17.30–19 Uhr
Sa 10–13 Uhr

Profil online

● **2018** Malscher Oelbaum Spätburgunder
25,90€ | 14%

BECKSTEINER WINZER *Aufsteiger*

Weinstraße 30
97922 Lauda-Königshofen
T +49 (0) 9343 5000
www.becksteiner-winzer.de

Michael Braun
Florian Döller
Rebfläche 249 ha
Produktion 3.000.000 Flaschen
Gründung 1894
Verkaufszeiten Mo–Sa 9–18 Uhr
So und Feiertag 10–16 Uhr
Ruhetage 25.–26. Dez., 1. Jan., 6. Jan.

Profil online

Mineralreiche Muschelkalkböden bilden bei den Becksteiner Winzern allerbeste Voraussetzungen für hochelegante bis hin zu kraftvollen Weinen. Die besten Einzellagen sind der Becksteiner Kirchberg sowie der Gerlachsheimer Herrenberg mit einem einzigartigem Chardonnay. Die Becksteiner sind die drittälteste Winzergenossenschaft Badens. Dies verpflichtet zur Tradition, hindert die Verantwortlichen rund um Michael Braun zum Glück aber nicht daran, sich im Weinberg und im Keller offen für Neues zu zeigen, wie einem herausragenden Pinot-Meunier-Sekt.

○ **2018** Gerlachsheimer Herrenberg Réserve Chardonnay Spätlese trocken
25€ | 14%

○ **2020** Freihand Müller-Thurgau
7,30€ | 11,5%

○ **2020** Gerlachsheimer Herrenberg Alte Reben Cuvée Spätlese trocken
16€ | 13%

○ **2020** Gerlachsheimer Herrenberg Alte Reben Silvaner Spätlese trocken
16€ | 13%

○ **2020** Gerlachsheimer Herrenberg Selektion Chardonnay Spätlese trocken
14€ | 13,5%

○ **2020** Gerlachsheimer Herrenberg Selektion Grauburgunder Spätlese trocken
12€ | 13%

○ **2020** Gerlachsheimer Herrenberg Selektion Weißburgunder Spätlese trocken
12€ | 13%

○ **2020** Gerlachsheimer Kilian Chardonnay Kabinett trocken
7,70€ | 13%

○ **2020** Gerlachsheimer Kilian Silvaner Kabinett trocken
7,70€ | 12%

○ **2020** Gerlachsheimer Kilian Weißburgunder Kabinett trocken
7,70€ | 13%

○ **2020** Herrenberg Alte Reben Cuvée Spätlese trocken
16€ | 13%

○ **2020** Herrenberg Alte Reben Silvaner Spätlese trocken
16€ | 13%

○ **2020** Muschelkalk Cuvée
33€ | 12,5%

○ **2021** Echt lässig Cuvée halbtrocken
5,40€ | 11,5%

○ **2021** Freihand Müller-Thurgau
7,20€ | 11,5%

○ **2021** Freihand Riesling halbtrocken
7,20€ | 11,5%

○ **2021** Klepsauer Kilian Bacchus feinherb
7,90€ | 11%

○ **2021** Scheurebe feinherb
7,90€ | 11,5%

○ **2021** Silvaner Spätlese trocken
7,95€ | 12%

● **2018** Gerlachsheimer Herrenberg Réserve Schwarzriesling Spätlese trocken
25€ | 13,5%

● **2018** Muschelkalk Schwarzriesling
33€ | 13,5%

● **2019** Becksteiner Kirchberg Selektion Schwarzriesling
14€ | 13,5%

● **2019** Gerlachsheimer Herrenberg Alte Reben Spätburgunder
16€ | 13,5%

● **2019** Gerlachsheimer Herrenberg Réserve Schwarzriesling
25€ | 13,5%

● **2019** Gerlachsheimer Herrenberg Selektion Spätburgunder
14€ | 13,5%

● **2017** Réserve Pinot Meunier brut nature
25€ | 12,5%

● **2019** Selektion Pinot Blanc brut
14€ | 12,5%

trinkreif

● **2017** Gerlachsheimer Herrenberg Réserve Schwarzriesling Spätlese trocken
25€ | 13,5%

WEINGUT BENZ

Im Walterstal 1
97922 Lauda-Königshofen
T +49 (0) 9343 4523
www.weingut-benz.de

Familie Benz
Hubert Benz
Michael Benz
Rebfläche 82 ha
Produktion 300.000 Flaschen
Gründung 1994
Verkaufszeiten Di–Fr 8–12 Uhr
und 14–18 Uhr
Sa 9–16 Uhr
So 10–12 Uhr

Profil online

Ob der Wein nun in französischer oder amerikanischer Eiche lag, ist im Weingut Benz kein Thema, man bezieht das Holz aus Deutschland. In diesen Fässern vergären und reifen die besten Trauben, die Michael Benz aus seinen Steillagen mit Muschelkalkböden selektiert, zu seiner „Grand Edition" heran. Taubertal-Touristen kehren im Weinhotel ein und können im Vintasticum Wein einmal ganz anders erleben.

○ **2019** Becksteiner Kirchberg Grand Edition Grauburgunder
20€ | 14%

○ **2020** Königshöfer Turmberg Alte Reben Silvaner Spätlese trocken
9,50€ | 12,5%

○ **2020** Vogelsberg Steillagenwein Gewürztraminer Auslese
11€ | 11,5%

○ **2021** Becksteiner Kirchberg Auxerrois 1. Lage
9,80€ | 12,5%

○ **2021** Becksteiner Kirchberg Sauvignon Blanc 1. Lage
9,80€ | 12,5%

● **2018** Oberschüpfer Herrenberg Grand Edition Tauberschwarz
25€ | 14%

● **2019** Oberschüpfer Herrenberg Steillagenwein Cabernet Sauvignon
11€ | 13,5%

● **2021** Pinot Meunier
6,90€ | 12%

● **2021** Pinot Meunier feinherb
6,90€ | 10,5%

WEINGUT BERCHER

Mittelstadt 13
79235 Vogtsburg im Kaiserstuhl
T +49 (0) 7662 212
www.weingutbercher.de

Arne & Martin Bercher
Verbände VDP, Deutsches Barrique-Forum
Rebfläche 27 ha
Produktion 200.000 Flaschen
Verkaufszeiten Mo–Sa 9–11.30 Uhr
und 13.30–17 Uhr

Profil online

Seit vielen Jahren gehört das Weingut Bercher zu den besten Betrieben Badens. Wer Winzer sucht, auf die Verlass ist und die kontinuierlich sehr gute Weine erzeugen, ist hier richtig. Der Betrieb verfügt über von Löss und Vulkanverwitterungsgestein geprägte Lagen in Burkheim, Jechtingen und Sasbach. Geführt wird das Weingut von den Cousins Arne und Martin Bercher. Martin Bercher sorgt für eine naturnahe Bewirtschaftung der Weinberge, Arne Bercher ist für den Ausbau der Weine zuständig.

○ **2018** SE Chardonnay
21€ | 13,5%

○ **2019** Burkheimer Feuerberg Grauburgunder 1. Lage
15,50€ | 13,5%

○ **2019** Burkheimer Feuerberg Haslen Grauburgunder GG
27€ | 13%

○ **2019** Burkheimer Feuerberg Haslen Weißburgunder GG
23€ | 13%

○ **2019** SE Chardonnay
23€ | 13%

○ **2019** Sasbacher Limburg Weißburgunder 1. Lage
15,50€ | 13,5%

○ **2020** Burkheimer Feuerberg Haslen Grauburgunder GG
29€ | 13%

○ **2020** SE Chardonnay
23€ | 13%

○ **2020** Sasbacher Limburg Weißburgunder 1. Lage
16,50€ | 13%

○ **2021** Burkheimer Feuerberg Grauburgunder 1. Lage
16,50€ | 12,5%

2021 Burkheimer Feuerberg Haslen Grauburgunder GG
29€ | 12,5%

2021 Burkheimer Feuerberg Haslen Weißburgunder GG
25€ | 12,5%

2021 Burkheimer Grauburgunder
9,50€ | 12,5%

2021 Sasbacher Limburg Weißburgunder 1. Lage
16,50€ | 13%

2016 Burkheimer Feuerberg Spätburgunder 1. Lage
30€ | 13,5%

2017 Jechtinger Eichert Spätburgunder 1. Lage
19€ | 13,5%

2018 Burkheimer Feuerberg Kesselberg Spätburgunder GG
40€ | 13%

2019 Burkheimer Feuerberg Kesselberg Spätburgunder GG
43€ | 13%

2020 Burkheimer Feuerberg Kesselberg Spätburgunder GG
43€ | 12,5%

2020 Burkheimer Schlossgarten Spätburgunder 1. Lage
16,50€ | 13%

2015 Chardonnay brut
15,50€ | 12,5%

2016 Pinot Spätburgunder extra brut
15,50€ | 12,5%

2017 Pinot Spätburgunder extra brut
17€ | 12,5%

trinkreif

2015 Burkheimer Feuerberg Spätburgunder 1. Lage
28€ | 13,5%

2017 Burkheimer Feuerberg Kesselberg Spätburgunder GG
40€ | 13,5%

BICKENSOHLER WEINVOGTEI

Neu

Neunlindenstraße 25
79235 Vogtsburg im Kaiserstuhl
T +49 (0) 7662 93110
www.bickensohler.de

Patrick Chelaifa (geschäftsführender Vorstand)
Michael Jäger
Rebfläche 100 ha
Gründung 1924
Verkaufszeiten April–Okt.
Mo–Fr 9–17.30 Uhr
Nov.–März
Mo–Fr 9–12 und 13–17 Uhr
März–Dez.
Sa 9–14 Uhr

Profil online

Mit Geschäftsführer Patrick Chelaifa und Kellermeister Michael Jäger wird die Bickensohler Weinvogtei von einem jungen Team geführt. Umso größer ist ihre Motivation. Die Rebfläche beträgt 100 Hektar. „Damit haben wir in etwa die Struktur eines größeren Weingutes", sagt Chelaifa. Er will das Motto „klein, aber fein" mit Leben füllen. Aushängeschild der Genossenschaft ist der Grauburgunder.

2020 Bickensohler Herrenstück Chardonnay Spätlese SK-Selektion Chardonnay Spätlese trocken
11,50€ | 14%

2020 Bickensohler Steinfelsen Grauer Burgunder Spätlese SK-Selektion Grauburgunder Spätlese trocken
10,50€ | 14%

2021 Bickensohler Steinfelsen Weißer Burgunder Kabinett SK-Selektion Weißburgunder Kabinett trocken
8,20€ | 12,5%

2019 Bickensohler Mysterious Spätburgunder extra brut
11,20€ | 13%

WEINGUT A. BIESELIN

Aufsteiger

Im Pfaffenbach 61
77955 Ettenheim
T +49 (0) 7822 4463 19
www.weingut-bieselin.de

Andreas Bieselin
Rebfläche 8 ha
Produktion 25.000 Flaschen
Gründung 2002
Verkaufszeiten Di–Mi 9–12 Uhr
und 14–15.30 Uhr
Do–Fr 9–12 Uhr und 14–18 Uhr
Sa 9–12 Uhr

Profil online

Seit Andreas Bieselin vor genau 20 Jahren das Weingut gründete, ist einiges passiert. Ganze sechs Hektar werden hier inzwischen bewirtschaftet, ein Großteil davon mit Burgundersorten inklusive Auxerrois, aber auch Riesling, Muskateller oder rote Exoten wie Merlot und Cabernet Franc stehen auf den Feldern oberhalb von Ettenheim. Andreas' Frau Olivia betreut die in den Reben gelegene Eventlocation.

○ **2020** Blatt Müller-Thurgau
7€ | 10,5%
○ **2020** Stamm Auxerrois
11€ | 11,5%
○ **2020** Stamm Grauburgunder
11€ | 12,5%
○ **2020** Wurzel Müller-Thurgau
27€ | 12%
○ **2020** Wurzel Riesling
24€ | 11,5%

WEINGUT & PRIVATKELLEREI BIMMERLE

Aufsteiger

Kirchstraße 4
77871 Renchen
T +49 (0) 7843 654
www.wein-bimmerle.de

Siegbert Bimmerle
Philipp Milke
Rebfläche 140 ha
Produktion 1.000.000 Flaschen
Gründung 1936
Verkaufszeiten Mo–Fr 9–12
und 13–17 Uhr
Sa 9–13 Uhr
und nach Vereinbarung

Profil online

Es gibt in Baden nur noch wenige Betriebe, die auf Expansion setzen. Einer von ihnen ist das Weingut & Privatkellerei Bimmerle in Renchen. Inhaber und Betriebsleiter Siegbert Bimmerle ist ständig auf der Suche nach Winzern, die ihre Weinberge nach seinen Vorstellungen bewirtschaften. Gemeinsam mit einem engagierten Team, zu dem Kellermeister Philipp Milke gehört, werden heute jährlich über eine Million Flaschen vermarktet. Trotz des schnellen Wachstums soll die Qualität nicht zu kurz kommen.

○ **2018** Réserve Weißburgunder
19€ | 14,5%
○ **2019** Réserve 500 Chardonnay
29€ | 13,5%
○ **2019** Réserve 500 Grauburgunder
29€ | 13,5%
○ **2019** Réserve 500 Sauvignon Blanc
29€ | 13%
○ **2019** Réserve 500 Weißburgunder
29€ | 13,5%
○ **2019** Réserve Chardonnay
19€ | 13,5%
○ **2019** Réserve Grauburgunder
19€ | 13,5%
○ **2020** Weißburgunder Spätlese trocken
14,90€ | 14%
○ **2021** Chardonnay
10,90€ | 13%
○ **2021** Sauvignon Blanc
10,90€ | 13%
○ **2021** Scheurebe Spätlese
14,90€ | 11%
○ **2021** Weißburgunder Kabinett trocken
9,90€ | 13%

- 2019 Spätburgunder – Barrique (neu)
  19,90€ | 13,5%
- 2019 Spätburgunder – Barrique (gebraucht)
  12,90€ | 13,5%
- 2021 Spätburgunder
  8,90€ | 12,5%
- 2016 Pinot Spätburgunder brut
  12,90€ | 12,5%

trinkreif

- 2013 Réserve Spätburgunder
  29€ | 13,5%
- 2017 Réserve Spätburgunder
  29€ | 13,5%

WINZERGENOSSENSCHAFT BISCHOFFINGEN-ENDINGEN AM KAISERSTUHL

Aufsteiger

Bacchusstraße 20
79235 Vogtsburg im Kaiserstuhl
T +49 (0) 7662 93010
www.wg-bischoffingen.de

Thomas Weiler
Norbert Kuhn
Rebfläche 250 ha
Produktion 2.100.000 Flaschen
Gründung 1924
Verkaufszeiten März–Dez.
Mo–Fr 8.30–12 Uhr und 13.30–17 Uhr
Sa 9–13 Uhr

Profil online

Über 300 Mitglieder der Winzergenossenschaft bewirtschaften in Bischoffingen und Endingen rund 250 Hektar Reben. Geschäftsführer Thomas Weiler und Kellermeister Norbert Kuhn selektionieren seit einigen Jahren Trauben aus besonderen Lagen wie dem Bischoffinger Enselberg, Vulkanfelsen und Steinbuck, um auch Spitzenweine zu erzeugen – und das mit Erfolg! Aber auch die Burgunder für jeden Tag können sich durchaus sehen lassen.

- 2018 Bischoffinger Enselberg Réserve Chardonnay
  15,50€ | 14%
- 2019 Bischoffinger Steinbuck Réserve Grauburgunder
  15,50€ | 14%
- 2019 Pino Magma Réserve Cuvée
  16,95€ | 13,5%
- 2021 Bischoffinger Enselberg Weißburgunder Kabinett trocken
  6,95€ | 12%
- 2021 Bischoffinger Sommer Cuvée
  5,50€ | 12,5%
- 2021 Bischoffinger Vulkanfelsen BB Alte Rebe Grauburgunder
  8,25€ | 13%
- 2021 Bischoffinger Vulkanfelsen Cuvée feinherb
  6,95€ | 11,5%
- 2021 Bischoffinger Vulkanfelsen Muskateller feinherb
  7,95€ | 11,5%

○ **2021** Enselberg Cuvée
6,95€ | 13%

● **2019** Bischoffinger Rosenkranz Réserve Merlot 1. Lage
15,50€ | 14%

● **2020** Pinot One Spätburgunder
32€ | 13%

● **2020** Steinbuck Réserve Spätburgunder
32€ | 13%

● 20.000 BC Reserve Cuvée
29,95€ | 14%

WEINGUT BLANKENHORN

Basler Straße 2
79418 Schliengen
T +49 (0) 7635 82000
www.weingut-blankenhorn.de

Martin & Yvonne Männer
Markus Weickert
Yvonne Männer
Verbände VDP, Fair'n Green, Slow Food, Wine in Moderation
Rebfläche 25 ha
Produktion 120.000 Flaschen
Verkaufszeiten Mo–Fr 9–12 und 14–17 Uhr
Mi 9–12 Uhr

Profil online

Yvonne und Martin Männer haben das traditionsreiche Weingut Blankenhorn mit einem umfassenden Um- und Ausbau ganz nach ihren Vorstellungen und sehr anspruchsvoll umgestaltet. Das Markgräflerland verfügt damit über einen weiteren auch architektonisch interessanten Anziehungspunkt, in dessen eigener Weinbar die zahlreichen Weine des VDP-Mitglieds verkostet werden können. Diese fokussieren sich in Hinblick auf die favorisierten Rebsorten hauptsächlich auf Gutedel und Burgundersorten. Letztere werden besonders für die Lagenweine verwendet.

○ **2017** Chasselas Courage Gutedel
23,39€ | 12,5%

○ **2018** Chasselas Le Clocher Gutedel
18,03€ | 11,5%

○ **2018** Schliengen Chasselas Courage Gutedel
24€ | 12%

○ **2018** Schliengener Sonnenstück Chardonnay GG
28€ | 13%

○ **2018** Schliengener Ölacker Weißburgunder 1. Lage
19,01€ | 12,7%

○ **2018** Sonnenstück Chardonnay GG
23,39€ | 13,3%

○ **2019** Roggenbach Grauburgunder 1. Lage
19,50€ | 13%

○ **2019** Schliengen Chasselas Le Clocher Gutedel
18,50€ | 12,5%

○ **2019** Schliengen Gutedel
12€ | 12%

- ○ **2019** Sonnenstück Chardonnay GG
  30€ | 13,5%
- ○ **2019** Ölacker Weißburgunder 1. Lage
  19,50€ | 13,5%
- ○ **2020** Markgräfler Gutedel
  7,90€ | 12%
- ○ **2020** Schliengen Chardonnay
  15,90€ | 13%
- ● **2017** Schliengener Ölacker Pinot Noir 1. Lage
  24,37€ | 13,7%
- ● **2018** Bravour Syrah
  26,32€ | 13,2%
- ● **2018** Schliengen Pinot Noir
  12€ | 13%
- ● **2018** Sonnenstück Spätburgunder GG
  37€ | 13%
- ● **2019** Bravoure Syrah
  27€ | 13,5%
- ● **2019** Postillon Cuvée
  35€ | 13,5%

trinkreif

- ● **2017** Schliengener Sonnenstück Pinot Noir GG
  35€ | 13%
- ● **2017** Schliengener Sonnenstück Spätburgunder GG
  27,29€ | 13,4%

WEINGUT BÖS

Aufsteiger

Wiesenäcker 2
69254 Malsch
T +49 (0) 7253 2788 18
www.weingut-boes.de

Rüdiger Bös
Verbände Weisse Burgunder Charta
Rebfläche 19,5 ha
Produktion 120.000 Flaschen
Gründung 1999
Verkaufszeiten Di, Do 17–19 Uhr
Fr 15–19 Uhr
Sa 10–13 Uhr

Profil online

Im Kraichgau fühlen sich die noblen Burgundersorten wohl – bei Rüdiger Bös machen sie zwei Drittel der Rebfläche aus, darunter auch Auxerrois. Lagen- und Sortencharakteristik werden durch den Ausbau im großen und kleinen Holz herausgearbeitet. Dabei geht es jedoch nicht um das Erwerben einer Holzaromatik, sondern um die Finalisierung charakterstarker Weine mit angenehm geschmeidigem Mundgefühl. Im gemäßigten Kraichgauer Klima gelingen Bös auch Weine aus internationalen roten Sorten wie Merlot oder Cabernet Sauvignon, solo oder in Cuvées.

- ○ **2019** Patriarch Weißburgunder
  9€ | 13,2%
- ○ **2019** Ölbaum Patriarch Chardonnay
  9€ | 13,4%
- ○ **2020** Ölbaum Erlkönig Cuvée
  7,50€ | 12,1%
- ○ **2020** Ölbaum Patriarch Auxerrois
  9€ | 12,3%
- ● **2017** Rotsteig Patriarch Spätburgunder
  15,50€ | 14%
- ● **2019** Ölbaum St. Ambrosius Cuvée
  9,50€ | 14,6%

RUDOLF BOSCH

An der Oberen Lußhardt 1/1
76709 Kronau
T +49 (0) 7253 9324 024
www.weingutbosch.com

Rudolf Bosch & Andreas Braunecker
Andreas Braunecker
Verbände Weisse Burgunder Charta
Rebfläche 8 ha
Produktion 50.000 Flaschen
Gründung 2007
Verkaufszeiten Mi 17.30–19 Uhr
Sa 14–17 Uhr
und nach Vereinbarung

Profil online

Ganze fünf unterschiedliche nach Komplexität und Anlass kategorisierte Qualitätslinien produzieren der studierte Önologe Andreas Braunecker und seine Frau Nadine, Absolventin des Studiengangs Internationale Weinwirtschaft, in ihrem Gut im Kreis Karlsruhe. Dass diese so naturnah wie möglich, also mit minimalem Einsatz von Pflanzenschutz und nur geringen Eingriffen im Keller, in die Flasche kommen, ist dem Winzerpaar ebenso wichtig wie die Biodiversität im Wingert. Angebaut werden traditionelle Sorten wie Riesling, Müller-Thurgau und Burgunder.

○ **2019** Lias Epsilon vom Posidonienschiefer Riesling
16,50€ | 12,5%

○ **2020** Eigenart Müller-Thurgau
14,50€ | 13%

○ **2020** Lias Epsilon vom Posidonienschiefer Riesling
18,50€ | 12%

○ **2021** Obergrombacher Michaelsberg Auxerrois
8,50€ | 12%

● **2017** Abart Portugieser Portugieser
14,50€ | 13,5%

● **2018** Frühburgunder
14,50€ | 13,5%

● **2019** Obergrombacher Michaelsberg Elysium Spätburgunder
k. A. | 13,5%

trinkreif

● **2017** Obergrombacher Michaelsberg Elysium Spätburgunder
k. A. | 13%

LANDWEINGUT BRENNEISEN

Aufsteiger

Am Weiler Weg 2
79588 Efringen-Kirchen
T +49 (0) 7628 8009 87
www.weingut-brenneisen.de

Dirk Brenneisen
Rebfläche 9 ha
Produktion 30.000 Flaschen
Gründung 2000
Verkaufszeiten Fr 15–19 Uhr
und nach Vereinbarung

Profil online

Hier im Herzen des Markgräflerlandes sprießen ganz typisch Gutedel und Spätburgunder in den Rebzeilen, auch Chardonnay, Weiß- und Grauburgunder dürfen nicht fehlen – so auch bei Quereinsteiger Dirk Brenneisen. In deren Ausbau setzt der ehemalige Werkzeugmacher ebenfalls auf Altbewährtes: Bis auf einen einzigen Einstiegswein werden alle Weine mitsamt der Hefe in Holzfässern gelagert und kommen ungeschönt und für Veganer geeignet in die Flasche. Über den Wein hinaus wird in der hauseigenen Destillerie Hochprozentiges gebrannt.

○ **2018** Juri Chardonnay
78€ | 13%

● **2018** Juri Pinot Noir
56€ | 14%

● **2016** Weißburgunder brut
9€ | 12%

● **2019** Pinot Noir brut
9€ | 12,5%

trinkreif

○ **2017** Chätsch Gutedel
25€ | 11,5%

● **2017** Pinot Noir
34€ | 12,5%

● **2016** Chardonnay brut nature
25€ | 12,5%

WEINGUT BURKHART

Am Haberberg 1
79361 Sasbach am Kaiserstuhl
T +49 (0) 7662 9470 50
www.burkhart-kaffee.de

Marco Burkhart
Jonas Schüber
Rebfläche 8 ha
Produktion 50.000 Flaschen
Gründung 1986
Verkaufszeiten Mo–Fr 8–12 und 13–16 Uhr

Profil online

2021 Prior Kabinett trocken
8,90€ | 11%

WEINGUT CLAUER

Aufsteiger

Dormenackerhof 1
69126 Heidelberg
T +49 (0) 6221 3824 39
www.weingutclauer.de

Jörg Clauer
Verbände Slow Food, Genial Regional
Rebfläche 14,5 ha
Produktion 80.000 Flaschen
Gründung 1739
Verkaufszeiten So–Fr 9–12.30 Uhr und 13.30–18 Uhr
Sa 9–16 Uhr

Profil online

„Heidelberger Sonnenseite ob der Bruck" oder „Heidelberger Dormenacker": Die romantisch klingenden Lagen mit ihren Löss- und Muschelkalkböden, die Jörg Clauer hier bewirtschaftet, liefern die Reben, aus denen Kellermeisterin Simona Maier die 25 Weine des Guts keltert. Im Sortiment finden sich neben Klassikern auch Rebsorten wie Cabernet Mitos, St. Laurent, Schwarzriesling und Frühburgunder.

2020 Heidelberger Dormenacker Alte Rebe Grauburgunder 1. Lage
10,20€ | 13,5%

2020 Heidelberger Dormenacker Sauvignon Blanc
8,90€ | 13%

2019 Heidelberger Dormenacker Merlot
11,20€ | 14%

2021 Dormenacker Per Me Schwarzriesling & Spätburgunder
10,20€ | 12,5%

2021 Dormenacker Spätburgunder & St. Laurent
8,10€ | 12%

SUSANNE & BERTHOLD CLAUSS

Obere Dorfstraße 39
79807 Lottstetten
T +49 (0) 7745 5492
www.weingutclauss.de

Berthold & Susanne Clauß
Berthold Clauß
Verbände Slow Food, Vinissima
Rebfläche 19 ha
Produktion 140.000 Flaschen
Gründung 1982
Verkaufszeiten Mo–Di, Do–Fr 10–12 Uhr und 14–18 Uhr
Sa 9–13 Uhr

Profil online

Die rund 19 Hektar Weinberge des Weinguts Clauß am südlichen Zipfel der Republik zwischen Schaffhausen und Zürich profitieren vor allem vom milden Klima von Rhein und Bodensee. Dies ist nicht nur bei den Burgundern spürbar, sondern auch beim Rosé und beim Müller-Thurgau, von dem es sogar eine Réserve-Variante gibt. Die Premium-Lagen liegen im Klettgau und sind von Kalkgestein und Lehm geprägt. Ganze vier Winzer und Winzerinnen aus drei Generationen der Familie Clauß sind hier zurzeit am Werk und bereichern den Weinbau mit ihren Erfahrungen.

○ **2019** Nacker Länger gereift Sauvignon Blanc
35€ | 13,5%

○ **2020** Urbanus Grauburgunder
21€ | 13,5%

○ **2020** Urbanus Weißburgunder
21€ | 13,5%

○ **2021** Belemnit Grauburgunder
10,70€ | 13%

○ **2021** Belemnit Wildfang Réserve Müller-Thurgau
14,50€ | 12,5%

○ **2021** Nacker Sauvignon Blanc
16€ | 13,5%

○ **2021** Urbanus Grauburgunder
21€ | 13,5%

○ **2021** Urbanus Weißburgunder
21€ | 13,5%

○ **2021** Wildfang Müller-Thurgau
14,50€ | 13,5%

● **2018** Belemnit Frühburgunder
19€ | 14,5%

● **2018** Urbanus Spätburgunder
30€ | 14,5%

● **2019** Belemnit Frühburgunder
21€ | 14%

● **2019** Belemnit Grand Reservé Spätburgunder
17,50€ | 13,5%

● **2019** Belemnit Reservé Merlot
15,50€ | 13,5%

● **2019** Nacker Reservé Spätburgunder
13,50€ | 13,5%

● Pinot Noir brut
15,80€ | 12,5%

trinkreif

● **2015** Urbanus Pinot Noir
28€ | 14%

● **2016** Nacker Urbanus Pinot Noir
28€ | 13,5%

WEINHAUS DELOR

Neu

Hauptstraße 211
79211 Denzlingen
T +49 (0) 176 2342 0825
www.delor-wein.de

Dankwart Delor
Rebfläche 1 ha
Produktion 3.000 Flaschen
Gründung 2020
Verkaufszeiten nach Vereinbarung

Profil online

○ **2021** Vom Löss Weißburgunder
10,90€ | 11,5%

HERMANN DÖRFLINGER

Aufsteiger

Mühlenstraße 7
79379 Müllheim
T +49 (0) 7631 2207
www.weingut-doerflinger.de

Hermann Dörflinger
Hermann Dörflinger jr. & Ansgar Schätzle
Rebfläche 20 ha
Produktion 150.000 Flaschen
Gründung 1900
Verkaufszeiten Mo–Fr 8–12.30 Uhr
und 13.30–18.30 Uhr
Sa 9–16 Uhr

Profil online

Klar und geradlinig in der Struktur sind die Weine des Weinguts Dörflinger. Alle Moste lassen Betriebsleiter Hermann Dörflinger und sein Sohn Hermann Dörflinger junior aus Überzeugung durchgären. Was auf die Flasche gefüllt wird, soll ein guter Essensbegleiter sein. Die Weinberge sind in den Lagen Pfaffenstück, Reggenhag und Sonnhalde in Müllheim sowie Römerberg in Badenweiler zu finden. Rund zwei Drittel sind mit weißen Rebsorten und ein Drittel mit Spätburgunder bepflanzt.

○ **2018** Müllheimer Reggenhag
Chardonnay Spätlese trocken
17€ | 13,5%

○ **2019** Müllheimer Reggenhag
Chardonnay Spätlese trocken
17€ | 13,5%

○ **2019** Müllheimer Sonnhalde
Grauburgunder Spätlese trocken
17€ | 13,5%

○ **2020** Badenweiler Römerberg
Weißburgunder Spätlese trocken
12,50€ | 14%

○ **2020** Müllheimer Reggenhag
Chardonnay Kabinett trocken
9,50€ | 13%

○ **2020** Müllheimer Reggenhag
Chardonnay Spätlese trocken
17,50€ | 13,5%

○ **2020** Müllheimer Sonnhalde
Grauburgunder Spätlese trocken
17,50€ | 14%

○ **2021** Badenweiler Römerberg
Weißburgunder Spätlese trocken
13€ | 13,5%

○ **2021** Müllheimer Reggenhag Chardonnay Kabinett trocken
10€ | 12,5%

○ **2021** Müllheimer Reggenhag Gutedel
7€ | 11,5%

○ **2021** Müllheimer Reggenhag Weißburgunder Kabinett trocken
8,30€ | 13%

○ **2021** Müllheimer Sonnhalde Grauburgunder Kabinett trocken
8,50€ | 13%

○ **2021** Müllheimer Sonnhalde Grauburgunder Spätlese trocken
12€ | 13,5%

● **2018** Müllheimer Sonnhalde Pinot Noir Spätlese trocken
19€ | 14%

● **2020** Badenweiler Römerberg Merlot Spätlese trocken
20€ | 14%

● **2020** Badenweiler Römerberg Pinot Noir Spätlese trocken
18€ | 13,5%

● **2016** Weißburgunder extra brut
11€ | 12%

● **2017** Pinot Noir brut
11,50€ | 12%

● **2017** Weißburgunder brut
11€ | 12%

● **2018** Pinot Noir extra brut
11,50€ | 12%

● **2020** Nobling extra brut
11,50€ | 12%

HOLGER DÜTSCH

Sankt-Michael-Straße 39
76534 Baden-Baden
T +49 (0) 7223 9597 39
www.weingut-duetsch.de

Holger Dütsch
Rebfläche 3,5 ha
Produktion 18.000 Flaschen
Gründung 2004
Verkaufszeiten Di, Do und Fr 15–18 Uhr
Sa 10–13 Uhr
und nach Vereinbarung

Profil online

Holger Dütsch wagt sich an immer neue Projekte. Nachdem im letzten Jahr die Rivaner-Reben durch Sauvignon Blanc ersetzt wurden, sprießen nun auch Cabernet Franc und Merlot auf den Weinbergen in Neuweier bei Baden-Baden. Der verstärkte Einsatz von Holzfässern in der Produktion roter wie weißer Weine führt gemeinsam mit einem langen Vollhefelager und so wenigen externen Eingriffen wie möglich zu echten Originalen, die nach einiger Reifezeit manch große Speise zu begleiten wissen. Passende Pairing-Empfehlungen finden sich auf seiner Website.

○ **2018** Neuweierer Mauerberg Tradition Riesling
13,50€ | 13,5%

○ **2020** Neuweierer Mauerberg Finesse Riesling
15,50€ | 13,5%

○ **2020** Signatur Chardonnay
19,50€ | 14,1%

● **2017** Steinbacher Stich den Buben Blaufränkisch
13,50€ | 13%

● **2018** Signatur Spätburgunder
22,50€ | 13,5%

DURBACHER WINZERGENOSSENSCHAFT

Nachtweide 2
77770 Durbach
T +49 (0) 781 9366 11
www.durbacher.de

Stephan Danner
Rüdiger Nilles
Verbände Baden-Württembergischer Genossenschaftsverband
Rebfläche 335 ha
Produktion 3.000.000 Flaschen
Verkaufszeiten Mo–Fr 9–18 Uhr
Sa–So 9–13 Uhr

Profil online

Der größte Stolz der rund 230 selbsternannten Steillagenspezialisten der Durbacher Winzergenossenschaft sind ihre extremen Weinberge mit Steigungen von 70 bis 80 Prozent. Auf ihren 335 Hektar Rebfläche bauen sie den Klingenberger an, der für das einzige in Deutschland geschützte Lagen-Synonym für Riesling steht, sowie Spätburgunder, Clevner (also Traminer) und Burgundersorten. Eine umfangreiche Kollektion edler Spirituosen komplettiert das Portfolio.

- **2021** Kochberg Spätburgunder
  6,20€ | 12%
- **2021** Spätburgunder
  5,90€ | 12%
- **2018** Durbacher Kochberg Pinot Rosé brut
  12,90€ | 12%
- **2018** Durbacher Plauelrain Riesling brut
  12,90€ | 12%
- **2019** Durbacher Plauelrain Riesling brut
  12,90€ | 12,5%
- **2018** Durbacher Kochberg Spätburgunder Beerenauslese
  60€ | 14%
- **2019** Durbacher Ölberg Gewürztraminer Auslese
  10,90€ | 10,5%

SCHLOSSGUT EBRINGEN

Schlossplatz 1
79285 Ebringen
T +49 (0) 7664 6805
www.schlossgut-ebringen.de

Andreas Engelmann
Verbände Badischer Weinbauverband
Rebfläche 8 ha
Produktion 50.000 Flaschen
Gründung 2004
Verkaufszeiten Weinverkauf im Winzerhof (Im Sommerbergweg 1)
Di–Fr 10–12 Uhr und 14.00–18 Uhr
Sa 10–13.00 Uhr
(April–Juni und Okt.–Dez. bis 16 Uhr)

Profil online

„Unsere Weine bekennen Farbe und bringen das einzigartige Terroir elegant und feinfruchtig zur Geltung", sagt Betriebsleiter und Kellermeister Andreas Engelmann voller Inbrunst. Die Grundlage für die hohe Qualität der Weine sind vier besondere Gewanne am Ebringer Sommerberg. Sauvignon Blanc und Chardonnay gedeihen an kühlen West- und der Pinot Noir an warmen Südwesthängen. Letzteren baut Engelmann nach burgundischem Vorbild aus. Ein Aushängeschild des Betriebes ist auch der Crémant.

- **2019** Ebringer Klämle Sauvignon Blanc
  19,90€ | 13,5%
- **2019** Ebringer Schädler Chardonnay
  19,90€ | 12,5%
- **2020** Ebringer Klämle Sauvignon Blanc
  17,90€ | 13,5%
- **2020** Ebringer Schädler Chardonnay
  17,90€ | 13,5%
- **2020** S Grauburgunder 1. Lage
  12,90€ | 13,5%

○ **2020** S Sauvignon Blanc 1. Lage
12,90€ | 13%

○ **2020** Weissburgunder S Weißburgunder 1. Lage
12,90€ | 13%

○ **2021** S Gutedel 1. Lage
12,90€ | 12,5%

● **2017** S Pinot Noir
14,90€ | 13%

● **2018** Biegarten Pinot Noir
24,50€ | 13,5%

● **2018** Ebringer Leinele Pinot Noir
39€ | 13,5%

● **2018** S Pinot Noir 1. Lage
14,90€ | 13,5%

● **2019** Ebringer Biegarten Pinot Noir
24,50€ | 13%

● **2019** Ebringer Esel Pinot Noir
24,50€ | 13,5%

● **2019** Ebringer Leinele Pinot Noir
39€ | 13%

● **2019** S Pinot Noir 1. Lage
14,90€ | 13,5%

● Ebringer Sommerberg Pinot Noir Ebringer Rosé
8,90€ | 12%

● **2017** Blanc de Blancs brut nature
17,90€ | 12%

● **2018** Crémant Blanc de Blancs Chardonnay brut nature
17,90€ | 12,5%

● **2018** Pinot Noir brut
14,90€ | 12,5%

trinkreif

● **2016** Ebringer Leinele Pinot Noir
39€ | 13,5%

● **2017** Leinele Pinot Noir
39,50€ | 13%

WINZERHOF EBRINGEN *Aufsteiger*

Sommerbergweg 1
79285 Ebringen
T +49 (0) 7664 6350
www.winzerhof-ebringen.de

Klaus Ruh
Verbände Badischer Weinbauverband
Rebfläche 60 ha
Gründung 1951
Verkaufszeiten Di–Fr 10–12 Uhr und 14–18 Uhr
Sa 10–13.00 Uhr
(Apr.–Juni, Okt.–Dez. bis 16 Uhr)

Profil online

In wenigen Genossenschaften ist die Verbindung von Kellermeister und Mitgliedern so eng wie bei den Ebringern. Durch die vergleichsweise übersichtliche Anzahl von 35 Winzerinnen und Winzern steht Klaus Ruh mit allen in direktem Kontakt. Dies ist neben der überwiegenden Südlage der knapp 60 Hektar Rebfläche einer der Gründe für die stete Qualität der Weine der rund 1300 Jahre alten Genossenschaft.

○ **2019** Gewürztraminer Spätlese
9,90€ | 10%

○ **2020** 716 Chardonnay Kabinett trocken
8,40€ | 12,5%

○ **2020** 716 Spätburgunder Kabinett trocken
8,40€ | 12,5%

○ **2020** Grauburgunder Kabinett trocken
8,40€ | 12,5%

○ **2020** Gutedel Kabinett trocken
7,90€ | 11%

○ **2020** Muskateller Spätlese
9,90€ | 11%

○ **2020** Weißburgunder Kabinett trocken
8,40€ | 12,5%

○ **2021** Weißer Markgräfler Gutedel
7,40€ | 12,5%

● **2018** Genius Spätburgunder Spätlese trocken
9,90€ | 14%

● **2020** 716 Gewürztraminer brut
13,90€ | 12,5%

● **2018** Spätburgunder Beerenauslese
22,50€ | 11%

● **2018** Spätburgunder Trockenbeerenauslese
22,50€ | 9%

WEINGUT ENGELHOF

Engelhof 1
79801 Hohentengen am Hochrhein
T +49 (0) 7742 7497
www.engelhof.de

Gebrüder Netzhammer
Georg Netzhammer
Alexander Schira
Rebfläche 26 ha
Produktion 180.000 Flaschen
Verkaufszeiten Mo–Fr 9–12 Uhr und 14.30–17.30 Uhr
Sa 9.30–13 Uhr
und nach Vereinbarung

Profil online

2021 Müller-Thurgau
6,90€ | 12,5%

2021 Rosé
8,50€ | 12%

STAATSWEINGUT FREIBURG

Aufsteiger

Merzhauser Straße 119
79100 Freiburg im Breisgau
T +49 (0) 7614 0165 4320
www.staatsweingut-freiburg.de

Land Baden-Württemberg
Bernhard Huber
Benedikt Jehle & Werner Scheffelt
Verbände VDP, Ecovin
Rebfläche 37 ha
Produktion 220.000 Flaschen
Verkaufszeiten Vinothek Freiburg:
Mo–Fr 10–19 Uhr
Sa 10–16 Uhr
Vinothek Blankenhornsberg, Ihringen:
Mo–Fr 12–17 Uhr
Mai–Okt.
Mo–Mi 12–17 Uhr
Do–Fr 13–18 Uhr
Sa 10–16 Uhr

Profil online

Das Staatsweingut Freiburg mit seiner großen Außenstelle auf dem Blankenhornsberg in Ihringen hat mehrere Aufgaben zu erfüllen. Als Einrichtung des Staatlichen Weinbauinstitutes Freiburg setzt es Forschungsergebnisse in die Praxis um. So werden neue Methoden und Anbauverfahren für Baden getestet, um den Winzern die tägliche Arbeit zu erleichtern und Trends aufzuzeigen. Gleichzeitig soll es als landeseigener Betrieb Weine von hoher Güte produzieren, was hier ganz trefflich gelingt.

2018 Freiburger Schlossberg Chardonnay GG
45€ | 13%

2019 Blankenhornsberger Doktorgarten Chardonnay GG
29€ | 13,5%

2019 Freiburger Schlossberg Chardonnay GG
45€ | 13%

2020 Blankenhornsberg Doktorgarten Grauburgunder GG
22€ | 14%

2020 Blankenhornsberg Doktorgarten Weißburgunder GG
19€ | 14%

2018 Blankenhornsberger Doktorgarten Spätburgunder GG
25€ | 13,5%

● **2019** Blankenhornsberg Doktorgarten Spätburgunder GG
25€ | 13,5%

● Münstersekt Cuvée brut
15€ | 11,5%

● Pinot Chardonnay extra brut
17€ | 13%

● Professor Blankenhorn Cuvée Spätburgunder brut
10€ | 12,5%

● **2018** Solaris Beerenauslese
25€ | 9,5%

trinkreif

● **2013** Blankenhornsberger Doktorgarten Spätburgunder GG
57€ | 13,5%

● **2014** Blankenhornsberger Doktorgarten Spätburgunder GG
60€ | 14%

● **2017** Blankenhornsberger Doktorgarten Spätburgunder GG
29€ | 13,5%

● **2013** Pinot Chardonnay dosage zéro Spätburgunder brut nature
29€ | 13%

STIFTUNGSWEINGUT FREIBURG

Jesuitenschloss
79249 Merzhausen
T +49 (0) 761 4047 14
www.stiftungsweingut-freiburg.de

Heiliggeistspitalstiftung
Kilian Hunn
Verbände Vereinigung der Europäischen Stiftungsweingüter
Rebfläche 16 ha
Produktion 100.000 Flaschen
Gründung 1298
Verkaufszeiten Do–Fr 14–18 Uhr
Sa 10–14 Uhr

Profil online

Schlossberg, Jesuitenschloss, Tuniberg – drei bekannte und berühmte Lagen bewirtschaftet Kilian Hunn für das 1298 gegründete Stiftungsweingut Freiburg. Dort wachsen ganz charakteristisch hauptsächlich Gutedel, weiße Burgundersorten und Pinot Noir. Önologe Stefan Steinheuer kümmert sich um den Vertrieb der Weine, die seit dem 2020er-Jahrgang in Guts-, Orts- und Lagenweine eingeteilt werden.

○ **2020** Freiburger Schlossberg Grauburgunder
17,50€ | 14%

○ **2020** Freiburger Schlossberg Riesling
14,50€ | 13%

○ **2020** Niederrimsinger Grauburgunder
10,50€ | 13,5%

○ **2020** Weißburgunder
8,50€ | 13,5%

○ **2021** 900 Plus zwei Cuvée
7€ | 12,5%

○ **2021** Freiburger Schlossberg Grauburgunder
17,50€ | 14%

○ **2021** Freiburger Schlossberg Riesling
14,50€ | 12,5%

○ **2021** Grauburgunder
8,50€ | 13%

○ **2021** Gutedel
6,50€ | 12,5%

● **2018** Freiburger Schlossberg Spätburgunder
19,50€ | 14%

● **2018** Niederrimsinger Spätburgunder
11€ | 14%

● **2019** Freiburger Schlossberg Merlot
19,50€ | 13%

● **2020** Spätburgunder
8€ | 13,5%

● **2016** Baden Grauburgunder brut
11€ | 12,5%

WEINGUT FREY

Aufsteiger

Im Brühl 1
79211 Denzlingen
T +49 (0) 7666 5253
www.frey-weine.de

Martin Frey
Martin Frey & David Fluhbacher
Verbände Badischer Weinbauverband
Rebfläche 17 ha
Produktion 90.000 Flaschen
Gründung 1996
Verkaufszeiten Do–Fr 9–12 Uhr
und 14–19 Uhr
Sa 9–16 Uhr
und nach Vereinbarung

Profil online

Muschelkalk, Gneis, Buntsandstein, Kalkmergel – das Weingut Frey verfügt über viele unterschiedliche Gesteinsarten, die sich auch in den Weinen widerspiegeln. Dies führt dazu, dass eine Weinprobe in dem Betrieb immer spannend ist. Allen Weinen ist gemeinsam, dass sie mit großer Sorgfalt und Leidenschaft sortentypisch ausgebaut werden und über viel Rasse und Frische verfügen. Die Spätburgunder haben ein großes Alterungspotenzial. Die beste Lage ist der Eichberg, ein echte „Bank" sind die Gneis-Weine.

○ **2019** Eichberg Chardonnay
21€ | 13%

○ **2019** Eichberg Steil,Sonnig,Limitiert Weißburgunder
21€ | 13%

○ **2019** Glottertäler Eichberg Chardonnay
21€ | 13%

○ **2019** Glottertäler Eichberg Grauburgunder
21€ | 12,5%

○ **2020** Hummelgarten Sauvignon Blanc
9€ | 13%

○ **2020** Rinzberg Gneis ** Grauburgunder
10,50€ | 13%

○ **2020** Wisser Eck Gneis ** Weißburgunder
10,50€ | 13,5%

● **2018** Eichberg Spätburgunder
30€ | 13,5%

● **2018** Glottertäler Eichberg Alte Rebe Spätburgunder
10,50€ | 13,5%

● **2018** Glottertäler Eichberg Spätburgunder
30€ | 13,5%

- ● **2018** Steinhalde Spätburgunder
  33€ | 13,5%
- ● **2019** Glottertäler Eichberg Gneis** Spätburgunder
  16,50€ | 13%
- ● **2020** Eichberg Spätburgunder
  30€ | 13%
- ● **2020** Steinhalde *** Spätburgunder
  38€ | 13,5%

WEINGUT GEIGER

Neu

Baitenhauser Straße 3
88709 Meersburg
T +49 (0) 7532 9856
www.weingut-geiger.de

Profil online

Thomas Geiger
Rebfläche 5 ha
Verkaufszeiten nach Vereinbarung

Thomas Geiger hat zwei große Leidenschaften: das Motorradfahren und den Weinbau. Noch drei- bis viermal im Jahr ist er mit seiner schweren Maschine bei internationalen Rennen dabei – oft erfolgreich. In der übrigen Zeit kümmert er sich um sein kleines Weingut mit Brennerei und Besenwirtschaft. Weiß-, Grau- und Spätburgunder sowie Müller-Thurgau und Muskateller keltert er dort mit viel Hingabe.

- ○ **2021** Bacchus
  9,50€ | 11,7%
- ○ **2021** Leichtsinnig Müller-Thurgau
  8,50€ | 11%
- ○ **2021** Muskateller
  11,50€ | 11,7%
- ● **2021** Fohrenberg Spätburgunder
  11,30€ | 12,2%

GELDERMANN PRIVATSEKTKELLEREI

Am Schlossberg 1
79206 Breisach am Rhein
T +49 (0) 7667 8340
www.geldermann.de

Profil online

Marc Gauchey
Verkaufszeiten Mo–Fr 10–17 Uhr
Sa 10–14 Uhr
So und Feiertag 13–17 Uhr

Geldermann Crémant Baden Cuvée brut
11,99€ | 13%

WEINGUT GRAVINO

Neu

Gräfental 54
75057 Kürnbach
T +49 (0) 7258 7784
www.gravino.de

Jochen Grahm
Verbände Weisse Burgunder Charta, Generation Pinot
Rebfläche 3 ha
Produktion 15.000 Flaschen
Gründung 2010
Verkaufszeiten Mi und Fr 17–20 Uhr
Sa 10–12 und 13–17 Uhr

Profil online

○ **2021** Muskateller
8,10€ | 11%

WEINGUT GREINER

Neu

Bürgler Straße 48
79418 Schliengen
T +49 (0) 176 3277 6202
www.weingut-greiner.com

Maximilian Greiner
Verbände Demeter, Ecovin
Rebfläche 2 ha
Gründung 2017
Verkaufszeiten nach Vereinbarung

Profil online

Der familiäre Obstbaubetrieb wurde zum Weingut, der studierte Önologe zum Gutsherrn. Seit 2017 keltert Maximilian Greiner seine Weine im eigenen Keller und legt großen Wert auf deren individuelle Charakteristik. Guter Wein entstehe durch Zeit, Holzfassausbau und gute Ideen, so der Winzer. Der Einsatz einer alten Korbpresse, heute vornehmlich bekannt aus der Champagnerproduktion, tut sein Übriges dazu, aus den biodynamisch angebauten Weißburgunder-, Chardonnay-, Gutedel-, Spätburgunder- und Schwarzriesling-Beeren das Bestmögliche herauszuholen.

- **2018** Mauchener Sonnenstück Chardonnay
  35€ | 13%
- **2019** Mauchener Sonnenstück Chardonnay
  35€ | 12,5%
- **2019** Obereggener Sonnenstück Weißburgunder trocken
  25€ | 12,5%
- **2020** Obereggener Steinkreuz Gutedel trocken
  18€ | 11%
- **2018** Feuerbach Vulkan Pinot Noir
  45€ | 13%
- **2019** Feuerbach Vulkan Pinot Noir
  45€ | 12,5%
- **2018** Zero Dosage Pinot Meunier brut nature
  25€ | 12,5%

WINZERVEREIN HAGNAU

Aufsteiger

Strandbadstraße 7
88709 Hagnau am Bodensee
T +49 (0) 7532 1030
www.hagnauer.de

Jochen Sahler
Rebfläche 177 ha
Gründung 1881
Verkaufszeiten Mo–Fr 8–18 Uhr
Sa 9–18 Uhr
Okt.–März
Sa 9–16 Uhr

Profil online

Eine der aussagekräftigsten Visitenkarten der Genossenschaft ist bodenseetypisch der Müller-Thurgau. Er wird – wie auch alle anderen Trauben der Mitglieder – ausschließlich per Hand gelesen und in den meisten Fällen direkt vor Ort an die reiselustigen Privatkunden vertrieben. Dass die Hagnauer nebenbei auch noch die älteste Winzergenossenschaft in ganz Baden sind, steigert die touristische Attraktivität zusätzlich.

- **2020** Burgstall Edition Müller-Thurgau
  7,80€ | 12,6%
- **2020** Farbenspiel Grauburgunder
  13,50€ | 13%
- **2020** Sauvignon Blanc
  13,50€ | 12,3%
- **2020** Sonnenufer Müller-Thurgau
  6,90€ | 12,5%
- **2021** Burgstall Weißburgunder
  8,90€ | 12,4%
- **2021** Goldmuskateller feinherb
  9,80€ | 10%
- **2021** Hagnauer Felchen Müller-Thurgau
  7,20€ | 12,5%
- **2021** Hagnauer Spargelwein Müller-Thurgau
  7,20€ | 12,5%
- **2018** Bestes Fass Spätburgunder
  24€ | 13%
- **2021** Burgstall Cabernet Cortis halbtrocken
  10,80€ | 12%
- **2021** Burgstall Spätburgunder Kabinett halbtrocken
  7,90€ | 11%

2019 Crémant Weißburgunder brut
15€ | 12%

2018 Burgstall Grauburgunder Beerenauslese
24€ | 10,8%

2018 Burgstall Spätburgunder Auslese
12€ | 11,2%

THOMAS HARTENECK

Neu

Brezelstraße 15
79418 Schliengen
T +49 (0) 7635 8837
www.naturwein-harteneck.de

Thomas Harteneck
Christoph Fischer
Verbände Demeter
Rebfläche 10 ha
Produktion 60.000 Flaschen
Gründung 1997
Verkaufszeiten Mo–Fr 9–12 und 14–17 Uhr
Sa 10–13 Uhr

Profil online

Dass Weine ihre ganz eigene Geschichte zu erzählen haben, liegt Winzer Thomas Harteneck am Herzen. Seit stolzen 25 Jahren bewirtschaftet er sein Weingut streng biodynamisch, tatkräftig unterstützt von seinem Team und dem Kellermeister Christoph Fischer. Dabei entstehen neben zahlreichen Varianten des Gutedels auch einige spannend unorthodoxe Weine wie ein Orange Wine aus Cabernet Blanc.

2020 Gigemantel Grauburgunder
16€ | 12,5%

2020 Gigemantel Weißburgunder
16€ | 13,5%

2020 Jurakalk Auxerrois
16€ | 13%

2020 Mythos Weiß Gutedel
30€ | 13%

2018 Mythos Rot Cuvée
32€ | 14,5%

2020 Merlot
20€ | 14,5%

2020 Mythos Spätburgunder
35€ | 14%

2014 Grauburgunder Crémant brut nature
19€ | 13%

2020 Orange Cabernet Blanc
24€ | 13,5%

WEINGUT DR. HEGER

Bachenstraße 19
79241 Ihringen
T +49 (0) 7668 9951 10
www.heger-weine.de

Joachim Heger
Rebecca Heger
Verbände VDP
Rebfläche 28 ha
Produktion 180.000 Flaschen
Gründung 1935
Verkaufszeiten Mo–Fr 9–12 Uhr
und 13.30–17.30 Uhr
März-Okt.
Mo–Fr 9–12 Uhr und 13.30–18.30 Uhr
Sa 10–14 Uhr
Sept.–Okt.
Sa 10–16 Uhr
und nach Vereinbarung

Profil online

Am Ihringer Winklerberg und Achkarrer Schlossberg weht seit einiger Zeit ein frischer Wind. Rebecca Heger ist als neue Kellermeisterin in das Weingut ihres Vaters Joachim eingestiegen und zeigt bereits erste stilistische Einflüsse, besonders im Hinblick auf die Weißweine des Familienbetriebs. Schlanker sind sie geworden mit mehr Säurespiel. Diese Neuerung ist für die Hegers allerdings noch lange kein Grund, von ihrer über Jahrzehnte bewährten Philosophie abzuweichen: „Tradition ist etwas Innovatives." Ausbau in großen Fässern und Barriques, genügend Zeit und Vertrauen in die eigenen Reben prägen ihre Arbeitsweise ebenso wie die Bewirtschaftung ohne Herbizide und chemische Dünger.

○ **2018** Hinter Winklen Gras im Ofen Grauburgunder GG
32,50€ | 13,5%

○ **2018** Ihringer Weißburgunder
15€ | 14%

○ **2018** Ihringer Winklerberg Chardonnay 1. Lage
21,50€ | 13%

○ **2018** Ihringer Winklerberg Hinter Winklen Gras im Ofen Chardonnay GG
32,50€ | 13%

○ **2018** Ihringer Winklerberg Hinter Winklen Gras im Ofen Weißburgunder GG
32,50€ | 13,5%

○ **2018** Ihringer Winklerberg Muskateller 1. Lage
32,50€ | 12,5%

○ **2019** Ihringer Winklerberg Grauburgunder 1. Lage
17,40€ | 13%

○ **2020** Achkarren Schlossberg Grauburgunder GG
31€ | 13,5%

○ **2020** Achkarren Schlossberg Weißburgunder GG
31€ | 13,5%

○ **2020** Ihringen Vorderer Winklerberg Grauburgunder GG
31€ | 13%

○ **2020** Ihringen Vorderer Winklerberg Riesling GG
29,50€ | 12,5%

○ **2020** Ihringer Winklerberg Grauburgunder 1. Lage
17,40€ | 13%

○ **2020** Ihringer Winklerberg Hinter Winklen Gras im Ofen Chardonnay GG
35,80€ | 13%

○ **2020** Ihringer Winklerberg Hinter Winklen Gras im Ofen Grauburgunder GG
35,80€ | 13%

○ **2020** Ihringer Winklerberg Hinter Winklen Gras im Ofen Weißburgunder GG
35,80€ | 13,5%

○ **2020** Ihringer Winklerberg Weißburgunder 1. Lage
17,40€ | 13,5%

● **2017** Ihringer Spätburgunder
16€ | 13,5%

● **2017** Mimus Spätburgunder 1. Lage
26€ | 13,5%

● **2018** Ihringer Winklerberg Wanne Häusleboden Spätburgunder GG
78,50€ | 13,5%

● **2019** Achkarren Schlossberg Spätburgunder GG
55€ | 13,5%

● **2019** Ihringen Vorderer Winklerberg Spätburgunder GG
55€ | 13,5%

● **2019** Ihringer Winklerberg Wanne Häusleboden Spätburgunder
86,50€ | 13,5%

● **2019** Ihringer Winklerberg Winklen Rappenecker Spätburgunder
55€ | 13,5%

trinkreif

○ **2017** Achkarrer Schlossberg Riesling GG
29,50€ | 12,5%

○ **2017** Ihringer Winklerberg Hinter Winklen Gras im Ofen Chardonnay GG
32,50€ | 13%

○ **2017** Ihringer Winklerberg Hinter Winklen Gras im Ofen Grauburgunder GG
32,50€ | 13,5%

○ **2017** Ihringer Winklerberg Hinter Winklen Gras im Ofen Weißburgunder GG
32,50€ | 13,5%

● **2014** Ihringen Vorderer Winklerberg Spätburgunder GG
50€ | 13,5%

● **2017** Achkarrer Schlossberg Spätburgunder GG
50€ | 14%

● **2017** Ihringen Vorderer Winklerberg Spätburgunder GG
50€ | 13,5%

● **2017** Ihringer Winklerberg Häusleboden Spätburgunder GG
78,50€ | 13,5%

● **2017** Ihringer Winklerberg Rappenecker Winklen Spätburgunder GG
50€ | 13,5%

WEINGUT HEINEMANN

Mengener Straße 4
79238 Ehrenkirchen
T +49 (0) 7664 6351
www.weingut-heinemann.de

Lothar Heinemann
Rebfläche 18 ha
Produktion 110.000 Flaschen
Gründung 1556
Verkaufszeiten Mo–Fr 10–18 Uhr
Sa 10–16 Uhr
und nach Vereinbarung

Profil online

„Der Boden ist mein Erbe. Ich habe ihn nur geliehen", sagt Lothar Heinemann. Deshalb müsse man mit ihm sehr sorgsam umgehen. Das Weingut verfügt über einige der besten Steillagen am Batzenberg. Löss mit einem hohen Kalkgehalt, Verwitterungsgestein und toniger Lehm schaffen in Verbindung mit warmer Mittelmeerluft und viel Sonnenschein gute Voraussetzungen für gehaltvolle und finessenreiche Weine. Darüber hinaus setzt der Betrieb auf geringe Erträge von meist unter 50 Liter je Ar.

○ **2018** Ehrenstetter Oelberg Réserve Weißburgunder
81€ | 13%

○ **2019** Ehrenstetter Oelberg Selection SL Alte Reben Weißburgunder
55€ | 13%

○ **2019** Scherzinger Batzenberg Selection SL Alte Reben Chardonnay
55€ | 12,5%

○ **2019** Scherzinger Batzenberg Selection SR Réserve Chardonnay
19€ | 12,5%

○ **2020** Ehrenstetter Oelberg Selection SL Weißburgunder
54€ | 12,5%

○ **2020** Grunern Altenberg
SL Alte Reben Gutedel
39€ | 11,5%

○ **2020** Pfaffenweiler Oberdürrenberg
SR Réserve Grauburgunder
19,50€ | 13,5%

○ **2020** Scherzinger Batzenberg Alte Reben
Chardonnay Kabinett trocken
15€ | 12,5%

○ **2020** Scherzinger Batzenberg Selection
SR Réserve Chardonnay
20€ | 12,5%

○ **2021** Pfaffenweiler Oberdürrenberg
Selection SL Grauburgunder
38€ | 12%

○ **2021** Scherzinger Batzenberg Selection
SL Chardonnay
52€ | 12%

○ **2021** Scherzinger Batzenberg Selection
SL Gutedel
39€ | 11%

● **2018** Scherzinger Batzenberg
SL Alte Reben Spätburgunder
53€ | 13,5%

● **2018** Scherzinger Batzenberg
SR Spätburgunder
30€ | 13,5%

● **2019** Scherzinger Batzenberg Selection
SL Spätburgunder
52€ | 12,5%

● **2019** Scherzinger Batzenberg Selection
SR Réserve Spätburgunder
29€ | 12,5%

● **2019** Pinot Blanc de Noirs Réserve brut
22€ | 12%

trinkreif

● **2017** Scherzinger Batzenberg SR
Réserve Spätburgunder
29€ | 13,5%

● **2017** Scherzinger Batzenberg Selection
SL Alte Reben Spätburgunder
52€ | 13%

WEINGUT HEITLINGER

Am Mühlberg 3
76684 Östringen
T +49 (0) 7259 91120
www.weingut-heitlinger.de

Weingüter Heitlinger & Burg Ravensburg,
Familie Heinz Heiler
Claus Burmeister
Daniel Rupp
Verbände VDP, Weisse Burgunder Charta
Rebfläche 80 ha
Produktion 580.000 Flaschen
Verkaufszeiten Vinothek Heitlinger
Genusswelten
Di–So 11–18 Uhr

Profil online

Obwohl der Kraichgau sowohl von seinen Böden als auch vom Klima wie geschaffen für den Anbau von Burgundersorten ist, wurden in den vergangenen 15 Jahren viele Rebflächen von Genossenschaftswinzern aufgegeben. Dies war gleichzeitig ein Glücksfall für das Weingut Heitlinger. So konnte der Eigentümer Heinz Heiler erstklassige Lagen erstehen und durch die biodynamische Wirtschaftsweise wieder in Wert bringen. Der Heitlinger- & Burg Ravensburg-Betriebsleiter Claus Burmeister hat diese große Chance ergriffen und damit die Lagen- und Geschmacksvielfalt erheblich erweitert.

○ **2018** Hassapfel Auxerrois
28€ | 13%

○ **2018** Hilsbacher Eichelberg
Weißburgunder GG
28€ | 13%

○ **2018** Réserve Chardonnay 1. Lage
17€ | 13%

○ **2018** Tiefenbacher Heinberg
Chardonnay GG
35€ | 13%

○ **2018** Tiefenbacher Schellenbrunn
Riesling GG
28€ | 12,5%

○ **2018** Tiefenbacher Spiegelberg
Grauburgunder GG
28€ | 13%

○ **2019** Eichelberg Pinot Blanc GG
32€ | 13%

○ **2019** Gemeinsam, Seite an Seite im
Weinberg Cuvée
44,44€ | 13,5%

○ **2019** Hassapfel Auxerrois GG
30€ | 13%

○ **2019** Heinberg Chardonnay GG
40€ | 13,5%

○ **2019** Réserve Chardonnay
18€ | 13,5%

○ **2019** Réserve Pinot Blanc
18€ | 13%

○ **2019** Réserve Pinot Gris
18€ | 13,5%

○ **2019** Schellenbrunnen Riesling GG
30€ | 12%

○ **2019** Spiegelberg Pinot Gris GG
32€ | 13,5%

○ **2019** Tiefenbacher Hassapfel Auxerrois 1. Lage
32€ | 13%

○ **2020** Heitlinger Gemeinsam Seite an Seite
44,44€ | 13%

○ **2020** Heitlinger Réserve Chardonnay
19,50€ | 12,5%

○ **2021** Grauburgunder
10,50€ | 12,7%

○ **2021** Pinot Blanc
11€ | 13%

● **2017** Wormsberg Pinot Noir GG
110€ | 13%

● **2018** Réserve Pinot Noir 1. Lage
18€ | 13%

● **2019** Réserve Pinot Noir
18€ | 13%

● **2017** Heitlinger Blanc de Noir Pinot Meunier brut nature
18€ | 11,5

trinkreif

○ **2017** Heinberg Chardonnay GG
35€ | 12,5%

○ **2017** Schellenbrunnen Riesling GG
28€ | 12,5%

○ **2017** Spiegelberg Pinot Gris GG
28€ | 13%

● **2016** Königsbecher Pinot Noir GG
28€ | 13%

● **2017** Königsbecher Pinot Noir GG
35€ | 13%

● **2017** Odenheimer Königsbecher Pinot Noir GG
28€ | 13%

FRANZ HERBSTER

Aufsteiger

Krozinger Straße 36
79238 Ehrenkirchen
T +49 (0) 7633 4067 095
www.herbster-weine.de

Franz Herbster
Rebfläche 13 ha
Produktion 100.000 Flaschen
Gründung 2006
Verkaufszeiten Do–Fr 15–18 Uhr
Sa 9–13 Uhr
und nach Vereinbarung

Profil online

Die topografische Vielfalt der acht Einzellagen, die Franz und Marlene Herbster bewirtschaften, spiegelt sich in den zahlreichen verschiedenen Weinen wider. Ganze 14 Rebsorten bauen die beiden auf ihren zwölf Hektar Rebfläche an. In der modernen Vinothek lassen sich diese in anregender Atmosphäre genießen und verkosten. Im besonderen Fokus des Winzerpaares liegen die Burgundersorten.

○ **2020** Kirchhofener Batzenberg Prälaten Chardonnay Spätlese trocken
11,50€ | 13%

○ **2020** Kirchhofener Kirchberg Weißburgunder Auslese
18€ | 12%

○ **2021** Ehrenstetter Oelberg Fumé Blanc Sauvignon Blanc
8,90€ | 13%

○ **2021** Ehrenstetter Oelberg Gutedel Kabinett trocken
5,90€ | 11%

○ **2021** Kirchhofener Kirchberg Chenin Blanc
9,60€ | 13%

○ **2021** Kirchhofener Kirchberg Weißburgunder Kabinett trocken
7,90€ | 12,5%

● **2020** Camenot Cuvée
25€ | 13,5%

● **2020** Kirchhofener Batzenberg Prälaten Pinot Noir Spätlese trocken
12,50€ | 13,5%

WEINGUT HERMANN

Alt-Vogtsburg 19
79235 Vogtsburg im Kaiserstuhl
T +49 (0) 7662 6202
www.weingut-hermann.de

Profil online

Falk Hermann
Rebfläche 3,5 ha
Produktion 15.000 Flaschen
Verkaufszeiten Mo–Sa 9–18 Uhr

Kleine Rebfläche, große Spätburgunder. So könnte das Motto von Falk und Karin Hermann lauten, die im beschaulichen Weiler Altvogtsburg mitten im Kaiserstuhl ihr Weingut bewirtschaften. Mitte der 1990er-Jahre wurden auf hoch gelegenen Kleinterrassen, die größtenteils aus Vulkangestein bestehen, Burgunderklone gepflanzt. Ein wichtiges Ziel des Betriebs ist es, die Individualität eines jeden Weins herauszuarbeiten. Den Weinen die nötige Zeit für die Reife zu lassen, ist eine Selbstverständlichkeit.

● **2018** Cantus Avis Pinot Noir
26€ | 13,5%

● **2018** Cantus Avis Réserve Pinot Noir
45€ | 13%

trinkreif

● **2017** Cantus Avis Réserve Pinot Noir
45€ | 13,5%

WEINGUT HISS

Aufsteiger

Hauptstraße 31
79356 Eichstetten
T +49 (0) 7663 1236
www.weingut-hiss.de

Andreas Hiss
Manuel Mößner
Rebfläche 35 ha
Produktion 350.000 Flaschen
Gründung 1962
Verkaufszeiten Mo–Fr 10–12.30 Uhr
und 14–18.30 Uhr
Sa 10–16 Uhr

Profil online

Klotzen und nicht kleckern haben sich Andreas und Alexandra Hiss sicherlich gedacht, als sie mitten in Eichstetten mithilfe eines bekannten österreichischen Architekten ein neues Weingutsgebäude bauen ließen, bei dem man sogar auf dem steilen Dach mit Ausblick auf die Weinberge ein Fest feiern kann. „Wir sind mächtig stolz auf das, was wir erreicht haben und uns einzigartig macht: Wir verbinden am Kaiserstuhl Weingeschichte, Verkostung und Genuss", sagt das Winzerehepaar selbst dazu.

○ **2018** Unlimited Weißburgunder
80€ | 15,5%

○ **2019** Hagen Unlimited Chardonnay
88€ | 14%

● **2018** Unlimited Pinot Noir
88€ | 13%

trinkreif

● **2017** Eichenlaub Unlimited Pinot Noir
88€ | 15%

WEINGUT HÖFFLIN

Schambachhof 3
79268 Bötzingen
T +49 (0) 7663 6070 30
www.weingut-hoefflin.de

Matthias Höfflin
Horst Frei
Verbände Bioland
Rebfläche 15 ha
Produktion 100.000 Flaschen
Gründung 1987
Verkaufszeiten Mo–Fr 9–12 Uhr
und 14–17 Uhr
Sa 10–16 Uhr
und nach Vereinbarung

Profil online

„Wein kann viel mehr. Er kann von seiner Herkunft erzählen, von der Landschaft, vom Wetter und vom Winzer, der ihn ausbildet", sagt Matthias Höfflin. Der überzeugte Bio-Winzer ist ständig auf der Suche nach neuen Weintalenten. Findet er diese in einer Lage, lässt er den Weinen beim Ausbau im Keller Zeit und Raum, damit sie ihre natürliche Ausdruckskraft entfalten können. Höfflin-Weine sind nicht immer einfach zu verstehen, dafür aber immer spannend. Zum Weingut gehört ein neuer Verkostungsraum.

○ **2018** Prestige, 2 Jahre Holzfass
Grauburgunder
28€ | 14,5%

○ **2019** Löss Grauburgunder
12,50€ | 13%

○ **2019** Löss Weißburgunder
12,50€ | 13%

○ **2019** Prestige Löss, 2 Jahre Holzfass
Sauvignon Blanc
28€ | 14%

○ **2020** NApurTUR Cuvée
18,50€ | 13%

● **2018** Prestige Rotkehlchen
Spätburgunder
42€ | 12,5%

● **2018** Prestige Schwarzkehlchen
Spätburgunder
28€ | 12,5%

● **2018** Rufus Prestige Cuvée
25,50€ | 13,5%

trinkreif

○ **2017** Prestige Löss Sauvignon Blanc
28€ | 13,5%

● **2017** Prestige Rotkehlchen Spätburgunder
42€ | 12%

● **2017** Prestige Schwarzkehlchen Spätburgunder
25,50€ | 12,5%

WEINGUT HONOLD

Aufsteiger

Am Hummelberg 1
76684 Östringen
T +49 (0) 7253 2786 27
www.weingut-honold.de

Ludwig Honold
Verbände Piwi Deutschland
Rebfläche 8 ha
Produktion 50.000 Flaschen
Gründung 1938
Verkaufszeiten Mi–Fr 10–12 Uhr
15–18 Uhr
Sa 9–13 Uhr

Profil online

Dass pilzwiderstandsfähige Rebsorten (Piwi) mit voranschreitendem Klimawandel immer mehr an Relevanz gewinnen könnten, hat Ludwig Honold früh erkannt. Bereits seit 2003 werden die Neuzüchtungen hier nicht nur angebaut, sondern auch zu Weinen verarbeitet, die längst mehr sind als bloße Experimente. Insgesamt wachsen in den Weinbergen Honolds ganze 18 Rebsorten, darunter hauptsächlich Klassiker.

○ **2020** Östringer Hummelberg Weißburgunder Louis Blanc fumé Spätlese trocken
9,90€ | 13,7%

○ **2021** Auxerrois
8,50€ | 12,2%

○ **2021** Cabernet Blanc feinherb
8,50€ | 10,8%

○ **2021** Grauburgunder
8,50€ | 12,3%

● **2018** Östringer Hummelberg Réserve Spätburgunder Spätlese trocken
19€ | 14,5%

● **2020** Louis Noir Merlot & Cabernet Franc
12€ | 14%

BERNHARD HUBER

Hall of Fame

Heimbacher Weg 19
79364 Malterdingen
T +49 (0) 7644 9297 220
www.weingut-huber.com

Barbara & Julian Huber
Julian Huber
Verbände VDP
Rebfläche 28 ha
Produktion 130.000 Flaschen
Gründung 1987
Verkaufszeiten Mo–Fr 14–18 Uhr
Sa 10–12 Uhr

Profil online

Deutschland kann Burgunder, so viel ist inzwischen klar. Dass ein deutsches Weingut es jedoch schafft, sogar namhafte Mitstreiter aus dem Burgund in den Schatten zu stellen, passiert so gut wie nie. Julian Huber bildet hier eine Ausnahme. Gemeinsam mit Mutter Bärbel führt der junge Winzer das Erbe seines Vaters Bernhard fort, ohne sich von dessen großen Fußstapfen einschüchtern zu lassen. Julian macht sein Ding und überführt die roten und weißen Schätze von legendär gewordenen Lagen wie Bienenberg, Schlossberg und Sommerhalde in eine neue Generation. Hier greifen Terroir und Können ineinander und schaffen Weine, die vom Einstieg bis zur Spitze eine einzige Feier der großen Faszination geschmackliche Vielfalt darstellen.

○ **2018** Bienenberg Chardonnay GG
48€ | 12,5%

○ **2018** Malterdinger Alte Reben Chardonnay
30€ | 12,5%

○ **2018** Malterdinger Cuvée
18€ | 12,5%

○ **2019** Alte Reben Chardonnay
35€ | 12,5%

○ **2019** Hecklinger Schloßberg Chardonnay GG
83€ | 12,5%

○ **2019** Malterdinger Bienenberg Chardonnay GG
55€ | 12,5%

○ **2020** Alte Reben Chardonnay
40€ | 13%

○ **2020** Malterdinger Cuvée
25€ | 13%

○ **2020** Schlossberg Chardonnay GG
95€ | 13,5%

● **2018** Köndringer Alte Burg Spätburgunder
48€ | 13%

● **2018** Malterdinger Alte Reben Spätburgunder
30€ | 13%

● **2018** Malterdinger Bienenberg Spätburgunder GG
48€ | 13%

● **2018** Malterdinger Spätburgunder
18€ | 13%

● **2018** Schlossberg Spätburgunder GG
72€ | 13%

● **2019** Alte Burg Spätburgunder
52€ | 13%

● **2019** Bienenberg Spätburgunder GG
52€ | 13%

● **2019** Bienenberg Wildenstein Spätburgunder GG
138€ | 13,5%

● **2019** Schloßberg Spätburgunder GG
82€ | 13%

● **2019** Sommerhalde Spätburgunder GG
52€ | 13%

● **2020** Alte Reben Spätburgunder
40€ | 13,5%

● **2020** Malterdinger Spätburgunder
25€ | 13,5%

● **2020** Schlossberg Spätburgunder GG
95€ | 13%

trinkreif

○ **2017** Malterdinger Alte Reben Chardonnay
30€ | 12,5%

○ **2017** Malterdinger Bienenberg Chardonnay GG
1€ | 12,5%

● **2017** Bombacher Sommerhalde Spätburgunder GG
1€ | 13%

● **2017** Hecklinger Schlossberg Spätburgunder GG
1€ | 13%

● **2017** Malterdinger Alte Reben Spätburgunder
30€ | 12,5%

● **2017** Malterdinger Bienenberg Spätburgunder GG
1€ | 12,5%

WEIN- & SEKTGUT HUMMEL

Oberer Mühlweg 5
69254 Malsch
T +49 (0) 7253 27148
www.weingut-hummel.de

Daniel Rhein
Verbände Weisse Burgunder Charta
Rebfläche 7,5 ha
Produktion 55.000 Flaschen
Verkaufszeiten Mo–Fr 17–19 Uhr
Sa 10–14 Uhr
und nach Vereinbarung

Profil online

Auch wenn der Betrieb heute von Daniel Rhein geführt wird, der hier bereits während seiner Ausbildung gearbeitet hatte, steht ihm Winzer Bernhard Hummel nach wie vor mit Rat und Tat zur Seite. Trotz der hohen Sortenvielfalt ist Rheins Herzensprojekt eindeutig der Spätburgunder, der durch konsequente Ertragsreduktion, Maischegärung, Barriqueausbau und viel Zeit immer mehr in den Fokus rückt.

2018 Malscher Rotsteig
R Spätburgunder Auslese trocken
56€ | 14,5%

2016 Therèse Chardonnay brut
19€ | 13%

trinkreif

2017 Malscher Rotsteig
R Pinot Noir Auslese trocken
56€ | 14%

2017 Malscher Rotsteig
RR Spätburgunder Auslese trocken
75€ | 14%

KILIAN HUNN

Aufsteiger

Rathausstraße 2
79288 Gottenheim
T +49 (0) 7665 6207
www.weingut-hunn.de

Kilian Hunn
Verbände Vinissima
Rebfläche 24 ha
Produktion 190.000 Flaschen
Verkaufszeiten Mo–Fr 9–12.30 Uhr
und 14.30–19 Uhr
Sa 9–16 Uhr

Profil online

Wer bei Martina und Kilian Hunn einkehrt, der spürt sofort die Begeisterung für das Produkt Wein. Konsequent drehen sie Jahr für Jahr an der Qualitätsschraube – und dies mit wachsendem Erfolg. Sie füllen Weine auf die Flasche, die hervorragend ausbalanciert sind. Die lange Lagerung auf der Feinhefe macht sich hier bemerkbar. Auch bei den Sekten haben die Hunns noch einmal zugelegt. Weitere Impulse sind künftig von den beiden Söhnen Jonas und Patrick zu erwarten.

2017 Fumé Blanc Réserve
Sauvignon Blanc
18,50€ | 13,5%

2019 Réserve Viognier
19,50€ | 14%

2020 Junge Wilde Chardonnay
9,90€ | 13,5%

2020 Junge Wilde Grauburgunder
9,90€ | 13,5%

2016 Réserve Spätburgunder
20,50€ | 13,5%

Pinot Spätburgunder brut
13,50€ | 12,5%

WEINGUT JÄGLE

Balgerstraße 8
79341 Kenzingen
T +49 (0) 7644 4105
www.weingut-jaegle.de

Bernhard Jägle
Verbände 13 Breisgauer Weingüter, Badischer Weinbauverband, Generation Pinot
Rebfläche 13 ha
Produktion 80.000 Flaschen
Gründung 1987
Verkaufszeiten Mi–Do 16.30–18.30 Uhr
Fr 15–18.30 Uhr
Sa 9–13 Uhr
und nach Vereinbarung

Profil online

○ **2018** Chardonnay
14,30€ | 12,5%

● **2017** Crémant Baden Chardonnay brut
12,30€ | 12,5%

GEBRÜDER MATHIS

Aufsteiger

Enggasse 21
79291 Merdingen
T +49 (0) 7668 3340 10
www.gebrueder-mathis.de

Sonja Mathis-Stich
Severin Stich
Sabeth Sedlatschek
Rebfläche 15 ha
Produktion 100.000 Flaschen
Verkaufszeiten Mo–Fr 10–12 Uhr und 14–17 Uhr
Sa 10–13 Uhr

Profil online

Am Rande des Tunibergs, in der Ortsmitte von Merdingen, ist das Weingut Gebrüder Mathis zu finden. Geschäftsführerin Sonja Mathis-Stich, Betriebsleiter Severin Stich und Kellermeisterin Sabeth Sedlatschek träumen mit einem jungen Team davon, nach französischem Vorbild große Weine im Einklang mit der Natur zu erzeugen. Erste Schritte sind bereits getan, die Zukunft wird spannend.

○ **2020** St. Morand Chardonnay
24€ | 13%

○ **2020** Tuniberg Grauburgunder
12,90€ | 13,5%

● **2020** Alte Rebe Spätburgunder
15€ | 13,5%

● **2020** Hohrain Spätburgunder
30€ | 13,5%

● **2020** Rosenloch Spätburgunder
45€ | 13,5%

● **2020** Tuniberg Spätburgunder
20€ | 13,5%

GERHARD KARLE

Aufsteiger

Scherkhofenstraße 69
79241 Ihringen
T +49 (0) 7668 5252
www.weingut-gerhard-karle.de

Gerhard Karle
Verbände Generation Pinot, Badischer Weinbauverband, Verein Kaiserstühler Weingüter
Rebfläche 14 ha
Produktion 95.000 Flaschen
Gründung 1899
Verkaufszeiten Mo–Fr 8–18 Uhr
Sa 9–16 Uhr
und nach Vereinbarung

Profil online

Der Weinbau liegt bei den Karles in den Genen. Seit 1899 werden hier Reben angebaut und Weine produziert. Handarbeit bildet einen wichtigen Grundpfeiler in der Arbeitsweise, sei es bei der Lese, der Arbeit im Keller, der Versektung von Grundweinen oder der Produktion von eigenen Destillaten. Mit Marita Karle-Schettler und Sebastian Karle steht die nächste Generation schon in den Startlöchern.

2020 Fohrenberg Jägerstein Weißburgunder
13,40€ | 13,5%

2020 Fohrenberg Weißburgunder Kabinett trocken
7,40€ | 12,5%

2020 Winklerberg Alte Rebe Gewürztraminer Spätlese trocken
9,50€ | 13,5%

2020 Winklerberg Alte Rebe Grauburgunder
13,40€ | 13,5%

2020 Winklerberg Sauvignon Blanc Spätlese trocken
9,50€ | 13%

2020 Winklerberg Silvaner Kabinett trocken
6,60€ | 12,5%

2021 Fohrenberg Müller-Thurgau Kabinett trocken
6,60€ | 12,5%

2021 Ihringer Fohrenberg Weißburgunder Kabinett trocken
7,40€ | 12,2%

2021 Ihringer Grauburgunder
6,50€ | 12,5%

2021 Winklerberg Muskateller Kabinett halbtrocken
7,40€ | 12%

2021 Winklerberg Silvaner Kabinett trocken
6,60€ | 12,5%

2019 Wildenstieg Alte Rebe Spätburgunder Spätlese trocken
14,90€ | 13,5%

2020 Fohrenberg Spätburgunder Kabinett trocken
8,20€ | 13%

2020 Winklerberg Alte Rebe Spätburgunder
12,90€ | 13,5%

2018 Spätburgunder extra brut
16,80€ | 12,5%

2019 Grauburgunder brut
11,80€ | 12,5%

trinkreif

2014 Ihringer Fohrenberg Wildenstieg Pinot M by Oz Spätburgunder
k. A. | 12,5%

STAATSWEINGUT KARLSRUHE-DURLACH

Aufsteiger

Posseltstraße 19
76227 Karlsruhe
T +49 (0) 721 9405 70
www.turmbergwein.de

L-Bank
Thomas Ulmer
Verbände Badischer Wein
Rebfläche 8 ha
Produktion 50.000 Flaschen
Gründung 1993
Verkaufszeiten Mo, Mi und Fr
8.30–12.30 Uhr
Di, Do 15–19 Uhr
Feb.–Juli und Sept.–Dez. 1. Sa im Monat
10–14 Uhr

Profil online

Der Turmberg, ein 256 Meter hoher Schwarzwald-Ausläufer, wird seit Jahrhunderten für den Weinbau genutzt, nicht zuletzt wegen seiner nährstoffreichen Kalkböden. Hier wachsen unter anderem Reben für die Sektgrundweine des im Besitz der baden-württembergischen L-Bank befindlichen Weinguts. Gerade im Hinblick auf die Schaumweine erhält das Staatsweingut nämlich immer mehr Aufmerksamkeit.

○ **2020** Durlacher Turmberg Auxerrois
10,50€ | 12,5%

○ **2020** Durlacher Turmberg Kaisersberg Grauburgunder
12,50€ | 13%

○ **2020** Durlacher Turmberg Muskat-Ottonel feinherb
12,50€ | 12%

○ **2020** Durlacher Turmberg Riesling
10,50€ | 12,5%

○ **2020** Durlacher Turmberg Scheurebe
12,50€ | 11,5%

○ **2020** Weißburgunder
10,50€ | 13,5%

○ **2021** Durlacher Turmberg ** Auxerrois
11€ | 12%

○ **2021** Durlacher Turmberg ** Grauburgunder
11€ | 13%

○ **2021** Durlacher Turmberg ** Riesling
11€ | 12,5%

○ **2021** Durlacher Turmberg *** Scheurebe
12,50€ | 12,5%

○ **2021** Durlacher Turmberg SL *** Weißburgunder
12,50€ | 12,5%

● **2018** Durlacher Turmberg 12 Terrassen Cabernet Franc
25€ | 14%

● **2020** Durlacher Turmberg Holzfass Spätburgunder
13,50€ | 14,5%

● **2021** ** Spätburgunder
9,50€ | 11,5%

● **2018** Auxerrois brut
14€ | 12,5%

● **2019** Auxerrois brut
15€ | 12,5%

● **2019** Durlacher Turmberg Riesling brut
14€ | 12,5%

● **2019** Durlacher Turmberg Weißherbst Lemberger trocken
14€ | 13%

● **2020** Weißherbst Lemberger
15€ | 12%

LORENZ & CORINA KELLER

Aufsteiger

Steinbuck 36
79771 Klettgau
T +49 (0) 7742 8586 64
www.weingut-lck.de

Lorenz Keller
Rebfläche 24 ha
Produktion 90.000 Flaschen
Gründung 2003
Verkaufszeiten Mi 15–18Uhr
Do 15–20 Uhr
Fr 15–18 Uhr
Sa 10–15 Uhr

Profil online

Vom frisch-spritzigen Elbling bis zum schweren Spätburgunder aus dem Barrique kommen im Sortiment von Lorenz und Corinna Keller alle Weinfreunde auf ihre Kosten. Dieses teilen sie mit „Natur“, „Handwerkskunst“ und „Zeit“, den Grundpfeilern der Weinbereitung, in drei Qualitätsstufen ein, die vom einfachen Alltags- bis zum großen Reservewein reichen. Die hauseigene „Weinconfiserie“ ergänzt das Angebot.

2018 Erzinger Kapellenberg Réserve vom Böld Spätburgunder
24€ | 14,5%

2019 Pinot Blanc vom Böld brut
22€ | 13%

2018 Erzinger Kapellenberg Weißburgunder Beerenauslese
19€ | 10%

FRANZ KELLER

Badbergstraße 44
79235 Vogtsburg im Kaiserstuhl
T +49 (0) 7662 93300
www.franz-keller.de

Fritz Keller
Friedrich Keller
Uwe Barnickel
Verbände VDP
Rebfläche 35 ha
Produktion 200.000 Flaschen
Verkaufszeiten Mo–Fr 9–18 Uhr
Sa 10–18 Uhr
So 10–16 Uhr
Feiertage, Januar und Februar nach Vereinbarung

Profil online

Seit Friedrich Keller im Keller der Kellers das Sagen hat, sind die Weine noch ausdrucksstärker geworden. Dies gilt vor allem für die Spätburgunder, die heute in einer eigenen Liga spielen und sich nun nicht mehr mit Vorbildern aus dem Burgund messen müssen. Aber auch die Grau- und Weißburgunder sowie die Chardonnays haben mehr Klarheit und Struktur. Das Weingut ist gerade dabei, die Weinberge auf biologische Bewirtschaftung umzustellen. Absolute Top-Lagen sind der Eich- und Kirchberg in Oberrotweil und der Schlossberg in Achkarren.

2018 Achkarrer Schlossberg Grauburgunder GG
35€ | 12,5%

2018 Oberbergener Kähner Grauburgunder GG
26€ | 12,5%

2018 Oberbergener Pulverbuck Weißburgunder 1. Lage
21€ | 12,5%

2018 Oberrotweiler Kirchberg Chardonnay GG
40€ | 12,5%

2019 Achkarrer Schlossberg Grauburgunder
35€ | 12,5%

2019 Im Leh Weißburgunder GG
35€ | 13%

2019 Kähner Grauburgunder
26€ | 13%

2019 Oberrotweiler Kirchberg Chardonnay
48€ | 12,5%

2020 Achkarrer Schlossberg Grauburgunder GG
35€ | 12,5%

2020 Oberbergener Bassgeige Grauburgunder 1. Lage
16€ | 13%

2020 Oberbergener Pulverbuck Weißburgunder 1. Lage
24€ | 12,5%

2021 Vom Löss Grauburgunder
10,50€ | 12,5%

2021 Vom Löss Weißburgunder
10,50€ | 12%

2018 Achkarrer Schlossberg Spätburgunder GG
65€ | 12,5%

2018 Jechtinger Enselberg Pinot Noir
32€ | 12,5%

2018 Oberbergener Bassgeige Spätburgunder 1. Lage
16€ | 12,5%

2018 Oberbergener Steinriese Spätburgunder
105€ | 12,5%

2018 Oberrotweiler Eichberg Spätburgunder GG
45€ | 12,5%

2018 Oberrotweiler Kirchberg Pinot Noir
45€ | 12,5%

2020 Jechtinger Enselberg Spätburgunder GG
35€ | 12,5%

2020 Oberbergener Bassgeige Spätburgunder 1. Lage
21€ | 13%

2020 Oberrotweiler Eichberg Spätburgunder GG
55€ | 12,5%

2020 Vom Löss Spätburgunder
12€ | 13%

2016 Grande Cuveé Chardonnay brut nature
35€ | 12%

2018 Chardonnay brut
18€ | 12%

2018 Pinot Noir brut
18€ | 12,5%

trinkreif

2017 Achkarrer Schlossberg Grauburgunder GG
35€ | 12,5%

2017 Oberbergener Kähner Grauburgunder GG
26€ | 12,5%

2017 Oberrotweiler Kirchberg Chardonnay GG
40€ | 12,5%

2017 Jechtinger Enselberg Spätburgunder GG
29€ | 12,5%

2017 Oberrotweiler Eichberg Spätburgunder GG
45€ | 12,5%

2017 Oberrotweiler Kirchberg Spätburgunder GG
45€ | 12,5%

2014 Grand Cuvée Chardonnay brut nature
32€ | 12%

FRIEDRICH KIEFER

Bötzinger Straße 13
79356 Eichstetten
T +49 (0) 7663 1063
www.weingutkiefer.de

Helen & Martin Schmidt
Martin Schmidt
Martin König & Philipp Rinklin
Verbände Vinissima, Verband der traditionellen Flaschengärer, Generation Pinot
Rebfläche 155 ha
Produktion 1.250.000 Flaschen
Gründung 1851
Verkaufszeiten Mo–Fr 8–12 Uhr
und 13–17 Uhr
Sa 9–12 Uhr

Profil online

Martin und Helen Schmidt haben ein großes Projekt gestartet, als sie 2008 den Betrieb von Familie Kiefer übernahmen. Trauben von 155 Hektar Rebfläche, davon 15 aus eigener Bewirtschaftung, wollen erst einmal verarbeitet werden. Sie tun das mit Können, Fantasie und einem offenen Blick für Neues. Weinnamen wie „Tanz auf dem Vulkan" oder „Mit den Wolken ziehen" sind nur zwei charakteristische Beispiele.

○ **2018** Eichstetter Herrenbuck Pino Magma Réserve Weißburgunder
19,50€ | 13,5%

○ **2020** Dreistern Grauburgunder
18€ | 13,5%

○ **2020** Dreistern Weißburgunder
18€ | 13,5%

○ **2020** Pino Magma Weißburgunder
11€ | 13%

○ **2020** Tradition Grauburgunder
11€ | 13,5%

● **2018** Pinot brut
11€ | 12%

WEINGUT KLUMPP

Heidelberger Straße 100
76646 Bruchsal
T +49 (0) 7251 16719
www.weingut-klumpp.com

Andreas & Markus Klumpp
Markus Klumpp
Verbände Ecovin
Rebfläche 32,4 ha
Produktion 180.000 Flaschen
Gründung 1983
Verkaufszeiten Mo–Fr 9–12 Uhr
und 14–18 Uhr
Sa 9–13 Uhr
und nach Vereinbarung

Profil online

„Wir haben etwas zu erzählen. Unsere Geschichte berichtet vom neuen Baden, vom Kick des Kraichgaus, von Salzigkeit, Struktur und Saftigkeit", sagen Andreas und Markus Klumpp. Beide sind erfüllt von der Passion, in einer der unterschätztesten Weinbauregionen der Welt, wie sie den Kraichgau nennen, Großes zu vollbringen. Ihr Vorbild ist dabei das Burgund: niedrige Erträge, alte Stöcke, selektive Lese, langes Hefelager, die Balance zwischen Reife und Frische sowie der Einsatz von feinem Holz.

○ **2018** Bruchsaler Rothenberg Grauburgunder
17€ | 13%

○ **2018** Unteröwisheimer Kirchberg Chardonnay
21€ | 13%

○ **2019** Zeuterner Himmelreich Riesling
19€ | 12%

○ **2020** Bruchsaler Muschelkalk Chardonnay
15€ | 13%

○ **2020** Bruchsaler Rothenberg Grauburgunder
23€ | 13%

○ **2020** Ubstadter Tonmergel Grauburgunder
15€ | 13%

○ **2020** Unteröwisheimer Kirchberg Chardonnay
28€ | 13%

○ **2020** Unteröwisheimer Kirchberg Weißburgunder
23€ | 13%

○ **2020** Unteröwisheimer Löss Weißburgunder
15€ | 12,5%

● **2017** Bruchsaler Weiherberg
Pinot Noir
19€ | 13%

● **2019** Bruchsaler Rothenberg
Spätburgunder
28€ | 13%

● **2019** Bruchsaler Weiherberg
Pinot Noir
25€ | 13%

trinkreif

● **2016** Bruchsaler Rothenberg
Spätburgunder
25€ | 13,5%

● **2017** Bruchsaler Rothenberg
Spätburgunder
25€ | 13,5%

● **2019** Bruchsaler Gipskeuper
Spätburgunder
15€ | 13%

WEINGUT KNAB

Hennengärtle 1a
79346 Endingen
T +49 (0) 7642 6155
www.knabweingut.de

Johannes Rinker
Familie Rinker
Johannes Rinker
Rebfläche 23 ha
Produktion 140.000 Flaschen
Verkaufszeiten Mo–Fr 17–18.30 Uhr
Sa 10–14 Uhr

Profil online

Wer Weißburgunder liebt, der sollte dem Weingut Knab in Endingen unbedingt einen Besuch abstatten. Denn die Familie Rinker hat viel früher als die meisten anderen Betriebe erkannt, welches Potenzial diese Rebsorte hat. Es gibt sogar ein großes Weißburgunder-Archiv. Aber auch die Grau- und Spätburgunder des Betriebs sind von beachtlicher Qualität. Im Einklang mit der Natur zeigt Johannes Rinker, der bereits seit sechs Jahren im Keller die Verantwortung trägt, was hier an außergewöhnlichen Qualitäten möglich ist.

○ **2019** Amolterer Steinhalde ***
Grauburgunder Spätlese trocken
18€ | 13,5%

○ **2019** Endinger Eckkinzig ***
Chardonnay Spätlese trocken
19€ | 13,5%

○ **2019** Endinger Engelsberg Alte Reben
Weißburgunder Spätlese trocken
11,70€ | 13,5%

○ **2019** Endinger Schönenberg ***
Weißburgunder Spätlese trocken
18€ | 13,5%

○ **2019** Endinger Wihlbach ***
Grauburgunder Spätlese trocken
18€ | 13,5%

○ **2019** Endinger Wihlbach ***
Weißburgunder Spätlese trocken
18€ | 13,5%

○ **2020** Amolterer Steinhalde ***
Grauburgunder Spätlese trocken
20€ | 13,5%

○ **2020** Endinger Eckkinzig ***
Chardonnay Spätlese trocken
20€ | 13,5%

○ **2020** Endinger Wihlbach ***
Weißburgunder Spätlese trocken
20€ | 14%

○ **2021** Amolterer Steinhalde ***
Grauburgunder
20€ | 13,5%

○ **2021** Endinger Engelsberg
Grauburgunder Kabinett trocken
9€ | 12,5%

○ **2021** Endinger Engelsberg
Weißburgunder Kabinett trocken
9€ | 12,5%

○ **2021** Endinger Schönenberg ***
Weißburgunder
20€ | 13%

○ **2021** Endinger Wihlbach ***
Grauburgunder
20€ | 13,5%

○ **2021** Endinger Wihlbach ***
Weißburgunder
20€ | 13,5%

● **2018** Amolterer Steinhalde ***
R Spätburgunder
42€ | 13,5%

● **2018** Endinger Wihlbach ***
Pinot Noir
28€ | 13,5%

● **2019** Amolterer Steinhalde ***
R Spätburgunder
42€ | 13%

● **2019** Endinger Engelsberg Alte Reben
Spätburgunder
15,50€ | 13%

● **2019** Endinger Wihlbach ***
Spätburgunder
28€ | 13%

● **2020** Amolterer Steinhalde ***
R Spätburgunder
42€ | 13,5%

● **2020** Endinger Engelsberg Großes
Holzfass Spätburgunder
9,50€ | 13%

● **2020** Endinger Schlangeneck ***
Spätburgunder
28€ | 12,5%

● **2020** Endinger Wihlbach ***
Spätburgunder
28€ | 13,5%

● **2018** Pinot Noir
14€ | 12,5%

trinkreif

● **2017** Amolterer Steinhalde ***
R Spätburgunder
42€ | 13,5%

WEINGUT KNAPP

Aufsteiger

Gunzenbachstraße 17b
76530 Baden-Baden
T +49 (0) 7221 28080
www.weingut-knapp.de

Heinz Knapp
Urban Jung
Verbände Badischer Weinverband Freiburg
Rebfläche 9 ha
Produktion 60.000 Flaschen
Gründung 2006
Verkaufszeiten Mo–Fr 9–12.30 Uhr
Sa nach Vereinbarung

Profil online

Heinz Knapp ist nicht nur der älteste Winzer mit dem jüngsten Weingut in Baden-Baden, sondern auch ein Urgestein der Weinwelt. Von 1986 bis zur Gründung seines badischen Weinguts im Jahr 2006 betrieb er ein erfolgreiches Weinbau-Château in der Provence. Zurück in Deutschland gelang es ihm in enger Zusammenarbeit mit der Stadt Baden-Baden, einige Lagen von dieser zu übernehmen und seitdem zu bewirtschaften. Dort wachsen inzwischen dank einer Sondergenehmigung neben Klassikern wie Riesling und Burgundersorten auch Sorten wie Veltliner und Sauvignon.

2018 Eckberg Baden-Baden Pinot Noir
11,50€ | 14%

2019 Eckberg Selection Pinot Noir Kabinett trocken
11,50€ | 14%

2018 Gewürztraminer Spätlese
14,50€ | 12,5%

HOLGER KOCH

Mannwerk 4
79235 Vogtsburg im Kaiserstuhl
T +49 (0) 7662 9122 58
www.weingut-holger-koch.de

Holger Koch & Gabriele Engesser
Holger Koch
Rebfläche 8 ha
Produktion 50.000 Flaschen
Gründung 1999
Verkaufszeiten nach Vereinbarung

Profil online

Dass Holger Koch selbst am Kaiserstuhl höchst selten in Erscheinung tritt, hat wahrscheinlich damit zu tun, dass sich seine Weine fast von alleine verkaufen. Und dies wiederum liegt ohne Zweifel an der Qualität der Tropfen, die Koch mit viel Können und der nötigen Geduld, d e es beim Ausbau von Burgundern braucht, produziert. Auf seinen Rebflächen stehen vor allem Pinot Noir, Grauburgunder und Weißburgunder. Für sein elegant und schlicht gestaltetes Weingut hat Familie Koch auch einen Architekturpreis erhalten.

2018 *** Grauburgunder
18€ | 13,5%

2019 *** Chardonnay
25€ | 13,5%

2019 Herrenstück Grauburgunder
12,50€ | 13%

2020 *** Grauburgunder
20€ | 13,5%

2021 *** Weißburgunder
21€ | 12,5%

2021 Kaiserstuhl Weißburgunder
9,40€ | 12,5%

2021 Réserve Chardonnay
21€ | 13%

2018 *** Pinot Noir
35€ | 13%

2018 Herrenstück Pinot Noir
14€ | 13%

2020 *** Pinot Noir
38€ | 13%

2020 Herrenstück Pinot Noir
16€ | 13%

trinkreif

2017 *** Pinot Noir
35€ | 13%

2017 Réserve Pinot Noir
45€ | 13%

ARNDT KÖBELIN

Altweg 131
79356 Eichstetten
T +49 (0) 7663 1414
www.weingut-koebelin.de

Arndt Köbelin
Daniel Landerer
Verbände Slow Food, Jeunes Restaurateurs
Rebfläche 25 ha
Produktion 125.000 Flaschen
Gründung 2005
Verkaufszeiten Mi–Fr 9–12 Uhr und 15–18 Uhr
Sa 9–12 Uhr
und nach Vereinbarung

Profil online

Ein echtes Kaiserstühler Aushängeschild am Ortsausgang der Gemeinde ist das Weingut Köbelin mit seinem sehenswerten Gebäudekomplex. Arndt und Monika Köbelin arbeiten mit größter Akribie in Weinberg und Keller. Die Reben wachsen auf Vulkanverwitterungsgestein und auf bis zu 50 Meter mächtigen Lössterrassen. Die Reserveweine von Grau-, Weiß- und Spätburgunder, den Hauptrebsorten des klimaneutral arbeitenden Weinguts, gehören zu den besten des Kaiserstuhls. Auch Aromasorten wie Gewürztraminer und Muskateller werden mit der selben Akribie ausgebaut.

○ **2018** Kaltenbrunnen Réserve Grauburgunder Spätlese trocken
35€ | 14%

○ **2018** Steinenweg Réserve Weißburgunder Spätlese trocken
35€ | 14%

○ **2020** Kaltenbrunnen Réserve Grauburgunder Spätlese trocken
35€ | 14%

○ **2020** Steinenweg Réserve Weißburgunder Spätlese trocken
35€ | 14%

○ **2021** Gewürztraminer Spätlese
12,50€ | 12,5%

○ **2021** Grauburgunder Kabinett trocken
10€ | 13%

○ **2021** Lösswand Drei-Sterne-Selektionswein Grauburgunder Spätlese trocken
16,50€ | 13,5%

○ **2021** Lösswand Drei-Sterne-Selektionswein Weißburgunder Spätlese trocken
16,50€ | 13,5%

○ **2021** Muskateller Kabinett trocken
10€ | 11%

○ **2021** Rivaner Kabinett trocken
7€ | 11,5%

○ **2021** Weißburgunder Kabinett trocken
10€ | 13%

● **2018** Eichenlaub Réserve Spätburgunder
40€ | 13,5%

● **2018** Lösswand Drei-Sterne-Selektion Spätburgunder
18,50€ | 13,5%

● **2019** Eichenlaub Réserve Spätburgunder
40€ | 13,5%

● **2020** Lösswand Drei-Sterne-Selektion Spätburgunder
18,50€ | 13,5%

trinkreif

○ **2017** Réserve Kaltenbrunnen Grauburgunder Spätlese trocken
35€ | 14%

● **2017** Eichenlaub Réserve Pinot Noir
40€ | 13,5%

● **2017** Lösswand Pinot Noir
18,50€ | 13,5%

Baden

WINZERGENOSSENSCHAFT KÖNIGSCHAFFHAUSEN-KIECHLINSBERGEN

Aufsteiger

Kiechlinsberger Straße 2–6
79346 Endingen
T +49 (0) 7642 90410
www.kk-weine.de

Michael Eißler
Reiner Roßwog
Reiner Roßwog & Christoph Henninger & Lars Müller
Verbände Deutsches Barrique Forum, Generation Riesling, Generation Pinot
Rebfläche 370 ha
Produktion 2.900.000 Flaschen
Gründung 1933
Verkaufszeiten Jan.–März
Mo–Fr 10–12 Uhr und 13–17.30 Uhr
April–Dez.
Mo–Fr 9–17.30 Uhr
Sa 9–14 Uhr

Profil online

Über 650 Winzer sind Teil der Genossenschaft, die mit Michael Eißler seit Kurzem einen neuen Geschäftsführer hat. Er übernahm das Amt vom lang gedienten Günter Zimmermann, der die Winzergenossenschaft der beiden Gemeinden 15 Jahre lang geführt hatte. Nach wie vor werden mehr als zwei Drittel ihres Umsatzes mit Burgunderweinen generiert. Deren Trauben wachsen in den fünf Lagen der Genossen: „Fünf Lagen, ein Genuss!"

2019 Königschaffhauser Hasenberg Pino Magma Reserve Cuvée
16,95€ | 13%

2020 Bahlinger Silberberg Pino Magma Cuvée
11€ | 13%

2020 Königschaffhauser Hasenberg Selection Grauburgunder
13,20€ | 13,5%

2021 Kiechlinsberger Teufelsburg Weißburgunder Kabinett trocken
7,20€ | 12%

2021 Kiechlinsberger Ölberg Grauburgunder
8€ | 13,5%

2021 Kiechlinsberger Vulkanfelsen Muskateller
7,85€ | 10,5%

2021 Kiechlinsberger Vulkanfelsen Rivaner Müller-Thurgau
5,05€ | 11,5%

2021 Kiechlinsberger Ölberg Grauburgunder Spätlese trocken
10€ | 13%

2021 Königschaffhauser Hasenberg Grauburgunder
8€ | 13%

2017 Königschaffhauser Steingrüble Spätburgunder
14,45€ | 13,5%

2018 Baden Kaiserstuhl Cabernet Sauvignon
14,55€ | 13,5%

2018 Kaiserstuhl Pinot Noir
13€ | 14%

2018 Königschaffhauser Steingrüble Im Barrique gereift Spätburgunder
14,55€ | 14%

2018 Königschaffhauser Steingrüble Regnum im Barrique gereift Spätburgunder
28,75€ | 15%

2019 Kaiserstuhl Merlot
8€ | 13%

2019 Königschaffhauser Steingrüble Spätburgunder Spätlese trocken
11,20€ | 13,5%

2020 Königschaffhauser Steingrüble Im Barrique gereift Spätburgunder Spätlese trocken
17,20€ | 14,5%

2020 Königschaffhauser Steingrüble Spätburgunder Spätlese trocken
11,20€ | 14,5%

2021 Kiechlinsberger Ölberg Rose Spätburgunder
6,70€ | 12,5%

2021 Königschaffhauser Steingrüble Blanc de Noirs Pinot Noir
7,45€ | 13,5%

2016 Baden Pinot Klassische Flaschengärung Cuvée brut
14,95€ | 12,5%

2018 Baden Cremant Cuvée brut
15€ | 12,5%

2019 Königschaffhauser Pinot Grauburgunder brut
15€ | 12,5%

- **2018** Königschaffhauser Vulkanfelsen Müller Thurgau Auslese
  9,75€ | 7,5%
- **2020** Königschaffhauser Vulkanfelsen Gewürztraminer Auslese
  10,75€ | 9,5%

TOBIAS KÖNINGER

Steinebach 24
77876 Kappelrodeck
T +49 (0) 7842 9969 99
www.weingut-koeninger.de

Tobias Köninger
Verbände Weinparadies Ortenau, Badischer Wein, Badischer Weinbauverband
Rebfläche 8 ha
Produktion 48.000 Flaschen
Verkaufszeiten Sa 10–13 Uhr und nach Vereinbarung

Profil online

Der Traum vom eigenen Weingut ist für den Weinbautechniker Tobias Köninger wahr geworden. Im Jahr 2000 gründete er das gleichnamige Weingut, in dem er seither eine breite Palette unterschiedlicher Rebsorten anbaut. Exoten wie Cabernet Mitos wachsen neben deutschen und internationalen Klassikern wie Riesling, Gewürztraminer und Cabernet Sauvignon. Die hauseigene Destillerie ergänzt das Portfolio.

- **2021** Granit Grauburgunder
  9,50€ | 12%
- **2021** Lösswand Weißburgunder
  9,50€ | 12,5%
- **2019** Cabernet Sauvignon
  18,90€ | 15%
- **2019** Granit Pinot Noir 1. Lage
  12,90€ | 14%
- **2019** Réserve Pinot Noir
  19,90€ | 14%
- **2018** Gewürztraminer
  11,90€ | 11,5%

WEINGUT KONSTANZER

Aufsteiger

Quellenstraße 22
79241 Ihringen
T +49 (0) 7668 5537
www.weingut-konstanzer.de

Horst & Petra Konstanzer
Horst Konstanzer
Rebfläche 9 ha
Produktion 65.000 Flaschen
Gründung 1983
Verkaufszeiten April–Okt.
Mo–Do 17–19 Uhr
Nov.–März
Mo–Do 16–18 Uhr
Fr 13–18 Uhr
Sa 10–16 Uhr
und nach Vereinbarung

Profil online

„Im Weinberg entstehen die Qualität und der Charakter unserer Weine", sagen Horst und Petra Konstanzer. Dies gilt vor allem für den Ihringer Winklerberg, eine der besten Lagen Deutschlands. Das Terroir und die Bewirtschaftung der Weinberge sind ein wichtiger Aspekt, der Ausbau der Moste im Keller ein weiterer. Bei den Konstanzers passt beides seit vielen Jahren zusammen. Das Ergebnis sind frische und immer durchgegorene Weißweine sowie gehaltvolle Rotweine, die bis zu 24 Monate im Holz reifen.

○ **2018** Ihringen Vorderer Winklerberg Weißburgunder
17,50€ | 13,5%

○ **2018** Ihringer Winklerberg Winklen Grauburgunder
17€ | 13,5%

○ **2019** Ihringen Winklerberg Chardonnay 1. Lage
15€ | 13,5%

○ **2020** Ihringen Winklerberg Chardonnay 1. Lage
16€ | 13,5%

○ **2020** Vorderer Winklerberg Große Lage Weißburgunder
19€ | 13,5%

○ **2020** Winklen Große Lage Grauburgunder
19€ | 13%

● **2019** Vorderer Winklerberg Große Lage Spätburgunder
27€ | 13%

trinkreif

● **2016** Ihringer Winklen Pur Spätburgunder
31€ | 13,5%

● **2016** Ihringen Vorderer Winklerberg Spätburgunder
23€ | 13,5%

● **2017** Ihringen Winklen Pur Spätburgunder
32€ | 13,5%

WEINGUT KOPP

Ebenunger Straße 21
76547 Sinzheim
T +49 (0) 7221 8036 01
www.weingut-kopp.com

Johannes Kopp
Phillip Reiss
Verbände Demeter
Rebfläche 32 ha
Produktion 150.000 Flaschen
Gründung 1996
Verkaufszeiten Mo–Fr 14–18 Uhr
Sa 10–13 Uhr

Profil online

Nach dem plötzlichen Tod von Vater Ewald im Jahr 2012 sah sich Johannes Kopp einer großen Aufgabe gegenüber: Das vom Vater binnen weniger Jahre auf Erfolgskurs gebrachte Weingut wollte übernommen und in eine neue Zukunft geführt werden. Das ist Johannes allerbestens geglückt. Mit der Umstellung auf biologische Landwirtschaft und mit dem neuen Weingutsgebäude hat sich der Bürklin-Wolf-Schüler die besten Voraussetzungen für weitere Qualitätssteigerungen geschaffen.

○ **2017** Sinzheimer Altenberg Chardonnay
18€ | 13%

○ **2018** Sinzheimer Klostergut Fremersberger Feigenwäldchen Buntsandstein Riesling
13€ | 11%

○ **2019** Sinzheimer Fremersberg Feigenwäldchen Buntsandstein Riesling halbtrocken
14€ | 12%

○ **2019** Sinzheimer Klostergut Fremersberg Feigenwäldchen Riesling Terrassenlage
20€ | 13%

○ **2019** Sinzheimer Sonnenberg Am Altenberg Chardonnay
18€ | 13,5%

○ **2021** Grauburgunder
9,90€ | 12%

● **2018** Quarzporphyr Syrah
25€ | 14%

● **2018** Roter Porphyr Spätburgunder
16€ | 13,5%

● **2018** Spätburgunder
10€ | 13,5%

● **2018** Varnhalter Klosterbergfelsen Felsenstück Pinot Noir
45€ | 12%

● **2018** Varnhalter Klosterbergfelsen Sommerhalde Pinot Noir
30€ | 13%

● **2018** Varnhalter Sonnenberg Spätburgunder Pinot Noir
30€ | 13,5%

● **2017** Sinzheim Klostergut Fremersberg Feigenwäldchen Riesling brut
17€ | 12,5%

● **2018** Blanc de Blancs Weißburgunder extra brut
15€ | 12,5%

● **2018** Cuvée Blanc brut
13€ | 12%

trinkreif

● **2016** Sinzheimer Feigenwäldchen Spätburgunder
45€ | 13,5%

● **2016** Varnhalter Sommerhalde Spätburgunder
30€ | 13%

● **2016** Varnhalter Sonnenberg Spätburgunder
30€ | 13%

● **2017** Sinzheimer Klostergut Fremersberg Feigenwäldchen Pinot Noir
45€ | 12%

WEINGUT KRESS

Mühlbachstraße 115
88662 Überlingen
T +49 (0) 7551 65855
www.weingut-kress.de

Familie Kress
Volker Blum
Rebfläche 33 ha
Produktion 220.000 Flaschen
Verkaufszeiten Mo–Fr 9–12.30 Uhr
und 14–18 Uhr
Sa 10–13 Uhr

Profil online

Als Thomas und Kristin Kress 1999 den Schritt von der Genossenschaft in die Selbstständigkeit wagten, war dies nur der erste Schritt zu dem, was das Weingut heute ausmacht. 2013 übernahmen sie die Lagen des Spitalweinguts zum Heiligen Geist in Überlingen und vergrößerten sich um ganze 25 Hektar. Ihre Kinder Viola und Johannes sind im Bereich Management bzw. Weinbau feste Säulen des Familienbetriebs.

○ **2018** Goldbacher Weißburgunder
24€ | 14%
○ **2020** Goldbach Chardonnay
26€ | 13,5%
○ **2020** Goldbach Weißburgunder
26€ | 13,5%
○ **2021** Auxerrois
14€ | 12,5%

WEINGUT LÄMMLIN-SCHINDLER

Müllheimer Straße 4
79418 Schliengen
T +49 (0) 7635 440
www.laemmlin-schindler.de

Gerd Schindler
Friedhelm Maier & Gerd Schindler
Verbände VDP
Rebfläche 21 ha
Produktion 160.000 Flaschen
Gründung 1862
Verkaufszeiten Mo–Fr 9–12 Uhr
und 14–18 Uhr
Sa 9–12 Uhr und 14–16.30 Uhr
und nach Vereinbarung

Profil online

Den Ort Mauchen würde wahrscheinlich kein Mensch kennen, wenn dort nicht das Weingut Lämmlin-Schindler beheimatet wäre. Gerd Schindler hat 1995 das Weingut von seinen Eltern übernommen. Er hat großen Respekt vor der jahrhundertelangen Geschichte der Familie, ist jedoch auch offen für neue Entwicklungen. An oberster Stelle im Bio-Betrieb steht ein ausgeprägtes Qualitätsbewusstsein. Die Weine zeichnen sich neben ihrer eigenen Klasse auch dadurch aus, dass sie Lust auf ein zweites oder drittes Glas machen.

○ **2017** Mauchener Frauenberg Chardonnay GG
23€ | 13,5%
○ **2019** Frauenberg Chardonnay GG
23€ | 13,5%
○ **2020** Gutedel
13,50€ | 12,5%
○ **2020** Mauchener Frauenberg Chardonnay GG
28€ | 13%
○ **2020** Mauchener Sonnenstück Grauburgunder 1. Lage
15,50€ | 13%
○ **2020** Mauchener Sonnenstück Weißburgunder 1. Lage
15€ | 13%
○ **2021** Sauvignon Blanc
11€ | 12,5%
○ **2021** Weißburgunder
9,80€ | 12,5%
● **2017** Alte Rebe Pinot Noir
10,50€ | 13%

● **2017** FRAUenFELS Cuvée
19,50€ | 13,5%

● **2017** Mauchener Frauenberg Spätburgunder GG
35€ | 13%

● **2017** Spätburgunder
15,50€ | 13%

● **2018** Cuvée
19,50€ | 14%

● **2019** Cuvée extra brut
14,50€ | 12,5%

● Lämmlin-Schindler Cuvée extra brut
13€ | 12,5%

trinkreif

● **2017** Frauenberg Pinot Noir GG
35€ | 13%

ALEXANDER LAIBLE

Aufsteiger

Unterweiler 48
77770 Durbach
T +49 (0) 7812 8423 80
www.weingut-alexanderlaible.de

Alexander Laible
Rebfläche 14 ha
Produktion 100.000 Flaschen
Gründung 2007
Verkaufszeiten Mo–Fr 14–18 Uhr
Sa 9–16 Uhr
und nach Vereinbarung

Profil online

Wer in dem idyllischen Winzerort Durbach nach den besten Weinen sucht, der kommt an Alexander Laible nicht vorbei. Im Weinberg arbeitet er im Einklang mit der Natur und im Keller setzt er auf eine sensible Vinifikation. Sein Ziel sind tiefgründige und aromatische Weine mit Strahlkraft und Brillanz. Die Weinbergslagen des Betriebes liegen zwischen Sinzheim und Lahr und sind alle südwestlich ausgerichtet. Das Sortenspektrum ist sehr groß, es reicht von Riesling über die weiße wie rote Burgunder-Familie bis hin zu Scheurebe und Sauvignon Blanc.

○ **2018** Heaven Chardonnay Spätlese trocken
40€ | 13%

○ **2019** Heaven Chardonnay
45€ | 13%

○ **2019** Tausend Sterne Riesling
22€ | 13%

○ **2020** Heaven Chardonnay
45€ | 13%

○ **2021** Chara Riesling
14,50€ | 12,5%

○ **2021** Chara Sauvignon Blanc
15€ | 13%

○ **2021** Chara Weißburgunder
14,50€ | 13%

○ **2021** Heaven Chardonnay
45€ | 13%

○ **2021** Marie Sophie Sauvignon Blanc
22€ | 13%

○ **2021** Muschelkalk Weißburgunder
15€ | 13%

○ **2021** SL Riesling
13€ | 12,5%

○ **2021** Tausend Sterne Riesling
22€ | 12,5%

○ **2021** Wilder Hang Grauburgunder
22€ | 13%

● **2020** Réserve Spätburgunder
25€ | 14%

● **2021** Unterm Radar
13€ | 12,5%

ANDREAS LAIBLE

Am Bühl 6
77770 Durbach
T +49 (0) 781 41238
www.andreas-laible.com

Andreas Christian Laible
Verbände VDP
Rebfläche 7,6 ha
Produktion 45.000 Flaschen
Gründung 1672
Verkaufszeiten Mo–Fr 9–11.30 Uhr
und 14–18 Uhr
Sa 9–11.30 Uhr und 14–16 Uhr
und nach Vereinbarung

Profil online

Es gibt in Baden nur wenige Betriebe, die mit ihren Rieslingen national und international so nachhaltig punkten können. Einer von diesen ist ohne Zweifel das Weingut Andreas Laible in Durbach, das auf vier Hektar die Rebsorte bewirtschaftet. Doch wie es sich für einen echten Badener gehört, schlägt Laibles Herz auch für die Burgundersorten, die er so finessenreich ausbaut, dass sie herrliche Begleiter zu einem guten Essen sind. Besonders hervorzuheben sind hier die Weiß- und Grauburgunder.

○ **2019** Am Bühl Chardonnay GG
24€ | 14%

○ **2019** Durbacher Plauelrain Achat Riesling 1. Lage
18,50€ | 12,5%

○ **2019** Durbacher Plauelrain Am Bühl Chardonnay GG
24€ | 14,5%

○ **2019** Durbacher Plauelrain Am Bühl Grauburgunder GG
24€ | 13,5%

○ **2019** Durbacher Plauelrain Am Bühl Riesling GG
24€ | 13%

○ **2019** Durbacher Plauelrain Gewürztraminer Auslese 1. Lage
16,50€ | 11%

○ **2019** Durbacher Plauelrain SL Riesling 1. Lage
14€ | 12,5%

○ **2019** Durbacher Plauelrain Weißburgunder 1. Lage
14€ | 13%

○ **2019** Klingelberger 1782 Riesling
16,50€ | 12,5%

○ **2020** Durbacher Plauelrain Achat Riesling 1. Lage
18,90€ | 12,5%

○ **2020** Durbacher Plauelrain Am Bühl Chardonnay GG
27€ | 14%

○ **2020** Durbacher Plauelrain Am Bühl Riesling GG
24,50€ | 12,5%

○ **2020** Durbacher Plauelrain Grauburgunder 1. Lage
14,50€ | 13,5%

○ **2020** Durbacher Plauelrain Stollenberg Riesling GG
27€ | 13%

○ **2020** Klingelberger 1782 Riesling
16,90€ | 12,5%

○ **2021** Durbacher Plauelrain Achat Riesling 1. Lage
19,50€ | 12,8%

○ **2021** Durbacher Plauelrain Am Bühl Riesling
24,50€ | 13%

○ **2021** Durbacher Plauelrain Grauburgunder 1. Lage
15,50€ | 13%

○ **2021** Durbacher Plauelrain Stollenberg Riesling
27€ | 13%

○ **2021** Durbacher Plauelrain Weißburgunder 1. Lage
15,50€ | 13%

● **2018** Durbacher Plauelrain Spätburgunder 1. Lage
16,50€ | 14%

WEINGUT LANDERER

Aufsteiger

Niederrotweil 3
79235 Vogtsburg im Kaiserstuhl
T +49 (0) 7662 1070
www.weingut-landerer.de

Karin & Johannes Landerer
Johannes Landerer
Rebfläche 22 ha
Produktion 150.000 Flaschen
Gründung 1989
Verkaufszeiten Mo–Fr 8–12 Uhr und 14–17 Uhr
Sa 9–12 Uhr und 13.30–15.30 Uhr

Profil online

Johannes Landerer aus Niederrotweil ist einer der jungen Winzer am Kaiserstuhl, die sicherlich noch von sich reden machen werden. Eine positive Entwicklung ist deutlich sichtbar. Seit seiner Betriebsübernahme im Jahr 2016 gelingt es Landerer stetig besser, in seinen Weinen die Bodentypizität seiner Flaggschiff-Lagen Eichberg, Kirchberg, Henkenberg und Gestühl mit Eleganz zu verbinden. Besonders bei seinen Grauburgundern ist dies gut sichtbar. Seit Langem setzt das Weingut im Weinberg auf biologische Bewirtschaftung.

○ **2019** Fumé Sauvignon Blanc
20€ | 13%

○ **2019** Henkenberg Chardonnay
19€ | 13%

○ **2020** Oberrotweil Schwarze Erde Grauburgunder
12,50€ | 12,5%

○ **2021** Oberrotweil Sauvignon Blanc
12€ | 12%

● **2018** Eichberg Spätburgunder
33€ | 13%

● **2018** Henkenberg Spätburgunder
23€ | 13%

● **2020** Kaiserstuhl Spätburgunder
8,95€ | 13%

● **2020** Schwarze Erde Pinot Noir
14€ | 13%

WEINGUT LANDMANN

Aufsteiger

Umkircher Straße 29
79112 Freiburg im Breisgau
T +49 (0) 7665 6756
www.weingut-landmann.de

Jürgen Landmann
Verbände Bioland
Rebfläche 31 ha
Produktion 150.000 Flaschen
Gründung 1730
Verkaufszeiten Mo–Fr 8–19 Uhr
Sa 8–17 Uhr
und nach Vereinbarung

Profil online

Vom Weingut des Bio-Winzers Jürgen Landmann liegt die französische Grenze nur einen Steinwurf entfernt. Das erklärt bei all seiner Weltoffenheit den leicht frankophilen Einschlag in der Weingutsphilosophie. Zu 80 Prozent wachsen auf den Kalkböden seiner Tuniberg-Parzellen verschiedene Burgundersorten: „Die großen Grand-Cru-Weine des Burgunds wachsen nicht umsonst auf fast identischem Untergrund."

2020 Barrique LLL Grauburgunder 1. Lage
21,60€ | 16%

2020 LLL SL. Chardonnay 1. Lage
19,90€ | 14,5%

2020 LLL SL. Weißburgunder 1. Lage
19,90€ | 15%

2020 Pinot Blanc
9,90€ | 13%

2020 Pinot Gris
9,90€ | 13,5%

2020 Sauvignon Blanc
13,30€ | 12,5%

2018 LLL Barrique Pinot Noir 1. Lage
29,90€ | 14,5%

2018 Pinot Noir
9,90€ | 14,5%

2020 Pinot Noir
8,90€ | 12,5%

2018 Pinot & Chardonnay Cuvée brut
13,90€ | 12,5%

2018 Pinot Noir brut
13,90€ | 13%

Pinot Noir brut
13,90€ | 12,5%

trinkreif

2009 Villany Ungarn Edition-CS Cabernet Sauvignon
31,60€ | 14,5%

2009 Edition CS Cabernet Sauvignon 1. Lage
31,60€ | 14,5%

Baden

PHILIPP LANG

Alter Weg 52
79112 Freiburg im Breisgau
T +49 (0) 7664 59283
www.lang-weine.de

Philipp Lang
Rebfläche 10 ha
Produktion 80.000 Flaschen
Verkaufszeiten Mo–Fr 9–12 Uhr
Sa 9–13 Uhr
und nach Vereinbarung

Profil online

● **2021** Spätburgunder Kabinett trocken
6,30€ | 12,5%

HEINRICH MÄNNLE

Sendelbach 16
77770 Durbach
T +49 (0) 781 41101
www.weingutmaennle.de

Heinrich & Sylvia Männle
Heinrich Männle
Verbände Slow Food
Rebfläche 6,5 ha
Produktion 30.000 Flaschen
Gründung 1456
Verkaufszeiten Mo–Fr 9–12
und 13–18 Uhr
Sa 9–12 Uhr und 13–16 Uhr
So nach Vereinbarung 10–12 Uhr

Profil online

Das Weingut Heinrich Männle ist das älteste Weingut in Durbach und Heinrich Männle selbst sicherlich eines der letzten großen Originale in Badens Weinwirtschaft. Selbstbewusst, eckig, kantig, aber auch humor- und liebevoll präsentiert er sich seinen Gästen. In die Tat umgesetzt wird nur das, was er für richtig hält, auch im großen, sehenswerten Granitkeller. Dies kommt vor allem seinen Rotweinen zugute, die er oft viele Jahre im Holzfass reifen lässt, bis sie auf die Flasche gefüllt werden.

○ **2019** Durbacher Plauelrain
Grauburgunder Spätlese trocken
14,50€ | 14,5%

● **2018** Durbacher Kochberg
Merlot Auslese trocken
55€ | 16,5%

● **2018** Durbacher Kochberg
Spätburgunder Auslese
30€ | 14%

● **2019** Durbacher Kochberg
Scheurebe Auslese
19€ | 10%

trinkreif

○ **2018** Durbacher Kochberg Klingelberger 1782 Faß 30 Riesling Spätlese trocken
15,50€ | 12,5%

○ **2018** Durbacher Kochberg Weißburgunder Spätlese feinherb
14,50€ | 14%

● **2009** Durbacher Kochberg Cuvée
27,50€ | 14%

● **2010** Durbacher Kochberg Alte Rebe Spätburgunder Spätlese trocken
30€ | 14%

● **2011** Durbacher Kochberg Cabernet Sauvignon
27,50€ | 14%

● **2015** Durbacher Kochberg Spätburgunder Spätlese trocken
28€ | 14%

● **2015** Durbacher Kochberg Faß 4 Selection Christophe Mayer Pinot Noir Auslese feinherb
50€ | 15,5%

● **2015** Durbacher Kochberg Faß 7 Pinot Noir Spätlese trocken
28€ | 14%

BIO-WEINGUT MAIER

Aufsteiger

Karlsruher Straße 8
76532 Baden-Baden
T +49 (0) 7221 64197
www.weingut-maier.de

Volker Maier
Rebfläche 9 ha
Produktion 60.000 Flaschen
Gründung 1995
Verkaufszeiten Di–Fr 9–12 Uhr und 15–18 Uhr
Mi 9–12 Uhr
Sa 9–13 Uhr

Profil online

Den Titel Bio-Weingut verdient die Wirkungsstätte von Volker und Iris Maier zweifelsohne. Über 20 Jahre lang hat der Boden hier keine chemischen Herbizide mehr gesehen. Neben dem Schutz der Tier- und Pflanzenwelt liegt den Maiers die ressourcenschonende Produktion ihrer Weine am Herzen. Sie kultivieren neben Riesling, Pinot Noir und Gewürztraminer auch einige pilzwiderstandsfähige Rebsorten.

○ **2020** Souvignier Gris
12,50€ | 13%

○ **2021** Riesling Kabinett trocken
10€ | 12%

○ **2021** Scheurebe feinherb
10€ | 11,5%

○ **2021** Weißburgunder
10€ | 13%

● **2019** Neuweirer Heiligenstein Re(d)volution Cuvée
24€ | 13,5%

● **2021** Spätburgunder
10€ | 12%

MARKGRÄFLER WINZER *Aufsteiger*

Winzerstraße 2
79588 Efringen-Kirchen
T +49 (0) 7628 91140
www.markgraeflerwinzer.de

Hagen Rüdlin
Martin Leyh
Rebfläche 900 ha
Gründung 1952
Verkaufszeiten Mo–Fr 9–18 Uhr
Sa 9–13 Uhr

Profil online

Beinahe 1000 Winzer sind Teil der Genossenschaft aus Efringen-Kirchen. Unter der Leitung von Hagen Rüdlin und Kellermeister Martin Leyh geht hier seit einigen Jahren eine spannende Entwicklung vor. Gerade die Rieslinge und Spätburgunder aus den durch Kalk, Granit und Löss geprägten Einzellagen verdienen Aufmerksamkeit. Eines der wichtigsten Aushängeschilder bildet nach wie vor der Gutedel.

○ **2019** DER Chardonnay
16€ | 13%

○ **2020** Ballrechten-Dottingen Castellberg Kunstwerk Grauburgunder
8,50€ | 12,5%

○ **2020** DER Gutedel
16€ | 11,5%

○ **2020** Ehrenstetten Oelberg Kunstwerk Weißburgunder
8,50€ | 12,5%

○ **2020** G'meinwerk Grauburgunder
7,20€ | 12%

○ **2020** G'meinwerk Weißburgunder
7,20€ | 11,5%

○ **2021** G'meinwerk Gutedel
5,20€ | 11%

○ **2021** Istein Kirchberg Gmeinwerk Gutedel
8,50€ | 11%

● **2019** DER Spätburgunder
19€ | 13,5%

● **2019** Grenzach Hornfelsen Kunstwerk Spätburgunder
12€ | 13,5%

● **2019** G'meinwerk Spätburgunder
7,20€ | 12,5%

● **2019** Istein Kirchberg Kunstwerk Spätburgunder
12€ | 13%

● **2015** Chardonnay brut
15,50€ | 13%

● **2016** Pinot Blanc brut
11,50€ | 12,5%

MARKGRAF VON BADEN – SCHLOSS SALEM

Schloss Salem
88682 Salem
T +49 (0) 7553 81284
www.markgraf-von-baden.de

S.K.H. Bernhard Prinz von Baden
Volker Faust
Manon Dague
Verbände VDP
Rebfläche 90 ha
Produktion 900.000 Flaschen
Verkaufszeiten April–Okt.
Mo–So und Feiertag 10–18 Uhr
Nov.–März
Mo–Fr 10–18 Uhr
Sa 10–14 Uhr

Profil online

Schloss Salem gehört zu den beeindruckendsten Kulturdenkmälern am Bodensee und in ganz Baden-Württemberg. Seit 1802 ist es der Sitz der Markgrafen von Baden, die seit dieser Zeit auch die umfangreichen Rebflächen des ehemaligen Zisterzienserklosters bewirtschaften. Rund 90 Hektar Reben gehören heute dazu. Die Weine werden direkt in den historischen Kellern des Schlosses ausgebaut. Sie sind geprägt von der Nähe der Weinberge zum Bodensee und überzeugen vor allem mit viel Eleganz und Frische.

○ **2021** Birnauer Grauburgunder Ortswein trocken
13€ | 12%

○ **2021** Birnauer Müller-Thurgau Ortswein trocken
13€ | 12%

○ **2021** Birnauer Weißburgunder Ortswein trocken
13€ | 12%

○ **2021** Bodensee Müller-Thurgau
8,50€ | 11,3%

○ **2021** Bodensee tr. Gutswein Weißburgunder
9€ | 12,5%

● **2018** Bermatinger Leopoldsberg Buchberg Spätburgunder GG
45€ | 13,5%

● **2018** Bermatinger Leopoldsberg Spätburgunder 1. Lage
20€ | 13,5%

● **2021** Bodensee Gutswein Spätburgunder
9€ | 12%

MARKGRAF VON BADEN – SCHLOSS STAUFENBERG

Schloss Staufenberg
77770 Durbach
T +49 (0) 7553 81284
www.markgraf-von-baden.de

S.K.H. Bernhard Prinz von Baden
Volker Faust
Frédéric Kirch
Verbände VDP
Rebfläche 22 ha
Produktion 120.000 Flaschen
Verkaufszeiten Mo–So und Feiertag 11–19 Uhr

Profil online

Der Markgraf von Baden besitzt sowohl Schloss Staufenberg in Durbach (Ortenau) als auch Schloss Salem (Bodensee). Von seiner Größe, Pracht und Ausstrahlung kann Schloss Staufenberg nicht mit Schloss Salem mithalten, was die Qualität der Weine angeht, dagegen schon. Sie sind sogar noch einen Tick ausdrucksstärker und vor allem mineralischer. Betriebsleiter Volker Faust führt beide Weingüter mit ruhiger Hand und lässt den jeweiligen Kellerteams auch eigene Entfaltungsmöglichkeiten.

○ **2018** Durbacher Schloss Staufenberg Chardonnay 1. Lage
17,50€ | 14%

○ **2018** Durbacher Schloss Staufenberg Grauburgunder 1. Lage
17,50€ | 14%

○ **2018** Durbacher Schloss Staufenberg Klingelberger K Riesling GG
35€ | 13%

○ **2020** Durbacher Schloss Staufenberg Grauburgunder 1. Lage
19€ | 13,5%

○ **2020** Durbacher Schloss Staufenberg Riesling GG
35€ | 13,5%

○ **2020** Durbacher Schloss Staufenberg Sauvignon Blanc 1. Lage
19€ | 14%

○ **2021** Baden Klingelberger Riesling
9€ | 12%

● **2018** Durbacher Schloss Staufenberg Sophienberg Spätburgunder
45€ | 13%

● **2018** Durbacher Schloss Staufenberg Spätburgunder 1. Lage
18,50€ | 13,5%

2019 Durbacher Schloss Staufenberg Spätburgunder 1. Lage
20€ | 13%

2020 Durbacher Schloss Staufenberg Sophienberg Spätburgunder GG
45€ | 13%

Chardonnay extra brut
16€ | 11,5%

Riesling brut
16€ | 12%

Riesling extra brut
16€ | 12%

trinkreif

2017 Durbacher Schloss Staufenberg K Klingelberger GG
45€ | 13%

2017 Durbacher Schloss Staufenberg Sophienberg Spätburgunder GG
45€ | 13%

WINZERVEREIN MEERSBURG

Neu

Kronenstraße 19
88709 Meersburg
T +49 (0) 7532 43160
www.meersburger.de

Profil online

Rebfläche 60 ha

Eine Genossenschaft, deren Mitgliedsfamilien zum Teil schon in der fünften Generation Trauben anliefern, kann so viel nicht falsch machen. Kellermeister Valentin Wagner kümmert sich darum, dass das auch so bleibt, und widmet den rund 600 Tonnen Rebmaterial sein ganzes Herzblut. Das Portfolio der Meersburger umfasst unter anderem die typischen Bodensee-Rebsorten Müller-Thurgau und Spätburgunder.

2019 Grauburgunder
21,50€ | 12,5%

2019 Winzerstolz Grauburgunder
21,50€ | 12,8%

2020 Winzerstolz Weißburgunder
21,50€ | 13%

2021 Muskateller
12,50€ | 11%

2019 Pinot Noir
21,50€ | 14%

2020 Winzerstolz Spätburgunder
21,50€ | 13,5%

WEINGUT MICHEL

Winzerweg 24
79235 Vogtsburg im Kaiserstuhl
T +49 (0) 7662 429
www.weingutmichel.com

Josef Michel
Verbände VDP
Rebfläche 13 ha
Produktion 90.000 Flaschen
Gründung 1983
Verkaufszeiten Mo–Fr 14–17 Uhr
Sa 10–13 Uhr
und nach Vereinbarung

Profil online

Kontrolliertes Nichtstun hat für Josef Michel nichts mit Faulheit zu tun. Im Gegenteil. Im Keller überlässt er seine Weine bewusst ein Stück weit sich selbst. Gepaart mit Fingerspitzengefühl und Geduld arbeitet er die Eigenheiten der Lagen und Jahrgänge heraus. Die besten Weine kommen vom Achkarrer Schlossberg, von dem Michel immer wieder mit viel Ehrfurcht spricht. Diese Lage fordert gleichwohl Rebstöcke und Winzer und liefert dafür hervorragendes Lesegut. Davon wird einmal auch Sohn Robin Michel profitieren.

○ **2019** Achkarrer Schlossberg Chardonnay GG
23€ | 13,5%

○ **2020** Achkarrer Schlossberg Chardonnay GG
27€ | 13%

○ **2020** Achkarrer Schlossberg Grauburgunder GG
25€ | 13%

○ **2020** Tephrit Grauburgunder
13,50€ | 13%

○ **2020** Tephrit Weißburgunder
13,50€ | 13%

○ **2021** Achkarrer Schlossberg Grauburgunder GG
27€ | 13%

○ **2021** Tephrit Achkarren Chardonnay
14,50€ | 13%

○ **2021** Tephrit Achkarren Grauburgunder
14,50€ | 13%

○ **2021** Tephrit Achkarren Weißburgunder
14,50€ | 13%

○ **2021** Weißburgunder
9,50€ | 13%

● **2018** Achkarrer Schlossberg Spätburgunder GG
40€ | 13,5%

● **2018** Schlossberg Achkarren Spätburgunder GG
40€ | 13,5%

● **2019** Achkarrer Schlossberg Spätburgunder GG
42€ | 13%

● **2019** Tephrit Spätburgunder
25€ | 13%

● **2020** Achkarrer Schlossberg Spätburgunder GG
52€ | 13,5%

● **2020** Alte Reben Spätburgunder
14,50€ | 13%

● **2020** Ihringer Winklerberg Hinter Winklen Spätburgunder GG
42€ | 13,5%

trinkreif

● **2017** Achkarrer Schlossberg R Spätburgunder
37€ | 13,5%

● **2017** Achkarrer Tephrit Spätburgunder
25€ | 13,5%

BIO-WEINGUT MISSBACH

Aufsteiger

Schönbergstraße 32
79285 Ebringen
T +49 (0) 7664 6513
www.bioweingut-missbach.de

Ralph & Petra Mißbach
Ralph Mißbach
Verbände Ecovin, Demeter
Rebfläche 8 ha
Produktion 40.000 Flaschen
Gründung 1758
Verkaufszeiten Di–Fr 15.30–18 Uhr
Sa 9–12 Uhr

Profil online

Im Demeter-Weingut Mißbach richtet sich alles nach der Natur. „Besondere Weine entstehen, wenn Natur, Mensch und Handwerk im Einklang sind", zeigen sich Ralph und Petra Mißbach überzeugt. Ihr besonderes Augenmerk gilt den Böden, denn sie seien die Basis für ausdrucksstarke Weine. Seit dem Jahrgang 2020 werden alle Moste ausschließlich spontan vergoren. Eine Entscheidung, die sich gelohnt hat. Denn die Vergärung mit eigenen Hefen aus Weinberg und Keller verleiht den Mißbacher Weinen eindeutig mehr Individualität.

○ **2018** Charakterköpfe Grauburgunder
16€ | 14%

○ **2019** Charakterköpfe Chardonnay
16€ | 12,5%

○ **2019** Im Einklang Weißburgunder
9€ | 12,5%

○ **2019** King Arthur Riesling
16€ | 12,5%

○ **2020** Chasselas Im Einklang Gutedel
9€ | 11%

● **2018** Charakterköpfe Pinot Noir
32€ | 15%

● **2018** Herr Rossi Cabernet Carol & Pinot Noir
22€ | 14%

● **2020** Rosa Markgräfler
8€ | 11,5%

WEINGUT MOOSMANN *Aufsteiger*

Schwarzwaldstraße 78
79183 Waldkirch
T +49 (0) 7681 7574
www.weingut-moosmann.com

Georg Moosmann
Verbände Weinhandwerk Breisgau
Rebfläche 25 ha
Produktion 160.000 Flaschen
Gründung 1986
Verkaufszeiten Mo–Fr 8–18.30 Uhr
Sa 8–16 Uhr

Profil online

„Markante und langlebige Charakterweine sind unser Markenzeichen", sagt Inhaber und Betriebsleiter Georg Moosmann. Er ist stolz darauf, Weinberge in sehr guten Lagen des Breisgaus bewirtschaften zu können. An den steilen Hängen der Vorbergzone in Buchholz und Sexau finden sich felsige Gneisverwitterungsböden, die mineralische Weine hervorbringen. In Mundingen und Herbolzheim stehen die Reben dagegen auf Löss und Muschelkalkböden. Die dort erzeugten Tropfen sind eher vollmundig und geschmeidig.

○ **2019** Buchholzer Sonnhalde Reichenbächle Chardonnay Spätlese trocken
16,90€ | 13,5%

○ **2019** Buchholzer Sonnhalde Reichenbächle Riesling Spätlese trocken
15,50€ | 13%

○ **2019** Buchholzer Sonnhalde Riddele Grauburgunder Spätlese trocken
15,50€ | 14%

○ **2020** Buchholzer Sonnhalde Riddele Grauburgunder Spätlese trocken
15,50€ | 14%

○ **2020** Buchholzer Sonnhalde Riddele Weißburgunder Spätlese trocken
15,50€ | 14%

○ **2020** Buchholzer Sonnhalde Weißburgunder Spätlese trocken
10€ | 14,5%

○ **2020** Grauburgunder Kabinett trocken
8€ | 13,5%

● **2017** Buchholzer Sonnhalde Rebhäusle Spätburgunder
17,90€ | 14%

● **2018** Buchholzer Sonnhalde Spätburgunder
18,50€ | 14,5%

● **2021** Cabernet Sauvignon
8€ | 12,5%

● **2016** Pinot Réserve Cuvée extra brut
22,50€ | 13%

● **2018** Pinot Cuvée brut
13,50€ | 12,5%

● **2020** Opal*S Muskateller
24€ | 9,5%

ADAM MÜLLER

Adam-Müller-Straße 1
69181 Leimen
T +49 (0) 6224 97100
www.weingut-adam-mueller.de

Matthias & Marcus Müller
Marcus Müller
Rebfläche 36 ha
Produktion 150.000 Flaschen
Gründung 1735
Verkaufszeiten Mo–Fr 8–18 Uhr
Sa 9–13 Uhr

Profil online

Eine Familientradition über neun Generationen mit der zehnten in der Ausbildung, das kommt auch an der Badischen Bergstraße nicht allzu häufig vor. Der Fokus der Brüder Matthias und Marcus Müller liegt auf den Burgundersorten von Auxerrois bis Spätburgunder, die besonders durch die von Buntsandstein und Granit geprägten Böden der Heidelberger Sonnenseite ob der Bruck spannende Weine ergeben.

○ **2018** Leimener Herrenberg Alte Reben Grauburgunder
14,95€ | 13%

○ **2019** Leimener Herrenberg Alte Reben Weißburgunder
9,95€ | 13%

○ **2021** Leimener Herrenberg Alte Reben Spätburgunder
10,50€ | 12,6%

○ **2021** Leimener Herrenberg Sauvignon Blanc Kabinett trocken
8,50€ | 12,5%

NÄGELSFÖRST

Aufsteiger

Nägelsförst 1
76534 Baden-Baden
T +49 (0) 7221 35550
www.naegelsfoerst.de

Michael Metz
Annette Bähr
Rebfläche 33 ha
Produktion 190.000 Flaschen
Gründung 1268
Verkaufszeiten Mo–Fr 10.30–18 Uhr
Sa 10–16 Uhr
So 12–16 Uhr
und nach Vereinbarung

Profil online

Wer das Weingut Nägelsförst besucht, kommt schon ob der grandiosen Lage oberhalb von Baden-Baden schnell ins Träumen. An steilen Hängen werden in den Lagen Engelsfelsen, Klosterbergfelsen, Stich den Buben und Mauerberg vor allem feine Rieslinge und Burgunder erzeugt. Die Voraussetzungen dafür sind durch viel Sonne, kühle Nächte und Porphyr-, Granit- und Gneisverwitterungsböden bestens. Das Angebot des Betriebes wird abgerundet durch Sauvignon Blanc, Gewürztraminer und einige Cuvées und Sekte.

○ **2019** Baden-Baden Kosterbergfelsen Steilflug Riesling
19,90€ | 13%

○ **2019** Neuweier Mauerberg Mauerheld Riesling
19,90€ | 12,5%

○ **2020** Klosterbergfelsen Steilflug Riesling
19,90€ | 13%

○ **2020** Tautänzer Weißburgunder
9,90€ | 13,5%

○ **2021** Flugkünstler Sauvignon Blanc
10,90€ | 12,5%

○ **2021** Qvinum Weißburgunder
10,90€ | 12,5%

○ **2021** Steinwurf Riesling
13,90€ | 13%

● **2018** Baden-Baden Klosterbergfelsen Herzdame Pinot Noir
34,90€ | 13,5%

● **2018** Engelsstaub Pinot Noir
34,90€ | 13,5%

SCHLOSS NEUWEIER

Mauerbergstraße, 21
76534 Baden-Baden
T +49 (0) 7223 96670
www.weingut-schloss-neuweier.de

Robert Schätzle
Verbände VDP
Rebfläche 18 ha
Produktion 100.000 Flaschen
Gründung 1549
Verkaufszeiten Mo–Fr 9–12 Uhr und 13–18 Uhr
Sa und So 10–15 Uhr

Profil online

Die Neuweirer Top-Lagen Schlossberg, Goldenes Loch und der Mauerberg bilden hervorragende Voraussetzungen für große Weine. Besonders der Riesling fühlt sich an den steilen Hängen sehr wohl. Robert Schätzle, dem charismatischen Inhaber – zusammen mit seinen Eltern Klaus und Eugenia – und Önologen gelingt es Jahr für Jahr, dass die enorme Güte und Individualität der Lagen in den Rieslingen deutlich spürbar wird. Aber auch die Weiß-, Grau- und Spätburgunder sowie der Chardonnay aus dem Weingut sind regelmäßig ein ganz großer Genuss. Der schöne Innenhof bietet bis zu 120 Gästen Platz und wartet mit einer klugen Auswahl an kulinarischer Begleitmusik auf.

○ **2018** Goldenes Loch Riesling
34,50€ | 13%

○ **2018** Neuweierer Mauerberg Riesling 1. Lage
17,30€ | 13,5%

○ **2018** Neuweierer Schlossberg Riesling 1. Lage
17,30€ | 12,5%

○ **2019** Neuweierer Alte Reben Riesling
12,90€ | 12%

○ **2019** RS Riesling
13,60€ | 13%

○ **2020** Alte Reben Riesling
13,60€ | 13%

○ **2020** RS Riesling
13,60€ | 12,5%

○ **2020** Riesling
9,90€ | 13%

● **2018** Neuweierer R Pinot Noir
13,90€ | 13%

● **2019** R Pinot Noir
15,60€ | 13%

● **2020** Pinot Noir
9,50€ | 11,5%

● **2018** Neuweierer Mauerberg Rieslaner Trockenbeerenauslese
k. A. | 7%

● **2018** Neuweierer Mauerberg Riesling Trockenbeerenauslese
k. A. | 11%

trinkreif

○ **2013** Goldenes Loch Riesling GG
29,50€ | 12%

○ **2014** Neuweierer Mauerberg Mauerwein Riesling GG
37,50€ | 12%

○ **2016** Mauerberg Mauerwein Riesling GG
32,50€ | 12,5%

○ **2017** Neuweierer Mauerberg Mauerwein Riesling GG
32,50€ | 12,5%

○ **2017** Mauerwein Riesling
30,50€ | 12,5%

● **2015** Heiligenstein Pinot Noir 1. Lage
48€ | 13%

● **2015** Neuweierer Heiligenstein Late Release Pinot Noir 1. Lage
k. A. | 13%

● **2015** Neuweirer BB Best Barrel Pinot Noir
k. A. | 13%

● **2015** Réserve Pinot Noir
k. A. | 13%

● **2016** Neuweierer Heiligenstein Late Release Pinot Noir 1. Lage
49,50€ | 13%

● **2015** Mauerwein Riesling Beerenauslese
75€ | 9,5%

SVEN NIEGER

Aufsteiger

Gartenstraße 21
76534 Baden-Baden
T +49 (0) 7223 2837 795
www.sven-nieger.com

Sven Nieger
Rebfläche 15 ha
Gründung 2013
Verkaufszeiten Mo–Do 15–18 Uhr
Fr 14–18 Uhr
Sa 11–17 Uhr

Profil online

Wer im hart umkämpften Weinmarkt als Neuling schnell Erfolg haben möchte, sollte auffallen. Sven Nieger ist dies seit der Weingutsgründung 2013 sicherlich gelungen. Dazu hat er sich den „Spirit des erfolgreichen Underdogs" zugelegt. Er will anders sein, Ecken und Kanten zeigen und so sollen auch seine Weine wirken. Es spornt ihn an, einen unkonventionellen Weg zu gehen. Sven Nieger will ungezähmt und wild rüberkommen. Er selbst und alle seine Tropfen sollen Unikate sein.

○ **2019** Noah Riesling
25€ | 13,5%

○ **2019** Riesling
25€ | 13%

○ **2019** Seven Riesling
65€ | 13%

○ **2019** Seven Weißburgunder
65€ | 14%

○ **2019** Unbestechlich Riesling
25€ | 13%

○ **2019** Underdog Riesling
16,90€ | 12,5%

○ **2019** Ungezähmt Riesling
28,50€ | 13%

○ **2020** Ufo Gewürztraminer
16,90€ | 14,5%

● **2020** Pinot Noir
16,90€ | 13%

trinkreif

○ **2017** Seven Riesling
65€ | 12,5%

○ **2017** Unbestechlich Riesling
25€ | 12,5%

○ **2017** Ungezähmt Riesling
25€ | 12,5%

WEINGUT NOLL

Neu

Kirchstraße 20a
79426 Buggingen
T +49 (0) 7634 2739
www.weingut-noll.com

Helmut Noll
Verbände Badischer Weinbauverband, Generation Pinot
Rebfläche 4 ha
Produktion 30.000 Flaschen
Gründung 1987
Verkaufszeiten Mo–Fr 15–18.30 Uhr
Sa 9–14 Uhr

Profil online

Das generationsübergreifende Duo aus Winzermeister Hartmut Noll und seinem Sohn Fabian, studierter Önologe und Weinbauer, widmet sich dem An- und Ausbau eines breiten Rebsortenspektrums. Gerade in Hinblick auf die klassischen Burgundersorten, Gutedel und Muskateller in den drei Kategorien Basis, Premium und Top packen die beiden gemeinsam an, um Weine in bestmöglicher Qualität abfüllen zu können.

○ **2020** Seefelder Maltesergarten Réserve Chardonnay
16,90€ | 14%

○ **2020** Seefelder Maltesergarten Réserve Grauburgunder
14,90€ | 14%

○ **2021** Seefelder Maltesergarten Blanc de Noirs Spätburgunder
8,90€ | 13%

○ **2021** Seefelder Maltesergarten Cuvée
9,90€ | 13%

● **2018** Seefelder Maltesergarten Réserve Spätburgunder
14,90€ | 15%

OBERKIRCHER WINZER

Aufsteiger

Renchener Straße 42
77704 Oberkirch
T +49 (0) 7802 92580
www.oberkircher-winzer.de

Mitglieder
Markus Ell
Martin Bäuerle
Rebfläche 485 ha
Produktion 4.000.000 Flaschen
Gründung 1951
Verkaufszeiten Mo–Fr 9–17.30 Uhr
Sa 9–13 Uhr

Profil online

Auf stolze 485 Hektar Ertragsrebfläche hat es die knapp 550 Mitglieder umfassende Genossenschaft seit ihrer Gründung im Jahr 1951 bereits gebracht, unter anderem durch den Zusammenschluss mit dem Winzerkeller Hex vom Dasenstein im Jahr 2018. Aus den Trauben vinifiziert Kellermeister Martin Bäuerle ein breites Spektrum vom spritzigen Alltagswein bis hoch ins Premiumsegment.

○ **2015** Collection Royal Réserve Riesling Spätlese trocken
14,90€ | 12,5%

○ **2019** Alte Reben Riesling Spätlese trocken
10,60€ | 13,5%

○ **2019** Vinum Nobile Chardonnay
10,50€ | 14%

● **2014** Collection Royal Spätburgunder
19,90€ | 13%

● **2018** Collection Royal Spätburgunder
19,90€ | 14%

KAISERSTÜHLER WINZERVEREIN OBERROTWEIL

Aufsteiger

Bahnhofstraße 31
79235 Vogtsburg im Kaiserstuhl
T +49 (0) 7662 93200
www.winzerverein-oberrotweil.de

Jonathan Schäfer
Jochen Glyckherr
Rebfläche 420 ha
Produktion 4.000.000 Flaschen
Gründung 1935
Verkaufszeiten Mo–Fr 9–15 Uhr
Sa 9–13 Uhr

Profil online

In Oberrotweil am südwestlichen Kaiserstuhl bauen 120 Winzerfamilien hauptsächlich Burgundersorten an. Auf den Vulkanverwitterungsböden des Henkenbergs gedeiht Spätburgunder, auf Löss- und Lehmböden des Käslebergs Müller-Thurgau, weiße Burgundersorten, Silvaner und Gewürztraminer. Der Kaiserstühler Winzerverein Oberrotweil wurde 1935 gegründet. Erster Kellermeister ist Jochen Glyckherr.

2020 Oberrotweiler Pino Magma Cuvée
8,70€ | 13,3%

2021 Oberrotweiler Käsleberg Grauburgunder Spätlese trocken
8,80€ | 13%

2021 Oberrotweiler Käsleberg Weißburgunder Kabinett trocken
6,40€ | 12%

2018 Spätburgunder
15,05€ | 13,9%

2020 Oberrotweiler Muskateller extra trocken
13,70€ | 12,4%

SCHLOSS ORTENBERG

Am Sankt Andreas 1
77799 Ortenberg
T +49 (0) 7819 3430
www.wso-wein.de

Thomas Althoff
Matthias Wolf
Hanspeter Rieflin
Verbände Klingelberger 1782, Verein der europäischen Stiftungsweingüter
Rebfläche 45 ha
Produktion 300.000 Flaschen
Gründung 1407
Verkaufszeiten Mo–Fr 8–12 Uhr und 13–17 Uhr
Sa 9–12 Uhr

Profil online

Als der bekannte Hotelier Thomas Althoff 2021 das Weingut Schloss Ortenberg als Pächter übernahm, kündigte er an, den Betrieb in eine neue Ära zu führen. Unter der Regie von Geschäftsführer Matthias Wolf und Kellermeister Hanspeter Rieflin wird dies nun Schritt für Schritt umgesetzt. Erste Neuerung: 2022 wird die Premiummarke St. Andreas am Markt eingeführt.

2018 Ortenberger Schlossberg Riesling
18€ | 12,5%

2019 Réserve Chardonnay
15€ | 14%

2020 Alte Reben Chardonnay
12€ | 13,5%

2020 Alte Reben Grauburgunder
12€ | 13,5%

2020 Cuvée Sauvignon Blanc et Gris
14€ | 13,5%

2020 Granit Cuvée
9,50€ | 13%

2020 Klingelberger 1782 Riesling
15€ | 12%

2020 Ortenberger Schlossberg Riesling
19,90€ | 13%

2020 Réserve Chardonnay
15€ | 14%

2020 Réserve Grauburgunder
15€ | 13,5%

2021 Andreasberg St. Andreas Weißburgunder 1. Lage
14€ | 12,7%

2021 Collection Sauvignon Blanc & Sauvignon Gris
14,50€ | 13%

○ **2021** Im Geislesbrunnen St. Andreas Riesling „GG"
25€ | 12%

○ **2021** In der Steingrube St. Andreas Weißburgunder „GG"
25€ | 12,8%

○ **2021** Schlossberg St. Andreas Riesling „GG"
25€ | 12%

● **2018** Ortenberger Schlossberg Spätburgunder
19,50€ | 13,8%

● **2019** Furore Cuvée
15€ | 13,5%

● **2019** Ortenberger Schlossberg Spätburgunder
24€ | 13,5%

● **2019** Réserve Althoff Collection Spätburgunder
13€ | 13,5%

● **2020** Schlossberg St. Andreas Spätburgunder „GG"
30€ | 14%

● **2020** Muskateller extra trocken
13€ | 12,5%

● **2020** Pinot Cuvée brut
13€ | 12,3%

● **2018** Spätburgunder Beerenauslese
28€ | 12%

trinkreif

● **2017** Ortenberger Schlossberg Spätburgunder
19,50€ | 13%

PIEPER BASLER

Weierbächle 1&3
77654 Offenburg
T +49 (0) 160 9686 3544
www.pieperbasler.de

Kirsten Pieper & Jochen Basler
Jochen Basler
Rebfläche 5 ha
Produktion 32.000 Flaschen
Gründung 2016
Verkaufszeiten nach Vereinbarung

Profil online

Plaisir, Saveur und Idée heißen die kreativen Weinlinien von Jochen Basler und Kirsten Pieper. Auch abseits davon beweisen die beiden einen aus der Not geborenen Ideenreichtum. Da sie nicht über die nötigen Kellerkapazitäten verfügen, werden die Trauben nach der Lese in einem möglichst kurzen Zeitraum in den Keller von Master of Wine Jürgen von der Mark geschafft, in dem der weitere Ausbau stattfindet.

○ **2019** Saveur Chardonnay
14€ | 14%

○ **2020** Idée Viognier
25€ | 14,5%

○ **2020** Nature Riesling
16€ | 12%

● **2021** Plaisir Spätburgunder
7,50€ | 11,5%

WEINGUT PIX

Eisenbahnstraße 19
79241 Ihringen
T +49 (0) 7668 879
www.weingut-pix.de

Hannes Pix
Verbände Demeter
Rebfläche 7,5 ha
Produktion 50.000 Flaschen
Gründung 1984
Verkaufszeiten März–Okt.
Di–Fr 17–19 Uhr
Sa 11–14 Uhr
und nach Vereinbarung
Nov.–Feb.
nach Vereinbarung

Profil online

Reinhold Pix, Landtagsabgeordneter der Grünen, hat schon früh erkannt, wie wertvoll ein die Natur schonender Weinbau für die Weinqualität sein kann. Sein Sohn Hannes hat diese Einstellung vom Vater übernommen und konsequent weiterentwickelt. Er ist sogar davon überzeugt, dass nur mit Bio wirklich große Weine entstehen können. Im Keller lehnt er selbstredend Kaltgärhefen, Eichenholz-Chips und Schönungen ab. Ein Ziel hat er damit auf jeden Fall erreicht: Seine Weine wirken komplex und vielschichtig.

○ **2017** Titus Grauburgunder
24,50€ | 14%
○ **2020** Chardonnay
12€ | 13,5%
○ **2020** Gutswein Grauburgunder
9,50€ | 12%
○ **2020** Lotta Chardonnay
18€ | 13,5%
○ **2021** Silvaner
8,50€ | 13%
● **2017** Selektion Pix Spätburgunder
15€ | 13,5%
● **2018** Gutswein Lemberger
9€ | 13%
● **2018** Gutswein Spätburgunder
15€ | 15%
● Kamikaze Cabernet Carol
18€ | 15%
● **2021** Kamikätzchen Cabernet Carol
8,50€ | 11,5%
● **2019** PinotPix Chardonnay brut
14€ | 12,5%
● **2019** PinotPix Cuvée
14€ | 12,5%
● **2020** PinotPix Cuvée brut
14,50€ | 12,5%

WEINGUT PLAG

Aufsteiger

Leibergerweg 1
75057 Kürnbach
T +49 (0) 7258 234
www.weingut-plag.de

Philipp Plag
Verbände Weisse Burgunder Charta
Rebfläche 14 ha
Produktion 100.000 Flaschen
Gründung 1982
Verkaufszeiten Mi und Fr 14–18 Uhr
Sa 9–12 Uhr und 13–16 Uhr

Profil online

Albert Plag gehörte zu den Weinbaupionieren im Kraichgau und legte den Grundstein für das Weingut, das Philipp Plag seit 2013 in vierter Generation leitet. Der studierte Weinbautechniker bringt Erfahrungen aus Australien mit. Rotweine machen zwei Drittel des Sortiments aus – vor allem Schwarzriesling, für den Kürnbach bekannt ist. Plag ist zudem Lemberger-Fan. Zum Weingut gehört eine Weinstube.

○ **2020** Lerchenberg Premium S Grauburgunder
10,50€ | 13,5%

○ **2021** Leibergsgrube Excellance Chardonnay
16,50€ | 13%

○ **2021** Leibergsgrube Premium S Cuvée
10,50€ | 13%

● **2018** Leiberg Premium S Merlot
19€ | 14%

● **2018** Leiberg Réserve Lemberger
29,50€ | 14,3%

● **2019** Leiberg Excellance Pinot Noir
18,50€ | 13,5%

● **2019** Leiberg Excellance Syrah
21,50€ | 14,5%

● **2019** Leiberg PP Excellance Cuvée
24€ | 14%

● **2019** Lerchenberg Red Premium S Cuvée
15,50€ | 14%

● **2020** Leiberg Excellance Lemberger
21,50€ | 14%

● **2020** Leibergsgrube Premium S Schwarzriesling
13,50€ | 13,5%

WEINGUT BURG RAVENSBURG

75056 Sulzfeld
T +49 (0) 7259 91120
www.weingut-burg-ravensburg.de

Weingüter Heitlinger & Burg Ravensburg, Heinz Heiler
Claus Burmeister
Daniel Rupp
Verbände VDP, Weisse Burgunder Charta
Rebfläche 38 ha
Produktion 300.000 Flaschen
Gründung 1251
Verkaufszeiten Vinothek Heitlinger Genusswelten
Di–So 11–18 Uhr

Profil online

„Wein soll die Magie eines Ortes an den Gaumen tragen", sagt Claus Burmeister, der sowohl die Geschicke des Weinguts Heitlinger als auch die des Weinguts Burg Ravensburg lenkt. Mit viel Engagement und Herzblut setzt er zusammen mit seinem jungen Team dieses Vorhaben in die Tat um. Die mineralstoffreichen Böden der historischen Einzellagen Husarenkappe, Kapellenberg, Löchle und Dicker Franz bieten beste Voraussetzungen für ausdrucksstarke Weine. Burmeister strebt ständig nach Verbesserungen, was beiden Betrieben zugutekommt.

○ **2018** Eichelberger Kapellenberg Riesling GG
28€ | 13%

○ **2018** Sulzfelder Husarenkappe Riesling GG
35€ | 13%

○ **2018** Sulzfelder Löchle Grauburgunder GG
28€ | 13%

○ **2018** Sulzfelder Löchle Weißburgunder GG
28€ | 13%

○ **2019** Husarenkappe Riesling GG
45€ | 13%

○ **2019** Kapellenberg Riesling GG
30€ | 13%

○ **2019** Löchle Grauburgunder GG
30€ | 13,5%

○ **2019** Löchle Weißburgunder GG
32€ | 13%

○ **2019** Sulzfelder Lerchenberg Riesling 1. Lage
15€ | 12,5%

○ **2021** Sulzfeld Riesling
11€ | 12%

○ **2021** Sulzfeld Weißburgunder
11€ | 12,5%

○ **2021** Sulzfelder Lerchenberg Riesling 1. Lage
18€ | 12%

● **2017** Dicker Franz Blaufränkisch GG
35€ | 13,5%

● **2017** Sulzfelder Lerchenberg Blaufränkisch 1. Lage
18€ | 13%

● **2017** Rabanus Riesling brut
19,50€ | 11,5%

trinkreif

○ **2011** Husarenkappe Jubiläumswein 770 Jahre Riesling
47€ | 12,5%

○ **2017** Husarenkappe Riesling GG
35€ | 12,5%

○ **2017** Kapellenberg Riesling GG
28€ | 13%

○ **2017** Löchle Grauburgunder GG
28€ | 13,5%

○ **2017** Löchle Weißburgunder GG
28€ | 13%

● **2011** Dicker Franz Jubiläumswein 770 Jahre Blaufränkisch
42€ | 13,5%

● **2014** Dicker Franz Blaufränkisch GG
28€ | 13,5%

● **2015** Sulzfelder Dicker Franz Blaufränkisch GG
28€ | 13,5%

● **2016** Löchle Pinot Noir GG
28€ | 13%

● **2016** Sulzfelder Dicker Franz Blaufränkisch GG
28€ | 13%

● **2017** Löchle Pinot Noir GG
35€ | 13%

● **2017** Sulzfelder Löchle Pinot Noir GG
28€ | 12,5%

WEINGUT REBHOLZ

Bergstraße 1
78315 Radolfzell am Bodensee
T +49 (0) 151 1273 1770
www.rebholz-wein.de

Hans Rebholz
Rebfläche 7 ha
Produktion 45.000 Flaschen
Gründung 2002
Verkaufszeiten Mo–Fr 17–20 Uhr
Sa 9–14 Uhr

Profil online

Das „Flickenteppichweingut" von Hans Rebholz wird 20 Jahre alt. Darunter, dass er sich sein Weingut erst durch das langwierige Unterfangen, mit 30 Grundeigentümern Pachtverträge auszuhandeln, in gewisser Weise zusammenpuzzeln musste, sollten die Weine nicht leicen. Ganze sieben Hektar bewirtschaftet er inzwischen, auf denen neben den Burgundersorten auch der bodenseetypische Müller-Thurgau wächst.

○ **2020** Bohlinger vom Vulkan Weißburgunder
14,50€ | 12,5%

○ **2021** Bohlinger Grauburgunder
10,50€ | 13,5%

○ **2021** Gaienhofer Müller-Thurgau
8,50€ | 12,5%

● **2018** Bohlinger Selektion R Spätburgunder
22€ | 13,5%

● **2020** Crémant Müller-Thurgau
16€ | 12%

SCHLOSS RHEINBURG KELLER & MOSER

Neu

Rheinburg 1
78262 Gailingen am Hochrhein
T +49 (0) 7734 3140 787
www.schloss-rheinburg-weine.de

Lorenz Keller
Rebfläche 9 ha
Produktion 80.000 Flaschen
Gründung 2020
Verkaufszeiten Fr 15–19 Uhr
Sa 10–16 Uhr

Profil online

2021 Pinot Noir
9,50€ | 12,5%

WEINGUT RIEGER

Aufsteiger

Noblingstraße 13b
79426 Buggingen
T +49 (0) 7634 2013
www.weingutrieger.de

Philipp Rieger
Markus Brauchle
Verbände Ecovin, Demeter
Rebfläche 25 ha
Produktion 200.000 Flaschen
Verkaufszeiten Mo–Fr 10–12 Uhr
und 14–18 Uhr
Sa 10–15 Uhr

Profil online

Seit 2013 führt Philipp Rieger das Weingut seiner Eltern, die ihren Landwirtschaftsbetrieb Mitte der 1980er-Jahre auf die Produktion und Vermarktung von Wein spezialisierten. Im Keller bekommt der Familienbetrieb Unterstützung von außen: Kellermeister Markus Brauchle kümmert sich um die Vinifikation der nach Demeter-Kriterien angebauten Trauben. Deren Varianz ist hoch: Gutedel in verschiedenen Ausbauarten, u. a. als Chasselas aus dem Holzfass, trifft auf Muskateller, Burgunder, Merlot und Cabernet Sauvignon. Auch Alkoholfreies wird angeboten.

2019 SR Alte Reben Grauburgunder
16,50€ | 13%

2020 Laufener Altenberg Chasselas SR Alte Reben Gutedel 1. Lage
16,50€ | 12%

2020 Muskateller
10,50€ | 11%

2020 Obere Steinig Chasselas Steinig Gutedel
10,50€ | 12%

2020 Staufener Schlossberg Grauburgunder
32€ | 14%

2021 Grauburgunder
10,50€ | 12,5%

2021 Roter Gutedel
7,50€ | 11%

2021 Weißburgunder
10,50€ | 12,5%

2021 Weißer Gutedel
7,50€ | 11,5

● **2018** Obere Steinig SR Alte Reben
Spätburgunder 1. Lage
18€ | 14%

● **2018** Padaperc Merlot 1. Lage
22€ | 14%

● **2020** Spätburgunder
11,50€ | 14,5%

● **2020** Staufener Schlossberg
Pinot Noir
45€ | 14%

WEINGUT RÖSCHARD

Aufsteiger

Breslauer Straße 75
79576 Weil am Rhein
T +49 (0) 7621 74000
www.weingut-roeschard.com

Gerd Röschard
Werner Röschard
Ralf Röschard
Verbände Verein Markgräfler Weingüter, Generation Pinot
Rebfläche 8,5 ha
Produktion 45.000 Flaschen
Gründung 2003
Verkaufszeiten Mo–Fr 8–13 Uhr
und 17–19 Uhr
Sa 8–13 Uhr

Profil online

Naturnahes Arbeiten, Ertragsreduktion, Handlese und Verzicht auf mechanisches Pumpen bilden die Säulen der Weinbauphilosophie von Gerd, Werner und Ralf Röschard sowie dem Önologen Carsten Heinemeyer. Gemeinsam widmen sie sich in nunmehr vierter Generation der Produktion hochwertiger Weine. Ihre nach Südwesten ausgerichteten Steillagenparzellen im Weiler Schlipf sind der große Stolz der Weinmacher.

○ **2019** Chardonnay
Spätlese 1. Lage trocken
12,50€ | 13%

○ **2019** Chardonnay
Spätlese trocken
12,50€ | 13%

○ **2020** Gutedel Kabinett trocken
5,50€ | 12,5%

○ **2020** SR Grauburgunder
Spätlese trocken
14,50€ | 13%

○ **2020** SR Weißburgunder
Spätlese 1. Lage trocken
13,50€ | 13%

○ **2020** Weißburgunder
Kabinett trocken
7,50€ | 12,5%

- **2018** Pinot Noir Kabinett trocken
  7€ | 13%
- **2019** SR Pinot Noir
  Spätlese 1. Lage trocken
  15,50€ | 13,5%
- **2020** Großes Fass Pinot Noir
  Spätlese trocken
  9,50€ | 13%
- **2020** Pinot Noir Kabinett trocken
  6,50€ | 12,5%

trinkreif

- **2016** Südwest Spätburgunder
  SR Pinot Noir Spätlese trocken
  15,50€ | 13,5%

Aufsteiger

ROTER BUR GLOTTERTÄLER WINZER

Winzerstraße 2
79286 Glottertal
T +49 (0) 7684 91091
www.roter-bur.de

Udo Opel
Norbert Faller
Rebfläche 62 ha
Produktion 500.000 Flaschen
Gründung 1951
Verkaufszeiten Mo–Fr 8–12.30
und 13.30–18 Uhr
Sa 9–13 Uhr
So 10–12 Uhr

Profil online

Dass die Genossenschaft zu den kleinsten in ganz Baden gehört, ist für Betriebsleiter Udo Opel kein Negativum, im Gegenteil: „Klein, aber fein und mit Leidenschaft geführt." Knapp 100 Winzer liefern die Trauben, die teils aus Steillagen mit bis zu 70 Grad Neigung per Hand gelesen wurden. Pinot Noir und weiße Burgundersorten stehen im Fokus der Glottertäler und ihres Kellermeisters Norbert Faller.

- **2018** Glottertäler Eichberg Barrique
  Grauburgunder
  14,90€ | 14,5%
- **2020** Glottertäler Eichberg Barrique
  Chardonnay
  15,90€ | 14,3%
- **2021** Glottertäler Eichberg
  Grauburgunder Kabinett trocken
  6,50€ | 12,6%
- **2021** Glottertäler Eichberg
  Weißburgunder Kabinett trocken
  6,50€ | 12,2%
- **2017** Glottertäler Eichberg Barrique
  Spätburgunder
  14,90€ | 13,7%
- **2017** Glottertäler Eichberg Réserve
  Spätburgunder
  29,90€ | 14,7%
- **2019** Glottertäler Eichberg Cuvée
  12,50€ | 13,8%
- **2019** Glottertäler Roter Bur
  Spätburgunder Spätlese trocken
  9,50€ | 13%
- **2021** Eichberg Spätburgunder
  6,50€ | 12,5%

- **2021** Eichberg Spätburgunder Kabinett
  6,50€ | 11%
- **2021** Glottertäler Eichberg Spätburgunder
  6,30€ | 12,7%
- **2019** Pinot Spätburgunder brut
  9,50€ | 12%
- **2019** Spätburgunder Rosé brut
  9€ | 12,5%

trinkreif

- **2017** Glottertäler Eichberg Alte Rebe Spätburgunder
  15,90€ | 13,8%
- **2015** Glottertäler Eichberg Réserve Spätburgunder
  28,90€ | 13,5%

WEINGUT SALWEY

Hauptstraße 2
79235 Vogtsburg im Kaiserstuhl
T +49 (0) 7662 384
www.salwey.de

Konrad Salwey
Konrad Salwey & Moritz Görg
Verbände VDP
Rebfläche 23 ha
Produktion 150.000 Flaschen
Verkaufszeiten März–Dez.
Mo–Fr 14–18 Uhr
Jan.–Feb.
Mo–Fr 14–17 Uhr
Sa 11–17 Uhr
und nach Vereinbarung

Profil online

Die großen Toplagen Henkenberg, Eichberg und Kirchberg rund um Oberrotweil im Kaiserstuhl sind der ganze Stolz von Winzer Konrad Salwey. In ihnen gedeihen die besten Burgundertrauben für seine Großen Gewächse und „Réserve Salwey"-Weine. Ganz nach dem Motto „Immer trocken. Immer Burgunder" werden diese vollständig durchgegoren und kommen mit niedrigem Alkoholgehalt auf die Flasche. Konrad Salweys Einstieg in das Weingut seines zu früh verstorbenen Vaters Wolf-Dietrich jährt sich 2022 zum zwanzigsten Mal. Nach wie vor versteht er sich darauf, mit stets nach vorn gewandtem Blick in nunmehr dritter Generation die Traditionen des Familienbetriebs fortzuführen und doch immer wieder etwas Neues zu wagen.

- **2019** Kirchberg Weißburgunder GG
  50€ | 13%
- **2019** Oberrotweil Weißburgunder
  18€ | 13,5%
- **2021** Weißburgunder
  10€ | 12,5%
- **2018** Eichberg Spätburgunder GG
  45€ | 14%
- **2018** Henkenberg Spätburgunder GG
  35€ | 14%
- **2018** Kirchberg Spätburgunder GG
  55€ | 14%
- **2018** Oberrotweiler Eichberg Spätburgunder GG
  45€ | 13,5%
- **2018** Oberrotweiler Kirchberg Spätburgunder GG
  55€ | 13,5%
- **2018** Oberrotweiler RS Spätburgunder
  19€ | 13,5%

● **2019** Eichberg Spätburgunder GG
50€ | 14%

● **2019** Henkenberg Spätburgunder GG
37,50€ | 13,5%

● **2019** Kirchberg Spätburgunder GG
60€ | 13,5%

● **2019** Oberrotweil Spätburgunder
20€ | 14%

● **2020** Spätburgunder
10,50€ | 13,5%

● **2020** Spätburgunder Kabinett trocken
8,50€ | 11,5%

trinkreif

○ **2016** Eichberg Grauburgunder GG
35€ | 12,5%

○ **2016** Henkenberg Grauburgunder GG
29€ | 12,5%

○ **2016** Henkenberg Weißburgunder GG
29€ | 12,5%

○ **2016** Kirchberg Weißburgunder GG
39€ | 12,5%

○ **2017** Oberrotweiler Eichberg Grauburgunder GG
35€ | 13%

○ **2017** Oberrotweiler Henkenberg Grauburgunder GG
29€ | 13%

○ **2017** Oberrotweiler Kirchberg Weißburgunder GG
39€ | 12,5%

● **2016** Eichberg Spätburgunder GG
45€ | 13%

● **2016** Henkenberg Spätburgunder GG
29€ | 13%

● **2017** Eichberg Spätburgunder GG
1€ | 13%

● **2017** Henkenberg Spätburgunder GG
1€ | 13%

GREGOR & THOMAS SCHÄTZLE

Heinrich-Kling-Straße 38
79235 Vogtsburg im Kaiserstuhl
T +49 (0) 7662 94610
www.weingutschaetzle.de

Thomas & Franziska Schätzle
Franziska Schätzle
Martin Schmidt
Verbände Vinissima
Rebfläche 15 ha
Produktion 90.000 Flaschen
Gründung 1982
Verkaufszeiten Mo–Fr 8–12 Uhr und 13.30–18 Uhr
Sa 8–16 Uhr
So und Feiertag nach Vereinbarung

Profil online

Die familiäre Prägung von Franziska und Thomas Schätzle ist nicht zu übersehen. Im generationsübergreifenden Betrieb arbeiten alle gemeinsam daran mit, die eigenen Weine immer weiter an die deutsche Spitze zu erheben. So ist es auch wenig verwunderlich, dass sich die Schätzles gerade den Sorten der Burgunderfamilie widmen: Chardonnay, Spät- und Grauburgunder haben es ihnen dabei besonders angetan. Der naturnahe Umgang mit Rebe und Most spielt dabei eine wichtige Rolle.

○ **2018** Schelinger Kirchberg Réserve Chardonnay
28€ | 14%

○ **2018** Schelinger Kirchberg Réserve Grauburgunder
24€ | 14%

○ **2020** Schatz vom Vulkan Gewürztraminer 1. Lage
15€ | 13,5%

trinkreif

● **2017** Schelinger Kirchberg Réserve Spätburgunder
45€ | 13,5%

WEINGUT SCHLÖR

Martin-Schlör-Straße 22
97877 Wertheim
T +49 (0) 9342 4976
www.weingut-schloer.de

Konrad Schlör
Verbände VDP
Rebfläche 6 ha
Produktion 25.000 Flaschen
Gründung 1983
Verkaufszeiten nach Vereinbarung

Profil online

„Auf die Menge kommt es nicht an, allein die Qualität ist das entscheidende Kriterium", sagt Konrad Schlör, der im badischen Taubertal mit viel Akribie seit Jahren Spitzenweine erzeugt. Gerade in trockenen und heißen Sommern wie 2018 oder 2022 ist man in Norden Badens froh, dass die Temperaturen dort etwas erträglicher sind. Dieses „Cool Climate" kommt auch den Rebstöcken und später den Weinen zugute. Aushängeschilder des Betriebes sind die Lage Reicholzheimer First sowie die daraus stammenden Spätburgunder und Schwarzrieslinge.

○ **2019** Reicholzheimer Oberer First Weißburgunder GG
22€ | 13,5%

○ **2021** Reicholzheim Müller-Thurgau
7,50€ | 11,5%

○ **2021** Reicholzheim Riesling
8,50€ | 12%

○ **2021** Reicholzheim Weißburgunder
8,50€ | 12,5%

● **2018** Fyerst 1476 Schwarzriesling
65€ | 14,5%

● **2018** Reicholzheimer First Schwarzriesling 1. Lage
25€ | 14%

● **2018** Reicholzheimer First Spätburgunder 1. Lage
25€ | 13,5%

● **2018** Reicholzheimer Oberer First Spätburgunder GG
35€ | 13,5%

● **2019** Reicholzheimer First R Schwarzriesling 1. Lage
25€ | 13,5%

● **2019** Reicholzheimer First R Spätburgunder 1. Lage
25€ | 14%

● **2019** Reicholzheimer Oberer First Spätburgunder GG
35€ | 14%

● **2017** Cuvée Pinot brut
17€ | 12,5%

trinkreif

● **2016** Reicholzheimer First Fyerst 1476 Schwarzriesling 1. Lage
65€ | 13,5%

● **2017** Reicholzheimer First Schwarzriesling Fyerst 1476
65€ | 13,5%

● **2017** Reicholzheimer First Spätburgunder 1. Lage
25€ | 13,5%

● **2017** Reicholzheimer Oberer First Spätburgunder GG
35€ | 13,5%

PRIVAT-WEINGUT SCHLUMBERGER-BERNHART

Aufsteiger

Weinstraße 19
79295 Sulzburg
T +49 (0) 7634 8992
www.schlumbergerwein.de

Claudia Schlumberger-Bernhart & Ulrich Bernhart
Ulrich Bernhart
Ulrich Bernhart & Johanna Bernhart
Verbände VDP
Rebfläche 10 ha
Produktion 50.000 Flaschen
Gründung 1723
Verkaufszeiten Mo–Fr 10–12 Uhr
und 14–18 Uhr
Sa 10–14 Uhr
und nach Vereinbarung

Profil online

„Die Erzeugung von großen Weinen in kleinen Stückzahlen mit naturnaher Bewirtschaftung ist das Ziel unserer täglichen Arbeit", sagen Ulrich Bernhart und Claudia Schlumberger-Bernhart. Ihnen ist es wichtig, die meisten Arbeiten im Weinberg und im Keller selbst erledigen zu können, deshalb soll die Größe des Betriebes überschaubar bleiben. Die Weine präsentieren sich sehr puristisch, alle lässt Ulrich Bernhart durchgären. Auf 85 Prozent der Rebfläche wachsen Gutedel und Burgundersorten.

○ **2018** Laufener Wingerte Chardonnay GG
28€ | 13,5%

○ **2019** Wingerte Chardonnay GG
28€ | 13%

○ **2019** Wingerte Weißburgunder GG
22€ | 12,5%

○ **2020** Altenberg Kracher Gutedel
20€ | 12%

○ **2020** Altenberg Weißburgunder 1. Lage
14€ | 13,5%

○ **2020** gut.edel.natur.pur Gutedel
20€ | 11%

○ **2021** Gutedel
7,50€ | 11%

● **2018** Altenberg
Pinot Noir 1. Lage
20€ | 13%

● **2018** Laufener Weingarten Wingerte
Pinot Noir GG
33€ | 13%

● **2018** Spätburgunder
13€ | 13%

trinkreif

● **2017** Laufener Wingerte
Pinot Noir GG
30€ | 13%

SCHMIDT AM BODENSEE

Aufsteiger

Hattnau 62
88142 Wasserburg (Bodensee)
T +49 (0) 8382 9432 174
www.schmidt-am-bodensee.de

Familie Schmidt
Eugen Schmidt
Sebastian Schmidt
Rebfläche 13 ha
Produktion 60.000 Flaschen
Verkaufszeiten Mo–Sa 13.30–18 Uhr

Profil online

Liebe überwindet Weinbaugebiete. Aus dem Nahetal zog Eugen Schmidt der Liebe zu seiner Frau Margret wegen an den Bodensee. In dem generationsübergreifenden Familienbetrieb packen alle mit an: Sohn Sebastian, der bereits seit 2011 auf Augenhöhe mit dem Vater die weinbaulichen Prozesse leitet, ebenso wie dessen für das Geschäftliche zuständige Bruder Maximilian. Sebastians Frau Katrin kümmert sich um die hauseigene Gastronomie. Familie Schmidt legt Wert auf eine präzise, kühle Stilistik ihrer vorwiegend aus Burgundersorten gekelterten Weine.

2020 Grauburgunder
17€ | 13%

2020 Réserve Chardonnay
36€ | 12,5%

2020 Réserve Grauburgunder
36€ | 13%

2020 Sauvignon Blanc
17€ | 12,5%

2020 Weißburgunder
17€ | 13%

2021 Müller-Thurgau
11€ | 11,5%

2018 Réserve Spätburgunder
36€ | 13%

2019 Spätburgunder
17€ | 13%

2016 Chardonnay brut
23€ | 12,5%

Chardonnay brut
21€ | 12,5%

trinkreif

2017 Spätburgunder
27€ | 13,5%

ÖKOLOGISCHES WEINGUT SCHMIDT

Aufsteiger

Altweg 67
79356 Eichstetten
T +49 (0) 7663 3123
www.schmidt-weingut.de

Martin Schmidt
Richard Schmidt
Martin Schmidt
Verbände Ecovin
Rebfläche 10 ha
Produktion 65.000 Flaschen
Gründung 1987
Verkaufszeiten Verkauf im Weingut Kiefer (Bötzinger Straße 13)
Mo–Fr 8–12 Uhr und 13–17 Uhr
Sa 9–12 Uhr
und nach Vereinbarung

Profil online

Wer in den 1980ern ökologischen Weinbau in Deutschland betrieb, wurde belächelt. Heute gelten Waltraud und Richard Schmidt zurecht als Pioniere jener Philosophie, die wie kaum eine andere im Weinbereich an Anhängern zugelegt hat. Selbst über jüngste Dürreperioden ist man den Prinzipien treu geblieben und hat unter Leitung von Sohn Martin spannende Weine produziert – im Einklang mit der Natur.

2020 Lösskindl Souvignier Gris
15€ | 13%

2020 Scheurebe
11,50€ | 12,5%

2021 Grauburgunder
9,50€ | 12,5%

2021 Sauvignon Blanc
11,50€ | 12%

○ **2021** Weißburgunder
9,50€ | 12,5%
● **2019** Spätburgunder
9,50€ | 13%
● **2021** Spätburgunder
9€ | 12%

WEINGUT AM SCHLIPF – SCHNEIDER

Lörracher Straße 4
79576 Weil am Rhein
T +49 (0) 7621 72817
www.weingut-am-schlipf.de

Claus Schneider
Johannes & Christoph Schneider
Rebfläche 17 ha
Produktion 80.000 Flaschen
Gründung 1892
Verkaufszeiten Di–Fr 9–12 Uhr
und 14.30–18.30 Uhr
Sa 9–14 Uhr
und nach Vereinbarung

Profil online

Johannes und Christoph Schneider haben eine klare Philosophie: Ihre Weine sollen möglichst unverfälscht und kompromisslos zeigen, wo sie herkommen – von den von Kalkstein geprägten Lagen am Tüllinger Berg. In dem Weingut, das sie in der sechsten Generation bewirtschaften, haben sie sich bewusst dafür entschieden, die alten Methoden der Weinbereitung beizubehalten. Die Weine sollen ohne große äußere Eingriffe reifen. Bei den Rebsorten gibt es eine klare Konzentration auf Gutedel und die noble Burgunderfamilie.

○ **2018** Haltinger Stiege Gutedel
30€ | 11%
○ **2018** Le Blanc vom Kalkstein Cuvée
12,50€ | 13,5%
○ **2018** Weiler Schlipf Chardonnay „GG"
39€ | 13%
○ **2019** El fayoum Gutedel
22€ | 9,5%
○ **2019** Kilchmen Grauburgunder
24€ | 12,5%
○ **2019** Manyer Weißburgunder
24€ | 12,5%
○ **2020** La Boheme Gutedel
13,50€ | 10,5%
○ **2020** Schlipf Chardonnay „GG"
39€ | 12,5%
○ **2020** Vom Kalkstein Weißburgunder
11,50€ | 12,5%
● **2017** Weiler Spätburgunder
15,40€ | 12,5%
● **2018** Weiler Schlipf Spätburgunder „GG"
45€ | 13%
● **2019** Sonnhohle Ötlinger Spätburgunder
35€ | 13%

● **2019** Weiler Spätburgunder
19€ | 13%

● **2020** Kapf Spätburgunder „GG"
45€ | 13%

trinkreif

● **2015** Weiler Schlipf *** Pinot Noir „GG"
45€ | 13,5%

● **2017** Weiler Schlipf Spätburgunder
30€ | 12,5%

WEINGUT SCHNEIDER-PFEFFERLE

Aufsteiger

Kolpingstraße 7
79423 Heitersheim
T +49 (0) 7634 2836
www.weingut-schneider-pfefferle.de

Katharina & Mathias Pfefferle
Verbände Ecovin, Bad Weinbauverband
Rebfläche 8 ha
Produktion 25.000 Flaschen
Gründung 2001
Verkaufszeiten nach Vereinbarung

Profil online

Das Bio-Weingut von Katharina und Mathias Pfefferle ist auch abseits der Weinproduktion ein echter Publikumsliebling. Das „Schlafgut" lädt zum Ferienmachen ein, während man in der „Straussi" Klassiker der badischen Küche genießen kann – natürlich begleitet vom hauseigenen Wein. Dieser ist rein ökologisch angebaut, meist vegan und soll ein möglichst genauer Spiegel des Terroirs seiner Herkunft sein.

○ **2018** Heitersheimer Maltesergarten Steiwii Grauburgunder
16€ | 13,6%

○ **2018** Heitersheimer Sonnhohle Pur Weißburgunder
16€ | 13,5%

○ **2019** Heitersheimer Steiwii Chasselas Gutedel
14,50€ | 13%

○ **2019** Pur Grauburgunder
16€ | 12,4%

○ **2020** Heitersheimer Maltesergarten Sauvignon Blanc
15€ | 13,8%

○ **2020** Heitersheimer Maltesergarten Selektion Chardonnay
10,50€ | 13,5%

○ **2020** Heitersheimer Sonnhohle S Weißburgunder
12,50€ | 13,5%

○ **2020** Heitersheimer Maltesergarten Pur Gutedel
16€ | 12,6%

○ **2020** Weißburgunder
9,50€ | 13,5%

○ Heitersheimer Sonnhohle Cuvée Blanc Selektion Weißburgunder
12,50€ | 13,5%

● **2018** Heitersheimer Maltesergarten S Spätburgunder
16€ | 14,5%

● **2018** Heitersheimer Maltesergarten Selektion Merlot
16€ | 15%

● **2018** Blanc de noir Spätburgunder brut nature
16€ | 12,5%

● **2019** Blanc de Noir Spätburgunder brut
13,50€ | 12,5%

BETTINA SCHUMANN

Im Winkel 8
79346 Endingen
T +49 (0) 160 9214 6529
www.schumann-wein.com

Bettina Schumann
Rebfläche 6,5 ha
Produktion 60.000 Flaschen
Gründung 2015
Verkaufszeiten April–Sept. Fr, Sa 14–18 Uhr

Profil online

Bettina Schumann und Melanie Panitzke haben ihren Betrieb zu einer der bekanntesten Stätten junger Weinproduktion gemacht – nicht nur durch geschicktes Marketing: Rote und goldene Schuhe für die Qualitätslevel und kreative Namen wie „Famose Schose" erwecken Aufmerksamkeit. Die Weine selbst geraten dabei allerdings nie in den Hintergrund, dafür sorgt schon der sensible Ausbau.

○ **2019** Bagalut Weißburgunder
22,50€ | 13%

○ **2019** Dit is der Clou von't Janze Grauburgunder
22,50€ | 12,5%

● **2018** Haute Volaute Spätburgunder
22,50€ | 13%

● **2019** Chaiselongue Spätburgunder
39€ | 12,5%

● **2020** Mittenmang Pinot Noir
11,50€ | 12,5%

WEINGUT SCHWÖRER

Tal 7
77770 Durbach
T +49 (0) 781 42362
www.weingutschwoerer.de

Josef Rohrer
Rebfläche 25 ha
Produktion 195.000 Flaschen
Gründung 1812
Verkaufszeiten Mo–Fr 8.30–12 Uhr
und 13.30–18 Uhr
Sa 8.30–13 Uhr
So 10–12 Uhr
(außer Jan. und Feb.)

Profil online

Über 200 Jahre reicht die Geschichte des Weinguts Schwörer nun zurück, der 2001 eingestiegene Inhaber Josef Rohrer prägt sie seit über zwanzig Jahren maßgeblich. Gemeinsam mit Kellermeister Bruno Serrer produziert er Weine, deren Trauben auch von den besten Steillagen der Umgebung stammen. Von Burgunder- und Aromasorten reicht das Portfolio über Riesling bis zu Schaumweinen aus eigener Versektung.

○ **2021** Durbacher HS Chardonnay Spätlese 1. Lage trocken
10,40€ | 13%

○ **2021** Durbacher HS Riesling
9,40€ | 12,5%

○ **2021** Kochberg Weißburgunder Kabinett trocken
8,40€ | 12,5%

● **2019** Plauelrain Spätburgunder
10,40€ | 14%

● **2020** Durbacher Cabernet Sauvignon 1. Lage
13,50€ | 13,5%

● **2021** Durbacher Spätburgunder
7,30€ | 12,5%

LOTHAR SCHWÖRER

Aufsteiger

Waldstraße 6
77971 Kippenheim
T +49 (0) 7825 7411
www.weingut-lothar-schwoerer.de

Lothar & Cornelia Schwörer
Lothar Schwörer
Rebfläche 11 ha
Produktion 65.000 Flaschen
Gründung 1875
Verkaufszeiten Mo–Fr 16–19 Uhr
Sa 9–15 Uhr
und nach Vereinbarung

Profil online

Wenn Florian Schwörer in ein paar Jahren voll in den Betrieb seiner Eltern Lothar und Cornelia einsteigen sollte, ist die generationsübergreifende Weinbautradition der Familie um eine Etappe reicher. Moderne Einflüsse wie die Umstellung auf ökologischen Weinbau gehen hier Hand in Hand mit viel traditionellem Handwerk. Bei Schwörers werden sogar die verwendeten Holzfässer noch selbst hergestellt.

○ **2019** Schmieheimer Kalkofen Kalksteinfels *** Chardonnay GG“
13€ | 13%

○ **2020** Schmieheimer Kirchberg Kalksteinfels Grauburgunder „GG“
15€ | 12,5%

○ **2021** Der Hugenottenwein Auxerrois
9€ | 12,5%

○ **2021** Schmieheimer Kirchberg Grauburgunder
8,90€ | 12,5%

● **2019** Kippenheimer Haselstaude Alte Reben *** Spätburgunder „GG“
19€ | 13%

● **2019** Schmieheimer Kirchberg Kalksteinfels Spätburgunder „GG“
19€ | 13%

● **2021** Merlot
8,90€ | 11,5%

● **2018** Pinot Noir Crémant brut
13,50€ | 12,5%

WEINGUT SEEGER

Rohrbacher Straße 101
69181 Leimen
T +49 (0) 6224 72178
www.seegerweingut.de

Familie Seeger
Thomas Seeger
Verbände VDP, Deutsches Barrique-Forum, Weisse Burgunder Charta
Rebfläche 11 ha
Produktion 70.000 Flaschen
Gründung 1707
Verkaufszeiten Do–Fr 15–18 Uhr
Sa 10–14 Uhr
und nach Vereinbarung

Profil online

1707 gründete Andres Seeger das Weingut. Die Seegers sind damit eine der ältesten weinbautreibenden Familien an der Bergstraße. In zwölfter Generation hat Geisenheim-Absolvent Thomas Seeger das Weingut in den VDP geführt und ist Gründungsmitglied der Weissen Burgunder Charta. Im Weinberg wirtschaftet der Winzer ohne Öko-Etikett naturnah. Er verzichtet gänzlich auf Herbizide und Insektizide. Bei den Rebsorten liegt der Schwerpunkt auf den für Baden klassischen Burgundersorten, dazu kommen Riesling, Sauvignon Blanc und Blaufränkisch.

○ **2019** Heidelberg Herrenberg AS Weißburgunder 1. Lage
14€ | 12,5%

○ **2019** Heidelberger Herrenberg AS Grauburgunder 1. Lage
14€ | 13%

○ **2019** Leimener Herrenberg Oberklamm Grauburgunder GG
22,50€ | 12,5%

○ **2019** R Sauvignon Blanc
29,50€ | 13%

○ **2019** S Lange Wingert Chardonnay
22€ | 12,5%

○ **2020** R Sauvignon Blanc
29,50€ | 13%

○ **2021** Chardonnay
9,50€ | 12,5%

○ **2021** Heidelberger Herrenberg AS Weißburgunder 1. Lage
14,50€ | 12,5%

○ **2021** Lange Wingert S Chardonnay GG
25€ | 13,5%

○ **2021** Oberklam Grauburgunder GG
25€ | 13,5%

● **2018** Leimener Herrenberg Oberklamm Spätburgunder GG
64€ | 13%

● **2018** Leimener Herrenberg R Spermen Blaufränkisch GG
27,50€ | 13,5%

● **2019** Oberklam RR Spätburgunder GG
64€ | 13%

● **2019** Spermen R Blaufränkisch GG
28,50€ | 13,5%

trinkreif

● **2017** Oberklamm Blauer Spätburgunder GG
64€ | 13,5%

● **2017** Spermen Blauer Spätburgunder GG
36€ | 13,5%

● **2017** Spermen Blaufränkisch GG
27,50€ | 13,5%

SHELTER WINERY

Salzmatten 1
79341 Kenzingen
T +49 (0) 7644 9276 63
www.shelterwinery.de

Hans-Bert Espe
Hans-Bert Espe & Silke Wolf
Verbände 13 Breisgauer Weingüter
Rebfläche 5 ha
Produktion 25.000 Flaschen
Gründung 2003
Verkaufszeiten nach Vereinbarung

Profil online

Klein, aber fein – so könnte das Motto von Hans-Bert Espe und Silke Wolf heißen. Gemeinsam bewirtschaften sie fünf Hektar Weinberge in Kenzingen und Malterdingen. Nicht nur in den Reben, sondern auch im Keller wird sehr schonend gearbeitet. Auf Pumpen und Filter wird komplett verzichtet. Die Palette der Weine ist sehr klein, ihre Qualität dafür umso höher. Hervorzuheben sind der nach langer Maischegärzeit in klassischen Holzbottichen vergorene Pinot Noir und der Sparkling brut.

2018 Chardonnay
19€ | 13%
2019 Chardonnay
19€ | 13%
2020 Chardonnay
19€ | 13%
2018 N114 Pinot Noir
56€ | 13%
2018 Pinot Noir
28€ | 13%
2019 N114 Pinot Noir
56€ | 13%
2019 Pinot Noir
28€ | 13%
2020 N114 Pinot Noir
56€ | 13,5%
2020 Pinot Noir
28€ | 13,5%
2013 Sparkling Spätburgunder brut
19€ | 12,5%

JOSEF J. SIMON WEIN

Vogteistraße 15
79112 Freiburg im Breisgau
T +49 (0) 7664 5771
www.josef-simon-wein.de

Josef J. Simon
Rebfläche 2,5 ha
Produktion 20.000 Flaschen
Gründung 1726
Verkaufszeiten Sa 11–12 Uhr und nach Vereinbarung

Profil online

„Klar, puristisch und ein bisschen durchgeknallt" muss der Wein für Winzer Josef S. Simon sein. Das bedeutet auch einen konsequent trockenen Ausbau, der den Trinkfluss potenzieren soll. Seit 2009 keltert Simon eigene Weine, zuvor gingen seine Trauben in den Verkauf. Eigene Lagen auf dem berühmten Tuniberg bieten die optimalen Voraussetzungen für seine weißen Burgundersorten, Pinot Noir und Co.

2017 Pinot Noir
19€ | 13%
Muskateller Brut Nature extra brut
12€ | 12,5%
Pinot Zero brut nature
12€ | 12%

trinkreif

2016 Holzweg Pinot Noir
29€ | 13%

ST. REMIGIUS

Aufsteiger

Am Büchsenberg 3
79235 Vogtsburg im Kaiserstuhl
T +49 (0) 7662 9499 000
www.remigiusweine.de

Bärmann & Isele
Philipp Isele
Verbände Badischer Weinbauverband
Rebfläche 9 ha
Produktion 45.000 Flaschen
Gründung 1988
Verkaufszeiten Di–Do 15–18 Uhr
Fr–So 10–18 Uhr
und nach Vereinbarung

Profil online

Auch wenn das Weingut St. Remigius mit dem Einstieg von Philipp Isele ein neues Gesicht und einen neuen Standort in Achkarren bekommen hat, bleibt man bewährten Grundsätzen treu. Die Weine sind extraktreich, durchgegoren und stammen aus naturnahem Anbau ohne jeglichen Einsatz von Herbiziden. Auf den Burgundersorten liegt weiterhin der Fokus, wenngleich die Rebsortenpalette breit aufgestellt ist.

○ **2021** Achkarrer Schloßberg Grauburgunder
9,80€ | 13,5%

○ **2021** Achkarrer Schloßberg Sauvignon Blanc
9,80€ | 12,5%

● **2019** Niederrimsinger Rotgrund Merlot
11,50€ | 14%

WEINGUT STIGLER

Bachenstraße 29
79241 Ihringen
T +49 (0) 7668 297
www.weingut-stigler.de

Andreas & Regina Stigler
Andreas Stigler
Andreas & Maximilian Stigler
Verbände VDP
Rebfläche 15 ha
Produktion 85.000 Flaschen
Gründung 1881
Verkaufszeiten Mo–Fr 10–12 Uhr
und 15–18 Uhr
Sa 10–12 Uhr und 15–17 Uhr

Profil online

Im traditionsreichen Weingut von Andreas und Regina Stigler wird die Handschrift von Sohn Maximilian, der seit fünf Jahren in dem Betrieb mitwirkt, immer deutlicher. Auf der Weinkarte des Betriebes sind nicht nur dichte und gehaltvolle Burgunder aus Kaiserstühler Spitzenlagen, sondern als Besonderheit auch frische und langlebige Rieslinge vom Ihringer Winklerberg zu finden. Die Stiglers wollen Weine produzieren, die auch gute Essensbegleiter sind. Dies gelingt ihnen ausgezeichnet.

○ **2018** Achkarrer Schlossberg Weißburgunder GG
24€ | 14,5%

○ **2018** Ihringen Winklerberg Pagode Chardonnay GG
32€ | 13,5%

○ **2018** Ihringer Winklerberg Pagode Grauburgunder GG
24€ | 13,5%

○ **2018** Ihringer Winklerberg Winklen Herrgottswinkel F36 Riesling GG
25€ | 12,5%

○ **2019** Pagode Ihringen Chardonnay GG
34€ | 13,5%

○ **2019** Pagode Ihringen Grauburgunder GG
26,50€ | 12,5%

○ **2019** Pagode Ihringen Weißburgunder GG
26,50€ | 13%

○ **2020** Pagode Ihringen Monopol Chardonnay GG
39€ | 12,5%

○ **2020** Pagode Ihringen Monopol Grauburgunder GG
30,50€ | 13%

○ **2020** Pagode Ihringen Monopol Weißburgunder GG
30,50€ | 12,5%

● **2018** Eichberg Oberrotweil Spätburgunder GG
35,90€ | 12,5%

● **2018** Vorderer Winklerberg Ihringen Backöfele Spätburgunder GG
41€ | 12%

● **2019** Eichenberg Oberrotweil Spätburgunder GG
41€ | 12,5%

trinkreif

● **2015** Ihringer Winklerberg Pagode Spätburgunder GG
32€ | 14%

● **2016** Oberrotweiler Eichberg Spätburgunder GG
35€ | 13%

● **2017** Oberrotweiler Eichberg Spätburgunder GG
35€ | 13,5%

● **2017** Vorderer Winklerberg Backöfele Spätburgunder GG
35,90€ | 13,5%

WINZERHOF STREBEL

Aufsteiger

Geisbergstraße 8
97922 Lauda-Königshofen
T +49 (0) 172 9164 096
www.winzerhof-strebel.de

Stefan Strebel
Rebfläche 2 ha
Produktion 8.000 Flaschen
Gründung 2012
Verkaufszeiten nach Vereinbarung

Profil online

Den Familienbetrieb, den Stefan Strebel in vierter Generation führt, hat er vor zehn Jahren in die Selbstvermarktung geführt. Auf zwei Hektar Rebfläche, die hauptsächlich von Muschelkalkböden definiert sind, gedeiht eine Vielzahl an Rebsorten. Riesling, Schwarzriesling, Silvaner, Burgunder und einige mehr werden sowohl rebsortenrein ausgebaut als auch als Bestandteil für zahlreiche Cuvées genutzt.

○ **2021** Becksteiner Kirchberg Der Boden – die Sonne und wir Riesling
9€ | 12%

○ **2021** Becksteiner Kirchberg Sauvignon Blanc
8,50€ | 11,5%

○ **2021** Becksteiner Kirchberg Steiles Kleeb Kreuz Silvaner
9€ | 12,5%

○ **2021** Leidenschaft Cuveé halbtrocken
6,50€ | 10,5%

○ **2021** Marbacher Frankenberg Grauburgunder
8,50€ | 12,5%

○ **2021** Muschelkalk Grauburgunder
7€ | 12%

RALF TRAUTWEIN

Aufsteiger

Hauptstraße 106
79268 Bötzingen
T +49 (0) 7663 5185
www.weingut-ralf-trautwein.de

Ralf Trautwein
Rebfläche 10,5 ha
Produktion 70.000 Flaschen
Gründung 2001
Verkaufszeiten Fr 16–19 und Sa 10–14 Uhr und nach Vereinbarung

Profil online

Vulkangestein und Löss prägen die Böden von Ralf Trautweins Parzellen im Lasenberg und Eckberg. Hier wachsen klassische Burgundersorten neben Sauvignon Blanc und Muskateller und bilden Weine für jeden Geschmack – vom Alltagswein in der Literflasche bis zum Spitzengewächs mit Holzausbau. Von Anfang an setzt Trautwein auf Ertragsreduktion und straffe Selektion: „Ich will Qualität, keine Masse."

- ○ **2020** Edition Muskateller Kabinett trocken **8,50€** | 12,5%
- ○ **2020** Premium drei Stern Alte Rebe Grauburgunder Spätlese trocken **11€** | 13,5%
- ○ **2020** Qaulitätswein Edition Sauvignon Blanc **9,50€** | 12,5%
- ○ **2021** Grauburgunder Kabinett trocken **8,50€** | 12,5%
- ● **2018** Réserve Alte Reben drei Stern Spätburgunder Spätlese trocken **26€** | 15%

WEINGUT TRAUTWEIN

Riegeler Straße 2
79353 Bahlingen
T +49 (0) 7663 2650
www.trautweingut.com

Anne-Christin & Christoph Trautwein
Daniel Bach
Verbände Demeter, Renaissance des Appellations
Rebfläche 12 ha
Produktion 55.000 Flaschen
Verkaufszeiten Mo–Fr 14–17 Uhr Sa 10–12.30 und 14–17 Uhr und nach Vereinbarung

Profil online

Die überregionale Koproduktion von Anne-Christin und Christoph Trautwein bringt nicht nur spannenden Wein hervor, der zum Teil an der Ahr wächst und im Ke ler am Kaiserstuhl ausgebaut wird, sondern kann auch existenzsichernd sein. Als die verheerende Flut im Jahr 2021 Christophs Betriebsgebäude an der Ahr zerstörte, lagen die Beeren bereits im badischen Keller und wurden neben heimischen Trauben im bereits seit 2004 biodynamisch arbeitenden Betrieb vinifiziert. Die Weine vergären spontan und werden ungeschönt in großen Holzfässern ausgebaut.

- ○ **2018** Bahlinger Fohberg Grand Fohberg Chardonnay **24€** | 13%
- ○ **2018** Fohberg Chardonnay **21,93€** | 13,5%
- ○ **2018** Fohberg Grauburgunder **17,55€** | 13%
- ○ **2018** Käsenthaler Cuvée **17,55€** | 13,5%
- ○ **2019** Hundsrück Weißburgunder **21€** | 13%
- ○ **2020** Chardonnay **14€** | 12,5%
- ○ **2020** Käsenthal Urkäsenthal Gemischter Satz **22€** | 13,5%
- ● **2019** Käsenthal Grand Spätburgunder **35€** | 13,5%

WEINGUT VOLLMER

Lautenbach 1
77770 Durbach
T +49 (0) 781 41841
www.vollmer-durbach.de

Andreas Vollmer
Andreas & Hubert Vollmer
Verbände Klingelberger 1782
Rebfläche 10 ha
Produktion 45.000 Flaschen
Verkaufszeiten Mo–Fr 9.30–12 Uhr
und 13.30–18 Uhr
Sa 9–13 Uhr
und nach Vereinbarung

Profil online

Ganz der Tradition der Ortenau verschrieben, wird im Weingut Vollmer besonders viel Klingenberger angebaut, im allgemeinen Sprachgebrauch auch Riesling genannt. Er kommt, wie die anderen Sorten um Chardonnay, Weiß-, Grau- und Spätburgunder, ausschließlich trocken auf die Flasche. Mehr als drei Gramm Zucker soll kein Wein enthalten, der von Hubert und Andreas Vollmer auf die Flasche gebracht wird.

○ **2020** Durbacher Kochberg 1782 Riesling
19,90€ | 12%

○ **2021** Durbacher Kasselberg Grauburgunder Kabinett trocken
6,90€ | 12%

○ **2021** Durbacher Kasselberg Riesling Kabinett trocken
6,90€ | 12%

○ **2021** Durbacher Kasselberg Riesling Spätlese trocken
12,40€ | 12,5%

○ **2021** Durbacher Kasselberg Weißburgunder Kabinett trocken
6,90€ | 12,5%

○ **2021** Durbacher Kochberg Alte Reben Grauburgunder
9,40€ | 12,5%

○ **2021** Durbacher Plauelrain Riesling Spätlese trocken
8,70€ | 12%

● **2020** Durbacher Kochberg Henricus Pinot Noir
18,90€ | 13%

● **2020** Durbacher Kochberg Pinot Noir
10,40€ | 13%

● **2021** Durbacher Kasselberg Cabernet Sauvignon
6,90€ | 12,5%

● **2021** Durbacher Kochberg Pinot Noir
5,50€ | 12%

JOSEF WALZ

Aufsteiger

Hauptstraße 34
79423 Heitersheim
T +49 (0) 7634 5530 30
www.weingut-walz.de

Thomas Walz
Max Wolf
Verbände Badischer Weinbauverband
Rebfläche 17 ha
Produktion 120.000 Flaschen
Gründung 1712
Verkaufszeiten
Mo–Mi nach Vereinbarung
Do–Fr 10–12.30 Uhr und 14–18 Uhr
Sa 10–13 Uhr

Profil online

Thomas Walz ist ein Tausendsassa. Er managt nicht nur den rund 17 Hektar großen Betrieb, sondern engagiert sich in zahlreichen Gremien für das Markgräflerland und für ganz Baden. So ist er als Vizepräsident ein wichtiger Eckpfeiler des Badischen Weinbauverbands. Im Weinberg haben bei ihm biologische Bewirtschaftung und Nachhaltigkeit oberste Priorität. Im Keller setzt er auf trockene, aber dennoch fruchtbetonte und rebsortentypische Weine. Ein Weg, der immer mehr von Erfolg gekrönt ist.

○ **2018** Badenweiler Römerberg Flaggschiff Chardonnay
19,90€ | 13,5%

○ **2019** Badenweiler Römerberg Flaggschiff Chardonnay
19,90€ | 13,5%

○ **2019** Heitersheimer Maltesergarten Chasselas Flaggschiff Gutedel
16,90€ | 12,5%

○ **2020** Heitersheimer Maltesergarten Flaggschiff Alte Reben Chasselas
14,90€ | 12,5%

● **2017** Badenweiler Römerberg Flaggschiff Spätburgunder
24,90€ | 13,5%

● **2018** Badenweiler Römerberg Flaggschiff Pinot Noir Spätburgunder
49€ | 13,5%

● **2018** Heitersheimer Maltesergarten Flaggschiff Alte Reben Spätburgunder
19,90€ | 14%

● **2020** Spätburgunder
8,50€ | 12%

FRITZ WASSMER

Lazariterstraße 2
79189 Bad Krozingen
T +49 (0) 7633 3965
www.weingutfritzwassmer.de

Fritz Waßmer
Rebfläche 38 ha
Produktion 192.000 Flaschen
Gründung 1998
Verkaufszeiten Mo–Fr 9–13 Uhr und 14–18 Uhr
Sa 10–16 Uhr

Profil online

Glücklicherweise hat sich Fritz Waßmer nicht mit dem Anbau von Erdbeeren, Spargeln und Weihnachtsbäumen zufriedengegeben, sondern die Liebe zum Wein entdeckt. Heute besitzt er Weinberge in herausragenden Lagen im Markgräflerland, am Kaiserstuhl und im Breisgau, zum Beispiel den Schlossberg in Staufen, den Kaiserberg in Herbolzheim, den Roten Berg in Kenzingen und die Sommerhalde in Bombach. Zuerst brillierte Waßmer mit großen Rotweinen, mittlerweile gehören auch die weißen Vertreter der eleganten Burgunder-Familie zu Badens Spitze.

○ **2018** Achkarrener Schlossberg Grauburgunder
48€ | 13%

○ **2018** Bombacher Sommerhalde Grauburgunder
48€ | 13%

○ **2018** Herbolzheimer Kaiserberg Chardonnay
48€ | 12,5%

○ **2018** Herbolzheimer Kaiserberg Weißburgunder
48€ | 13%

○ **2018** Kenzinger Roter Berg Chardonnay
48€ | 13%

○ **2018** Staufener Schlossberg Chardonnay
48€ | 13%

○ **2018** Staufener Schlossberg Weißburgunder
48€ | 13,5%

○ **2019** Kaiserberg Herbolzheim Chardonnay
126€ | 12,5%

○ **2019** Kaiserberg Herbolzheim Weißburgunder
52€ | 13%

○ **2019** Roter Berg Kenzingen Chardonnay
48€ | 13%

○ **2019** Réserve Chardonnay
18,50€ | 13%

○ **2019** Schlossberg Achkarren Grauburgunder
52€ | 13,5%

○ **2019** Schlossberg Staufen Chardonnay
48€ | 12,5%

○ **2019** Schlossberg Staufen Weißburgunder
52€ | 13%

○ **2019** Sommerhalde Bombach Grauburgunder
52€ | 13,5%

○ **2020** Chardonnay
9,80€ | 12,5%

○ **2020** Kaiserberg Herbolzheim Chardonnay
128€ | 12,5%

○ **2020** Kaiserberg Herbolzheim Weißburgunder
52€ | 12,5%

○ **2020** Roter Berg Kenzingen Chardonnay
52€ | 12,5%

○ **2020** Schlossberg Staufen Chardonnay
52€ | 12,5%

○ **2020** Schlossberg Staufen Weißburgunder
52€ | 12,5%

○ **2020** Sommerhalde Bombach Grauburgunder
52€ | 12,5%

○ **2021** Auxerrois
9,30€ | 10%

○ **2021** Sauvignon Blanc
9,30€ | 11%

○ **2021** Weißburgunder
8,90€ | 12%

● **2018** Achkarrener Schlossberg Syrah
78€ | 13,5%

● **2018** Alte Reben Spätburgunder
29€ | 13%

● **2018** Bombacher Sommerhalde Spätburgunder
56€ | 13%

● **2018** CCL Spätburgunder
68€ | 13,5%

● **2018** Herbolzheimer Kaiserberg Cabernet Franc
78€ | 13,5%

● **2018** Herbolzheimer Kaiserberg Spätburgunder
126€ | 13,5%

● **2018** Kaiserberg Herbolzheim Spätburgunder
126€ | 13,5%

● **2018** Kenzinger Roter Berg Merlot
78€ | 14%

● **2018** Kenzinger Roter Berg Spätburgunder
78€ | 13%

● **2018** Roter Berg Kenzingen Spätburgunder
78€ | 13%

● **2018** Sommerhalde Bombach Spätburgunder
56€ | 13,5%

● **2018** Staufener Schlossberg Cabernet Sauvignon
78€ | 13%

● **2018** XXL Spätburgunder
39€ | 13,5%

● **2019** Alte Reben Spätburgunder
29,90€ | 13,5%

● **2019** CCL Spätburgunder
68€ | 13,5%

● **2019** Kaiserberg Herbolzheim Spätburgunder
128€ | 13,5%

● **2019** Roter Berg Kenzingen Spätburgunder
78€ | 13%

● **2019** Sommerhalde Bombach Spätburgunder
58€ | 13,5%

● **2019** Spätburgunder
9,80€ | 13,5%

● **2019** XXL Spätburgunder
39€ | 13,5%

● **2020** Alte Reben Spätburgunder
29,90€ | 13,5%

● **2020** CCL Spätburgunder
68€ | 13,5%

● **2020** Kaiserberg Herbolzheim Cabernet Franc
78€ | 13,5%

● **2020** Kaiserberg Herbolzheim Spätburgunder
128€ | 13,5%

● **2020** Roter Berg Kenzingen Merlot
78€ | 13,5%

● **2020** Roter Berg Kenzingen Spätburgunder
78€ | 13,5%

● **2020** Schlossberg Achkarren Syrah
78€ | 14%

● **2020** Schlossberg Staufen Cabernet Sauvignon
78€ | 13,5%

● **2020** Sommerhalde Bombach Spätburgunder
58€ | 13,5%

● **2020** XXL Spätburgunder
39€ | 13,5%

● **2021** Spätburgunder
8,60€ | 10,5%

● **2016** Chardonnay brut nature
18,90€ | 12%

● **2016** Cuvée Blanc brut nature
16,90€ | 12%

● **2016** Spätburgunder brut nature
19,80€ | 12%

trinkreif

○ **2017** Roter Berg Kenzingen Chardonnay
48€ | 13%

○ **2017** Schlossberg Staufen Chardonnay
48€ | 12,5%

○ **2017** Schloßberg Staufen Weißer Burgunder
48€ | 12,5%

○ **2017** Sommerhalde Bombach Grauburgunder
48€ | 13%

● **2017** CCL Spätburgunder
68€ | 13,5%

● **2017** XXL Spätburgunder
39€ | 13%

MARTIN WASSMER

Aufsteiger

Am Sportplatz 3
79189 Bad Krozingen
T +49 (0) 7633 15292
www.weingut-wassmer.de

Martin Waßmer
Verbände Slow Food
Rebfläche 38 ha
Produktion 190.000 Flaschen
Gründung 1997
Verkaufszeiten Juli–März:
Mo–Fr 9–18 Uhr
Samstag 10-16 Uhr
April–Juni:
Mo–Fr 9–18 Uhr
Sa, So, Feiertag 10–16 Uhr

Profil online

Martin Waßmer gelingt es in seinem Weingut, nicht nur ganz hervorragende Spätburgunder auf den Markt zu bringen, sondern auch Grau- und Weißburgunder sowie Chardonnays, die keinen Vergleich zu scheuen brauchen. Voraussetzungen dafür sind Weinberge in besten Lagen, eine strikte Begrenzung der Menge, viel Erfahrung und ein glückliches Händchen im Keller – all dies kann der Betrieb vorweisen. Dazu gesellt sich eine gesunde Portion Ehrgeiz, über die Martin Waßmer, seine Familie und das Team ohne Zweifel ebenfalls verfügt.

○ **2018** Achkarrer Schlossberg
GC Grauburgunder
45€ | 13,5%

○ **2018** Dottinger Castellberg
GC Chardonnay
58€ | 13,5%

○ **2018** Dottinger Castellberg
GC Grauburgunder
38€ | 13,5%

○ **2018** Dottinger Castellberg
GC Weißburgunder
38€ | 13,5%

○ **2018** SW Sauvignon Blanc
Spätlese trocken
19,50€ | 14%

○ **2019** Achkarrer Schloßberg
GC Grauburgunder
45€ | 13,5%

○ **2019** Auggener Letten
GC Grauburgunder
42€ | 13,5%

○ **2019** Dottinger Castellberg
GC Chardonnay
58€ | 13%

○ **2019** Dottinger Castellberg
GC Grauburgunder
38€ | 13,5%

○ **2019** Dottinger Castellberg
GC Weißburgunder
38€ | 13,5%

○ **2019** Staufener Schloßberg
Weißburgunder
29€ | 13,5%

○ **2020** Achkarrer Schloßberg
GC Grauburgunder
45€ | 13,5%

○ **2020** Auggener Letten
GC Grauburgunder
45€ | 13,5%

○ **2020** Dottinger Castellberg
GC Chardonnay
79€ | 13,5%

○ **2020** Dottinger Castellberg
GC Grauburgunder
45€ | 13,5%

○ **2020** Dottinger Castellberg
GC Weißburgunder
45€ | 13,5%

○ **2020** Staufener Schloßberg
Weißburgunder
39€ | 13,5%

● **2018** Dottinger Castellberg
GC Pinot Noir
74€ | 13%

● **2018** Ehrenstetter Ölberg
GC Spätburgunder
48€ | 13,5%

● **2018** Glottertäler Roter Bur
GC Spätburgunder
48€ | 13,5%

● **2018** Schlatter Maltesergarten
GC Pinot Noir
52€ | 13%

● **2018** Schlatter Maltesergarten
Spätburgunder
16,50€ | 13,5%

2018 Schlatter SW Spätburgunder
28€ | 13%

2019 Bad Krozinger Steingrüble Spätburgunder
k. A. | 13%

2019 Dottinger Castellberg GC Pinot Noir
74€ | 13,5%

2019 Dottinger Castellberg Syrah
64€ | 13,5%

2019 Ehrenstetter Ölberg GC Spätburgunder
48€ | 13%

2019 Glottertäler Roter Bur GC Spätburgunder
48€ | 13%

2019 Markgräflerland Spätburgunder
9,90€ | 13%

2019 Rittliberg Pinot S Pinot Noir
50€ | 13,5%

2019 Schlatter Maltesergarten GC Pinot Noir
52€ | 13%

2019 Schlatter Maltesergarten Spätburgunder
16,50€ | 13%

2019 Schlatter SW Spätburgunder
28€ | 13%

2020 Bad Krozinger Steingrüble GC Spätburgunder
45€ | 13,5%

2020 Dottinger Castellberg GC Pinot Noir
79€ | 13,5%

2020 Dottinger Castellberg Syrah
64€ | 14%

2020 Ehrenstetter Ölberg Chapelle Cuvée
66€ | 14,5%

2020 Ehrenstetter Ölberg GC Spätburgunder
54€ | 14%

2020 Glottertäler Roter Bur GC Spätburgunder
54€ | 14%

2020 Schlatter Maltesergarten GC Pinot Noir
58€ | 13,5%

2017 Pinot Chardonnay Cuvée brut
16,90€ | 12,5%

2017 Pinot Noir brut
16,90€ | 12,5%

trinkreif

2017 Dottinger Castellberg GC Chardonnay Spätlese trocken
79€ | 13,5%

2017 Dottinger Castellberg GC Grauburgunder Spätlese trocken
38€ | 13,5%

2017 Staufener Schlossberg Weißburgunder
29€ | 13,5%

2007 Schlatter SW Spätburgunder
k. A. | 13,5%

2011 Dottinger Castellberg GC Pinot Noir
140€ | 13,5%

2011 Schlatter Maltesergarten GC Pinot Noir
120€ | 13,5%

2017 Dottinger Castellberg GC Pinot Noir
74€ | 13%

2017 Ehrenstetter Ölberg GC Spätburgunder
48€ | 13,5%

2017 Glottertäler Roter Bur GC Spätburgunder
48€ | 13%

2017 Schlatter Maltesergarten GC Pinot Noir
52€ | 13%

2017 Schlatter SW Spätburgunder
28€ | 13%

WEINGUT WEISHAAR

Aufsteiger

Hauptstraße 164
79356 Eichstetten
T +49 (0) 7663 4800
www.weingut-weishaar.de

Corinne & Markus Weishaar
Markus Weishaar
Verbände Vinissima, Generation Riesling, Generation Pinot
Rebfläche 8 ha
Produktion 60.000 Flaschen
Gründung 1989
Verkaufszeiten Fr 14–18 Uhr
Sa 10–13 Uhr
und nach Vereinbarung

Profil online

Der Stil von Markus und Corinne Weishaar, die das Weingut von seinen Eltern Gabriele und Karl-Heinz übernommen haben, kristallisiert sich zunehmend heraus. Sie bewirtschaften ihre acht Hektar Rebfläche mit Respekt vor der Natur, vergären immer mehr Weine mit rebeigenen Hefen und wagen auch unkonventionelle Experimente. So hat Markus kürzlich mit seinem Bruder Norman einen eigenen Cider produziert.

○ **2020** Dreistern Chardonnay
14,90€ | 13,5%

○ **2020** Dreistern Grauburgunder
14,90€ | 14%

○ **2020** Dreistern Weißburgunder
14,90€ | 13,5%

● **2018** Dreistern Spätburgunder
18€ | 14%

● **2018** Crémant Spätburgunder brut nature
13,90€ | 12,5%

WEINGUT WÖHRLE

Weinbergstraße 3
77933 Lahr/Schwarzwald
T +49 (0) 7821 25332
www.woehrle-wein.de

Tanja & Markus Wöhrle
Markus Wöhrle
Verbände VDP
Rebfläche 19 ha
Produktion 100.000 Flaschen
Gründung 1979
Verkaufszeiten Mo–Fr 17–19 Uhr
Sa 10–14 Uhr
und nach Vereinbarung

Profil online

Bei den Weißweinen, besonders bei Weißburgunder, Auxerrois und Chardonnay, gehören Markus und Tanja Wöhrle schon seit vielen Jahren zu Badens Spitze. Mittlerweile ist ihnen auch bei den Spätburgundern ein enormer Entwicklungsschritt gelungen. Diese erinnern immer mehr an große Vorbilder aus dem Burgund. Markus Wöhrle ruht sich nicht auf dem bereits Erreichten aus, sondern will sich stets bei der Arbeit im Weinberg und im Keller verbessern. Dies gelingt ihm auf eine beeindruckende Weise.

○ **2019** Lahrer Kronenbühl Chardonnay
18€ | 13%

○ **2019** Lahrer Kronenbühl Grauburgunder
14,50€ | 13%

○ **2020** Herrentisch Weißburgunder
25,50€ | 13%

○ **2020** Kirchgasse Grauburgunder
25,50€ | 13,5%

○ **2020** Teufelslochgasse Chardonnay
42€ | 12,5%

○ **2021** Lahr Auxerrois
11€ | 12%

○ **2021** Lahr Muskateller
11€ | 11%

○ **2021** Lahrer Kronenbühl Grauburgunder 1. Lage
16,50€ | 13%

○ **2021** Lahrer Kronenbühl Weißburgunder 1. Lage
16,50€ | 13%

- 2018 Lahrer Kirchgasse Spätburgunder GG
  34€ | 13%
- 2018 Lahrer Kronenbühl Spätburgunder 1. Lage
  21€ | 13,5%
- 2019 Kirchgasse Spätburgunder
  36€ | 13%
- 2019 Lahrer Kronenbühl Spätburgunder 1. Lage
  23€ | 13%
- 2020 Kirchgasse Spätburgunder
  36€ | 13,5%
- 2020 Kirchgasse Spätburgunder GG
  34€ | 13%

FRANZ XAVER

Aufsteiger

Schwarzwaldstraße 3
79183 Waldkirch
T +49 (0) 173 7175 679
www.franz-xaver-hof.de

Andreas Schüssele
Simon Schüssele
Rebfläche 10 ha
Produktion 75.000 Flaschen
Gründung 2007
Verkaufszeiten Mo–Fr 8–19 Uhr
Sa 8–18 Uhr

Profil online

Seit vier Jahren kümmert sich Simon Schüssele, jüngster Spross der Familie, nun bereits um die Kellerarbeit und verfolgt sein Ziel, ein Statement für die Region zu setzen. Gemeinsam mit Vater Andreas baut er zahlreiche Rebsorten an, die im Weingut Franz Xaver – benannt nach dessen Gründer und Simons Urgroßvater – gekeltert werden. Bruder Johannes und Mutter Anita widmen sich ganz dem Obstbau.

- 2020 Buchholzer Sonnhalde Riesling Kabinett trocken
  8,50€ | 12%
- 2021 Grauburgunder
  6,90€ | 12%
- 2021 Weißburgunder Kabinett trocken
  6,90€ | 11,5%
- 2019 Réserve Spätburgunder Spätlese trocken
  12,90€ | 13%
- 2019 Spätburgunder Spätlese trocken
  8,50€ | 13,5%
- 2020 Buchholzer Sonnhalde Réserve Cabernet Sauvignon
  10,90€ | 13%

WEINGUT ZÄHRINGER

Aufsteiger

Johanniterstraße 61
79423 Heitersheim
T +49 (0) 7634 5048 90
www.weingut-zaehringer.de

Fabian Zähringer
Paulin Köpfer
Simon Höre
Verbände Demeter, Ecovin
Rebfläche 55 ha
Produktion 400.000 Flaschen
Gründung 1844
Verkaufszeiten Mo–Mi 9–12 Uhr und 14–17 Uhr
Do–Fr 9–12 Uhr und 14–18 Uhr
Sa 10–13 Uhr

Profil online

Die Politik fordert immer stärker den Anbau von pilzwiderstandsfähigen Rebsorten (Piwis). Im Weingut Zähringer gibt es diese schon sehr lange. Denn Betriebsleiter Paulin Köpfer ist ein Pionier des biologischen Weinbaus in Baden und ein unermüdlicher Kämpfer für mehr Biodiversität in den Weinbergen. Deshalb gehören zu einer Weinprobe bei den Zähringers nicht nur der Gutedel und die Burgundersorten, sondern auch beispielsweise Souvignier Gris, Viognier und Cabernet Franc.

○ **2019** Heitersheimer Sonnhohle Chardonnay
22€ | 13%

○ **2020** Ballrechter Castellberg Viognier
25€ | 14,5%

○ **2020** Heitersheimer Sonnhohle Weißburgunder
18€ | 13%

○ **2020** Souvignier Gris Amber Naturwein
18€ | 13,5%

○ **2020** Vierlig Chasselas Gutedel
10,90€ | 12%

○ **2020** Vierlig Grauburgunder
14,90€ | 12,5%

● **2018** Heitersheimer Sonnhohle Pinot Noir
27€ | 13,5%

● **2018** Heitersheimer Sonnhohle Zähringer Löwe Cuvée
39€ | 14%

● **2016** Weißburgunder brut nature
25€ | 12%

● **2018** Chardonnay & Spätburgunder extra brut
14,90€ | 12,5%

● **2020** Pinot Meunier& Spätburgunder brut
14,90€ | 12%

● **2019** Weißburgunder Orange Naturwein
25€ | 13%

WEINGUT ZIEREISEN

Markgrafenstraße 17
79588 Efringen-Kirchen
T +49 (0) 7628 2848
www.ziereisen.de

Hanspeter Ziereisen
Rebfläche 20 ha
Produktion 120.000 Flaschen
Verkaufszeiten Do–Fr 8–12.30 Uhr und 14–18 Uhr
Sa 8–12.30 Uhr und 14–16 Uhr
und nach Vereinbarung

Profil online

Es gibt deutschlandweit wohl höchstens eine Handvoll Winzer, die so eng mit einer bestimmten Rebsorte in Verbindung gebracht werden wie die Ziereisens mit dem Gutedel. Hanspeter und Edeltraud widmen dieser vermeintlich schlichten Traube nicht nur spannende Einstiegsweine, sondern rücken sie sogar an die oberste Spitze ihres Portfolios. Der zum Kultwein avancierte „10hoch4" ist ein echter Monolith. Doch auch abseits des badischen Klassikers spielen Ziereisens in der Champions League. Ihre Spätburgunder und Chardonnays gehören zu den besten in ganz Deutschland. Dass sie trotz aller Lorbeeren so geerdet geblieben sind, lässt jede Verkostung im Weingut wie einen Besuch bei Freunden erscheinen.

○ **2017** Lügle Weißburgunder
18,60€ | 13%
○ **2017** Musbrugger Grauburgunder
18,60€ | 14%
○ **2018** 18/19 Gewürztraminer
17,80€ | 14%
○ **2019** Grauburgunder
13,80€ | 13,5%
○ **2019** Hard Chardonnay unfiltriert
28,20€ | 13%
○ **2019** Heugumber Gutedel Landwein
9,80€ | 11%
○ **2019** Jaspis 10 hoch 4 Gutedel unfiltriert
125€ | 12,5%
○ **2019** Jaspis Nägelin Chardonnay unfiltriert
69,80€ | 13,5%
○ **2019** Jaspis Würmlin Grauburgunder unfiltriert
53,80€ | 14%
○ **2019** Lügle Weißburgunder unfiltriert
21,60€ | 13,5%
○ **2019** Musbrugger Grauburgunder unfiltriert
23,60€ | 13,5%
○ **2019** Steinkrügle Gutedel unfiltriert
22,60€ | 11,5%
○ **2019** Viviser Gutedel unfiltriert
14,60€ | 11%
● **2018** Tschuppen Pinot Noir unfiltriert
12€ | 13,5%
● **2019** Gestad Syrah unfiltriert
22€ | 12,5%
● **2019** Jaspis Däublin Syrah unfiltriert
51,80€ | 12,5%
● **2019** Jaspis Zipsin Pinot Noir unfiltriert
45€ | 13%
● **2019** Rhini Pinot Noir unfiltriert
34€ | 13,5%
● **2019** Schulen Pinot Noir unfiltriert
22€ | 13%
● **2019** Talrain Pinot Noir unfiltriert
17,80€ | 13%
● **2021** Efringer Ölberg Schmätterling Spätburgunder
7,80€ | 11%

trinkreif

○ **2016** Hard unfiltriert Chardonnay
26,80€ | 13%
○ **2016** Jaspis 10hoch4 unfiltriert Gutedel
125€ | 12,5%
○ **2016** Jaspis Chardonnay
69,80€ | 13%
○ **2016** Jaspis unfiltriert Grauburgunder
50€ | 12,5%
○ **2017** Hard Chardonnay
26,80€ | 14%
○ **2017** Jaspis Chardonnay
69,80€ | 13%
○ **2017** Jaspis Grauer Burgunder Grauburgunder
50€ | 13,5%
○ **2017** Jaspis Gutedel 10hoch4 Gutedel
125€ | 12%
● **2014** Jaspis unfiltriert Blauer Spätburgunder
70€ | 12,5%
● **2016** Jaspis unfiltriert Pinot Noir
45€ | 13%
● **2016** Jaspis unfiltriert Syrah
50€ | 13%
● **2016** Rhini unfiltriert Blauer Spätburgunder
34€ | 12,5%

● **2017** Jaspis 10 hoch 4 Pinot Noir
163€ | 13%

● **2017** Jaspis Bürgin Pinot Noir unfiltriert
70€ | 13%

● **2017** Schulen Pinot Noir
22€ | 13%

● **2017** Talrain Pinot Noir
17,80€ | 13%

● **2017** Tschuppen Pinot Noir
12€ | 13%

● **2017** Jaspis Pinot Noir
45€ | 13,5%

● **2017** Jaspis Pinot Noir
75€ | 12,5%

● **2017** Jaspis Syrah
50€ | 13%

● **2017** Rhini Pinot Noir
34€ | 13%

WEINGUT ZIMMERLIN

Kirchweg 2
79268 Bötzingen
T +49 (0) 7663 1296
www.weingut-zimmerlin.com

Alexander Steiner
Rebfläche 20 ha
Produktion 120.000 Flaschen
Gründung 1955
Verkaufszeiten Mo–Fr 9–13 Uhr
und nach Vereinbarung

Profil online

● **2021** Spätburgunder
8,20€ | 12,5%

WEINGUT ZIMMERMANN

Aufsteiger

Bürgelnblick 1 – Auf dem Schliengener Berg
79418 Schliengen
T +49 (0) 7635 665
www.zimmermann-wein.de

Karl-Ernst Zimmermann
Rebfläche 10,5 ha
Produktion 60.000 Flaschen
Gründung 1985
Verkaufszeiten Mo–Fr 9–14 Uhr und nach Vereinbarung

Profil online

Karl-Ernst Zimmermann ist die Frucht in seinen Weinen wichtig. Deshalb werden die Weißweine gezügelt vergoren, wie er es nennt. Dies gilt sowohl für den Gutedel als auch die Grau- und Weißburgunder. Die Rotweine werden auf der Maische vergoren und zu einem großen Teil im Barriquefass ausgebaut. Im Angebot des Weingutes sind auch ein roter Gutedel und ein grüner Markgräfler. Wer den Betrieb besucht, kann sich auf einen Ausblick auf die Rheinebene, den Schwarzwald und die Vogesen freuen.

○ **2017** Réserve Chardonnay
24€ | 13%

○ **2020** Kapellenberg Rhine Hill Grauburgunder
9,50€ | 13%

○ **2020** Ölacker Rhine Hill Roter Gutedel
11€ | 11%

● **2016** Angel Hill Réserve Syrah
34€ | 14%

● **2016** Réserve Pinot Noir
24€ | 13,5%

● **2018** Angel Hill Cabernet Franc
25,50€ | 14%

● **2018** Angel Hill Syrah
25,50€ | 14%

● **2019** Angel Hill Merlot
23€ | 14%

trinkreif

● **2016** Angel Hill Réserve Merlot
34€ | 14%

● **2016** Cabernet Franc Réserve Angel Hill
34€ | 14%

WEINGUT ZOTZ

Aufsteiger

Staufener Straße 3
79423 Heitersheim
T +49 (0) 7634 5082 20
www.weingut-zotz.de

Martin, Michael & Julian Zotz
Dennis Meindl
Rebfläche 95 ha
Produktion 625.000 Flaschen
Gründung 1865
Verkaufszeiten Mo–Fr 9–12.30 Uhr und 14–18 Uhr
April–Dez.
Sa 9–16 Uhr
Nov.–März
Sa 9–13 Uhr

Profil online

Mit Blick zum Heitersheimer Malteserschloss liegt das Weingut Zotz idyllisch am Ortsrand. Die Reben stehen überwiegend in der Lage Maltesergarten und sind geprägt von den fruchtbaren und tiefgründigen Böden aus Löss und Lehm. Der hohe Kalkgehalt sorgt für Eleganz wie auch für eine vielschichtige Aromatik. Vom Badenweiler Römerberg kommen zudem kräftige Burgunder. Der Betrieb hat eine große Sortenvielfalt, fühlt sich jedoch weiterhin dem Markgräfler Augapfel, dem Gutedel, verpflichtet.

○ **2019** Badenweiler Römerberg Terrassen Chardonnay
28€ | 13,5%

○ **2019** Sauvignon Blanc
9€ | 12,5%

○ **2020** Badenweiler Römerberg Terrassen Chardonnay
29€ | 13,5%

○ **2020** Heitersheimer Maltesergarten Hohlgässle Grauburgunder
25€ | 13,5%

○ **2020** Heitersheimer Maltesergarten Hohlgässle Weißburgunder
25€ | 13,5%

○ **2020** Hohlgässle Grauburgunder
25€ | 13,5%

○ **2020** Römerberg Gutedel
12,90€ | 12%

○ **2021** Maltesergarten Chasselas Gutedel
12,90€ | 12,5%

○ **2021** Maltesergarten Fumé Sauvignon Blanc
16€ | 12,5%

○ **2021** Römerberg Gutedel
12,90€ | 12%

○ **2021** Römerberg Weißburgunder
12,90€ | 13,5%

○ **2021** Uff de Hefe Gutedel
8,50€ | 12,5%

● **2018** Badenweiler Römerberg Terrassen Pinot Noir
32€ | 13,5%

● **2018** Heitersheimer Maltesergarten Hohlgässle Pinot Noir
32€ | 13,5%

● **2019** Badenweiler Römerberg Bammerthäusle Cuvée
38€ | 13,5%

● **2019** Badenweiler Römerberg Syrah
33€ | 14%

● **2019** Badenweiler Römerberg Terrassen Pinot Noir
33€ | 14%

● **2019** Heitersheimer Maltesergarten Hohlgässle Pinot Noir
33€ | 13,5%

● **2019** Heitersheimer Maltesergarten Merlot
22€ | 14%

● **2019** Heitersheimer Maltesergarten Pinot Noir
16€ | 13,5%

● **2019** Römerberg Terrassen Pinot Noir
33€ | 14%

● Gutedel extra brut
12€ | 12,5%

FRANKEN

FRANKEN

REBFLÄCHE
6.174 Hektar, 23 Großlagen, 216 Einzellagen

REBSORTEN
82 % Weißwein (Silvaner 25,1 %, Müller-Thurgau 23,2 %, Bacchus 12 %, Riesling 5,6 %), 18 % Rotwein (Domina 4,9 %, Spätburgunder 4,5 %)

BÖDEN
Fränkische Trias: Verwitterungsböden des Urgesteins und **Buntsandsteins** im Mainviereck in Unterfranken und Spessart, Lehm-, Löss- und **Muschelkalkböden** im Maindreieck bei Wertheim und Miltenberg, **Keuperböden** im Bereich Steigerwald.

SILVANERLAND MIT GESCHICHTE UND VIELFALT IM BODEN

von ANKE KRONEMEYER

Wenn eine Weinregion deutsche Weingeschichte geschrieben hat, dann ist es Franken. Denn laut einer Urkunde aus dem Jahr 1127 ist der staatliche Hofkeller Würzburg das älteste urkundlich belegte Weingut Deutschlands. Hammelburg ist dabei die älteste Weinstadt Frankens: Im Jahr 776 schenkte Kaiser Karl der Große Weinberge an das Kloster Fulda. Noch ein historisches Datum: Am 5. April 1659 wird der Bocksbeutel zum ersten Mal urkundlich erwähnt.

Der Bocksbeutel ist ganz eng mit fränkischem Wein verbunden. Denn nach wie vor dürfen (fast) nur Weine aus diesem Anbaugebiet in die flache Flasche gefüllt werden. So wurde 1728 verfügt, dass nur der beste Wein, der Würzburger Stein vom Bürgerspital, in die Flachkugelflasche abgefüllt werden musste. Neben Portugal dürfen heute noch Winzer aus dem badischen Taubertal den Bocksbeutel für ihre Weine nutzen. In den meisten Fällen wird Silvaner in genau diese auffällige Flaschenform gefüllt. Denn diese Rebsorte ist nach wie vor der Star im fränkischen Anbaugebiet zwischen Rhön und Taubertal, zwischen Spessart und Steigerwald. Von den 82 Prozent Weißwein, die auf den knapp 6300 Hektar angebaut werden, entfallen 25 Prozent auf Silvaner, Müller-Thurgau folgt aber direkt auf dem zweiten Platz. Von den 18 Prozent Rotwein werden fünf Prozent als Spätburgunder ausgebaut.

WELTKULTURERBE UND MODERNE WEINARCHITEKTUR

Eine beeindruckende Unterwelt

Wer sich dem fränkischen Wein nähern will, hat dazu bei Reisen ins Land reichlich Gelegenheit. Zum Beispiel im Staatlichen Hofkeller Würzburg: Die Unterwelt der Würzburger Residenz ist absolut beeindruckend. 890 Meter Kellergänge erschließen sich auf 4557 Quadratmetern, im Holzfasslagerraum liegen 600.000 Liter Wein, im Stückfasskeller 100 kleine Fässer mit je 1200 Liter. Rondellkeller, Kammerkeller, Eis- und Beamtenweinkeller sind weitere Stationen des geführten Rundgangs. Nächste

Station könnte das Bürgerspital zum Heiligen Geist sein. Es präsentiert in seinem Gewölbekeller nicht nur den ältesten Holzfasskeller sowie eine Sammlung von historischen Bocksbeutelflaschen, sondern gilt auch als eines der Spitzenweingüter von Franken. Das Weingut Juliusspital Würzburg verfügt mit knapp 200 Hektar über das zweitgrößte Weingut Deutschlands und baut Weine in besten Lagen an – zu 40 Prozent übrigens Silvaner. Auch hier beeindruckt ein 250 Meter langer historischer Holzfasskeller.

Moderne Symbiose von Architektur und Wein

Aber so toll und erhaben auch die Historie mit dem Blick zurück ist: Ebenso sehenswert sind auf vielen fränkischen Weingütern die hochmodernen, von Design bestimmten Neubauten von Vinothek oder Keller, die den nächsten Generationen die Arbeit erleichtern. Das Kelterhaus Brennfleck, der Winzerkeller Sommerach, die Vinothek WeinWerk vom Weingut am Stein oder die Vinothek von Max Müller I sind nur einige Beispiele für die gelungene Symbiose von Wein und Architektur.

Wer in Franken unterwegs ist, sollte unbedingt seine Wanderschuhe dabei haben, um per pedes die Weinbergslandschaft zu erkunden. Oder ein Fahrrad, egal, ob elektrisch oder nicht, mit dem es sich entlang des Mainradwegs radeln lässt. Der typische Franken-Tourist will tagsüber wandern, abends einkehren und gut authentisch-fränkisch essen und vor allem trinken. Genau diese Kombination aus „Aktiv erleben und genießen", wie es bei den Touristikern heißt, funktioniert zwischen Aschaffenburg und Bamberg wunderbar. Viele Besucher lassen sich bei ihrer Entdeckertour – zum Beispiel zu den magischen terroir-f-Aussichtspunkten – an die Hand nehmen. Speziell ausgebildete Gästeführer zeigen auf ihre Art das Weinerlebnisland Franken. Wer sich für Erdgeschichte interessiert, kann an Bodentouren teilnehmen: Dabei erfährt man alles über Mainsedimente, Muschelkalk, Buntsandstein oder Keuper – genannt die fränkische Trias –, welcher Wein darauf wächst und was am Wegesrand zu entdecken ist.

WEINGÜTER

263
WILHELM ARNOLD
Klosterstraße 19b
97236 Randersacker

263
WEINGUT AUGUSTIN
Raiffeisenstraße 5
97320 Sulzfeld am Main

264
BIO-WEINGUT LAUDENS BACH
Segnitzerstraße 35
97252 Frickenhausen a.Main

264
WEINGUT BALDAUF
Hauptstraße 42
97729 Ramsthal

265
STEFAN BARDORF
Ochsenfurter Straße 4
97236 Randersacker

266
WEINHAUS BOESSNECK
Lange Gasse 26–28
97346 Iphofen

266
FAMILIENWEINGUT BRAUN
Blütenstraße 22
97332 Volkach

267
WEINGUT BRENNFLECK
Papiusgasse 7
97320 Sulzfeld am Main

268
BÜRGERSPITAL ZUM HEILIGEN GEIST
Theaterstraße 19
97070 Würzburg

269
SEKTHAUS BURKHARDTSCHÜR
Raiffeisenring 1
63927 Bürgstadt

270
FÜRSTLICH CASTELL'SCHES DOMÄNENAMT
Schlossplatz 5
97355 Castell

271
HELMUT CHRIST
Volkacher Straße 6
97334 Nordheim a.Main

271
WEINGUT DAHMS
August-Borsig-Straße 8
97526 Sennfeld

272
WEINGUT DERESER
Maintalstraße 6
97509 Kolitzheim

272
DIVINO NORDHEIM THÜNGERSHEIM
Langgasse 33
97334 Nordheim a.Main

274
WEINGUT EMMERICH
Einersheimer Straße 47
97346 Iphofen

274
WEINGUT FISCHER
Erweinstraße 6
97353 Wiesentheid

WEINGÜTER
ÜBERSICHT A-Z

275
WINZERGEMEINSCHAFT FRANKEN
Alte Reichsstraße 70
97318 Kitzingen

276
SCHLOSS FRANKENBERG
Schloß Frankenberg 1
97215 Weigenheim

277
MICHAEL FRÖHLICH
Bocksbeutelstraße 41 OT Eschern-dorf
97332 Volkach

278
RUDOLF FÜRST
Hohenlindenweg 46
63927 Bürgstadt

279
WEINGUT GEIGER & SÖHNE
Veitshöchheimer Straße 1
97291 Thüngersheim

280
WEINGUT GIEGERICH
Weichgasse 19
63868 Großwallstadt

281
WEINGUT GÖBEL
Friedhofstraße 9
97236 Randersacker

281
SCHLOSS HALLBURG
Schloss Hallburg
97332 Volkach

282
SEKTMANUFAKTUR ALBERT HASENSTEIN
Gickelhausen 17
91587 Adelshofen

282
WEINGUT HÖFLING
Kellereigasse 14
97776 Eußenheim

283
WEINGUT HÖHN
Köhler 31
97332 Volkach

283
WEINGUT HOFMANN
Strüther Straße 7
97285 Röttingen

284
NILS HOHNHEIT
Edelmannstraße 11
63755 Alzenau

285
JULIUSSPITAL
Klinikstraße 1
97070 Würzburg

286
KORBUS WINE
Breslauer Straße 2
97225 Zellingen

286
WOLFGANG KÜHN
Ludwigstraße 29
63911 Klingenberg am Main

287
LEININGER
Theilheimer Weg 3–5
97246 Eibelstadt

287
FÜRST LÖWENSTEIN
Schlosspark 3
63924 Kleinheubach

288
RUDOLF MAY
Im Eberstal 1
97282 Retzstadt

288
MEIER SCHMIDT
Ulsenheim 114
91478 Markt Nordheim

289
WEINKELLEREI MEIMBERG
Ahlintel 51
48282 Emsdetten

289
MAX MÜLLER I
Hauptstraße 46
97332 Volkach

290
WINZERHOF NAGEL
Raiffeisenstraße 1
97337 Dettelbach

291
WEINGUT AM ÖLSPIEL
Schleifweg 13
97286 Sommerhausen

291
RICHARD ÖSTREICHER
Hauptstraße 15
97334 Sommerach

292
ERNST POPP
Rödelseer Straße 14–15
97346 Iphofen

293
CHRISTINE PRÖSTLER
Obere Hauptstraße 100
97225 Zellingen

293
WEINGUT REISS
Unterdürrbacher Straße 182
97080 Würzburg

294
MANFRED ROTHE
Heerweg 6
97334 Nordheim a.Main

294
HORST SAUER
Bocksbeutelstraße 14
97332 Volkach

295
RAINER SAUER
Bocksbeutelstraße 15
97332 Volkach

296
SCHMITTS KINDER
Am Sonnenstuhl 45
97236 Randersacker

297
TROCKENE SCHMITTS
Maingasse 14a / Flecken 1
97236 Randersacker

298
NICO SCHOLTENS
Rieneckstraße 6
97514 Oberaurach

299
WEINGUT SCHWAB
Bühlstraße 17
97291 Thüngersheim

300
ZUR SCHWANE
Erlachhof 7
97332 Volkach

301
WINZER SOMMERACH
Zum Katzenkopf 1
97334 Sommerach

302
SCHLOSS SOMMERHAUSEN
Hauptstraße 25
97286 Sommerhausen

302
WINZERHOF STAHL
Lange Dorfstraße 21
97215 Simmershofen

WEINGÜTER
ÜBERSICHT A-Z

303
WEINGUT AM STEIN
Mittlerer Steinbergweg 5
97080 Würzburg

304
STEINTAL
Wilhelmstraße 107
63911 Klingenberg am Main

305
STICH „IM LÖWEN"
Freudenberger Straße 73
63927 Bürgstadt

305
WEINGUT STÖRRLEIN KRENIG
Schulstraße 14
97236 Randersacker

306
WEINGUT STURM
Freudenberger Straße 91
63927 Bürgstadt

306
DANIEL THEN
Hauptstraße 1
97334 Sommerach

307
JOSEF WALTER
Freudenberger Straße 21–23
63927 Bürgstadt

308
ZEHNTHOF FAMILIE WEICKERT
Hauptstraße 17
97334 Sommerach

309
HANS WIRSCHING
Ludwigstraße 16
97346 Iphofen

310
STAATLICHER HOFKELLER WÜRZBURG
Residenzplatz 3
97070 Würzburg

311
ÖKO-WEINGUT ZANG
Kreuzbergstraße 2
97334 Nordheim a.Main

WILHELM ARNOLD

Aufsteiger

Klosterstraße 19b
97236 Randersacker
T +49 (0) 9317 08326
www.arnoldwein.de

Bruno Arnold
Verbände VDP
Rebfläche 10,9 ha
Produktion 80.000 Flaschen
Gründung 1673
Verkaufszeiten Mo–Sa 10–18 Uhr
und nach Vereinbarung

Profil online

In dem denkmalgeschützten Gebäude in der Randersackerer Klosterstraße betreiben die Arnolds bereits in der elften Generation Weinbau. Ganz frankentypisch ist die im Spotlight stehende Rebsorte Silvaner, das ist Ehrensache. Aber auch Riesling, Scheurebe oder Spätburgunder gelingen Bruno Arnold mit links. Für Freunde reiferen Weins werden im Onlineshop auch einige ältere Jahrgänge angeboten.

○ **2018** Randersacker Pfülben Riesling GG
24€ | 13%
○ **2020** Hohenroth Silvaner GG
25€ | 13%
○ **2020** Pfülben Riesling GG
25€ | 13%
○ **2021** Blauer Silvaner
8€ | 12%
○ **2021** No. 7 Silvaner
15€ | 13%
○ **2021** Randersacker Sonnenstuhl Silvaner 1. Lage
15€ | 13,5%
○ **2021** Randersacker Teufelskeller Chardonnay
16,50€ | 13,5%
○ **2021** Scheurebe
8,50€ | 12%
● **2020** Zweigelt
9,50€ | 12,5%
● **2020** Randersacker Marsberg Rieslaner Trockenbeerenauslese 1. Lage
32€ | 12%

WEINGUT AUGUSTIN

Raiffeisenstraße 5
97320 Sulzfeld am Main
T +49 (0) 9321 5663
www.weingut-augustin.de

Arno Augustin
Rebfläche 11 ha
Produktion 70.000 Flaschen
Verkaufszeiten Mo–Sa 9–12 Uhr und 13–18 Uhr
So 10–12 Uhr
und nach Vereinbarung

Profil online

○ **2018** Sulzfelder Cyriakusberg Sauvignon Blanc
13,50€ | 13,5%
● **2018** Sulzfeld Maustal Edition Spätburgunder
25€ | 15%

BIO-WEINGUT LAUDENS BACH

Neu

Segnitzerstraße 35
97252 Frickenhausen a.Main
T +49 (0) 9331 3286
www.laudensbach.de

Reiner & Rolf Laudenbach
Steffi Fröhlich
Verbände Bioland
Rebfläche 5 ha
Produktion 30.000 Flaschen
Verkaufszeiten Mo, Fr 12–17:30 Uhr
Di–Do 8–12 Uhr

Profil online

2018 übernahmen die Brüder Reiner und Rolf Laudenbach relativ kurzentschlossen das Weingut Ulsamer. Den dudelnden Schafbock Laudens Bach, dessen Geschichte sich in einer alten Handschrift auf dem Dachboden fand, machten sie zum Maskottchen und Steffi Fröhlich zur Betriebsleiterin. Das unkonventionelle Weingut wurde eine Erfolgsgeschichte und ist biozertifiziert.

2021 Frickenhäuser Kapellenberg Flurstück alte Rebe Silvaner
11,50€ | 12,5%

2021 Frickenhäuser Kapellenberg Flurwerk Weißburgunder
9,50€ | 11%

2020 Muskateller extra brut
14€ | 11,5%

WEINGUT BALDAUF

Hauptstraße 42
97729 Ramsthal
T +49 (0) 9704 1595
www.baldaufwein.de

Gerald & Ralf Baldauf
Bastian Baldauf
Verbände Ecovin, Frank & Frei
Rebfläche 52 ha
Produktion 380.000 Flaschen
Gründung 1966
Verkaufszeiten Mo–Fr 9–18 Uhr
Sa 9–16 Uhr

Profil online

2021 Erste Versuchung Rosé Cuvée trocken
7,50€ | 12,5%

2022 Frank & Frei Secco saignée Spätburgunder
8€ | 12%

STEFAN BARDORF

Ochsenfurter Straße 4
97236 Randersacker
T +49 (0) 170 4020 159
www.weingut-bardorf.com

Stefan Bardorf
Rebfläche 3,2 ha
Produktion 21.000 Flaschen
Gründung 1965
Verkaufszeiten Mo–So 8–20 Uhr und nach Vereinbarung

Profil online

1965 von Günther Bardorf gegründet wird das Familienweingut inzwischen in zweiter Generation von Sohn Stefan betrieben. Die jahrzehntealte Tradition schlägt sich auch in seiner Arbeitsweise wider. Das Altbewährte wird voller Eifer fortgeführt, während der Blick immer in die Zukunft gerichtet ist. So befindet sich das Weingut gerade in der Umstellung auf ökologischen Weinbau, um die ohnehin schon naturnahe und umweltschonend ausgerichtete Philosophie zu unterstreichen. Die meisten Weine sind spontan vergoren und trotz Holzfassausbaus von kühler Präzision.

○ **2017** Randersackerer Ewig Leben RR Sauvignon Blanc Spätlese trocken
19€ | 13,5%

○ **2017** Randersackerer Sonnenstuhl Alte Reben Riesling Spätlese trocken
17€ | 13%

○ **2019** Randersackerer Marsberg Alte Reben RR Silvaner „GG"
32€ | 13%

○ **2019** Randersackerer Marsberg Alte Reben Silvaner
17€ | 13%

○ **2020** Randersackerer Marsberg Alte Reben Silvaner „GG"
14,50€ | 13%

○ **2020** Randersackerer Sonnenstuhl Silvaner 1. Lage
9€ | 12,5%

○ **2021** Randersackerer Marsberg Alte Reben zwei Freunde Wein Silvaner 1. Lage
9,50€ | 13%

● **2019** Randersackerer Marsberg Riesling Trockenbeerenauslese
149€ | 6%

WEINHAUS BOESSNECK

Aufsteiger

Lange Gasse 26–28
97346 Iphofen
T +49 (0) 1758 2253 94
www.boessneck.com

Mathias Meimberg & Johannes Arnold
Mathias Meimberg
Verbände Fränkischer Weinbauverband
Rebfläche 0,89 ha
Produktion 2.600 Flaschen
Verkaufszeiten nach Vereinbarung

Profil online

Die Weinpartnerschaft um Johannes Arnold und Mathias Meimberg wird zehn Jahre alt! An der Berufsschule hatten sie sich einst kennengelernt, bevor sie 2012 in Franken wieder aufeinandertrafen und beschlossen, ein gemeinsames Projekt in die Wege zu leiten. Seither widmen sie sich der Produktion von Weinen aus naturnahem Anbau. Auf ihren nicht einmal einen Hektar großen Rebflächen im Julius-Echter-Berg und Rödelseer Schwanleite wachsen neben Silvaner vor allem Spätburgunder und Chardonnay, die die beiden für ihre Herzensprodukte verwenden: die Schaumweine.

- Black Chardonnay brut nature
  55€ | 13%
- Black Spätburgunder brut nature
  55€ | 13%
- Resolut Chardonnay brut
  28€ | 12,5%
- resolut Spätburgunder brut
  28€ | 12,5%
- resolut Spätburgunder brut
  28€ | 13%
- resolut Spätburgunder brut nature
  28€ | 12,5%

trinkreif

- **2017** Silvaner
  25€ | 12,6%
- **2016** Spätburgunder
  34€ | 13,6%
- **2013** Resolut Spätburgunder brut nature
  59€ | 12,5%

FAMILIENWEINGUT BRAUN

Blütenstraße 22
97332 Volkach
T +49 (0) 9381 80730
www.weingut-braun.de

Thomas Braun
Kristin Zwiener
Rebfläche 16 ha
Gründung 1965
Verkaufszeiten Di–So 9–18 Uhr

Profil online

Wer den perfekten Ausgangspunkt für eine kulinarisch-vinophile Frankenreise sucht, ist bei Heike und Thomas Braun genau richtig. Selbst das weitere Herumreisen wird optional, denn Gastwirtschaft, Weinlaube und Hotel fallen hier schon unter ein Dach. Im breiten Sortenspektrum, um dessen Ausbau sich Kellermeisterin Kristin Zwiener kümmert, finden sich Weine für jeden Geschmack.

- **2018** Chardonnay Spätlese trocken
  15€ | 13%
- **2018** Mutig Sauvignon Blanc Spätlese trocken
  15€ | 13%
- **2019** Chardonnay Spätlese trocken
  15,50€ | 13,5%
- **2021** Muskateller
  9€ | 11,5%
- **2021** Stammheimer Eselsberg Rieslaner Spätlese
  12,50€ | 12,5%
- **2021** Volkacher Ratsherr Scheurebe Spätlese
  12,50€ | 11,5%
- **2021** Volkacher Ratsherr Silvaner Kabinett trocken
  8€ | 11,5%
- **2021** Volkacher Ratsherr Traminer Kabinett feinherb
  8,50€ | 13%
- **2021** Volkacher Ratsherr Traminer Spätlese trocken
  12,50€ | 13%

- 2018 Spätburgunder
  8€ | 13,5%
- 2019 Cabernet Sauvignon
  18,50€ | 13,5%
- 2019 Trilogie Cuvée
  12,50€ | 13,5%
- 2021 Rosenmuskateller Spätlese
  14€ | 10%
- 2018 Mutig Rosenmuskateller Beerenauslese
  20€ | 11,5%

WEINGUT BRENNFLECK *Aufsteiger*

Papiusgasse 7
97320 Sulzfeld am Main
T +49 (0) 9321 4347
www.weingut-brennfleck.de

Hugo Brennfleck
Rebfläche 31 ha
Produktion 256.000 Flaschen
Gründung 1591
Verkaufszeiten Mo–Fr 8–17 Uhr
Sa 10–16 Uhr
und nach Vereinbarung

Profil online

Das wichtigste Leitmotiv in der Arbeitsweise von Susanne und Hugo Brennfleck ist wohl die Symbiose aus Altem und Neuem. Dieses Motiv setzt sich architektonisch wie önologisch durch. Da trifft der Lehenshof aus dem späten 15. Jahrhundert auf das postmodern gestaltete Kelterhaus, dort der naturnahe Weinbau mit viel Handarbeit auf moderne Methoden der Vinifikation und ein breites Sortenspektrum. Auf ihren 31 Hektar Rebfläche wachsen neben Silvaner in allen Qualitäts- und Prädikatsstufen hauptsächlich Riesling und weiße wie rote Burgundersorten.

- 2018 Escherndorfer Lump Himmelsleiter Riesling „GG"
  28€ | 13,5%
- 2018 Sulzfelder Maustal Mönchshöflein Silvaner „GG"
  28€ | 14%
- 2019 Sulzfelder Maustal Muschelkalk S Silvaner 1. Lage
  13€ | 14%
- 2020 Escherndorfer Lump Himmelsleiter Riesling
  28€ | 13,5%
- 2020 Escherndorfer Lump Himmelsleiter Riesling „GG"
  28€ | 13%
- 2020 Sulzfelder Maustal JHB S Silvaner
  15€ | 13%
- 2020 Sulzfelder Maustal Mönchshöflein Silvaner „GG"
  28€ | 13%
- 2021 Anna-Lena Silvaner trocken
  9,20€ | 12%
- 2021 Escherndorfer Lump JHB S Riesling 1. Lage
  18€ | 13%

○ **2021** Iphöfer Kammer Keuper
S Silvaner 1. Lage
13€ | 13%

○ **2021** Iphöfer Kronsberg Scheurebe
9,90€ | 12,5%

○ **2021** Iphöfer Kronsberg Silvaner
9,90€ | 12,5%

○ **2021** Sulzfelder Maustal Muschelkalk
S Silvaner 1. Lage
13€ | 13%

○ **2021** Sulzfelder Sonnenberg Alte Reben
Silvaner
13€ | 12,5%

○ **2021** Sulzfelder Sonnenberg Blauer
Silvaner
11€ | 12,5%

○ **2022** Sulzfelder Maustal Riesling
9,90€ | 12,5%

● **2018** Sulzfelder Cyriakusberg Antonia
Spätburgunder
20€ | 14%

● **2021** Spätburgunder
8,90€ | 12%

● **2018** Silvaner brut
15€ | 12,5%

trinkreif

○ **2017** Escherndorfer Lump Himmelsleiter
Riesling „GG"
28€ | 14%

● **2015** Sulzfelder Sonnenberg Silvaner
Beerenauslese
25€ | 7,5%

BÜRGERSPITAL ZUM HEILIGEN GEIST

Aufsteiger

Theaterstraße 19
97070 Würzburg
T +49 (0) 931 3503 441
www.buergerspital-weingut.de

Stiftung Bürgerspital zum Hl. Geist
Robert Haller
Elmar Nun
Verbände VDP
Rebfläche 120 ha
Produktion 820.000 Flaschen
Gründung 1316
Verkaufszeiten Weinvertrieb
Mo–Do 8–17 Uhr
Fr 8–15 Uhr
Weinhaus
(Ecke Theater-/Semmelstraße)
Mo 9–18 Uhr
Di–Sa 9–24 Uhr
So 11–18 Uhr

Profil online

Das Weingut ist eines der größten und ältesten Deutschlands, Mitgründer des VDP und gilt als Geburtshaus des Bocksbeutels. In den einzigartigen Weinlagen wie Würzburger Stein, Stein-Berg und der Monopollage Stein-Harfe gedeihen auf Muschelkalk überwiegend die klassischen Sorten Silvaner, Riesling und die Burgunder. Das Weingut, geleitet von Robert Haller, ist Teil der Stiftung Bürgerspital zum Hl. Geist, deren Zweck, die Aufnahme von pflegebedürftigen Menschen, bis heute fortgeführt wird. Jede verkaufte Flasche Wein unterstützt das soziale Engagement.

○ **2019** Randersackerer Marsberg RR
Riesling 1. Lage
13,90€ | 12%

○ **2019** Würzburger Silvaner
9,90€ | 13,5%

○ **2019** Würzburger Stein Hagemann
Riesling GG
40€ | 13%

○ **2019** Würzburger Stein
Silvaner 1. Lage
13,90€ | 13%

○ **2019** Würzburger Stein
Weißburgunder 1. Lage
13,90€ | 13%

○ **2019** Würzburger Stein-Harfe
Riesling GG
29€ | 13%

2019 Würzburger Stein-Harfe Silvaner GG
29€ | 13,5%

2021 Randersackerer Pfülben Riesling GG
29€ | 13%

2021 Würzburger Innere Leiste Silvaner 1. Lage
14,40€ | 13%

2021 Würzburger Pfaffenberg Silvaner 1. Lage
13,90€ | 13%

2021 Würzburger Silvaner
9,90€ | 12%

2021 Würzburger Stein Chardonnay 1. Lage
19,90€ | 13%

2021 Würzburger Stein Riesling 1. Lage
14,90€ | 12,5%

2021 Würzburger Stein Silvaner 1. Lage
14,90€ | 13%

2021 Würzburger Stein Weißburgunder 1. Lage
14,90€ | 13%

2021 Würzburger Stein-Berg Riesling GG
40€ | 12,5%

2021 Würzburger Stein-Harfe Silvaner GG
29€ | 13,5%

2018 Veitshöchheimer Sonnenschein R Spätburgunder 1. Lage
23€ | 13%

2020 Veitshöchheimer Sonnenschein Spätburgunder 1. Lage
23€ | 13%

2016 Cuvée brut
14,40€ | 12%

2018 Riesling brut
13,40€ | 12,5%

2020 Würzburger Stein-Harfe Riesling Beerenauslese
60€ | 7%

trinkreif

2015 Würzburger Stein Riesling Trockenbeerenauslese 1. Lage
140€ | 6%

SEKTHAUS BURKHARDTSCHÜR

Raiffeisenring 1
63927 Bürgstadt
T +49 (0) 9371 6688 732
www.burkhardtschuer.de

Laura Burkhardt & Sebastian Schür
Laura Burkhardt
Sebastian Schür
Verbände Verband traditioneller Sektmacher
Rebfläche 0 ha
Produktion 5.000 Flaschen
Gründung 2012
Verkaufszeiten nach Vereinbarung

Profil online

Laura Burkhardt und Sebastian Schür feiern Zehnjähriges! Im Jahr 2012 hatten sie beschlossen, gemeinsam ein Sekthaus zu gründen, und rannten damit sprichwörtlich offene Türen ein. Als sechs Jahre später der Erstlingssekt degorgiert und verkauft wurde, kam er genau zum richtigen Zeitpunkt. Der Trend zum (handgemachten deutschen) Schaumwein schien und scheint nicht abzuflachen, und so erfreut sich das Duo weiterhin größter Beliebtheit. Ihr Portfolio umfasst zurzeit fünf Sekte aus den klassischen Burgundersorten, die auch in der Champagne zum Einsatz kommen.

2012 Blanc de Noirs Pinot Noir brut nature
36€ | 12,5%

2012 Blanc de Noirs Spätburgunder brut nature
52€ | 12,5%

2014 Cuvée Rosé brut
24€ | 12%

2014 Pinot Meunier brut
24€ | 12%

2015 Blanc de Blancs Chardonnay brut
30€ | 12,5%

2015 Blanc de Noirs Cuvée brut
24€ | 12%

2016 Blanc de Blancs Chardonnay brut
30€ | 12,5%

2017 Blanc de Blancs Chardonnay brut
30€ | 12,5%

2018 Cuvée brut
28€ | 12,5%

FÜRSTLICH CASTELL'SCHES DOMÄNENAMT

Schlossplatz 5
97355 Castell
T +49 (0) 9325 60160
www.castell.de

Ferdinand Fürst zu Castell-Castell
Peter Geil
Christian Frieß & Reinhard Frinbach
Verbände VDP
Rebfläche 70 ha
Produktion 450.000 Flaschen
Verkaufszeiten Mo–Fr 10–18 Uhr
Sa 10–16 Uhr

Profil online

Seit fast 800 Jahren widmen sich die Castells dem Weinbau. Das Weingut, das sich zunehmend zu einem der wichtigsten Botschafter des deutschen Silvaners entwickelt, ist nach wie vor in Familienbesitz. Um die Vinifikation der Trauben aus 70 Hektar Rebfläche, vieles davon eben jener Silvaner, kümmern sich gleich zwei Kellermeister. Dass das Weingut die GGs ihrer Prestigesorte nunmehr erst nach fünf Jahren Flaschenreife auf den Markt gibt, ist kein Marketing-Gag, sondern ein klares Statement für das Reizpotential dieser allzu oft unterschätzten Rebsorte.

○ **2018** Granit Cuvée
22€ | 13%

○ **2019** Apriles Silvaner
28€ | 13,5%

○ **2019** Die Gefährten Fürstin Marie-Louise Cuvée
11€ | 13%

○ **2019** Hohnart Silvaner 1. Lage
16,50€ | 13,5%

○ **2019** Kugelspiel Silvaner 1. Lage
14,50€ | 13,5%

○ **2020** Hohnart Silvaner
17€ | 12,8%

○ **2021** Scheurebe
8,50€ | 12%

○ **2021** Silvaner
8,50€ | 11,5%

○ **2021** Silvaner
8,50€ | 12%

○ **2021** Weißburgunder
8,50€ | 12%

trinkreif

○ **2006** Silvaner GG
50€ | 14,3%

○ **2008** Schlossberg Riesling
48,50€ | 13,5%

○ **2008** Schlossberg Silvaner GG
38,50€ | 13,5%

○ **2015** Schlossberg Silvaner GG
35€ | 14,5%

○ **2016** 6. Apriles anno 1659 Silvaner
26€ | 13,5%

● **2015** Cuvée C
25€ | 13,5%

● **2016** Kugelspiel Silvaner Trockenbeerenauslese
70€ | 7,5%

HELMUT CHRIST

Volkacher Straße 6
97334 Nordheim a.Main
T +49 (0) 9381 2806
www.weingut-helmut-christ.de

Helmut & Angelika Christ
Michael Christ
Verbände Demeter
Rebfläche 12,5 ha
Produktion 92.000 Flaschen
Gründung 1974
Verkaufszeiten Mo–Sa 8–12 Uhr und 13–18 Uhr
und nach Vereinbarung

Profil online

Helmut Christ hat die Risiken des konventionellen Weinbaus am eigenen Leib zu spüren bekommen. Nachdem er nach dem Ausbringen von Insektiziden mehrfach Vergiftungserscheinungen an seinem Körper festgestellt hatte, wurde ihm klar, dass umgedacht werden musste. So wurde er zu einem der ersten und einflussreichsten Pioniere für den Bio-Wein in Franken. Seit 1974 wird das Weingut ökologisch bewirtschaftet und so tut es auch Sohn Michael seit seinem Einstieg in den elterlichen Betrieb. Dabei entstehen besonders charaktervolle Guts-, Lagen- und Spitzenweine.

○ **2019** Volkacher Ratsherr Silvaner Spätlese „GG" trocken
19€ | 13,5%

○ **2021** Nordheimer Kreuzberg Müller-Thurgau Kabinett trocken
7,50€ | 12%

○ **2021** Nordheimer Vögelein Alte Rebe Silvaner Spätlese trocken
10,90€ | 12,5%

○ **2021** Volkacher Kirchberg Silvaner Kabinett trocken
8,90€ | 12%

○ **2021** Volkacher Ratsherr Silvaner Spätlese 1. Lage trocken
13€ | 12,5%

WEINGUT DAHMS

August-Borsig-Straße 8
97526 Sennfeld
T +49 (0) 9721 69123
www.weingut-dahms.de

Jürgen & Alexander & Horst Dahms
Jürgen & Alexander Dahms
Jürgen Dahms
Verbände Fränkischer Weinbauverband
Rebfläche 8 ha
Produktion 140.000 Flaschen
Verkaufszeiten Weinladen – der Winzer Dahms
(Brückenstraße 23, 97421 Schweinfurt)
Mi–Fr 12–18 Uhr
Sa 11–15 Uhr

Profil online

Alexander und Jürgen Dahms führen das von ihrem Großvater Richard gegründete Weingut in der dritten Generation. Ihnen liegt neben unverhandelbaren Qualitätsstandards auch die Nahbarkeit des Themas Wein am Herzen. Sie möchten keine verkopften Philosophenweine produzieren, sondern ehrliche Gewächse auf die Flasche bringen, unter denen sich vom Guts- zum Spitzenwein für jeden etwas finden lässt.

○ **2018** Fass N°1 Silvaner „GG"
19€ | 12,5%

○ **2019** Fass N°2 Weißburgunder „GG"
19€ | 12,5%

○ **2021** Gutswein Silvaner
7,50€ | 12%

○ **2021** Mainberger Schloßberg Silvaner Spätlese trocken
12€ | 12%

○ **2021** Schweinfurter Peterstirn Silvaner Kabinett trocken
8€ | 11,5%

● **2018** Mainberger Schlossberg Dahms Pinot Noir
25€ | 13%

WEINGUT DERESER

Maintalstraße 6
97509 Kolitzheim
T +49 (0) 9381 2187
www.weingut-dereser.de

Profil online

Johannes Dereser
Rebfläche 9 ha
Produktion 55.000 Flaschen
Verkaufszeiten nach Vereinbarung

Die Verbindung zum Wein besteht seit über 200 Jahren. Heute betreibt Johannes Dereser sein Weingut zusammen mit Vater Hermann. Auf dem für die Mainschleife charakteristischen Muschelkalkboden wachsen neben Silvaner (40 Prozent) auch Riesling, Weißburgunder, Sauvignon Blanc, Müller-Thurgau, Domina und Spätburgunder. Zum Betrieb gehören eine Ferienwohnung, zwei Gästezimmer und eine Heckenwirtschaft.

○ **2019** Volkacher Ratsherr Wildfang Silvaner
10€ | 13,5%

○ **2021** Stammheimer Eselsberg Riesling
7€ | 12,5%

○ **2021** Stammheimer Eselsberg Weißburgunder
7€ | 13%

○ **2021** Stammheimer Eselsberg Weißburgunder „GG"
10,50€ | 13,5%

○ **2021** Volkacher Ratsherr Sauvignon Blanc
8,30€ | 13,5%

○ **2021** Volkacher Ratsherr Silvaner Kabinett trocken
7€ | 12%

○ **2021** Volkacher Ratsherr Wildfang Silvaner „GG"
10,50€ | 13%

● **2019** Stammheimer Eselsberg Cabernet Sauvignon „GG"
18€ | 13,5%

● **2019** Stammheimer Eselsberg Spätburgunder „GG"
15€ | 13,5%

DIVINO NORDHEIM THÜNGERSHEIM

Langgasse 33
97334 Nordheim a. Main
T +49 (0) 9381 80990
www.divino-wein.de

Gerald Wüst
Felix Reich
Rebfläche 340 ha
Produktion 3.500.000 Flaschen
Gründung 1930
Verkaufszeiten Mo–Sa 10–18 Uhr
So und Feiertag 10–18 Uhr

Profil online

Getreu dem Motto „Frankens Feine Weine" erschafft Kellermeister Felix Reich aus den Trauben seiner 284 Mitglieder ein breites Portfolio unterschiedlicher Gewächse, die jedoch eines gemeinsam haben: Sie stehen für ihre fränkische Herkunft. Doch bei allem Stolz auf das Potenzial der eigenen Lagen und Rebsorten ruht man sich bei Divino nicht in gemütlicher Sicherheit aus, sondern blickt mit offenen Augen auf die (Wein)Welt. Dass sich die Winzergenossenschaft erfolgreich an Bordeaux-Cuvées oder hochwertige Schaumweine wagt, ist ambitioniert und im besten Sinn bemerkenswert.

○ **2018** Divino Chardonnay „GG"
17,50€ | 13,4%

○ **2018** Divino Weißburgunder „GG"
16€ | 13,2%

○ **2018** Escherndorfer Lump Charakter F. Riesling Spätlese trocken
14€ | 13,4%

○ **2018** Primo Cuvée
48€ | 13,7%

○ **2019** Chardonnay „GG"
17,50€ | 13,5%

○ **2019** Escherndorfer Lump Charakter F Steillage Riesling Spätlese trocken
14€ | 12,8%

○ **2019** Nordheimer Vögelein Terroir Riesling
10,90€ | 12,8%

○ **2019** Thüngersheimer Johannisberg Terroir Grauburgunder
10,90€ | 13%

○ **2019** Weißburgunder „GG"
17,50€ | 13,5%

○ **2020** Escherndofer Lump Charakter F Steillage Silvaner Spätlese trocken
16€ | 13,1%

○ **2020** Sauvignon Blanc „GG"
17,50€ | 13,6%

○ **2020** Thüngersheimer Johannisberg Charakter F Alte Reben Riesling Spätlese trocken
14€ | 12,6%

○ **2020** Thüngersheimer Johannisberg Charakter F Alte Reben Silvaner Spätlese trocken
14€ | 13,1%

○ **2021** Franconia Silvaner
7,60€ | 11,4%

○ **2021** Juventa Bacchus
5,80€ | 10,7%

○ **2021** Juventa Chardonnay
6,50€ | 11,6%

○ **2021** Juventa Grauburgunder
6,50€ | 12%

○ **2021** Juventa Riesling
6,50€ | 11,7%

○ **2021** Juventa Scheurebe
5,80€ | 11,3%

○ **2021** Nordheimer Vögelein Terroir Silvaner feinherb
10,90€ | 12%

○ **2021** Retzbacher Benediktusberg Charakter F Terasse & Granit Silvaner Spätlese trocken
18€ | 13,2%

○ **2021** Thüngersheimer Johannisberg Terroir Cuvée
10,90€ | 12,2%

● **2016** Divino Pinot Noir „GG"
23€ | 13,7%

● **2019** Pinot Noir „GG"
17,50€ | 13%

● **2016** Primo Cuvée brut nature
27€ | 12%

● **2017** Primo Cuvée brut nature
27€ | 12,2%

● **2020** Pinot Noir brut
14,50€ | 11,9%

● **2020** Silvaner extra trocken
14,50€ | 11,8%

● **2020** Nordheimer Vögelein Charakter F Traminer Eiswein
44€ | 5,9%

trinkreif

○ **2016** Primo Weißwein-Cuvée „GG"
48€ | 13,7%

● **2016** Primo Rotwein-Cuvée „GG"
48€ | 13,7%

WEINGUT EMMERICH

Einersheimer Straße 47
97346 Iphofen
T +49 (0) 9323 8759 30
www.weingut-emmerich.de

Werner Emmerich
Rebfläche 11 ha
Produktion 60.000 Flaschen
Gründung 1850
Verkaufszeiten Mo–Sa 9–18 Uhr
So 9–12 Uhr

Profil online

Silvia und Martin Emmerich, die als neue Generation ihren Eltern Irmgard und Werner zur Seite stehen, setzen die Philosophie des Vaters fort: Traditionelle Techniken verbunden mit naturnahem Arbeiten und einem stets weltoffenen Blick. Neben viel Handarbeit, Spontanvergärung und bewusstem Holzeinsatz ist für sie Zeit das wichtigste Hilfsmittel der Weinproduktion – und davon so viel wie möglich.

○ **2019** Gewürztraminer Kabinett halbtrocken
9,50€ | 13%

○ **2021** Iphöfer Kronsberg Scheurebe Spätlese feinherb
9,50€ | 12%

● **2015** Réserve Silvaner extra brut
23€ | 13%

WEINGUT FISCHER

Erweinstraße 6
97353 Wiesentheid
T +49 (0) 9383 377
www.fischer-wein.de

Thomas Fischer
Verbände Silvaner Forum, Generation Riesling, Rosenhut
Rebfläche 24 ha
Produktion 135.000 Flaschen
Gründung 1948
Verkaufszeiten Mo–Fr 10–12 Uhr und 14–18 Uhr
Sa 10–12 Uhr und 14–16 Uhr
So 10–12 Uhr

Profil online

Das 1948 von Martin Fischer gegründete Weingut führen heute Thomas und Laura Fischer in dritter Generation. Erklärtes Ziel ist, im Weinberg so naturnah wie möglich mit modernsten umweltschonenden Methoden zu arbeiten. Die Reben stehen auf Keuper, Gipskeuper und Muschelkalk. Im Anbau sind 13 weiße und fünf rote Rebsorten. Seniorchef Jochen Fischer ist für die Edelobstbrennerei verantwortlich. Zum Betrieb gehören eine 2014 eröffnete Vinothek und das Gasthaus Zur Krone.

○ **2019** Wildfang Alte Reben Silvaner
16€ | 14%

○ **2021** Gewürztraminer Spätlese
11€ | 11,5%

○ **2021** Oberschwarzacher Herrenberg Sauvignon Blanc Kabinett trocken
9,50€ | 13%

○ **2021** Oberschwarzacher Herrenberg Silvaner Spätlese trocken
11€ | 13%

○ **2021** Wildfang Alte Reben Grauburgunder
18€ | 14%

○ **2021** Wildfang Alte Reben Silvaner
18€ | 13,5%

● Pet Nat Cuvée
15€ | 12%

WINZERGEMEINSCHAFT FRANKEN

Alte Reichsstraße 70
97318 Kitzingen
T +49 (0) 9321 70050
www.gwf-frankenwein.de

Andreas Oehm
Cornelius Lauter

Rebfläche 1.280 ha
Produktion 14.500.000 Flaschen
Gründung 1959
Verkaufszeiten Mo–Fr 9–18 Uhr
Sa 9–14 Uhr

Profil online

Die GWF ist eine Genossenschaft der Superlative. Mit ihren fast 1300 Hektar, die von über 1250 Mitgliedern bewirtschaftet werden, gehört sie zu den größten in Deutschland. Wenn am Ende knapp 15 Millionen Flaschen dabei entstehen, braucht es jemanden, der den Überblick behält. Cornelius Lauter und sein Team tun dies seit Jahren mit Bravour und keltern eine Vielzahl echter fränkischer Originale.

○ **2017** Stammheimer Eselsberg Silvaner Spätlese trocken
18,50€ | 12,5%

○ **2018** Sulzfelder Cyriakusberg Weißburgunder Spätlese trocken
18,50€ | 14,5%

○ **2018** Sulzfelder Maustal Premium 1er Traube Riesling S pätlese „GG" trocken
16,30€ | 13,5%

○ **2018** Wipfelder Zehntgraf Grauburgunder Spätlese trocken
16,30€ | 14%

○ **2019** Sulzfelder Cyriakusberg Weißburgunder Spätlese trocken
18,50€ | 14%

○ **2019** Wipfelder Zehntgraf Grauburgunder Spätlese trocken
18,50€ | 14%

○ **2019** Zeiler Eulengrund Riesling Spätlese „GG" trocken
16,39€ | 12,5%

○ **2020** Frickenhäuser Kapellenberg Silvaner
18,50€ | 13%

○ **2020** Iphöfer Kalb Silvaner
18,50€ | 13,5%

○ **2020** Königheimer Kirchberg Grauburgunder
18,50€ | 13%

○ **2020** Seinsheimer Hohenbühl Traminer Spätlese
9,50€ | 12,1%

○ **2020** Stettener Stein Silvaner
18,50€ | 13,5%

○ **2020** Tilman Silvaner
6,50€ | 12,6%

○ **2020** Tilman Weißburgunder
6,50€ | 12,9%

○ **2020** Zeiler Eulengrund Riesling
18,50€ | 12,5%

○ **2021** Die jungen Frank'n Müller-Thurgau
5€ | 11,4%

○ **2021** Frankensextett Scheurebe halbtrocken
8,30€ | 10,3%

○ **2021** Frankensextett Weißburgunder
8,30€ | 11,3%

○ **2021** Kellermeisterauswahl Chardonnay
12,50€ | 10,9%

○ **2021** Kellermeisterauswahl Grauburgunder
12,50€ | 12,3%

○ **2021** Kellermeisterauswahl Sauvignon Blanc
14,50€ | 12,2%

○ **2021** Retzstadter Langenberg Scheurebe halbtrocken
7,50€ | 10,3%

○ **2021** Stettener Stein Silvaner Kabinett trocken
7,50€ | 11,6%

○ **2021** Tilman Grauburgunder
6,50€ | 12%

○ **2021** Tilman Muskateller halbtrocken
6,50€ | 10,8%

○ **2021** Tilman Scheurebe halbtrocken
6,50€ | 10,3%

● **2018** Retzstadter Langenberg Spätburgunder
22,50€ | 12,5%

● **2018** Retzstadter Langenberg Spätburgunder „GG"
16€ | 13%

● **2019** Kellermeisterauswahl Spätburgunder
14,50€ | 13,2%

● **2019** Retzstadter Langenberg Spätburgunder
22,50€ | 13,5%

Franken

● **2020** Kellermeisterauswahl Cabernet Dorsa
14,50€ | 12,8%

● **2017** Edition 59 Cuvée Pinot brut
19,50€ | 12%

● **2019** Cult Silvaner extra trocken
13,50€ | 12%

● **2019** Futur Blanc extra trocken
9,50€ | 11%

● **2019** Futur Rosé extra trocken
9,50€ | 11%

SCHLOSS FRANKENBERG

Neu

Schloß Frankenberg 1
97215 Weigenheim
T +49 (0) 9339 9717 40
www.schloss-frankenberg.de

Prof. Dr. Dr. Peter Löw
Maximilian Czeppel
Rebfläche 22 ha
Gründung 2016
Verkaufszeiten nach Vereinbarung

Profil online

Die Weinberge um Schloß Frankenberg wurden schon vor Jahrhunderten dokumentiert, lagen aber wie das Gebäude lange im Dornröschenschlaf. Der neue Besitzer, Professor Dr. Dr. Peter Löw, erweckt seit 2014 Schloß Frankenberg samt dem dazugehörigen Weingut zu neuem Leben. In historischen Lagen stehen Riesling, Weißburgunder, Grüner Silvaner und Blauer Sylvaner. Zum Betrieb gehören zwei Restaurants.

○ **2021** Louisenberg Blauer Silvaner
13,50€ | 12,5%

○ **2021** Louisenberg Riesling
13,50€ | 12,5%

○ **2021** Louisenberg Scheurebe
13,50€ | 12,5%

○ **2021** Louisenberg Silvaner
13,50€ | 12,5%

○ **2021** Louisenberg Traminer
13,50€ | 13%

○ **2021** Louisenberg Weißburgunder
13,50€ | 13,5%

○ **2021** Riesling Kabinett
12,50€ | 10%

○ **2021** Schloß Frankenberg Louise Cuvée weiß
8,50€ | 12%

○ **2021** Schloß Frankenberg Riesling
8,90€ | 12%

○ **2021** Schloß Frankenberg Silvaner
8,90€ | 12%

○ **2021** Selection Alte Reben Silvaner „GG"
21€ | 13%

○ **2021** Selection Florian Löw Riesling „GG"
21€ | 13%

○ **2021** Selection Lara Löw Weißburgunder „GG"
21€ | 13%

2020 **Blanc de Blancs Selection Maximilian Löw Cuvée extra brut**
20€ | 12,5%

2021 **Secco Amalie Löw Cuvée**
8,90€ | 11,5%

MICHAEL FRÖHLICH

Bocksbeutelstraße 41 OT Escherndorf
97332 Volkach
T +49 (0) 9381 2847
www.weingut-michael-froehlich.de

Michael Fröhlich
Michael Fröhlich & Maximilian Fröhlich
Verbände VDP, Frank & Frei
Rebfläche 11 ha
Produktion 80.000 Flaschen
Gründung 1985
Verkaufszeiten Mo–Fr 10–18 Uhr
Sa 10–17 Uhr

Profil online

Michael Fröhlich hat mehr Weinberge als die in der Spitzenlage Escherndorfer Lump, aber dieser Berg hat ihn und sein Weingut geprägt. Sein Vater war in der Winzergenossenschaft Franken, ehe Michael Fröhlich das Gut 1985 übernahm und ausbaute. Sohn Maximilian, Techniker für Weinbau und Önologie, steht als Nachfolger bereit. Hauptrebsorten sind Müller-Thurgau und Silvaner mit je 25 Prozent, auch rote Trauben (15 Prozent) gehören zum Portfolio.

2017 **Escherndorf Am Lumpen 1655 Riesling**
19€ | 13,5%

2018 **Escherndorf Am Lumpen 1655 Riesling**
21€ | 13,5%

2018 **Sarah & Marco Silvaner**
21€ | 13,5%

2019 **Escherndorf Am Lumpen 1655 Silvaner**
21€ | 13,5%

2020 **Escherndorf Am Lumpen 1655 Silvaner GG**
23€ | 13%

2021 **Escherndorfer Fürstenberg Muskateller 1. Lage**
12€ | 12,5%

2021 **Escherndorfer Lump Silvaner 1. Lage**
12€ | 12,5%

2021 **Muskateller halbtrocken**
8€ | 11%

2021 **Riesling**
7,50€ | 12%

2021 **Silvaner**
7,50€ | 11,5%

2021 **Weißburgunder**
10€ | 13%

RUDOLF FÜRST

Hall of Fame

Hohenlindenweg 46
63927 Bürgstadt
T +49 (0) 9371 8642
www.weingut-rudolf-fuerst.de

Paul & Sebastian Fürst
Sebastian Fürst
Verbände VDP, Trias
Rebfläche 21 ha
Produktion 120.000 Flaschen
Gründung 1638
Verkaufszeiten nach Vereinbarung

Profil online

Sebastian Fürst weiß die Geschicke des Weinguts zu lenken. Sein Vater Paul war es, der aus dem Jahrhunderte zurückreichenden Betrieb ein Weingut von Weltrang gemacht hatte. Seine Spätburgunder, die stilistisch den großen französischen Vorbildern in nichts nachstanden, wurden zu einer Messlatte für rote Burgunder aus Deutschland. Mittlerweile hat Sohn Sebastian, der 2007 nach dem Weinbaustudium in den Familienbetrieb zurückgekehrt ist, in Keller und Weinberg die Zügel übernommen und führt das große Werk seines Vaters verlässlich fort. Hier stimmt alles: Die Lagen im Centgrafenberg, der Umgang mit den Trauben und der perfekt dosierte Holzeinsatz machen aus den fränkischen Roten wahre Burgunder.

○ **2018** Astheimer Chardonnay
28€ | 12,5%
○ **2018** Bürgstadter Berg Chardonnay 1. Lage
35€ | 13%
○ **2018** R Chardonnay
49€ | 13%
○ **2018** R Weißburgunder
42€ | 13%
○ **2019** Astheimer Chardonnay
28€ | 12,5%
○ **2019** Centgrafenberg Riesling GG
42€ | 12,5%
○ **2019** R Chardonnay
59€ | 12,5%
○ **2019** R Weißburgunder
42€ | 12,5%
○ **2019** pur mineral Riesling
11€ | 11,5%
○ **2020** Astheimer Chardonnay
32€ | 12,5%
○ **2020** Bürgstadter Berg Chardonnay
39€ | 12,5%
○ **2020** R Chardonnay
69€ | 12,5%
○ **2020** R Weißburgunder
48€ | 12,5%
○ **2021** Centgrafenberg Riesling GG
54€ | 12%
○ **2021** pur mineral Riesling
12,50€ | 11%
● **2018** Berg Spätburgunder 1. Lage
32€ | 13%
● **2018** Bürgstadter Berg Spätburgunder 1. Lage
34€ | 13%
● **2018** Bürgstadter Spätburgunder
19,50€ | 13%
● **2018** Centgrafenberg Spätburgunder GG
59€ | 13,5%
● **2018** Hundsrück Spätburgunder GG
129€ | 13%
● **2018** Klingenberger Spätburgunder
29€ | 13%
● **2018** R Frühburgunder
65€ | 13,5%
● **2018** Schlossberg Spätburgunder GG
79€ | 13%
● **2020** Bürgstadter Berg Spätburgunder
39€ | 13%
● **2020** Centgrafenberg Spätburgunder GG
69€ | 13%
● **2020** Hundsrück Spätburgunder GG
135€ | 13%
● **2020** R Frühburgunder
75€ | 13%
● **2020** Schlossberg Spätburgunder GG
95€ | 13%
● **2020** Tradition Spätburgunder
15,90€ | 13%
● **2015** Mousseux Pinot Noir brut
23€ | 12%

trinkreif

○ **2017** Astheimer Chardonnay
25€ | 13,5%
○ **2017** Chardonnay R
45€ | 13%
○ **2017** R Weißburgunder
42€ | 13%
● **2013** Centgrafenberg Spätburgunder GG
59€ | 13,5%
● **2013** Hundsrück Spätburgunder GG
129€ | 13,5%

● **2017** Bürgstadter Berg Frühburgunder 1. Lage
29€ | 13,5%

● **2017** Bürgstadter Berg Spätburgunder 1. Lage
32€ | 13%

WEINGUT GEIGER & SÖHNE

Aufsteiger

Veitshöchheimer Straße 1
97291 Thüngersheim
T +49 (0) 9364 9605
www.geigerundsoehne.com

Gunter Geiger
Philipp Gehrig
Sebastian Klüpfel
Verbände Fränkischer Weinbauverband
Rebfläche 42 ha
Produktion 400.000 Flaschen
Gründung 1850
Verkaufszeiten Mo–Fr 9–12 Uhr und 14–18 Uhr
Sa 10–13 Uhr

Profil online

Der älteste Weinbaubetrieb in einem der größten Weinorte eines Anbaugebiets zu sein, ist eine Ehre, die nicht vielen zuteilwird. Von den 200 Hektar Rebfläche, die sich um Thüngersheim erstrecken, gehört beinahe ein Viertel zu Familie Geiger. Unter Leitung von Weinbauingenieur Gunter Geiger kümmert sich Kellermeister Sebastian Klüpfel um die Vinifikation der zahlreichen Rebsorten, die hier oftmals sortenrein auf die Flasche kommen. Stolze 18 verschiedene Rebvarianten finden sich im Portfolio, darunter Klassiker, Burgunder-, Bukett- und Piwi-Sorten.

○ **2019** Thüngersheim Johannisberg Big G Chardonnay Spätlese trocken
18,50€ | 14%

○ **2019** Thüngersheim Scharlachberg Big G Wagenwand Silvaner Spätlese trocken
17€ | 14%

○ **2019** Thüngersheim Scharlachberg Erste Geige Vögelswäldle Silvaner
10€ | 13%

○ **2020** Thüngersheim Johannisberg Big Freiberg Chardonnay Spätlese trocken
18,50€ | 13,5%

○ **2020** Thüngersheim Johannisberg Big G Freiberg Sauvignon Blanc Spätlese trocken
18,50€ | 14%

○ **2020** Thüngersheim Johannisberg Big G Pinot Blanc Weißburgunder Spätlese trocken
17€ | 13,5%

○ **2020** Thüngersheim Scharlachberg Big Wagenwand Silvaner Spätlese trocken
17€ | 14%

○ **2021** Thüngersheim Scharlachberg Erste Geige Scheurebe 1. Lage
10,20€ | 13%

WEINGUT GIEGERICH

Weichgasse 19
63868 Großwallstadt
T +49 (0) 6022 6553 55
www.weingut-giegerich.de

Kilian & Philipp & Klaus Giegerich
Kilian & Philipp Giegerich
Verbände Frank & Frei
Rebfläche 16 ha
Produktion 100.000 Flaschen
Gründung 1994
Verkaufszeiten Di–Fr 10–12 Uhr und 14–18 Uhr
Sa 9–13 Uhr

Profil online

Dass Weinbau mehr sein kann als die Produktion möglichst vieler Flaschen, zeigt Familie Giegerich aus Franken. Klaus Giegerich und seine Söhne Kilian und Philipp, zuständig für die Kellerarbeit, bewirtschaften ihr Weingut zertifiziert biologisch mit viel Handarbeit und Liebe zur Natur. Das schlägt sich auch in den Weinen nieder, die zunehmend aus Silvaner und den Burgundersorten gekeltert werden.

○ **2018** Rücker Schalk Silvaner
22€ | 13,7%

○ **2020** Grosswallstadter Lützeltalerberg Alte Reben Silvaner
15€ | 13%

○ **2020** Rücker Schalk Silvaner
24€ | 12,5%

○ **2021** Muskateller
9,30€ | 11,5%

○ **2021** Müller-Thurgau
8,30€ | 11,5%

○ **2021** Silvaner
9,30€ | 12%

WEINGUT GÖBEL

Friedhofstraße 9
97236 Randersacker
T +49 (0) 931 7093 80
www.weingutgoebel.de

Martin Göbel
Rebfläche 8 ha
Produktion 45.000 Flaschen
Gründung 1603
Verkaufszeiten Mo–Fr 9–18 Uhr
Sa 9–16 Uhr
und nach Vereinbarung

Profil online

Wer auf beinahe 420 Jahre Weinbauerfahrung in der Familie zurückblicken kann, läuft nicht allzu schnell Gefahr, sich in windigen Moden und Trends zu verlieren. In Martin Göbels Weingut wird großer Wert auf traditionelle Arbeitsweise, schonenden Umgang mit den Trauben und naturverträgliches Arbeiten gelegt – bar jeder Floskel. Der Erfolg seiner zupackenden, herkunftsgeprägten Weine gibt ihm recht.

○ **2018** Randersackerer Pfülen Roots Riesling
15€ | 13,5%

○ **2018** Randersackerer Sonnenstuhl Roots Silvaner
12,50€ | 13,8%

○ **2019** Randersackerer Pfülben Roots Silvaner
13,50€ | 14%

● **2018** Randersackerer Marsberg Albalonga Roots Trockenbeerenauslese
35€ | 8%

SCHLOSS HALLBURG

Schloss Hallburg
97332 Volkach
T +49 (0) 9381 2415
www.weingut-schloss-hallburg.de

Paul Graf von Schönborn
Georg Hünnerkopf
Klaus Wagenbrenner
Verbände Bioland
Rebfläche 35 ha
Produktion 250.000 Flaschen
Gründung 1806
Verkaufszeiten Weingut
Mo–Do 8.30–16 Uhr
Fr 8.30-13 Uhr
Vinothek
Jan.
Sa, So und Feiertag 11–17 Uhr
Febr.–März
Mi–So und Feiertag 11–17 Uhr
April–Okt.
Mo–So 11–17 Uhr
Nov.–Dez.
Mi–So und Feiertag 11–17 Uhr
und nach Vereinbarung

Profil online

Schon über 200 Jahre ist das Weingut im Besitz der Grafen von Schönborn-Wiesentheid. Seit 2018 wird hier zertifizierter biologischer Weinbau betrieben, auch die angeschlossene Landwirtschaft ist ökologisch bewirtschaftet. Stolz ist man auf das Clos der mit Bruchsteinmauern umfriedeten Weinberge mit besonderem Mikroklima am Hallburger Schlossberg.

○ **2019** Hallburger *** Weißburgunder
19,90€ | 13%

○ **2019** Hallburger Grauburgunder
19,90€ | 13%

○ **2021** Genus 06.10.2021 Cuvée
11,70€ | 12%

○ **2021** Hallburger Schlossberg Hallburger Schlossberg Silvaner
17,50€ | 12%

○ **2021** Ratsherr Volkacher Ratsherr Silvaner
19,90€ | 13%

● **2015** Halburger Schlossberg *** Spätburgunder
29,90€ | 13,5%

SEKTMANUFAKTUR ALBERT HASENSTEIN

Gickelhausen 17
91587 Adelshofen
T +49 (0) 9865 9412 915
www.toppler-sekt.de

Albert Hasenstein
Verbände Ordre Mondial de Gourmets Degustateurs
Gründung 2011
Verkaufszeiten Fr 13–16 Uhr und nach Vereinbarung

Profil online

Mit dem Sektgut Albert Hasenstein ist Deutschland vor etwas über zehn Jahren um einen Produzenten qualitativ hochwertiger Schaumweine reicher geworden. Dass Sekt und Co. mehr sind als nur das nette Beiwerk der Stillweinherstellung, stand für den ausgebildeten Küfermeister und Winzer schon immer außer Frage. Das variantenreiche Portfolio bietet neben jungen Sekten auch einige gereifte Raritäten.

- **2012** Riesling brut
  30€ | 12%
- **2014** Toppler Riesling brut
  25€ | 13%
- **2018** Pinot Noir brut
  16€ | 14%

WEINGUT HÖFLING

Aufsteiger

Kellereigasse 14
97776 Eußenheim
T +49 (0) 9353 7632
www.weingut-hoefling.de

Klaus Höfling
Höfling
Klaus Höfling
Verbände Silvaner Forum, Fränkisches Gewächs
Rebfläche 21 ha
Produktion 120.000 Flaschen
Gründung 1988
Verkaufszeiten Mo–Sa 9–18 Uhr und nach Vereinbarung

Profil online

Klaus Höfling übernahm 2007 das von Vater Werner Höfling gegründete Weingut. Wichtiger als Tradition sind ihm gute Weine, die zur heutigen Zeit passen und zu gutem Essen. Davon überzeugen sich jedes Jahr viele hundert Gäste in der kleinen Saison-Gastronomie seiner Mutter Marianne. Vater Werner ist eine wichtige Säule im Weinberg. Als Kleinod gilt der Gambacher Kalbenstein, eine der letzten verbliebenen ursprünglichen Terrassenlagen in Franken. Hier steht Höflings Spätburgunder. In der Lage Homburg Gössenheim wächst die Vielzahl seiner Weißweinsorten.

- **2018** Homburg-Gössenheimer Sauvignon Blanc
  12€ | 13,5%
- **2019** Kalbenstein Gambach Rotherberg Silvaner „GG"
  30€ | 14%
- **2019** Stein Stetten Grenzstein Silvaner „GG"
  21€ | 13,3%
- **2020** Kalbenstein Gambach Rotherberg Silvaner „GG"
  35€ | 14%
- **2020** Stein Stetten Grenzstein Silvaner „GG"
  21€ | 13,5%
- **2018** Kalbenstein Gambach Spätburgunder „GG"
  35€ | 14%

trinkreif

- **2017** Kalbenstein Gambach Spätburgunder „GG"
  30€ | 14%

WEINGUT HÖHN

Neu

Köhler 31
97332 Volkach
T +49 (0) 9381 9253
www.weingut-hoehn.de

Peter Höhn
Rebfläche 6 ha
Verkaufszeiten Mai–Okt.
Mo–So 10–18.00 Uhr
Di geschlossen
Nov.–April
Mo–Fr 10–18 Uhr
Di geschlossen
Sa und So 10–13 Uhr

Profil online

1991 machte Peter Höhn seinen Meister und stellte den Betrieb des Vaters, Alfred Höhn, von Traubenerzeugung auf Selbstvermarktung um. Sohn Felix schloss 2018 sein Weinbau- und Önologiestudium in Geisenheim ab und komplettiert mit frischen Ideen den Dreigenerationenbetrieb. Die Reben stehen auf Muschelkalk und Mergel. Das Weingut bietet auch Gästezimmer, Kanu-Touren und einen Winetrailer.

○ **2019** Escherndorfer Fürstenberg Edition Silvaner Spätlese trocken
9,90€ | 14%

○ **2020** Escherndorfer Lump Scheurebe Spätlese trocken
7,50€ | 12,5%

○ **2021** Escherndorfer Lump Silvaner Kabinett trocken
14,10€ | 12%

○ **2021** Escherndorfer Lump Silvaner Kabinett trocken
9,90€ | 12%

WEINGUT HOFMANN

Aufsteiger

Strüther Straße 7
97285 Röttingen
T +49 (0) 9338 1577
www.weinguthofmann.com

Jürgen & Alois Hofmann
Rebfläche 9 ha
Produktion 60.000 Flaschen
Verkaufszeiten Mo–Sa 8–12 Uhr und 13–18 Uhr

Profil online

Im Weingut von Alois und Jürgen Hofmann gibt es Geschichte zum Anfassen und Probieren. Der Tauberschwarz, eine autochthone Rebsorte aus dem Taubertal, den Hofmann rebsortenrein ausbaut, ist eine echte Rarität und nur noch bei ganz wenigen Weingütern im Katalog zu entdecken. Doch auch abseits der vinophilen Brauchtumspflege weiß Jürgen Hofmann den fränkischen Charakter seiner auf neun Hektar Rebfläche gewachsenen Trauben herauszuarbeiten. Dessen natürliche Basis bilden die seltenen, mit Feuerstein durchzogenen Muschelkalkböden rund um Röttingen.

○ **2019** Röttinger Feuerstein *** Riesling Spätlese trocken
9,80€ | 12,5%

○ **2019** Röttinger Feuerstein Sankt Martin Riesling Spätlese halbtrocken
11,50€ | 12%

○ **2019** Röttinger Feuerstein Silvaner Spätlese trocken
9,80€ | 12,5%

○ **2019** Röttinger Feuerstein Silvaner Spätlese trocken
11,50€ | 13%

○ **2021** Röttinger Feuerstein *** Silvaner
11,80€ | 12,5%

○ **2021** Röttinger Feuerstein Aus dem Grantfass Silvaner
15,80€ | 12,5%

○ **2021** Röttinger Feuerstein Flint Cuveè
7€ | 11,5%

○ **2021** Röttinger Feuerstein R Chardonnay
18,50€ | 13%

○ **2021** Röttinger Feuerstein R Silvaner
15,80€ | 12,5%

○ **2021** Röttinger Feuerstein Riesling Kabinett trocken
7,90€ | 11,5%

○ **2021** Röttinger Feuerstein Silvaner Kabinett trocken
7,90€ | 11,5%

○ **2021** Röttinger Feuerstein Silvaner Spätlese trocken
10,80€ | 12%

○ **2021** Röttinger Feuerstein Tauberschwarz
9,50€ | 13,5%

○ **2021** Weißburgunder
9,80€ | 12,5%

● **2018** Röttinger Feuerstein R Spätburgunder
21€ | 14%

● **2018** Röttinger Feuerstein RR Tauberschwarz
25€ | 13,5%

● **2019** Markelsheim Probstberg Tauberschwarz R
22€ | 13,5%

● **2019** Röttinger Feuerstein RR Spätburgunder
26€ | 13,5%

● **2019** Röttinger Feuerstein Tauberschwarz RR
26€ | 13,5%

trinkreif

● **2017** Röttinger Feuerstein RR Spätburgunder
25€ | 13,5%

● **2017** Markelsheim Probstberg R Tauberschwarz
21€ | 13,5%

● **2017** Röttinger Feuerstein R Tauberschwarz
21€ | 13,5%

NILS HOHNHEIT

Aufsteiger

Edelmannstraße 11
63755 Alzenau
T +49 (0) 6023 9167 303
www.weingut-nh.de

Nils Hohnheit
Verbände Fränkischer Weinbauverband
Rebfläche 4 ha
Produktion 25.000 Flaschen
Gründung 2016
Verkaufszeiten Mo und Fr 16–18 Uhr
Sa 10–14 Uhr
und nach Vereinbarung

Profil online

Ein Château in den Ausläufern des Spessart, so wirkt das schmucke Fachwerkhaus, in dem Jungwinzer Nils Hohnheit seit 2016 sein Weingut führt. Nach der Ausbildung zum Önologen und Weinbautechniker übernahm er mit 21 Jahren einen alten Familienbetrieb und verfolgt seitdem das Ziel, Weine zu produzieren, die durch ihre Herkunftscharakteristik längerfristig eine Visitenkarte der Region werden sollen.

○ **2018** Hörstein Abtsberg Alte Reben Müller-Thurgau Kabinett trocken
9€ | 12,5%

○ **2020** Hörsteiner Abtsberg Zehntschluck Riesling 1. Lage halbtrocken
18€ | 12%

○ **2020** Hörsteiner Abtsberg Zehntschluck Weißburgunder 1. Lage
18€ | 13%

○ **2021** Hörstein Bacchus
8€ | 11,5%

○ **2021** Hörsteiner Abtsberg Zehntstück Weißburgunder
10€ | 12%

JULIUSSPITAL

Klinikstraße 1
97070 Würzburg
T +49 (0) 9313 9314 00
www.juliusspital-weingut.de

Stiftung Juliusspital Würzburg
Horst Kolesch
Nicolas Frauer & Helmut Klüpfel
Verbände VDP
Rebfläche 180 ha
Produktion 1.100.000 Flaschen
Verkaufszeiten Mo–Fr 10–18 Uhr
Sa 10–16 Uhr

Profil online

1576 gründete Fürstbischof Julius Echter die Stiftung Juliusspital mit gemeinnützigem Auftrag: Krankenhaus, Seniorenstift sowie Hospiz- und Palliativmedizin. Die Aufgaben werden auch mit den Gewinnen des Weingutes erfüllt. Horst Kolesch leitet zusammen mit dem Chef-Önologen Nic Frauer dieses zweitgrößte Weingut Deutschlands. Über 100 Kilometer Luftlinie und ganz Weinfranken erstrecken sich die Weinberge auf Buntsandstein, Muschelkalk und Keuper. Silvaner beansprucht 40 Prozent der Rebfläche, damit ist das VDP-Weingut das größte Silvanerweingut überhaupt. Zum Betrieb gehört auch ein Restaurant.

2018 Iphöfer Julius-Echter-Berg Silvaner GG
30€ | 13,5%

2018 Sauvignon Blanc
32€ | 13,5%

2018 Volkacher Karthäuser Weißburgunder GG
32€ | 13,5%

2018 Würzburger Abtsleite Traminer 1. Lage
35€ | 13,5%

2018 Würzburger Stein Riesling GG
32€ | 13,5%

2018 Würzburger Stein Silvaner GG
30€ | 13,5%

2019 Iphöfer Kronsberg Silvaner 1. Lage
13,50€ | 13%

2019 Würzburger Stein Riesling 1. Lage
15€ | 13%

2019 Würzburger Stein Silvaner 1. Lage
15€ | 13%

2019 Würzburger Stein-Berg Silvaner GG
32€ | 13,5%

2020 Iphöfer Julius-Echter-Berg Silvaner GG
32€ | 13%

2020 Volkacher Karthäuser Weißburgunder GG
32€ | 13%

2020 Würzburger Stein-Berg Riesling GG
32€ | 12,5%

2020 Würzburger Stein-Berg Silvaner GG
32€ | 13,5%

2021 Riesling
9€ | 12%

2021 Sauvignon Blanc
9,50€ | 11,5%

2021 Weißburgunder
9€ | 12%

2021 Würzburger Abtsleite Muskateller 1. Lage halbtrocken
15€ | 11%

2021 Würzburger Stein Silvaner 1. Lage
15€ | 12,5%

2017 Juliusspital Rosé brut
15€ | 11,5%

2019 Weißburgunder brut
19,50€ | 12%

2020 Pinot Noir brut
15€ | 11,5%

trinkreif

2015 Würzburger Stein Riesling Trockenbeerenauslese
85€ | 9%

2017 Würzburger Stein Riesling Trockenbeerenauslese
85€ | 6,5%

Franken

KORBUS WINE

Neu

Breslauer Straße 2
97225 Zellingen
T +49 (0) 1714 8478 17
www.korbus-wine.com

Thomas Korbus
Manuel Etthöfer
Rebfläche 5 ha
Produktion 20.000 Flaschen
Gründung 2019
Verkaufszeiten nach Vereinbarung

Profil online

40 Jahre seines Lebens war Tom Korbus Unternehmer in der Tourismusbranche. 2016 keimte dann die Idee, Wein anzubauen und herzustellen. Es begann mit dem Kauf eines Weinfeldes auf Mallorca. Auch in Franken entdeckte er gemeinsam mit dem erfahrenen Winzer Manuel Etthöfer unbebaute Flächen, die sich perfekt für Weinanbau eignen. Zusammen schreiben beide eine ungewöhnliche Geschichte.

○ **2020** Escherndorfer Lump Silvaner 1. Lage
14,50€ | 12,5%

○ **2020** Thüngersheimer Johannisberg Silvaner
19,50€ | 13,5%

○ **2021** Zellinger Sonnleite Silvaner
8,50€ | 12,5%

WOLFGANG KÜHN

Ludwigstraße 29
63911 Klingenberg am Main
T +49 (0) 9372 3169
www.weingut-wolfgang-kuehn.de

Wolfgang Kühn
Rebfläche 2 ha
Produktion 12.000 Flaschen
Gründung 1950
Verkaufszeiten nach Vereinbarung

Profil online

Wer seine Reben ausschließlich in einer denkmalgeschützten Lage – dem Klingenberger Schlossberg – anbaut, muss mit einem erheblichen Zeitaufwand rechnen, vor allem, wenn dabei möglichst umweltschonend gearbeitet werden soll. Aus den Trauben ihrer zwei Hektar keltern Wolfgang und Ulrike Kühn charakterstarke Weine, z. B. den Spätburgunder „U", der aus dem von Ulrike gepflegten Weinberg stammt.

● **2018** Klingenberger Schloßberg Spätburgunder
9,50€ | 12,9%

● **2018** Klingenberger Schloßberg Spätburgunder Spätlese trocken
17€ | 13,5%

● **2018** Klingenberger Schloßberg U Spätburgunder Spätlese trocken
25€ | 13,2%

● **2019** Klingenberger Schloßberg Altrod Gemischter Satz
12,50€ | 12,5%

● **2019** Klingenberger Schloßberg Spätburgunder Spätlese trocken
15€ | 12,8%

● **2020** Klingenberger Schloßberg Cabernet Sauvignon
14,50€ | 12,1%

LEININGER

Theilheimer Weg 3–5
97246 Eibelstadt
T +49 (0) 9303 2209
www.weingut-leininger.de

Dirk Engelmann
Florian Engelmann
Verbände Frank & Frei
Rebfläche 8 ha
Produktion 50.000 Flaschen
Verkaufszeiten nach Vereinbarung

Profil online

Kristallisierter Wein unter dem Mikroskop als Inspiration für die optische Neuausrichtung des Weinguts? Familie Engelmann hat es getan und dabei, neben der Produktion ästhetisch hoch ansprechender Fotografien, eine wahrlich innovative Marke etabliert. Die Weine von Kellermeister Florian Engelmann gliedern sich in die selbsterklärenden Qualitätsstufen Tagwerk, Handwerk, Meisterwerk und Unikat.

○ **2021** Frank & Frei Müller-Thurgau
7,50€ | 12,5%

○ **2021** Tagwerk Silvaner
7€ | 12%

● **2018** Eibelstadter Mönchsleite Altenberg 1172 Unikat Spätburgunder „GG"
22€ | 14%

FÜRST LÖWENSTEIN

Schlosspark 3
63924 Kleinheubach
T +49 (0) 9371 9486 600
www.loewenstein.de

I.D. Stephanie Prinzessin zu Löwenstein
Peter Arnold
Verbände VDP, Trias
Produktion 70.000 Flaschen
Gründung 1611
Verkaufszeiten Mo–Fr 10–18 Uhr

Profil online

Wenn der im eigenen Weingut ausgebildete Önologe nach Auslandsstationen in Südafrika und Spanien als Betriebsleiter und Kellermeister wieder zu seiner Anfangsstation zurückkehrt, kann das ein so schlechtes Zeichen nicht sein. Seit 2016 ist Peter Arnold in Weinberg und Keller federführend und weiß die jahrhundertealte Tradition des Weinguts fortzusetzen. Auf den malerisch terrassierten Lagen im Homburger Kallmuth, einer Monopollage des fürstlichen Weingutes, wachsen neben dem Silvaner hauptsächlich Riesling, Sauvignon Blanc und Spätburgunder.

○ **2018** Homburger Kallmuth 1102 Sauvignon Blanc 1. Lage
25€ | 14%

○ **2018** Homburger Kallmuth Asphodill Silvaner GG
35€ | 13%

○ **2018** Homburger Kallmuth S Silvaner
16,80€ | 13,5%

○ **2019** Homburger Kallmuth 1102 Sauvignon Blanc 1. Lage
25€ | 13%

○ **2019** Homburger Kallmuth Coronilla Riesling GG
35€ | 13,5%

○ **2019** Homburger Kallmuth Riesling 1. Lage
12,50€ | 13,5%

○ **2019** Homburger Kallmuth Silvaner
35€ | 13%

● **2021** CF Spätburgunder
9€ | 12%

trinkreif

○ **2017** Homburger Kallmuth Coronilla Riesling GG
35€ | 13%

RUDOLF MAY

Im Eberstal 1
97282 Retzstadt
T +49 (0) 9364 5760
www.weingut-may.de

Petra & Rudolf May
Benedikt May
Verbände Naturland, VDP
Rebfläche 16 ha
Produktion 75.000 Flaschen
Gründung 1998
Verkaufszeiten Mo–Fr 13–18 Uhr
Sa 9–15 Uhr

Profil online

Weinbau gibt es in der Familie schon seit 300 Jahren, das eigene Weingut erst seit 1998. Rudolf May und sein Sohn Benedikt ergänzen sich, beide sind Ideengeber und Macher unter dem Motto: „Zwei Köpfe. Eine Leidenschaft. Silvaner." Seit 2016 ist der Betrieb biozertifiziert. Bei der Auswahl der Weinberge legen die Mays großen Wert auf karge, skelettreiche Böden – am besten mit alten Rebstöcken bepflanzt. Einige Toplagen dieser Art haben sie inzwischen dazugekauft, ein wenig Basis dafür abgegeben.

○ **2019** Himmelspfad Retzstadt Silvaner GG
45€ | 13%

○ **2019** Retzstadt Der Schäfer Silvaner 1. Lage
27€ | 13%

○ **2019** Rothlauf Thüngersheim Silvaner GG
45€ | 13%

○ **2021** Himmelspfad Silvaner GG
50€ | 12,5%

○ **2021** Rothlauf Silvaner GG
50€ | 12,5%

● **2015** Silvaner brut nature
19€ | 12,5%

MEIER SCHMIDT

Ulsenheim 114
91478 Markt Nordheim
T +49 (0) 9842 2479
www.meier-schmidt.de

Markus Meier & Lukas Schmidt
Markus Meier & Oliver Six
Verbände Ethos, Bioland
Rebfläche 45 ha
Produktion 240.000 Flaschen
Verkaufszeiten Mo–Fr 13–19 Uhr
Sa 10–18 Uhr
und nach Vereinbarung

Profil online

Warum sollen Weingüter eigentlich nur durch Hochzeiten fusioniert werden? Die Freunde Markus Meier und Lukas Schmidt sind 2019 einen anderen Weg gegangen und haben ihre Familienbetriebe kurzerhand zusammengelegt, weil sie ein gemeinsames Projekt starten wollten. Auf ihren 50 Hektar Rebfläche um Bullenheim und Ulsenheim wachsen fränkische Klassiker wie Scheurebe, Domina und Silvaner neben Chardonnay, Cabernet und Pinot Noir. Ihre Signature-Weine mit poetischen Namen wie Meisterwerk oder Herzstück sollen die eigene Handschrift besonders hervorheben.

○ **2018** Escherndorfer Lump Silvaner „GG"
25€ | 13,5%

○ **2018** Sommerhäuser Steinbach Riesling „GG"
25€ | 13%

● **2018** Frankenberger Schlossstück Cabernet „GG"
35€ | 14%

trinkreif

○ **2017** Sommerhäuser Steinbach Chardonnay „GG"
49€ | 14%

WEINKELLEREI MEIMBERG

Aufsteiger

Ahlintel 51
48282 Emsdetten
T +49 (0) 2572 9593 927
www.weinkellerei-meimberg.de

Mathias Meimberg
Verbände Fränkischer Weinbauverband
Rebfläche 3 ha
Produktion 19.000 Flaschen
Verkaufszeiten nach Vereinbarung

Profil online

Wenige Menschen leben so für den Wein wie Mathias Meimberg. Der Quereinsteiger aus dem Bereich der Landschaftsgärtnerei führt nicht nur mit seiner Frau eine Weinwirtschaft im Münsterland, ist gemeinsam mit Johannes Arnold Gründer des Weinhauses Boessnek und hat für Weingüter auf der halben Welt gearbeitet, „nebenbei" keltert er auch noch im eigenen Weingut trinkige Weine für jeden Geschmack.

○ **2020** Riesling Auslese
19,90€ | 12%

○ **2020** Wiesenbronner Wachhügel aus der Perle Silvaner
19,90€ | 12,5%

○ **2021** Bacchus
10,50€ | 12,5%

○ **2021** Escherndorfer Fürstenberg Silvaner
11,50€ | 12,5%

○ **2021** Müller-Thurgau
9,50€ | 12,5%

○ **2021** Wiesenbronner Wachhügel Silvaner
9,90€ | 12,5%

MAX MÜLLER I

Hauptstraße 46
97332 Volkach
T +49 (0) 9381 1218
www.max-mueller.de

Familie Müller
Rainer & Christian Müller
Verbände VDP, Frank & Frei
Rebfläche 20,6 ha
Produktion 135.000 Flaschen
Verkaufszeiten Mo–Fr 9–18 Uhr
Sa 10–16 Uhr

Profil online

„Weinfreaks" – so charakterisieren sich die Müllers auf ihrer Homepage. Denn Freaks seien Menschen, die eine bestimmte Sache zu ihrem Lebensinhalt gemacht hätten. So wie die Müllers den Wein. Ihr Winzerhof datiert in das Jahr 1692 zurück, seit 1991 geführt von Rainer und Monika Müller. Inzwischen ist Sohn Christian mit dabei – als nächste Generation mit eigener Handschrift. Die Weine wachsen auf den Muschelkalkböden an den Hängen der Mainschleife. Zum Weingut gehören Hotel und Vinothek Villa Sommerach.

○ **2017** Volkacher Ratsherr Silvaner
21€ | 12,5%

○ **2019** Eigenart Silvaner
18€ | 13%

○ **2019** Escherndorfer Lump Silvaner
29€ | 13%

○ **2019** Sommeracher Katzenkopf Alte Reben Silvaner
23€ | 12,5%

○ **2020** Alte Reben Silvaner
27€ | 12,5%

○ **2020** Escherndorfer Lump Silvaner
29€ | 12,5%

○ **2021** Am Lumpen 1655 Escherndorf Riesling GG
36€ | 13%

○ **2021** Am Lumpen 1655 Escherndorf Silvaner GG
36€ | 12,5%

○ **2021** Eigenart Silvaner
19,50€ | 12,5%

○ **2021** Ratsherr Volkach Riesling GG
36€ | 12,5%
○ **2021** Ratsherr Volkach Silvaner GG
36€ | 13%

trinkreif

○ **2017** Escherndorfer Lump 64 Alter fränkischer Satz
27€ | 13%

WINZERHOF NAGEL

Raiffeisenstraße 1
97337 Dettelbach
T +49 (0) 9324 2963
www.winzerhof-nagel.de

Roland Nagel
Tobias Nagel
Verbände Generation Riesling
Rebfläche 6 ha
Produktion 38.000 Flaschen
Verkaufszeiten Mo–Fr 9–18 Uhr
Sa 10–17 Uhr
So und Feiertag nach Vereinbarung

Profil online

○ **2019** Holznagel Silvaner „GG"
20€ | 13%

WEINGUT AM ÖLSPIEL

Aufsteiger

Schleifweg 13
97286 Sommerhausen
T +49 (0) 9333 221
www.weingut-am-oelspiel.de

Reinhold Schwarz
Christian Schwarz
Rebfläche 10 ha
Produktion 70.000 Flaschen
Gründung 1651
Verkaufszeiten Mo–Sa 8–18 Uhr

Profil online

Im Dreigenerationenhaushalt von Familie Schwarz findet sich geballte önologische Kompetenz. Immerhin kann man seit der Gründung des Weinguts im Jahr 1651 auf beinahe vier Jahrhunderte Erfahrung zurückgreifen. Die Düngung im Weingut erfolgt bis heute ausschließlich durch organischen Stallmist, zwischen den Rebzeilen legt man Wert auf vielseitige Begrünung. Das Ergebnis sind echte Herkunftsweine.

○ **2018** Sommerhausen Ölspiel Weißburgunder Spätlese trocken
14€ | 14%

○ **2020** Sommerhäuser Schönleite Silvaner Spätlese GG trocken
18€ | 13%

● **2015** Sommerhausen Ölspiel Frühburgunder Auslese trocken
20€ | 14%

RICHARD ÖSTREICHER

Aufsteiger

Hauptstraße 15
97334 Sommerach
T +49 (0) 9381 1698
www.weingut-richard-oestreicher.de

Richard Östreicher
Verbände Naturland
Rebfläche 3,5 ha
Produktion 15.000 Flaschen
Verkaufszeiten nach Vereinbarung

Profil online

Richard Östreicher war einst Mitbegründer von Frank & Frei. Aber er kam für sich zu der Erkenntnis: „Main ja – Mainstream definitiv nicht." Und dass sein Weingut so bleiben soll, wie es ist: klein und fein. 1995 hat er den Betrieb in vierter Generation vom Vater übernommen. Die Weine stehen auf sandigen bis steinigen Muschelkalkböden. Östreicher wirtschaftet nach biologischen Kriterien und mit Respekt vor der fränkischen Erde. Ohne Manipulation. Dazu gehört auch der Verzicht auf künstliche Bewässerung.

○ **2018** Sommeracher Katzenkopf Rossbach Chardonnay „GG"
42€ | 13,5%

○ **2019** Volkacher Katzenkopf Maria im Weingarten Silvaner „GG"
48€ | 13%

○ **2019** Volkacher Katzenkopf Maria im Weingarten Silvaner „GG"
32€ | 13%

○ **2021** Sommeracher Katzenkopf Augustbaum Silvaner „GG"
34€ | 13%

○ **2021** Sommeracher Katzenkopf Hölzlein Weißburgunder „GG"
35€ | 13%

○ **2021** Sommeracher Katzenkopf Rossbach Chardonnay „GG"
65€ | 13%

● **2018** Sommeracher Katzenkopf R Cuvée „GG"
35€ | 13%

● **2020** Sommeracher Katzenkopf Rosen Spätburgunder „GG"
48€ | 13%

● **2020** Sommeracher Katzenkopf Spätburgunder „GG"
65€ | 13%

Franken

trinkreif

- 2016 Sommeracher Katzenkopf Cabernet Sauvignon
  38€ | 13,5%
- 2016 Sommeracher Katzenkopf Merlot
  34€ | 13,5%
- 2016 Sommeracher Katzenkopf R Cuvée
  34€ | 13,5%
- 2016 Sommeracher Katzenkopf Spätburgunder „GG“
  36€ | 13,5%

ERNST POPP

Rödelseer Straße 14–15
97346 Iphofen
T +49 (0) 9323 3371
www.weingut-popp.de

Familie Popp
Rebfläche 40 ha
Produktion 250.000 Flaschen
Gründung 1878
Verkaufszeiten Mo–Fr 8–18 Uhr
Sa 10–18 Uhr
So und Feiertag 10–12.30 Uhr

Profil online

Im Hause Popp wird kein Wein gekeltert oder gar produziert, es werden Weintrauben veredelt, so zumindest die Arbeitsdevise vom Brüdergespann Johannes und Ernst Popp. Und ihr Motto nehmen sie ernst: Selektive Handlese auf ihren immerhin 40 Hektar Rebfläche, möglichst naturverträgliches Arbeiten und diffizil-schonende Kellerarbeit führen zu eigenständigen Weinen mit Charakter und Spannung.

- **2019** Iphöfer Julius-Echter-Berg Silvaner Spätlese trocken
  18€ | 14%
- **2020** Iphöfer Julius-Echter-Berg I Silvaner Spätlese trocken
  18€ | 13,5%
- **2021** Alte Reben Gewürztraminer
  13,30€ | 13,5%
- **2021** Iphöfer Julius-Echter-Berg Alte Reben Scheurebe
  13,30€ | 12%
- **2021** Rosé
  7,50€ | 11,5%

CHRISTINE PRÖSTLER

Obere Hauptstraße 100
97225 Zellingen
T +49 (0) 9364 8178 895
www.cproestlerweine.de

Christine Pröstler
Rebfläche 8 ha
Produktion 50.000 Flaschen
Gründung 2012
Verkaufszeiten Mi 16–19 Uhr
Sa 10–14 Uhr
und nach Vereinbarung

Profil online

Der Vater betrieb noch Weinbau im Nebenerwerb. Christine Pröstler studierte in Geisenheim, machte Praktika in Neuseeland und Südafrika und war Kellermeisterin im Staatlichen Hofkeller in Würzburg. 2013 weihte sie ihr eigenes Weingut am Ortseingang von Retzbach ein und startete voll durch. Im Anbau sind zu 87 Prozent Weiß- und zu 13 Prozent Rotweinsorten – fränkische Klassiker, aber auch Exoten.

2018 Retzbacher Benediktusberg Chardonnay
20€ | 13,5%

2019 Retzbacher Benediktusberg Chardonnay
20€ | 13,5%

2017 Retzbacher Benediktusberg Spätburgunder
20€ | 14%

2015 Retzbacher Benediktusberg Pinot zero dosage Schwarzriesling brut nature
13,50€ | 13%

2016 Retzbacher Benediktusberg Pinot Schwarzriesling extra brut
13,50€ | 12,5%

WEINGUT REISS

Unterdürrbacher Straße 182
97080 Würzburg
T +49 (0) 9319 4600
www.weingut-reiss.com

Rebfläche 17,5 ha
Produktion 110.000 Flaschen
Verkaufszeiten Mo–Fr 10–18 Uhr
Sa 10–17 Uhr
und nach Vereinbarung

Profil online

Seit 1800 betreibt Familie Reiss Weinbau. Der Vater vergrößerte sukzessive die Rebfläche, zu der auch Parzellen im Würzburger Stein und Pfaffenberg gehören. Christian Reiss hat das 2003 vom Vater übernommene Weingut zuletzt komplett neu ausgerichtet. Er investierte kräftig in Traubenproduktion und Vinifikation. 2015 schloss er das Projekt mit einer für ihre Architektur ausgezeichneten Vinothek ab. Er baut Silvaner zum Teil auch in kretischen Tonamphoren aus und experimentiert mit dem Muschelkalkfass. Ehefrau Martina führt zudem ein weinbezogenes Reisebüro.

2019 Randersackerer Pfülben Riesling Holzfass Spätlese „GG" trocken
25€ | 13%

2019 Würzburger Stein Holzfass Silvaner Spätlese „GG" trocken
24€ | 13,5%

2019 Würzburger Stein Silvaner Kabinett 1. Lage trocken
13€ | 13%

2020 Würzburger Stein Silvaner Kabinett 1. Lage trocken
13,50€ | 13%

2019 Silvaner extra brut
16€ | 12%

2019 Randersackerer Pfülben Riesling Auslese 1. Lage
18€ | 8%

2020 Würzburger Pfaffenberg Traminer Trockenbeerenauslese 1. Lage
60€ | 8%

MANFRED ROTHE

Heerweg 6
97334 Nordheim a.Main
T +49 (0) 9381 8479 530
www.weingut-rothe.de

Manfred & Christine Rothe
Manfred Rothe
Manfred Rothe & Andrea Reuer
Verbände Bioland, Inselweinmacher, MOD
Rebfläche 10 ha
Produktion 70.000 Flaschen
Gründung 1982
Verkaufszeiten Mo–Sa 9–18 Uhr
So 9–12 Uhr

Profil online

Seit beinahe vierzig Jahren widmet sich Manfred Rothe nun schon der Produktion von umweltschonend hergestellten Naturweinen – gänzlich unabhängig von Moden und Trends. Seine Weine sind strukturgeprägt und halten sich nur selten mit Primärfruchtaromen auf. Vom Orange Wine aus der Quevri bis zum „Zukunftswein" aus Piwis breitet Rothe ein breites Portfolio eigenständiger Charakterweine aus.

○ **2019** Grande Müller-Thurgau
10€ | 12,5%
○ **2019** Grande Scheurebe
12€ | 13%
○ **2019** Grande Silvaner
15€ | 13,5%
○ **2019** Indigenius Silvaner
25€ | 13%
○ **2020** Grande Müller-Thurgau
10€ | 12%
○ **2020** Grande Silvaner
15€ | 12,5%

trinkreif

○ **2016** Kvevri GS Cuvée
45€ | 12,5%

HORST SAUER

Bocksbeutelstraße 14
97332 Volkach
T +49 (0) 9381 4364
www.weingut-horst-sauer.de

Horst & Magdalena Sauer
Horst Sauer
Verbände VDP
Rebfläche 21 ha
Produktion 190.000 Flaschen
Gründung 1977
Verkaufszeiten Mo–Fr 9–12 Uhr
und 13–18 Uhr
Sa 11–17 Uhr

Profil online

Im Norden der Main, im Süden der Main und dazwischen eine der wohl berühmtesten Lagen Frankens: der Escherndorfer Lump. Auch für das Vater-Tochter-Gespann aus Horst und Sandra Sauer bildet diese Lage das Herzstück ihrer Arbeit. Und was sie dort nicht alles rausholen! Von knackig-frischen Rieslingen und Silvanern über aromatische Scheureben und zupackende Spätburgunder bis zu edelsüßen Spezialitäten, für die die Sauers zu Recht in aller Munde sind. Hier kitzeln sie besonders dem Silvaner eine so feingeschliffene Aromatik heraus, wie sie nur selten zu finden ist.

○ **2019** Escherndorf am Lumpen 1655
Riesling GG
27€ | 13,5%
○ **2019** Escherndorf am Lumpen 1655
Silvaner GG
27€ | 13,5%
○ **2019** Escherndorfer Fürstenberg
Sauvignon Blanc 1. Lage
18€ | 13%
○ **2019** Escherndorfer Lump
Riesling 1. Lage
13,50€ | 13,5%
○ **2019** Escherndorfer Lump
Silvaner 1. Lage
13,50€ | 13%
○ **2019** Escherndorfer Riesling
10€ | 12%
○ **2019** Sehnsucht Silvaner
20€ | 13,5%
○ **2020** Escherndorf am Lumpen 1655
Silvaner GG
27€ | 13,5%
○ **2021** Escherndorf Müller-Thurgau
9€ | 11,5%

○ **2021** Escherndorf Silvaner
10€ | 11,5%

○ **2021** Escherndorf am Lumpen 1655 Riesling GG
27€ | 13%

○ **2021** Escherndorf am Lumpen 1655 Silvaner GG
27€ | 13%

○ **2021** Escherndorfer Fürstenberg Müller-Thurgau 1. Lage
12€ | 12,5%

○ **2021** Escherndorfer Fürstenberg Weißburgunder 1. Lage
16€ | 13%

○ **2021** Escherndorfer Lump Scheurebe Spätlese 1. Lage feinherb
13,50€ | 11,5%

○ **2021** Escherndorfer Lump Silvaner 1. Lage
14,50€ | 13%

○ **2021** Just Silvaner
7,50€ | 11,5%

○ **2021** Just weiss
7,50€ | 11,5%

● **2017** Escherndorfer Fürstenberg Spätburgunder 1. Lage
16€ | 13%

● **2018** Escherndorfer Fürstenberg Spätburgunder 1. Lage
16€ | 13%

● **2021** Just hellrot Rosé
7,50€ | 11%

● **2019** Silvaner brut
16,50€ | 13%

● **2019** Escherndorfer Lump Riesling Beerenauslese 1. Lage
40€ | 7%

● **2019** Escherndorfer Lump Silvaner Beerenauslese 1. Lage
40€ | 6,5%

● **2019** Escherndorfer Lump Silvaner Trockenbeerenauslese 1. Lage
70€ | 6%

trinkreif

○ **2017** Es ist wie es ist Cuvée feinherb
32€ | 13,5%

RAINER SAUER

Bocksbeutelstraße 15
97332 Volkach
T +49 (0) 9381 2527
www.weingut-rainer-sauer.de

Daniel Sauer
Daniel und Rainer Sauer
Daniel Sauer
Verbände VDP
Rebfläche 15 ha
Produktion 135.000 Flaschen
Gründung 1979
Verkaufszeiten Mo–Fr 9–12 Uhr und 13–18 Uhr
Sa 10–17 Uhr

Profil online

VDP-Winzer Rainer Sauer formuliert es ganz klar: „Unsere Passion ist der Silvaner." Mehr als die Hälfte seiner Rebfläche ist mit dieser Rebsorte bestockt. Die Paradelage des Weinguts ist der Escherndorfer Lump. Seit 1979 führt Sauer das elterliche Weingut, auch Sohn Daniel hat schon viel Verantwortung übernommen. Inzwischen läuft die Umstellung auf Bio, die ab 2022 auch auf den Etiketten stehen dürfte. Für Sauer ist wichtig, Altes mit Neuem zu verbinden: „Jede Tradition beginnt mit einer Innovation. Aus dieser Innovation entsteht später eine Tradition."

○ **2018** Escherndorf am Lumpen 1655 Riesling GG
29€ | 13%

○ **2019** Ab ovo Silvaner
24€ | 13,5%

○ **2019** Escherndorf am Lumpen 1655 Riesling GG
29€ | 12,5%

○ **2019** Escherndorf am Lumpen 1655 Silvaner GG
29€ | 13%

○ **2019** Escherndorfer Lump Alte Reben Silvaner 1. Lage
14,50€ | 13%

○ **2019** Escherndorfer Lump Riesling 1. Lage
13,50€ | 12,5%

○ **2019** Rainer Sauer L Silvaner
17€ | 13%

trinkreif

○ **2016** Escherndorf am Lumpen 1655 Silvaner GG
32€ | 13%

○ **2017** Escherndorf am Lumpen 1655 Riesling GG
29€ | 13%

SCHMITTS KINDER

Am Sonnenstuhl 45
97236 Randersacker
T +49 (0) 931 7059 197
www.schmitts-kinder.de

Martin Schmitt
Martin Schmitt (jun.) & Karl Schmitt (sen.) & Renate Schmitt
Martin Schmitt
Verbände VDP, Trias
Rebfläche 14 ha
Produktion 100.000 Flaschen
Gründung 1712
Verkaufszeiten Mo–Fr 8–18 Uhr
Sa 9–17 Uhr
und nach Vereinbarung

Profil online

In 310 Jahren Weinbau kommt einiges an Erfahrung zusammen. Kein Wunder also, dass Schmitts Kinder längst zu den angesehensten Traditionsbetrieben Frankens gehören. Auf ihren rund 14 Hektar Rebfläche wachsen vor allem die regionaltypischen Sorten Silvaner, Riesling und Weißburgunder. Ein großes Augenmerk legen die Schmitts zudem auf Spätburgunder, vom dem sie jüngst zahlreiche neue Reben gepflanzt haben. Man erneuert sich ständig im altehrwürdigen Betrieb. So wurde neben dem Onlineshop kürzlich auch ein neues Barriquelager aus der Taufe gehoben.

○ **2018** Große Réserve Silvaner
46€ | 14%

○ **2018** Randersackerer Pfülben Riesling GG
26,50€ | 13,5%

○ **2019** Randersacker Große Réserve Silvaner
46€ | 14%

○ **2019** Randersackerer Marsberg Silvaner 1. Lage
13,90€ | 13,5%

○ **2019** Randersackerer Pfülben Riesling GG
27,50€ | 13,5%

○ **2019** Randersackerer Pfülben Silvaner GG
27€ | 14%

○ **2020** Randersackerer Spielberg Große Réserve Riesling
22,50€ | 12,5%

○ **2021** Randersackerer Pfülben Riesling GG
32,50€ | 13%

○ **2021** Randersackerer Pfülben
Silvaner GG
32€ | 13%

● **2018** Randersackerer Sonnenstuhl
Hohenroth Spätburgunder GG
42,50€ | 14%

● **2018** Sonnenstuhl Hohenroth
Spätburgunder GG
42,50€ | 14%

● **2019** Randersacker Hohenroth
Spätburgunder GG
43€ | 13,5%

trinkreif

● **2009** Randersackerer Sonnenstuhl
Spätburgunder GG
30€ | 13,5%

TROCKENE SCHMITTS

Aufsteiger

Maingasse 14a / Flecken 1
97236 Randersacker
T +49 (0) 9317 00490
www.trockene-schmitts.de

Bruno & Lothar Schmitt
Verbände Silvaner Forum
Rebfläche 17 ha
Produktion 125.000 Flaschen
Verkaufszeiten Mo–Fr 8–18 Uhr
Sa 9.30–16 Uhr
Vinothek am Mainparkplatz (Fährstraße 4)
Mo–Fr 14–19 Uhr
Sa und So 12–19 Uhr

Profil online

„Naturbelassene authentische Spiegelbilder der jeweiligen Sorte, der Lage und des Jahrgangs" - das ist der Anspruch, den Bruno und Lothar Schmitt an ihre Weine stellen. Erfüllt werden soll dieser nicht nur durch das konsequente Durchgären ihrer Weine, die ohne jegliche Anreicherung auskommen, sondern auch mit einer gehörigen Portion Zeit. So werden die eigenen Topweine zum Teil erst nach zwei Jahren trinkreif auf den Markt gegeben. Angebaut werden neben Domina und Spätburgunder hauptsächlich weiße Rebsorten wie Silvaner, Scheurebe und Riesling.

○ **2018** Randersacker Sonnenstuhl
R Riesling „GG"
22€ | 13,5%

○ **2018** Randersacker Sonnenstuhl
R Silvaner „GG"
22€ | 14%

○ **2020** Randersacker Sonnenstuhl Alte Reben Silvaner Spätlese trocken
11,90€ | 13,5%

○ **2020** Randersacker Sonnenstuhl R Riesling „GG"
22,90€ | 13%

○ **2020** Randersacker Sonnenstuhl R Silvaner Spätlese „GG" trocken
22,90€ | 13,5%

○ **2021** Randersacker Lämmerberg Gewürztraminer Spätlese trocken
12,20€ | 13%

○ **2021** Randersacker Pfülben Fränkischer Alter Satz Spätlese trocken
19,80€ | 13,5%

○ **2021** Randersacker Pfülben Weißburgunder Spätlese trocken
12,90€ | 13,5%

○ **2021** Randersacker Sonnenstuhl Alte Rebe Silvaner Spätlese trocken
11,90€ | 13%

● **2018** Randersacker Sonnenstuhl SpätburgunderSpätlese „GG" trocken
33€ | 14%

● **2019** Randersacker Sonnenstuhl Frühburgunder Spätlese trocken
14,90€ | 13,5%

● **2019** Randersacker Sonnenstuhl Spätburgunder Spätlese trocken
15,90€ | 13%

● **2018** Randersacker Marsberg Albalonga Trockenbeerenauslese
33,50€ | 8,5%

● **2018** Randersacker Sonnenstuhl Rieslaner Beerenauslese
11€ | 8,5%

NICO SCHOLTENS

Aufsteiger

Rieneckstraße 6
97514 Oberaurach
T +49 (0) 9529 326
www.weingut-scholtens.com

Verbände IG Alter fränkischer Satz, Slowfood
Rebfläche 5 ha
Produktion 30.000 Flaschen
Gründung 1974
Verkaufszeiten Weinverkauf durchgehend

Profil online

Restsüße oder Cuvées sucht man bei Nico Scholtens vergeblich. Seiner Philosophie folgend ist jeder seiner Weine durchgegoren und rebsortenrein. Da steht Kerner neben Riesling und Perle (Kreuzung aus Gewürztraminer und Müller). Die einzige Ausnahme bildet der Alte fränkische Satz, den er nach Einzellagen getrennt auf die Flasche bringt; hier mischen sich die Sorten über 100 Jahre alter Reben.

○ **2018** Steinbacher Nonnenberg 'drai Silvaner
7€ | 13,5%

○ **2019** Zeller Schloßberg 'drai Große Rebe Weißburgunder
8€ | 12,8%

● **2018** Zeller Schloßberg 'drai Große Rebe Regent
11,90€ | 13,1%

WEINGUT SCHWAB

Bühlstraße 17
97291 Thüngersheim
T +49 (0) 9364 89183
www.weingut-schwab-franken.de

Thomas Schwab
Thomas & Martin Schwab
Verbände VDP, Fränkischer Weinbauverband
Rebfläche 13 ha
Produktion 75.000 Flaschen
Verkaufszeiten Mo–Fr 9–18 Uhr
Sa–So nach Vereinbarung

Profil online

Glücklich, wer einmal Gast im Weingut Schwab sein kann. Hier stehen nicht nur kulinarische Genüsse auf hohem Niveau sowie mitreißende Veranstaltungen und Partys auf der Tagesordnung, sondern auch individuelle Weine für jeden Geschmack. Das Beste: Wer all dem frönt, kann danach direkt in eines der sechs gemütlichen Gästezimmer fallen und muss sich keine Sorgen ums Nachhausekommen machen. Die Weine von Martin und Thomas Schwab sollen eine Visitenkarte ihrer Region sein und bilden hauptsächlich echte fränkische Klassiker wie Silvaner und Scheurebe ab.

○ **2019** Rothlauf Silvaner GG
22€ | 14%
○ **2020** Rothlauf Silvaner GG
24€ | 13,5%
○ **2021** Bacchus feinherb
7,50€ | 11,5%
○ **2021** Enjoy White Cuvée
7€ | 12%
○ **2021** Thüngersheim Müller-Thurgau
7,50€ | 12%
○ **2021** Thüngersheim Riesling
8,20€ | 12%
○ **2021** Thüngersheim Scheurebe
8,20€ | 12%
○ **2021** Thüngersheim Silvaner
8,20€ | 12,5%
○ **2021** Thüngersheim Weißburgunder
8,20€ | 13%
○ **2021** Thüngersheimer Johannisberg Silvaner 1. Lage
12€ | 13%
● **2019** Thüngersheimer Johannisberg Spätburgunder 1. Lage
16€ | 13,5%
● **2021** Enjoy Rosé Cuvée feinherb
7€ | 10,5%
● **2019** Weißburgunder brut
12,50€ | 13%

Franken

ZUR SCHWANE

Aufsteiger

Erlachhof 7
97332 Volkach
T +49 (0) 9381 71760
www.schwane-weingut.de

Eva Pfaff-Düker & Ralph Düker
Christian Kallisch
Stefan Ott
Verbände VDP
Rebfläche 30 ha
Produktion 200.000 Flaschen
Gründung 1404
Verkaufszeiten Mo–Fr 8–16 Uhr
Vinothek im Romantik Hotel
(Hauptstraße 12)
Mo–So 8–20 Uhr

Profil online

Auf rund 600 Jahre Weinbaugeschichte können Ralph Düker und Eva Pfaff-Düker mit ihrem Weingut zurückblicken. 1997 haben sie es von den Eltern übernommen. Der Focus liegt auf den autochthonen fränkischen Rebsorten Silvaner, Riesling und Burgunder. Betriebsleiter Christian Kallisch und Kellermeister Stefan Ott unterstützen die Eigentümer in ihren hohen Ansprüchen. Zu den renommierten Lagen, aus denen die klassischen Silvaner kommen, gehört der weltbekannte Escherndorfer Lump. Zur Schwane gehören auch zwei Hotels und Restaurants.

○ **2018** Volkacher Ratsherr Silvaner GG
27€ | 13,5%

○ **2019** Escherndorfer Lump Silvaner 1. Lage
16€ | 13,5%

○ **2019** Volkacher Ratsherr Silvaner GG
27€ | 13%

○ **2020** Volkach Urtyp Silvaner
14€ | 13%

○ **2021** Escherndorf Traminer
14€ | 12,5%

○ **2021** Escherndorfer Lump Riesling 1. Lage
16€ | 12,5%

○ **2021** Escherndorfer Lump Silvaner 1. Lage
16€ | 12,5%

○ **2021** Volkach Scheurebe
10€ | 12%

○ **2021** Volkach Silvaner
10€ | 12,5%

● **2018** Elementar Zweigelt
35€ | 13,5%

trinkreif

● **2016** Escherndorfer Lump Spätburgunder 1. Lage
25€ | 13,5%

WINZER SOMMERACH

Zum Katzenkopf 1
97334 Sommerach
T +49 (0) 9381 80610
www.winzer-sommerach.de

Frank Dietrich
Stefan Gerhard
Rebfläche 194 ha
Produktion 1.900.000 Flaschen
Verkaufszeiten Mo–Fr 9–18 Uhr
Sa, So und Feiertag 10–18 Uhr

Profil online

Die 220 Mitglieder umfassende Genossenschaft unter Leitung von Frank Dietrich und Kellermeister Stefan Gerhard hat einen besonderen Anspruch: Sie wollen nicht nur ambitionierte Weine produzieren, sondern besonders deren Herkunft so transparent wie möglich machen. Natürlich geht es dabei auch um Lage und Terroir, nicht weniger wichtig sind aber die Menschen hinter den Trauben. Zu diesem Zweck stellen sich auf der Website der Winzergenossenschaft alle 90 Mitgliedsfamilien in Bild und Wort vor und zeigen, dass eine Genossenschaft viel mehr sein kann als eine anonyme Masse.

○ **2019** Katzenkopf Supremus Silvaner
22€ | 14%

○ **2020** Sommeracher Katzenkopf Wilm Silvaner „GG"
28€ | 13%

○ **2020** Sommeracher Katzenkopf Wilm Traminer „GG"
28€ | 13%

○ **2021** Familiengewächs Alte Reben Silvaner
8€ | 12,5%

○ **2021** Familiengewächs Grauburgunder
8€ | 12,5%

○ **2021** Familiengewächs Riesling feinherb
8€ | 11,5%

○ **2021** Familiengewächs Scheurebe feinherb
8€ | 11,5%

○ **2021** Familiengewächs Silvaner
9€ | 12,5%

○ **2021** Sommeracher Katzenkopf Tiefes Thal Silvaner „GG"
35€ | 13%

○ **2021** Sommeracher Katzenkopf Traminer „GG"
28€ | 14%

○ **2021** Sommeracher Katzenkopf Weißburgunder „GG"
28€ | 13%

○ **2021** Sommeracher Katzenkopf Wilm Silvaner „GG"
32€ | 13%

● **2020** Familiengewächs Domina
8,50€ | 13%

● **2021** Familiengewächs Blanc de Noir Spätburgunder
8€ | 12%

● **2017** Crémant Pinot brut nature
18€ | 11,5%

● **2017** Silvaner brut
18€ | 12%

● **2019** Katzenkopf Rieslaner Auslese
15,50€ | 9%

SCHLOSS SOMMERHAUSEN

Aufsteiger

Hauptstraße 25
97286 Sommerhausen
T +49 (0) 9333 260
www.sommerhausen.com

Martin Steinmann
Verbände VDP, Fair'n Green
Rebfläche 20 ha
Produktion 150.000 Flaschen
Gründung 1435
Verkaufszeiten Mo–Fr 10–18 Uhr
Sa 10–16 Uhr
So und Feiertag 10–14 Uhr
und nach Vereinbarung

Profil online

Winzer Martin Steinmann hat sich nicht nur der Vinifikation typisch fränkischer Weine wie Silvaner und Riesling verschrieben, sondern legt auch großes Augenmerk auf durchgegorene Aromasorten. Sei es Schreurebe, Muskatsilvaner oder Gewürztraminer, die charakterstarken Bukettweine sind echte Individualisten. Dass in Wingert und Keller naturnah gearbeitet wird, ist für Steinmann selbstverständlich.

2021 Gewürztraminer
12€ | 12%

2021 Muskateller
12€ | 10,5%

avec pläsier – Blanc de Blancs brut
19,50€ | 12,5%

2014 avec pläsier – Le Grand extra brut
29€ | 12,5%

2015 avec pläsier – Le Grand Blanc brut nature
29€ | 12,5%

2017 avec pläsier – La Grande Cuvée brut nature
49€ | 12,5%

trinkreif

2012 Le Grand Riesling brut
29€ | 12,5%

2015 Le Grand Blanc brut nature
29€ | 12,5%

2015 Le Grand Rosé extra brut
29€ | 12,5%

WINZERHOF STAHL

Lange Dorfstraße 21
97215 Simmershofen
T +49 (0) 9848 96896
www.stahlwein.de

Christian Stahl
Maximilian von Dungern
Christian Stahl
Rebfläche 40 ha
Produktion 500.000 Flaschen
Gründung 1984
Verkaufszeiten nach Vereinbarung

Profil online

Kulinarik als Gesamtkunstwerk: So ließe sich Christian Stahls Winzerhof in Auernhofen wohl am besten beschreiben. Hier kann man sich nicht nur in malerischem Ambiente „Fränkische Haute Cuisine" schmecken lassen, sondern dazu gleich noch die Weine des Gastgebers, Chefkochs und Winzers verkosten. Von den einfachen „Everyday"-Weinen über die Best-of-Selektion bis zur „Liquid Luxury"-Kollektion sind alle Weine durch höchsten Qualitätsanspruch, viel Handarbeit und aromatischen Charakter geprägt. Herausragende Sekte und Pet Nats komplettieren Stahls Sortiment.

2018 Grande Réserve Chardonnay
75€ | 14%

2018 Sauvignon Blanc
38€ | 14,5%

2018 Sonnenstuhl Fass 500 Silvaner
29€ | 14%

2019 Best of Riesling
18€ | 13,5%

2019 Best of Silvaner
18€ | 13,5%

2019 Hasennest Müller-Thurgau
12,50€ | 12,5%

○ **2019** Sonnenstuhl Grande Réserve Chardonnay
75€ | 13,5%

○ **2020** Best of Riesling
18€ | 13%

○ **2020** Felswand Sauvignon Blanc
38€ | 13,5%

○ **2020** Grande Réserve Chardonnay
75€ | 13,5%

○ **2020** Marsberg Scheurebe
29€ | 13%

○ **2020** Sonnenstuhl Silvaner
32€ | 13%

○ **2021** Chardonnay
15€ | 13%

○ **2021** Marsberg Scheurebe
29€ | 13%

○ **2021** Muskateller
12,95€ | 12,5%

○ **2021** Riesling
12,95€ | 12,5%

○ **2021** Sauvignon Blanc
12,95€ | 11,5%

○ **2021** Scheurebe
12,95€ | 12,5%

○ **2021** Sonnenstuhl Silvaner
29€ | 13%

○ **2021** Steinmauer Chenin Blanc
22€ | 13%

○ **2021** Tauberzeller Hasennestle Hasennest Müller-Thurgau
12,95€ | 12,5%

○ **2021** Weißburgunder
12,95€ | 12,5%

● **2018** Pinot brut nature
18€ | 12,5%

● **2019** Chardonnay brut nature
19,90€ | 12%

● **2019** Spätburgunder brut nature
19,90€ | 12%

trinkreif

○ **2016** Sonnenstuhl Grande Réserve Chardonnay
75€ | 13,5%

○ **2017** Sonnenstuhl Grande Réserve Chardonnay
75€ | 13,5%

WEINGUT AM STEIN

Mittlerer Steinbergweg 5
97080 Würzburg
T +49 (0) 9312 5808
www.weingut-am-stein.de

Ludwig Knoll
Christian Lau
Dominik Diefenbach
Verbände VDP, Naturland, respekt-BIO-DYN
Rebfläche 40 ha
Produktion 210.000 Flaschen
Gründung 1890
Verkaufszeiten Mo–Fr 14–18 Uhr
Sa 10–17 Uhr
Jan.–März
Sa 10–14 Uhr

Profil online

Ludwig Knolls Urgroßvater war ein Meister der Küferkunst in Würzburg. Der Vater baute 1980 das Weingut mitten in der Spitzenlage Würzburger Stein. Ludwig Knoll begann direkt nach dem Weinbaustudium ökologisch umzustellen: „Die Passion für den Steillagenweinbau und die Genussfreude sind stetiger Antrieb für unser biodynamisches Handeln in Weinberg und Keller." Mit Kellermeister Dominik Diefenbach experimentiert er auch mit Betonei und Amphoren. Zum Betrieb gehören Gästehaus und Gutsrestaurant.

○ **2019** Stetten Stein Silvaner
45€ | 13,3%

○ **2019** Stettener Stein Montonia Weißburgunder
24€ | 13,5%

○ **2019** Stettener Stein Riesling GG
39€ | 13,5%

○ **2019** Stettener Stein Silvaner GG
39€ | 13,5%

○ **2019** Stettener Stein Vinz Alte Reben Scheurebe
24€ | 13%

○ **2019** Würzburger Innere Leiste Silvaner 1. Lage
17€ | 13%

○ **2020** Vinz Alte Reben Scheurebe
26€ | 12,5%

○ **2020** Vinz Alte Reben Silvaner
26€ | 13%

● **2019** Pure & Naked Cuvée
20€ | 12%

trinkreif

○ **2016** Down to Earth Traminer
60€ | 12%

○ **2016** Stettener Stein Silvaner GG
43€ | 12,5%

STEINTAL

Wilhelmstraße 107
63911 Klingenberg am Main
T +49 (0) 9372 2438
www.weingut-steintal.de

Jonas Hirn
Benedikt Baltes
Verbände VDP
Rebfläche 11 ha
Produktion 30.000 Flaschen
Verkaufszeiten nach Vereinbarung

Profil online

● **2018** Schlossberg Klingenberg Pinot Noir GG
69€ | 12,5%

trinkreif

● **2017** Bürgstadter Hundsrück Spätburgunder GG
49€ | 12,5%

STICH „IM LÖWEN"

Freudenberger Straße 73
63927 Bürgstadt
T +49 (0) 9371 5705
www.weingut-stich.de

Gerhard Stich
Gerhard & Helga Stich
Gerhard & Helga & Philipp Stich
Verbände Frank & Frei
Rebfläche 10 ha
Produktion 60.000 Flaschen
Verkaufszeiten Mo–Fr 8.30–12
und 14–18 Uhr
Sa 8.30–16 Uhr
und nach Vereinbarung

Profil online

Domizil des Weinguts ist das ehemalige Gasthaus „Zum Löwen". Gerhard und Helga Stich, beide gelernte Winzer und Weinbautechniker, lenken hier seit über 25 Jahren die Geschicke des Betriebs. Nach dem Examen in Geisenheim ist auch Sohn Philipp eingebunden. Wichtigste Rebsorten sind Spätburgunder (35 Prozent) und Müller-Thurgau (20 Prozent). Rote Reben stehen in den renommierten Lagen Centgrafenberg und Hundsrück, die weißen in der Lage Prichsenstadter Krone. Nachhaltigkeit ist für Stichs ein wichtiges Thema.

○ **2019** Bürgstadter Berg Großes Holz Silvaner 1. Lage
12,50€ | 13,5%

○ **2020** Bürgstadter Centgrafenberg Alte Reben Gewürztraminer 1. Lage
14,50€ | 12,8%

● **2017** Bürgstadter Centgrafenberg Spätburgunder 1. Lage
19€ | 13,2%

● **2018** Bürgstadter Berg Großes Holz Spätburgunder 1. Lage
12,80€ | 13,5%

● **2018** Bürgstadter Centgrafenberg Frühburgunder 1. Lage
17,50€ | 13,5%

● **2018** Bürgstadter Hundsrück Spätburgunder „GG"
24€ | 13,9%

● **2019** Bürgstadter Centgrafenberg Frühburgunder
18€ | 13,2%

WEINGUT STÖRRLEIN KRENIG

Schulstraße 14
97236 Randersacker
T +49 (0) 9317 08281
www.stoerrlein.de

Armin Störrlein & Martin Krenig
Verbände VDP
Rebfläche 11,5 ha
Produktion 80.000 Flaschen
Verkaufszeiten Mo–Fr 9–18 Uhr
Sa 9–16 Uhr

Profil online

Das Dreamteam aus Armin Störrlein und seinem Schwiegersohn Martin Krenig weiß das gemeinsame Weingut perfekt organisiert zu betreiben. Während Armin sich hauptsächlich um die Kellerarbeit kümmert, steht Martin im Wingert und ist für die Bedürfnisse der Reben zuständig. Seine Frau Christiane samt deren Mutter Ruth kümmern sich unterdessen um Verkauf und Marketing. Die Weine der Familie sind vom Gutswein bis zum GG durch höchste Qualität und ihre fränkische Herkunft definiert. Die im Barrique ausgebauten Weine der „Pure Grapes"-Serie ergänzen das Sortiment.

○ **2018** Randersacker Hohenroth Riesling
25€ | 13,5%

○ **2018** Randersasacker Hohenroth Silvaner
25€ | 14%

○ **2019** Randersacker Hohenroth Silvaner GG
28€ | 14%

○ **2019** Randersacker Marsberg Trias Weißburgunder 1. Lage
14€ | 13%

○ **2020** Randersacker Marsberg Alte Reben Silvaner 1. Lage
13,50€ | 13%

○ **2020** Randersacker Silvaner
9,60€ | 12,5%

○ **2021** Vom Muschelkalk Silvaner
7,90€ | 12,5%

● **2018** Randersacker Sonnenstuhl Silvaner Trockenbeerenauslese
50€ | 7,5%

trinkreif

● **2017** Randersacker Marsberg Pure Grapes Frühburgunder 1. Lage
32€ | 14%

WEINGUT STURM

Freudenberger Straße 91
63927 Bürgstadt
T +49 (0) 9371 67854
www.weingut-sturm.com

Christian & Felix Sturm
Rebfläche 10 ha
Produktion 65.000 Flaschen
Verkaufszeiten Di–Fr 9–12 Uhr
und 14–18.00 Uhr
Sa 9–15 Uhr
und nach Vereinbarung

Profil online

Besonders der Spätburgunder liegt dem generationsübergreifenden Duo von Christian und Felix Sturm am Herzen. In ihren Lagen im berühmt gewordenen Centgrafenberg ziehen Vater und Sohn die ausschließlich durch Handlese geernteten Trauben für ihre großen Roten heran. Die Weißweine aus ihrem umfangreichen Portfolio stammen hauptsächlich aus einer kleinen Exklave im 35 Kilometer entfernten Dettlingen, wo das Terroir eher für die Vinifikation eleganter Silvaner, Weißburgunder oder Rieslinge geeignet ist. So vermittelt jeder Wein seine ganz eigene Geschichte.

○ **2018** Bürgstadter Centgrafenberg Sturm & Drang Weißburgunder
12,50€ | 13,5%

● **2018** Bürgstadter Centgrafenberg Sturm & Drang Frühburgunder
18€ | 13,5%

● **2020** Glück Spätburgunder
9,90€ | 12,5%

● **2021** Sommersturm Spätburgunder halbtrocken
6,90€ | 11,5%

● **2021** Secco halbtrocken
8,20€ | 12,5%

DANIEL THEN

Aufsteiger

Hauptstraße 1
97334 Sommerach
T +49 (0) 171 1986 634
www.weingut-then.de

Daniel Then
Rebfläche 7 ha
Produktion 35.000 Flaschen
Gründung 1849
Verkaufszeiten Mo–Fr 8–18 Uhr
Sa 9–15 Uhr
So 10–12 Uhr

Profil online

Daniel Then hat sich etwas Besonderes einfallen lassen, um die fränkische Allstar-Rebe Silvaner neu anzulegen und neue Zielgruppen anzusprechen: Er baut sie im Beton-Ei aus. Heraus kommt ein spontan vergorenes Silvaner-GG, das immer wieder für Aufsehen in der deutschen Weinlandschaft sorgt. Seine Lagen im Sommeracher Katzenkopf, Engelsberg und Rosenberg liefern dafür die hochwertigen Trauben.

○ **2019** Volkacher Ratsherr Silvaner
21€ | 12,5%

○ **2021** Oskar 5.0 Scheurebe
8€ | 12%

○ **2021** Riesling
6,30€ | 12%

○ **2021** Silvaner
6,30€ | 12%

○ **2021** Sommeracher Katzenkopf Scheurebe 1. Lage
7,50€ | 12%

○ **2021** Sommeracher Katzenkopf
Silvaner 1. Lage
11,50€ | 13%

○ **2021** Sommeracher Katzenkopf
Silvaner 1. Lage
9€ | 12,5%

○ **2021** Sommeracher Rosenberg
Sauvignon Blanc 1. Lage
13,50€ | 13%

○ **2021** Weißburgunder
6,70€ | 12%

● **2017** Sommeracher Katzenkopf Tradition
Spätburgunder
12,50€ | 13,5%

● **2018** Sommeracher Katzenkopf Tradition
Pinot Noir 1. Lage
12,50€ | 13,5%

● **2019** Sommeracher Katzenkopf
Spätburgunder „GG"
29€ | 13,8%

● **2021** Spätburgunder
6,70€ | 11,5%

● **2018** Blanc de Noir
Spätburgunder brut
21€ | 12,5%

JOSEF WALTER

Aufsteiger

Freudenberger Straße 21–23
63927 Bürgstadt
T +49 (0) 9371 9487 66
www.weingut-josef-walter.de

Christoph & Daniela Walter
Christoph Walter
Rebfläche 4 ha
Produktion 18.000 Flaschen
Gründung 1855
Verkaufszeiten Di–Do 14–18 Uhr
Fr 9–12 Uhr und 14.00 - 18.00 Uhr
Sa 9–14 Uhr
und nach Vereinbarung

Profil online

Seit 1855 beschäftigt sich die Familie mit Weinbau. Heute erzeugt Weinbautechniker Christoph Walter vor allem Rotweine im burgundischen Stil. Spätburgunder steht auf der Hälfte der Rebfläche mit den Einzellagen Centgrafenberg und Hundsrück (Bürgstadt) auf Buntsandsteinverwitterungsböden. Frühburgunder, Domina und Regent machen ein weiteres Viertel aus. Dazu kommen die Weißweinsorten Silvaner, Müller-Thurgau, Bacchus und Riesling. Walter wirtschaftet naturnah ohne mineralische Stickstoffdüngung und mit Dauerbegrünung in mindestens jeder zweiten Rebzeile.

● **2016** Centgrafenberg Pinot Noir
22€ | 13%

● **2018** Bürgstadter Berg
Spätburgunder 1. Lage
22€ | 13,5%

● **2018** Centgrafenberg J Frühburgunder
29,50€ | 13,5%

● **2018** Centgrafenberg J Spätburgunder
27€ | 13,5%

● **2018** Hundsrück J Spätburgunder
37€ | 13,5%

trinkreif

● **2016** Centgrafenberg J Frühburgunder
25€ | 13,5%

● **2016** Centgrafenberg J Spätburgunder
25€ | 13%

● **2016** Hundsrück J Spätburgunder
35€ | 13,5%

ZEHNTHOF FAMILIE WEICKERT

Hauptstraße 17
97334 Sommerach
T +49 (0) 9381 2830
www.zehnthof-weickert.de

Profil online

Tobias Weickert
Rebfläche 7 ha
Produktion 50.000 Flaschen
Verkaufszeiten Mo–So 8–20 Uhr

Nach einer klassischen Weinbergskindheit entschloss sich Tobias Weickert vor einigen Jahren, das Weingut seiner Großmutter zu übernehmen und in seinem Stil fortzuführen. Einen schöneren Ort dafür hätte er sich kaum wünschen können. Der 1682 erbaute Hof, einst ein Kloster, ist nun Wirkungsstätte und Zuhause von drei Generationen Weickerts. Besonderen Wert legt der Winzer auf Silvaner und Scheurebe.

○ **2021** Astheimer Karthäuser Scheurebe Spätlese trocken
10€ | 12,5%

○ **2021** Obervolkacher Landsknecht Scheurebe Spätlese trocken
10€ | 13%

○ **2021** Obervolkacher Landsknecht Stettenburg Scheurebe Spätlese trocken
10€ | 12,5%

○ **2021** Sommeracher Katzenkopf Scheurebe Spätlese trocken
10€ | 12,5%

○ **2021** Sommeracher Katzenkopf Traminer Spätlese feinherb
13€ | 12%

○ **2021** Sommeracher Katzenkopf Traminer Spätlese trocken
13€ | 13,5%

○ **2021** Volkacher Kirchberg Scheurebe Spätlese feinherb
10€ | 11,5%

○ **2021** Volkacher Kirchberg Scheurebe Spätlese trocken
10€ | 12,5%

HANS WIRSCHING

Ludwigstraße 16
97346 Iphofen
T +49 (0) 9323 87330
www.wirsching.de

Dr. Heinrich Wirsching & Kinder
Dr. Uwe Matheus
Verbände VDP, Fair'n Green
Rebfläche 85 ha
Produktion 600.000 Flaschen
Verkaufszeiten Mo–Fr 8–18 Uhr
Sa 9–18 Uhr
So 10–12.30 Uhr

Profil online

Das Wort „Familienbetrieb" trifft auf wenige Spitzenweingüter so sehr zu wie auf das der Wirschings. Andrea, Tochter des Grandseigneurs Dr. Heinrich Wirsching, leitet das Weingut und führt das Werk ihres Vaters und der vorigen Generationen fort. Ihre Geschwister Stefanie und Michael kümmern sich um Pressearbeit und Marketing, während die jüngste Schwester Lena Weinwirtschaft studiert hat und einst die Leitung übernehmen soll. Wirsching-Weine sind in den meisten Fällen weiß, trocken und typisch fränkisch – mit höchstmöglichem Qualitätsanspruch.

○ **2018** Iphöfer Julius-Echter-Berg Riesling GG
34€ | 13%

○ **2018** Iphöfer Julius-Echter-Berg Silvaner GG
34€ | 13,5%

○ **2018** Iphöfer Kammer Riesling GG
28€ | 13%

○ **2018** Sister.Act Riesling
18,50€ | 13%

○ **2019** Iphöfer Julius-Echter-Berg Silvaner 1. Lage
14,50€ | 13%

○ **2019** Iphöfer Julius-Echter-Berg Silvaner GG
34€ | 13,5%

○ **2019** Iphöfer Kammer Silvaner GG
28€ | 13,5%

○ **2019** Iphöfer Kronsberg Riesling 1. Lage
14,50€ | 13,5%

○ **2019** Iphöfer Kronsberg Scheurebe 1. Lage
17,50€ | 13%

○ **2019** Iphöfer Kronsberg Silvaner 1. Lage
14,50€ | 13,5%

○ **2019** Iphöfer Kronsberg Weißburgunder 1. Lage
16,50€ | 13,5%

○ **2019** Sister.Act Silvaner
22€ | 13,5%

○ **2020** Iphöfer Julius-Echter-Berg Riesling GG
34€ | 13,5%

○ **2020** Iphöfer Julius-Echter-Berg Silvaner GG
34€ | 13,5%

○ **2020** Silvaner
22€ | 13%

○ **2021** Blanc de Blancs Cuvée
9,80€ | 12,5%

○ **2021** Iphöfer Julius-Echter-Berg Riesling 1. Lage
14,80€ | 13%

○ **2021** Iphöfer Julius-Echter-Berg Silvaner 1. Lage
14,80€ | 13%

○ **2021** Iphöfer Kalb Gewürztraminer 1. Lage
17,50€ | 11,5%

○ **2021** Iphöfer Kalb Silvaner
11€ | 13%

○ **2021** Iphöfer Kronsberg Chardonnay 1. Lage
15,80€ | 13%

○ **2021** Iphöfer Kronsberg Riesling 1. Lage
15,80€ | 13%

○ **2021** Iphöfer Kronsberg Scheurebe 1. Lage
17,50€ | 13%

○ **2021** Iphöfer Kronsberg Silvaner 1. Lage
14,80€ | 13,5%

○ **2021** Müller-Thurgau
8,20€ | 12,5%

○ **2021** Riesling
8,20€ | 12%

○ **2021** Scheurebe
8,50€ | 12,5%

○ **2021** Scheurebe
10,50€ | 12,5%

○ **2021** Silvaner
9€ | 12%

○ **2021** Silvaner
7,50€ | 12%

○ **2021** Weißburgunder
8,50€ | 12%
● **2019** Iphöfer Kronsberg
Spätburgunder 1. Lage
28€ | 13%
● **2021** Rosé Cuvée
7,80€ | 11,5%
● **2017** Silvaner extra brut
13,80€ | 12,5%
● **2019** Iphöfer Julius-Echter-Berg
Riesling Trockenbeerenauslese
90€ | 6,5%
● **2019** Iphöfer Kronsberg
Silvaner Beerenauslese
70€ | 7%
● **2021** Iphöfer Julius-Echter-Berg
Riesling Beerenauslese 1. Lage
48€ | 7%
● **2021** Iphöfer Julius-Echter-Berg Riesling
Trockenbeerenauslese 1. Lage
80€ | 6%

trinkreif

○ **2014** Iphöfer Julius-Echter-Berg
Riesling GG
32€ | 13%
○ **2015** Iphöfer Julius-Echter-Berg
Riesling GG
34€ | 14%
○ **2016** Iphöfer Julius-Echter-Berg
Riesling GG
34€ | 13,5%
○ **2017** Iphöfer Julius-Echter-Berg
Riesling GG
34€ | 13%
● **2017** Iphöfer Kronsberg Spätburgunder
28€ | 13%

STAATLICHER HOFKELLER WÜRZBURG

Aufsteiger

Residenzplatz 3
97070 Würzburg
T +49 (0) 9313 0509 23
www.hofkeller.de

Freistaat Bayern
Thilo Heuft
Klaus Kuhn & Friederike Voigtländer
Verbände VDP
Rebfläche 120 ha
Produktion 750.000 Flaschen
Gründung 1128
Verkaufszeiten Mo–Do 7.30–12 Uhr
und 12.30–17 Uhr
Fr 7.30–14 Uhr
Vinothek:
Mo–Fr 10–18 Uhr
Apr.–Dez.
Sa 10–16 Uhr
Jan.–März
Sa 10–14 Uhr

Profil online

Mit einer bis 1128 zurückreichenden Historie ist der Hofkeller eines der ältesten Weingüter der Welt. Der Weinkeller des von Thilo Heuft geleiteten Betriebs liegt im Weltkulturerbe Würzburger Residenz. Die Rebstöcke sind im gesamte Anbaugebiet Weinfrankens verteilt – in zehn Weinorten, 14 Lagen und auf vier unterschiedlichen Gesteinsformationen. Im Anbau sind 13 weiße und sechs rote Rebsorten. Silvaner und Rieslinge halten sich dabei ungefähr die Waage, die besten Weine kommen aus den renommierten Lagen Würzburger Stein und Innere Leiste.

○ **2019** Würzburger Innere Leiste
Silvaner 1. Lage
13,60€ | 13,5%
○ **2019** Würzburger Stein
Weißburgunder 1. Lage
14,40€ | 13,5%
○ **2020** Randersackerer Teufelskeller
Silvaner 1. Lage
12€ | 12,5%
○ **2020** Würzburger Innere Leiste
Silvaner 1. Lage
14,20€ | 13%
○ **2020** Würzburger Stein-Berg
Weißburgunder GG
34€ | 13,5%

○ **2021** Randersackerer Pfülben Riesling GG
31€ | 13%

○ **2021** Riesling
8,30€ | 12%

○ **2021** Sauvignon Blanc
8,50€ | 12%

○ **2021** Scheurebe
8,40€ | 12%

○ **2021** Silvaner
8,30€ | 12%

○ **2021** Weißburgunder
8,50€ | 12,5%

○ **2021** Würzburger Silvaner
10,30€ | 12%

○ **2021** Würzburger Stein-Berg Riesling GG
31€ | 12,5%

○ **2021** Würzburger Stein-Berg Silvaner GG
31€ | 13,5%

● **2018** Großheubacher Bischofsberg Spätburgunder GG
38€ | 13,5%

● **2020** Großheubacher Bischofsberg Spätburgunder GG
38€ | 12,5%

● **2021** Meinmatrose Pinot Noir
7,60€ | 11,5%

ÖKO-WEINGUT ZANG

Neu

Kreuzbergstraße 2
97334 Nordheim a. Main
T +49 (0) 9381 6761
www.oekoweingut-zang.de

Rainer Zang
Verbände Naturland, Slow Food
Rebfläche 10 ha
Verkaufszeiten Mo–Sa 9–12 Uhr und 13–18 Uhr und nach Vereinbarung

Profil online

Familie Zang hat sich mit ganzem Herzen dem Bioweinbau verschrieben und verfolgt das Ziel, Charakterweine zu produzieren, die nichts für die breite Masse sein müssen. Wer einen Zang trinkt, soll ihn auch als solchen erkennen. Ein wichtiges Mittel dazu ist für Vater Rainer und Sohn Maximilian Zang die Flaschenreife. So kommen einige Weine erst Jahre nach der Abfüllung trinkreif auf den Markt.

○ **2018** Erdung Cuvée
7,50€ | 12%

○ **2019** Nordheimer Silvaner
11€ | 12,5%

○ **2019** Nordheimer Vögelein Gegenstrom Müller-Thurgau
14€ | 12%

○ **2019** Nordheimer Vögelein Gegenstrom Silvaner
14€ | 12%

○ **2019** Sommeracher Katzenkopf Traminer
18€ | 11,5%

○ **2019** Spannung Cuvée
8€ | 12%

○ **2019** Widerstand Cuvée
8€ | 12%

HESSISCHE BERGSTRASSE

HESSISCHE BERGSTRASSE

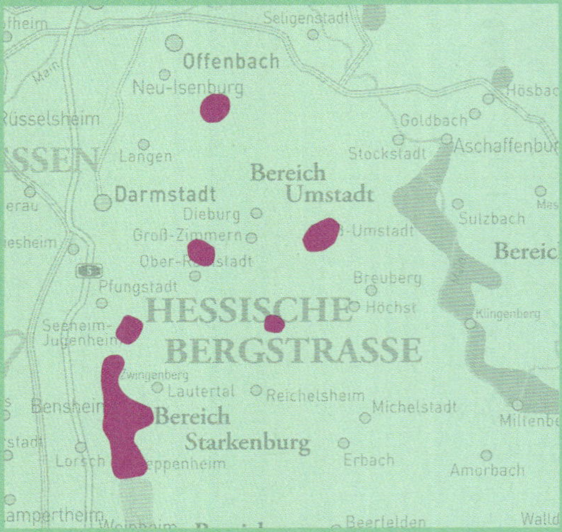

REBFLÄCHE
462 Hektar, zwei Bereiche, drei Großlagen, 23 Einzellagen

REBSORTEN
Weißwein 79 % (Riesling 37,5 %, Grauburgunder 13 %, Weißburgunder 5,4 %), Rotwein 21 % (Spätburgunder 11 %)

BÖDEN
Leichtere Böden mit unterschiedlich hohem Lössanteil

BESONDERHEIT
Hier wird auf einer Fläche von 20 Hektar der Rote Riesling angebaut.

WEINBERGE IM SCHUTZ DES ODENWALDS

von ANKE KRONEMEYER

Hier beginnt der Frühling meistens ein paar Tage früher als anderswo und damit auch die Mandelblüte. Die Hessische Bergstraße ist klein und fein und sie hat einiges an Naturschönheiten zu bieten. Der Bergsträßer Weinlagenweg ist ein zauberhafter Wanderweg mitten durch das Anbaugebiet. Die abwechslungsreiche, hügelige Landschaft bietet beste Aussichten auf den Odenwald und über die Rheinebene.

Die Hessische Bergstraße liegt eingebettet zwischen Neckar, Rhein und Main im Schutz des Odenwalds. Sie ist seit 1971 ein eigenständiges Weinanbaugebiet, dessen Rebfläche von 463 Hektar sich auf zwei Bereiche verteilt: Die „Region Starkenburg" beginnt südlich von Darmstadt mit vereinzelten Weinbergen, nach Süden hin werden ab Zwingenberg die Rebflächen geschlossener. Haupt-Weinorte sind Heppenheim, Bensheim und Alsbach. Auf der Rebfläche von 463 Hektar wächst zu 79 Prozent Weißwein und zu 21 Prozent Rotwein, dabei verändert sich der Boden sogar innerhalb eines Weinbergs.

Ausgrabungen lassen vermuten, dass schon die Römer an der Bergstraße Weinbau betrieben haben. Erstmals urkundlich bezeugt wird dies jedoch erstmals im „Lorscher Codex", der im 12. Jahrhundert zusammengestellt wurde. In Groß-Umstadt ist der Weinbau seit 775 n. Chr. belegt. Nach einer wechselvollen Geschichte wurde 1803 der südliche Teil der Bergstraße badisch, der nördliche Teil hessisch. Dennoch blieb es ein einheitliches Weinbaugebiet „Bergstraße". Mit dem Weingesetz 1971 wurde die Bergstraße geteilt, das Anbaugebiet „Hessische Bergstraße" entstand.

BURGEN, WÄLDER, WEITSICHTEN UND DER ROTE RIESLING

GRIESEL & COMPAGNIE *Aufsteiger*

Grieselstraße 34
64625 Bensheim
T +49 (0) 6251 8696 890
www.griesel-sekt.de

Jürgen Streit & Petra Greißl-Streit
Niko Brandner
Rachele Crosara
Verbände Verband traditioneller Sektmacher
Rebfläche 14 ha
Produktion 75.000 Flaschen
Gründung 2013
Verkaufszeiten Do–Fr 15–18 Uhr
Sa 10–14 Uhr
und nach Vereinbarung

Profil online

2013 gründete die Familie Streit in den historischen Gemäuern der ehemaligen hessischen Staatsdomäne Bensheim ihr Sekthaus. Zum Betriebsleiter machten sie Niko Brandner. Der junge Kellermeister hatte seinen Bankjob an den Nagel gehängt und an der Weinbauschule in Neustadt studiert. Dann ging er im Weingut Fürst und bei Sektmeister Volker Raumland in die Lehre. Für Streits ein Glücksgriff, der Betrieb wurde zum Shootingstar. Inzwischen experimentiert das Unternehmen auch mit Äpfeln.

2013 Réserve – Dosage Zéro Riesling brut nature
50€ | 12,5%

2014 Griesel Grande Cuvée Réserve Cuvée brut nature
65€ | 12,5%

2015 Grande Cuvée Dosage Zero
29€ | 12,5%

2015 Grande Cuvée – Zero Dosage Cuvée brut nature
29€ | 12,5%

2016 Griesel Granit F Pinot Noir brut nature
80€ | 12%

2016 Prestige Pinot Noir extra brut
23€ | 12%

2016 Prestige Chardonnay brut nature
25€ | 12%

2016 Prestige Pinot Noir brut nature
25€ | 12%

2017 Blanc de Blancs Tradition Cuvée brut
17€ | 12,5%

2017 Griesel Grande Cuvée Dosage Zero Cuvée brut nature
35€ | 12,5%

2017 Tradition Cuvée brut
15,50€ | 12,5%

2018 Griesel Pinot Blanc Prestige Weißburgunder brut nature
26€ | 12%

2018 Griesel Prestige Pinot Noir brut nature
26€ | 12%

2018 Griesel Prestige Pinot Noir extra brut
25€ | 12%

2018 Griesel Riesling Prestige Riesling extra brut
24€ | 12,5%

2019 Griesel Blanc de Blancs Tradition Cuvée brut
17,70€ | 12%

2019 Griesel Blanc de Noirs Tradition Cuvée brut
16,70€ | 12%

2019 Griesel Riesling Tradition Riesling brut
16,70€ | 12,5%

2019 Griesel Tradition Cuvée brut
16,70€ | 12%

Griesel Réserve perpéteulle 2013-2017 Riesling brut nature
50€ | 12,5%

MITTELRHEIN

MITTELRHEIN

REBFLÄCHE
468 Hektar, zwei Bereiche, zehn Großlagen, 111 Einzellagen

REBSORTEN
Weißwein 84 % (Riesling 63,9 %, Weißburgunder 5,1 %, Müller-Thurgau 4,7 %), Rotwein 16 % (Spätburgunder 10,5 %)

BÖDEN
Schiefer- und Grauwackenverwitterungsböden, vereinzelte Lössinseln; im Norden Böden vulkanischen Ursprungs

BESONDERHEIT
Das Obere Mittelrheintal ist seit 2002 UNESCO-Weltkulturerbe.

ROMANTISCHE BURGEN UND STEILE HÄNGE

von ANKE KRONEMEYER

Mittelrhein – das ist gleichbedeutend mit dem Romantischen Rhein. Hier, im heutigen UNESCO-Welterbe, sang die Loreley mit lieblicher Stimme und verwirrte der Legende nach die Kapitäne der Rheinschiffe, hier stehen wunderbare Schlösser und Burgen und hier gibt es zauberhafte Dörfer, die zum Entdecken einladen. In dieser einzigartigen Kulturlandschaft zwischen Bingen und Bonn liegen steile Rebhänge entlang des Rheins und in dessen Seitentälern.

Die Winzer am Mittelrhein sind Steillagenspezialisten: alles Handarbeit – und das kann man schmecken. Von den insgesamt 470 Hektar wird auf rund 400 Hektar unter klimatisch günstigen Verhältnissen Weißwein angebaut. Zum großen Teil ist das Riesling, der auf mineralreichen Schieferböden im Oberen Mittelrheintal sowie auf Bims, Grauwacke oder vulkanischem Gestein im Unteren Mittelrheintal ideale Wachstumsbedingungen hat.

Und er ist herausragend, dieser Riesling, auch wenn das Anbaugebiet eher zu den kleinsten in Deutschland zählt. Auch typisch für den Mittelrhein ist es, dass es nur wenige Winzer gibt, die große Flächen bewirtschaften. Die meisten der etwa 150 Weingüter sind Familienbetriebe mit bis zu fünf Hektar Anbaufläche.

LIEBLICH UND RAU ZUGLEICH: 85% DER FLÄCHE AM MITTELRHEIN SIND STEILLAGEN

WEINGÜTER

GOSWIN LAMBRICH

Auf der Kripp 3
55430 Oberwesel
T +49 (0) 6744 8066
www.weingut-lambrich.de

Christiane Lambrich-Henrich & Matthias Lambrich
Christiane Lambrich-Henrich
Rebfläche 16 ha
Produktion 70.000 Flaschen
Gründung 1975
Verkaufszeiten Mo–Fr 8.30–12.30
Di, Do und Fr 14–18 Uhr
Sa 9–12.30 Uhr

Profil online

Ein Geschwisterduo führt das 1975 im Stadtteil Dellhofen auf der Rheinhöhe erbaute Weingut. Geisenheim-Absolventin Christiane Lambrich-Henrich ist seit 2002 hauptverantwortlich für den Ausbau der Weine, ihr Bruder Matthias Lambrich war lange Jahre in der Hotelbranche aktiv, studierte dann Internationale Weinwirtschaft und stieg 2018 zu Hause mit ein. Beider Leidenschaft sind Rieslinge mit der typischen Mittelrhein-Mineralität, sie bauen aber auch Spätburgunder, Weißen Burgunder, Gewürztraminer und Sauvignon Blanc an. Zum Betrieb gehört ein Gutsausschank.

○ **2019** Vollsteil Riesling feinherb
9,90€ | 12,5%

○ **2021** Dellhofener St. Wernerberg Riesling Kabinett feinherb
10,90€ | 10,5%

○ **2021** Oberwesel Blauschiefer Riesling
9,90€ | 13%

○ **2021** Oberwesel Sauvignon Blanc
11€ | 12,5%

○ **2021** Oberwesel Vollsteil Riesling feinherb
9,90€ | 12,5%

○ **2021** Riesling
7,20€ | 12,5%

○ **2021** Riesling halbtrocken
7,20€ | 12%

● **2018** Pinot Noir
15,50€ | 13,5%

● **2018** Riesling
11,50€ | 12,5%

● **2018** Riesling brut
11,50€ | 12,5%

● **2019** Oberweseler St. Martinsberg Riesling Auslese
10,90€ | 8%

MATTHIAS MÜLLER

Mainzer Straße 45
56322 Spay
T +49 (0) 2628 8741
www.weingut-matthiasmueller.de

Matthias & Marianne Müller
Matthias Müller
Matthias & Johannes Müller
Verbände VDP
Rebfläche 14 ha
Produktion 130.000 Flaschen
Gründung 1678
Verkaufszeiten Mo–Sa 9–19 Uhr
So, Feiertag 10–16 Uhr

Profil online

Die Tradition reicht bis ins Jahr 1678 zurück. Einst Gemischtbetrieb, konzentrieren sich die Müllers heute auf Weinbau. Matthias Müller kaufte kontinuierlich beste Lagen in der Schiefersteillage Bopparder Hamm zu. Der älteste Sohn Johannes ist Geisenheim-Absolvent, Mitglied der Generation Riesling und Juniorchef. Seit Herbst 2020 verstärken sein Bruder Christoph und dessen rheinhessische Ehefrau Anika Hattemer-Müller, beide ebenfalls „studierte Geisenheimer", das Team. Angebaut wird Weißwein mit klarem Fokus auf Riesling.

○ **2019** An der Rabenlei Riesling GG
25€ | 13,5%

○ **2019** Engelstein Riesling GG
25€ | 13,5%

○ **2019** Feuerlay Riesling GG
29€ | 13,5%

○ **2021** Bopparder Hamm Engelstein Edition MM Riesling feinherb
16€ | 12,5%

○ **2021** Bopparder Hamm Engelstein Riesling GG
29€ | 13%

○ **2021** Bopparder Hamm Feuerlay Riesling GG
29€ | 13%

○ **2021** Bopparder Hamm Feuerlay Riesling Spätlese
13€ | 8%

○ **2021** Bopparder Hamm Mandelstein Riesling GG
33€ | 13,5%

● **2021** Bopparder Hamm Mandelstein Riesling Beerenauslese
38€ | 6%

AUGUST PERLL

Oberstraße 79–81
56154 Boppard
T +49 (0) 6742 3906
www.perll.de

Profil online

Thomas Perll
Rebfläche 11 ha
Produktion 75.000 Flaschen
Verkaufszeiten nach Vereinbarung

1606 wurde das Stammhaus erbaut, in der Nachkriegszeit machten Perlls aus dem Mischbetrieb ein reines Weingut. Winzer und Kellermeister Thomas August Perll hat eine Leidenschaft für den Steillagenweinbau. Der Bopparder Hamm ist da die ideale Lage. Der Fokus liegt auf klassischem Riesling, der Betrieb baut aber auch Scheurebe, Spätburgunder, Grauburgunder, Weißburgunder und Roten Riesling an.

2021 Bopparder Hamm Fässerlay Roter Riesling Auslese trocken
14,50€ | 13,3%

2021 Bopparder Hamm Mandelstein Riesling Auslese
16€ | 7,8%

2021 Bopparder Hamm Mandelstein Riesling Auslese trocken
14,50€ | 13,3%

2021 Bopparder Hamm Fässerlay Spätburgunder Auslese halbtrocken
9,50€ | 12%

WEINGUT PIEPER

Hauptstraße 458
53639 Königswinter
T +49 (0) 2223 22650
www.weingut-pieper.de

Felix Pieper
Verbände Gipfelstürmer
Rebfläche 9 ha
Produktion 75.000 Flaschen
Verkaufszeiten Di–Sa 16.30–22 Uhr
So 12–22 Uhr

Profil online

An den Hängen des sagenumwobenen Drachenfelses wächst der Wein von Felix Pieper. Unterstützt von Eltern und Schwester führt er seit 2007 den Betrieb in dritter Generation. Das Weingut ist das größte Nordrhein-Westfalens. Erst 2021 legte Pieper eine Jahrzehnte brachliegende Fläche neu an. Auf den Trachytböden gedeihen an überwiegend steilen Hängen zehn Weiß- und zwei Rotweinsorten, alle tragen die Lagenbezeichnung „Drachenfels". Zum Betrieb gehören eine Gutsschänke und ein Hotel.

2018 Leutesdorfer Gartenlay Sauvignon Blanc
13€ | 13%

2020 Königswinterer Drachenfels Riesling Spätlese
10,50€ | 8,5%

2020 Leutesdorfer Gartenlay Sauvignon Blanc
13,50€ | 13,5%

2021 Domkaule Riesling
9€ | 12%

2021 Königswinterer Drachenfels Chardonnay
15,50€ | 13,5%

2021 Königswinterer Drachenfels Riesling Spätlese
11€ | 8,5%

2021 Königswinterer Drachenfels Septimontium Riesling
15€ | 11,5%

Mittelrhein

WEINGUT SCHEIDGEN

Hauptstraße 10
56598 Hammerstein
T +49 (0) 2635 2329
www.weingut-scheidgen.de

Georg Scheidgen
Verbände Mittelrhein Riesling Charta
Rebfläche 23 ha
Produktion 180.000 Flaschen
Gründung 1779
Verkaufszeiten Mo–Sa 8–19 Uhr
So 9.30–18 Uhr

Profil online

Auf die Erfahrung von sieben Generationen kann Georg Scheidgen in seinem 1779 gegründeten Weingut bauen. Die Weinberge grenzen direkt an das Haus, die Steilhanglagen liegen unterhalb der Burg und der Rheinbrohler Lay. Im Anbau ist ein umfangreiches weißes und rotes Rebsortenspektrum. 2017 ergänzte Scheidgen den Betrieb um eine moderne Vinothek.

○ **2021** Hammersteiner Burg Hammerstein Edition Weißburgunder
9,70€ | 12,7%

○ **2021** Hammersteiner Hölle Edition No.1 Riesling
9,90€ | 8,7%

○ **2021** Hammersteiner In den Layfelsen Bestes Fass Riesling halbtrocken
22,90€ | 12,3%

○ **2021** Hammersteiner In den Layfelsen Riesling
16,90€ | 13%

○ **2021** Leutesdorfer Gartenlay Gewürztraminer Spätlese trocken
39€ | 12,8%

○ **2021** Rheinbrohler MonteJup Edition Grauburgunder
9,70€ | 12,4%

● **2019** Leutesdorfer Gartenlay Barrique Spätburgunder
17,90€ | 13%

● **2020** Weißburgunder brut nature
16,80€ | 13,1%

MOSEL

MOSEL

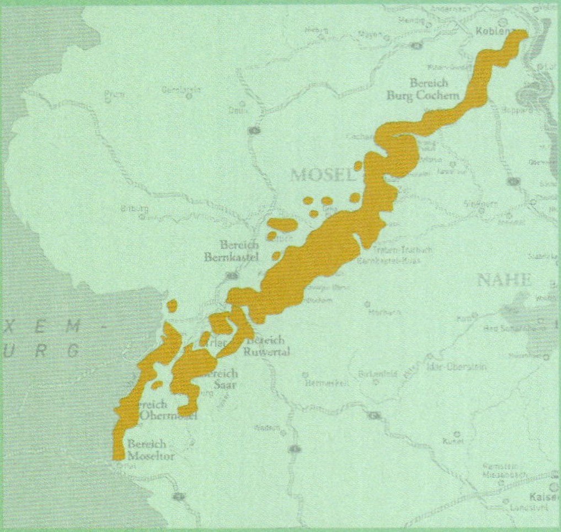

REBFLÄCHE
8.664 Hektar, sechs Bereiche, 18 Großlagen, 524 Einzellagen

REBSORTEN
Weißwein 91,9 % (Riesling 62,4 %, Müller-Thurgau 9,4 %, Elbling 5,1 %, Weißburgunder 4,3 %), Rotwein 9 % (Spätburgunder 4,8 %)

BÖDEN
An der Obermosel Muschelkalk und Keuper; in den Tälern von Saar und Ruwer sowie an der Mittelmosel Devon-Schiefer, südlich von Zell weiche Tonschiefer und kieselsäurereiche Grauwacken.

BESONDERHEIT
Das Anbaugebiet an Mosel, Saar und Ruwer gilt als älteste Weinregion Deutschlands.

RIESLING AUS STEILSTEN LAGEN

von ANKE KRONEMEYER

Höhenangst oder Schwindelgefühle sollten die Winzer von der Mosel nicht haben. Denn ein großer Teil ihrer Weinberge ist steil und terrassiert und erfordert Schwerstarbeit zumeist ohne technische Unterstützung. Die Mosel-Region ist Deutschlands ältestes Weinanbaugebiet, umfasst knapp 8800 Hektar Rebfläche und ist damit das fünftgrößte Anbaugebiet. Rund 5000 Winzer in 125 Weinorten bringen den Wein auf die Flasche, der selbst in den USA oder Skandinavien große Erfolge feiert.

Dass in den geschützten Lagen des Rheinischen Schiefergebirges der Wein besonders gut wächst, stellten auch Römer und Kelten vor rund 2000 Jahren schon fest. Reste von römischen Landgütern oder der Fund einer römischen Kelter an der Piesporter Moselschleife aus dem 4. Jahrhundert geben Zeugnis davon ab, wie intensiv und professionell schon die Römer den Wein an der Mosel verarbeitet haben. Sogar mithilfe eines Fumariums, in dem der Wein vorzeitig gealtert wurde. Antike Kelteranlagen wurden auch in Erden, Brauneberg und Maring-Noviand gefunden. Der älteste Weinkeller Deutschlands befindet sich im Park der Vereinigten Hospitien in Trier. Im Jahr 330 ließ Kaiser Konstantin dort zwei Lagerhäuser für Wein bauen. Heute gibt es zwar moderne Methoden, Wein zu erzeugen, aber harte Arbeit im steilen Weinberg ist es nach wie vor. So mühsam die Arbeit auch ist, so optimal ist der Steilhang für den Anbau. Denn der geneigte Hang sorgt für eine optimale Sonneneinstrahlung und damit ideale Wachstumstemperaturen für den Riesling, der hier vorzugsweise angebaut wird. Die Mosel-Winzer verstehen sich als Riesling-Experten, diese Sorte wird auf rund 5400 Hektar angebaut. Steilste Einzellage ist der Bremmer Calmont, der bis zu 370 Meter hoch ist und einen Neigungswinkel von 68 Grad hat. Hier müssen die Trauben – trotz der mittlerweile installierten Monorack-Zahnbahn – meistens zu Fuß transportiert werden.

KÖSTLICHES ERBE WEINVERLIEBTER RÖMER

Das Anbaugebiet ist unterteilt in den Bereich Burg Cochem, das ist die Terrassenmosel von Koblenz bis Zell. Der Bereich Bernkastel umfasst die Mittelmosel von Briedel bis Trier. Weitere Bereiche sind die Saar und die Ruwer. Obermosel und Moseltor bilden landschaftlich eine einheitliche Region, die „Südliche Weinmosel". Saar und Ruwer gehören weinrechtlich zur Mosel, stehen seit 2007 aber nicht mehr zwingend auf dem Flaschenetikett.

Viele touristische Ziele in der Region

Egal, ob Trier, Cochem, Traben-Trarbach, Bernkastel oder Zell: Von jeher ist die Mosel beliebtes Reiseziel von Touristen. Pro Jahr kommen knapp drei Millionen Übernachtungsgäste, hinzu die Tagestouristen. Ausflugsziele können die Burg Eltz sein, das Rheinische Landesmuseum in Trier, das Mosel-Weinmuseum in Bernkastel-Kues, man kann den Steillagen-Wanderweg mit Startpunkt in Winningen über fünf Kilometer abmarschieren oder eine Radtour an Mosel, Saar und Ruwer unternehmen.

WEINGÜTER

340
AGRITIUSHOF
Galgenweg 1
54329 Konz

341
WEINGUT BEFORT
Schulstraße 17
54453 Nittel

341
ERBEN VON BEULWITZ
Eitelsbacher Weg 4
54318 Mertesdorf

342
WEINGUT BLEES-FERBER
Liviastraße 1a
54340 Leiwen

343
HERIBERT BOCH
Moselweinstraße 62
54349 Trittenheim

344
WEINGUT BOLLIG²
Moselweinstraße 86-88
54349 Trittenheim

344
FRANK BROHL
Zum Rosenberg 2
56862 Pünderich

345
CLEMENS BUSCH
Kirchstraße 37
56862 Pünderich

346
JOH. JOS. CHRISTOFFEL ERBEN
Mönchhof
54539 Ürzig

346
ANSGAR CLÜSSERATH
Spielesstraße 4
54349 Trittenheim

347
WEINGUT CLÜSSERATH-EIFEL
Im Hof 6
54349 Trittenheim

348
WEINGUT CLÜSSERATH-WEILER
Brückenstraße 9
54349 Trittenheim

348
FRANZ-JOSEF EIFEL
Engelbert-Schue-Weg 2
54349 Trittenheim

349
WEINGUT EIFEL-PFEIFFER
Moselweinstraße 70
54349 Trittenheim

349
ZUM EULENTURM
Hauptstraße 218
56867 Briedel

350
MÖNCHHOF ROBERT EYMAEL
Mönchhof
54539 Ürzig

351
WEINGUT FRIEDEN-BERG
Weinstraße 19
54453 Nittel

WEINGÜTER
ÜBERSICHT A-Z

365
SCHLOSS LIESER THOMAS HAAG
Am Markt 1–5
54470 Lieser

365
CARL LOEWEN
Matthiasstraße 30
54340 Leiwen

366
THEO LOOSEN
Mittelstraße 12
56818 Klotten

366
WEINGUT LORENZ
Neustraße 6
54340 Detzem

367
GEBRÜDER LUDWIG
Im Bungert 10
54340 Thörnich

367
MARGARETHENHOF
Kirchstraße 17
54441 Ayl

368
WOLFGANG MERTES
Hermeskeiler Straße 36
54320 Waldrach

369
MARKUS MOLITOR
Haus Klosterberg
54470 Bernkastel-Kues

370
INGO NORWIG
Am Frohnbach 1
54472 Burgen

371
VON OTHEGRAVEN
Weinstraße 1
54441 Kanzem

371
PAULINSHOF
Paulinstraße 14
54518 Kesten

372
WEINGUT DR. PAULY-BERGWEILER
Gestade 15
54470 Bernkastel-Kues

372
WEINGUT PHILIPPS-ECKSTEIN
Panoramastraße 11
54470 Graach an der Mosel

373
WEINGUT JOH. JOS. PRÜM
Uferallee 19
54470 Bernkastel-Kues

374
WEINHAUS RAIMUND PRÜM
Hauptstraße 151
54470 Bernkastel-Kues

374
WEINGUT FAMILIE RAUEN
Hinterm Kreuzweg 5
54340 Thörnich

375
REBENHOF
Hüwel 2–3
54539 Ürzig

376
F-J REGNERY
Mittelstraße 39
54340 Klüsserath

WEINGÜTER
ÜBERSICHT A-Z

377
WEINGUT REH
Weierbachstraße 12
54340 Schleich

377
REVERCHON
Saartalstraße 2–3
54329 Konz

378
WEINGUT RINKE
Hauptstraße 4
54318 Mertesdorf

378
RÖMERHOF
Burgstraße 2
54340 Riol

379
SCHLOSS SAARSTEIN
Schloss Saarstein 1
54455 Serrig

379
WEINGUT SCHAFHAUSEN
Kirchstraße 9
54441 Kanzem

380
CLAES SCHMITT ERBEN
Moselweinstraße 43
54349 Trittenheim

380
INGA SCHMITT WEINE
Brotstrasse 4
54329 Konz

381
WEINGUT SCHNEIDERS-MORITZ
Zehnthofstraße 8
56829 Pommern

381
WEINGUT SCHOLTES
Thörnicher Straße 7
54340 Detzem

382
PAUL SCHUNK
Hauptstraße 26
56814 Bruttig-Fankel

382
WEINGUT SCHWAAB
In der Laach 93
56072 Koblenz

383
WEINGUT SELBACH-OSTER
Uferallee 23
54492 Zeltingen-Rachtig

384
SORENTBERG
Fischelstraße 26
56861 Reil

384
ST. NIKOLAUS-HOF
Mühlenstraße 44
54340 Leiwen

385
RIESLING-WEINGUT ALFONS STOFFEL
Maximinstraße 15
54340 Leiwen

386
WEINGUT THANISCH
Moselstraße 57a
54470 Lieser

386
DR. H. THANISCH, ERBEN MÜLLER-BURGGRAEF
Maximilian Ferger
54470 Bernkastel-Kues

387
MICHAEL TROSSEN
Jesuitenhofstraße 42
54536 Kröv

388
STIFTUNGSWEINGUT VEREINIGTE HOSPITIEN
Krahnenufer 19
54290 Trier

389
WEINGÜTER WEGELER – GUTSHAUS MOSEL
Martertal 2
54470 Bernkastel-Kues

390
NIK WEIS – ST. URBANS-HOF
Urbanusstraße 16
54340 Leiwen

391
WEINGUT WERNER
Römerstraße 17
54340 Leiwen

392
UDO WILLEMS
Am Großschock 6
54329 Konz

392
WEINGUT WILLEMS-WILLEMS
Mühlenstraße 13
54329 Konz

393
WÜRTZBERG
Würtzberg 1
54455 Serrig

394
FORSTMEISTER GELTZ ZILLIKEN
Heckingstraße 20
54439 Saarburg

AGRITIUSHOF

Galgenweg 1
54329 Konz
T +49 (0) 6501 14350
www.agritiushof.de

Profil online

Alfred Kirchen
Rebfläche 9 ha
Produktion 55.000 Flaschen
Verkaufszeiten nach Vereinbarung

Neun Hektar Weinberge bewirtschaften Alfred Kirchen und sein Sohn Jonas gemeinsam in Oberemmel im Landkreis Trier-Saarburg. Ihr Hauptaugenmerk gilt dabei – ganz Saar-typisch – dem Riesling, der fast die gesamte Rebfläche einnimmt. Bis zu 60 Jahre alt sind die Rebstöcke, die in den Lagen Karlsberg, Altenberg und Rosenberg stehen. Die Familie ist im Alleinbesitz der Steillage Karlskopf mit Hangneigungen von bis zu 55 Prozent. Die Rebzeilen erstrecken sich hier auf bis zu über 350 Metern über dem Meeresspiegel und gehören zu den höchstgelegenen der Saar.

○ **2019** Oberemmeler Karlskopf Riesling Spätlese halbtrocken
12,50€ | 12,5%

○ **2019** Oberemmeler Karlskopf Rotschiefer Riesling Kabinett feinherb
9,80€ | 11,5%

○ **2019** Oberemmeler Karlskopf vom Fels 350 N.N. Riesling Spätlese feinherb
12,50€ | 11,5%

○ **2021** Oberemmeler Altenberg Alte Reben Riesling Kabinett
15€ | 9%

○ **2021** Oberemmeler Grauschiefer Riesling
10,50€ | 10,5%

○ **2021** Oberemmeler Karlskopf 350 NN Riesling
15€ | 11%

○ **2021** Oberemmeler Karlskopf Riesling GG
22€ | 11%

○ **2021** Oberemmeler Karlskopf Riesling Kabinett feinherb
13,50€ | 10%

○ **2021** Oberemmeler Rotschiefer Riesling feinherb
10,50€ | 10%

○ **2021** Saar Riesling feinherb
8,50€ | 10,5%

● **2019** Oberemmeler Karlskopf Riesling Auslese
19,80€ | 9%

WEINGUT BEFORT

Schulstraße 17
54453 Nittel
T +49 (0) 6584 422
www.befort.de

Ruth & Hans-Jörg & Marcel Befort
Hans-Jörg Befort
Rebfläche 6 ha
Produktion 30.000 Flaschen
Verkaufszeiten Sa 10–17 Uhr

Profil online

Die Leidenschaft der Beforts sind Wein und Crémant. 2011 übernahmen die Geschwister Hans-Jörg, Ruth und Marcel Belfort den von ihren Eltern 1969 gegründeten Betrieb und modernisieren ihn kontinuierlich. In den Weinbergen wachsen Pinot Gris, Blanc und Noir, Auxerrois, Elbling, Sauvignon Blanc, Cabernet Sauvignon und Chardonnay. Von Herstellung über Design bis Verkauf liegt alles in Familienhand.

2021 Nitteler Blümchen Chardonnay
8,90€ | 12%

2021 Nitteler Leiterchen Sauvignon Blanc
9,60€ | 12,5%

2020 Nitteler Leiterchen Pinot Noir S
24€ | 15%

2021 Nitteler Leiterchen Rose S Pinot Noir & Cabernet Sauvignon
11,90€ | 12,5%

ERBEN VON BEULWITZ

Eitelsbacher Weg 4
54318 Mertesdorf
T +49 (0) 6519 5610
www.von-beulwitz.de

Herbert Weis
Verbände Bernkasteler RIng
Rebfläche 9 ha
Produktion 55.000 Flaschen
Verkaufszeiten Mo–So 8–20 Uhr

Profil online

„Macht Tradition guten Wein?" Diese Frage beantwortet Herbert Weis, seit 1982 verantwortlich für die Geschicke des Weinguts Erben von Beulwitz an der Ruwer, so: Guter Wein begründet eine Tradition. In dieser Philosophie bewirtschaftet Weis unter anderem die Spitzenlage Kaseler Nies'chen, einer Steillage mit Süd-Ausrichtung und Devonschiefer-Böden, auf der bis zu 100 Jahre alte Riesling-Reben stehen. Die naturnahe Bewirtschaftung der Weinberge mit intensiver Bodenpflege und Gründüngung ist bereits seit Jahren Standard am Weingut.

2019 Kaseler Kehrnagel Riesling Spätlese trocken
12,50€ | 12%

2019 Kaseler Nies'chen Auf den Mauern Riesling „GG"
21,50€ | 13%

2019 Kaseler Nies'chen Im Taubenberg Riesling „GG"
19,50€ | 12%

2019 Kaseler Nies'chen Riesling Kabinett
16,50€ | 8%

2019 Kaseler Nies'chen Riesling Kabinett feinherb
9,50€ | 10%

2019 Kaseler Nies'chen Riesling Spätlese feinherb
18,50€ | 10%

2021 Kaseler Nies'chen Alte Reben Nr. 4 Riesling Auslese
35,70€ | 8%

2021 Kaseler Nies'chen Alte Reben Nr. 7 Riesling Kabinett feinherb
13,50€ | 11%

2021 Kaseler Nies'chen Alte Reben Nr. 9 Riesling Kabinett
22,60€ | 8%

2021 Kaseler Nies'chen Auf den Mauern Nr. 12 Riesling „GG"
24,50€ | 12,5%

Mosel

○ **2021** Kaseler Nies'chen Im Steingarten Nr. 15 Riesling
13,50€ | 11,5%

○ **2021** Kaseler Nies'chen Im Taubenberg Nr. 13 Riesling „GG"
21,50€ | 12,5%

○ **2021** Kaseler Nies'chen Nr. 10 Riesling Kabinett feinherb
13,50€ | 10%

○ **2021** Kaseler Nies'chen Nr. 8 Riesling Kabinett
11,50€ | 8%

○ **2021** Kaseler Nies'chen Nr. 6 Alte Reben Riesling Spätlese
26,20€ | 8%

○ **2021** Mertesdorfer Herrenberg Nr. 11 Riesling „GG"
19,50€ | 12%

● **2018** Kaseler Nies'chen ** Alte Reben Riesling Auslese
19,50€ | 7%

● **2019** Kaseler Nies'chen Faß Nr. 6 Riesling Spätlese
19,50€ | 8,5%

● **2019** Kaseler Nies'chen Riesling Faß Nr. 2 – Alte Reben Beerenauslese
85,50€ | 7,3%

● **2019** Kaseler Nies'chen Riesling Faß Nr. 4 – Alte Reben Auslese
36€ | 8,5%

trinkreif

● **1999** Kaseler Nies'chen *** Riesling Auslese
48,70€ | 8%

WEINGUT BLEES-FERBER

Liviastraße 1a
54340 Leiwen
T +49 (0) 6507 3152
www.blees-ferber.de

Stefan Blees
Verbände Leiwener Jungwinzer
Rebfläche 11 ha
Produktion 80.000 Flaschen
Verkaufszeiten Mo–So nach Vereinbarung

Profil online

Als 1964 die Großschifffahrtsstraße Mosel eingeweiht wurde, war das auch die Geburtsstunde für das Weingut Blees-Ferber. Elf Hektar bewirtschaftet Stefan Blees in den Steilhängen, darunter Spitzenlagen wie Piesporter Goldtröpfchen (Monopollage), Neumagener Sonnenuhr, Trittenheimer Apotheke und Leiwener Laurentiuslay. Er sagt von sich: „Ich mache keine langweiligen Weine, sondern solche, deren Herkunft durch Bouquet, Geschmack und Farbe zu erkennen sind." Seinen Riesling baut er traditionell aus, immer mit dem Ziel, das unverwechselbare Terroir zu erhalten.

○ **2019** Neumagener Sonnenuhr Non Plus Ultra Riesling
15,50€ | 12,5%

○ **2020** Neumagener Sonnenuhr Non Plus Ulra Riesling
16€ | 12,5%

○ **2020** Piesporter Gärtchen Riesling Spätlese feinherb
10€ | 11%

○ **2021** Neumagener Sonnenuhr Non Plus Ultra Riesling Spätlese
14€ | 7%

○ **2021** Piesporter Goldtröpfchen *** Riesling Spätlese
11€ | 7,5%

○ **2021** Piesporter Gärtchen Lage im Alleinbesitz Riesling Spätlese feinherb
11€ | 10%

○ **2021** Trittenheimer Apotheke Alte Reben Riesling Spätlese trocken
11€ | 11,5%

● **2019** Neumagener Sonnenuhr Non Plus Ultra Riesling Trockenbeerenauslese
69€ | 6,5%

● **2019** Piesporter Goldtröpfchen *** Riesling Spätlese
10€ | 7,5%

● **2021** Leiwener Klostergarten *** Riesling Eiswein
48€ | 6,5%

HERIBERT BOCH

Moselweinstraße 62
54349 Trittenheim
T 01702984477
www.weingut-boch.de

Michael Boch
Rebfläche 10 ha
Produktion 70.000 Flaschen
Verkaufszeiten Mo–Sa 9–12 Uhr und 14–18 Uhr
So 10–14 Uhr
und nach Vereinbarung

Profil online

Mit 16 Jahren bewirtschaftete Michael Boch seinen ersten eigenen Weinberg, mit 21 war er Winzermeister. Da wusste jemand früh, was er wollte. 1989 übernahm er das familieneigene, damals noch sehr kleine Weingut in Trittenheim, seit 1999 wird er von seiner Frau Anne unterstützt. Mit Lagen wie der Trittenheimer Apotheke und dem Altärchen ist das Portfolio klar Riesling-geprägt. Inzwischen ist auch schon die nächste Generation im Weingut am Werk: Sohn Maximilian, Weingutstechniker, bringt neue Ideen mit – und seinen eigenen Geschmack.

○ **2019** Trittenheimer Apotheke Urstück Riesling Spätlese trocken
10,20€ | 13%

○ **2021** Trittenheimer Apotheke Abtswingert Riesling 1. Lage
14€ | 12,5%

○ **2021** Trittenheimer Apotheke Laurentiusberg Riesling 1. Lage
11,90€ | 12,5%

○ **2021** Trittenheimer Apotheke Urstück Riesling 1. Lage
12,40€ | 12,5%

● **2019** Trittenheimer Apotheke Riesling Auslese
18€ | 7,5%

● **2021** Trittenheimer Altärchen Riesling Eiswein
45€ | 8%

WEINGUT BOLLIG²

Neu

Moselweinstraße 86-88
54349 Trittenheim
T +49 (0) 6507 9989 112
www.bollighoch2.de

Profil online

Lukas & Moritz Bollig
Lukas Bollig
Rebfläche 15 ha
Gründung 2020

Die beiden Bolligs – das sind die Brüder Lukas und Moritz, die gemeinsam seit 2020 für 15 Hektar Rebfläche zwischen Leiwen und Piesport verantwortlich zeichnen. Lukas widmet sich der Arbeit im Keller und dem Verkauf, Moritz ist in den Weinbergen unterwegs. Natürlich werden beide vom Rest der Familie tatkräftig unterstützt.

○ **2021** Blanc de Noir Spätburgunder
7€ | 11,5%

○ **2021** Buntes B Cuvée feinherb
7€ | 10,5%

○ **2021** Weißburgunder
6,50€ | 12%

● **2021** Spätburgunder halbtrocken
6,50€ | 11,5%

FRANK BROHL

Zum Rosenberg 2
56862 Pünderich
T +49 (0) 6542 22148
www.weingut-brohl.de

Frank & Jutta Brohl
Frank Brohl
Verbände Ecovin
Rebfläche 7 ha
Produktion 30.000 Flaschen
Gründung 1983
Verkaufszeiten Mo–Fr nach Vereinbarung

Profil online

Frank und Jutta Brohl sind Bio-Winzer aus Leidenschaft und von Anfang an. Schon in den 1980er-Jahren setzte Frank Brohl auf ökologische Arbeit im Weinberg. Sieben Hektar Rebfläche an der Mittelmosel bewirtschaften die beiden, bestockt mit Riesling und Rivaner sowie Weiß- und Spätburgunder. Den ökologischen Weinbau begreifen die Brohls als die beste Methode, den Wein so herzustellen, wie er unter den gegebenen Naturgesetzen werden soll. So wird das Thema „Wein als Naturprodukt" zu Ende gedacht.

○ **2019** Alte Reben 1889 Riesling
Spätlese trocken
12,90€ | 12,5%

○ **2019** Reiler Goldlay Riesling
Spätlese feinherb
11€ | 12,4%

○ **2021** Alte Reben 1889 Riesling
Kabinett trocken
9,50€ | 11%

○ **2021** Alte Reben 1889 Riesling
Spätlese trocken
15,50€ | 11,5%

○ **2021** Heartbreak Riesling
8,50€ | 11%

○ **2021** Pündericher Marienburg Riesling
Spätlese 1. Lage
13,50€ | 7,5%

○ **2021** Pündericher Nonnengarten Riesling
Spätlese 1. Lage trocken
12€ | 12%

○ **2021** Pündericher Nonnengarten
Riesling feinherb
8,50€ | 10%

CLEMENS BUSCH

Kirchstraße 37
56862 Pünderich
T +49 (0) 6542 1814 023
www.clemens-busch.de

Clemens Busch
Clemens & Johannes Busch
Verbände VDP, respekt-BIODYN, Renaissance des Appellations
Rebfläche 18 ha
Produktion 100.000 Flaschen
Verkaufszeiten Mo–Sa nach Vereinbarung

Profil online

Im besten Fall sind Weine auch ein wenig die Spiegelung ihrer Erzeuger. Clemens Busch' Weine sind kompromisslos. Und das ist auch seine Einstellung: Bio-Revoluzzer, Innovator, Vordenker des nachhaltigen Weinbaus. Die Weine – vor allem Rieslinge – werden im traditionellen Fuderfass spontan vergoren. Die Arbeit in den Steillagen wird vorwiegend von Hand verrichtet, die Weinberge werden streng biodynamisch bewirtschaftet. Um der Verbuschung oberhalb der Weinbergsfläche entgegenzuwirken, setzt Familie Busch auf „Landschaftspfleger auf vier Beinen": Thüringer Waldziegen. Liegt darin das Erfolgsrezept? Vielleicht ist noch ein wenig Magie im Spiel. Beim Verkosten der Busch-Weine mag man daran glauben.

○ **2019** Marienburg Fahrlay Riesling GG
35€ | 13%

○ **2019** Marienburg Falkenlay Riesling GG
35€ | 12,5%

○ **2019** Marienburg Felsterrasse Riesling
69€ | 12,5%

○ **2019** Marienburg Rothenpfad Riesling GG
28€ | 12,5%

○ **2019** Marienburg vom blauen Schiefer Riesling
18,50€ | 12,5%

○ **2020** Marienburg Fahrlay Riesling GG
42€ | 12%

○ **2020** Pündericher Marienburg Fahrlay-Terrassen Riesling GG
59€ | 12%

○ **2020** Pündericher Marienburg Falkenlay Riesling GG
42€ | 12,5%

○ **2021** Pündericher Marienburg Riesling GG
36€ | 11,5%

○ **2021** Pündericher Marienburg Rothenpfad Riesling GG
36€ | 12%

● **2015** Réserve Riesling brut nature
24€ | 11,5%

● **2019** Marienburg Riesling Trockenbeerenauslese
300€ | 6%

trinkreif

○ **2016** Pündericher Marienburg Fahrlay Reserve Riesling
42€ | 12%

○ **2017** Pündericher Marienburg Fahrlay-Terrassen Riesling GG
45€ | 13,5%

○ **2017** Pündericher Marienburg Falkenlay Riesling GG
32€ | 12,5%

○ **2017** Pündericher Marienburg Felsterrasse Riesling
69€ | 13,5%

○ **2017** Pündericher Marienburg Raffes Riesling
69€ | 13,5%

○ **2017** Pündericher Marienburg Rothenpfad Riesling GG
28€ | 12,5%

Mosel

JOH. JOS. CHRISTOFFEL ERBEN

Mönchhof
54539 Ürzig
T +49 (0) 6532 93164
www.moenchhof.de

Weingüter M&C Management
Philippe Conzen
Rebfläche 4 ha
Produktion 35.000 Flaschen
Verkaufszeiten Mo–Fr 9–16 Uhr und nach Vereinbarung

Profil online

Der Önologe und gebürtige Koblenzer Philippe Conzen leitet gleich zwei Weingüter an der Mosel: den Mönchhof und das Weingut Joh. Jos. Cristoffel Erben – beide in Ürzig gelegen. Wenn der Mönchhof eher die moderne Linie repräsentiert, so stehen die Cristoffel-Weine für Eleganz und Tradition: Alle Weine werden im Holz ausgebaut. Die Steillagen von Cristoffel – vier Hektar, allesamt mit Riesling bestockt – liegen in Erden und Ürzig. Die Rebstöcke sind zum Teil über 100 Jahre alt, viele sind wurzelecht. Beste Voraussetzungen für große Mosel-Weine.

○ **2019** Ürziger Würzgarten GG Riesling
17,90€ | 13%

○ **2019** Ürziger Würzgarten Riesling Spätlese
14,90€ | 8%

○ **2021** Ürziger Würzgarten Riesling
8,90€ | 12,5%

● **2019** Ürziger Würzgarten Riesling Auslese
29,90€ | 8%

ANSGAR CLÜSSERATH

Spielesstraße 4
54349 Trittenheim
T +49 (0) 6507 2290
www.ansgar-cluesserath.de

Eva Clüsserath-Wittmann
Rebfläche 5 ha
Produktion 38.000 Flaschen
Gründung 1670
Verkaufszeiten nach Vereinbarung

Profil online

Über 350 Jahre alt ist das Weingut der Familie Clüsserath aus Trittenheim. Ein echtes Traditionsweingut der Mosel, das inzwischen von Eva Clüsserath-Wittmann und ihren Eltern geleitet wird. Wie ihr Ehemann Philipp Wittmann vom renommierten Weingut Wittmann in Westhofen in Rheinhessen begreift sich Eva Clüsserath-Wittmann als Teil einer neuen Winzergeneration, die den traditionellen, naturnahen Weinbau mit modernen Methoden verbinden will. Das Ergebnis: ganz typischer Mosel-Riesling mit eigenständiger Stilistik und immer in der Handschrift der Winzerin.

○ **2018** Trittenheimer Apotheke Riesling Spätlese
15,50€ | 8,5%

○ **2019** Trittenheimer Apotheke Riesling
26,90€ | 12%

○ **2019** Trittenheimer Apotheke Riesling Kabinett
13€ | 8,5%

○ **2021** Dhron Hofberger Riesling
30€ | 11,5%

○ **2021** Piesporter Goldtröpfchen Riesling feinherb
18€ | 11%

○ **2021** Trittenheim Steinreich Riesling
16€ | 11%

○ **2021** Trittenheimer Apotheke Riesling
31€ | 11,5%

○ **2021** Trittenheimer Apotheke Riesling Kabinett
15€ | 8%

○ **2021** Trittenheimer Apotheke Riesling Spätlese
18€ | 8%

● **2019** Trittenheimer Apotheke Riesling Auslese
23€ | 8,5%

WEINGUT CLÜSSERATH-EIFEL

Aufsteiger

Im Hof 6
54349 Trittenheim
T +49 (0) 6507 99001
www.cluesserath-eifel.de

Stefan Lergenmüller
Verbände Bernkasteler Ring
Rebfläche 4,2 ha
Produktion 25.000 Flaschen
Gründung 1745
Verkaufszeiten nach Vereinbarung

Profil online

2019 hat Gerhard Eifel sein kleines Weingut in Trittenheim an Stefan Lergenmüller verkauft, dem unter anderem auch das Schloss Reinhartshausen gehört. 4,5 Hektar teils über 100 Jahre alte Weinberge kann Lergenmüller nun sein Eigen nennen, viele davon noch wurzelecht bestockt. Die alten Reben bringen zwar nur noch geringste Erträge, dafür aber extrem vielschichtige und komplexe Weine hervor. Die neuen Inhaber begreifen ihre alten Rebstöcke als lebendige Kulturschätze, die unbedingt intakt und gesund erhalten werden sollen.

○ **2019** Klüsserather Bruderschaft Treppenwingert Riesling „GG"
42,95€ | 12,5%

○ **2019** Leiwener Laurentiuslay Alte Reben Riesling Kabinett
17,95€ | 9,5%

○ **2019** Lorenziusberg Trittenheimer Apotheke Riesling „GG"
39,95€ | 12,5%

○ **2019** Neumagener Rosengärtchen Riesling Kabinett feinherb
21,95€ | 11,5%

○ **2019** Trittenheimer Altärchen Riesling 1. Lage
17,95€ | 12%

○ **2019** Trittenheimer Apotheke Fährfels Anno 1900 Riesling „GG"
k. A. | 12,5%

○ **2019** Trittenheimer Apotheke Fährfels Riesling „GG"
65,95€ | 12,5%

○ **2019** Trittenheimer Apotheke Kaulsbohr Uralte Reben Riesling
29,95€ | 12,5%

○ **2019** Trittenheimer Apotheke Lorenziusberg Riesling „GG"
39,95€ | 12,5%

○ **2019** Trittenheimer Apotheke Riesling Kabinett feinherb
18,95€ | 11,5%

○ **2019** Trittenheimer Apotheke In den Gähteilen Riesling Spätlese
49,90€ | 9,5%

○ **2020** Klüsserather Bruderschaft Riesling Spätlese
42,95€ | 10%

○ **2020** Klüsserather Bruderschaft Treppenwingert Riesling
42,95€ | 11,5%

○ **2020** Leiwener Laurentiuslay Riesling Kabinett feinherb
17,95€ | 10%

○ **2020** Neumagener Rosengärtchen Mauerblümchen Riesling
21,95€ | 11%

○ **2020** Neumagener Rosengärtchen Riesling Kabinett feinherb
21,95€ | 10,5%

○ **2020** Trittenheimer Altärchen Riesling
17,95€ | 10,5%

○ **2020** Trittenheimer Altärchen Weierbach Weissschiefer Riesling „GG"
34,95€ | 11%

○ **2020** Trittenheimer Apotheke Bergwingert Riesling
14,95€ | 11%

○ **2020** Trittenheimer Apotheke Bergwingert Riesling Kabinett feinherb
18,95€ | 10,5%

○ **2020** Trittenheimer Apotheke Fährfels Riesling „GG"
65,95€ | 12,5%

○ **2020** Trittenheimer Apotheke Kaulsbohr Riesling „GG"
29,95€ | 11,5%

○ **2020** Trittenheimer Apotheke Lorenziusberg Riesling „GG"
39,95€ | 12%

Mosel

WEINGUT CLÜSSERATH-WEILER

Aufsteiger

Brückenstraße 9
54349 Trittenheim
T +49 (0) 6507 5011
www.cluesserath-weiler.de

Verena Clüsserath
Helmut Clüsserath
Verbände Moseljünger
Rebfläche 6,5 ha
Produktion 40.000 Flaschen
Gründung 1670
Verkaufszeiten April–Okt.
Mo–Fr 10–12 Uhr und 14–17 Uhr
Sa 10–12 Uhr
und nach Vereinbarung

Profil online

Ausschließlich auf Riesling konzentriert sich Familie Clüsserath aus Trittenheim. Verena Clüsserath und ihr Vater Helmut bewirtschaften sechs Hektar Rebflächen in den Lagen von Trittenheim und Mehring und können hier auf so berühmte Lagen wie die Trittenheimer Apotheke oder das Trittenheimer Altärchen zurückgreifen. Am Weingut lässt sich auch kulinarisch einiges entdecken: Raphael Ianniello, der Mann von Verena, ist Spitzenkoch mit italienischen Wurzeln und veranstaltet Events und Kochkurse für Gäste.

○ **2019** Trittenheimer Apotheke Alte Reben Riesling
17€ | 12%

○ **2020** Trittenheimer Apotheke Alte Reben Riesling
17€ | 12%

○ **2021** Mosel Riesling
9€ | 11,5%

○ **2021** Neumagener Rosengärtchen Riesling
18€ | 12,5%

○ **2021** Primus Riesling
22,50€ | 12,5%

● **2016** Edition C Riesling brut nature
25€ | 12,5%

FRANZ-JOSEF EIFEL

Engelbert-Schue-Weg 2
54349 Trittenheim
T +49 (0) 6507 70009
www.fjeifel.de

Franz-Josef Eifel
Verbände Ecovin
Rebfläche 5 ha
Produktion 35.000 Flaschen
Verkaufszeiten nach Vereinbarung

Profil online

Franz-Josef Eifel aus Trittenheim setzt konsequent auf ökologischen Weinbau und 100 Prozent Handarbeit. Diese Philosophie birgt Chancen und Risiken: das Risiko, hohe Verluste hinzunehmen, wenn das Wetter im Frühsommer oder Herbst nicht mitspielt. Und genauso die Chance, mit dem, was die Natur vorgibt, zu arbeiten und dann reich belohnt zu werden, wenn man sich darauf einlässt. Die Leidenschaft, mit der Eifel von den Herausforderungen des Jahrgangs 2021 schreibt, wirkt sehr ansteckend und macht sofort neugierig auf den Wein aus diesem Jahr.

○ **2019** Trittenheimer Apotheke Steilhang Alte Reben Riesling
19€ | 12%

○ **2019** Trittenheimer Apotheke Steillage Sonnenfels GC Riesling
35€ | 12,5%

○ **2021** Die große Leidenschaft GC Riesling feinherb
25€ | 10%

○ **2021** Goldstückchen GC Riesling
22€ | 7,5%

○ **2021** Trittenheimer Apotheke Alte Reben Riesling
21€ | 11,5%

○ **2021** Trittenheimer Apotheke Riesling Kabinett
15€ | 8%

○ **2021** Trittenheimer Apotheke Riesling Kabinett feinherb
15€ | 9%

○ **2021** Trittenheimer Apotheke Sonnenfels GC Riesling
39€ | 12%

WEINGUT EIFEL-PFEIFFER

Neu

Moselweinstraße 70
54349 Trittenheim
T +49 (0) 6507 9262 14
www.eifel-pfeiffer.de

Heinz & Brigitte Eifel
Heinz Eifel
Anne Eifel-Spohr
Verbände Mythos Mosel, Maxime Herkunft Mosel
Rebfläche 9 ha
Produktion 68.000 Flaschen
Gründung 1642
Verkaufszeiten Mo–Do 8–17 Uhr
Fr 8–12 Uhr
und nach Vereinbarung

Profil online

31 Flusskilometer, sieben Lagen, neun Hektar und 100 Prozent Riesling. Das sind die Fakten des Weinguts der Familie Eifel, die seit über 350 Jahren im Weinanbau verwurzelt ist. Und die Nachfolge von Heinz und Brigitte Eifel ist gesichert: Enkelin Mia ist amtierende Weinkönigin, studiert Weinbau und Önologie und hat mit dem „Mia Majestätisch" schon ihren ersten eigenen Wein auf der Flasche.

- **2021** Bernkasteler Badstube Riesling Kabinett feinherb
  10€ | 10,5%
- **2021** Graacher Domprobst Der Wurzelechte Riesling
  14€ | 12%
- **2021** Graacher Himmelreich Riesling Kabinett feinherb
  10€ | 9,5%
- **2021** Neumagener Rosengärtchen Riesling 1. Lage
  9€ | 11,5%
- **2021** Q4T Dry Riesling
  8,50€ | 12%
- **2021** Trittenheimer Altärchen Riesling Kabinett
  10€ | 9,5%
- **2021** Trittenheimer Apotheke Riesling
  13€ | 11,5%
- **2021** Trittenheimer Apotheke Riesling Spätlese
  14€ | 8,5%
- **2021** Wehlener Sonnenuhr Riesling Spätlese
  14€ | 7,5%

ZUM EULENTURM

Hauptstraße 218
56867 Briedel
T +49 (0) 6542 4702
www.zum-eulenturm.de

Profil online

Timo C. Stölben
Rebfläche 4 ha
Produktion 20.000 Flaschen
Verkaufszeiten nach Vereinbarung

Mit dem Jahrgang 2021 kann Timo Christian Stöben, der das Weingut seit 2013 führt, zum ersten Mal offiziell Bio-Weine anbieten. Die Umstellung auf ökologischen Weinbau startete er 2019, nun ist sie abgeschlossen. Neben Rieslingen bietet Stöben inzwischen auch Müller-Thurgau, Gewürztraminer und Elbling an. Fast ein Drittel der gesamten Traubenproduktion werden für die Sektherstellung verwendet, um die sich Stöben persönlich kümmert. Und nicht zuletzt kann man im Weingut hervorragende Trester- und Obstbrände entdecken.

- **2019** Schäferlay Riesling Spätlese trocken
  13€ | 12,5%
- **2019** Trieren Riesling Spätlese feinherb
  13€ | 12%
- **2020** Briedeler Schäferlay Riesling Spätlese trocken
  13€ | 12,5%
- **2020** Connubio Cuvée
  9€ | 11,5%
- **2021** Briedeler Schäferlay Riesling
  14€ | 11,5%
- **2021** Briedeler Trieren Riesling
  15€ | 12%
- **2021** Riesling
  9€ | 11%

Mosel

- **2016** Riesling brut nature
  15,40€ | 12%
- **2017** Riesling brut
  15,40€ | 12%
- **2017** Riesling brut nature
  15,40€ | 12%
- **2018** Riesling brut
  15,50€ | 12%
- **2018** Riesling brut nature
  15,50€ | 12%

MÖNCHHOF ROBERT EYMAEL

Mönchhof
54539 Ürzig
T +49 (0) 6532 93164
www.moenchhof.de

Weingüter M&C Management
Philippe Conzen
Rebfläche 8 ha
Produktion 75.000 Flaschen
Verkaufszeiten Mo–Fr 9–16 Uhr
und nach Vereinbarung

Profil online

Der Mönchhof in Ürzig gehört zu den ältesten Weingütern der Mosel. Bereits im 12. Jahrhundert befand sich das Gut im Besitz der Zisterzienser – aus dieser Zeit stammt auch der noch heute bestehende Gewölbekeller. Die Familie Eymael ersteigerte das Weingut „erst" 1804. Mit den Lagen Erdener Treppchen, Ürziger Würzgarten und Erdener Prälat verfügt man über absolute Top-Lagen an der Mosel, die bis weit über die Landesgrenzen hinaus bekannt sind. Das Motto von Betriebsleiter Philippe Conzen: „Nothing but Riesling." Mosel-Tradition pur.

- **2019** Ürziger Würzgarten Fass 33 Riesling Spätlese feinherb
  14,90€ | 11%
- **2021** Salve Riesling feinherb
  8,90€ | 11%
- **2019** Erdener Prälat Riesling Auslese
  29,90€ | 8%

WEINGUT FRIEDEN-BERG

Weinstraße 19
54453 Nittel
T +49 (0) 6584 99070
www.frieden-berg.de

Horst & Maximilian Frieden
Maximilian Frieden
Verbände Fair'n Green, Generation Riesling
Rebfläche 13 ha
Verkaufszeiten Mo–Fr 8–18 Uhr

Profil online

○ **2018** Max Chardonnay
17€ | 13%

● **2018** Pinot Crémant Max Chardonnay brut
17,50€ | 13%

LEO FUCHS

Hauptstraße 3
56829 Pommern
T +49 (0) 2672 1326
www.leo-fuchs.de

Ulrich Fuchs
Bruno & Ulrich Fuchs
Verbände Bernkasteler Ring
Rebfläche 11 ha
Produktion 80.000 Flaschen
Gründung 1624
Verkaufszeiten Mo–Do 17–19 Uhr
Fr 13–19 Uhr
Sa 10–17 Uhr
und nach Vereinbarung

Profil online

Seit 1624 ist das Weingut Leo Fuchs in Familienhand und damit eines der ältesten Weingüter an der Mosel. Das malerische Örtchen Pommern inmitten der Weinberge an der Mosel ist Weinromantik pur und lohnt einen Ausflug. Die mehrfach ausgezeichnete Vinothek der Familie ist ein guter Ort zum Verweilen und bringt die Philosophie des Weinguts auf den Punkt: Mit der Verbindung des alten Gemäuers und modernem Interieur zeigt man sowohl Bewusstsein für Tradition als auch Lust auf Innovation.

○ **2018** Pommerner Goldberg Riesling Spätlese 1. Lage feinherb
13,50€ | 12%

○ **2018** Pommerner Rosenberg Riesling „GG"
23€ | 14%

○ **2018** Pommerner Zeisel Riesling Auslese feinherb
19,50€ | 12,5%

○ **2018** Pommerner Zeisel Riesling Spätlese 1. Lage
13,50€ | 9.5%

Mosel

○ **2019** Klottener Brauneberg Von Alten Reben Riesling Auslese feinherb
19,50€ | 12%

○ **2019** Pommerner Rosenberg Riesling Spätlese 1. Lage feinherb
13,50€ | 11%

○ **2019** Pommerner Zeisel Riesling Spätlese 1. Lage trocken
13,50€ | 12,5%

○ **2020** Pommerner Rosenberg Riesling Spätlese „GG" trocken
23€ | 12,5%

○ **2021** Chardonnay
9,30€ | 12,5%

○ **2021** Pommerner Goldberg Riesling Spätlese feinherb
13,90€ | 10,5%

○ **2021** Pommerner Rosenberg Riesling „GG"
23,50€ | 12%

○ **2021** Pommerner Sonnenuhr Riesling
9,90€ | 12,5%

○ **2021** Pommerner Zeisel Riesling feinherb
9,90€ | 11,5%

○ **2021** Vom Grauen Schiefer Riesling
11,30€ | 12,5%

○ **2021** Vom Grauen Schiefer Riesling feinherb
11,30€ | 11%

○ **2021** Weißburgunder
9,30€ | 13,5%

● **2016** Vom grauen Schiefer Riesling brut
13,50€ | 12,5%

● **2018** Pommerner Zeisel *** Riesling Auslese
19,50€ | 10,5%

● **2019** Pommerner Zeisel Riesling Auslese
19,50€ | 8,5%

WEINGUT GEHLEN-CORNELIUS

Weingartenstraße 33
54472 Brauneberg
T +49 (0) 6534 496
www.gehlen-cornelius.de

Daniel Gehlen
Rebfläche 22 ha
Produktion 60.000 Flaschen
Gründung 1962
Verkaufszeiten April–Okt.
Mo–Fr 8–18 Uhr
Sa–So 8–17 Uhr

Profil online

Auf über 20 Hektar Rebfläche rund um Brauneberg an der Mittelmosel kultiviert die Familie Gehlen nicht nur Riesling, der natürlich eine Sonderstellung einnimmt, sondern auch Weißburgunder, Chardonnay, Sauvignon Blanc, Merlot und Spätburgunder. Sogar Syrah findet sich im Rebsortenportfolio. Eine große Auswahl, die sich aus den unterschiedlichen Bodenformationen erklärt, auf die Daniel Gehlen zurückgreifen kann: von tiefgründigen Löss-Lehm-Böden bis zu leichten Verwitterungsböden in Berglagen ist alles im Lagenportfolio vorhanden.

○ **2019** Brauneberger Juffer Riesling Spätlese trocken
12€ | 13%

○ **2019** Sauvignon Blanc
7,90€ | 14%

○ **2020** Brauneberger Schieferschatz Riesling Spätlese trocken
8,90€ | 12%

○ **2021** Brauneberger Juffer Riesling
13,50€ | 13%

○ **2021** Sauvignon Blanc
8€ | 13%

○ **2021** Schieferschatz Riesling halbtrocken
9,50€ | 12,5%

○ **2021** Wintricher Ohligsberg Riesling Spätlese
11,50€ | 7,5%

● **2018** Cerberus Syrah
19,90€ | 14,5%

● **2020** Blaufränkisch
11€ | 14%

● **2020** Syrah
21€ | 14%

OTTO GÖRGEN

Römerstraße 30–32
56820 Briedern
T +49 (0) 2673 1809
www.weingut-goergen.de

Matthias Görgen
Rebfläche 14 ha
Produktion 120.000 Flaschen
Gründung 1707
Verkaufszeiten Mo–Sa 9–11.30 Uhr
Vinothek(Bachstraße 48, 56814 Beilstein)
Ostern–Juni:
Sa und So 14–19 Uhr
Juli–Okt.
Mo–So 14–19 Uhr

Profil online

Seit Generationen baut die Familie Görgen an der Mosel Wein an. Weinbautechniker Matthias Görgen zeichnet verantwortlich und wird von seinen Eltern bei der Bewirtschaftung der 14 Hektar Rebfläche unterstützt. In der Vinothek kann die gesamte Kollektion des Weinguts verkostet werden. Seit einem Jahr gehört das Hotel Haus Burg Metternich zum Weingut, das in den nächsten Jahren renoviert werden soll.

- ○ **2019** Beilsteiner Silberberg Von alten Reben Riesling Spätlese feinherb
  8,50€ | 11,5%
- ○ **2021** Beilsteiner Silberberg Von alten Reben Riesling Spätlese feinherb
  8,90€ | 11%
- ○ **2021** Briederner Rüberberger Domherrenberg Nikolaus G Riesling
  7,20€ | 12,5%
- ○ **2021** Briederner Rüberberger Domherrenberg Von alten Reben Riesling Spätlese 1. Lage trocken
  8,90€ | 12%
- ● **2019** Briederner Rüberberger Domherrenberg Riesling Spätlese
  8,50€ | 9,5%
- ● **2021** Briederner Rüberberger Domherrenberg Riesling Auslese 1. Lage
  10,50€ | 7%
- ● **2021** Briederner Rüberberger Domherrenberg Riesling Spätlese 1. Lage
  8,90€ | 9,5%

MAXIMIN GRÜNHAUS

Maximin Grünhaus 1
54318 Mertesdorf
T +49 (0) 651 5111
www.maximingruenhaus.de

Maximin von Schubert
Stefan Kraml
Verbände VDP, Die Güter
Rebfläche 34 ha
Produktion 150.000 Flaschen
Verkaufszeiten Mai–Okt.
Mo–Fr 8–17 Uhr
Sa 10–16 Uhr
und nach Vereinbarung

Profil online

Das Weingut der Familie von Schubert liegt an der Ruwer, etwa zwei Kilometer von deren Moselmündung entfernt. Die geschlossene Weinbergslage ist etwas Besonderes. Das Weingut kann gleich über drei Monopollagen – Abtsberg, Herrenberg und Bruderberg – verfügen und hat sich auf den 34 Hektar Rebfläche vor allem auf Riesling spezialisiert. Ergänzend werden Weiß- und Spätburgunder kultiviert. Bereits seit 1882 in Familienbesitz, kümmert sich inzwischen Maximin von Schubert zusammen mit Betriebsleiter Stefan Kraml um das Traditionsweingut aus Mertesdorf.

- ○ **2018** Abtsberg Riesling GG
  30€ | 13%
- ○ **2018** Herrenberg Riesling Kabinett
  16,90€ | 8%
- ○ **2020** Grünhäuser Riesling
  16,90€ | 11,5%
- ○ **2020** Schloss Riesling
  11,90€ | 11,5%
- ○ **2021** Maximin Grünhaus Schloss Riesling
  12,50€ | 11,5%

Mosel

WILLI HAAG

Burgfriedenspfad 5
54472 Brauneberg
T +49 (0) 6534 450
www.willi-haag.de

Marcus Haag
Verbände VDP
Rebfläche 7 ha
Produktion 45.000 Flaschen
Gründung 1600
Verkaufszeiten nach Vereinbarung

Profil online

Schon seit 1995 führt Marcus Haag das Weingut seines Großvaters – über 500 Jahre Familientradition werden so fortgesetzt. Der tiefe Gewölbekeller, in dem die Weine ausgebaut werden, liegt hinter einem Fachwerkhaus aus dem 15. Jahrhundert, das als ältestes Haus in Brauneberg gilt. Weinproben sind im modernen Betriebsgebäude möglich. Haag hat sich ganz auf den Riesling in all seinen Facetten spezialisiert und verantwortet sieben Hektar Rebfläche in so bekannten Lagen wie der Brauneberger Juffer und der Sonnenuhr.

○ **2019** Brauneberger Juffer-Sonnenuhr Riesling Spätlese
13,50€ | 8,1%

○ **2020** Brauneberger Juffer Riesling Kabinett
10€ | 8,9%

○ **2020** Brauneberger Juffer-Sonnenuhr Riesling Auslese
22€ | 7,9%

○ **2021** Alte Reben Grauschiefer Riesling
10€ | 13%

○ **2021** Juffer Brauneberg Riesling Spätlese
12€ | 7,5%

○ **2021** Juffer-Sonnenuhr Brauneberg Riesling Spätlese
15€ | 7%

○ **2021** Riesling feinherb
8€ | 11,8%

WEINGUT HAART

Ausoniusufer 18
54498 Piesport
T +49 (0) 6507 2015
www.haart.de

Johannes & Marcus Haart
Verbände VDP, Fair'n Green
Rebfläche 9 ha
Produktion 60.000 Flaschen
Verkaufszeiten nach Vereinbarung

Profil online

○ **2021** Haart To Heart Riesling feinherb
10,50€ | 10,5%

○ **2021** Riesling
10,50€ | 11,5%

WEINGUT HAIN

Am Domhof 5
54498 Piesport
T +49 (0) 6507 2442
www.weingut-hain.de

Gernot Hain
Rebfläche 11,5 ha
Produktion 80.000 Flaschen
Verkaufszeiten Mo–Fr 9–18 Uhr
Sa und So nach Vereinbarung

Profil online

Winzer Gernot Hain fühlt sich im Weinberg genauso zu Hause wie im Keller. Das merkt man auch daran, dass er seine Weine von Anfang bis Ende begleitet – vom ersten Moment an bis zur Vermarktung. Zu seinen Weinbergen gehören die Top-Lagen Piesporter Goldtröpfchen und Domherr, die er aufwendig und zeitintensiv per Handarbeit bewirtschaftet. Riesling macht über 80 Prozent aus, hinzu kommen Chardonnay, Weiß- und Spätburgunder, die alle im 300 Jahre alten Gewölbekeller vinifiziert werden.

○ **2019** Domherr Riesling Spätlese
13,50€ | 8%

○ **2019** Goldtröpfchen Alte Reben Riesling feinherb
14,50€ | 11,5%

○ **2019** Goldtröpfchen Felsterrassen Riesling Spätlese
14,50€ | 8%

○ **2019** Goldtröpfchen Riesling Kabinett
9€ | 8,5%

○ **2019** Goldtröpfchen Riesling Kabinett trocken
9€ | 11,5%

○ **2019** Goldtröpfchen Riesling „GG"
25€ | 12,5%

○ **2021** Piesporter Domherr *** Riesling
14,50€ | 12%

○ **2021** Piesporter Goldtröpfchen *** Riesling
14,50€ | 12,5%

○ **2021** Piesporter Goldtröpfchen Alte Reben Riesling Kabinett
12€ | 7,5%

○ **2021** Piesporter Goldtröpfchen Alte Reben Riesling feinherb
14,50€ | 10,5%

○ **2021** Piesporter Goldtröpfchen Felsterrassen Riesling Spätlese
16€ | 7,5%

○ **2021** Piesporter Goldtröpfchen Riesling Kabinett
9,50€ | 8%

○ **2021** Piesporter Goldtröpfchen Riesling Spätlese
13,50€ | 7,5%

● **2018** Falkenberg Pinot Noir
18,50€ | 13,5%

● **2019** Domherr Riesling Auslese
21€ | 8%

● **2019** Goldtröpfchen Riesling Auslese
21€ | 8%

C. A. HAUSSMANN

Aufsteiger

Bernkasteler Weg 15
56841 Traben-Trarbach
T +49 (0) 6541 1543
www.ca-haussmann.de

Stefan Stassen
Rebfläche 6 ha
Produktion 45.000 Flaschen
Gründung 1559
Verkaufszeiten Mo–Fr 8:30–12 Uhr und nach Vereinbarung

Profil online

Stefan Stassen zeichnet seit 2014 verantwortlich für die Geschicke des Weinguts C. A. Haussmann. Im seit 1559 bestehenden Weingut machte Stassen in den 1980er-Jahren seine Ausbildung zum Winzer – und kehrte zurück. Auf sechs Hektar Rebfläche in und um Traben-Trarbach kultiviert Stassen Rivaner, Burgunderrebsorten und natürlich Riesling auf mineralhaltigen Schieferböden.

○ **2019** Traben-Trarbacher Kräuterhaus Schieferjuwel Riesling Auslese „GG“ trocken
19,90€ | 13,5%

○ **2020** Traben-Trarbacher Würzgarten Riesling Spätlese trocken
9,50€ | 12%

○ **2020** Ürziger Würzgarten Schieferjuwel Riesling Spätlese „GG“ trocken
11,90€ | 11,5%

○ **2021** Schieferjuwel Riesling
8,90€ | 12%

○ **2021** Schieferjuwel Riesling feinherb
8,90€ | 11,5%

○ **2021** Traben-Trarbacher Königsberg Grauburgunder
9,50€ | 13%

○ **2021** Traben-Trarbacher Würzgarten Riesling Kabinett trocken
7,90€ | 10,5%

● **2021** Club Spätburgunder
8,20€ | 12%

● **2021** Traben Trarbacher Würzgarten Riesling Spätlese 1. Lage
9,50€ | 7,5%

HEINRICHSHOF

Chur-Kölner-Straße 23
54492 Zeltingen-Rachtig
T +49 (0) 6532 3151
www.weingut-heinrichshof.de

Peter & Ulrich Griebeler
Rebfläche 8 ha
Produktion 70.000 Flaschen
Verkaufszeiten Mi–Sa 14–18 Uhr und nach Vereinbarung

Profil online

2014 haben die Gebrüder Peter und Ulrich Griebeler den elterlichen Betrieb übernommen und seitdem die Rebfläche von drei auf acht Hektar erweitert. Der Fokus liegt auf dem Ausbau trockener Weine in großen Holzfässern – vor allem natürlich Riesling, aber auch Burgundersorten und internationale Stars wie Sauvignon Blanc. Der Begriff „Zulast“ wird in Anlehnung an alte Traditionen für den Ausbau der Weine im 500-Liter-Fass verwendet – ganz modern ist hingegen die Verpflichtung auf naturnahen Weinbau und schonenden Umgang mit Ressourcen.

○ **2019** Sonnenuhr Rotlay Riesling
14,90€ | 12%

○ **2019** Tonneau Riesling
13,50€ | 12,5%

○ **2019** Zeltinger Sonnenuhr Zulast Riesling
19,80€ | 12,5%

○ **2021** Tonneau Riesling
14,50€ | 12%

○ **2021** Réserve Weißburgunder
18,90€ | 13%

○ **2021** Zeltinger Schlossberg Riesling
10,30€ | 12%

○ **2021** Zeltinger Schlossberg Riesling Spätlese feinherb
10,30€ | 10%

○ **2021** Zeltinger Sonnenuhr Rotlay Riesling „GG“
16€ | 12%

○ **2022** Römische Kapelle Riesling
8,70€ | 12%

● **2020** Zeltinger Himmelreich Réserve Spätburgunder
19,90€ | 13%

● **2021** Zeltinger Sonnenuhr Riesling Auslese
16,50€ | 8%

VON HÖVEL

Aufsteiger

Agritiusstraße 6
54329 Konz
T +49 (0) 6501 15384
www.weingut-vonhoevel.de

Maximilian von Kunow
Maximilian von Kunow & Wolfgang Mertes
Verbände VDP, Fair'n Green
Rebfläche 21,5 ha
Produktion 140.000 Flaschen
Verkaufszeiten Mo–Do 8.30–12 Uhr und 13–17 Uhr
Fr 8.30–12 Uhr
und nach Vereinbarung

Profil online

In siebter Generation leitet Max von Kunow inzwischen das Weingut an der Saar mit über 200 Jahren Geschichte. Das Lagenportfolio reicht vom weltberühmten Scharzhofberg über den Alleinbesitz der Oberemmeler Hütte und natürlich der Monopollage Hörecker im Kanzemer Altenberg. Dabei konzentriert sich Kunow ganz auf den Riesling und gibt ihm die Schlankheit und Frische der Saar, glasklare Frucht und immer schwebende Leichtigkeit mit. Weine, die weit über die Landesgrenzen begeistern und die immer ein wenig geheimnisvoll scheinen.

○ **2019** Hörecker GL Riesling feinherb
48€ | 12%

○ **2019** Hörecker Riesling Spätlese
48€ | 8,5%

○ **2019** Oberemmeler Hütte 26 Riesling Auslese
42€ | 9%

○ **2019** Oberemmeler Hütte Riesling GG
24€ | 12%

○ **2019** Oberemmeler Hütte Riesling Kabinett feinherb
14,90€ | 10%

○ **2019** Oberemmeler Hütte Riesling Spätlese
24€ | 10,5%

○ **2019** Oberemmeler Riesling
12,80€ | 11,5%

○ **2019** Scharzhofberger (Versteigerungswein) Riesling Kabinett feinherb
36€ | 8%

○ **2019** Scharzhofberger Riesling Auslese
42€ | 8%

○ **2019** Scharzhofberger Riesling GG
36€ | 11%

○ **2019** Scharzhofberger Riesling Kabinett feinherb
20,90€ | 10%

○ **2019** Scharzhofberger Riesling Spätlese
32€ | 9%

○ **2020** Oberemmeler Hütte Riesling feinherb
34€ | 12%

○ **2020** Saar Riesling Kabinett feinherb
12,80€ | 10,5%

○ **2020** Scharzhofberger Riesling Kabinett
21,80€ | 7,5%

○ **2020** Scharzhofberger Riesling feinherb
42€ | 11,5%

○ **2020** Weißburgunder
9,80€ | 12,5%

○ **2021** Kanzemer Hörecker Versteigerungswein Riesling GG
k. A. | 12%

○ **2021** Krettnacher Riesling
16,90€ | 12%

○ **2021** Oberemmeler Hütte Riesling Kabinett
19€ | 8,5%

○ **2021** Saar Riesling
11,90€ | 11,5%

○ **2021** Saar Riesling Kabinett
12,90€ | 8%

○ **2021** Saar Riesling feinherb
11,90€ | 10,5%

○ **2021** Saar S Riesling Kabinett
18,90€ | 7,5%

○ **2021** Scharzhofberger Riesling Kabinett
25€ | 7,5%

○ **2021** Scharzhofberger Riesling Spätlese
38€ | 8%

● **2020** Kanzemer Hörecker Versteigerungswein Riesling Auslese
k. A. | 8%

CLASSISCHES WEINGUT HOFFRANZEN

Aufsteiger

Schulstraße 22
54346 Mehring
T +49 (0) 6502 8441
www.weingut-hoffranzen.com

Profil online

Carolin Hoffranzen
Gründung 1601
Verkaufszeiten nach Vereinbarung

Seit 1601 im Familienbesitz: Damit hat das Weingut Hoffranzen in Mehring nun wirklich den Titel „Traditionsweingut" verdient. In der Hauptsache wird auf den Schieferböden der Mosel Riesling kultiviert, aber auch Weiß- und Spätburgunder sowie Müller-Thurgau finden sich im Portfolio. Seit 2019 leitet Carolin Hoffranzen das Weingut zusammen mit ihrem Mann Martin – in der inzwischen 17. Generation.

○ **2019** Mehringer Blattenberg Mehringer Urgestein Riesling feinherb
21€ | 12%

○ **2021** Einmaleins Riesling feinherb
6,50€ | 11%

○ **2021** Mehringer Blattenberg Caro Riesling Spätlese
10€ | 7%

○ **2021** Mehringer Blattenberg Contur Riesling feinherb
12,50€ | 12%

○ **2021** Mehringer Blattenberg Layet Layterrassen Riesling „GG"
17€ | 12%

IMMICH-BATTERIEBERG

Im Alten Tal 2
56850 Enkirch
T +49 (0) 6541 8159 07
www.batterieberg.com

Volker Auerbach & Roland Probst
Gernot Kollmann
Rebfläche 13 ha
Produktion 60.000 Flaschen
Gründung 908
Verkaufszeiten Mo–Sa nach Vereinbarung

Profil online

Mit der erstmaligen Erwähnung im Jahr 908 n. Chr. in einer Urkunde des ostfränkischen Karolingerkönigs Ludwigs IV. gehört das Weingut Immich-Batterieberg zu den ältesten Weingütern der Mosel. Vier Weinberge bewirtschaftet man in und um Enkirch, darunter auch den namensgebenden „Batterieberg", der Weinbaugeschichte in sich trägt. Mitte des 19. Jahrhunderts wurden hier mit Sprengbatterien die gröbsten Felsen gesprengt, um die Steilhänge besser bewirtschaften zu können. Seit 2009 verantwortet Gernot Kollmann die Weinstilistik.

○ **2019** Briedeler Herzchen Riesling 1. Lage
18€ | 12%

○ **2019** Enkircher Batterieberg Riesling feinherb
45€ | 12,5%

○ **2019** Enkircher Ellergrub Riesling feinherb
35€ | 12,5%

○ **2019** Escheburg Riesling
18€ | 13%

trinkreif

○ **2017** Enkircher Zeppwingert Réserve Riesling
100€ | 12%

● **2016** Jour Fixe Riesling brut nature
29€ | 12%

KARLSMÜHLE

Im Mühlengrund 1
54318 Mertesdorf
T +49 (0) 6515 124
www.weingut-karlsmuehle.de

Peter Geiben
Rebfläche 15 ha
Produktion 60.000 Flaschen
Verkaufszeiten Mo–Fr 8–17 Uhr
Sa und So nach Vereinbarung

Profil online

Peter Gelben führt sein Weingut im Ruwertal bereits seit den 1970er-Jahren. Die Karlsmühle kann als einzige Mühle in Deutschland ihre Mühlentradition bis in die Römerzeit zurückverfolgen und wurde erst 1955 stillgelegt. Zum Weingut gehört ein familieneigenes Hotel, das direkt an den Weinbergen der Ruwer liegt.

2018 Lorenzhöfer Riesling Spätlese trocken
13,50€ | 13%

2021 Grauburgunder
9€ | 13%

2021 Lorenzhöfer Riesling Kabinett trocken
9,50€ | 10,5%

2021 Molaris L Riesling
9,50€ | 11%

2018 Lorenzhof Riesling brut
13,50€ | 12,5%

KARTHÄUSERHOF

Aufsteiger

Karthäuserhof 1
54292 Trier
T +49 (0) 6515 121
www.karthaeuserhof.com

Albert Behler
Mathieu Kauffmann
Verbände VDP, Fair'n Green
Rebfläche 27 ha
Produktion 150.000 Flaschen
Gründung 1335
Verkaufszeiten Mo–Fr 8.30–17 Uhr
Sa nach Vereinbarung

Profil online

Seit über 200 Jahren im selben Familienbesitz, setzt Albert Behler in der nunmehr 7. Generation ein Ausrufezeichen nach dem anderen: "Wir schreiben jeden Tag ein paar Silben an unserer Geschichte". Neben der Verpflichtung von Mathieu Kaufmann als technischen Direktor, der hier die beiden ersten vollends unter seiner Ägide erzeugten Jahrgänge 2020 & 2021 vorstellt, wurde das Team um Weinguts-Geschäftsführer Christoph Horbach mit Dominik Völk als Betriebsleiter abgerundet. Außerdem werden aktuell die historischen Guts-Gebäude saniert und dabei der markante Turm Bruno gutachterlich auf stolze 800 Jahre datiert.

2019 Eitelsbacher Alte Reben Riesling
17,90€ | 12%

2019 Karthäuserhofberg Riesling Auslese feinherb
39,90€ | 8,5%

2019 Karthäuserhofberg Riesling GG
45€ | 13%

2019 Karthäuserhofberg Riesling Kabinett
16,90€ | 10,5%

2019 Karthäuserhofberg Riesling Spätlese
21,90€ | 9%

2019 Schieferkristall Riesling
13,90€ | 11,5%

2020 Alte Reben Riesling
17,90€ | 11%

2020 Karthäuserhofberg Großes Gewächs Riesling GG
45€ | 12%

2020 Karthäuserhofberg Spätlese Riesling Spätlese
21,90€ | 9%

Mosel

○ **2020** Schieferkristall Riesling
13,90€ | 10,5%
○ **2021** Bruno Weißburgunder
9,90€ | 11,5%
○ **2021** Karthäuserhofberg Kabinett Riesling Kabinett
16,90€ | 9,5%
○ **2021** Schieferkristall Riesling
13,90€ | 11%

trinkreif

○ **2003** Karthäuserhofberg No. 18 Riesling Auslese
89€ | 7,5%
● **2007** Karthäuserhofberg No. 12 Riesling Spätlese
69€ | 8%
● **1999** Karthäuserhofberg No. 38 Riesling Beerenauslese
249€ | 7,5%

WEINGUT KERPEN

Uferallee 6
54470 Bernkastel-Kues
T +49 (0) 6531 6868
www.weingut-kerpen.de

Martin Kerpen
Verbände Bernkasteler Ring
Rebfläche 8 ha
Produktion 60.000 Flaschen
Gründung 1750
Verkaufszeiten Mo–Fr 8–18 Uhr
Sa 9–16 Uhr
und nach Vereinbarung

Profil online

Seit 250 Jahren ist die Familie im Wein verwurzelt, die neunte Generation wird das Weingut übernehmen, die zehnte wurde 2022 geboren. Manfred Kerpen ist stolz auf diese Tradition und auf die berühmten Lagen, die er bewirtschaftet: Graacher Himmelreich, Wehlener Sonnenuhr, Bernkasteler Bratenhöfchen und Graacher Domprobst. Den Slogan „Wir lieben Riesling" setzt die Familie konsequent um, keine andere Rebsorte steht in ihren Weinbergen. Zum Weingut gehören die Straußwirtschaft Riesling-Café und neuerdings auch eine Ferienwohnung im Jugendstilhaus.

○ **2019** Wehlener Sonnenuhr * Riesling Spätlese
13,50€ | 7,5%
○ **2019** Wehlener Sonnenuhr Riesling „GG"
18,50€ | 12,5%
○ **2020** Graacher Domprobst Riesling „GG"
19,50€ | 12%
○ **2020** Graacher Himmelreich Riesling Kabinett trocken
9,50€ | 11%
○ **2021** Classic Riesling halbtrocken
8,50€ | 11,5%
○ **2021** Graacher Himmelreich Riesling Kabinett trocken
10,50€ | 10,5%
○ **2021** Wehlener Sonnenuhr Alte Reben Riesling Spätlese feinherb
15€ | 10,5%
○ **2021** Wehlener Sonnenuhr Alte Reben Riesling Spätlese trocken
15€ | 11,5%

○ **2021** Wehlener Sonnenuhr
Riesling Kabinett
10,50€ | 8%

● **2019** Wehlener Sonnenuhr **
Riesling Auslese
22€ | 8%

REICHSGRAF VON KESSELSTATT

Schlossgut Marienlay
54317 Morscheid
T +49 (0) 6500 91690
www.kesselstatt.com

Familie Günther Reh
Rainer Rüttiger
Lukas Bollig
Verbände VDP
Rebfläche 46 ha
Produktion 300.000 Flaschen
Gründung 1349
Verkaufszeiten Mo–Do 8–16.45 Uhr
Fr 8–13 Uhr
und nach Vereinbarung

Profil online

Mit 46 Hektar Rebfläche gehört das Weingut nicht zu den kleinen Betrieben an der Mosel. Und was diese Größe an Lagenportfolio zu bieten hat, ist ebenfalls nicht alltäglich: sechs Große Lagen an der Mosel, darunter die Monopollage Josephshöfer bei Graach, die bereits im 10. Jahrhundert urkundlich erwähnt wurde. Hinzu kommen Lagen an Saar und Ruwer. Das Weingut selbst ist ein Schloss, die Geschichte reicht über 650 Jahre zurück. Dieser Historie und diesem Erbe verpflichtet fühlt sich auch heute noch das gesamte Team in Morscheid.

○ **2019** Josephshöfer Monopol
Riesling Spätlese
23,20€ | 7,5%

○ **2019** Kaseler Nies'chen Riesling GG
31,50€ | 12,5%

○ **2020** Josephshöfer Riesling GG
33,10€ | 11,5%

○ **2021** Alte Reben Riesling
18€ | 12%

○ **2021** Brauneberg Juffer-Sonnenuhr
Riesling Kabinett
15,20€ | 10%

○ **2021** Josephshöfer Riesling
Kabinett feinherb
15,70€ | 10%

○ **2021** Kasel Kehrnagel Riesling
Kabinett feinherb
15,20€ | 9,5%

○ **2021** Kasel Nies'chen Riesling Kabinett
15,20€ | 8%

○ **2021** Kasel Riesling
13€ | 12,5%

Mosel

○ **2021** Ockfen Bockstein Riesling Kabinett
15,20€ | 9%

○ **2021** Piesport Goldtröpfchen Riesling Kabinett
15,20€ | 8,5%

○ **2021** Piesport Riesling
13€ | 11,5%

○ **2021** Scharzhofberger Riesling Kabinett
15,70€ | 8%

○ **2021** Scharzhofberger Riesling Kabinett feinherb
15,70€ | 10%

○ **2021** Wiltingen Riesling
13€ | 12,5%

● **2018** Majorat Riesling brut
17,80€ | 13%

● **2019** Brauneberger Juffer-Sonnenuhr #30 Riesling Beerenauslese
121,50€ | 7,5%

GESCHWISTER KÖWERICH

Aufsteiger

Beethovenstraße 27
54340 Köwerich
T +49 (0) 172 6532 819
www.weingut-geschwister-koewerich.de

Profil online

Marcus Regnery
Verkaufszeiten Mo–Fr 8–18 Uhr und nach Vereinbarung

Das Konterfei Ludwig van Beethovens ziert die Weine der Geschwister Köwerich nicht nur aus ästhetischen Gründen: Die Mutter des berühmten Komponisten war eine „Keverich", damals die Schreibweise des heutigen Namens. Marcus Regnery ist für die Wein-Kompositionen verantwortlich und bewirtschaftet 14 Hektar eigene Weinberge, die ausschließlich mit weißen Rebsorten bestockt sind.

○ **2020** Sauvignon Blanc Fumé
11,50€ | 13%

○ **2021** Klüsserather Bruderschaft Devonlay's Take Off Riesling Kabinett feinherb
11,50€ | 10%

○ **2021** Klüsserather Bruderschaft R Riesling
9,80€ | 11,5%

○ **2021** Riesling
7,90€ | 11,6%

○ **2021** Riesling feinherb
7,90€ | 10,9%

● **2018** Ludwig van Beethoven Riesling brut
13€ | 12%

● **2018** Ludwig van Beethoven Sauvignon Blanc brut
16€ | 13,4%

● **2020** Ludwig van Beethoven Pinot Noir brut
15€ | 13,3%

● **2019** Thörnicher Ritsch Riesling Auslese
13,50€ | 9,5%

NIKOLAUS KÖWERICH

Maximinstraße 11
54340 Leiwen
T +49 (0) 6507 4282
www.weingutkoewerich.de

Nick Köwerich
Annette & Nick Köwerich
Verbände Vinissima
Rebfläche 11 ha
Produktion 100.000 Flaschen
Verkaufszeiten nach Vereinbarung

Profil online

Nick Köwerich hat sich in Leiwen dem Riesling verschrieben. 10,5 Hektar sind es, die die Familie bewirtschaftet, darunter auch so berühmte Lagen wie die Leiwener Laurentiuslay. Die Kombination von Moderne und Tradition begreift Köwerich so: Tradition gehört in und nicht auf die Flasche. So erklären sich die fantasievollen Weinnamen, die die Wein-Stilistik oft schon erahnen lassen. Wer zum Wein noch etwas Kultur möchte, dem sei ein Besuch am Weingut empfohlen: Annette Köwerich organisiert regelmäßig Lesungen am Weingut und ist selbst als Autorin tätig.

○ **2011** Leiwener Laurentiuslay Für Träumer und Helden Riesling Spätlese
24,75€ | 8,5%

○ **2016** Leiwener Laurentiuslay Für Träumer und Helden Riesling Spätlese
18,50€ | 8,5%

○ **2019** Leiwener Laurentiuslay Riesling Auslese
38€ | 8%

○ **2019** Leiwener Laurentiuslay Riesling Spätlese
22€ | 8,5%

○ **2021** Einblick N° 1 Riesling halbtrocken
8,50€ | 11%

○ **2021** Für Feen und Elfen Riesling feinherb
10,50€ | 9,5%

○ **2021** Leiwener Laurentiuslay Fräulein Mosel Riesling Kabinett
14€ | 8%

○ **2021** Leiwener Laurentiuslay Für Träumer und Helden Riesling Spätlese
68€ | 8%

trinkreif

● **2003** Leiwener Laurentiuslay Riesling Trockenbeerenauslese
240€ | 6,5%

● **2009** Leiwener Laurentiuslay Riesling Beerenauslese
68€ | 8,5%

● **2013** Leiwener Laurentiuslay Riesling Spätlese
28€ | 8,5%

SCHLOSSGUT LIEBIG

Aufsteiger

Krainstraße 5
54340 Klüsserath
T +49 (0) 6507 99115
www.schlossgut-liebieg.de

Bernhard Kirsten
Verbände Fair'n Green
Rebfläche 30 ha
Verkaufszeiten Mo–Fr 8–12 und 13–17
Sa 11–17
So und Feiertag nach Vereinbarung

Profil online

Vom Standort Klüsserath bewirtschaftet das Schlossgut Liebig unter der Leitung von Bernhard Kirsten auf einer Länge von 180 km entlang der Mosel über 30 Hektar Weinberge – hauptsächlich in Steillagen. Der Riesling ist, wenig überraschend, die Hauptrebsorte. Beim Ausbau der Weine steht die Herausarbeitung der Lagentypizität im Vordergrund – beim Portfolio des Weinguts kein Wunder. Seien es die Trittenheimer Apotheke, das Piesporter Goldtröpfchen oder der Pölicher Held. Bernhard Kirsten und sein Team können aus dem Vollen schöpfen und tun das auch.

2018 Klüsserather Bruderschaft Barrique Weißburgunder
16€ | 13%

2018 Klüsserather Bruderschaft Free Run Riesling Spätlese halbtrocken
24€ | 13,5%

2018 Klüsserather Bruderschaft Herzstück Riesling Spätlese trocken
19,50€ | 13%

2018 Klüsserather Bruderschaft Pur Riesling Spätlese trocken
18€ | 13,5%

2018 Longuicher Maximiner Herrenberg 19Null4 Riesling Spätlese feinherb
22€ | 13%

2019 Klüsserather Bruderschaft Alte Reben Riesling Spätlese trocken
22€ | 13,5%

2019 Klüsserather Bruderschaft Herzstück Riesling Spätlese trocken
19,50€ | 13,5%

2019 Klüsserather Bruderschaft Pur Riesling Spätlese trocken
18€ | 13%

2019 Klüsserather Bruderschaft Sauvignon Blanc
12€ | 12,5%

2019 Klüsserather Bruderschaft Vierpass Riesling
10€ | 12,5%

2019 Trittenheimer Apotheke Apotheke Riesling Spätlese trocken
28€ | 13%

2019 Winninger Brückstück Brückstück Riesling Spätlese trocken
28€ | 14,5%

2019 Winninger Hamm Hamm Riesling Spätlese trocken
28€ | 13,5%

2021 Sauvignon Blanc
12€ | 12%

2021 Weißburgunder
10€ | 12%

2018 Klüsserather Bruderschaft Pinot Noir Spätlese trocken
24€ | 13,5%

2021 Blanc de Noir Spätburgunder
10€ | 12,5%

Heldensekt Riesling brut
24€ | 12,5%

Liebieg Pinot brut
15€ | 12,5%

Liebieg Riesling brut
15€ | 12,5%

SCHLOSS LIESER THOMAS HAAG

Am Markt 1–5
54470 Lieser
T +49 (0) 6531 6431
www.weingut-schloss-lieser.de

Thomas & Ute Haag
Thomas Haag
Verbände VDP
Rebfläche 24 ha
Produktion 140.000 Flaschen
Gründung 1997
Verkaufszeiten Mo–Fr 10–17 Uhr
Sa 10–15 Uhr

Profil online

Nicht nur die moseltreuen Wochenendtouristen sind Thomas und Ute Haag zum Dank verpflichtet, sondern auch die Weinliebhaber dieser Welt. Seit sie sich Ende der 1990er dazu entschieden haben, das damals sanierungsbedürftige Schloss Lieser zur neuen Blüte zu verhelfen, ist ein Vierteljahrhundert vergangen. Sowohl restauratorisch wie önologisch haben sie Großes geleistet und das Weingut nicht nur zu einem der strahlendsten Rieslingweingüter der Mosel, sondern ganz Deutschlands gemacht. Mittlerweile packen ihre Kinder Lara und Niklas kräftig mit an und unterstützen die Eltern bei der Produktion ihrer – trocken wie edelsüß – hervorragenden Weine.

○ **2019** Niederberg Helden Riesling GG
32€ | 13%

○ **2019** Wehlener Sonnenuhr Riesling Auslese
29,50€ | 7%

○ **2020** Niederberg Helden Riesling Kabinett
14,90€ | 8,5%

CARL LOEWEN

Matthiasstraße 30
54340 Leiwen
T +49 (0) 6507 3094
www.weingut-loewen.de

Karl-Josef & Christopher Loewen
Verbände Bernkasteler Ring, Moseljünger
Rebfläche 16 ha
Produktion 150.000 Flaschen
Gründung 1803
Verkaufszeiten Sa 13–16 Uhr
und nach Vereinbarung

Profil online

Leicht und doch charaktervoll soll ihr Riesling sein, sagen Karl-Joseph und Christopher Loewen. Dass ihnen das gelingt, liegt wohl an den Lagen, die der Familie gehören. Die Parzelle der Loewens im Maximin Herrenberg wurde 1896 wurzelecht bepflanzt und darauf ist man besonders stolz: Es handelt sich damit um einen der ältesten Riesling-Weinberge der Welt. In der Toplage Ritsch konnten sie eine brachliegende Parzelle, sehr steil und seit Jahrzehnten nicht mehr bewirtschaftet, rekultivieren. Natürlich mit Reben aus dem Herrenberg. Jung und Alt im besten Einklang.

○ **2019** Maximin Herrenberg 1896 Riesling halbtrocken
45€ | 12,5%

○ **2019** Maximin Herrenberg Riesling „GG"
27€ | 12,5%

○ **2019** Ritsch Riesling GG
25€ | 13%

○ **2021** Alte Reben Riesling halbtrocken
12€ | 12%

○ **2021** Maximin Herrenberg 1896 Riesling halbtrocken
50€ | 11,5%

○ **2021** Ritsch Riesling „GG"
26€ | 12%

● **2020** Ritsch Riesling Beerenauslese
150€ | 8%

THEO LOOSEN

Mittelstraße 12
56818 Klotten
T +49 (0) 2671 7501
www.weingut-loosen.de

Hans-Theo Loosen
Rebfläche 5,5 ha
Produktion 60.000 Flaschen
Verkaufszeiten Mo–Sa 8–18 Uhr
So 9–14 Uhr
und nach Vereinbarung

Profil online

Klotten ist eine der ältesten Ansiedlungen des Moseltals. Auf den grauen Schieferböden der Lagen rund um Klotten wie dem Klottener Brauneberg baut Hans-Theo Loosen seine Weine an und aus. Die Hauptrolle auf den 5,5 Hektar Rebfläche spielt klar der Riesling, aber es finden sich auch Burgunder und Dornfelder im Portfolio. Loosen verzichtet auf mineralische Kunstdünger und setzt auf natürliche Stärkungsmittel im Weinberg, um die Typizität der Weine vom Grauen Schiefer klar herauszustellen und ihnen Individualität zu verleihen.

○ **2019** Klottener Burg Coraidelstein Alte Rebe Riesling
11€ | 13%

○ **2020** Klottener Brauneberg Loosen S Riesling
9€ | 12,5%

○ **2021** Finesse Riesling feinherb
10€ | 11%

○ **2021** Grauschiefer Riesling
7,50€ | 8,5%

○ **2021** Grauschiefer Riesling
7,50€ | 11,5%

○ **2021** Grauschiefer Riesling halbtrocken
7,50€ | 11%

○ **2021** Klottener Brauneberg Theo Loosen S Riesling
10€ | 12%

● **2019** Vignoble R Cuvée
14€ | 13,1%

● **2020** Vignoble R Spätburgunder
14€ | 13,5%

WEINGUT LORENZ

Neustraße 6
54340 Detzem
T +49 (0) 6507 3802
www.lorenz-weine.com

Tobias Lorenz
Verbände Moseljünger, Generation Riesling
Rebfläche 10 ha
Produktion 75.000 Flaschen
Gründung 1727
Verkaufszeiten Sa 10–16 Uhr
und nach Vereinbarung

Profil online

Seit 1727 hat jede Generation das traditionsreiche Familienweingut weiterentwickelt. Aus dem anfänglichen Mischbetrieb wurde im Laufe der Zeit ein reines Weingut. In den 1970er-Jahren gehörte es zu denen an der Mosel, die die ersten Weine trocken ausbauten, was nicht gerade im Trend lag. 2013 hat Tobias Lorenz den Betrieb übernommen, der sich um die bis zu 90 Jahre alten Reben kümmert, die vor allem in sonnenverwöhnten Steillagen wachsen: Maximiner Klosterlay, Trittenheimer Apotheke, Thörnicher Ritsch oder Pölicher Held.

○ **2019** Pölicher Held Alte Reben Riesling „GG"
17€ | 13%

○ **2020** Alte Reben Riesling
18€ | 12,5%

○ **2020** Detzemer Maximiner Klosterlay Riesling 1. Lage
9€ | 12%

○ **2020** Trittenheimer Riesling Kabinett
8€ | 8,5%

○ **2021** Thörnicher Ritsch Alte Reben Riesling Spätlese
14€ | 8,5%

○ **2021** Trittenheimer Apotheke Riesling
12€ | 12,5%

● **2020** Crémant Riesling brut
12€ | 12,5%

● **2019** Detzemer Maximiner Klosterlay Pfarrwingert Riesling Auslese
14€ | 7%

GEBRÜDER LUDWIG

Aufsteiger

Im Bungert 10
54340 Thörnich
T +49 (0) 6507 3760
www.gebruederludwig.de

Thomas Ludwig
Verbände Moseljünger, Bernkasteler Ring
Rebfläche 10,5 ha
Produktion 90.000 Flaschen
Gründung 1628
Verkaufszeiten nach Vereinbarung

Profil online

Seit dem Jahrgang 2020 strahlen die Weine von Meike und Thomas Ludwig in neuem Gewand. Seit diesem Jahr sind aufgrund der Flurbereinigung in Thörnich auch Weine aus der „neuen“ Lage Ritsch auf der Flasche. Das Weingut befindet sich seit fast 400 Jahren in Familienbesitz. Auf etwas mehr als zehn Hektar Rebfläche kultivieren die Ludwigs neben Rieslingen von Schieferböden auch Sauvignon Blanc, Weiß- und Grauburgunder sowie St. Laurent. Beide setzen auf naturnahen Weinbau und eine gute Mischung aus handwerklicher Weinbereitung und moderner Technik.

○ **2019** Klüsserather Bruderschaft Handwerk Riesling
19,90€ | 12,5%

○ **2020** Thörnicher Ritsch Riesling Kabinett
9,90€ | 7,5%

○ **2020** Thörnicher Ritsch Riesling „GG“
24,90€ | 12,5%

○ **2021** Riesling
9,90€ | 12,5%

○ **2021** Riesling feinherb
9,90€ | 11,5%

○ **2021** Sauvignon Blanc
9,90€ | 12,5%

○ **2021** Thörnicher Ritsch Riesling Auslese
39€ | 8,5%

○ **2021** Thörnicher Ritsch Riesling Spätlese
15€ | 8%

○ **2021** Thörnicher Ritsch Riesling „GG“
28€ | 12,5%

MARGARETHENHOF

Kirchstraße 17
54441 Ayl
T +49 (0) 6581 2538
www.margarethenhof-ayl.de

Jürgen Weber
Nicolas Weber
Rebfläche 21 ha
Produktion 180.000 Flaschen
Verkaufszeiten Mo–Fr 9.30–12.30 Uhr und 14–18 Uhr
Sa 9.30–17 Uhr
und nach Vereinbarung

Profil online

Seit 1986 führen Jürgen und Dorothee Weber den Margarethenhof in Ayl. Nun weht frischer Wind im Weingut: Seit 2020 ist Sohn Nicolas mit dabei, der mit neuen Ideen für Inspiration und Innovation sorgt. Die Webers haben sowohl an der Saar als auch an der Obermosel ihre Rebflächen und müssen sich an zwei sehr unterschiedliche Terroirs anpassen: An der südlichen Weinmosel konzentriert man sich auf Burgunder und Elbling. An der Saar hingegen spielt der Riesling die Hauptrolle. Und dann gibt es ja noch die Ayler Kupp: eine Schiefersteillage von Weltruhm.

○ **2018** Ayler Kupp GL Riesling Auslese 1. Lage trocken
20€ | 12,5%

○ **2018** Ayler Kupp GL Riesling Auslese feinherb
20€ | 12%

○ **2019** Réserve Chardonnay
16€ | 13,5%

○ **2020** Auf Spiess Réserve Grauburgunder
19,50€ | 13,5%

○ **2020** Ayler Kupp Alte Reben Riesling feinherb
22€ | 10%

○ **2020** Ayler Kupp Riesling Kabinett
14€ | 8,5%

○ **2020** Ayler Kupp Riesling „GG“
22€ | 12,5%

○ **2020** Kalkstein Elbling
9,50€ | 12%

○ **2020** Réserve Chardonnay
25€ | 13%

○ **2021** Sauvignon Blanc
13€ | 11%

○ **2021** Schiefermineral Riesling
10,50€ | 12%
○ **2021** Schieferstein Riesling feinherb
10,50€ | 11,5%
● **2019** Vom Fels Réserve Spätburgunder
16€ | 13%
● **2020** Vom Fels Réserve Spätburgunder
25€ | 13%

WOLFGANG MERTES

Hermeskeiler Straße 36
54320 Waldrach
T +49 (0) 6500 480
www.mertes-waldrach.de

Profil online

Wolfgang Mertes
Rebfläche 2,6 ha
Produktion 15.000 Flaschen
Verkaufszeiten nach Vereinbarung

Bis 2020 war Wolfgang Mertes Betriebsleiter bei Reichsgraf von Kesselstatt, inzwischen unterstützt er Max von Kunow an der Saar. Und Mertes macht auch eigenen Wein – an der Ruwer in Waldrach. Seine Rieslinge und Pinot Noirs, die um Waldrach auf Schieferverwitterungsböden wachsen, sollen den ganz besonderen Charme der Ruwer widerspiegeln.

○ **2021** Waldracher Meisenberg Alte Reben Riesling
9,50€ | 12%
○ **2021** Waldracher Meisenberg Riesling Spätlese trocken
9,50€ | 11%
○ **2021** Waldracher Sonnenberg Riesling Kabinett
8€ | 8,5%
○ **2021** Waldracher Sonnenberg Riesling Kabinett feinherb
7,50€ | 10%
○ **2021** Waldracher Sonnenberg Riesling Spätlese
9,50€ | 8%
○ **2021** Waldracher Sonnenberg Riesling Spätlese feinherb
9,50€ | 10%

MARKUS MOLITOR

Haus Klosterberg
54470 Bernkastel-Kues
T +49 (0) 6532 9540 00
www.markusmolitor.com

Markus Molitor
Verbände Bernkasteler Ring
Rebfläche 120 ha
Produktion 450.000 Flaschen
Gründung 1984
Verkaufszeiten Mo–So 10–17 Uhr

Profil online

Im Sortiment von Markus Molitor wird – ganz klischeehaft – wirklich ein jeder etwas für seinen oder ihren Geschmack finden. Mit einer Rebfläche von über 100 Hektar und einem Portfolio, das an der Mosel keine Konkurrenz kennt, ist die Auswahl enorm. Molitors Anspruch ist, jedem Wein dennoch seine Individualität zuzugestehen und jeden Wein so auszubauen, dass er sein ganzes Potenzial zeigen kann. Die meisten Weine werden traditionell in Holzfässern ausgebaut, auf Schönungsmittel, Reinzuchthefen und andere Hilfsmittel wird im Keller konsequent verzichtet. Die Weine werden im Haus Klosterberg – genauer im dreistöckigen Gewölbekeller darunter – ausgebaut und dürfen sich beim Werden Zeit lassen.

○ **2018** Alte Reben Mosel Riesling
17,80€ | 12%

○ **2018** Graacher Himmelreich
Riesling Spätlese feinherb
19,50€ | 10,5%

○ **2018** Wehlener Klosterberg ***
Weißburgunder
45€ | 12,5%

○ **2018** Wehlener Sonnenuhr
Riesling Spätlese
19,50€ | 7,5%

○ **2018** Zeltinger Sonnenuhr **
Riesling Auslese trocken
45€ | 12,5%

○ **2018** Zeltinger Sonnenuhr ***
Riesling Auslese feinherb
85€ | 11,5%

○ **2018** Zeltinger Sonnenuhr Riesling
Spätlese trocken
22€ | 12%

○ **2019** Bernkasteler Badstube ***
Riesling Auslese feinherb
76€ | 12%

○ **2019** Bernkasteler Badstube
Riesling Spätlese feinherb
18,50€ | 10,5%

○ **2019** Brauneberger Juffer-Sonnenuhr **
Riesling Auslese trocken
45€ | 12%

○ **2019** Schiefersteil Riesling
12,80€ | 12%

○ **2019** Zeltinger Himmelreich
Riesling Kabinett feinherb
14,80€ | 9,5%

○ **2019** Zeltinger Sonnenuhr ***
Riesling Auslese trocken
85€ | 13%

○ **2019** Ürziger Würzgarten Riesling
Kabinett
15,80€ | 8%

○ **2019** Ürziger Würzgarten Riesling
Kabinett trocken
15,80€ | 10,5%

○ **2019** Ürziger Würzgarten Riesling
Spätlese
19,50€ | 7,5%

○ **2020** Brauneberger Juffer Sonnenuhr **
Riesling Auslese trocken
49€ | 11,5%

○ **2020** Schiefersteil Riesling
12,80€ | 12%

○ **2020** Wehlener Klosterberg ***
Weißburgunder
45€ | 13%

○ **2020** Wehlener Sonnenuhr
Riesling Spätlese
24€ | 7,5%

○ **2020** Zeltinger Himmelreich
Riesling Kabinett feinherb
14,80€ | 9,5%

○ **2020** Zeltinger Sonnenuhr **
Riesling Auslese trocken
49€ | 12%

○ **2020** Zeltinger Sonnenuhr ***
Riesling Auslese trocken
89€ | 12%

○ **2020** Zeltinger Sonnenuhr Fuder 6
Riesling Kabinett trocken
29€ | 11%

○ **2020** Zeltinger Sonnenuhr
Riesling Spätlese trocken
24€ | 11,5%

○ **2020** Ürziger Würzgarten
Riesling Kabinett
17,80€ | 7,5%

2018 Graacher Himmelreich ***
Spätburgunder
120€ | 13%

trinkreif

2015 Zeltinger Schlossberg ***
Riesling Auslese
85€ | 7,5%

2015 Zeltinger Himmelreich Edition 13
Riesling Kabinett feinherb
22€ | 9,5%

2017 Graacher Domprobst **
Riesling Auslese trocken
36€ | 11,5%

2017 Graacher Himmelreich ***
Pinot Noir
120€ | 13%

2006 Zeltinger Sonnenuhr *
Riesling Beerenauslese
81€ | 7,5%

2010 Wehlener Sonnenuhr *
Riesling Trockenbeerenauslese
257€ | 6,5%

INGO NORWIG

Am Frohnbach 1
54472 Burgen
T +49 (0) 6534 763
www.weingut-norwig.de

Profil online

Ingo Norwig
Rebfläche 8 ha
Produktion 70.000 Flaschen
Verkaufszeiten Mo–Sa 8–18 Uhr

Ingo Norwig bezeichnet sein Weingut als klassischen Familienbetrieb. Acht Hektar Rebfläche an der Mittelmosel werden naturnah bewirtschaftet, neben Riesling finden sich im Rebsortenportfolio der Norwigs auch Rivaner, Kerner und Grauburgunder. Besonderes Augenmerk legt Norwig auf den Erhalt der Artenvielfalt im und um den Weinberg. Deshalb hat die Familie große Blühflächen angelegt, die Schmetterlingen, Käfern, Bienen und vielen anderen Insekten Zuhause und Nahrung bieten.

2019 Brauneberger Juffer
Riesling Auslese trocken
10€ | 13,7%

2019 Veldenzer Kirchberg Blumenwiese
Riesling Spätlese
8€ | 9,5%

2019 Veldenzer Kirchberg Nobel
Riesling Auslese feinherb
12€ | 13,5%

2021 Brauneberger Juffer Blumenwiese
Riesling Spätlese
8,50€ | 9,1%

2019 Veldenzer Kirchberg Non plus ultra
Riesling Auslese
12€ | 8%

2021 Burgener Hasenläufer
Riesling Eiswein
30€ | 6,3%

VON OTHEGRAVEN

Aufsteiger

Weinstraße 1
54441 Kanzem
T +49 (0) 6501 1500 42
www.von-othegraven.de

Günther Jauch
Andreas Barth
Verbände VDP, Fair'n Green
Rebfläche 16 ha
Produktion 100.000 Flaschen
Gründung 1805
Verkaufszeiten Mo–Fr 9–17 Uhr
und nach Vereinbarung

Profil online

Seit dem 16. Jahrhundert besteht das Weingut in Kanzem an der Saar. Thea und Günther Jauch, dessen Großmutter eine geborene Von Othegraven war, leiten es seit 2010. Dass Von Othegraven kein klassisches „Promi-Weingut" ist, merkt man an den Qualitäten. Die Philosophie ist klar: nachhaltiges Arbeiten im Weinberg, Fokus auf Handarbeit und wenig Eingriff im Keller. Die Weine werden konsequent spontan vergoren und bekommen viel Zeit zur Entwicklung. Nur so können die Lagenweine aus Kanzem, Ockfen und Wiltingen ihr ganzes Potenzial zeigen.

- **2019** Kanzemer Altenberg Riesling Kabinett
  33€ | 13%
- **2019** Kanzemer Altenberg Riesling Kabinett
  16€ | 8,5%
- **2019** Kanzemer Riesling
  15,50€ | 12%
- **2019** Ockfener Bockstein Riesling GG
  30€ | 12,5%
- **2019** Wawerner Herrenberger Riesling Kabinett
  15€ | 8%
- **2018** Riesling brut
  18€ | 12,5%

PAULINSHOF

Paulinstraße 14
54518 Kesten
T +49 (0) 6535 544
www.paulinshof.de

Verbände Bernkasteler Ring
Rebfläche 9 ha
Produktion 75.000 Flaschen
Verkaufszeiten Mo–Fr 8–13 Uhr und 14–18 Uhr
Sa 9–16 Uhr
und nach Vereinbarung

Profil online

Unfassbare elf Jahrhunderte Weinkultur hat der ehemalige Stiftshof der Kirche St. Paulin in Trier bereits hinter sich. Seit der Säkularisation im beginnenden 19. Jahrhundert zeichnet Familie Jüngling verantwortlich. Oliver Jüngling bringt aus einem beeindruckenden Lagenportfolio Rieslinge mit prägnantem Schliff und raffinierter Art hervor. Die Brauneberger Kammer – mit nur 3.800 Quadratmetern eine der kleinsten Einzellagen der Mosel – befindet sich im Alleinbesitz der Familie und war schon im 18. Jahrhundert eine begehrte Lage.

- **2019** Brauneberger Juffer Riesling Auslese
  25,50€ | 9,5%
- **2019** Kestener Paulins-Hofberger Riesling „GG"
  24€ | 12,5%
- **2020** Brauneberger Kammer Riesling „GG"
  25€ | 12,5%
- **2021** Brauneberger Juffer Riesling Spätlese
  17,50€ | 9,5%
- **2021** Brauneberger Juffer-Sonnenuhr Riesling Spätlese trocken
  17,50€ | 12,2%
- **2021** Brauneberger Kammer Riesling Spätlese feinherb
  17,50€ | 11,6%
- **2018** Riesling brut
  14€ | 12,5%

Mosel

WEINGUT DR. PAULY-BERGWEILER

Gestade 15
54470 Bernkastel-Kues
T +49 (0) 6531 3002
www.pauly-bergweiler.com

Stefan Pauly
Carl Debus
Rebfläche 16,2 ha
Produktion 140.400 Flaschen
Verkaufszeiten Mo–Sa 14–18 Uhr und nach Vereinbarung

Profil online

Das Lagenportfolio des Weinguts ist wirklich beachtlich: Bernkasteler Badstube, Brauneberger Juffer und Wehlener Sonnenuhr sind nur ein paar der Lagen, auf denen Familie Pauly ihre Weine stehen hat. Etwas mehr als 16 Hektar bewirtschaftet man an der Mittelmosel, immer mit Blick auf schonenden Ressourceneinsatz, naturnahes Arbeiten und niedrige Erträge.

○ **2021** Bernkasteler alte Badstube am Doctorberg Riesling Auslese
26€ | 7,5%

○ **2021** Bernkasteler alte Badstube am Doctorberg Riesling feinherb
15€ | 11,5%

○ **2021** Bernkasteler alte Badstube am Doctorberg Riesling „GG" (Barrique)
20€ | 12,5%

○ **2021** Bernkasteler alte Badstube am Doctorberg Riesling „GG" (Stahltank)
20€ | 12%

○ **2021** Bernkasteler alte Badstube am Doctorberg alte Reben Riesling
15€ | 12,5%

○ **2021** Erdener Prälat Riesling „GG"
20€ | 12%

○ **2021** Erdener Treppchen Riesling feinherb
12€ | 10,5%

○ **2021** Wehlener Sonnenuhr Riesling Spätlese
14€ | 7,5%

○ **2021** Ürziger Goldwingert Riesling „GG"
20€ | 12,5%

○ **2021** Ürziger Würzgarten Riesling
12€ | 12%

WEINGUT PHILIPPS-ECKSTEIN

Panoramastraße 11
54470 Graach an der Mosel
T +49 (0) 6531 6542
www.weingut-philipps-eckstein.de

Patrick Philipps
Verbände Bernkasteler Ring
Rebfläche 7 ha
Produktion 55.000 Flaschen
Gründung 1968
Verkaufszeiten Mo–Fr 8.30–18 Uhr
Sa–So 9.30–18 Uhr

Profil online

In Graach an der Mittelmosel ist Patrick Philipp verantwortlich für sieben Hektar Rebfläche, vornehmlich Riesling. So berühmte Lagen wie der Graacher Domprobst oder die Zeltinger Sonnenuhr sind Teil des Portfolios. Philipp setzt auf strenge Selektionierung der Trauben und moderne Kellertechnik und gilt als ausgewiesener Riesling-Spezialist. Sein Geheimnis? Er ist „verliebt in den Riesling". Das ist doch eine schöne Voraussetzung, um ganz besondere Weine zu erzeugen. Seit 2021 gibt es für Besucher eine neue Vinothek, in der die Weine verkostet werden können.

○ **2019** Graacher Domprobst Riesling Spätlese feinherb
11,50€ | 12%

○ **2019** Graacher Himmelreich Gehr Riesling Spätlese
12€ | 8%

○ **2019** Graacher Himmelreich Riesling Auslese
18€ | 8%

○ **2021** Graacher Domprobst Alte Reben Riesling Kabinett
9,50€ | 8%

○ **2021** Graacher Domprobst Alte Reben Riesling Spätlese trocken
12,50€ | 12%

○ **2021** Graacher Domprobst Laurine Riesling Spätlese
11,50€ | 8%

○ **2021** Graacher Domprobst Riesling Spätlese feinherb
12€ | 10,5%

WEINGUT JOH. JOS. PRÜM

Hall of Fame

Uferallee 19
54470 Bernkastel-Kues
T +49 (0) 6531 3091
www.jjpruem.com

Profil online

Katharina Prüm
Verbände VDP
Rebfläche 21 ha
Verkaufszeiten Nach Vereinbarung

Die große familiäre Weinbautradition der Prüms lässt sich bis ins Jahr 1156 nachweisen. Das Weingut Joh. Jos. Prüm selbst wurde 1911 nach Erbaufteilung gegründet. Heute leitet es Dr. Manfred Prüm gemeinsam mit Tochter Dr. Katharina Prüm. Weit über die Hälfte der Weinberge verteilen sich auf die besten Parzellen in den Spitzenlagen Wehlener Sonnenuhr und Graacher Himmelreich. Die Prüms schätzen die Vielfalt an Möglichkeiten, die der Riesling auf den Schiefersteillagen bietet. In der Wertschätzung des tradierten Natur- und Prädikatsweingedankens sieht Prüm immer noch die Besonderheit seines Betriebs: „Wir halten ihn nach wie vor uneingeschränkt für zeitgemäß."

2018 Graacher Himmelreich Riesling Spätlese
27€ | 8,5%

2019 Wehlener Sonnenuhr Riesling Kabinett feinherb
27€ | 9,5%

2020 Wehlener Sonnenuhr Riesling Kabinett
36€ | 8%

2011 Graacher Himmelreich Goldkapsel Riesling Auslese
95€ | 7,5%

trinkreif

2015 Graacher Himmelreich Riesling Auslese
35€ | 7,5%

2015 Graacher Himmelreich Riesling Spätlese
44€ | 8%

2009 Wehlener Sonnenuhr Riesling Auslese
89€ | 7,5%

2017 Graacher Himmelreich Riesling Auslese
33,50€ | 7%

2017 Graacher Himmelreich Riesling Spätlese
27€ | 8%

2017 Wehlener Sonnenuhr Riesling Auslese
39€ | 7,5%

2017 Wehlener Sonnenuhr Riesling Spätlese
32€ | 8%

WEINHAUS RAIMUND PRÜM

Aufsteiger

Hauptstraße 151
54470 Bernkastel-Kues
T +49 (0) 6531 3110
www.sapruem.com

Raimund Prüm
Verbände VDP
Rebfläche 13 ha
Produktion 300.000 Flaschen
Verkaufszeiten Mo–Fr 8–12 Uhr und 13–17 Uhr
Sa 10–16 Uhr
So nach Vereinbarung

Profil online

Saskia Andrea Prüm ist die erste Frau in der Familienhistorie der weitverzweigten Prüms, die an der Spitze des Weingutes steht. Seit 2017 ist sie zusammen mit ihrem Vater Raimund Prüm verantwortlich für 13 Hektar Rebfläche an der Mittelmosel, ausschließlich bestockt mit Riesling. Wer ein wenig länger an der Mosel verweilen will, kann im Gästehaus der Familie einchecken.

2019 Wehlen Sonnenuhr Riesling GG
38,50€ | 13%

2021 Pinot Noir
9,50€ | 12%

trinkreif

2014 Wehlen Sonnenuhr Riesling GG
43,50€ | 12%

WEINGUT FAMILIE RAUEN

Hinterm Kreuzweg 5
54340 Thörnich
T +49 (0) 6507 3403
www.weingut-familie-rauen.de

Maria & Harald Rauen
Matthias Rauen
Verbände Partnerbetrieb Naturschutz
Rebfläche 13,5 ha
Produktion 110.000 Flaschen
Verkaufszeiten nach Vereinbarung

Profil online

Harald Rauen bewirtschaftet den elterlichen Betrieb seit den 1980er-Jahren und fällte auch die richtungsweisende Entscheidung, von der Fassweinvermarktung auf den Flaschenverkauf umzustellen. Auf Schieferböden in Detzem und Thörnich kultiviert die Familie auf 13,5 Hektar Rebfläche nicht nur Riesling. Und für den längeren Aufenthalt können auch Ferienwohnungen bei den Rauens angemietet werden.

2021 Neuberg Riesling
15,50€ | 12%

2021 Schieferfels Riesling feinherb
13,50€ | 11%

2021 Thörnicher Ritsch Riesling Spätlese
9,50€ | 8%

2021 Thörnicher Sauvignon Blanc
9€ | 11,5%

2021 Thörnicher Spätburgunder
7,50€ | 11,5%

REBENHOF

Hüwel 2–3
54539 Ürzig
T +49 (0) 6532 4546
www.rebenhof-schmitz.de

Johannes Schmitz
Rebfläche 7 ha
Produktion 75.000 Flaschen
Verkaufszeiten Mai–Okt.
Mo 10–18 Uhr
Fr–Sa 10–18
So 10–13 Uhr
und nach Vereinbarung

Profil online

Die Mosel ist für ihre Rieslinge weltbekannt. Es verwundert deshalb nicht, dass es hier Weingüter gibt, die den Riesling zu ihrem einzigen Protagonisten machen. So auch bei Johannes Schmitz vom Rebenhof in Ürzig. Seine Pflanzen stehen in den Lagen Ürziger Würzgarten und Erdener Treppchen – Steillagen, die den Reben und nicht zuletzt auch dem Winzer durch Wasserknappheit und komplizierte Bewirtschaftung viel abverlangen und die bei richtiger Behandlung die typisch leichten, tänzelnden Rieslinge hervorbringen, für die die Mosel so bekannt ist.

○ **2019** Erdener Treppchen Riesling Spätlese „GG" trocken
28,50€ | 12,5%

○ **2019** Erdener Treppchen Riesling „GG"
28,50€ | 12,5%

○ **2019** Ürziger Würzgarten Riesling Spätlese „GG" trocken
28€ | 12,5%

○ **2019** Ürziger Würzgarten Vom roten Schiefer Riesling Kabinett feinherb
11€ | 10,5%

○ **2019** Ürziger Würzgarten Von den Felsen Riesling Spätlese 1. Lage feinherb
29€ | 12,5%

○ **2021** Erdener Treppchen Riesling Spätlese trocken
16,50€ | 12%

○ **2021** Ürziger Würzgarten Urglück Riesling Spätlese
k. A. | 9%

○ **2021** Ürziger Würzgarten Von Wurzelechten Reben Riesling Kabinett trocken
12€ | 11%

2018 Riesling brut
14,50€ | 12%

2018 Riesling brut nature
16€ | 12,5%

Mosel

F-J REGNERY

Aufsteiger

Mittelstraße 39
54340 Klüsserath
T +49 (0) 6507 4636
www.weingut-regnery.de

Peter Regnery
Verbände Bernkasteler Ring, Moseljünger
Rebfläche 9 ha
Produktion 50.000 Flaschen
Gründung 1680
Verkaufszeiten Mo–Fr nach Vereinbarung
Sa 10–18 Uhr

Profil online

Einen echten Familienbetrieb führt Peter Regnery in Klüsserath: Drei Generationen arbeiten im Weingut zusammen und bewirtschaften 8,5 Hektar in der Schiefer-Steillage der Klüsserather Bruderschaft. Das Rebsorten-Portfolio der Regnerys ist nicht unbedingt Mosel-typisch: fast die Hälfte der Fläche entfällt auf rote Rebsorten, sogar Syrah und Cabernet Sauvignon werden kultiviert. Die restlichen 60 Prozent entfallen dann allerdings auf den Riesling, der im traditionellen Fuderfass ausgebaut wird. Eben doch typisch Mosel.

○ **2019** Klüsserather Bruderschaft
Alte Reben Riesling Auslese trocken
13,80€ | 11,4%

○ **2019** Klüsserather Bruderschaft
Riesling „GG"
21,60€ | 12,5%

○ **2019** Klüsserather Bruderschaft
Edition Michelskirch
Riesling Spätlese feinherb
11,40€ | 12,5%

○ **2019** Klüsserather Bruderschaft
Edition Michelskirch
Riesling Spätlese trocken
11,40€ | 12,5%

○ **2020** Klüsserather Bruderschaft
Riesling Spätlese
13,20€ | 7,7%

○ **2020** Klüsserather Bruderschaft
Riesling „GG"
24€ | 12,1%

○ **2021** Klüsserather Bruderschaft
Alte Reben Riesling Auslese trocken
15,60€ | 11,5%

○ **2021** Klüsserather Bruderschaft
Edition Michelskirch
Riesling Spätlese feinherb
12,60€ | 10,6%

○ **2021** Klüsserather Bruderschaft
Riesling Kabinett trocken
9€ | 11,8%

● **2018** Klüsserather Bruderschaft
Bruderschaft Auslese
Pinot Noir Auslese trocken
24€ | 13,5%

● **2019** Klüsserather Bruderschaft
Pinot Noir „GG"
28,80€ | 13,5%

● **2019** Klüsserather Bruderschaft
im Barrique gereift Pinot Noir
17,40€ | 13,8%

WEINGUT REH

Weierbachstraße 12
54340 Schleich
T +49 (0) 6507 99110
www.weingut-reh.de

Winfried & Sigrid Reh
Lukas Reh
Winfried & Lukas Reh
Rebfläche 10 ha
Produktion 50.000 Flaschen
Verkaufszeiten nach Vereinbarung

Profil online

○ **2019** Mehringer Blattenberg Layet Riesling „GG"
15€ | 13,2%

● **2018** Riesling brut
10€ | 12,5%

REVERCHON

Saartalstraße 2–3
54329 Konz
T +49 (0) 6501 9235 00
www.weingut-reverchon.de

Ralph Herke
Verbände Bernkasteler Ring, Fair'n Green
Rebfläche 20 ha
Verkaufszeiten nach Vereinbarung

Profil online

Die pure Weinromantik findet man bei Reverchon an der Saar: Winzervilla, Gewölbekeller, ein Park mit altem Baumbestand. Und nicht nur fürs Auge wird dem Gast hier der große Auftritt geboten: Die Weine aus bis zu hundert Jahre alten wurzelechten Reben sind Saar-typisch mineralisch, komplex und dabei flirrend leicht. Wer länger verweilen möchte, kann im Landhaus Reverchon, einem um 1880 erbauten Herrenhaus nahe Trier, übernachten und den Zauber der Saar länger genießen.

○ **2018** Filzener Herrenberg Riesling „GG"
23€ | 12,5%

○ **2018** Ockfener Bockstein Alte Reben Riesling halbtrocken
14,90€ | 12,5%

○ **2018** Ockfener Bockstein Riesling Auslese
24€ | 7%

○ **2018** Ockfener Bockstein Riesling „GG"
25€ | 12,5%

○ **2019** Saar Mineral Riesling feinherb
9,40€ | 11%

○ **2020** Chardonnay
13€ | 13%

○ **2020** Saar Mineral Riesling feinherb
11€ | 11%

○ **2020** Saar Riesling
11€ | 11,5%

○ **2020** Weißburgunder
11€ | 12,5%

● **2018** Filzener Herrenberg Alte Reben Riesling halbtrocken
14,90€ | 12,5%

● **2016** Blanc et Noir Cuvée brut
20€ | 12,5%

● **2019** Riesling brut
15€ | 12,5%

Mosel

WEINGUT RINKE

Aufsteiger

Hauptstraße 4
54318 Mertesdorf
T +49 (0) 151 1118 1457
www.rinke-weine.com

Dr. Marion & Alexander Rinke
Rebfläche 5 ha
Produktion 30.000 Flaschen
Gründung 2006
Verkaufszeiten Vinothek in der Grünhäuser Mühle
Fr 15–19 Uhr
Sa 14–18 Uhr
und nach Vereinbarung

Profil online

Dr. Marion und Alexander Rinke gehören nicht zu den Winzern, deren Familien seit Generationen im Weinbau verankert sind. Beide sind Quereinsteiger und haben sich 2006 den Traum vom eigenen Weingut erfüllt. Die Lage: Langsurer Brüderberg, ein steiles, teils terrassiertes Gebiet von etwa 2,5 Hektar Größe. Dieses brachliegende Stück wurde zur Heimat des Gemischten Satzes vom Brüderberg.

○ **2019** Langsurer Brüderberg S Chardonnay
21€ | 12%

○ **2020** Langsurer Brüderberg Muschelkalk Chardonnay
14,50€ | 12,5%

○ **2020** Oberemmeler Altenberg Oberemmeler Saar Riesling Alte Reben Riesling feinherb
14,50€ | 9,5%

○ **2020** Oberemmeler Altenberg, Wiltinger Klosterberg Wild auf Schiefer Riesling Kabinett feinherb
12,50€ | 9%

○ **2020** Wiltinger Klosterberg Alte Reben Limited Edition 1996 – unfiltriert Riesling
17,50€ | 10%

○ **2020** Wiltinger Klosterberg Alte Reben Riesling feinherb
13,50€ | 9%

● **2019** Blanc des Blancs Chardonnay brut
16,50€ | 12,5%

RÖMERHOF

Burgstraße 2
54340 Riol
T +49 (0) 6502 2189
www.weingut-roemerhof.de

Franz-Peter & Daniel Schmitz
Rebfläche 11 ha
Verkaufszeiten Fr 13–18 Uhr
Sa 10–17 Uhr
und nach Vereinbarung

Profil online

Riol an der Mosel mag nicht der bekannteste Weinort des Gebiets sein. Familie Schmitz hat sich vorgenommen, das zu ändern. Seit fünf Generationen dem Wein verschrieben, finden sich im Portfolio des Römerhofs nicht nur Rieslinge, sondern auch Spät- und Frühburgunder sowie Sauvignon Blanc. Seit 2020 ist auch die neue Römerhof-Vinothek fertig: ein modernes Verkostungscenter, das in die bestehende Architektur des alten Winzer- und Bauernhauses der Familie eingebunden wurde und mit direktem Blick auf die Steillagen begeistert.

○ **2019** Mehringer Zellerberg Alte Reben Riesling Spätlese trocken
11€ | 13%

○ **2019** Mehringer Zellerberg Constantin Riesling Auslese trocken
13,50€ | 12,5%

○ **2021** Mehringer Zellerberg Alte Reben Riesling Spätlese trocken
11€ | 12%

○ **2021** Mehringer Zellerberg Constantin Riesling Auslese trocken
14€ | 12%

○ **2021** Mehringer Zellerberg Filius XI. Riesling Spätlese halbtrocken
9€ | 11%

○ **2021** Mehringer Zellerberg Riesling Spätlese trocken
10€ | 11,5%

○ **2021** Mehringer Zellerberg Vom grauen Tonschiefer Riesling Spätlese feinherb
10€ | 11,5%

● **2021** Longuicher Maximiner Herrenberg Riesling Auslese
15€ | 7,5%

● **2021** Mehringer Zellerberg No.1 Riesling Spätlese
11€ | 8%

SCHLOSS SAARSTEIN

Aufsteiger

Schloss Saarstein 1
54455 Serrig
T +49 (0) 6581 2324
www.saarstein.de

Christian Ebert
Verbände VDP
Rebfläche 11 ha
Produktion 90.000 Flaschen
Verkaufszeiten Mo–Fr 9–16 Uhr
und nach Vereinbarung

Profil online

„Ein Mann und sein Berg": Christian Ebert ist mit seinem Weingut verwachsen. Er wurde zwei Jahre, nachdem seine Eltern das Weingut Schloss Saarstein gekauft hatten, in Saarburg geboren, wuchs am Weingut auf und zog selbst seine drei Kinder hier groß. Die Lage des Weinguts über der Saar inmitten einer arrondierten Weinlage ist imposant und nicht ganz unpraktisch: Ebert hat seine Reben eigentlich immer im Blick. Wer mittendrin wohnt im Wein, für den ist der Berg wohl mehr als nur Lage. Ebert ist mit „seinem Saarstein" untrennbar verbunden.

○ **2018** Serriger Schloss Saarstein Alte Reben Riesling Spätlese trocken
19€ | 12,5%

○ **2019** Serriger Schloss Saarstein Riesling GG
28,50€ | 13%

○ **2020** Schloss Saarstein Riesling Kabinett feinherb
12,75€ | 10%

○ **2020** Serriger Schloss Saarstein Riesling Kabinett
12,75€ | 8,5%

WEINGUT SCHAFHAUSEN

Neu

Kirchstraße 9
54441 Kanzem
T +49 (0) 6501 6020 14
www.weingut-schafhausen.de

Profil online

Rebfläche 9 ha
Verkaufszeiten Vinothek
Mo–Sa 10–17 Uhr
und nach Vereinbarung

○ **2018** Kanzemer Sonnenberg Alte Rebe Riesling Spätlese trocken
9€ | 11,6%

○ **2019** Kanzemer Sonnenberg Alte Rebe Riesling Spätlese trocken
9€ | 11,3%

Mosel

CLAES SCHMITT ERBEN

Moselweinstraße 43
54349 Trittenheim
T +49 (0) 6507 7017 36
www.claeswein.de

Niko Schmitt
Verbände Weinelf Deutschland, Maxime Herkunft Mosel
Rebfläche 5 ha
Produktion 42.000 Flaschen
Verkaufszeiten nach Vereinbarung

Profil online

In inzwischen siebter Generation führen die Erben von Nikolaus Schmitt, Rufname Claes, das Weingut in Trittenheim an der Mittelmosel. Niko Schmitt und seine Familie bieten dem interessierten Mosel-Touristen das Komplettprogramm: Nicht nur feine Mosel-Rieslinge lassen sich am Weingut verkosten und einkaufen. Für die Verlängerung der Mosel-Erkundungstour kann man bei den Schmitts eines von vier Ferien-Appartements für einen Kurzurlaub buchen – Trier und Bernkastel-Kues sind nicht weit entfernt.

2019 Trittenheimer Apotheke Jungheld Riesling halbtrocken
17€ | 12,5%

2021 Trittenheimer Apotheke Jungheld Riesling feinherb
18€ | 12%

2021 Trittenheimer Apotheke Sonntheilen Riesling
15€ | 12,5%

2019 Trittenheimer Apotheke ** Riesling
24,50€ | 7,5%

2021 Neumagener Rosengärtchen Riesling Beerenauslese
49€ | 7,5%

2021 Trittenheimer Altärchen Riesling Eiswein
39€ | 7,5%

INGA SCHMITT WEINE

Neu

Brotstrasse 4
54329 Konz
www.ingaschmitt-weine.de

Inga Pourat
Rebfläche 3 ha
Produktion 30.000 Flaschen
Gründung 1970
Verkaufszeiten nach Vereinbarung

Profil online

2021 Livia Regent und Spätburgunder
7,20€ | 10,5%

WEINGUT SCHNEIDERS-MORITZ

Zehnthofstraße 8
56829 Pommern
T +49 (0) 2672 93660
www.schneiders-moritz.de

Kilian & Hildegard Moritz
Kilian Moritz
Verbände Köche und Winzer der Terrassenmosel
Rebfläche 10 ha
Produktion 80.000 Flaschen
Gründung 1650
Verkaufszeiten Mo–Fr 9–17.30 Uhr und nach Vereinbarung

Profil online

Riesling ist ganz klar die Leitrebsorte an der Mosel – und so auch bei Familie Moritz. Dennoch wurde am Weingut schon früh auf Abwechslung gesetzt. So wurde bereits in den 1990er-Jahren damit begonnen, auch andere Rebsorten ins Portfolio mit aufzunehmen. Inzwischen kann man in Pommern an der Terrassenmosel auch Burgunder, Sauvignon Blanc oder Merlot verkosten.

○ **2019** Pommerner Rosenberg Riesling
14,50€ | 12%

○ **2020** Klottener Brauneberg Riesling
14,50€ | 13%

○ **2020** Pommerner Rosenberg Riesling
14,50€ | 12,5%

○ **2021** Klottener Brauneberg Riesling Kabinett
14,50€ | 9%

○ **2021** Pommerner Sonnenuhr Gewürztraminer Spätlese trocken
14,50€ | 12%

● **2021** Spätburgunder halbtrocken
8€ | 12%

● **2019** Riesling Winzersekt brut
11,90€ | 12,5%

● **2019** Klottener Brauneberg Riesling Auslese
14,50€ | 8,5%

WEINGUT SCHOLTES

Neu

Thörnicher Straße 7
54340 Detzem
T +49 (0) 6507 4398
www.moselweingut-scholtes.com

Verbände Generation Riesling, Mythos Mosel
Rebfläche 11 ha

Profil online

„Frischer Wind tut immer gut!", heißt es bei der Familie Scholtes. Und den bringt Sohn Michael in den Weinberg und den Keller. Auf den elf Hektar des Familienweinguts wachsen teilweise über 50 Jahre alten Rebstöcke, die auf Steillagen wie Maximiner Klosterlay, Pölicher Held oder Würzgarten stehen. Zu 85 Prozent wird Riesling angebaut, außerdem Rivaner, Weißburgunder, Dornfelder und Spätburgunder.

○ **2020** Pölicher Held Riesling
10,50€ | 11,5%

○ **2021** Detzem Im Königsberg Riesling Kabinett
14,50€ | 7,5%

○ **2021** Detzemer Maximiner Klosterlay Edition Hofgut Meier Riesling feinherb
18,90€ | 11%

○ **2021** Detzemer Maximiner Klosterlay Riesling
18,90€ | 11,5%

○ **2021** Detzemer Maximiner Klosterlay Riesling Spätlese
10,50€ | 7,5%

○ **2021** Vom steilen Berg Riesling feinherb
8€ | 11%

Mosel

PAUL SCHUNK

Hauptstraße 26
56814 Bruttig-Fankel
T +49 (0) 2671 1458
www.weingut-schunk.de

Paul Schunk
Rebfläche 0,55 ha
Produktion 5.300 Flaschen
Gründung 1625
Verkaufszeiten Mo–Sa 8–18 Uhr

Profil online

Zehn Jahre lang suchte Paul Schunk aktiv einen Käufer für sein Weingut. Im November 2019 entschied er sich dazu, einen Großteil seiner eigenen Weinberge an Philipp Schneiders, einen jungen Winzer aus Bruttig, zu verpachten, und behielt nur einen kleinen Teil selbst. Schunks Lagen im Bruttiger Götterlay und im Frankeler Rosenberg mit etwa 50 Jahre alten Rebanlagen bringen seit vielen Jahren sowohl trockene als auch feinherbe Rieslinge mit klarer Bodenprägung und Herkunftstypizität hervor.

2019 Bruttiger Götterlay Vinovation Riesling Auslese trocken
12,50€ | 13,3%

2019 Pommerner Sonnenuhr Riesling Spätlese trocken
9,50€ | 12,4%

2020 Bruttiger Pfarrgarten Riesling Spätlese trocken
9,90€ | 11%

2021 Bruttiger Pfarrgarten Riesling Kabinett trocken
7,20€ | 11%

2021 Bruttiger Pfarrgarten Riesling Spätlese
9,70€ | 8,5%

2021 Bruttiger Pfarrgarten Riesling Spätlese feinherb
9,70€ | 9,5%

2021 Riesling
6,20€ | 12%

2018 Pommerner Zeisel Riesling
10,60€ | 12%

2019 Riesling extra trocken
11€ | 12%

2019 Bruttiger Götterlay Riesling Beerenauslese
30€ | 7,5%

2020 Bruttiger Pfarrgarten Riesling Auslese
12,30€ | 9,5%

WEINGUT SCHWAAB

In der Laach 93
56072 Koblenz
T +49 (0) 261 4030 840
www.weinkeller-schwaab.de

Christof Schwaab
Tobias Feiden
Rebfläche 6 ha
Produktion 30.000 Flaschen
Gründung 1890
Verkaufszeiten Mo–Fr 9–12 Uhr und 14–18 Uhr
Sa 9–13 Uhr

Profil online

1890 hat Nikolaus Schwaab den Grundstein für das heutige Weingut in Koblenz gelegt. Seit nunmehr fast 25 Jahren hat Christof Schwaab die Verantwortung und den Betrieb zusammen mit seiner Frau Nicole zu einem Erlebnisgut umgebaut. Im Fokus steht aber der Wein, der hier auf sechs Hektar in den Steilterrassen der Lage Koblenzer Marienberg am Moselstausee angebaut wird.

2021 Gülser Bienengarten Manwerc Riesling 1. Lage feinherb
11,50€ | 12%

2021 Koblenzer Marienberg 1890 Riesling
11,50€ | 12,5%

2021 Koblenzer Marienberg Von Felsen Riesling feinherb
17,90€ | 12%

2021 Blanc de Noirs Spätburgunder feinherb
11,50€ | 12,5%

2021 LX Riesling
14,90€ | 9,5%

WEINGUT SELBACH-OSTER

Uferallee 23
54492 Zeltingen-Rachtig
T +49 (0) 6532 2081
www.selbach-oster.de

Johannes & Barbara Selbach
Christian Vogt
Rebfläche 24 ha
Produktion 150.000 Flaschen
Gründung 1600
Verkaufszeiten Vinothek Selbach (Gänsfelderstraße 20)
Mo–Fr 11–17 Uhr
Sa 11–18 Uhr
und nach Vereinbarung

Profil online

Das Lagenportfolio der Familie Selbach liest sich wie das Who's who der Mittelmosel: Zeltinger Sonnenuhr, Graacher Domprobst und Zeltinger Himmelreich sind nur einige der Lagen, auf denen die Familie zum Großteil Riesling kultiviert. Ergänzt wird das Portfolio durch einige trockene Weiß- und Spätburgunder. Der Anteil an wurzelechten alten Reben ist hoch, die Vergärung erfolgt meist traditionell in alten Fuderfässern, natürlich mit wilden Hefen. Tradition verpflichtet, ist die Familie doch seit über 400 Jahren im Weinbau tätig.

○ **2019** Wehlener Sonnenuhr
Riesling Auslese
32€ | 7,5%

○ **2019** Zeltinger Schlossberg Bömer
Riesling
26€ | 12,5%

○ **2019** Zeltinger Schlossberg
Riesling Kabinett
12€ | 9,5%

○ **2019** Zeltinger Sonnenuhr
Riesling Spätlese feinherb
26€ | 12,5%

○ **2019** Zeltinger Sonnenuhr Riesling „GG"
27€ | 13%

○ **2020** Zeltingen Schlossberg
Riesling „GG"
29€ | 12,5%

○ **2020** Zeltingen Sonnenuhr Riesling „GG"
30€ | 12,5%

○ **2021** Wehlen Sonnenuhr Riesling „GG"
30€ | 12,5%

○ **2021** Wehlener Sonnenuhr *
Riesling Spätlese
21€ | 8%

○ **2021** Zeltinger Himmelreich
Riesling Kabinett halbtrocken
12€ | 10,5%

○ **2021** Zeltinger Schlossberg
Riesling Kabinett
12€ | 8,5%

● **2019** Zeltinger Sonnenuhr
Riesling Beerenauslese
55€ | 7%

Mosel

SORENTBERG

Fischelstraße 26
56861 Reil
T +49 (0) 1736 5413 52
www.sorentberg-riesling.de

Tobias Treis & Ivan Giovanett
Rebfläche 3 ha
Produktion 15.000 Flaschen
Gründung 2011
Verkaufszeiten Mo–Sa 9–18 Uhr

Profil online

Vor über zehn Jahren erfüllten sich die beiden Winzer Tobias Treis von der Mosel und Ivan Giovanett aus Südtirol einen Traum: Mit der Wiederanpflanzung der Lage Reiler Sorentberg in einem Seitental der Mittelmosel konnten sie ihren eigenen Riesling produzieren. Die Einzellage war seit Jahrzehnten in Vergessenheit geraten und wurde von beiden mit neuem Leben erfüllt. Besonders spannend an der Lage ist die besondere Bodenart: Der rote Wissenbach-Schiefer findet sich ausschließlich dort und gibt den Rieslingen vom Sorentberg ihren besonderen Charakter.

○ **2018** Reiler Sorentberg Rotschiefer Riesling
18€ | 13%

○ **2018** Reiler Sorentberg Rotschiefer Riesling Auslese
45€ | 7,5%

○ **2018** Reiler Sorentberg Von 1000 Alten Reben Riesling
65€ | 13%

○ **2019** Reiler Sorentberg Rotschiefer Riesling
18€ | 12%

○ **2019** Reiler Sorentberg Von 1000 Alten Reben Riesling feinherb
69€ | 12,5%

○ **2020** Reiler Sorentberg Rotschiefer Riesling Kabinett
19,90€ | 8,1%

○ **2020** Reiler Sorentberg Rotschiefer Riesling feinherb
19,90€ | 12%

ST. NIKOLAUS-HOF

Mühlenstraße 44
54340 Leiwen
T +49 (0) 6507 8107
www.st-nikolaus-hof.de

Klaus Schweicher
Rebfläche 7,1 ha
Verkaufszeiten Mi 17–19 Uhr
Fr 10–12 Uhr
und nach Vereinbarung

Profil online

Der Nikolaihof ist vergleichsweise ein eher jüngeres Weingut. In den 1960er-Jahren gegründet und anfangs auf die Fassweinherstellung spezialisiert, hat sich das Weingut inzwischen auf über sieben Hektar Rebfläche vergrößert und bietet nur noch Flaschenweine an. Annegret und Klaus Schweicher sind besonders stolz auf ihre Parzelle „Vor dem Stortel" in der Leiwener Laurentiuslay, die sich im Alleinbesitz der Familie befindet und bereits 1720 erstmals urkundlich erwähnt wurde. Neben Riesling kultiviert die Familie auch Burgundersorten.

○ **2019** Leiwener Laurentiuslay Vor dem Stortel Riesling Kabinett feinherb
7,80€ | 10,5%

○ **2019** Trittenheimer Apotheke Riesling Spätlese
8,80€ | 7,5%

○ **2021** Leiwener Laurentiuslay Vor dem Stortel Riesling Kabinett feinherb
7,95€ | 9%

○ **2021** Leiwener Laurentiuslay Vor dem Stortel Riesling Spätlese trocken
8,95€ | 11%

● **2017** Leiwener Laurentiuslay Riesling brut
10,50€ | 12%

● **2021** Leiwener Klostergarten Riesling Eiswein
20€ | 7%

RIESLING-WEINGUT ALFONS STOFFEL

Maximinstraße 15
54340 Leiwen
T +49 (0) 6507 3312
www.weingut-stoffel.de

Profil online

Alfons Stoffel
Rebfläche 4 ha
Produktion 35.000 Flaschen
Verkaufszeiten nach Vereinbarung

Alfons Stoffel und sein Sohn Michael teilen sich die Arbeit im Keller: Der Vater kümmert sich um die trockenen Weine, der Sohn legt den Fokus auf Restsüße und feinherbe Rieslinge. Auf den Riesling hat sich die Familie fokussiert, die vier Hektar Rebfläche in den Steillagen rund um Leiwen sind ausschließlich mit der Mosel-Diva bestockt. Beim Ausbau setzt die Familie auf traditionelle Moselfuder und Spontanvergärung. Im Weinberg wird organisch gedüngt und auf niedrige Erträge Wert gelegt. Die Weine sollen zeigen dürfen, woher sie kommen: Mosel pur.

2019 Klüsserather Bruderschaft Grand Stoff(el) Riesling Spätlese
18€ | 8,5%

2019 Klüsserather Bruderschaft Grand Stoff(el) Riesling Spätlese trocken
18€ | 12%

2019 Köwericher Laurentiuslay Riesling Spätlese trocken
13€ | 12%

2019 Leiwener Laurentiuslay Grand Stoff(el) Riesling Spätlese
18€ | 9%

2021 Köwericher Laurentiuslay Riesling
14€ | 12%

2021 Leiwener Laurentiuslay Riesling Kabinett
16€ | 8,5%

2021 Maximus Riesling
9,50€ | 12%

2021 Papilio Riesling feinherb
9,50€ | 10%

2021 Weißburgunder
9,50€ | 12%

2018 Crémant Pinot Blanc brut
16,50€ | 12,5%

2018 Riesling brut
17,50€ | 12,5%

2020 Crémant Weißburgunder brut
18,50€ | 13%

2021 Leiwener Klostergarten Riesling Eiswein
45€ | 7%

WEINGUT THANISCH

Moselstraße 57a
54470 Lieser
T +49 (0) 6531 8227
www.thanisch.de

Jörg Thanisch
Petra Thanisch
Rebfläche 9 ha
Produktion 80.000 Flaschen
Verkaufszeiten Mo–So 10–18 Uhr

Profil online

2001 übernahm Jörg Thanisch den elterlichen Betrieb in Lieser, der seit 1648 besteht. Der Fokus liegt ganz klar auf dem Riesling. Neun Hektar bewirtschaftet die Familie an der Mittelmosel, sie hat Rebstöcke in so renommierten Lagen wie der Brauneberger Juffer oder der Lieser Niederberg Helden stehen. Die Weine werden im alten Keller weitgehend spontan vergoren, die Weine gären teils bis ins Frühjahr des Folgejahres der Ernte. Auf Schönungs- und andere Hilfsmittel verzichtet Thanisch aus Prinzip. Zum Weingut gehört eine wunderschöne Vinothek.

○ **2018** Lieserer Niederberg Helden Riesling Spätlese trocken
12€ | 12,5%

○ **2019** Lieserer Niederberg Helden Riesling „GG“
22,50€ | 13,5%

○ **2020** Lieser Niederberg Helden Riesling „GG“
23€ | 12,5%

○ **2021** Brauneberger Juffer Riesling Spätlese
13,50€ | 7,5%

○ **2021** Lieser Niederberg Helden Alte Reben Réserve Riesling
19€ | 12,5%

● **2018** Unfiltriert – Réserve Spätburgunder
24€ | 14%

● **2019** Brauneberger Juffer Riesling Auslese
19€ | 7,5%

● **2019** Lieserer Niederberg Helden Riesling Auslese
19€ | 7,5%

● **2021** Lieser Niederberg Helden Riesling Auslese
20€ | 7,5%

DR. H. THANISCH, ERBEN MÜLLER-BURGGRAEF

Maximilian Ferger
54470 Bernkastel-Kues
T +49 (0) 6531 9179 010
www.dr-thanisch.de

Peter Mertes Familienweingüter
Maximilian Ferger
Maximilian Ferger & Thomas Jakoby
Verbände Bernkasteler Ring, Fair'n Green
Rebfläche 15 ha
Produktion 100.000 Flaschen
Gründung 1636
Verkaufszeiten Mo–Fr 8–16.30 Uhr

Profil online

Das Gut der Familie Thanisch wurde in seiner über 375 Jahre währenden Geschichte mehrfach geteilt. Bereits Anfang des 19. Jahrhunderts erwarb die Familie Thanisch den heute weltbekannten Doctor-Weinberg, dessen Name auf eine „Wunderheilung“ des Kurfürsten Bohemund von Trier im 13. Jahrhundert zurückgeht. Auch heute noch werden die Weine im über 350 Jahre alten Keller hergestellt, der sich im Fels unterhalb des Weinguts befindet. Und seit 2020 können die Weine in einzigartiger Atmosphäre im 1850 erbauten Bernkasteler Stadtpalais verkostet werden.

○ **2019** Berncasteler Doctor Riesling Kabinett
20€ | 9%

○ **2019** Berncasteler Doctor Riesling Spätlese
30€ | 8,5%

○ **2019** Bernkasteler Badstube Riesling Kabinett
12€ | 8,5%

○ **2019** Bernkasteler Graben Riesling Spätlese
15€ | 8%

○ **2019** Bernkasteler Graben Riesling Spätlese „GG“ trocken
20€ | 12,5%

○ **2019** Bernkasteler Lay Alte Reben Riesling Spätlese feinherb
15€ | 12%

○ **2019** Bernkasteler Lay Riesling Spätlese „GG“ trocken
20€ | 12,5%

○ **2020** Bernkasteler Badstube Riesling Kabinett feinherb
12,50€ | 10,5%

○ **2020** Bernkasteler Graben Riesling „GG"
21,50€ | 12%

○ **2020** Bernkasteler Lay Alte Reben Riesling Spätlese feinherb
15,50€ | 11%

○ **2020** Bernkasteler Lay Riesling „GG"
21,50€ | 12%

○ **2020** Pinot Blanc
12,50€ | 11,5%

○ **2021** Bernkasteler Badstube Riesling Kabinett restsüß
12,50€ | 7,5%

○ **2021** Bernkasteler Graben Riesling Spätlese
15,50€ | 7,5%

○ **2021** Bernkasteler Riesling Kabinett feinherb Riesling Kabinett feinherb
8,50€ | 8,5%

○ **2021** Dr. Thanisch Riesling feinherb
8€ | 10%

● **2019** Pinot Noir
26,50€ | 12%

● **2021** Berncasteler Doctor Riesling Kabinett
22,50€ | 7,5%

● **2021** Berncasteler Doctor Riesling Spätlese
31,50€ | 7,5%

MICHAEL TROSSEN

Jesuitenhofstraße 42
54536 Kröv
T +49 (0) 6541 8120 05
www.das-weingut.com

Michael Trossen
Rebfläche 4 ha
Produktion 35.000 Flaschen
Gründung 1970
Verkaufszeiten nach Vereinbarung

Profil online

Seit über 20 Jahren verwaltet Michael Trossen das Weingut seiner Familie. Seit 2008 wird der Wein im modernen Keller hergestellt – der Platz reichte nicht mehr. Das ursprüngliche Gebäude des Weinguts befindet sich aber immer noch im Familienbesitz und wird als Gästehaus genutzt – und seit 2019 können Gäste auch im benachbarten „Riesling-quartier" direkt an der Mosel ihren Urlaub verbringen. Neben trockenen und restsüßen Rieslingen umfasst das Portfolio von Trossen auch Burgunderrebsorten wie Pinot Noir, Sekte und Rosé.

○ **2019** Kröver Letterlay Bergblüter Riesling Spätlese feinherb
9,20€ | 13%

○ **2020** Kröver Steffensberg SI365 Riesling Spätlese feinherb
18€ | 12%

○ **2021** Kröver Letterlay Riesling Spätlese feinherb
9,80€ | 11%

○ **2021** Kröver Letterlay Riesling Spätlese trocken
9,80€ | 12%

● **2020** Prestige Riesling brut
10,80€ | 12,5%

● **2019** Kröver Letterlay Bergblüter Riesling Auslese
18€ | 8,5%

STIFTUNGSWEINGUT VEREINIGTE HOSPITIEN

Krahnenufer 19
54290 Trier
T +49 (0) 6519 4512 10
www.weingut.vereinigtehospitien.de

Stiftung Vereinigte Hospitien
Joachim Arns
Klaus Schneider
Verbände VDP, Vereinigung europäischer Stiftungsweingüter
Rebfläche 25 ha
Produktion 150.000 Flaschen
Gründung 1804
Verkaufszeiten Mo–Do 8–12.30 Uhr und 13.30–17 Uhr
Fr 8–12.30 Uhr und 13.30–16 Uhr

Profil online

Mitten in Trier liegt das Stiftungsweingut Vereinigte Hospitien. Seit seiner Gründung 1804 ist das Weingut Teil einer Stiftung mit sozialem Auftrag. Die Weinberge an Saar und Mosel stammen zum Teil aus den Liegenschaften alter Trierer Klöster. Im Lagenportfolio finden sich so berühmte Namen wie der Scharzhofberg in Wiltingen oder das Goldtröpfchen in Piesport. Gutsverwalter Joachim Arns setzt auf naturnahe und nachhaltige Bewirtschaftung und Handarbeit im Weinberg. Bereits seit 20 Jahren entstehen am Weingut auch hochwertige Sekte.

○ **2018** Trierer Thiergarten Riesling Auslese
20€ | 7,5%

○ **2020** Piesporter Goldtröpfchen Riesling Kabinett
12€ | 9%

○ **2020** Serriger Schloss Saarfelser Schlossberg Riesling
9,80€ | 11,5%

○ **2021** Hospitien Riesling halbtrocken
8,90€ | 10%

○ **2021** Piesporter Goldtröpfchen Riesling Spätlese
16€ | 7,5%

○ **2021** Piesporter Schubertslay Riesling GG
30€ | 12%

○ **2021** Réserve Grauburgunder
13,90€ | 12,5%

○ **2021** Saar Riesling
8,90€ | 10,5%

○ **2021** Scharzhofberger Riesling GG
35€ | 12%

○ **2021** Scharzhofberger Riesling Kabinett
16€ | 8,5%

● **2019** Serriger Schloss Saarfelser Schlossberg Goldkapsel Riesling Auslese
26€ | 7,5%

WEINGÜTER WEGELER – GUTSHAUS MOSEL

Martertal 2
54470 Bernkastel-Kues
T +49 (0) 6531 2493
www.wegeler.com

Ralf Frenzel
Norbert Breit
Verbände VDP
Rebfläche 14 ha
Produktion 100.000 Flaschen
Verkaufszeiten nach Vereinbarung

Profil online

Warum soll ein Herz nicht gleichzeitig für die Mosel und den Rheingau schlagen? Die Weingüter Wegeler betreiben mit jeweils einem eigenen Gutshaus in beiden Gebieten Weinbau auf denkbar hohem Niveau. Bei dem Lagenschatz, den man an der Mosel bewirtschaftet, u. a. in der Wehlener Sonnenuhr, ist das auch kein Wunder. Das unglaubliche Lagerpotenzial ihrer Weine offenbart sich vor allem, wenn man in der vor über 15 Jahren erdachten „Vintage Collection" zuschlägt. Hier gibt es große Rieslinge zu leistbaren Preisen – und das, obwohl sie häufig über ein Jahrzehnt Zeit zum Reifen bekommen haben.

○ **2018** Doctor Riesling GG
55€ | 13%

○ **2019** Badstube Riesling Kabinett
17,50€ | 9,5%

○ **2019** Bernkasteler Riesling
15€ | 12,5%

○ **2019** Doctor Riesling GG
55€ | 13%

○ **2019** Doctor Riesling Spätlese
55€ | 8%

○ **2019** Graacher Riesling feinherb
15€ | 11,5%

○ **2019** Lay Riesling feinherb
23,50€ | 12,5%

○ **2019** Sonnenuhr Riesling
23,50€ | 8,5%

○ **2019** Sonnenuhr Riesling GG
33€ | 13,5%

○ **2019** Wegeler Riesling feinherb
11,50€ | 11,5%

○ **2020** Doctor Riesling GG
79€ | 13%

○ **2021** Doctor Riesling Kabinett
37,90€ | 8%

○ **2021** Doctor Riesling Spätlese
50€ | 8%

○ **2021** Graacher Riesling feinherb
14,90€ | 11%

○ **2021** Lay Riesling Kabinett feinherb
21€ | 9%

○ **2021** Slate Riesling
10,90€ | 11,5%

○ **2021** Slate Riesling feinherb
10,90€ | 11%

● **2019** Doctor Riesling Auslese
34€ | 8%

● **2021** Doctor Riesling Auslese
31€ | 8%

Mosel

NIK WEIS – ST. URBANS-HOF

Urbanusstraße 16
54340 Leiwen
T +40 (0) 6507 93770
www.nikweis.com

Nik Weis
Kai Hausen
Verbände VDP, Fair'n Green
Rebfläche 40 ha
Produktion 250.000 Flaschen
Gründung 1947
Verkaufszeiten Mo–Fr 9–17 Uhr
Sa 10–17 Uhr
So nach Vereinbarung

Profil online

40 Hektar Weinberge an Saar und Mosel stehen aktuell unter der Regie von Nik Weis, dessen Leidenschaft dem Riesling gilt. Die Pflanzungen rund um das Weingut sind noch von Weis' Großvater, also mit inzwischen über 70 Jahre alten Rebstöcken bepflanzt – die ältesten Rebanlagen des Weinguts sind bis zu 130 Jahre alt. Teil des Weinguts ist eine eigene Rebschule, deren Ziel es ist, alte Riesling-Genetiken zu bewahren. Weis nennt das die „Arche Noah des Mosel Rieslings" und hat damit eine weltweit einzigartige Genbank für Riesling geschaffen.

○ **2018** Bockstein Z Riesling GG
115€ | 13,5%

○ **2019** Leiwener Laurentiuslay Riesling GG
45€ | 13%

○ **2019** Ockfener Bockstein Riesling GG
34€ | 12,5%

○ **2019** Ockfener Bockstein Riesling Kabinett
16,80€ | 7%

○ **2019** Piesporter Goldtröpfchen Riesling Spätlese
27,50€ | 7,5%

○ **2019** Wiltinger Alte Reben Riesling feinherb
15,80€ | 11,5%

○ **2020** Bockstein Riesling GG
36€ | 12%

○ **2020** Goldtröpfchen Riesling GG
29€ | 12%

○ **2020** Layet Riesling GG
36€ | 12%

○ **2020** Mosel Riesling
9,80€ | 11%

○ **2020** Saar Riesling feinherb
9,80€ | 9,5%

○ **2021** Bockstein Riesling Kabinett
16,80€ | 8%

○ **2021** Bockstein Riesling Spätlese
27,50€ | 8%

○ **2021** Ockfener Riesling
22€ | 12%

○ **2021** Wiltinger Alte Reben Riesling feinherb
16,80€ | 11%

● **2018** Piesporter Goldtröpfchen Riesling Trockenbeerenauslese
300€ | 5,5%

● **2019** Ockfener Bockstein Goldkapsel Riesling Auslese
34€ | 7%

● **2019** Ockfener Bockstein Riesling Auslese
19,50€ | 7,5%

trinkreif

● **2017** Ockfener Bockstein Zickelgarten Riesling Trockenbeerenauslese
300€ | 6%

WEINGUT WERNER

Römerstraße 17
54340 Leiwen
T +49 (0) 6507 4341
www.weingut-werner.de

Bernhard Werner
Verbände Bernkasteler Ring
Rebfläche 6 ha
Produktion 42.000 Flaschen
Gründung 1658
Verkaufszeiten Mo–Fr 10–18 Uhr
Sa und So nach Vereinbarung

Profil online

Über 350 Jahre lang ist die Familie Werner bereits im Wein verwurzelt und Bernhard Werner setzt beim Ausbau seiner Weine auf Tradition und Zeit: Handarbeit in den Steillagen, konsequente Selektion der Trauben, Vergärung im traditionellen Fuderfass mit natürlichen Hefen. Naturnahes Arbeiten und Zurückhaltung im Keller gehören zu dieser Art des Weinmachens dazu. Das ist natürlich in der Kombination eine sehr moderne Art, Wein zu machen: das richtige Gefühl dafür, wo und wann man etwas machen muss – und wo und wann nicht.

○ **2019** Annaberg Riesling Spätlese
12€ | 8%

○ **2019** Annaberg Riesling Spätlese 1. Lage trocken
12€ | 12%

○ **2019** Annaberg Summer of 59 Riesling feinherb
20€ | 12%

○ **2019** Schweicher Annaberg Riesling „GG"
22€ | 13%

○ **2019** Trittenheimer Apotheke Riesling „GG"
22€ | 13%

○ **2021** Annaberg Riesling
14,50€ | 12%

○ **2021** Annaberg Riesling Spätlese
13,50€ | 9%

○ **2021** Laurentiuslay Riesling feinherb
14,50€ | 10,5%

○ **2021** Trittenheimer Apotheke Riesling Kabinett feinherb
10€ | 10,5%

○ **2021** Trittenheimer Apotheke Riesling „GG"
k. A. | 12,5%

○ **2021** Vom steilen Hang Riesling
11€ | 12%

● Crémant Blanc de Noir Spätburgunder brut
14,50€ | 12%

● Grand Cuveé Riesling brut
12,50€ | 12%

● Grand Cuveé Riesling extra brut
12,50€ | 12%

● **2019** Schweicher Annaberg Riesling Beerenauslese
56€ | 8%

● **2019** Trittenheimer Apotheke Wurzelecht Riesling Auslese
36,50€ | 8%

● **2021** Leiwener Klostergarten Riesling Eiswein
k. A. | 8%

● **2021** Trittenheimer Apotheke Riesling Auslese
k. A. | 8%

Mosel

UDO WILLEMS

Aufsteiger

Am Großschock 6
54329 Konz
T +49 (0) 6501 18933
www.willemshof.de

Udo & Beate Willems
Rebfläche 10 ha
Produktion 45.000 Flaschen
Verkaufszeiten Mo–Sa nach Vereinbarung

Profil online

Zehn Hektar Rebfläche bewirtschaftet die Familie Willems an der Saar – inzwischen schon in der siebten Generation. Weinbautechniker Udo Willems und sein Sohn, Winzer Martin, erzeugen ihre Weine nach dem Motto: „So wenig wie möglich – so viel wie nötig." Natürlich steht Riesling im Fokus. Aber die Familie hat auch Veltliner – als Einzige im gesamten Anbaugebiet.

○ **2021** Devonschiefer Riesling
6,75€ | 11,8%

○ **2021** Grauburgunder
6,75€ | 12,5%

○ **2021** MW No.4 Riesling Spätlese feinherb
8,75€ | 10,9%

○ **2021** Riesling Spätlese
8,25€ | 8,6%

○ **2021** Riesling Spätlese feinherb
8,25€ | 10,3%

○ **2021** Unikat Grüner Veltliner
7,75€ | 12,2%

● **2021** Spätburgunder halbtrocken
6,25€ | 11,9%

WEINGUT WILLEMS-WILLEMS

Mühlenstraße 13
54329 Konz
T +49 (0) 6501 15816
www.schiefer-trifft-muschelkalk.de

Carolin & Jürgen Hofmann
Miguel Louro
Verbände Moseljünger, Vinissima
Rebfläche 7 ha
Produktion 60.000 Flaschen
Verkaufszeiten Mo–Fr 9–18 Uhr
Sa 10–17 Uhr

Profil online

„Saar trifft Rheinhessen": Carolin und Jürgen Hofmann schaffen den Spagat. Beide führen ihre jeweils elterlichen Weingüter gemeinsam. Bei Willems-Willems an der Saar haben bereits in 5. Generation die Frauen das Sagen. Das heutige Familienweingut wurde bis 1971 als Gemischtbetrieb geführt. Dann heiratete Carolins Mutter ihren Mann – dank eines gemeinsamen Urahns entstand der Doppelname Willems-Willems. Seit vier Jahren arbeitet man an der Saar herbizidfrei und düngt ausschließlich organisch: Der Betrieb strebt seine Bio-Zertifizierung an.

○ **2018** Karlsberg Riesling
22,50€ | 12%

○ **2019** Oberemmeler Altenberg Riesling Auslese
17,80€ | 8%

○ **2019** Oberemmeler Altenberg Riesling Spätlese
13€ | 8%

○ **2020** Niedermenniger Herrenberg Riesling Kabinett feinherb
11€ | 9%

○ **2020** Oberemmeler Karlsberg Riesling Kabinett feinherb
11€ | 9%

○ **2020** Riesling Kabinett feinherb
8,80€ | 9%
○ **2021** Krettnacher Euchariusberg Riesling Kabinett feinherb
13,50€ | 7,5%
○ **2021** Niedermenniger Herrenberg Riesling
25€ | 11,5%
○ **2021** Niedermenniger Herrenberg Riesling Kabinett feinherb
13,50€ | 8%
○ **2021** Oberemmeler Altenberg Riesling Kabinett feinherb
13,50€ | 8%
○ **2021** Oberemmeler Altenberg Riesling feinherb
25€ | 9,5%
○ **2021** Oberemmeler Karlsberg Riesling Spätlese
14,50€ | 7%

WÜRTZBERG

Würtzberg 1
54455 Serrig
T +49 (0) 6581 9200 992
www.weingut-wuertzberg.de

Familie Heimes
Felix Heimes
Verbände Fair'n Green
Rebfläche 17 ha
Produktion 80.000 Flaschen
Verkaufszeiten Do–Fr 14–18 Uhr
Sa 10–16 Uhr
und nach Vereinbarung

Profil online

Ganze 17 Hektar Rebfläche verantwortet Felix Heimes mit nur 25 Jahren. Davon sind zwölf Hektar Steillagen im Serriger Würzberg und dem Serriger Herrenberg. Genau hier befindet sich auch eine der ältesten Spätburgunderanlagen der Saar. Heimes' Philosophie besteht darin, die Lagentypizitäten der Monopollagen des Weinguts herauszuarbeiten und den eigenen Weinen damit eine unverwechselbare Herkunftsprägung zu geben. Deshalb wird am Weingut auf Handarbeit und Spontanvergärung gesetzt.

○ **2019** Saar Riesling
7€ | 12%
○ **2019** Scivaro Riesling halbtrocken
9€ | 12%
○ **2019** Serriger Herrenberg Riesling Spätlese
16€ | 10%
○ **2019** Serriger Würtzberg Goldstück Riesling Kabinett feinherb
11€ | 11%
○ **2019** Serriger Würtzberg Riesling Kabinett
11€ | 10%
○ **2019** Serriger Würtzberg Riesling Spätlese „GG" trocken
16€ | 12%
○ **2021** Saar Riesling
7,50€ | 12%
○ **2021** Scivaro Riesling halbtrocken
9,20€ | 11,5%
○ **2021** Serriger Herrenberg Finntastisch Riesling feinherb
14€ | 9%
○ **2021** Serriger Herrenberg Riesling Spätlese
16€ | 7,5%

Mosel

○ **2021** Serriger Würtzberg Alte Reben Riesling Kabinett feinherb
14€ | 9%

○ **2021** Serriger Würtzberg Goldstück Riesling feinherb
11,20€ | 9%

○ **2021** Serriger Würtzberg Rotschiefer Riesling
12,50€ | 12%

● **2020** Spätburgunder
18€ | 13%

FORSTMEISTER GELTZ ZILLIKEN

Heckingstraße 20
54439 Saarburg
T +49 (0) 6581 2456
www.zilliken-vdp.de

Dorothee Zilliken
Hans-Joachim & Philipp Zilliken
Verbände VDP
Rebfläche 13 ha
Produktion 85.000 Flaschen
Gründung 1742
Verkaufszeiten nach Vereinbarung

Profil online

Unter der Leitung von Dorothee Zilliken entstehen in Saarburg Weine, die der Inbegriff von Leichtigkeit, Zartheit und Feinheit sind. 13 Hektar gehören der Familie, der Riesling spielt die Hauptrolle. In den Nebenrollen tragen die Lagen Saarburger Rausch und Ockfener Bockstein, die langsame Vergärung der Weine in traditionellen Moselfudern, das Arbeiten im Einklang mit der Natur und nicht zuletzt langjährige Erfahrung dazu bei, dass die Rieslinge der Zillikens großes Kino werden. Dabei ist die Bewahrung des fast 300 Jahre zurückreichenden Erbes für die Familie Zilliken ein wichtiges Motiv und gleichzeitig Motivation, weiterhin Weine von Weltrang zu schaffen.

○ **2018** Saarburg Auf der Rausch Riesling GG
50€ | 11%

○ **2019** Saarburg Rausch Riesling Auslese
50€ | 8%

○ **2019** Saarburg Rausch Riesling Kabinett
20€ | 8,5%

○ **2019** Saarburg Rausch Riesling Spätlese
30€ | 8%

○ **2020** Riesling
10€ | 12%

○ **2021** Zilliken Butterfly Riesling feinherb
11,50€ | 11,5%

○ **2021** Zilliken Riesling
11,50€ | 12%

● **2015** Saarburger Rausch Riesling brut nature
23€ | 12%

● **2018** Saarburg Rausch Riesling Beerenauslese
k. A. | 7,5%

FIRST TOKEN WINE EDITION → BY GAULT&MILLAU GERMANY
G&M
X
YVES PEITZNER
ARTIST
Discover on
WWW.HENRIS-EDITION.COM/NFT/RAVENSBURG

NAHE

NAHE

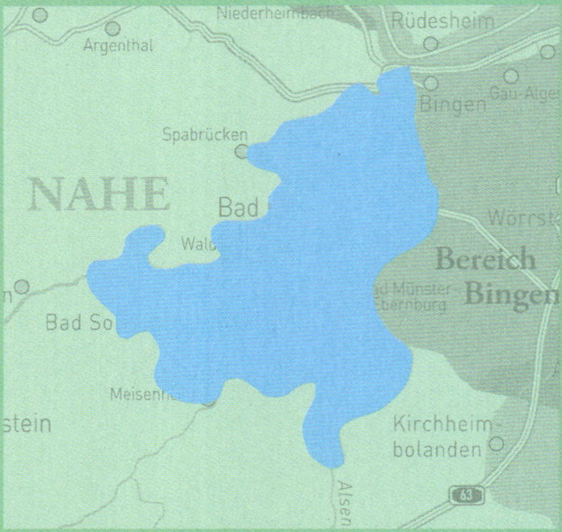

REBFLÄCHE
4.237 Hektar, sechs Großlagen, 310 Einzellagen

REBSORTEN
Weißwein 77 % (Riesling 29 %, Müller-Thurgau 11,6 %, Grauburgunder 8,7 %, Weißburgunder 7,7 %), Rotwein 23 % (Dornfelder 9,3 %, Spätburgunder 6,8 %)

BÖDEN
Quarzit- und Schieferböden an der unteren Nahe; Porphyr, Melaphyr und Buntsandstein an der mittleren Nahe; Verwitterungsböden und Tonüberlagerungen aus Sandstein, Löss und Lehm bei Bad Kreuznach.

ERST WANDERN, DANN WEIN VERKOSTEN

von ANKE KRONEMEYER

Vulkangestein, Melaphyr, Porphyr, Schiefer, Sandstein, Lehm oder Löss: Bodenkundler finden an der Nahe reichlich Experimentierfelder. In keinem anderen deutschen Anbaugebiet gibt es auf vergleichbarer Fläche so unterschiedliche Böden. Es sind exakt 180 Bodenformationen. Darum gibt es auch nicht den einen Nahe-Wein. Gleichwohl kann man den Wein von der Nahe herausschmecken, weil ihm eine besondere mineralische Typizität eigen ist.

Gut 4200 Hektar ist dieses Anbaugebiet groß, in dem zumeist Riesling, aber auch Müller-Thurgau, Silvaner, Weiß- und Grauburgunder sowie Dornfelder und Portugieser wachsen. 75 Prozent der Nahe-Weine sind Weißweine. Die Quelle der Nahe liegt im Saarland südwestlich des Bostalsees, 120 Kilometer später fließt sie bei Bingen in den Rhein und hat bis dahin 322 Höhenmeter überwunden. Auf diesem Weg säumen Weinberge den Fluss von Martinstein bis nach Bingen, aber auch die Ufer der Nebenflüsse Ellerbach, Guldenbach, Gräfenbach, Glan und Alsenz. Besonderes Kennzeichen der Landschaft sind bizarre, oft dramatische Fels-Formationen wie zum Beispiel in Bad Münster am Stein mit dem Rotenfels. Das Felsmassiv aus rötlichem Rhyolith ist mit 202 Metern Wanderhöhe die höchste Steilwand zwischen den Alpen und Skandinavien. Für Wanderer bietet sich der 100 Kilometer lange „Weinwanderweg Rhein-Nahe" im Naturpark Soonwald Nahe an. Eine andere Route ist einer der prominentesten Frauen von der Nahe gewidmet – Hildegard von Bingen (1098–1179). Die Äbtissin, Dichterin, Theologin und Naturheilkundlerin hat auf dem Disibodenberg gewirkt, ein eigenes Frauenkloster gegründet und wurde 2012 heiliggesprochen. Der Hildegard-von-Bingen-Pilgerwanderweg geht über 137 Kilometer von Idar-Oberstein bis nach Bingen, entlang vieler Stationen von „Hildegard", wie sie an der Nahe genannt wird. Der Weinwanderweg führt von Kirn nach Bingen, der Naheradweg vom Bostalsee bis nach Bingen. Man kann beide Wege in schönen Etappen

HÖCHSTE STEILWAND NÖRDLICH DER ALPEN

mit vielen Besichtigungspunkten am Wegesrand absolvieren. Auch Bad Kreuznach mit seinen historischen Brückenhäusern und den zahlreichen Erinnerungen an die Römerzeit lohnt einen Abstecher. Noch ein Tipp: Hier unbedingt die Nahe-Wein-Vinothek aufsuchen – nirgendwo anders erhält man einen solchen Überblick über die Weine aus der Region und kann sie dort direkt verkosten.

Bei Wellness eine Auszeit vom Alltag nehmen

Gäste der Nahe-Region schätzen neben dem Aktiv-Urlaub auch die Entspannung bei Wellness. In den Kurorten Bad Sobernheim, Bad Kreuznach oder Bad Münster am Stein gibt es Heilquellen, Bäder oder Salinen, sodass sich dort viel um Gesundheit und Wellness dreht und man sich eine wunderbare Auszeit vom Alltag nehmen kann. Wer dann noch etwas Besonderes erleben will, bucht eine Draisinenfahrt. Da geht es in Strecken von 20 oder 40 Kilometern über alte Bahnschienen, vier bis sieben Personen haben auf einer Draisine Platz und treiben sie selbst mittels Pedale an.

Auch kulinarisch bietet sich eine große Vielfalt an der Nahe. Straußwirtschaften laden zu Spießbraten, Rumpsteak oder Flammkuchen, Spitzenrestaurants zu Fine-Dining-Menüs und Weingüter direkt auf den Hof, um den Wein zu verkosten und dazu ein paar Häppchen zu essen. Übernachtungsgästen stehen schicke, große und kleine Hotels zur Verfügung, es gibt viele schöne ländliche Ferienwohnungen und eben auch die Möglichkeit, beim Winzer zu wohnen.

WEINGÜTER

WEINGÜTER
ÜBERSICHT A-Z

CARL ADELSECK

Aufsteiger

Saarstraße 41
55424 Münster-Sarmsheim
T +49 (0) 6721 97440
www.adelseck.de

Carl Martin Adelseck
Verbände Pro Riesling
Rebfläche 10 ha
Produktion 100.000 Flaschen
Gründung 1800
Verkaufszeiten nach Vereinbarung

Profil online

„Wir machen Wein", heißt es schlicht beim Weingut Adelseck: Die Namenstradition reicht bis ins 11. Jahrhundert, dem Wein hat man sich seit Ende des 19. Jahrhunderts verschrieben. Respekt vor der Individualität der Böden und der Persönlichkeit der Rebsorten ist das Motto. Eine Weinhandlung inklusive Import gehört zum Gut, es gibt enge Verbindungen nach Südafrika, Australien, Uruguay, Argentinien.

○ **2021** Laubenheimer Karthäuser Grauburgunder
10,40€ | 13,5%

○ **2021** Laubenheimer Karthäuser Grauburgunder 1. Lage
24,90€ | 13,5%

○ **2021** Laubenheimer Karthäuser Riesling feinherb
10,40€ | 12%

○ **2021** Münsterer Dautenpflänzer Chardonnay 1. Lage
24,90€ | 13%

○ **2021** Sarmsheimer Liebehöll Sauvignon Blanc
10,40€ | 12,5%

STAATSWEINGUT BAD KREUZNACH

Rüdesheimer Straße 68
55545 Bad Kreuznach
T +49 (0) 6718 20330
www.staatsweingut.de

Land Rheinland-Pfalz
Gunter Schenkel
Rainer Gies
Rebfläche 20 ha
Produktion 120.000 Flaschen
Gründung 1900
Verkaufszeiten Mo–Do 9.30–12.30 Uhr und 14–16.30 Uhr
Fr 9.30–16.30 Uhr

Profil online

Das Staatsweingut ist aus der preußischen Provinzial- und Lehranstalt hervorgegangen. Das Ziel war, als Musterbetrieb neue Entwicklungen im Weinbau zu prüfen und voranzutreiben. Dieser Auftrag gilt auch heute noch. Betriebsleiter Gunter Schenkel und Kellermeister Rainer Gies führen das Weingut zudem mit Weitsicht, 2012 wurde auf ökologische Bewirtschaftung umgestellt. Der Star heißt Riesling.

○ **2021** Kreuznacher Kahlenberg Riesling
7,50€ | 12,5%

○ **2021** Kreuznacher Kahlenberg Riesling halbtrocken
7,50€ | 12%

○ **2021** Kreuznacher Kahlenberg Weißburgunder
8,90€ | 13%

○ **2021** Norheimer Kafels Riesling
10,50€ | 13%

● **2020** Kreuznacher Kahlenberg Riesling Auslese
13,50€ | 8,5%

● **2020** Kreuznacher Kahlenberg Riesling Beerenauslese
32€ | 7,5%

WEIN- UND SEKTGUT BAMBERGER

Römerstraße 10
55566 Meddersheim
T +49 (0) 6751 2624
www.weingut-bamberger.de

Heiko Bamberger
Verbände Fair'n Green, Verband traditioneller Sektmacher
Rebfläche 15 ha
Produktion 100.000 Flaschen
Verkaufszeiten Mo–Fr 8–12 Uhr und 14–18 Uhr
Sa 9–17 Uhr
und nach Vereinbarung

Profil online

„Bei Nahe der Himmel", so schwärmen sie hier in Meddersheim von Nahe, Weinbergen und dem Weinmachen. Heiko Bamberger leitet das Weingut seit 2014 mit Frau Ute, seit 2018 arbeiten sie nach Fair'n Green. Mit dem Klima arbeiten, aus den Böden der Nahe die feinsten Trauben kitzeln, die meisterhafte Komposition ist das Ziel. Die große Passion gehört dem Sekt, bis zu 60 Monate reifen die Spitzensekte auf der Hefe – handgerüttelt natürlich. Die 2015 erbaute Vinothek bietet Raum für Verkostungen und Events.

2009 Decade Riesling brut nature
68€ | 12,5%

2010 Decade – Grand Réserve Riesling brut nature
69€ | 12,5%

2012 Twenty Five Riesling brut nature
25€ | 12,5%

2018 Meddersheimer Altenberg Réserve Riesling
19€ | 13%

2018 Monzinger Frühlingsplätzchen Réserve Riesling
19€ | 13%

2019 Monzinger Frühlingsplätzchen Réserve Riesling
18,50€ | 12,5%

2021 Meddersheimer Altenberg Riesling
11,50€ | 12%

2021 Meddersheimer Altenberg Réserve Riesling
18,50€ | 12,5%

2021 Meddersheimer Rheingrafenberg Grauburgunder
14,50€ | 12,5%

2021 Monzinger Frühlingsplätzchen Riesling
11,50€ | 12%

2018 Meddersheimer Altenberg Spätburgunder
11,50€ | 13,5%

2018 Réserve Pinot Noir
21€ | 14%

2011 Grande Réserve Decade Riesling brut nature
72,50€ | 13%

2013 Grande Réserve Grand Pinot brut nature
34,50€ | 13%

2015 Pinot Rosé brut
16,50€ | 13%

2015 Prestige Riesling brut nature
19€ | 12,5%

2016 Prestige Pinot Rosé brut nature
19€ | 12,5%

2016 Prestige Riesling brut nature
19,90€ | 12,5%

2016 Riesling brut
14€ | 12,5%

2017 Prestige Pinot Rosé brut nature
19,90€ | 12,5%

2020 Tradition Blanc de Blancs
14,20€ | 12%

2021 PetNat brut nature
12,50€ | 11%

CHRISTIAN BAMBERGER STEINHARDTER HOF

Aufsteiger

Kreuznacher Straße 2
55566 Bad Sobernheim
T +49 (0) 6751 6048
www.cb-wein.de

Christian Bamberger
Rebfläche 24 ha
Produktion 220.000 Flaschen
Gründung 1658
Verkaufszeiten Mo–Fr 10–12 und 14–17 Uhr
Sa 10–14 Uhr
und nach Vereinbarung

Profil online

Seit 1658 macht die Familie Bamberger Wein an der Nahe. Mit Christian Bamberger wird das Weingut nunmehr in der 14. Generation betrieben. 2020 konnte der Winzer zwei Hektar auf über 300 Meter Höhe dazu holen, um dem Klimawandel zu begegnen. Die wärmeren rheinhessischen Lagen wurden komplett abgegeben, mit der Cool-Climate-Idee kommen somit jetzt auch Cabernet- und Merlot-dominierte Cuvées von der Nahe. Mit seinen Spätburgundern hat er sich im vorwiegend für Weißwein bekannten Anbaugebiet ohnehin schon einen herausragenden Namen gemacht.

○ **2018** Fumé Sauvignon Blanc
15€ | 13,2%

○ **2020** Fumé Sauvignon Blanc
15,50€ | 13,5%

○ **2020** Vulkangestein Grauburgunder
15,50€ | 13,5%

○ **2021** Blanc de Noir – Merlot ist weiß
8,90€ | 12,5%

○ **2021** Sauvignon Blanc
9,90€ | 12,5%

○ **2021** Ü30 Silvaner
8,90€ | 12,9%

● **2018** Schlossböckelheimer Mühlberg QX Spätburgunder
35€ | 13,5%

● **2019** Réserve Cuvée
30€ | 14%

● **2019** Schlossböckelheimer Mühlberg QX Spätburgunder
38€ | 13,5%

● **2020** Machtlust Cuvée
9,90€ | 13%

● **2020** Spätburgunder
9,90€ | 13,5%

● **2020** Vulkangestein Spätburgunder
20€ | 13,5%

● **2021** Lichtblick Cuvée
8,90€ | 12,5%

● **2021** Lichtblick Cuvée
8,70€ | 12,5%

Nahe

WEINGUT BEISIEGEL

Hauptstraße 8
55595 Traisen
T +49 (0) 6713 4336
www.weingut-beisiegel.de

Walter Beisiegel
Alexander Beisiegel
Rebfläche 13 ha
Produktion 85.000 Flaschen
Verkaufszeiten Mo–Fr 8–12.30 Uhr und 13.30–18 Uhr
Sa 8–12 Uhr
und nach Vereinbarung

Profil online

In Traisen an der Nahe machen sie im Schatten des berühmten Rotenfelsmassivs feine, filigrane Nahe-Rieslinge. Selektive Lese, schonende Traubenverarbeitung, sowie ein feiner Ausbau im Keller zeichnen die Handschrift in diesem Familienweingut aus. Die Rotweinsparte ist mit Spätburgunder, Frühburgunder, Merlot und Cabernet Sauvignon reich vertreten, das Gästehaus lockt mit gemütlichen Zimmern.

- **2020** Traisener Nonnengarten Riesling — **7,50€** | 12,5%
- **2020** Traisener Rotenfels sur Lie Grauburgunder — **9,80€** | 14%
- **2021** Traisener Nonnengarten Riesling — **7,50€** | 12,5%
- **2018** Norheimer Onkelchen Pinot Noir — **19€** | 14,5%
- **2018** Norheimer Onkelchen Réserve Pinot Noir — **19€** | 14%

SCHLOSSGUT DIEL

Burg Layen 16–17
55452 Rümmelsheim
T +49 (0) 6721 96950
www.diel.eu

Caroline & Sylvain Diel
Caroline Diel
Christoph Friedrich
Verbände VDP
Rebfläche 25 ha
Produktion 180.000 Flaschen
Gründung 1802
Verkaufszeiten Mo–Fr 8–17 Uhr
und nach Vereinbarung

Profil online

2019 war ein historisches Jahr. Zumindest was das Schlossgut angeht. Es war das Jahr, in dem Caroline Diel die komplette Verantwortung in diesem renommierten Weingut übernommen hat – als erste Frau im traditionsreichen Schlossgut an der Nahe. Die Erfolgsgeschichte begann mit Armin Diel, der die 25 Hektar Rebfläche konsequent auf Riesling und Burgunder umstellte. Mittlerweile sorgt Tochter Caroline gemeinsam mit Kellermeister Christoph Friedrich für außergewöhnlich bemerkenswerte Weine und vor allem für Rieslinge knapp vor der Perfektion.

- **2018** Dorsheim Burgberg Riesling GG — **45€** | 12,5%
- **2019** Burg Layen Riesling — **14,50€** | 12,5%
- **2019** Burg Layer Schlossberg Riesling 1. Lage — **24€** | 12,5%
- **2019** Dorsheim Goldloch Riesling — **16,80€** | 8%
- **2019** Dorsheim Goldloch Riesling GG — **34€** | 12,5%
- **2019** Dorsheim Pittermännchen Riesling GG — **37€** | 12,5%
- **2021** Pittermännchen Riesling GG — **42€** | 12%
- **2021** Pittermännchen Riesling Kabinett — **19,50€** | 8,5%
- **2014** Cuvée Mo Spätburgunder brut nature — **55€** | 12%

trinkreif

○ **2016** Victor Cuvée
40€ | 13%

○ **2017** Dorsheimer Burgberg Riesling GG
45€ | 12,5%

● **2009** MO Cuvée Pinot Blanc & Pinot Noir
50€ | 12%

● **2009** Riesling extra brut
39€ | 12%

WEINGUT DISIBODENBERG

Aufsteiger

Am Disibodenberg 1
55571 Odernheim am Glan
T +49 (0) 1708 1501 50
www.weingut-disibodenberg.de

Prof. Christian Held
Thomas Zenz
Rebfläche 21 ha
Produktion 130.000 Flaschen
Verkaufszeiten
Boos von Waldeckscher Hof
(Obergasse 26, 55590 Meisenheim)
Mi–So 10–16 Uhr
und nach Vereinbarung

Profil online

Auf dem Disibodenberg wirkte vor fast 850 Jahren Hildegard von Bingen, zu seinen Füßen lag der Wirtschaftshof des Klosters – die Klostermühle Odernheim. Heute beleben Unternehmer Christian Held und Betriebsleiter Thomas Zenz die historische Rieslinglage Disibodenberg neu. Das Weingut erlebte turbulente Zeiten, 2009 erfolgte eine grundlegende Neuordnung. Inzwischen hält man 21 Hektar, darunter mit dem „Montfort" die größte Pinot-Noir-Fläche an der Nahe. Neben eleganten Weinen und Sekten entstehen in Meisenheim hochwertige Obst- und Tresterbrände.

○ **2018** Montfort u. b. F Chardonnay
28€ | 14%

○ **2018** Odernheimer Kloster Disibodenberg L. v. R. Riesling
14,90€ | 13%

○ **2018** Odernheimer Kloster Disibodenberg u. b. F. Riesling
28€ | 13%

○ **2019** Odernheimer Kapellenberg u. b. F. Grauburgunder
28€ | 13,5%

○ **2019** Odernheimer Kloster Disibodenberg Alte Reben Riesling
19€ | 13,5%

○ **2020** Odernheimer Kapellenberg Grauburgunder
14,90€ | 14%

○ **2020** Odernheimer Kloster Disibodenberg Alte Reben Riesling
18,90€ | 12,5%

○ **2020** Odernheimer Kloster Disibodenberg u.b.F. Riesling
28€ | 13%

Nahe

○ **2020** Odernheimer Montfort Cuvée
18,90€ | 13,5%

○ **2020** Odernheimer Montfort Fass 334 Weißburgunder
19€ | 13%

○ **2021** R'21 Riesling
8,90€ | 11,5%

○ **2021** W'21 Weißburgunder
8,90€ | 12,5%

● **2020** Odernheimer Langenberg Spätburgunder
18,90€ | 12,5%

● **2020** Odernheimer Montfort Alte Reben Spätburgunder
29€ | 14,5%

● **2021** Rosa Spätburgunder
9,90€ | 12,5%

● **2015** Montfort Rotsekt Spätburgunder brut
16,90€ | 13,5%

● **2017** Montfort Pinot weiß Spätburgunder brut
13,40€ | 12,5%

● **2017** Montfort Rosésekt Spätburgunder brut
15,90€ | 12,5%

● **2017** Montfort Spätburgunder Rosé brut
13,40€ | 12,5%

● **2018** Einmalig Gewürztraminer brut
14,90€ | 13%

● **2018** Montfort Pinot weiß Spätburgunder brut
14,90€ | 13%

● **2018** Spätburgunder brut
15,90€ | 12,5%

● **2020** Rosenzeit Gewürztraminer brut
18,90€ | 12,5%

● **2021** Odernheimer Kloster Disibodenberg Riesling Eiswein
44€ | 7,5%

DÖNNHOFF

Hall of Fame

Bahnhofstraße 11
55585 Oberhausen an der Nahe
T +49 (0) 6755 263
www.doennhoff.com

Cornelius Dönnhoff
Verbände VDP, Fair'n Green
Rebfläche 28 ha
Produktion 180.000 Flaschen
Verkaufszeiten Mo–Fr 8.30–12 Uhr und 13.30–17 Uhr
Sa nach Vereinbarung

Profil online

„Die Lagen sprechen für sich. Man muss nur genau hinhören", lautet das Motto im Weingut Dönnhoff und zweifellos können sie das hier besonders gut: Im Ausnahmeweingut an der Nahe zaubern Helmut und seit 2007 sein Sohn Cornelius Dönnhoff beständig wie ein Schweizer Uhrwerk wahrlich große Rieslinge. Die zehn Großen Lagen gehören zu den besten der Region, die Niederhäuser Hermannshöhle machte Helmut Dönnhoff gar mit den elegant-vielschichtigen Rieslingen zu einem der bekanntesten Weinberge Deutschlands – und weit darüber hinaus. Die ersten Aufzeichnungen über die Familie Dönnhoff gab es 1761, Cornelius ist nun die 4. Generation als Reben-Flüsterer und führt auch die Tradition der edelsüßen Spitzengewächse in überragender Weise fort.

○ **2019** Kreuznacher Krötenpfuhl Riesling GG
36€ | 13%

○ **2019** Niederhäuser Hermannshöhle Riesling GG
55€ | 13%

○ **2019** Niederhäuser Klamm Riesling Kabinett
14,50€ | 9%

○ **2019** Norheimer Dellchen Riesling GG
50€ | 13%

○ **2019** Oberhäuser Brücke Riesling Spätlese
25€ | 8%

○ **2019** Roxheimer Höllenpfad Höllenpfad Riesling 1. Lage
19,50€ | 12,5%

○ **2019** Roxheimer Höllenpfad im Mühlenberg Riesling GG
44€ | 13%

○ **2019** Schloßböckelheimer Felsenberg Felsentürmchen Riesling GG
44€ | 13%

○ **2019** Tonschiefer Riesling
13,50€ | 12%

○ **2021** Dönnhoff S Chardonnay
23€ | 13%

○ **2021** Dönnhoff S Grauburgunder
23€ | 13%

○ **2021** Dönnhoff S Weißburgunder
23€ | 13%

○ **2021** Dönnhoff Tonschiefer Riesling
14,90€ | 12%

○ **2021** Höllenpfad im Mühlenberg Riesling GG
47€ | 13%

○ **2021** Kreuznacher Krötnepfuhl Riesling GG
36€ | 13%

○ **2021** Niederhäuser Hermannshöhle Riesling
32,50€ | 8,5%

○ **2021** Niederhäuser Hermannshöhle Riesling GG
58,50€ | 13%

○ **2021** Niederhäuser Klamm Riesling Kabinett feinherb
16€ | 9%

○ **2021** Norheimer Dellchen Riesling GG
54€ | 13%

○ **2021** Oberhäuser Brücke Monopol Riesling Spätlese
27,50€ | 8,5%

○ **2021** Oberhäuser Leistenberg Riesling Kabinett feinherb
16€ | 8,5%

○ **2021** Roxheimer Höllenpfad Riesling 1. Lage
22,50€ | 12,5%

○ **2021** Schloßböckelheimer Felsenberg Felsentürmchen Riesling GG
47€ | 13%

● **2019** Niederhäuser Hermannshöhle Riesling Auslese
25€ | 7,5%

trinkreif

● **2015** Dönnhoff Pinot brut
32€ | 11,5%

WEINGUT EMRICH-SCHÖNLEBER

Soonwaldstraße 10a
55569 Monzingen
T +49 (0) 6751 2733
www.emrich-schoenleber.de

Frank Schönleber
Verbände VDP
Rebfläche 20 ha
Produktion 140.000 Flaschen
Verkaufszeiten Mo–Fr 8–12 Uhr und 13.30–18 Uhr
Sa 9–12 Uhr und 13–16 Uhr

Profil online

Familie Schönleber hat drei Grundsätze, die über allem stehen: Schönleber-Wein und Trinkspaß gehören zusammen, der Wein ist ehrlich, authentisch und zeigt seine Herkunft. Und nur „gute" Weine sind ihnen zu wenig. Nach dieser Philosophie wird im Weinberg und im Keller gearbeitet, um den hohen Anspruch an sich selbst zu erfüllen. Auf rund 20 Hektar hat das Aushängeschild Riesling einen Anteil von über 85 Prozent, dazu kommen Grau- und Weißburgunder. Vor allem die Weine aus den Spitzenlagen Monzinger Halenberg und Frühlingsplätzchen sorgen immer wieder für Aufsehen. Fakt ist, dass das Familienweingut Rieslinge von außergewöhnlichem Format hervorbringt. Und zwar jedes Jahr aus Neue.

○ **2019** Frühlingsplätzchen Riesling GG
41€ | 12,5%

○ **2019** Halenberg Riesling GG
44€ | 13%

○ **2019** Mineral Riesling
14,50€ | 12,5%

○ **2019** Monzingen Monzinger Frühtau Riesling
17,50€ | 12,5%

○ **2019** Monzinger Niederberg 1G Riesling 1. Lage
26€ | 12,5%

○ **2021** Mineral Riesling
15,50€ | 12%

● Riesling brut
16,50€ | 12,5%

Nahe

WEINGUT FORSTER

Burg-Layer-Straße 20
55452 Rümmelsheim
T +49 (0) 6721 45123
www.weingutforster.de

Familie Forster
Georg & Johannes Forster
Johannes Forster
Verbände Ecovin
Rebfläche 23 ha
Produktion 70.000 Flaschen
Gründung 1938
Verkaufszeiten Do, Fr 14–18 Uhr
Sa 10–15 Uhr
und nach Vereinbarung

Profil online

Erdverbunden sind sie hier, „Erdenweine" heißt die Hauslinie im Weingut Forster. Schon seit 1994 wirtschaften Margit und Georg Forster nach Ecovin-Standard, verzichten sogar auf Schönungsmittel. Die Kelterhalle wird mit Grundwasser gekühlt, der Strom selbst erzeugt. Seit Sohn Johannes 2012 einstieg, wird modernisiert, jüngst erst die Vinothek. Passend zum Credo: klar, schnörkellos, puristisch.

○ **2019** Laubenheimer Vogelsang Bergsteiger Riesling
12,90€ | 13%

● **2020** Himmelsstürmer Spätburgunder
14,50€ | 13%

● **2021** Spätburgunder
9,50€ | 11,5%

WEINGUT GÖTTELMANN

Rheinstraße 77
55424 Münster-Sarmsheim
T +49 (0) 6721 43775
www.goettelmann-wein.de

Ruth Göttelmann-Blessing & Götz Blessing
Götz Blessing
Rebfläche 14 ha
Produktion 90.000 Flaschen
Gründung 1870
Verkaufszeiten nach Vereinbarung

Profil online

Wie ein grüner Kragen ziehen sich die Großen-Gewächs-Lagen rund um Münster-Sarmsheim an der unteren Nahe, seit 150 Jahren macht Familie Göttelmann hier Wein. Aktuell halten Ruth Göttelmann-Blessing und Götz Blessing 14 Hektar, auf denen zu 60 Prozent Riesling wächst. Kontrolliertes Nichtstun, lautet das Credo im Keller: Hier vergären spontane Hefen in Holzfässern absolut „unplugged" den Most, daneben entstehen frische Weißweine im temperaturgesteuerten Edelstahltank. In der rustikal-gemütlichen Weinstube gibt's Deftiges und Vegetarisches.

○ **2019** Münsterer Dautenpflänzer Riesling
9,80€ | 12,5%

○ **2021** Chardonnay
9,20€ | 13,5%

○ **2021** Dautenpflänzer Münsterer Riesling
11€ | 12,5%

○ **2021** Kapellenberg Le Mur Riesling
13,20€ | 12,5%

○ **2021** Kapellenberg Münsterer Riesling Spätlese
9,20€ | 7,5%

○ **2021** Pittersberg Münsterer Riesling
7,80€ | 11,5%

○ **2021** Rheinberg Riesling Spätlese
9,20€ | 7,5%

○ **2021** Roter Schiefer Riesling
9,20€ | 12%

○ **2021** Schwarzer Schiefer Riesling
8,80€ | 12%

● **2019** Rheinberg Riesling Auslese
18,50€ | 7,5%

● **2021** Kapellenberg Münsterer Riesling Auslese
18,90€ | 7,5%

JOHANNES HAAS

Aufsteiger

Naheweinstraße 147
55450 Langenlonsheim
T +49 (0) 6704 1243
www.weingut-haas.de

Thomas Haas
Julian Haas & Dirk Niedecken
Rebfläche 10 ha
Produktion 80.000 Flaschen
Gründung 1919
Verkaufszeiten nach Vereinbarung

Profil online

2019 feierte man im Weingut Haas 100-jähriges Bestehen, die 4. Generation ist mit Sohn Julian bereits im Weingut dabei. Die Weine sind seit 2021 vegan und richten sich nach der VDP-Pyramide mit Gutswein, Lagenwein und dem Spitzensortiment als „Black Label Julian Haas". Zum Sortiment gehören auch noch liebliche Rotweine. Zehn Hektar gehören zum Familiengut, 2018 übernahm man die Weinhandlung Burk.

○ **2021** Langenlonsheimer Chardonnay
7,50€ | 13%

○ **2021** Langenlonsheimer Grauer Burgunder Grauburgunder
7,50€ | 13%

○ **2021** Langenlonsheimer Königsschild vom Muschelkalk Riesling
8,90€ | 12,5%

○ **2021** Laubenheimer Krone Neuzeit Riesling
8,90€ | 13%

○ **2021** Riesling
6,50€ | 12,5%

○ **2021** Silvaner
5,90€ | 12%

HAHNMÜHLE

Aufsteiger

Alsenzstraße 25
67822 Mannweiler-Cölln
T +49 (0) 6362 9930 99
www.weingut-hahnmuehle.de

Familie Linxweiler
Johannes Linxweiler
Verbände Naturland
Rebfläche 15 ha
Produktion 90.000 Flaschen
Gründung 1820
Verkaufszeiten Mo–Fr 9–12.30 Uhr und 13.30–18 Uhr
Sa 9–15 Uhr

Profil online

Die Hahnmühle in Mannweiler-Cölln gehört zwar zum Weinanbaugebiet Nahe, doch eigentlich liegt sie im Tal der Alsenz. Seit 1986 führen Martina und Peter Linxweiler das Weingut in der historischen Getreidemühle, deren Geschichte bis ins Mittelalter reicht: Heute erzeugt sie den Strom für Haus und Gut. Linxweilers waren Pioniere des ökologischen Weinbaus, die 15 Hektar Weinberge aus Sand, Ton oder Porphyr werden nach Naturland-Kriterien bewirtschaftet. Seit 2016 wirkt Sohn Johannes im Keller. Und: Hier gibt es noch den „alten Satz" von Riesling und Traminer.

○ **2019** Ebernburger Schlossberg Riesling
22,50€ | 12,5%

○ **2021** Alsenzer Elkersberg Alisencia Riesling
14,50€ | 13%

○ **2021** Alsenzer Elkersberg Riesling
19,50€ | 13,5%

○ **2021** Alter Wingert Riesling
9,50€ | 13%

○ **2021** Blauer Silvaner
8,50€ | 13%

○ **2021** Urgestein Riesling
13€ | 12,5%

2018 Alsenzer Elkersberg Riesling Eiswein
54€ | 6%

2021 Alsenzer Elkersberg Riesling Eiswein
64€ | 6%

2021 Alsenzer Elkersberg Riesling Trockenbeerenauslese
184€ | 6%

2021 Oberndorfer Beutelstein Riesling Beerenauslese
118€ | 8%

GUT HERMANNSBERG

Ehemalige Weinbaudomäne
55585 Niederhausen
T +49 (0) 6758 92500
www.gut-hermannsberg.de

Jens Reidel & Dr. Christine Dinse
Jasper Reidel & Achim Kirchner & Karsten Peter
Karsten Peter
Verbände VDP
Rebfläche 30 ha
Produktion 150.000 Flaschen
Gründung 1902
Verkaufszeiten April–Okt.
Di–Fr 10–18 Uhr
Sa, So und Feiertag 12–18 Uhr
Nov.–April
Di–Fr 10–16 Uhr
Sa 12–16 Uhr

Profil online

Sieben Terroirs für Rieslinge der Spitzenklasse – das ist das Motto auf Gut Hermannsberg. Von der Gründung 1902 als Königlich-Preußische Domäne ist der Adler geblieben. Der damalige Auftrag ist weiter Programm: Weißweine von Weltrang erzeugen, Vorbild für die ganze Region sein. 1998 wurde das Gut privatisiert. 2009 übernahm die heutige Crew um Jens Reidel und Christine Dinse, seither heißt das Gut nach der Monopollage Hermannsberg. Die Rieslinge funkeln vor Brillianz und spiegeln die Mineralität der Nahe, Gästehaus und Restaurant bieten stilvollen Genuss.

2017 Hermannsberg Niederhausen Réserve Riesling GG
55€ | 13%

2017 Kupfergrube Schlossböckelheim Réserve Riesling GG
65€ | 12,5%

2018 Bastei Traisen Riesling GG
48€ | 12,5%

2018 Hermannsberg Niederhausen Riesling GG
42€ | 12,5%

2019 Bastei Traisen Riesling GG
50€ | 12,5%

2019 Felsenberg Schlossböckelheim Riesling GG
36€ | 13,5%

2019 Rotenberg Altenbamberg Riesling GG
28€ | 13%

2019 Steinberg Niederhausen Riesling GG
32€ | 13%

○ **2019** Vom Vulkan Riesling
16,50€ | 13%
○ **2020** Bastei Traisen Riesling
60€ | 12,5%
○ **2021** 7 Terroirs Riesling
12,90€ | 12,5%
○ **2021** Felsenberg Schlossböckelheim Riesling GG
45€ | 12,5%
○ **2021** Rotenberg Altenbamberg Riesling GG
29€ | 12,5%
○ **2021** Rotenberg Altenbamberg Riesling Kabinett
16,50€ | 9,5%
○ **2021** Steinberg Niederhausen Riesling GG
34€ | 12,5%
○ **2021** Steinberg Niederhausen Riesling Spätlese
19,90€ | 8%
○ **2021** Vom Schiefer Riesling
17,50€ | 12%
○ **2021** Vom Vulkan Riesling
17,50€ | 12,5%
● Blanc de Blancs Cuvée brut
16,90€ | 12%
● Riesling brut
16,90€ | 12%

trinkreif

○ **2015** Kupfergrube Schlossböckelheim Riesling GG
55€ | 12,5%
○ **2016** Hermannsberg Niederhausen Réserve Riesling GG
45€ | 12,5%
○ **2016** Kupfergrube Schlossböckelheim Réserve Riesling GG
55€ | 12,5%
○ **2017** Traiser Bastei Riesling GG
45€ | 12,5%
● **2014** Schlossböckelheimer Kupfergrube Riesling extra brut
79€ | 12%

GEBRÜDER KAUER

Bruchgasse 15
55452 Windesheim
T +49 (0) 6707 255
www.kauerwein.de

Markus & Christoph Kauer
Christoph Kauer
Rebfläche 11,5 ha
Produktion 90.000 Flaschen
Verkaufszeiten Do 17–19 Uhr
Sa 10–16 Uhr
und nach Vereinbarung

Profil online

Kauer-Wein ist an der Nahe Synonym für hochwertige und vor allem hoch spannende Burgunder und Rieslinge, die auch mal in Holzfässern geduldig reifen. Zu den zehn Hektar Weinbergen rund um das idyllische Windesheim an der unteren Nahe gehören auch Lagen wie der Römerberg oder der Schlossböckerheimer Felsenberg: Hier prägt Millionen Jahre altes Vulkangestein aus Melaphor oder Porphyr die Weine und das schmeckt man. Bis 1697 reicht die Familientradition zurück, seit 1992 führt Markus Kauer das Gut. Die Weine prägt seit dem Jahr 2000 sein Cousin Christoph.

○ **2018** Windesheimer Römerberg Réserve Riesling
50€ | 13,5%
○ **2019** Windesheimer Réserve Grauburgunder
20€ | 13,5%
○ **2021** Riesling
8,20€ | 12%
○ **2021** Schlossböckelheimer Felsenberg Riesling
18,50€ | 12,5%
○ **2021** Weißburgunder
8,20€ | 12,5%
○ **2021** Windesheimer Römerberg Riesling
18€ | 12,5%

Nahe

KORRELL JOHANNESHOF

Aufsteiger

Görzstraße 7
55545 Bad Kreuznach
T +49 (0) 6716 3630
www.korrell.com

Britta & Martin Korrell
Sonja Reinbold
Martin Korrell

Rebfläche 31 ha
Produktion 270.000 Flaschen
Gründung 1832
Verkaufszeiten Mo, Di, Do, Fr 10–12.30 Uhr und 13.30–17 Uhr
Sa 10–15 Uhr
und nach Vereinbarung

Profil online

Ein Schritt in die Zukunft – so sieht Martin Korrell seine Umstellung auf biologischen nachhaltigen Weinbau ab dem Jahrgang 2021. Er hat lange überlegt, denn die Latte hängt hoch, wenn ein Betrieb auf die Herstellung von Spitzenweinen für die deutsche Gastronomie spezialisiert ist und diese Qualitäten halten oder gar verbessern möchte. Aber die Entscheidung ist gefallen, auch wenn es eine Herausforderung ist, zumal es 31 Hektar zu bewirtschaften gilt. Der Fokus liegt ganz klar auf Riesling, allen voran aus der Kreuznacher Paradies-Lage.

○ **2019** Kreuznacher Paradies Riesling
25€ | 13%

○ **2019** Kreuznacher Paradies Riesling Auslese
12,50€ | 7,5%

○ **2019** Étape Riesling
69€ | 13%

○ **2021** Am Bosenberg Im Honigberg Riesling
44€ | 13%

○ **2021** Grauburgunder
9,90€ | 13%

○ **2021** Kreuznacher Paradies Riesling
28€ | 13%

○ **2021** Niederhäuser Klamm Riesling
44€ | 13%

○ **2021** Norheimer Dellchen Riesling
35€ | 13%

○ **2021** Norheimer Kirschheck Riesling
28€ | 13%

○ **2021** Riesling
9,90€ | 12%

○ **2021** Schloßböckelheimer Felsenberg Riesling
44€ | 13%

○ **2021** Weißburgunder
9,90€ | 13%

● **2019** Spätburgunder
11,90€ | 13%

● **2021** Little Lion Cuvée
8,90€ | 11,5%

● Cuvée brut nature
16€ | 12,5%

● Korrell Chardonnay brut nature
18€ | 12,5%

● **2019** Kreuznacher Paradies Riesling Beerenauslese
29€ | 6,5%

trinkreif

○ **2014** Kreuznacher Paradies Riesling
25€ | 13%

○ **2016** Étape XXI Riesling
48€ | 13%

○ **2017** Paradies & In den Felsen Etape XXII Riesling
55€ | 13%

○ **2017** Étape Riesling
52€ | 12,5%

● **2017** Kreuznacher Paradies Spätburgunder
25€ | 13%

WEINGUT KRUGER-RUMPF

Rheinstraße 47
55424 Münster-Sarmsheim
T +49 (0) 6721 43859
www.kruger-rumpf.com

Georg Rumpf
Verbände VDP, Generation Riesling
Rebfläche 40 ha
Produktion 300.000 Flaschen
Gründung 1708
Verkaufszeiten Mo–Sa 9–19 Uhr
So 16–20 Uhr

Profil online

Der Name Kruger-Rumpf ist seit Langem Garant für hochwertige Nahe-Weine. Am Unterlauf in Münster-Sarmsheim steht das VDP-Weingut auf historischem Boden: Seit 1708 besteht das Weingut, das Restaurant logiert im klassizistischen Gutshaus, den Weinberg am Rupertsberg gründete einst Hildegard von Bingen. Gewirtschaftet wird nicht nur ökologisch: Weinbergschafe und die Herstellung des eigenen Komposts sind Teile einer Kreislaufwirtschaft zugunsten nährstoffreicher Böden. Das schmeckt man in den charaktervollen, eleganten und saftigen Weinen von Georg Rumpf.

○ **2019** Binger Riesling
10,90€ | 12%

○ **2019** Bingerbrücker Abtei 1937(Versteigerungswein) Riesling Spätlese 1. Lage
62,12€ | 9,5%

○ **2019** Bingerbrücker Abtei 1937 Riesling 1. Lage
27€ | 12,5%

○ **2019** Burgberg Riesling GG
39€ | 12,5%

○ **2019** Im Pitterberg Riesling GG
37€ | 12,5%

○ **2019** Im Pitterberg Riesling Kabinett
13€ | 9,5%

○ **2021** Binger Scharlachberg Riesling GG
34€ | 12,5%

○ **2021** Dorsheimer Burgberg Riesling GG
41€ | 12,5%

○ **2021** Münsterer Dautenpflänzer Riesling GG
34€ | 12,5%

○ **2021** Münsterer Im Pitterberg Riesling GG
39€ | 12,5%

○ **2021** Schiefer Riesling
9,50€ | 12%

LINDENHOF

Lindenhof 1
55452 Windesheim
T +49 (0) 6707 330
www.weingutlindenhof.de

Verbände Ecovin
Rebfläche 10 ha
Produktion 70.000 Flaschen
Verkaufszeiten Mo–Fr 10–12 Uhr und
14–18 Uhr
Sa 10–16 Uhr
Weinproben nach Vereinbarung

Profil online

Windesheim an der Nahe ist Burgunder-Land, kein Wunder, dass hier Burgunder-Spezialist Martin Reimann zu Hause ist: Von seinem Lindenhof kommen faszinierende und charakterstarke Weißburgunder, die vielleicht zu den besten Deutschlands gehören. Die zehn Hektar Weinberge werden streng ökologisch bewirtschaftet. Der Aufsteiger des Jahres 2020 pflanzte schon in den 1990er-Jahren Chardonnay im Windesheimer Saukopf – inspiriert durch Aufenthalte in der Bourgogne. Der Most darf in „Slow Wine"-Modus lange reifen.

○ **2018** Sonnenmorgen Réserve Weißburgunder
24,50€ | 13,5%

○ **2019** Fels Réserve Riesling
21,50€ | 12,5%

○ **2020** Windesheimer Saukopf Chardonnay
34,50€ | 13,5%

○ **2020** Windesheimer Sonnenmorgen Weißburgunder
24,50€ | 13,5%

○ **2021** Eleven Riesling
9€ | 11%

○ **2021** Riesling
9€ | 12%

○ **2021** Riesling feinherb
9€ | 11%

○ **2021** Weißburgunder
9€ | 12%

○ **2021** Windesheimer Fels Riesling
24,50€ | 12,5%

● **2017** Windesheim Spätburgunder
15,50€ | 13,5%

● **2018** Windesheimer Rosenberg Spätburgunder
39€ | 13,5%

trinkreif

● **2017** Rosenberg Réserve Spätburgunder
34,50€ | 13,5%

WEINGUT MARX

Setzling 4–6 und Hauptstraße 7
55452 Windesheim
T +49 (0) 6707 316
www.weingutmarx.com

Rainer Marx
Rebfläche 10 ha
Produktion 80.000 Flaschen
Gründung 1691
Verkaufszeiten nach Vereinbarung

Profil online

Windesheim an der Nahe ist Burgunder-Hotspot, das gilt auch für das Weingut von Rainer Marx: Auf den 10,5 Hektar wachsen zu 60 Prozent Burgunder. Auch hier orientiert man sich an der VDP-Qualitätspyramide, ohne gleich Mitglied im Spitzenclub zu sein. Zur Grundlinie gehören fruchtige, animierende, jung zu trinkende Weine, die Lagen- und Premiumweine spiegeln die Vielfalt der Nahe-Böden von Sand über Schiefer bis Quarzit. Das Weingut Marx gibt es schon seit 1691, Tochter Victoria Krings ist seit Sommer 2022 Geschäftsführerin von Weinland Nahe.

○ **2019** Windesheimer Fels R Riesling
15€ | 13%

○ **2019** Windesheimer Römerberg R Grauburgunder
16€ | 13,5%

○ **2020** Windesheimer Fels R Riesling
16€ | 12%

○ **2020** Windesheimer Rosenberg R Weißburgunder
16€ | 13%

○ **2020** Windesheimer Römerberg R Grauburgunder
17€ | 13,5%

○ **2021** Grauburgunder
7,70€ | 12%

○ **2021** Riesling
7,70€ | 12%

○ **2021** Rosenberg S Weißburgunder
9,90€ | 13%

○ **2021** Scheurebe
7,90€ | 12%

○ **2021** Sonnenmorgen S Riesling
9,90€ | 12%

○ **2021** Spätburgunder
7,70€ | 11,5%

○ **2021** Weißburgunder
7,70€ | 12%

● **2017** Windesheimer Rosenberg R Spätburgunder
22€ | 14%

● **2018** Rosenberg S Spätburgunder
13,50€ | 13,5%

● **2018** Windesheimer Rosenberg R Spätburgunder
25€ | 14,5%

● **2021** Spätburgunder halbtrocken
7,70€ | 11,5%

● **2019** Pinot Spätburgunder brut
13,50€ | 12,5%

trinkreif

● **2016** Windesheimer Rosenberg R Pinot Noir
29€ | 13,5%

Nahe

WEINGUT MATHERN

Winzerstraße 5–7
55585 Niederhausen
T +49 (0) 6758 6714
www.weingut-mathern.de

Helmut Mathern Erbengemeinschaft
Henning Mathern
Verbände Naheweinrebellen
Rebfläche 12 ha
Produktion 60.000 Flaschen
Gründung 1906
Verkaufszeiten nach Vereinbarung

Profil online

Die Familie Mathern bewirtschaftet elf Hektar auf einigen der steilsten Lagen an der Nahe. Nach dem frühen Tod von Helmut Mathern hat Sohn Henning das Ruder übernommen – noch mitten im Weinbau-Studium. Quasi ein Sprung ins kalte Wasser, der gleich im ersten Jahr zu bemerkenswerten Weinen geführt hat. 70 Prozent Riesling, 10 Prozent Weißburgunder, dazu noch Cabernet Blanc, Spätburgunder, Dornfelder.

○ **2019** Norheimer Dellchen Riesling „GG"
13€ | 13%
○ **2021** Niederhäuser Hermannshöhle Riesling
16€ | 12,5%
○ **2021** Niederhäuser Rosenheck Riesling Kabinett 1. Lage
11€ | 8,5%
○ **2021** Riesling
7€ | 11,5%
○ **2021** Schlossböckelheimer Felsenberg Riesling
14€ | 13%
○ **2021** Vom Fels Riesling feinherb
8,90€ | 12%
● **2019** Norheimer Kirschheck Luisa Riesling Auslese
12€ | 8,8%

WEINGUT MEES

Aufsteiger

Hackenheimer Straße 21
55545 Bad Kreuznach
T +49 (0) 6717 3244
www.weingut-mees.de

Roland & Lukas Mees
Rebfläche 15 ha
Produktion 35.000 Flaschen
Gründung 1828
Verkaufszeiten Mo–Sa 10–19 Uhr

Profil online

Auch im Weingut Mees ist die nächste Generation schon mit am Start: Sohn Lukas machte 2020 seinen Winzermeister, seither gibt's hier fruchtig-elegante Sommerweine und unkomplizierte Grillweine. Zum Generationswechsel gab es gleich auch neue Weinserien wie „Unterwegs" oder „Daheim", die brandneuen Etiketten mit dem Familienvogel Meise gewannen prompt den German Design Award 2022.

○ **2021** Alte Reben Silvaner
7,90€ | 12,5%
○ **2021** Blanc De Blanc Weißburgunder
7,90€ | 12%
○ **2021** Riesling
7,90€ | 12%

WEINGUT MICHEL

Kreuznacher Straße 28–32
55566 Bad Sobernheim
T +49 (0) 6751 9913 99
www.michel-wein.com

Thomas & Peter Michel
Peter Michel
Rebfläche 34 ha
Produktion 350.000 Flaschen
Gründung 1685
Verkaufszeiten Mo–Fr 10–12 und 14–18 Uhr
Sa 9–12 Uhr
und nach Vereinbarung

Profil online

● **2021** Michel Rotling Cuvée feinherb
6,19€ | 11%

SASCHA MONTIGNY

Weidenpfad 46
55452 Laubenheim
T +49 (0) 6704 1468
www.montigny.de

Sascha Montigny
Frank Knoth
Rebfläche 8 ha
Produktion 55.000 Flaschen
Gründung 1960
Verkaufszeiten nach Vereinbarung

Profil online

● **2014** Pinot Noir brut
14€ | 13,5%

Nahe

JOH. BAPT. SCHÄFER

Burg Layen 8
55452 Rümmelsheim
T +49 (0) 6721 43552
www.jbs-wein.de

Sebastian Schäfer
Verbände VDP
Rebfläche 8 ha
Produktion 60.000 Flaschen
Verkaufszeiten nach Vereinbarung

Profil online

Das kleine Burg Layen bei Rümmelsheim an der Nahe ist die Heimat großer Weingüter – eines davon ist Joh. Bapt. Schäfer. Vater Johann Baptist übergab 2002 die Geschäfte an Sohn Sebastian, da war der gerade zum „Jungwinzer des Jahres" gekürt worden. Auf acht Hektar Rebflächen aus berühmten Lagen wie „Pittermännchen" und „Goldloch" macht Schäfer seither ausdrucksstarke Charakter-Rieslinge in kompromisslos guter Qualität – herausragend und preisgekrönt. Zum Portfolio des VDP-Betriebs gehören aber auch Scheurebe, Burgunder und edelsüße Riesling-Kathedralen.

○ **2019** Dorsheim Pittermännchen Riesling GG
33€ | 13%

○ **2021** Burg Layer Schlossberg Riesling 1. Lage
20€ | 12,5%

○ **2021** Dorsheim Goldloch Riesling GG
35€ | 12,5%

○ **2021** Dorsheim Pittermännchen Riesling GG
33€ | 12,5%

WEINGUT SCHAUSS

Römerstraße 12
55569 Monzingen
T +49 (0) 6751 2882
www.weingut-schauss.de

Elmar Schauß
Rebfläche 17,5 ha
Produktion 100.000 Flaschen
Gründung 1800
Verkaufszeiten Mo–Fr 8–19 Uhr
Sa 9–18 Uhr
und nach Vereinbarung

Profil online

○ **2021** Riesling
8,40€ | 12%

○ **2021** Weißburgunder
8,50€ | 13%

WEINGUT SCHILD

Aufsteiger

Klosterstraße 7
55595 Sankt Katharinen
T +49 (0) 6706 447
www.schild-weingut.de

Profil online

Johannes & Thomas Schild
Rebfläche 13 ha
Produktion 90.000 Flaschen
Verkaufszeiten nach Vereinbarung

Senior Kurt Schild traf 1960 die Entscheidung, den Mischbetrieb ganz auf Weinbau umzustellen. Heute bewirtschaften Sohn Thomas und Enkel Johannes 13 Hektar in Sankt Katharinen. Gewirtschaftet wird umweltschonend, gelesen wird überwiegend von Hand. Der Riesling gedeiht auf Porphyr und rotem Sandstein, experimentiert wird mit pilzwiderstandsfähigen Sorten wie Cabernet Cantor und Muscaris.

○ **2020** Muskaris
12,50€ | 14,2%

○ **2020** Riesling
8€ | 13,1%

○ **2021** Grauburgunder
6,40€ | 13,1%

○ **2021** Riesling Spätlese trocken
6,20€ | 11,4%

○ **2021** Sauvignon Blanc
6,80€ | 10,9%

○ **2021** Sauvignon Blanc
7€ | 12,8%

○ **2021** Scheurebe
6€ | 8,8%

● **2019** Spätburgunder
7,20€ | 13,7%

● **2019** Riesling brut
9,20€ | 12,5%

● **2019** Spätburgunder
9,50€ | 12,5%

WEINGUT SCHÖMEHL

Binger Straße 2
55452 Dorsheim
T +49 (0) 6721 45675
www.schoemehl.de

Hartmut Hahn & Elke Schömehl-Hahn
Hartmut Hahn & Andreas Birk
Verbände Generation Riesling
Rebfläche 15 ha
Produktion 90.000 Flaschen
Gründung 1957
Verkaufszeiten Mo–Sa 9–12 und 13–18 Uhr und nach Vereinbarung

Profil online

In dem kleinen Winzerdorf Dorsheim hat die Familie Schömehl rund 15 Hektar, die sie mit viel Handarbeit hegen und pflegen. Das Herzstück des Familienbetriebs sind zweifelsohne die Steillagen Pittermännchen, Goldloch und Burgberg. Hier wächst nur Riesling, der nach dem Ausbau mineralisch-fruchtig daherkommt und seine jeweilige Herkunft verkündet.

○ **2019** Dorsheimer Goldloch S Riesling
9,90€ | 13%

○ **2021** Dorsheimer Burgberg Riesling
8€ | 12,3%

○ **2021** Dorsheimer Pittermännchen Riesling halbtrocken
7,90€ | 12,1%

○ **2021** Laubenheimer Hörnchen S Grauburgunder Spätlese trocken
9,90€ | 13,4%

● **2021** Laubenheimer Karthäuser Riesling Auslese
11,80€ | 7,7%

● **2021** Laubenheimer Karthäuser Riesling Eiswein
25€ | 7,3%

Nahe

WEINGUT SINSS

Hauptstraße 18
55452 Windesheim
T +49 (0) 6707 253
www.sinss.de

Familie Sinß
Johannes & Markus Sinß
Johannes Sinß
Rebfläche 13 ha
Produktion 80.000 Flaschen
Gründung 1791
Verkaufszeiten Mo–Sa 9–17 Uhr und nach Vereinbarung

Profil online

Das Weingut Sinß im idyllischen Windesheim kann sich über 200 Jahre Weinbau auf die Fahnen schreiben. Auf 13 Hektar werden vor allem rote und weiße Burgunder-Sorten angebaut, aber auch der Riesling kann sich mit den Bodenstrukturen anfreunden. Die Familie hat eine Leidenschaft für filigrane und fruchtbetonte Weine, die auf den Lagen Römerberg, Rosenberg und Sonnenmorgen gedeihen. Nach drei Jahren Umstellung war der 2019er-Jahrgang der erste biozertifizierte.

2021 Riesling
7,80€ | 12%

2015 Rößler Grauburgunder brut
19€ | 12,5%

trinkreif

2015 Pinot Noir
35€ | 13,5%

SM SEKTMANUFAKTUR

Große Heide 2
55444 Waldlaubersheim
T +49 (0) 6707 9141 820
www.sm-sektmanufaktur.de

Kai Maschtschenko
Verbände Verband traditioneller Sektmacher
Rebfläche 6 ha
Produktion 9.000 Flaschen
Gründung 2015
Verkaufszeiten Mo–Fr 6.30–15 Uhr

Profil online

„SM“ steht nicht für Unsittliches, sondern für die einzige reine Sektmanufaktur an der Nahe. „Der Schreml und der Maschtschenko“ machen hier aus den traditionellen Sektrebsorten Riesling, Weißburgunder, Chardonnay, Spätburgunder und Schwarzriesling Sekt-Cuvées der Sonderklasse. Keine rebsortenreinen Sekte zumeist, sondern Produkte in der Tradition von Champagne und Franciacorta. Kai Maschtschenko lernte unter anderem bei Volker Raumland, seit zehn Jahren bildet er nun mit Weinanalytiker Matthias Schreml das SM-Team, auch Versektungen bieten die zwei an.

2015 Pinot Blanc brut
14€ | 12,5%

2016 Dosage Zero Cuvée Weißburgunder extra brut
15€ | 12,5%

2016 Grand Cuvée Réserve brut nature
35€ | 12,5%

2017 Chardonnay brut
17€ | 12,5%

2017 Dosage Zero Weißburgunder
15€ | 12,5%

2017 Riesling brut
9,50€ | 12,5%

2019 Pinot Blanc de Noir Spätburgunder brut
18€ | 12,5%

UDO WEBER

Soonwaldstraße 41
55569 Monzingen
T +49 (0) 6751 3278
www.weingut-udo-weber.de

Laura & Udo Weber
Laura Weber
Verbände Naheweinrebellen, Vinissima
Rebfläche 15 ha
Produktion 80.000 Flaschen
Gründung 1732
Verkaufszeiten Mo–Fr 8–12 und 13.30–18 Uhr
Sa 10–17

Profil online

Laura Weber war 2017 „Beste Jungwinzerin" und ein Jahr Nahe-Weinkönigin, doch eigentlich sieht sie sich als Weinbau-Rebellin: Mit der eigenen „Edition L" bringt sie Schwung ins elterliche Weingut, das Vater Udo seit Jahren mit bewährter Hand führt. Nun gibt es ein „Duo Surprise", im „Bienengärtchen" wächst der Rote Riesling: Die Zukunft verspricht Spannendes.

○ **2019** Monzinger Frühlingsplätzchen Auf der Ley Riesling „GG"
k. A. | 12,5%

○ **2019** Monzinger Frühlingsplätzchen Chardonnay
12,50€ | 13,5%

○ **2020** Monzinger Frühlingsplätzchen Auf der Ley Riesling „GG"
k. A. | 12,5%

○ **2020** Monzinger Halenberg Großer Genuss Riesling „GG"
k. A. | 13%

IN DEN ZEHN MORGEN

Aufsteiger

In den zehn Morgen 41
55559 Bretzenheim
T +49 (0) 6714 8313 040
www.indenzehnmorgen.de

Steffen J. Montigny
Stefan Schmidt
Verbände Partnerbetrieb Naturschutz
Rebfläche 15 ha
Produktion 40.000 Flaschen
Verkaufszeiten nach Vereinbarung

Profil online

Das erst 2013 gegründete Weingut steht auf historischen Wurzeln: Geschäftsführer Steffen Montigny wurden die seit mehr als 100 Jahren als Spitzenlagen bekannten Weinberge des ehemals bedeutenden Weinguts Ökonomierat August E. Anheuser zum Kauf angeboten. Montigny griff zu und ergänzte mit Chardonnay und Pinot Noir. Seither strebt man zu neuen Höhen, seit 2016 wird naturnah gewirtschaftet.

○ **2019** Aufm Schlossberg Riesling
40€ | 12,5%

○ **2019** Krötenpfuhl Riesling 1. Lage
20€ | 12,5%

● **2021** Pinot Noir
10,50€ | 11,5%

Nahe

PFALZ

PFALZ

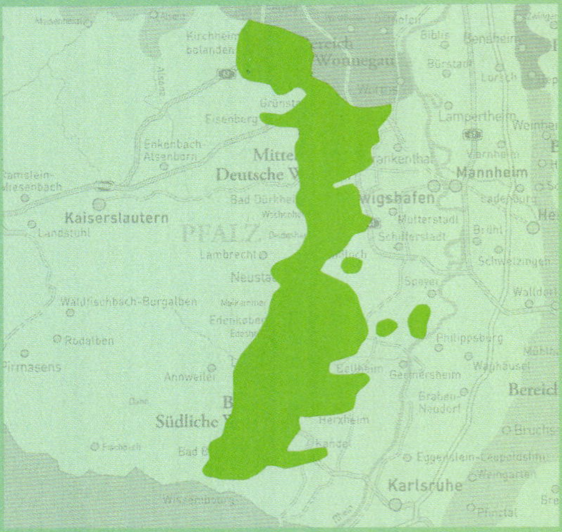

REBFLÄCHE
23.759 Hektar, zwei Bereiche, 25 Großlagen, 323 Einzellagen

REBSORTEN
Weißwein 67 % (Riesling 25,1 %, Grauburgunder 8,4 %, Müller-Thurgau 7,1 %, Weißburgunder 5,9 % Chardonnay 3,6 %), Rotwein 33 % (Dornfelder 11,3 %, Spätburgunder 7,2 %, Portugieser 4,8 %)

BÖDEN
Buntsandstein, kalkhaltige Lehm- und Tonböden, Mergel- und Keuperböden, Muschelkalk; Granit-, Porphyr- und Schiefertoninseln

WEINGENUSS ÜBER 85 KILOMETER

von ANKE KRONEMEYER

Herzstück der Pfalz ist die Deutsche Weinstraße, die im Jahr 1935 eröffnet wurde. Sie beginnt an der französischen Grenze und verbindet auf einer Länge von 85 Kilometern bis zum Haus der Deutschen Weinstraße in Bockenheim 144 Weinbaugemeinden. Mit ihren knapp 24.000 Hektar ist die Pfalz zweitgrößtes deutsches Weinanbaugebiet. Sie ist aufgeteilt in die Bereiche Mittelhardt-Deutsche Weinstraße und Südliche Weinstraße.

Wer in der Pfalz Weinberge sucht, tut dies vergebens. Die allerhöchste und dabei ganz seltene Neigung eines Weinbergs hat 20 Prozent, die meisten liegen unter zehn Prozent. Und trotzdem, auch ohne Höhenlagen, kommen hier wunderbare Tropfen in die Flasche. Allen voran der Riesling. Der „König der Weißweine", wie er auch genannt wird, ist in der Pfalz inzwischen unbestritten die Nummer eins mit mehr als 5.000 Hektar Anbaufläche. Doch auch die Weiß- und Grauburgunder werden immer häufiger in der Pfalz geerntet und abgefüllt. Daneben gehören unter anderem Silvaner, Müller-Thurgau, Scheurebe, Gewürztraminer, Kerner und Morio-Muskat zum Rebsorten-Spiegel. Aber auch Spätburgunder gedeiht in der Mittelhaardt oder an der Südlichen Weinstraße sehr gut und schiebt sich an den Dornfelder auf dem ersten Platz des Rebsortenspiegels heran. Der Pfälzer ist stolz auf seine Region, die aus frühen Jahren noch französisch geprägt ist. Dieser Einfluss aus dem Nachbarland spiegelt sich noch heute im Dialekt und im Weinbau wider: Bei den Pfälzer Winzern gibt es nicht nur eine große burgundische Kompetenz, in Wissembourg dürfen deutsche Winzer sogar auf der französischen Seite von Schweigen-Rechtenbach ihren Wein anbauen. Eine der Lagen dort heißt Schweigener Sonnenberg. Den Stolz auf seine Region zeigt der Pfälzer auch, wenn er über

FRANZÖSISCHER EINFLUSS WIRKT NOCH IMMER

RHEINPFALZ

die Geschichte seines Landes spricht. Über all die Ethnien, die sich im Laufe der Jahrhunderte wohl gefühlt haben, über Ludwig I., der sich mit der Ludwigshöhe verewigte, aber auch die Römer, die vor 2.000 Jahren den Weinbau kultivierten. Nicht nur der Dom von Speyer, sondern viele Schlösser und Burgen wie die Burg Landeck, die Hardenburg, Trifels und nicht zuletzt das Hambacher Schloss, das als Wiege der deutschen Demokratie gilt, geben Zeugnis über eine Region ab, die europäische und deutsche Geschichte geschrieben hat.

Urlaub genießen in der Pfalz

Genau diese Mixtur aus Landschaft, Kultur, guten Weinen, ebenso guten Speisen und dem milden mediterranen Klima ist es auch, die die Pfalz seit Jahrzehnten zu einem beliebten Ziel von Urlaubern macht. Fünf Millionen bleiben über Nacht, 70 Millionen gehören zu den Tagestouristen. Sie kommen, um zu radeln, zu wandern oder einfach nur, um Speis und Trank zu genießen. Fast an jedem Wochenende sind die Weingüter geöffnet, kann man dort verkosten und sich die ein oder andere Flasche für zu Hause mitnehmen.

Fast 1.900 Winzer sind im Weinbau aktiv, bauen zu 65 Prozent weißen, zu 35 Prozent roten Wein an. Elf Winzergenossenschaften sind registriert. Die beiden Anbaubereiche sind die Mittelhaardt-Deutsche Weinstraße (11.000 Hektar) vom Norden übers Zellertal bis nach Bad Dürkheim und Neustadt, die Südliche Weinstraße (12.700 Hektar) zieht sich über Edenkoben, Landau und Bergzabern bis nach Schweigen-Rechtenbach. Die Pfälzer Weine wachsen in rund 350 verschiedenen Lagen.

Der Pfälzer Wald ist das größte zusammenhängende Waldgebiet Deutschlands. Der Wald, der sich im Norden vom Donnersberg bis südlich zu den Vogesen zieht, ist Biosphärenreservat, in dem auf 10.000 Hektar sogar Wein wächst.

WEINGÜTER

439
WEINGUT ACHAM-MAGIN
Weinstraße 67
67147 Forst an der Weinstraße

440
MICHAEL ANDRES
Hauptstraße 33a
67152 Ruppertsberg

441
GEHEIMER RAT DR. VON BASSERMANN-JORDAN
Kirchgasse 10
67146 Deidesheim

442
EMIL BAUER & SÖHNE
Walsheimer Straße 18
76829 Landau in der Pfalz

443
WEINGUT FRIEDRICH BECKER
Hauptstraße 29
76889 Schweigen-Rechtenbach

444
GUT VON BEIDEN
Hauptstraße 25
67483 Kleinfischlingen

445
BIO-WEINGUT BENZINGER
Weinstraße Nord 24
67281 Kirchheim an der Weinstraße

446
WEINGUT BERGDOLT-REIF & NETT
Dudostraße 2
67435 Neustadt an der Weinstraße

447
WEINGUT BOHNENSTIEL
Weinstraße 77
67273 Herxheim am Berg

447
WEINGUT BORELL-DIEHL
Weinstraße 47
76835 Hainfeld

448
WEINGUT BÜHLER
Backhausgasse 2
67169 Kallstadt

449
DR. BÜRKLIN-WOLF
Weinstraße 65
67157 Wachenheim an der Weinstraße

450
WEINGUT REICHSRAT VON BUHL
Weinstraße 18–24
67146 Deidesheim

451
CARSTEN BUS
Bacchushof
76865 Insheim

451
WEINGUT CHRISTMANN
Peter-Koch-Straße 43
67435 Neustadt an der Weinstraße

452
WEINGUT DAMM
St. Martiner Straße 20
67480 Edenkoben

453
WEINGUT DARTING
Am Falltor 4
67098 Bad Dürkheim

WEINGÜTER
ÜBERSICHT A-Z

453
WEINGUT DENGLER-SEYLER
Weinstraße Süd 6
67487 Maikammer

454
ELLERMANN-SPIEGEL
Poststraße 3
67483 Kleinfischlingen

455
WEINGUT EYMANN
Ludwigstraße 35
67161 Gönnheim

455
WEINGUT FAUBEL
Marktstraße 86
67487 Maikammer

456
FORSTER WINZERVEREIN
Weinstraße 57
67147 Forst an der Weinstraße

456
WEINGUT GABEL
Weinstraße 45
67273 Herxheim am Berg

457
WEINGUT GALLER
Bissersheimer Straße 13
67281 Kirchheim an der Weinstraße

457
MATTHIAS GAUL
Weinstraße 10
67269 Grünstadt

458
GUT OBERCARLENBACH
Hauptstraße 23
67271 Kleinkarlbach

459
WEINHAUS FRANZ HAHN
Kirchstraße 17
76857 Albersweiler

459
WEINGUT HAHN-PAHLKE
Kirchgasse 1
67271 Battenberg

460
WEINGUT HAMMEL
Weinstraße Süd 4
67281 Kirchheim an der Weinstraße

461
WEINGUT HANEWALD-SCHWERDT
Pochelstraße 37
67098 Bad Dürkheim

462
WEINGUT HAUER
In den Kornwiesen 1
67098 Bad Dürkheim

462
HE WEINE
Rheinstraße 3
76829 Landau in der Pfalz

463
VILLA HOCHDÖRFFER
Lindenbergstraße 79
76829 Landau in der Pfalz

464
WEINGUT HOF
Klingbachstraße 29
76831 Heuchelheim-Klingen

464
STAATSWEINGUT MIT JOHANNITERGUT
Breitenweg 71
67435 Neustadt an der Weinstraße

465
WEINGUT JÜLG
Hauptstraße 1
76889 Schweigen-Rechtenbach

466
WEINGUT KERN
Hauptstraße 17
76833 Böchingen

466
ALOIS KIEFER
Mühlstraße 2
67487 Sankt Martin

467
JULIUS FERDINAND KIMICH
Weinstraße 54
67146 Deidesheim

467
WEINGUT KNIPSER
Hauptstraße 47–49
67229 Laumersheim

469
BERNHARD KOCH
Weinstraße 1
76835 Hainfeld

470
WEINGUT KRANZ
Mörzheimer Straße 2
76831 Ilbesheim bei Landau in der Pfalz

471
WEINGUT KREBS
Großkarlbacher Straße 10
67251 Freinsheim

472
PHILIPP KUHN
Großkarlbacher Straße 20
67229 Laumersheim

473
WEINGUT BERGDOLT KLOSTERGUT ST. LAMPRECHT
Dudostraße 17
67435 Neustadt an der Weinstraße

474
WEINGUT LEINER
Arzheimer Straße 14
76831 Ilbesheim bei Landau in der Pfalz

474
WEINGUT LIDY
Frankenburgstraße 6
76833 Frankweiler

475
LUCASHOF
Wiesenweg 1a
67147 Forst an der Weinstraße

475
MARGARETHENHOF
Wiesenweg 4
67147 Forst an der Weinstraße

476
WEINGUT MARTIN
Hauptstraße 16
76865 Insheim

476
WEINGUT MEIER
Hübühl 9
76835 Weyher in der Pfalz

477
HERBERT MESSMER
Gaisbergstraße 5
76835 Burrweiler

478
ULI METZGER
Langgasse 32–34
67269 Grünstadt

479
STEFAN MEYER
Edesheimerstraße 17
76835 Rhodt unter Rietburg

479
THEO MINGES
Bachstraße 11
76835 Flemlingen

480
WEINGUT MÖWES
Hübühl 10
76835 Weyher in der Pfalz

481
EUGEN MÜLLER
Weinstraße 34a
67147 Forst an der Weinstraße

WEINGÜTER
ÜBERSICHT A-Z

482
GEORG NAEGELE – SCHLOSSBERGKELLEREI
Schloßstraße 27–29
67434 Neustadt an der Weinstraße

482
WEINGUT NAUERTH-GNÄGY
Müllerstraße 5
76889 Schweigen-Rechtenbach

483
SASCHA NEHB
Im Auweg 44
67269 Grünstadt

483
NEUSPERGERHOF
Neuspergerhof 1
76865 Rohrbach

484
WEINGUT AM NIL
Neugasse 21
67169 Kallstadt

485
WEINGUT OBERHOFER
Am Linsenberg 1
67483 Edesheim

486
WEIN. GUT. PAN
Lindenbergstraße 36
76829 Landau in der Pfalz

486
HEINZ PFAFFMANN
Hauptstraße 19–25
76833 Walsheim

487
KARL PFAFFMANN
Allmendstraße 1
76833 Walsheim

488
WEINGUT PFEFFINGEN
Pfeffingen 2
67098 Bad Dürkheim

488
ÖKONOMIERAT REBHOLZ
Weinstraße 54
76833 Siebeldingen

489
WEINGUT RINCK
Klingbachstraße 11
76831 Heuchelheim-Klingen

490
WEINGUT FAMILIE SAUER
Aublickstr. 1
76829 Landau in der Pfalz

490
KARL SCHAEFER
Weinstraße Süd 30
67098 Bad Dürkheim

491
WEINGUT SCHENK-SIEBERT
Leininger Straße 16
67269 Grünstadt

492
EGON SCHMITT
Am Neuberg 6
67098 Bad Dürkheim

492
HEINRICH SCHÖNLAUB
Bergstraße 14
76889 Gleiszellen-Gleishorbach

493
WEINGUT SCHOLLER
Alte Kirchstraße 7
76831 Birkweiler

493
MICHAEL SCHROTH
Im Auweg 42
67269 Grünstadt

494
GERHARD SCHWARZTRAUBER
Lauterbachstraße 20
67435 Neustadt an der Weinstraße

495
WEINGUT SIEGRIST
Am Hasensprung 4
76829 Leinsweiler

496
HEINRICH SPINDLER
Weinstraße 46
67147 Forst an der Weinstraße

497
ERICH STACHEL
Bahnhofstraße 40
67487 Maikammer

497
JÜRGEN & ASTRID STENTZ
Mörzheimer Hauptstraße 47
76829 Landau in der Pfalz

498
WEINGUT STERN
Hauptstraße 199
76879 Hochstadt

499
WEINGUT STORTZ-NICOLAUS
Weinstraße 601
67434 Neustadt an der Weinstraße

499
WEINGUT STURM
Hauptstraße 6
76831 Ilbesheim bei Landau in der Pfalz

500
MICHAEL TRIEBEL
Weinstraße 6
67269 Grünstadt

500
VIERMORGEN
Hauptstraße 23
76889 Niederhorbach

501
WEINLAND WACHTENBURG
Weinstraße 2
67157 Wachenheim an der Weinstraße

502
WEINGUT WAGECK
Luitpoldstraße 1
67281 Bissersheim

503
KARL WEGNER
Am Neuberg 4
67098 Bad Dürkheim

504
WEINGUT DR. WEHRHEIM
Weinstraße 8
76831 Birkweiler

504
WEINBIET MANUFAKTUR
An der Eselshaut 57
67435 Neustadt an der Weinstraße

505
WEINGUT WICK
Zeller Hauptstraße 2
67308 Zellertal

506
WILHELMSHOF
Queichstraße 1
76833 Siebeldingen

506
WEINGUT WILKER
Hauptstraße 30
76889 Pleisweiler-Oberhofen

507
WEINGUT VON WINNING
Weinstraße 10
67146 Deidesheim

WEINGÜTER
ÜBERSICHT A-Z

508
FAMILIENSEKTGUT WINTERLING
Im Brühl 15
67150 Niederkirchen bei Deidesheim

508
WEINGUT WÖHRLE
Leininger Ring 64
67278 Bockenheim an der Weinstraße

509
WEINGUT ZELT
Binsenstraße 2
67229 Laumersheim

509
AUGUST ZIEGLER
Bahnhofstraße 5
67487 Maikammer

510
WEINGUT ZIMMERMANN
Grabenstraße 5
67157 Wachenheim an der Weinstraße

WEINGUT ACHAM-MAGIN

Weinstraße 67
67147 Forst an der Weinstraße
T +49 (0) 6326 315
www.acham-magin.de

Anna-Barbara Acham
Vinzenz Troesch
Moritz Grallath
Verbände VDP
Rebfläche 11 ha
Produktion 70.000 Flaschen
Verkaufszeiten Mo–Di 10–12 Uhr
Mi–Sa 10–12 Uhr und 15–18 Uhr
So und Feiertag 11–13 Uhr
und nach Vereinbarung

Profil online

Das Weingut Acham-Magin mit seiner 300-jährigen Weinbautradition bewirtschaftet rund elf Hektar in den besten Lagen der Pfalz, darunter Kirchenstück, Ungeheuer, Pechstein und Jesuitengarten. Dass der Riesling hier das Sagen hat, versteht sich von selbst, wenn die Parzellen zu 80 Prozent mit Riesling bestockt sind. Die restlichen 20 Prozent teilen sich Burgundersorten, Cabernet Blanc, Chardonnay, Dornfelder, Gewürztraminer, Merlot, Portugieser, Scheurebe und St. Laurent. Seit 2012 tragen die Weine das EU Bio-Siegel.

○ **2019** Deidesheimer Mäushöhle Riesling 1. Lage
12,50€ | 12,5%

○ **2019** Eruption Riesling
15,50€ | 12,5%

○ **2019** Forster Jesuitengarten Riesling
40€ | 12,5%

○ **2019** Forster Kirchenstück Riesling
45€ | 12,5%

○ **2019** Forster Musenhang Riesling 1. Lage
13,50€ | 12,5%

○ **2019** Forster Pechstein Riesling
40€ | 12,5%

○ **2019** Forster Ungeheuer Riesling
40€ | 12,5%

○ **2019** Ruppertsberger Reiterpfad Riesling 1. Lage
12,50€ | 12,5%

○ **2019** Ungeheere Riesling
13,50€ | 12%

○ **2021** Deidesheimer Herrgottsacker Riesling 1. Lage
14,50€ | 12,5%

○ **2021** Deidesheimer Kieselberg Riesling 1. Lage
14,50€ | 12,5%

○ **2021** Deidesheimer Mäushöhle Riesling 1. Lage
14,50€ | 12,5%

○ **2021** Forster Musenhang Riesling 1. Lage
14,50€ | 12,5%

○ **2021** Forster Riesling
11,50€ | 12,5%

○ **2021** Forster Stift Riesling 1. Lage
14,50€ | 12,5%

○ **2021** Purist Riesling
11€ | 12%

○ **2021** Riesling
9€ | 12%

○ **2021** Weißburgunder
9€ | 12%

trinkreif

○ **2015** Forster Jesuitengarten Riesling GG
40€ | 13%

Pfalz

MICHAEL ANDRES

Hauptstraße 33a
67152 Ruppertsberg
T +49 (0) 6326 8667
www.andres-wein.de

Michael Andres
Rebfläche 7 ha
Produktion 40.000 Flaschen
Gründung 1993
Verkaufszeiten Mo–Fr nach Vereinbarung
Sa 10–16 Uhr

Profil online

Winzer Michael Andres hat gerne alles im Blick. Deswegen hat er entschieden, dass sieben Hektar für ihn die perfekte Größe sind. Er genießt es, die Freiheit zu haben, nicht den Druck zu spüren, immer weiter wachsen zu müssen. Und weil er vieles aus tiefster Überzeugung macht, kam 2006 die Zertifizierung als Bio-Betrieb. Den größten Anteil auf seinen Parzellen nimmt Riesling ein, gefolgt von Spätburgunder. Andres hat zudem N-Weine im Angebot, die er auch „lebendige" Weine nennt. Dabei steht das N für N - atural, N - o filtration, N - o limits, N - ext Level.

2019 Chardonnay
18€ | 13%

2019 Deidesheimer Kieselberg Riesling
19,50€ | 12%

2019 Deidesheimer Leinhöhle Riesling
19,50€ | 12%

2019 N-Linie Chardonnay
16€ | 13%

2021 Cuvée
10€ | 12,5%

2021 Deidesheimer Kieselberg N-Linie Riesling
19,50€ | 13%

2021 Ferus Riesling
14,50€ | 12,7%

2021 Grauburgunder
9,50€ | 12,5%

2021 N-Linie Chardonnay
18€ | 13,1%

2021 N-Linie Grauburgunder
16€ | 12,9%

2021 Riesling
9,50€ | 12,5%

2021 Ruppertsberger Reiterpfad Hochseel N-Linie Riesling
22,50€ | 13%

2021 Sauvignon Blanc
11€ | 12,5%

2016 Elena Cuvée brut
19,50€ | 12,3%

2017 Louis Cuvée brut nature
19,50€ | 12,4%

GEHEIMER RAT DR. VON BASSERMANN-JORDAN

Kirchgasse 10
67146 Deidesheim
T +49 (0) 6326 6006
www.bassermann-jordan.de

Familie Niederberger
Ulrich Mell & Lucas Nägele
Dominik Leyrer
Verbände VDP
Rebfläche 49 ha
Produktion 350.000 Flaschen
Gründung 1718
Verkaufszeiten Mo–Fr 8–18 Uhr
Sa, So und Feiertag 10–15 Uhr

Profil online

Seit über 300 Jahren wird bei Bassermann-Jordan Wein gemacht. So exzellenter Wein, dass er in der Historie teurer als der beste Bordeaux war. Der Rebenflüsterer Ulrich Mell hat die hervorragenden Gewächse unter seiner langjährigen Ägide nochmals auf eine neue Stufe gehoben und verabschiedet sich nun mit einer überragenden Kollektion 2021. Das Bassermann'sche Eigengewächs Dominik Leyrer, der schon die letzten Jahr mit Mell eng zusammen gearbeitet hatte, übernimmt und wird diesen Leuchtturm des deutschen Weinbaus weiter befeuern. Die Weinberge in Forst, Deidesheim und Ruppertsberg umfassen 50 Hektar, darunter mehr als ein Drittel erstklassige Lagen wie Hohenmorgen, Kirchenstück und Jesuitengarten, allesamt nach den Regeln der Biodynamie bewirtschaftet.

○ **2018** 301 Riesling trocken
99€ | 13%

○ **2018** S Fumé Sauvignon Blanc
24,90€ | 13%

○ **2019** Deidesheim Riesling Kabinett
16€ | 9,5%

○ **2019** Deidesheimer Hohenmorgen Riesling GG
38€ | 13%

○ **2019** Deidesheimer Kalkofen Riesling GG
35€ | 12,5%

○ **2019** Deidesheimer Langenmorgen Weißburgunder GG
30€ | 12,5%

○ **2019** Deidesheimer Leinhöhle Riesling 1. Lage
19€ | 12,5%

○ **2019** Forster Jesuitengarten Riesling GG
45€ | 12,5%

○ **2019** Forster Kirchenstück Riesling GG
79€ | 13,5%

○ **2019** Forster Pechstein Riesling GG
42€ | 13%

○ **2019** Forster Ungeheuer Riesling GG
35€ | 13%

○ **2019** Forster Ziegler Riesling 1. Lage
22€ | 12,5%

○ **2019** Ruppertsberger Reiterpfad Riesling 1. Lage
18€ | 13%

○ **2019** S Chardonnay
19,50€ | 13%

○ **2019** S Fumé Sauvignon Blanc
24,90€ | 12,5%

○ **2019** S Gewürztraminer
19,50€ | 13%

○ **2021** Deidesheim Riesling
14,50€ | 12,5%

○ **2021** Forst Riesling
15€ | 11%

○ **2021** Hohenmorgen Riesling GG
40€ | 13%

○ **2021** Jesuitengarten Riesling GG
54€ | 12,5%

○ **2021** Kalkofen Riesling GG
38€ | 12,5%

○ **2021** Kirchenstück Riesling GG
94€ | 13%

○ **2021** Langenmorgen Weißburgunder GG
35€ | 13%

○ **2021** Leinhöhle Riesling 1. Lage
20€ | 12,5%

○ **2021** Pechstein Riesling GG
48€ | 12,5%

○ **2021** Riesling
11,90€ | 12%

○ **2021** Ungeheuer Riesling
40€ | 13%

○ **2021** Ziegler Riesling 1. Lage
24€ | 12,5%

● **2019** 302 Riesling trocken
99€ | 13%

● **2016** Pierre Chardonnay brut
22,50€ | 12%

● Margrit Pinot Noir brut
29,90€ | 12,5%

● Pierre Cuvée brut
22,50€ | 12,5%

● **2019** Deidesheimer Hohenmorgen Riesling Auslese
25€ | 7,5%

● **2019** Forster Ungeheuer Riesling Auslese
25€ | 8%

Pfalz

2019 S Orange Grauburgunder
19,50€ | 13,5%

trinkreif

2015 Riesling brut nature
25,90€ | 12,5%

2016 Margrit Pinot Noir brut
29,90€ | 11,5%

EMIL BAUER & SÖHNE

Walsheimer Straße 18
76829 Landau in der Pfalz
T +49 (0) 6341 61754
www.bauerwein.de

Alexander & Martin Bauer
Stefan Jung
Verbände Fair'n Green
Rebfläche 42 ha
Produktion 320.000 Flaschen
Verkaufszeiten Mo–Fr 9–12 Uhr und 14–18 Uhr
Sa 9–16 Uhr

Profil online

Da haben die Brüder Alexander und Martin Bauer mal eine Ansage gemacht. 42 Hektar haben sie – auf 20 davon haben sie mediterrane Rotweinsorten von Grenache und Mourvèdre bis Barbera gepflanzt. Da will keiner mal was ausprobieren, da wurden Weichen für Generationen gestellt. Im Familienbetrieb der Bauers wird mittlerweile in der fünften Generation Wein angebaut und weil man dort für Natur und Mensch Verantwortung übernehmen will, hat man sich Fair'n Green angeschlossen.

2019 Essinger Osterberg Sky & Sand Chardonnay
24,50€ | 13%

2019 Insomnia Sauvignon Blanc
24,50€ | 12,5%

2020 Birkweiler Mandelberg Redemption Riesling
24,50€ | 12,5%

2021 Birkweiler Mandelberg Sky & Sand Chardonnay
24,50€ | 13%

2021 Chardonnay
7,50€ | 13%

2021 Grauburgunder
7,50€ | 12,5%

2021 Sauvignon Blanc
7,90€ | 12%

2021 Walsheimer Silberberg Insomnia Sauvignon Blanc
24,50€ | 12%

2021 Weißburgunder
7,50€ | 12,5%

2016 Altor Cuvée
45€ | 13,5%

2016 Amator Cuvée
45€ | 13,5%

2016 Cultor Cuvée
45€ | 13,5%
2016 Servator Cuvée
45€ | 13,5%
2020 Halbstück Cuvée
8,90€ | 14%
2020 Meisterstück Cuvée
19,80€ | 14%
2021 Emilio Rosé
14,50€ | 12,5%
2021 Enjoy Cuvée
9,90€ | 12%

trinkreif

2015 Servator
45€ | 14%
2017 Altor Cuvée
45€ | 14%
2017 Amator Cuvée
45€ | 14%
2017 Cultor Cuvée
45€ | 14%
2017 Servator Cuvée
45€ | 14%

WEINGUT FRIEDRICH BECKER

Hauptstraße 29
76889 Schweigen-Rechtenbach
T +49 (0) 6342 290
www.friedrichbecker.de

Friedrich Becker
Friedrich Wilhelm Becker
Verbände VDP
Rebfläche 29 ha
Produktion 120.000 Flaschen
Gründung 1973
Verkaufszeiten Mo–Do nach Vereinbarung
Fr 14–16 Uhr
Sa 12–16 Uhr

Profil online

Drei Punkte bestimmen die Weingutsphilosophie von Friedrich Becker junior: „Erstens: Weinmachen ist und bleibt Bauchsache. Zweitens: Erfahrung ist eine gute Stütze. Drittens: Tradition schlägt jeden Trend." Gemeinsam mit seinem Vater, Friedrich Becker senior, einem der Gründer der „Fünf Winzer, fünf Freunde aus der Südpfalz" betreibt er heute das VDP-Weingut, das sich Mitte des 20. Jahrhunderts aus einem Gemischtbetrieb entwickelte. Im großen Rebsortenspektrum nehmen Spät-, Weiß- und Grauburgunder sowie Chardonnay rund 60 Prozent der Rebfläche ein.

2019 Kalkgestein Weißburgunder
16,80€ | 13%
2019 Kalkmergel Grauburgunder
17,50€ | 13%
2019 Mineral Chardonnay
44€ | 13,5%
2019 Réserve Grauburgunder
44€ | 13,5%
2019 Réserve Weißburgunder
44€ | 13,5%
2019 Schweigen Chardonnay
22€ | 13%
2019 Schweigen Weißburgunder
22€ | 13,5%
2020 Kalkgestein Weißburgunder
17,20€ | 13%
2020 Riesling
15€ | 12,5%
2020 Schweigen Chardonnay
24€ | 13,5%
2021 Kalkmergel Grauburgunder
17,90€ | 13%
2018 Herrenwingert Pinot Noir 1. Lage
38€ | 13,5%

● **2018** Heydenreich Pinot Noir GG
125€ | 13,5%
● **2018** KB Pinot Noir GG
65€ | 13,5%
● **2018** Sankt Paul Pinot Noir GG
58€ | 13,5%
● **2018** Schweigen Pinot Noir
22€ | 13,5%
● **2018** Spätburgunder
14,50€ | 13,5%
● **2018** Steinwingert Pinot Noir 1. Lage
38€ | 13,5%

trinkreif

○ **2016** Réserve Grauburgunder
42€ | 13,5%
○ **2017** Mineral Chardonnay
42€ | 13,5%
○ **2017** Réserve Weißburgunder
42€ | 13,5%
● **2010** Salomé Reserve brut
28€ | 12%

GUT VON BEIDEN

Hauptstraße 25
67483 Kleinfischlingen
T +49 (0) 6347 7008 96
www.gutvonbeiden.com

Jochen Laqué & Philipp Müller
Philipp Müller
Verbände Bioland, Piwi
Rebfläche 28 ha
Produktion 80.000 Flaschen
Gründung 2013
Verkaufszeiten Mo–Fr 8–12.30 Uhr und 13.30–17 Uhr
Sa 10–15 Uhr
und nach Vereinbarung

Profil online

Zwei Freunde, ein Weingut – macht zusammen: Gut von Beiden. Philipp Müller und Jochen Laqué sind die beiden Freunde, die das Weingut in Kleinfischlingen 2013 gegründet haben. Philipp ist Weinbauer, Jochen Betriebswirt. Auf ihren 28 Hektar wachsen hauptsächlich Burgundersorten. Seit 2018 arbeitet das Weingut komplett nach ökologischen Richtlinien.

○ **2018** Appenhofener Steingebiss Grauburgunder
9,50€ | 13,5%
○ **2021** Appenhofener Steingebiss Grauburgunder
9,70€ | 13,5%
○ **2021** Blanc de Noir Spätburgunder
6,70€ | 12%
○ **2021** Sauvignac
6,90€ | 12%
● **2017** Spätburgunder
8€ | 14%
● **2018** Appenhofener Steingebiss Pinot Noir
19,90€ | 13,5%

BIO-WEINGUT BENZINGER

Weinstraße Nord 24
67281 Kirchheim an der Weinstraße
T +49 (0) 6359 1339
www.weingut-benzinger.de

Volker Benzinger
Julia Benzinger
Verbände Ecovin
Rebfläche 9 ha
Produktion 60.000 Flaschen
Gründung 1787
Verkaufszeiten Mo–Fr 9–11 Uhr und 13–17 Uhr
Sa 11–17 Uhr

Profil online

Zwischen ihren Reben finden die Benzingers immer wieder Golfbälle. Das liegt daran, dass ein Teil der Weinberge in direkter Nähe zum Golfplatz liegt, was wiederum die Familie zum Golfen gebracht hat. Trotzdem findet man Volker Benzinger und seine Tochter Julia die meiste Zeit über im Feld oder im Keller, wo gradlinige und biologisch zertifizierte Weine entstehen. Julia Benzinger hat ihre Ausbildung in der Pfalz und in Rheinhessen (unter anderem bei Keller) absolviert. Bei den Weißweinen steht der Riesling im Mittelpunkt.

○ **2017** Bockenheimer Schloßberg Riesling „GG“
15,90€ | 12%

○ **2017** Kirchheimer Steinacker Riesling „GG“
16,10€ | 13%

○ **2018** Kirchheimer Steinacker Riesling
15,90€ | 12%

○ **2019** Kirchheimer Geißkopf Anna Katharina Weißburgunder
15,90€ | 14%

○ **2020** Kirchheimer Kreuz Anna Katharina Weißburgunder
16,70€ | 14%

○ **2021** Kirchheimer Geißkopf Uva Piccola Grauburgunder
19,50€ | 12%

○ **2021** Kirchheimer Steinacker Riesling
12,50€ | 12%

○ **2021** Kirchheimer Steinacker Von Zech Riesling „GG“ feinherb
15,90€ | 12,5%

○ **2021** Sauvignon Blanc
12,50€ | 12,5%

● **2018** Bockenheimer Schloßberg Pinot Noir
15,90€ | 13%

● **2021** Blanc de Noir Spätburgunder
8,10€ | 11,8%

● **2021** Pfalz Rosa in aller Munde Portugieser
6,50€ | 11,1%

● **2021** Pfalz Rose Merlot halbtrocken
8,10€ | 11,6%

Pfalz

WEINGUT BERGDOLT-REIF & NETT

Dudostraße 2
67435 Neustadt an der Weinstraße
T +49 (0) 6327 2803
www.nett-weine.de

Christian Nett
Rebfläche 32 ha
Produktion 350.000 Flaschen
Verkaufszeiten Mo–Fr 8–17 Uhr
Sa 9–16 Uhr

Profil online

Kiwis, Feigen, Mandeln und die Weinreben der Familie Nett. In Duttweiler, einem kleinen Ort zwischen Speyer und Neustadt an der Weinstraße, kümmern sich die Netts mittlerweile in fünfter Generation vornehmlich um Burgunder-Sorten. Die 32 Hektar werden dabei naturnah bewirtschaftet und den drei Spitzenweinen aus der Toplage Mandelberg (Spät-, Weiß- und Grauburgunder) sogar die Bewirtschaftung mit Pferdekraft gegönnt. Winzer Christian Nett ist zudem experimentierfreudig – er hat vor einigen Jahren Lagrein auf schwerem Lösslehmboden angepflanzt.

○ **2018** Avantgarde Becken Riesling
15€ | 12,3%

○ **2019** I Avantgarde Weißburgunder
15€ | 13,2%

○ **2021** I Avantgarde Grauburgunder
17€ | 13,2%

○ **2021** I Avantgarde Riesling
17€ | 12,4%

○ **2021** I Avantgarde Sauvignon Blanc
17€ | 12,3%

○ **2021** I Avantgarde Weißburgunder
17€ | 12,9%

○ **2021** Kirrweiler Mandelberg Aus dem Rebarrique Weißburgunder
35€ | 12,9%

● **2019** Aus dem Rebarrique Spätburgunder
35€ | 13,4%

● **2019** I Avantgarde Shiraz
19€ | 13,5%

● **2019** I Avantgarde Spätburgunder
19€ | 13,6%

● **2021** III Tradition Cabernet Franc
7,90€ | 12,4%

trinkreif

● **2017** Mandelberg Prestige Spätburgunder
40€ | 13,1%

WEINGUT BOHNENSTIEL

Weinstraße 77
67273 Herxheim am Berg
T +49 (0) 6353 91186
www.weingut-bohnenstiel.de

Martina & Edwin Bohnenstiel
Edwin & Maximilian Bohnenstiel
Rebfläche 16 ha
Verkaufszeiten Mo–Fr 10–18 Uhr
Sa 10–17 Uhr

Profil online

- ● **2018** Sommertal Pinot Noir
  14€ | 14,5%

WEINGUT BORELL-DIEHL

Weinstraße 47
76835 Hainfeld
T +49 (0) 6323 9805 30
www.borell-diehl.de

Thomas & Georg Diehl & Annette Borell-Diehl
Georg & Thomas Diehl
Rebfläche 32 ha
Produktion 265.000 Flaschen
Gründung 1619
Verkaufszeiten Mo–Fr 8–12 Uhr und
13–18 Uhr
Sa 9–17 Uhr

Profil online

Annette Borell-Diehl und Thomas Diehl führen das Weingut seit 1990 und haben seitdem die Rebfläche auf 32 Hektar vergrößert. Seit einiger Zeit steht im klassischen Familienweingut auch Sohn Georg an der Seite seines Vaters im Keller, wo sich beide gemeinsam vor allem um Burgundersorten und Riesling kümmern. Georg hat nach seiner Winzerausbildung unter anderem bei Wittmann und Van Volxem sowie in Neuseeland Erfahrungen sammeln können. Zu den besten Lagen der Borell-Diehls gehören Edesheimer Forst und Hainfelder Letten. Alle Weine werden vegan erzeugt.

- ○ **2019** Burrweiler Schloßgarten Réserve Weißburgunder
  13€ | 13,5%
- ○ **2019** Edesheimer Rosengarten Riesling
  9,50€ | 13%
- ○ **2019** Hainfelder Kirchenstück Chardonnay
  20€ | 13,5%
- ○ **2021** Edesheimer Rosengarten Kupperwolf Riesling
  10,70€ | 13%
- ○ **2021** Flemlinger Herrenbuckel Sauvignon Blanc
  18€ | 13,5%
- ○ **2021** Hainfelder Kirchenstück Chardonnay
  20€ | 13,5%
- ○ **2021** Muschelkalk Riesling
  7,40€ | 12,5%
- ○ **2021** Schiefer Riesling
  8,40€ | 13%
- ● **2018** Edesheimer Rosengarten Kupperwolf Spätburgunder
  14€ | 13,5%

● **2018** Flemlinger Herrenbuckel Kastanienberg Pinot Noir
25€ | 13,5%

● **2019** Flemlinger Herrenbuckel Kastanienberg Pinot Noir
25€ | 13,5%

● **2019** Flemlinger Herrenbuckel Réserve Pinot Noir
28€ | 13%

WEINGUT BÜHLER

Backhausgasse 2
67169 Kallstadt
T +49 (0) 6322 61261
www.buehler-pfalz.de

Familie Bühler
Jens Bühler
Rebfläche 18 ha
Produktion 80.000 Flaschen
Verkaufszeiten Mo–Fr 10–12 Uhr und 13–18 Uhr
Vinothek Landhaus
Sa 16–22 Uhr
Fr, So und Feiertag 12–22 Uhr

Profil online

Bei den Bühlers packt die ganze Familie mit an. Vertrieb, eigenes Restaurant, Weinbergsarbeit, Keller – alles bleibt in den Händen von Tochter, Sohn, Mutter und Vater. Bei den Weinen ist der Riesling im Kallstadter Saumagen die unangefochtene Nummer 1, die Bühlers haben aber auch Spaß an Süßweinen von Rieslaner und Gewürztraminer. Für den Ausbau der Weine ist Sohn Jens zuständig.

○ **2018** Kallstadter Saumagen Herzstück Riesling
14,50€ | 12%

● **2017** Merlot
9,90€ | 13,5%

● **2021** Saignée
7,60€ | 12%

DR. BÜRKLIN-WOLF

Weinstraße 65
67157 Wachenheim an der Weinstraße
T +49 (0) 6322 95330
www.buerklin-wolf.de

Bettina Bürklin-von Guradze
Steffen Brahner
Nicola Libelli
Verbände VDP, Biodyvin
Rebfläche 86 ha
Produktion 500.000 Flaschen
Gründung 1597
Verkaufszeiten Vinothek im Englischen Garten
(Ringstraße 4)
Di–Fr 14–18 Uhr
Sa, So und Feiertag 11–18 Uhr

Profil online

86 Hektar sind eine sehr stattliche Rebfläche. Und die werden im Weingut von Bettina Bürklin-von Guradze seit über 15 Jahren sogar biodynamisch bewirtschaftet. 1990 hat die Grande Dame des Pfälzer Rieslings das traditionsreiche Weingut übernommen und alles einmal auf links gekrempelt. Biodynamie ist hier ein absolut wichtiger Aspekt, um große Weine hervorzubringen, und so hat sich Bettina Bürklin-von Guradze mit Kellermeister Nicola Libelli auch für die Zukunft der Herausforderung verschrieben Spitzenrieslinge nur im Einklang mit der Natur zu erzeugen. Was nicht verwunderlich ist, weil das Weingut über eine ganze Reihe an Spitzenlagen verfügt, die man kaum alle aufzählen kann, darunter Jesuitengarten, Pechstein, Altenburg oder die Monopollagen Gaisböhl und Rechbächel.

○ **2016** Gaisböhl Riesling G. C. Monopol
65€ | 12,5%

○ **2017** Wachenheim R Riesling
23€ | 12%

○ **2018** Wachenheim Village R Riesling
24€ | 12%

○ **2019** Gaisböhl G. C. Monopol Riesling GG
55€ | 13%

○ **2019** Reiterpfad G. C. Riesling GG
70€ | 12,5%

○ **2019** Riesling
12,50€ | 12%

○ **2019** Wachenheim Riesling
18€ | 12,5%

○ **2019** Wachenheimer Altenburg P. C. Riesling 1. Lage
29€ | 12,5%

○ **2019** Wachenheimer Böhlig P. C. Riesling 1. Lage
29€ | 13,5%

○ **2021** Forst Village Riesling
25€ | 12,5%

○ **2021** G. C. Monopol Riesling GG
70€ | 12,5%

○ **2021** Riesling
13€ | 12%

○ **2021** Wachenheim Village Riesling
19€ | 12%

○ **2021** Wachenheimer Böhlig P. C. Riesling 1. Lage
33€ | 12,5%

○ **2021** Wachenheimer Gerümpel P. C. Riesling 1. Lage
33€ | 12,5%

● **2017** Cuvée Pinot & Chardonnay brut
21€ | 12,5%

● **2017** Riesling brut
18€ | 12%

trinkreif

○ **2017** Gaisböhl G. C. Monopol Riesling GG
55€ | 12,5%

○ **2017** Langenmorgen G. C. Riesling GG
70€ | 12,5%

○ **2017** Ungeheuer G. C. Riesling GG
75€ | 12,5%

WEINGUT REICHSRAT VON BUHL

Weinstraße 18–24
67146 Deidesheim
T +49 (0) 6326 96500
www.von-buhl.de

Familie Seeger
Peter Hüftlein-Seeger & Dennis Geller
Simone Frigerio
Verbände VDP
Rebfläche 56 ha
Produktion 500.000 Flaschen
Gründung 1849
Verkaufszeiten Mo–Fr 10–19 Uhr
Sa, So und Feiertag 10–19 Uhr

Profil online

Zum 100. Geburtstag von Queen Mum wurde eine 1989er Forster Ungeheuer Riesling Beerenauslese von Reichsrat von Buhl kredenzt. Da darf man schon mal „Chapeau!" sagen. Das traditionsreiche Haus hat sich 2021 unter der Leitung der Inhaberfamilie Hüftlein-Seeger und Geschäftsführer Dennis Geller mit Kellermeister Simone Frigerio neu aufgestellt. Letzterer ist also jetzt dafür verantwortlich, Spitzenweine aus den besten Lagen in Deidesheim und Forst zu kreieren. Wie gut, dass seine Lieblingsrebsorte Riesling ist. Seit 2009 ist das Weingut biozertifiziert.

○ **2017** Pechstein Forst Riesling GG
49€ | 12,5%

○ **2018** Pechstein Forst Riesling GG
49€ | 12,5%

○ **2018** Ungeheuer Forst Riesling GG
30€ | 13%

○ **2019** Forster Riesling
12,90€ | 12%

○ **2020** Deidesheimer Herrgottsacker Riesling 1. Lage
18€ | 12,5%

○ **2020** Deidesheimer Leinhöhle Riesling 1. Lage
18€ | 13%

○ **2020** Deidesheimer Paradiesgarten Riesling 1. Lage
21€ | 12%

○ **2020** Kieselberg Deidesheim Riesling GG
30€ | 13%

○ **2020** Kirchenstück Forst Riesling GG
109€ | 13%

○ **2020** Pechstein Forst Riesling GG
49€ | 12,5%

○ **2020** Reiterpfad Hofstück Ruppertsberg Riesling GG
39€ | 12,5%

○ **2020** Ungeheuer Forst Riesling GG
39€ | 12,5%

○ **2021** Forst Riesling
12,90€ | 12,5%

○ **2021** Von Buhl Riesling
9,90€ | 12,5%

● **2021** Von Buhl Bone Dry Spätburgunder
9,50€ | 12%

● **2014** Reichsrat von Buhl Prestige Spätburgunder brut
52€ | 12,5%

● Blanc de Blancs Prestige Weißburgunder brut
34€ | 12%

● Blanc de Noir Prestige Spätburgunder brut
34€ | 12%

● Von Buhl Blanc de Blancs Prestige Cuvée brut
34€ | 12%

trinkreif

○ **2013** Reiterpfad Ruppertsberg Riesling GG
39€ | 13,5%

○ **2017** Forster Jesuitengarten Riesling GG
49€ | 13%

○ **2017** Ruppertsberger Reiterpfad Hofstück Riesling GG
39€ | 12,5%

● **2015** Suez Vintage Riesling brut nature
29,90€ | 12,5%

CARSTEN BUS

Bacchushof
76865 Insheim
T +49 (0) 6341 83653
www.weingut-bus.de

Carsten Bus
Rebfläche 42 ha
Produktion 200.000 Flaschen
Verkaufszeiten Di–Fr 9–12 und 14–18 Uhr
Sa 9–12 Uhr

Profil online

Wer am Bacchushof seinen Sitz hat, kommt eigentlich nicht drumherum, auch Wein aus der gleichnamigen Rebsorte zu machen. Das macht Kellermeister Carsten Bus, der das Weingut in 7. Generation mit seiner Frau Sandra führt. Auf 42 Hektar wachsen aber u. a. auch Riesling, Burgundersorten, Merlot, Sauvignon oder Saint Laurent. Die Weinbautradition der Familie geht bis ins späte 16. Jahrhundert zurück.

○ **2019** Riesling
9,70€ | 13%
○ **2020** Kreuz Grauburgunder
9,70€ | 14%
○ **2020** Vom sandigen Lehm Chardonnay
10,70€ | 14%
○ **2021** Chardonnay
7,50€ | 12%
○ **2021** Kitzelgrund Riesling
9,70€ | 12%
○ **2021** Muskateller feinherb
7,50€ | 10%
○ **2021** Sauvignon Blanc
8€ | 12%
○ **2022** Riesling
6,20€ | 11%
● **2019** Merlot
22,50€ | 14,5%
● **2021** Cuvée Strandliebe Spätburgunder
8,50€ | 11%
● **2021** Merlot
8€ | 12%

WEINGUT CHRISTMANN

Aufsteiger

Peter-Koch-Straße 43
67435 Neustadt an der Weinstraße
T +49 (0) 6321 66039
www.weingut-christmann.de

Steffen & Sophie Christmann
Verbände VDP, respekt-BIODYN, Renaissance des Appellations, Generation Riesling
Rebfläche 21 ha
Produktion 120.000 Flaschen
Gründung 1798
Verkaufszeiten Di–Fr 8–12 und 13–18 Uhr
Sa 10–16 Uhr
und nach Vereinbarung

Profil online

In den besten Lagen an der Mittelhaardt stehen die Reben der Christmanns. Seit 1996 führt Steffen Christmann das Weingut in siebter Generation, 2018 stieg Tochter Sophie mit Ideen aus aller Welt mit ein. Das Portfolio umfasst die klassischen regionalen Rebsorten: 70 Prozent Riesling, 15 Prozent Spät- und zehn Prozent Weißburgunder. Seit 2004 hat sich das Weingut gänzlich dem ökologischen und dann dem biodynamischen Anbau verschrieben. Steffen Christmann ist seit 2007 Präsident des VDP und ein Vorreiter in Sachen Klassifikation. In seinem Weingut führte er 2022 die hochwertige Serie „Aus den Lagen" ein.

○ **2019** Königsbacher Idig Riesling GG
58€ | 12,5%
○ **2019** Riesling
11,60€ | 11,5%
○ **2021** Aus den Lagen Riesling
18€ | 12,5%
○ **2021** Idig Königsbach Riesling GG
65€ | 12,5%
○ **2021** Ruppertsberger Reiterpfad Riesling 1. Lage
35€ | 12,5%
○ **2021** Vogelsang Neustadt Riesling GG
63€ | 12,5%
● **2018** Gimmeldinger Pinot Noir
22,50€ | 12,5%
● **2018** Königsbacher Idig Pinot Noir GG
65€ | 12,5%
● **2020** Aus den Lagen Spätburgunder
26€ | 12,5%
● **2020** Idig Königsbach Spätburgunder GG
90€ | 12,5%

trinkreif

● **2017** Gimmeldinger Biengarten Spätburgunder 1. Lage
38€ | 12,5%

● **2017** Königsbacher Idig Spätburgunder GG
65€ | 12,5%

WEINGUT DAMM

Neu

St. Martiner Straße 20
67480 Edenkoben
T +49 (0) 6323 4129
www.damm-wein.de

Michael Damm
Rebfläche 8 ha
Gründung 1845
Verkaufszeiten Mi–Fr 10–18 Uhr
Sa 9–16 Uhr
Gutsausschank im Sommer

Profil online

Inhaber und Kellermeister Michael Damm setzt die Familientradition fort. Seit 1845 bewirtschaftet die Familie das Weingut in Edenkoben, das er vor rund fünf Jahren von seinen Eltern übernommen hat. Seitdem hat er weiter an der Biozertifizierung gearbeitet – 2020 konnte er dann einen Haken dahinter machen. Auf acht Hektar wächst neben Riesling und Burgundersorten auch ein herausragender Viognier.

○ **2019** Edenkobener Heilig Kreuz Grauburgunder
14,50€ | 13,5%

○ **2020** Maikammerer Kapellenberg Viognier
12,80€ | 13%

○ **2021** Diedesfelder Sauvignon Blanc
8,40€ | 12%

● **2019** Edenkobener Heilig Kreuz Saint Laurent
14,50€ | 13,5%

● **2021** Edenkobener Karfunkel Spätburgunder
7,90€ | 12,5%

WEINGUT DARTING

Am Falltor 4
67098 Bad Dürkheim
T +49 (0) 6322 9798 30
www.darting.de

Helmut Darting
Verbände Forum Pfalz
Rebfläche 25 ha
Produktion 180.000 Flaschen
Gründung 1780
Verkaufszeiten Mo–Fr 8–12 Uhr und
13–18 Uhr
Sa 8–16 Uhr

Profil online

○ **2021** Dürkheimer Fronhof Riesling Kabinett trocken
6,50€ | 11,5%

● **2018** Wachenheimer Mandelgarten Spätburgunder
8€ | 13,5%

WEINGUT DENGLER-SEYLER

Weinstraße Süd 6
67487 Maikammer
T +49 (0) 6321 5103
www.dengler-seyler.de

Eva & Matthias Seyler
Matthias Seyler
Rebfläche 18 ha
Produktion 120.000 Flaschen
Verkaufszeiten Mo–Fr 9-11.30 Uhr und
13–18 Uhr
Sa 9–17 Uhr
Di, So und Feiertag nach Vereinbarung

Profil online

Eva und Matthias Seyler bringen es für sich auf den Punkt: „Wir machen Wein. Mit Begeisterung, Leidenschaft und Hinwendung." Das biozertifizierte Weingut in Maikammer ist seit über 200 Jahren in Familienbesitz. Im Weinkeller aus der Barockzeit hat Matthias Seyler ein ruhiges Auge auf die reifenden Weißen und Roten, vornehmlich Burgundersorten und Rieslinge. Zweitere wachsen auf der besten Lage des Weinguts, dem „Maikammer Heiligenberg". Ein guter Grund, das Weinbergshäuschen „Sonnentempel" auf dem Heiligenberg als Wahrzeichen für die Etiketten zu nehmen.

○ **2019** Alsterweiler Kapellenberg Weißburgunder 1. Lage
13,50€ | 13,5%

○ **2019** Maikammer Am Heiligen Berg Riesling
19€ | 13%

○ **2019** Maikammer Chardonnay
11,50€ | 13%

○ **2019** Maikammer Im Obern Weinsper Riesling
19€ | 13%

○ **2019** Maikammer Schlangengässel Riesling
19€ | 13%

○ **2020** Maikammer Am Heiligen Berg 17–19 Riesling
69€ | 12,5%

○ **2021** Auxerrois
8,50€ | 11,5%

○ **2021** Grauburgunder
8,50€ | 12,5%

○ **2021** Maikammer Im Obern Weinsper Riesling
20,50€ | 12,5%

Pfalz

○ **2021** Maikammer Am Heiligen Berg Riesling
20,50€ | 12,5%

○ **2021** Maikammer Heiligenberg Riesling
15€ | 12,5%

○ **2021** Maikammer Schlangengässel Riesling
20,50€ | 12,5%

○ **2021** Muskateller
9€ | 12%

○ **2021** Riesling
8,50€ | 12%

○ **2021** Weißburgunder
8,50€ | 12,5%

● **2017** Maikammer Heiligenberg Spätburgunder
19,50€ | 13%

● **2017** Maikammer Heiligenberg Spätburgunder 1. Lage
19€ | 13,5%

● **2018** Maikammer Heiligenberg Spätburgunder
19,50€ | 12,5%

● **2021** Spätburgunder
8,50€ | 11,5%

ELLERMANN-SPIEGEL

Poststraße 3
67483 Kleinfischlingen
T +49 (0) 6347 8811
www.ellermann-spiegel.de

Frank & Mélanie Spiegel
Frank Spiegel
Verbände Confrérie de la Chaîne des Rôtisseurs
Rebfläche 40 ha
Produktion 450.000 Flaschen
Gründung 2009
Verkaufszeiten Mo–Fr 8–12.30 Uhr und 14–18 Uhr
Sa 10–16 Uhr

Profil online

„Dir muss ES schmecken!" So einfach der Slogan von Ellermann-Spiegel klingen mag, so einfach ist es dann am Ende meist auch, Namenswortspiel inklusive. Frank Spiegel und sein Team erzeugen seit Jahren Topweine, deren Spitze die Goldkapsel-Weine aus erstklassigen Lagen darstellen. Die mittlerweile 40 Hektar sind fast ausschließlich mit klassischen Sorten der Pfalz bepflanzt.

○ **2021** Goldkapsel Grauburgunder
9,90€ | 13,5%

○ **2021** Goldkapsel Sauvignon Blanc
10,50€ | 13%

● **2019** Anno XIX Goldkapsel Cuvée
15,50€ | 14,5%

● **2019** Goldkapsel Pinot Noir
15€ | 13,5%

WEINGUT EYMANN

Ludwigstraße 35
67161 Gönnheim
T +49 (0) 6322 2808
www.weinguteymann.de

Vincent Eymann
Sebastian Schumacher
Verbände Demeter, Naturland
Rebfläche 18 ha
Produktion 120.000 Flaschen
Verkaufszeiten Mo–Fr 8–12 Uhr und 13–19 Uhr
Sa 10–19 Uhr

Profil online

In den frühen 1980ern war es fast noch exotisch, ökologischen Weinbau zu betreiben. Vincent Eymann war es aber damals schon wichtig, seine Weinberge nach biologisch-dynamischen Prinzipien zu bewirtschaften. Seit über 15 Jahren sind die Eymanns jetzt Demeter-Mitglied. Mit Sohn Vincent ist vor ein paar Jahren die nächste Generation angetreten, um ausdrucksstarke Herkunftsweine zu erzeugen. Auf den 18 Hektar Rebfläche werden hauptsächlich Klassiker wie Riesling und Spätburgunder geerntet, um die sich dann Sebastian Schumacher im Keller kümmert.

2019 Fuchsmantel Riesling
32€ | 12,5%
2018 Sonnenberg Spätburgunder
32€ | 13%
Blanc de Noir Spätburgunder extra brut
16,90€ | 11,5%
Pinot Noir Rosé brut
16,90€ | 11,5%

trinkreif

2011 Vintage Cuvée brut nature
37€ | 12%

WEINGUT FAUBEL

Marktstraße 86
67487 Maikammer
T +49 (0) 6321 5048
www.faubel-maikammer.de

Gerd Faubel
Rebfläche 30 ha
Produktion 280.000 Flaschen
Gründung 1900
Verkaufszeiten Mo–Fr 10–18 Uhr
Sa 10–16 Uhr

Profil online

Die Geschichte des Familienweinguts Faubel reicht bis ins Jahr 1635 zurück. Diese Tradition möchte Inhaber und Kellermeister Gerd Faubel in vierter Generation unbedingt erhalten, weswegen modernste Kellertechniken und eine naturnahe Bewirtschaftung der Weinberge für ihn unverzichtbar sind. Auf den rund 30 Hektar werden ca. 70 Prozent Weißweine angebaut, darunter Grau- und Weißburgunder vom Maikammer Kapellenberg oder Rieslinge vom Maikammer Kirchenstück und Heiligenberg.

2018 Heiligenberg Réserve Riesling Spätlese trocken
12€ | 12%
2019 Haardter Herrenletten Riesling Spätlese trocken
12€ | 12,5%
2019 Maikammer Heiligenberg Kostbar Riesling Spätlese trocken
18€ | 13%
2019 Maikammer Kapellenberg Chardonnay Spätlese trocken
12€ | 13%
2019 Maikammer Kapellenberg Kostbar Weißburgunder Spätlese trocken
18€ | 13%
2021 Kostbar Riesling „GG"
20€ | 13%
2021 Kostbar Weißburgunder „GG"
20€ | 13%
2021 Maikammer Kirchenstück Riesling
13€ | 12,5%
2021 tagein.tagaus Weißburgunder
8,50€ | 12%
2018 Maikammer Kapellenberg Kostbar Pinot Noir Spätlese trocken
19€ | 14%
2019 Pinot Noir „GG"
20€ | 13,5%

FORSTER WINZERVEREIN

Aufsteiger

Weinstraße 57
67147 Forst an der Weinstraße
T +49 (0) 6326 306
www.forster-winzer.de

Michael Kiefer
Rebfläche 130 ha
Produktion 1.500.000 Flaschen
Gründung 1918
Verkaufszeiten Mo–Fr 8–18 Uhr
Sa 9–13 Uhr

Profil online

Historische Weinlagen wie Ungeheuer, Pechstein und Kirchenstück haben dafür gesorgt, dass die Pfalz heute einen internationalen Ruf hat. Die Mitglieder des Forster Winzervereins haben in diesen Top-Lagen einzelne Parzellen, die auf den insgesamt 130 Hektar zu 75 Prozent mit Riesling bestockt sind. Um den Wein kümmert sich seit rund 20 Jahren Kellermeister Michael Kiefer.

- **2019** Forster Musenhang Selektion Mossbacherhof Riesling Spätlese trocken
  9,50€ | 12,5%
- **2021** Forster Musenhang Riesling Kabinett trocken
  7,70€ | 11,5%
- **2021** Forster Musenhang Selektion Mossbacherhof Riesling Spätlese trocken
  9,30€ | 12%
- **2021** Forster Ungeheuer Riesling Kabinett trocken
  7,70€ | 12%
- **2021** Forster Ungeheuer Riesling Spätlese trocken
  8,95€ | 12,5%
- **2021** Forster Ungeheuer Selektion Mossbacherhof Riesling Spätlese trocken
  9,80€ | 12,5%
- **2021** Sauvignon Blanc
  6,90€ | 12%
- **2021** Scheurebe
  6€ | 10%
- **2020** Forster Stift Riesling Eiswein
  33€ | 9%

WEINGUT GABEL

Weinstraße 45
67273 Herxheim am Berg
T +49 (0) 6353 7462
www.weingut-gabel.de

Oliver & Wolfgang Gabel
Rebfläche 21 ha
Produktion 120.000 Flaschen
Verkaufszeiten Mo–Fr 13–17 Uhr
Sa 10–16 Uhr
und nach Vereinbarung

Profil online

- Blanc de Blancs Weißburgunder brut nature
  18,50€ | 12,5%
- Pinot Noir Rosé brut
  14,50€ | 12%

WEINGUT GALLER

Neu

Bissersheimer Straße 13
67281 Kirchheim an der Weinstraße
T +49 (0) 6359 9193 91
www.weingut-galler.de

Ansgar Galler
Verbände Bioland
Rebfläche 13 ha
Gründung 2009
Verkaufszeiten nach Vereinbarung

Profil online

2020 Friedrich Johanniter
14,90€ | 12,5%

2016 Feodora Sauvignac brut
23,90€ | 12,3%

MATTHIAS GAUL

Weinstraße 10
67269 Grünstadt
T +49 (0) 6359 3668
www.gaul-weine.de

Matthias Gaul
Matthias Gaul & Tobias Müller
Rebfläche 35 ha
Produktion 300.000 Flaschen
Gründung 1950
Verkaufszeiten Mo–Fr 8–12 Uhr und 13–18 Uhr
Sa 10–12 Uhr und 13–17 Uhr

Profil online

Wie befriedigend das sein muss: „Wir machen nur Weine, die uns auch selbst schmecken – zu denen wir voll und ganz stehen. Was wir tun, tun wir mit Leib und Seele. Und mit viel Gespür für die Sache", sagen Matthias Gaul und Tobias Müller, die 35 Hektar zu beackern haben. Halb Rot, halb Weiß. Matthias Gauls große Leidenschaft heißt Burgunder und die lässt ihn auch experimentieren. Er baut Burgunder auf bis zu 300 Höhenmetern an und kultiviert einen Teil der Pinot Noirs in Engpflanzung. Also ganz im burgundischen Stil.

2018 Le Grand Fumé Sauvignon Blanc
15€ | 13%

2019 Asselheim Chardonnay
18€ | 13%

2017 Steinrassel Pinot Noir
21,50€ | 13%

2018 Grand Jeté Réserve Cuvée
49€ | 14,5%

2018 Réserve Cabernet Franc
49€ | 14,5%

2019 Asselheimer St. Stephan Pinot Noir
39€ | 13%

2016 Pinot Noir brut nature
17,50€ | 11%

2017 Traditional Method Pinot Noir brut nature
17,50€ | 11%

trinkreif

○ **2016** Asselheimer St. Stephan Unfiltered Pinot Gris
35€ | 13%

○ **2017** Asselheimer St. Stephan Sauvignon Blanc
35€ | 12,5%

● **2015** Réserve Cabernet Franc
39€ | 14%

● **2012** Mademoiselle Anne, Zero Dosage Chardonnay brut nature
35€ | 12,5%

GUT OBERCARLENBACH

Neu

Hauptstraße 23
67271 Kleinkarlbach
T +49 (0) 176 2344 7014
www.obercarlenbach.de

Bernd & Annette Meckel
Bernd Meckel
Rebfläche 4 ha
Gründung 2016
Verkaufszeiten Mi 15–18 Uhr
Sa 10–17 Uhr
und nach Vereinbarung

Profil online

Da muss man dann halt zuschlagen! Als Bernd und Annette Meckel 2016 die Chance hatten, ein altes Weingut in Kleinkarlbach zu übernehmen, wurden Nägel mit Köpfen gemacht. „Die Zeit war reif", sagen die beiden Quereinsteiger. Auf knapp vier Hektar stehen vor allem St. Laurent, Riesling und Müller-Thurgau. Wein macht die Familie so, wie sie ihn gut findet – ohne Konventionen. 100 Prozent Handlese.

○ **2021** Gutsriesling
8,50€ | 12,5%

● **2017** Casimiro Cuvée
7,50€ | 13%

● **2021** Cuvée
8,50€ | 11,5%

WEINHAUS FRANZ HAHN

Kirchstraße 17
76857 Albersweiler
T +49 (0) 6345 3421
www.weinhaus-franzhahn.de

Martin Hochdörffer
Thomas Kautz
Produktion 300.000 Flaschen
Gründung 2016
Verkaufszeiten Mo–Fr 7.30–17 Uhr

Profil online

Mit Yvonne Fuchs-Hochdörffer und Martin Hochdörffer fand sich 2016 ein Winzerpaar, das das Weingut von Franz Hahn übernehmen wollte. Der Familienbetrieb aus den 1950ern konnte somit fortbestehen. In den Weinbergen sieht man sie selten, weil sie sich ganz auf ihre Stärke konzentrieren wollen: den Ausbau der Weine. Um den Rest kümmern sich Freunde und Familie. Ihre große Leidenschaft sind die Cuvées.

- ○ **2019** Chardonnay Spätlese trocken
  7,50€ | 12,5%
- ○ **2019** Riesling Spätlese trocken
  7,50€ | 11,7%
- ● **2018** Spätburgunder Spätlese trocken
  8,50€ | 13,5%
- ● Black Pearl Cuvée
  14€ | 11,5%

WEINGUT HAHN-PAHLKE

Kirchgasse 1
67271 Battenberg
T +49 (0) 6359 2118
www.weingut-hahnpahlke.de

Familie Pahlke
Verbände Bioland
Rebfläche 18 ha
Produktion 60.000 Flaschen
Gründung 1855
Verkaufszeiten Mo, Mi–Fr 9–12 Uhr und 13–18 Uhr
Sa 9–17 Uhr
Di und So nach Vereinbarung

Profil online

- ○ **2021** Pfalz Scheurebe
  7,20€ | 12,5%
- ○ **2021** Pfalz Weißburgunder
  7,20€ | 12,5%

WEINGUT HAMMEL

Weinstraße Süd 4
67281 Kirchheim an der Weinstraße
T +49 (0) 6359 86401
www.weinhammel.de

Christoph & Martin Hammel
Christoph Hammel
Rebfläche 42 ha
Produktion 400.000 Flaschen
Gründung 1723
Verkaufszeiten Mo–Fr 8–18.30 Uhr
Sa 9–18
So 13–16 Uhr

Profil online

Die Brüder Christoph und Martin Hammel betreiben das fast 300 Jahre alte Weingut in Kirchheim an der Weinstraße in der mittlerweile achten Generation. Auf 42 Hektar reifen mit rund 60 Prozent vor allem weiße Rebsorten, allen voran der Riesling und seit wenigen Jahren auch Grüner Veltliner. Christoph Hammel hat die Liebfraumilch wieder salonfähig gemacht und widmet ihr eine eigene Homepage. Zitat: „Selten hat mir etwas so sehr Spaß gemacht, als der LIEBFRAUMILCH ihre Ehre zurückzugeben."

○ **2020** Liebfraumilch Schwarze Madonna feinherb
13,50€ | 11,5%

○ **2020** Zwei Herzen Retter & Hammel Grüner Veltliner
23€ | 12,5%

○ **2021** Bissersheimer Goldberg Vom Goldberg Sauvignon Blanc
12,50€ | 13%

○ **2021** In the Mood for Müller Müller-Thurgau
8,95€ | 12,5%

○ **2021** Rock me Amadeus
9,50€ | 12%

○ **2021** Sausenheimer Klostergarten Aus dem Klostergarten Grauburgunder
12,50€ | 13%

○ **2021** Tag am Meer Sauvignon Blanc
9,50€ | 12,5%

○ **2021** Zwei Herzen Weegmüller & Hammel Scheurebe
8,50€ | 12,5%

● **2018** Kleinkarlbacher Herrenberg Spätburgunder
23€ | 14%

● **2018** Tonneau Sankt Laurent
12,50€ | 13,5%

● **2019** Kleinkarlbacher Herrenberg Spätburgunder
23€ | 13,5%

● **2019** Sankt Laurent
12,50€ | 13,5%

● **2019** Tonneau Portugieser
12,50€ | 13%

● **2021** Kleinkarlbacher Senn Von der Senn
12,50€ | 13%

● **2019** Grüner Veltliner brut
13,50€ | 11,5%

trinkreif

○ **2017** Doppelstück Grüner Veltliner
12,50€ | 12,5%

● **2016** Herrenberg Spätburgunder
25€ | 14%

● **2017** Herrenberg Spätburgunder
25€ | 14%

WEINGUT HANEWALD-SCHWERDT

Aufsteiger

Pochelstraße 37
67098 Bad Dürkheim
T +49 (0) 6322 63206
www.hanewald-schwerdt.de

Petra Schwerdt & Rudi Hanewald
Thomas Hanewald & Stephan Schwerdt
Verbände Forum Pfalz
Rebfläche 28 ha
Gründung 1955
Verkaufszeiten Mo–Fr 9–12 und 13.30–18 Uhr
Sa 10–17 Uhr

Profil online

Die zwei Cousins Thomas Hanewald und Stephan Schwerdt setzen vor allem auf die Klassiker Riesling und Spätburgunder, immer mit dem Ziel, die unterschiedlichen Einflüsse des Klimas und des Bodens ihrer Lagen bei Bad Dürkheim und Deidesheim aufzuzeigen. Dazu zählen Paradiesgarten, Reiterpfad und Leinhöhle. Neben ihren Weinen gehören auch zahlreiche Edelbrände zum Sortiment.

○ **2018** Ruppertsberger Reiterpfad Riesling
12,50€ | 13%

○ **2019** Dürkheimer Hochbenn Riesling
16,50€ | 13%

○ **2019** Leistadter Herzfeld Riesling
25€ | 13%

○ **2020** Burrweiler Schäwer Riesling
16€ | 12%

○ **2020** Leistadter Herrenmorgen Riesling
16€ | 13%

○ **2020** Ruppertsberger Reiterpfad Riesling
16€ | 12,5%

● **2015** Leistadter Kalkofen Spätburgunder
28€ | 13,5%

● **2015** Weisenheim am Berg Kalkriff Spätburgunder
14,90€ | 13,5%

● **2015** Zweihänder Cuvée
28€ | 14%

● **2016** Leistadt Kalkriff Spätburgunder
16,90€ | 13,5%

● **2018** Einhänder Cuvée
16,90€ | 14,5%

● **2018** Leistadter Herzfeld Spätburgunder
35€ | 13%

● **2019** Leistadter Herzfeld Spätburgunder
35€ | 13,5%

WEINGUT HAUER

In den Kornwiesen 1
67098 Bad Dürkheim
T +49 (0) 6322 63375
www.katharinenhof-hauer.de

Volker & André Hauer
Rebfläche 12 ha
Produktion 70.000 Flaschen
Gründung 1983
Verkaufszeiten Mo, Di und Sa 9–13 Uhr
Mi–Fr 9–12 Uhr und 13–17 Uhr
und zu den Öffnungszeiten des Gutsausschankes

Profil online

- **2020** Bad Dürkheimer Feuerberg Cabernet Sauvignon
  10,30€ | 13,5%

HE WEINE

Rheinstraße 3
76829 Landau in der Pfalz
T +49 (0) 170 7748 752
www.he-weine.de

Hans-Erich Dausch
Rebfläche 1 ha
Produktion 3.800 Flaschen
Gründung 1986
Verkaufszeiten nach Vereinbarung

Profil online

Vier Weine aus vier separaten familieneigenen Weinbergen. Das ist alles. Mag nach sehr wenig klingen, aber was Hans-Erich („HE") Dausch mit seinem Spätburgunder auf nur einem Hektar macht, hat ihm großen Respekt eingebracht. „Oberste Liga" hört man oft und immer wieder den Vergleich mit großen Burgundern. Nur durchschnittlich rund 3.800 Flaschen gibt es pro Jahr auf dem Markt. Bei HE, der übrigens Weinberater, Ex-Banker und Skilehrer ist, heißt 100 Prozent Pinot Noir selbstverständlich auch 100 Prozent Handarbeit.

- **2017** HE Pinot Noir
  98€ | 13,5%
- **2018** Eschbacher Hasen Pinot Noir
  78€ | 13,5%
- **2018** HE Pinot Noir
  98€ | 13,5%
- **2018** Herrschaft Pinot Noir
  58€ | 13,5%
- **2020** Eschbacher Hasen Pinot Noir
  89€ | 13%

● **2020** HE Pinot Noir
119€ | 13%
● **2020** Herrschaft Pinot Noir
69€ | 13%
● **2020** L'artiste Pinot Noir
249€ | 13%

trinkreif

● **2011** Eschbacher Hasen Pinot Noir
128€ | 13,5%

VILLA HOCHDÖRFFER

Aufsteiger

Lindenbergstraße 79
76829 Landau in der Pfalz
T +49 (0) 6341 6496 30
www.weingut-villa.de

Hans Martin Hochdörffer
David Hochdörffer
David Hochdörffer
Verbände Die Junge Pfalz, Generation Riesling, Vinissima
Rebfläche 45 ha
Produktion 150.000 Flaschen
Verkaufszeiten Mo–Fr 8–12 Uhr und 14–18 Uhr
Sa 8–12 Uhr
So nach Vereinbarung

Profil online

Bei den Hochdörffern begann alles mit vier Hektar Fläche, einem Weinkeller im Wohnhaus und einem alten Traktor. In der 7. Generation mit David Hochdörffer als Kellermeister sind es jetzt rund 45 Hektar, die es in der Südpfalz zu bewirtschaften gilt. 60 Prozent davon sind hauptsächlich mit Riesling und Grauburgunder bestockt, bei den Rotweinen gibt Spätburgunder den Ton an.

○ **2018** Birkweiler Kastanienbusch Riesling
12,50€ | 14,5%
○ **2019** Birkweiler Kastanienbusch Riesling
14,50€ | 13,5%
○ **2019** Godramsteiner Münzberg Chardonnay
15,50€ | 13,5%
○ **2020** Nußdorfer Kaiserberg Weißburgunder
14,50€ | 13%
○ **2021** Godramsteiner Münzberg Chardonnay
14€ | 12,5%
○ **2021** Kalkstein Riesling
8,30€ | 12%
● **2018** Nußdorfer Kaiserberg Spätburgunder
21€ | 15%
● **2019** Frankweiler Biengarten Syrah
21,50€ | 14,5%
● **2019** Nußdorfer Kaiserberg Spätburgunder
22€ | 13%
● **2019** Rotweincuvée Applaus, Applaus
20€ | 14%

WEINGUT HOF

Klingbachstraße 29
76831 Heuchelheim-Klingen
T +49 (0) 6349 1591
www.weingut-joachim-hof.de

Familie Hof
Philipp & Julian Hof
Verbände Die junge Pfalz
Rebfläche 22 ha
Produktion 55.000 Flaschen
Verkaufszeiten nach Vereinbarung

Profil online

Am Anfang waren da Schweine, Kühe, Getreide und Wein. Ein typischer landwirtschaftlicher Gemischtbetrieb, den die Vorfahren der Familie Hof betrieben haben, bis die Entscheidung fiel, nur noch Wein zu machen. Zu den gut 20 Hektar gehören auch Flächen der Spitzenlage Klingener Herrenpfad. Seit 2011 haben Philipp und Julian Hof im Weinberg und im Keller das Sagen.

2019 Herrenpfad Chardonnay
10,50€ | 13,5%

2021 Heuchelheimer Herrenpfad Weißburgunder
11,50€ | 13,5%

2021 Klingener Herrenpfad Grauburgunder
11,50€ | 13%

2019 Klingener Herrenpfad Cabernet Sauvignon
18€ | 13,5%

2019 Klingener Herrenpfad Merlot
14€ | 13,5%

2020 Klingener Herrenpfad Frühburgunder
12,50€ | 12,5%

2020 Klingener Herrenpfad Spätburgunder
12,50€ | 13%

2021 Pinot Madeleine
8,90€ | 12,7%

STAATSWEINGUT MIT JOHANNITERGUT

Breitenweg 71
67435 Neustadt an der Weinstraße
T +49 (0) 6321 6713 19
www.staatsweingut-johannitergut.de

Land Rheinland-Pfalz
Sascha Wolz
Sascha Wolz
Rebfläche 22 ha
Verkaufszeiten Mo–Do 9–13 Uhr und 14–17 Uhr
Fr 9–14.30 Uhr

Profil online

In dem 22 Hektar großen Weingut in der Mittelhaardt reichen sich Tradition und Moderne die Hände. Und von Tradition kann hier wirklich gesprochen werden. Seine Wurzeln reichen bis ins 8. Jahrhundert zurück und machen es zu einem der ältesten Weingüter der Pfalz, in dem facettenreiche, terroirgeprägte Weine entstehen: Klassiker, aber auch Orange Wine und Amphorenweine bis hin zum Pet-Nat-Schaumwein.

2018 Haardter Herrenletten Kalkmergel Riesling Spätlese trocken
12,50€ | 13%

2018 Haardter Herrenletten Kalkmergel Weißburgunder Spätlese trocken
12,50€ | 13%

2018 Riesling brut nature
14,50€ | 11,5%

2019 Pet Nat Riesling brut
14,50€ | 12%

WEINGUT JÜLG

Aufsteiger

Hauptstraße 1
76889 Schweigen-Rechtenbach
T +49 (0) 6342 9190 90
www.weingut-juelg.de

Werner & Johannes Jülg
Sören Söllner
Verbände VDP
Rebfläche 25 ha
Produktion 200.000 Flaschen
Verkaufszeiten Mo–Fr 9–12 Uhr und 13–17 Uhr
Sa 10–15 Uhr

Profil online

Der Familienbetrieb liegt direkt an der deutsch-französischen Grenze. Ein Umstand, der sie bei der Arbeit zu Grenzgängern macht, weil fast die Hälfte ihrer 25 Hektar Weinberge auf französischem Boden liegen. In Wissembourg im Elsass stehen hauptsächlich Burgundersorten, auf der deutschen Seite wachsen Riesling und Co. Gründer Oskar Jülg musste damals noch seinen Reisepass bei der Arbeit im Weinberg mit sich führen. Sein Enkel Johannnes, der vorher u. a. bei Clemens Busch und der Domaine de Lambrays im Burgund gearbeitet hat, hat im Keller das Sagen.

2018 Sonnenberg Chardonnay
17,50€ | 13,5%

2019 Opus-Oskar Chardonnay
48€ | 13,5%

2019 Opus-Oskar Sauvignon Blanc
48€ | 13,5%

2019 Sonnenberg Reitschul Weißburgunder
35€ | 13,5%

2019 Sonnenberg Weißburgunder
17,50€ | 13,5%

2020 Chardonnay Opus-Oskar
48€ | 13,5%

2021 Dörrenbacher Springberg Riesling 1. Lage
24€ | 12%

2021 Opus-Oskar Chardonnay
54€ | 12,5%

2021 Rechtenbacher Pfarrwingert Chardonnay 1. Lage
25€ | 12,5%

2021 Rechtenbacher Pfarrwingert Weißburgunder 1. Lage
25€ | 13%

2021 Schweigen Weißburgunder
15€ | 12,5%

2021 Sonnenberg Riesling GG
32€ | 12%

2021 Sonnenberg Weißburgunder GG
35€ | 12,5%

2021 Vom Kalk Weißburgunder
8,50€ | 12%

2018 Kammerberg Spätburgunder
38€ | 13%

2018 Opus-Oskar Pinot Noir
84€ | 13%

2018 Sonnenberg Kammerberg Pinot Noir
38€ | 13%

2018 Sonnenberg Pinot Noir
19€ | 13%

2018 Sonnenberg Wormberg Pinot Noir
29€ | 13%

2020 Kammerberg Spätburgunder GG
45€ | 13%

2020 Kostert Spätburgunder GG
40€ | 13%

2020 Schweigen Spätburgunder
18€ | 13%

2020 Wormberg Spätburgunder 1. Lage
29€ | 13,5%

2021 Cuvée
8,20€ | 12%

2018 Blanc de Noir Spätburgunder brut
11,90€ | 12%

trinkreif

2017 Kammerberg Spätburgunder
36€ | 13,5%

2015 Blanc de Noir Réserve Spätburgunder brut
28€ | 12,5%

2015 Pinot Réserve Spätgunder extra brut
28€ | 12,5%

2015 Réserve Cuvée extra brut
28€ | 12,5%

2015 Réserve Pinot Noir extra brut
28€ | 12,5%

Pfalz

WEINGUT KERN

Hauptstraße 17
76833 Böchingen
T +49 (0) 6341 63461
www.weingut-kern.com

Michael Kern
Verbände Demeter
Rebfläche 30 ha
Produktion 50.000 Flaschen
Verkaufszeiten Mo–Fr 10–12 Uhr und 14–18 Uhr
Sa 10–16 Uhr

Profil online

○ **2021** Böchinger Bischofskreuz Riesling
4,30€ | 11%

○ **2021** Böchinger Bischofskreuz Silvaner
4,30€ | 12,5%

ALOIS KIEFER

Mühlstraße 2
67487 Sankt Martin
T +49 (0) 6323 2099
www.aloiskiefer.de

Bernhard & Michael & Andreas & Philipp Kiefer
Philipp & Bernhard Kiefer
Verbände Forum Pfalz
Rebfläche 22 ha
Produktion 260.000 Flaschen
Verkaufszeiten Mo–Sa 9–12 Uhr und 13–17 Uhr

Profil online

Als Alois und Rita Kiefer den Familienbetrieb 1950 gegründet haben, hatten sie knapp drei Hektar Rebfläche. Inzwischen sind es 22, zumal vor einigen Jahren noch zwei historische Steillagen mühevoll rekultiviert wurden: am Guckuckberg und Kirchberg. Philipp Kiefer, der 2008 in den Betrieb eingestiegen ist und seine Ausbildung bei August Ziegler und Dr. Deinhard gemacht hat, ist im Keller für alles verantwortlich. Dort kümmert er sich vor allem um Riesling und Burgundersorten, aber auch um Gewürztraminer oder Cabernet Sauvignon.

○ **2018** Am Guckuckberg Fumé Ambrosia Sauvignon Blanc
19€ | 13,9%

○ **2021** Am Guckuckberg Riesling
22,90€ | 13%

● **2017** Baron Pinot Noir
19€ | 13,5%

● **2017** Réserve Merlot
24€ | 14%

● **2017** Weißburgunder brut
14,90€ | 12,5%

● **2018** Riesling extra brut
14,90€ | 12%

trinkreif

● **2009** Ambrosia Réserve Cabernet Sauvignon & Merlot
59€ | 14%

JULIUS FERDINAND KIMICH

Weinstraße 54
67146 Deidesheim
T +49 (0) 6326 342
www.weingut-kimich.de

Franz & Matthias Arnold
Matthias Arnold
Verbände Winechanges
Rebfläche 25 ha
Produktion 160.000 Flaschen
Gründung 1758
Verkaufszeiten Mo-Fr 8–12 und 13.30 bis 18 Uhr
Sa 9–12 und 13.30–18 Uhr
März–Nov.
So und Feiertag 10–13 Uhr

Profil online

Die Geschichte des Weinguts begann im Jahr 1758, als der Weinküfer Andreas Kimich aus dem Elsass nach Deidesheim kam und eine reiche Witwe heiratete. Sie hatte viele Weinberge, er das nötige Know-how und los ging's. Mit Matthias Arnold hat die nunmehr achte Generation die Geschicke im Keller und auch die Führung des Weinguts übernommen. Auf den 22 Hektar werden hauptsächlich Weißweine angebaut, vor allem Riesling, der rund 70 Prozent der Fläche einnimmt. Das Weingut befindet sich in der Umstellung auf ökologischen Weinbau.

○ **2019** Deidesheimer Kieselberg Riesling Spätlese trocken
13,30€ | 13%

○ **2019** Forster Pechstein Riesling Spätlese trocken
14,30€ | 13%

● **2021** Dornfelder und Cabernet Cubin
6,50€ | 12,8%

● **2021** Spätburgunder halbtrocken
9€ | 12,5%

WEINGUT KNIPSER

Hauptstraße 47–49
67229 Laumersheim
T +49 (0) 6238 742
www.weingut-knipser.de

Stephan & Volker & Werner Knipser
Stephan Knipser
Cathrine Daut
Verbände VDP
Rebfläche 80 ha
Produktion 500.000 Flaschen
Verkaufszeiten Mo–Fr 10–12 Uhr und 14–18 Uhr
Sa 10–16 Uhr

Profil online

In den 1980ern wurden Werner und Volker Knipser wahrscheinlich noch von vielen belächelt, als sie anfingen, den Anteil an Rotwein in ihrem Weingut zu erhöhen und vor allem auch auf klassische Bordeaux-Rebsorten wie Merlot, Cabernet Sauvignon und Cabernet Franc zu setzen. Schon lange dürften sie selbst lächeln, gilt die Familie Knipser doch als Barrique-Pionier in Deutschland, die durch ihren Rotwein und vor allem auch den Spätburgunder weltberühmt wurde. Auf den 80 Hektar Rebfläche mit Lagen wie Kirschgarten oder Mandelpfad gedeihen aber auch hervorragende Weißweine, wie Riesling, Burgunder oder Chardonnay. Früher wie heute halten es die Knipsers so: „Wir machen Weine und keine großen Worte."

○ **2017** *** Chardonnay
27€ | 13,3%

○ **2018** Marsannier ***
29€ | 14,4%

○ **2019** Dirmstein Mandelpfad Riesling GG
32€ | 12,9%

○ **2019** Grauburgunder
12,80€ | 13%

○ **2019** Laumersheim Steinbuckel Riesling GG
32€ | 13%

○ **2019** Sauvignon Blanc
9,80€ | 12%

○ **2020** Dirmstein Mandelpfad Riesling GG
35€ | 12,6%

○ **2020** Laumersheim Kirschgarten Weißburgunder GG
35€ | 14,2%

○ **2021** Kapellchen Riesling
10,40€ | 12,4%

○ **2021** Sauvignon Blanc
10,80€ | 12,2%

● **2017** Réserve Syrah
62€ | 13,9%

● **2018** Blauer Spätburgunder
11,80€ | 13,6%

● **2018** Cuvée X Cabernet Sauvignon
45€ | 14,8%

● **2018** Dirmstein Mandelpfad Spätburgunder GG
45€ | 13,2%

● **2018** Großkarlbach Im Großen Garten Spätburgunder GG
48€ | 13%

● **2018** Laumersheim Kirschgarten Spätburgunder GG
45€ | 13,2%

● **2021** Cabernet Sauvignon
10,80€ | 12,2%

trinkreif

○ **2009** **** Chardonnay Auslese trocken
39€ | 14%

○ **2009** Halbstück Réserve Riesling
35€ | 12,4%

○ **2015** **** Chardonnay
39€ | 14%

○ **2017** Marsannier *** Cuvée
27€ | 13,7%

● **2013** Burgweg Spätburgunder GG
39€ | 12,9%

● **2013** RdP Spätburgunder
98€ | 13,2%

● **2013** Réserve Spätburgunder
68€ | 14%

● **2014** RdP Spätburgunder
98€ | 13,2%

● **2014** Réserve Spätburgunder
68€ | 13,7%

● **2015** Cuvée XR Merlot
62€ | 13,9%

● **2015** Dirmstein Mandelpfad Spätburgunder GG
42€ | 14%

● **2015** Laumersheimer Kirschgarten Spätburgunder GG
42€ | 13,8%

● **2015** RdP Spätburgunder
98€ | 13,9%

● **2015** Réserve Syrah
62€ | 14,3%

● **2015** Syrah
40€ | 13,9%

● **2016** Laumersheim Kirschgarten Spätburgunder GG
37€ | 13,3%

BERNHARD KOCH

Weinstraße 1
76835 Hainfeld
T +49 (0) 6323 2728
www.weingut-bernhard-koch.de

Bernhard & Alexander & Konstantin Koch
Chie Sakata & Christopher Knorr
Verbände Forum Pfalz, Fair'n Green
Rebfläche 50 ha
Produktion 450.000 Flaschen
Verkaufszeiten Mo–Fr 10–12 Uhr und 13–18 Uhr
Sa 10–12 Uhr und 13–17 Uhr
So 12–16 Uhr

Profil online

Aus 5 mach 50! Vor einem Vierteljahrhundert stand das Weingut bei fünf Hektar, heute sind es 50. Das ist arbeitstechnisch schon ein anderes Kaliber, was alle Beteiligten aber nicht davon abhält, vor allem hochwertige Burgunder zu erzeugen. Und aus der Reihe „Geschichten, die das Leben schreibt": Die japanische Kellermeisterin Chie Sakata kam einst nach Deutschland, um die Sprache zu lernen, machte dann ein Praktikum im Weinbau, es folgten Winzerlehre und Weinbautechnik-Studium. Seit 2013 ist sie im Weingut und lässt ihre großartigen Weine sprechen, Chapeau!

○ **2018** Hainfelder Letten Réserve Du Fils Chardonnay
29€ | 12,5%

○ **2019** Hainfelder Letten Grande Réserve Chardonnay
29€ | 12,8%

○ **2019** Hainfelder Letten Réserve Chardonnay
16€ | 13,1%

○ **2019** Hainfelder Letten Réserve Riesling
13€ | 12,5%

○ **2020** Hainfelder Letten Grande Réserve Chardonnay
32€ | 13%

○ **2020** Hainfelder Letten Réserve Chardonnay
17,50€ | 13%

○ **2020** Hainfelder Letten Réserve du Fils Chardonnay
32€ | 13,5%

● **2018** Hainfelder Kirchenstück Pinot Noir
18€ | 13,5%

● **2018** Hainfelder Letten Alte Reben Pinot Noir
28€ | 13,6%

● **2018** Hainfelder Letten Alte Reben Réserve Pinot Noir
30€ | 13,5%

● **2018** Hainfelder Letten Grande Réserve BK Pinot Noir
55€ | 13,5%

● **2018** Hainfelder Letten Grande Réserve Pinot Noir
40€ | 13,5%

● **2018** Hainfelder Letten Réserve Pinot Noir
27,50€ | 13,5%

● **2018** Hainfelder Letten Grande Réserve Pinot Noir
45€ | 13,5%

● **2017** Pinot Meunier brut
9,20€ | 12,9%

● **2017** Weißburgunder extra brut
11€ | 12,5%

● **2018** Pinot Meunier brut
9,50€ | 12,5%

● **2019** Pinot Meunier brut
10,50€ | 12,5%

● Brut Réserve
15€ | 12,5%

● Réserve Weißburgunder brut
13,80€ | 12,5%

● Weißburgunder extra brut
11,30€ | 12%

trinkreif

● **2015** Hainfelder Letten Grande Réserve BK Pinot Noir
50€ | 13,5%

● **2017** Hainfelder Letten Alte Reben
Pinot Noir
28€ | 13,5%

● **2017** Hainfelder Letten Grande Réserve
Pinot Noir
40€ | 13,5%

● **2017** Hainfelder Letten Réserve
Pinot Noir
25€ | 13,5%

WEINGUT KRANZ

Mörzheimer Straße 2
76831 Ilbesheim bei Landau in der Pfalz
T +49 (0) 6341 9392 06
www.weingut-kranz.de

Boris Kranz
Boris Kranz
Boris Kranz
Verbände VDP
Rebfläche 24 ha
Produktion 120.000 Flaschen
Verkaufszeiten Mo–Mi 8–12 Uhr
Do–Fr 8–12 Uhr und 14–18 Uhr
Sa 9–16 Uhr

Profil online

Es war einmal ein typischer Mischbetrieb in der Pfalz ... Die Urgroßeltern und Großeltern von Boris Kranz haben sich nach dem Zweiten Weltkrieg aber auf Weinbau spezialisiert, zunächst als Fassweinbetrieb, ab den 1970er-Jahren wurde dann in Flaschen abgefüllt. Zu den besten Lagen des Weinguts gehört der Ilbesheimer Kalmit, die Einzellage, für deren Eintrag in die Lagenrolle die Familie Kranz jahrelang gekämpft hat. Die wichtigsten Rebsorten im Weingut sind Riesling, Weiß- und Spätburgunder.

○ **2019** Arzheim RF Chardonnay
18€ | 14%

○ **2019** Arzheimer Klingenwingert
Weißburgunder 1. Lage
18€ | 13,5%

○ **2019** Ilbesheimer Kalmit Riesling GG
30€ | 13,5%

○ **2019** Ilbesheimer Kalmit
Weißburgunder GG
30€ | 14%

○ **2019** Ilbesheimer Kirchberg Riesling GG
32€ | 13%

○ **2019** Ranschbach Rotliegend Riesling
13€ | 13%

○ **2021** Ilbesheimer Kalmit Riesling GG
35€ | 12%

○ **2021** Ilbesheimer Kalmit Weißburgunder
GG
35€ | 13%

● Blanc de Noirs Pinot Noir
brut nature
19,50€ | 13%

trinkreif

○ **2010** Kalmit Terrassenlage Riesling
28€ | 13%

● **2016** Kalmit Spätburgunder GG
32€ | 13,5%

● **2017** Ilbesheimer Kalmit Kalmit Spätburgunder GG
35€ | 13%

WEINGUT KREBS

Aufsteiger

Großkarlbacher Straße 10
67251 Freinsheim
T +49 (0) 6353 3149
www.weingut-krebs.eu

Harald & Jürgen Krebs
Jürgen Krebs
Verbände Generation Riesling, Vinissima
Rebfläche 20 ha
Produktion 120.000 Flaschen
Verkaufszeiten Mo–Fr 10–12 Uhr und 14–18 Uhr
Sa 10–16 Uhr
So und Feiertag nach Vereinbarung

Profil online

Mit gerade mal Anfang 20 hat Jürgen Krebs das Familienweingut 2008 mehr und mehr unter seine Fittiche genommen und einiges umgekrempelt. Waren es ganz zu Beginn zunächst überschaubare sieben Hektar, so ist die Fläche mittlerweile auf 20 angewachsen. Die Weinberge liegen unter anderem in den Einzellagen Schwarzes Kreuz, Musikantenbuckel, Himmelreich oder Herxheimer Honigsack. Jürgen Krebs legt bei seiner Arbeit den Fokus auf Riesling und Spätburgunder. Seit 2018 ist das Weingut biozertifiziert.

○ **2019** Herxheimer Himmelreich Riesling
24€ | 13%

○ **2021** Herxheimer Himmelreich Riesling
26€ | 13%

○ **2021** Herxheimer Kalkfels Riesling
12€ | 12,5%

● **2018** Herxheimer Himmelreich Spätburgunder
38€ | 13%

● **2019** Astacus Cuvée
16€ | 13,5%

● **2019** Freinsheimer Glimmer Spätburgunder
16€ | 13%

● **2019** Herxheimer Himmelreich Spätburgunder
46€ | 13,5%

● **2021** Krebs Spätburgunder
7,50€ | 11,5%

trinkreif

● **2017** Freinsheimer Musikantenbuckel Blaufränkisch
26€ | 13%

PHILIPP KUHN

Großkarlbacher Straße 20
67229 Laumersheim
T +49 (0) 6238 656
www.weingut-philipp-kuhn.de

Philipp Kuhn
Verbände VDP, Fair'n Green
Rebfläche 35 ha
Produktion 210.000 Flaschen
Verkaufszeiten Mo–Fr 10–12 Uhr und 13.30–17 Uhr
Sa 10–12 Uhr und 13.30–16 Uhr

Profil online

Wenn man als 16-jähriger eine Fläche geschenkt bekommt, die so groß ist wie drei Fußballfelder, überlegt man sich vielleicht, Trainer zu werden. Oder man legt den Grundstein für eine vielversprechende Zukunft in der Weinwelt. 2.500 Quadratmeter hat Philipp Kuhn von seinem Vater bekommen und die Rebsorte, die er darauf anpflanzte, war Pinot Noir. Mittlerweile bewirtschaftet er 35 Hektar; seine Weinberge sind halbe-halbe mit Rotwein und Weißwein bestockt. Wichtigste Rebsorten: Spätburgunder und Riesling.

○ **2019** Im großen Garten Riesling GG
32€ | 13%

○ **2019** Kirschgarten Riesling GG
36€ | 13%

○ **2019** Saumagen Riesling GG
36€ | 12,5%

○ **2019** Schwarzer Herrgott Riesling GG
36€ | 13%

○ **2019** Steinbuckel Riesling GG
32€ | 13%

● **2017** Spätburgunder
13,50€ | 13,5%

● **2018** Kirschgarten Pinot Noir GG
42€ | 14%

● **2018** Steinbuckel Pinot Noir GG
39,90€ | 13,5%

● **2016** Pinot Noir brut nature
20,90€ | 12%

trinkreif

● **2016** Laumersheimer Kirschgarten Spätburgunder GG
38€ | 13,5%

● **2016** Laumersheimer Steinbuckel Spätburgunder GG
38€ | 13,5%

● **2017** Luitmar Cuvée
26,80€ | 14%

● **2017** Steinbuckel Pinot Noir GG
39,90€ | 13,5%

● **2017** Kirschgarten Pinot Noir GG
42€ | 13,5%

WEINGUT BERGDOLT KLOSTERGUT ST. LAMPRECHT

Dudostraße 17
67435 Neustadt an der Weinstraße
T +49 (0) 6327 5027
www.weingut-bergdolt.de

Rainer Bergdolt
Rainer & Carolin Bergdolt
David Golitko
Verbände VDP
Rebfläche 29 ha
Produktion 150.000 Flaschen
Verkaufszeiten Mo–Fr 9–12 Uhr und 14–18 Uhr
Sa 10–16 Uhr

Profil online

Seit 1754 ist das ehemalige Klostergut im Besitz der Familie Bergdolt und wird mittlerweile in achter und neunter Generation von Rainer und Carolin Bergdolt geführt. Schon seit den 1990ern wird kontrolliert umweltschonend gearbeitet, heute ist das Weingut biozertifiziert. Die Leidenschaft der Bergdolts heißt Weißburgunder, aber auch Riesling und Spätburgunder haben ihren Platz. Ihre drei wichtigsten Rebsorten für Große Gewächse wachsen auf dem Kirrweiler Mandelberg, dem Ruppertsberger Reiterpfad und dem Duttweiler Kalkberg.

2018 Kirrweiler Mandelberg Weißburgunder GG
35€ | 13,5%

2019 Ruppertsberger Reiterpfad Riesling GG
32€ | 13%

2019 Tempus Chardonnay
18€ | 12,5%

2020 Kirrweiler Mandelberg Weißburgunder GG
35€ | 13%

2021 Buntsandstein Riesling
9,90€ | 12%

2021 Chardonnay
12€ | 12,5%

2021 Sauvignon Blanc
12€ | 12%

2021 St. Lamprecht Weißburgunder
9,90€ | 12,5%

2018 Duttweiler Kalkberg Spätburgunder GG
35€ | 13,5%

2015 Fluxus Chardonnay & Spätburgunder brut nature
40€ | 12,5%

2016 Weißburgunder extra brut
14,50€ | 12,1%

2017 Chardonnay brut nature
40€ | 12,5%

2017 Spätburgunder brut
16,90€ | 12,5%

trinkreif

2014 Chardonnay & Spätburgunder brut nature
31€ | 12,5%

2014 Fluxus Spätburgunder brut nature
45€ | 12,5%

Pfalz

WEINGUT LEINER

Arzheimer Straße 14
76831 Ilbesheim bei Landau in der Pfalz
T +49 (0) 6341 30621
www.weingut-leiner.de

Sven Leiner
Verbände Demeter, respekt-BIODYN
Rebfläche 16 ha
Produktion 120.000 Flaschen
Verkaufszeiten Mo–Fr nach Vereinbarung
Sa 9–16 Uhr

Profil online

Sven Leiner verfolgt seine Philosophie konsequent. Seit 2005 bewirtschaftet er den Familienbetrieb in der Südpfalz aus Überzeugung ökologisch. 2011 kam dann ohne Umstellungsphase die Demeter-Zertifizierung. Keine Schönungsmittel, Handlese und Weide als Pflanzenschutz, weil sie Salicylsäure enthält und dabei hilft, den Kupfereinsatz zu reduzieren. Im Weingut geht er mit seiner Haltung voran, hat sich aber mit Lukas Hammelmann einen Winzer mit Leib und Seele an seine Seite geholt. Der Fokus liegt auf Riesling und Burgunder.

○ **2018** Kalkbank Weißburgunder
20€ | 14%

○ **2019** Tonmassiv Chardonnay
20€ | 14%

○ **2019** Tonmassiv Chardonnay
20€ | 14%

● **2018** Kalkbank Pinot Noir
35€ | 13%

● **2018** Kalkbank Spätburgunder
35€ | 13%

● 17 18 19 Cuvée brut nature
25€ | 11,5%

WEINGUT LIDY

Frankenburgstraße 6
76833 Frankweiler
T +49 (0) 6345 3472
www.weingut-lidy.de

Bertram & Marcel Lidy
Nicolay Lidy
Rebfläche 22 ha
Produktion 180.000 Flaschen
Verkaufszeiten Mo–Fr 9–11.30 Uhr und 13.30–17 Uhr
Sa 9–15 Uhr

Profil online

Das Weingut Lidy liegt am Ortsrand von Frankweiler in der Südpfalz, wo die Familie 22 Hektar bewirtschaftet, die in erster Linie mit Riesling und Burgunder bestockt sind. Vor Kurzem wurde das Sortiment neu aufgestellt und ein vierstufiges Qualitätssystem eingeführt. Man sei sehr stolz auf das „Facelifting" der Weine, lässt die Familie verlauten. Das sieht so aus: als Bezeichnung Kupfer für die Einstiegsweine, Silber für die Gutsweine, Gold für die Orts- und Platin für die Lagenweine. Zum Weingut gehört auch eine Destillerie.

○ **2021** Frankweiler Kalkgrube Grauburgunder
14,90€ | 13,5%

○ **2021** Frankweiler Kalkgrube Riesling
14,90€ | 13%

○ **2021** Frankweiler Kalkgrube Weißburgunder
14,90€ | 13,5%

● **2018** Frankweiler Kalkgrube Spätburgunder
17,90€ | 13,5%

● **2019** Godramsteiner Münzberg Cuvée Platina Syrah
20,90€ | 14%

● **2020** Frankweiler Biengarten Spätburgunder
14,90€ | 13,5%

● **2020** Frankweiler Kalkgrube Spätburgunder
17,90€ | 13,5%

LUCASHOF

Aufsteiger

Wiesenweg 1a
67147 Forst an der Weinstraße
T +49 (0) 6326 336
www.lucashof.de

Klaus Lucas
Klaus & Philipp Lucas
Verbände Forum Pfalz
Rebfläche 25 ha
Produktion 200.000 Flaschen
Gründung 1962
Verkaufszeiten Mo–Fr 8–12 Uhr und 13–18 Uhr
Sa 9–16 Uhr
So 10–12 Uhr

Profil online

Sowohl im Keller als auch im Betrieb machen Vater und Sohn gemeinsame Sache. Bedächtig, naturnah und umweltschonend – mit dem Fokus, auf biodynamischen Anbau umzustellen. Das ist das Ziel von Klaus und Philipp Lucas. Sohn Philipp hat in Geisenheim studiert und seine Ausbildung bei Wittmann und Emrich-Schönleber gemacht. Der Großteil der Rebstöcke steht auf 25 Hektar in den Spitzenlagen von Forst, Wachenheim und Deidesheim, zu 90 Prozent Riesling.

○ **2019** Forster Musenhang Riesling 1. Lage
12€ | 12,5%
○ **2019** Forster Ungeheuer Riesling
22€ | 13%
○ **2019** Riesling
25€ | 13%
○ **2019** Riesling Forster Pechstein
25€ | 13%
● **2020** Riesling brut nature
16€ | 11%

MARGARETHENHOF

Aufsteiger

Wiesenweg 4
67147 Forst an der Weinstraße
T +49 (0) 6326 8302
www.margarethenhof-forst.de

Martin Lucas & Yvonne Libelli
Verbände Winechanges, Vinissima, Generation Riesling
Rebfläche 17 ha
Produktion 140.000 Flaschen
Verkaufszeiten Mo, Mi–Sa 9–12 Uhr und 14–18 Uhr
und nach Vereinbarung

Profil online

Sie haben viel vor, die Geschwister Yvonne Libelli und Martin Lucas. Nachdem sie die Führung im Weingut ihrer Eltern übernehmen durften, haben sie zum Beispiel entschieden: keine Großlagen mehr. Aussagekräftige Weine sind das Ziel. Ihr Herz schlägt für Riesling, beim Rotwein setzen sie auf Sankt Laurent und Spätburgunder, können sich aber vorstellen, das Sortiment noch etwas auszubauen.

○ **2018** Forster Jesuitengarten Riesling
22€ | 13,5%
○ **2019** Forster Jesuitengarten Riesling
22€ | 13%
○ **2019** Forster Pechstein Riesling
20€ | 14%
○ **2019** Forster Ungeheuer Riesling
17€ | 13%
○ **2020** Forster Jesuitengarten Riesling
28€ | 13%
○ **2020** Forster Pechstein Riesling
25€ | 13%
○ **2020** Forster Ungeheuer Riesling
20€ | 13%

WEINGUT MARTIN

Hauptstraße 16
76865 Insheim
T +49 (0) 6341 85385
www.weingutmartin.de

Karlfried & Sebastian Martin
Sebastian Martin
Verbände Bioland
Rebfläche 18 ha
Produktion 60.000 Flaschen
Gründung 1956
Verkaufszeiten Mi–Do 9–11 Uhr
Fr, Sa 9–16 Uhr
Sa 9–16 Uhr

Profil online

Als Sebastian Martin als Kellermeister so richtig im Familienbetrieb losgelegt hat, hat er konsequent einen neuen Weg eingeschlagen. Sein Grundsatz: „Gute Weine entstehen im Weinberg, mit der Natur und nicht gegen die Natur." Seitdem werden die Weine ökologisch erzeugt, Vater Karlfried sorgt für gesunde Trauben, Bioland-Winzer Sebastian macht den Rest. In erster Linie wird Riesling angebaut.

○ **2021** Cuvée Blue Riesling
8,50€ | 12,5%
○ **2021** Cuvée Green Muskateller
8,50€ | 13,5%
○ **2021** Grauburgunder
7,50€ | 13%
○ **2021** Riesling
7,50€ | 13%
○ **2021** Riesling halbtrocken
7,50€ | 13%
○ **2021** Silvaner
10€ | 12%
○ **2021** Weißburgunder
7,50€ | 13%
● **2019** Frühburgunder
10€ | 13%
● **2019** Merlot
7,50€ | 12,5%
● **2019** Spätburgunder
10€ | 12%
● **2019** Zweigelt halbtrocken
10€ | 12%
● **2021** Spätburgunder halbtrocken
7,50€ | 12%

WEINGUT MEIER

Hübühl 9
76835 Weyher in der Pfalz
T +49 (0) 6323 9885 99
www.wein-meier.de

Barabara Meier
Helmut & Georg Meier
Georg Meier
Verbände Forum Pfalz
Rebfläche 20 ha
Produktion 100.000 Flaschen
Gründung 1885
Verkaufszeiten Mo–Fr 14–19 Uhr
Sa 9–16 Uhr

Profil online

Es ist immer schön, wenn zwei sich finden. Bei Winzer Georg Meier heißt das übersetzt: „Sie lieben Riesling. Ich kann Riesling. Wir sollten uns kennenlernen". Seit 2005 ist er für die Weine im Gut seiner Eltern zuständig, das sich gerade in der Umstellungsphase auf ökologischen Weinbau befindet. Dem Winzer ist dabei ein eindeutiger Stil wichtig: Die Rieslinge sollen vor allem filigran sein. Auf den 20 Hektar Rebfläche wachsen vorwiegend die klassischen Rebsorten der Pfalz, überwiegend jüngere Anlagen, mit denen man sich für die Zukunft aufgestellt hat.

○ **2017** Steinwerk Riesling
18,90€ | 13%
○ **2018** 2G Riesling
19,90€ | 13%
○ **2018** Burrweiler Altenforst Riesling
23€ | 13%
○ **2018** Weyher Michelsberg 2 G Riesling
21€ | 13%
○ **2019** Hainfelder Letten Weißburgunder
24€ | 13,5%
○ **2019** Weyher Michelsberg Riesling
18€ | 13%
○ **2020** Weyher Michelsberg Riesling
19€ | 13,5%
○ **2021** vom Buntsandstein Riesling
7,50€ | 12,5%
○ **2021** vom Löss Grüner Veltliner
8,20€ | 12,5%
○ **2021** vom Lösslehm Grauburgunder
7,20€ | 13%

● **2015** Hainfeld Réserve Cabernet Sauvignon
22€ | 14%

● **2017** Weyher Michelsberg St. Laurent
24€ | 14%

● **2019** Hainfeld Letten Spätburgunder
34€ | 13,5%

● **2020** Schiefer Riesling
24€ | 11,5%

trinkreif

● **2015** Hainfelder Letten Spätburgunder
33€ | 13,5%

HERBERT MESSMER

Gaisbergstraße 5
76835 Burrweiler
T +49 (0) 6345 2770
www.weingut-messmer.de

Martin Meßmer
Jonas Bosch
Jonas Bosch & Bernd Henninger
Verbände VDP
Rebfläche 28 ha
Produktion 160.000 Flaschen
Gründung 1960
Verkaufszeiten Mo–Fr 8.30–12 Uhr und 13–17 Uhr
Vinothek
(Weinstraße 6)
Mi–So 13–19 Uhr

Profil online

Zugegeben: Das Gründungsjahr des Weinguts Meßmer hatte es in sich. Die „Beatles" in Hamburg, Hitchcocks „Psycho" in den Kinos und John F. Kennedy auf dem Weg zur Präsidentschaft. 1960 war das. Bis dahin hatten die Gebäude in Burrweiler schon über 250 Jahre Weingeschichte auf dem Buckel. Die Familie baut mit über 80 Prozent überwiegend Weiß an, Riesling und Burgundersorten dominieren.

○ **2021** Burrweiler Schiefer Riesling
18,50€ | 12%

○ **2021** Hainfeld Granit Riesling
13,60€ | 12%

○ **2021** Muschelkalk Grauburgunder
9,30€ | 12,5%

● **2020** Hainfeld Buntsandstein Spätburgunder
13,60€ | 12%

● **2021** Standzeit Riesling
13,60€ | 10%

ULI METZGER

Aufsteiger

Langgasse 32–34
67269 Grünstadt
T +49 (0) 6359 5335
www.weinmetzger.de

Uli Metzger
Martin Metzger
Verbände Generation Riesling
Rebfläche 28 ha
Produktion 280.000 Flaschen
Verkaufszeiten Mo–Fr 9–12 Uhr und 13–18 Uhr
Sa 10–16 Uhr

Profil online

Manche Steilvorlagen muss man nehmen und so fragt Winzer Uli Metzger dann auch: „Filet, Pastorenstück oder Flanke gefällig?" Mit der Anspielung auf seinen Nachnamen klassifiziert er seine Weine durch die ausgezeichneten Teile eines Rinds. Die Flanke steht für die Basisweine, das Pastorenstück für die mittlere Kategorie und das Filet für die Top-Lagen. Dazu zählen St. Stephan, Sonnenberg, Vogelsang und Schlossberg. Auf 28 Hektar reifen neben den Klassikern Riesling und Spätburgunder auch Chardonnay, Merlot, Tempranillo und Portugieser von uralten Reben.

○ **2019** Abyssus Chardonnay
98€ | 13%

○ **2019** St. Stephan Grande Réserve Chardonnay
29€ | 13%

○ **2019** St. Stephan Réserve Chardonnay
19,50€ | 13%

○ **2021** Abyssus Chardonnay
125€ | 13,5%

○ **2021** Am Hesselbrunnen Riesling
28€ | 12,5%

○ **2021** Grande Réserve Chardonnay
32€ | 13,5%

○ **2021** Im Langental Chardonnay
39€ | 13,5%

○ **2021** Saumagen Riesling
19,50€ | 12,5%

● **2018** Abyssus Pinot Noir
98€ | 13,5%

● **2018** Arthos Pinot Noir
38€ | 13,5%

● **2018** Melandor Pinot Noir
48€ | 13,5%

● **2018** Prago Pinot Noir
28€ | 13,5%

● **2020** Abyssus Pinot Noir
125€ | 14%

● **2020** Arthos Pinot Noir
42€ | 14%

● **2020** Melandor Pinot Noir
52€ | 14%

● **2020** Prago Pinot Noir
32€ | 14%

trinkreif

● **2017** Arthos Pinot Noir
38€ | 13,5%

● **2017** Melandor Pinot Noir
48€ | 13,5%

STEFAN MEYER

Edesheimerstraße 17
76835 Rhodt unter Rietburg
T +49 (0) 6323 2348
www.meyer-rhodt.de

Stefan Meyer
Verbände Forum Pfalz
Rebfläche 16 ha
Produktion 100.000 Flaschen
Gründung 1950
Verkaufszeiten Mo–Fr 13–17 Uhr
Sa 10–15 Uhr

Profil online

○ **2019** Rhodter Klosterpfad Rosengarten Chardonnay
18€ | 13%

● **2019** Rhodter Rosengarten Pinot Noir
24€ | 13,5%

THEO MINGES

Bachstraße 11
76835 Flemlingen
T +49 (0) 6323 93350
www.weingut-minges.com

Theo Minges
Theo Minges & Fritz Hohlreiter
Verbände VDP
Rebfläche 24 ha
Produktion 180.000 Flaschen
Verkaufszeiten Mo–Fr 9–12 Uhr und 13–18 Uhr
Sa 9–17 Uhr

Profil online

In dem biozertifizierten Weingut in Flemlingen machen Vater Theo und Tochter Regine gemeinsame Sache. Dabei ist ihre Philosophie ganz einfach: „Fühlen die Reben sich wohl, geben ihre Trauben den besten Wein." Den Schlüssel zur Qualität ihrer Weine sehen sie vor allem darin, mit der Natur zu arbeiten, weshalb die Weinberge seit 2010 vollständig ökologisch bewirtschaftet werden. Auf gut 25 Hektar baut die Winzerfamilie Riesling, Burgundersorten und Bukettrebsorten wie Scheurebe und Gelber Muskateller an.

○ **2017** Froschkönig Riesling
17€ | 13%

○ **2019** Burrweiler Schäwer Riesling
24€ | 13%

○ **2019** Böchinger Rosenkranz – Im untern Kreuz Weißburgunder GG
24€ | 13,5%

○ **2019** Gleisweiler Hölle – Unterer Faulenberg Riesling GG
24€ | 13,5%

○ **2019** Gleisweiler – Im oberen Letten Riesling 1. Lage
16€ | 12,8%

○ **2019** Muschelkalk Grauburgunder
12,80€ | 13,9%

○ **2020** Wurzelfieber – TM Gewürztraminer
18€ | 13,5%

○ **2020** Wurzelfieber – TM Grauburgunder
18€ | 14%

○ **2021** Burrweiler Schäwer Riesling
26€ | 12,5%

○ **2021** Böchinger Rosenkranz – Im untern Kreuz Weißburgunder GG
26€ | 12,5%

○ **2021** Gleisweiler Hölle Riesling 1. Lage
12€ | 12,5%

○ **2021** Gleisweiler Hölle – Im oberen Letten Riesling 1. Lage
16€ | 12,5%

○ **2021** Gleisweiler Hölle – Unterer Faulenberg Riesling GG
26€ | 12,5%

○ **2021** Kalkmergel Chardonnay
13,50€ | 12,5%

○ **2021** Muschelkalk Grauburgunder
13,50€ | 13%

● **2017** Böchinger Rosenkranz Spätburgunder 1. Lage
16€ | 13,8%

● **2018** Böchinger Rosenkranz Spätburgunder 1. Lage
16€ | 13,5%

● **2019** Böchinger Rosenkranz Spätburgunder 1. Lage
16€ | 14%

● **2019** Böchinger Rosenkranz – Zinkelerde Spätburgunder
34€ | 14%

● **2019** Kalkmergel Spätburgunder
12,50€ | 13,5%

● **2021** Spätburgunder
8,40€ | 11,8%

● Chardonnay brut nature
14€ | 12,5%

trinkreif

○ **2015** Froschkönig Riesling
36€ | 13,4%

● **2017** Böchinger Rosenkranz – Zinkelerde Spätburgunder
32€ | 13,5%

● **2017** Böchinger Rosenkranz – Zinkelerde Spätburgunder GG
32€ | 13,7%

WEINGUT MÖWES

Aufsteiger

Hübühl 10
76835 Weyher in der Pfalz
T +49 (0) 6323 5602
www.weingut-moewes.de

Rudi & Michael Möwes
Michael Möwes & Eva Herrbruck
Verbände Bauern- und Winzerverband
Rebfläche 10 ha
Produktion 75.000 Flaschen
Verkaufszeiten Mo–Fr 13–18 Uhr
Sa 9–16 Uhr

Profil online

„Gesteine prägen Weine" - das ist der Leitsatz im Weingut Möwes aus Weyher. Und er ergibt Sinn, wachsen ihre Rieslinge doch auf Kalkmergel, Buntsandstein, Schiefer, Rotliegend und Granit. Seit über 20 Jahren verzichtet das zehn Hektar große Weingut auf den Einsatz von Herbiziden und legt viel Wert auf Handarbeit im Weinberg. 80 Prozent der Reben werden von Hand selektiert.

○ **2020** Hainfelder Letten Kalkmergel Im Barrique gereift Cuvée
12€ | 14,5%

○ **2021** Burrweiler Altenforst Schiefer/ Steillage Riesling
12,50€ | 12,5%

○ **2021** Weyherer Pfarrgarten Granit Riesling
9€ | 12,5%

○ **2021** Weyherer Pfarrgartern Granit-Spontangärung Riesling
10€ | 12,5%

● **2018** Weyherer Pfarrgarten Granit Im Barrique gereift Spätburgunder
12€ | 13,5%

EUGEN MÜLLER

Aufsteiger

Weinstraße 34a
67147 Forst an der Weinstraße
T +49 (0) 6326 330
www.weingut-eugen-mueller.de

Stephan Müller
Andreas Hammerstein & Alexander Rupp
Rebfläche 17 ha
Produktion 145.000 Flaschen
Verkaufszeiten Mo–Fr 8–12 Uhr und 13.30–18 Uhr
Sa 10–16 Uhr
So nach Vereinbarung

Profil online

Das Weingut Eugen Müller hat einen kleinen Umweg gemacht, der aber auch schon irgendwie mit Wein zu tun hatte. Die Familie kam nämlich ursprünglich aus der Küferei. 1935 ist das Weingut Eugen Müller aus der Küferei Wallbillich hervorgegangen und es liegt nahe, dass der gelernte Küfer und Seniorchef, Kurt Müller, seine selbst hergestellten Fässer auch heute noch im Keller einsetzt. Mittlerweile wird das Weingut mit Christine und Stephan Müller in der dritten Generation geführt. Der Fokus liegt ganz klar auf Riesling.

○ **2019** Forster Jesuitengarten Riesling Spätlese trocken
20€ | 12,5%

○ **2019** Forster Kirchenstück Riesling Spätlese trocken
23€ | 13%

○ **2019** Forster Pechstein Riesling Spätlese trocken
20€ | 12,5%

○ **2019** Forster Ungeheuer Ziegler Riesling Spätlese trocken
20€ | 13%

○ **2019** Jesuitengarten Riesling Spätlese trocken
20€ | 12,5%

○ **2019** Kirchenstück Riesling Spätlese trocken
23€ | 13%

○ **2020** Kirchenstück Forst Réserve Riesling Große Lage
34€ | 12,5%

○ **2020** Ungeheuer Forst Riesling Große Lage
23€ | 12,5%

○ **2021** Amphore Riesling
40€ | 12,5%

○ **2021** Forster Jesuitengarten Riesling
23€ | 12,5%

○ **2021** Forster Jesuitengarten Riesling
11,90€ | 12,5%

○ **2021** Forster Kirchenstück Riesling
28€ | 12,5%

○ **2021** Forster Pechstein Riesling
23€ | 13%

○ **2021** Forster Ungeheuer Riesling
23€ | 13%

● **2019** Alte Reben Spätburgunder
23€ | 13%

GEORG NAEGELE – SCHLOSSBERGKELLEREI

Schloßstraße 27–29
67434 Neustadt an der Weinstraße
T +49 (0) 6321 2880
www.naegele-wein.de

Eva & Ralf Bonnet
Alfred Leiner
Verbände Forum Pfalz, Pro Riesling
Rebfläche 35 ha
Produktion 350.000 Flaschen
Gründung 1796
Verkaufszeiten Mo–Fr 9.30–17.30 Uhr
Sa 9.30–14.30 Uhr
und nach Vereinbarung

Profil online

○ **2021** Sauvignon Blanc
8€ | 12%

● **2019** Naegele Domus Cuvée
9,50€ | 13%

WEINGUT NAUERTH-GNÄGY

Müllerstraße 5
76889 Schweigen-Rechtenbach
T +49 (0) 6342 9190 42
www.nauerth-gnaegy.de

Familie Nauerth-Gnägy
Michael Gnägy & Mareen Nauerth
Rebfläche 29 ha
Produktion 180.000 Flaschen
Verkaufszeiten Sa 9–17 Uhr
und nach Vereinbarung

Profil online

Mit Stolz konnte die Familie Nauerth-Gnägy 2019 vermelden: Wir sind bio! Mit dem 2019er Jahrgang sind nun alle Weine nach den Richtlinien des biologischen Weinbaus an- und ausgebaut. Das Weingut hat zudem ein eigenes Qualitätssystem, das in den „ng.3"-Weinen aus ihren besten Lagen gipfelt. Dazu zählen Herrenwingert, Herrenpfad oder Pfarrwingert. Bei den Weißweinen sind Riesling und Burgundersorten im Fokus, bei den Roten Spätburgunder, Dornfelder und Portugieser, aber auch Cabernet Sauvignon oder Merlot.

○ **2019** Herrenwingert Chardonnay
10,60€ | 13%

○ **2019** Lorch Weißburgunder
10,30€ | 13,5%

○ **2021** Sauvignon Blanc
8,50€ | 12,5%

○ **2021** Weißburgunder
7,50€ | 12,5%

● **2014** Herrenwingert Pinot Noir
19,90€ | 13,5%

SASCHA NEHB

Im Auweg 44
67269 Grünstadt
T +49 (0) 6359 6437
weingut-nehb.de

Sascha Nehb
Rebfläche 20 ha
Produktion 100.000 Flaschen
Gründung 1519
Verkaufszeiten Mo–Sa 8–18 Uhr
So nach Vereinbarung

Profil online

Dass Engel und Teufel mitunter ganz wunderbar nebeneinander existieren können, zeigen die Weine von Sascha Nehb. Weil sein Betrieb am Fuß von Goldberg und Höllenberg liegt, hat er die Symbolik für die Etiketten aufgegriffen. „Engel und Flügel stehen für den ruhigen, ausgeglichenen ‚goldenen Himmel', Teufel und Horn für die umtriebige, experimentierfreudige ‚Hölle'", erklärt er seine Philosophie.

- ○ **2019** Mühlheimer Grafenstück Terrain Calcaire Riesling Spätlese trocken **7,80€** | 13,1%
- ○ **2020** Mühlheimer Grafenstück Chardonnay Spätlese trocken **7€** | 13%
- ○ **2021** Asselheimer Höllenpfad Grauburgunder **7€** | 12,5%
- ○ **2021** Blanc de Noir Spätburgunder **7€** | 12%
- ● **2018** Asselheimer Höllenpfad Dornfelder **10,50€** | 13,5%
- ● **2018** Asselheimer St.Stephan Cabernet Mitos **12€** | 14%
- ● **2021** Asselheimer Goldberg Schwarzriesling **8€** | 13%

NEUSPERGERHOF

Neuspergerhof 1
76865 Rohrbach
T +49 (0) 6349 4110 803
www.neuspergerhof.de

Jochen Gradolph
Verbände Bioland
Rebfläche 16 ha
Produktion 50.000 Flaschen
Gründung 1852
Verkaufszeiten Sa 10–15 Uhr

Profil online

„Weinbau bedeutet eine harmonische Kombination von Natur und Mensch", ist Inhaber und Kellermeister Jochen Gradolph überzeugt. Seit 2015 bewirtschaftet die Familie all ihre Weinberge nach den strengen Richtlinien des Bioland-Verbandes. Dabei ist ihnen besonders wichtig, die Tradition zu bewahren und sie mit modernem Weinbau in Einklang zu bringen. Auf den 16 Hektar Rebfläche wachsen vor allem traditionelle Rebsorten wie Riesling und Spätburgunder, als Folge des Klimawandels setzt man aber auch auf internationale Sorten wie Syrah oder Cabernet Sauvignon.

- ○ **2018** Galgengrund Riesling **13,40€** | 13,5%
- ○ **2018** Mandelpfad Riesling „GG" **21,90€** | 13,5%
- ○ **2021** Cuvée **9,90€** | 13%
- ○ **2021** Grauburgunder **9,90€** | 13%

○ **2021** Mandelpfad Sauvignon Blanc
10,30€ | 13%
○ **2021** Riesling
9,90€ | 12,5%
○ **2021** Rosenstall Grauburgunder
13,90€ | 13,5%
○ **2021** Sperberbaum Chardonnay
13,90€ | 13%
● **2016** Réserve Pinot Noir
15,40€ | 14,5%
● **2018** Spätburgunder
15,90€ | 14,5%
● **2021** Merlot
9,90€ | 12,5%
● **2018** Riesling brut
34,90€ | 13%
● **2019** Cuvée brut
17,90€ | 12,5%

WEINGUT AM NIL

Aufsteiger

Neugasse 21
67169 Kallstadt
T +49 (0) 6322 9579 1000
www.weingutamnil.de

Christine Andrea Ludt
Till Tempel
Rebfläche 32 ha
Produktion 200.000 Flaschen
Gründung 2010
Verkaufszeiten Vinothek/Weinverkauf:
Mo–Fr 10–12 Uhr und 13–17 Uhr
Sa und So 10–18 Uhr

Profil online

Das Weingut am Nil hat in diesem Fall nichts mit Ägypten zu tun, es ist die historische Kallstadter Lage „Nil", um die es geht. Nicht weit entfernt davon liegt der Betrieb von Ana und Reinfried Pohl, in dem die Geisenheim-Absolventin Christine Ludt zusammen mit Kellermeister Till Tempel für die hohe Qualität der Weine steht. Riesling und Burgundersorten spielen die größte Rolle im Weingut, das insgesamt 32 Hektar umfasst. Zu den bedeutendsten Lagen gehören Saumagen, Herrenberg und Weilberg. Zum Weingut gehören auch das Restaurant am Nil und mehrere Gästezimmer.

○ **2018** Ungsteiner Herrenberg Riesling
19,50€ | 13%
○ **2020** Kallstadter Saumagen Riesling
28,90€ | 12,5%
○ **2020** Ungsteiner Herrenberg Riesling
23,90€ | 12,5%
○ **2020** Ungsteiner Weilberg Riesling
23,90€ | 12,5%
● **2017** Kallstadter Saumagen Spätburgunder
24,90€ | 13,5%
● **2018** Kallstadter Saumagen Spätburgunder
24,90€ | 13,5%
● **2018** Kallstadter Saumagen Riesling brut
33€ | 13%
● **2019** Riesling brut
16,90€ | 12%
● **2020** Pinot Spätburgunder brut
24,90€ | 11,5%

WEINGUT OBERHOFER

Aufsteiger

Am Linsenberg 1
67483 Edesheim
T +49 (0) 6323 9449 11
www.weingutoberhofer.de

Familie Oberhofer
Pascal Oberhofer
Pascal Oberhofer
Rebfläche 25 ha
Verkaufszeiten Vinothek (Staatsstraße 1) Mo–So 11–18 Uhr

Profil online

2008 wurde in dem Familienbetrieb auf streng biologischen Anbau umgestellt. Diesen Weg will auch Pascal Oberhofer als Verantwortlicher im Keller weitergehen. Dort reifen vor allem Burgundersorten, Riesling, Chardonnay. Den Oberhofern gehört aber auch der älteste Weinberg der Welt, der Rhodter Rosengarten. Der winzige Ertrag der uralten Reben hat beim aktuellen Jahrgang für 121 Flaschen gereicht.

○ **2019** Edesheimer Madonnenhöhe Chardonnay
16€ | 13%

○ **2020** Edesheim Chardonnay
16€ | 12,5%

○ **2021** Hainfelder Kapelle Riesling Kabinett
8,20€ | 8%

○ **2021** Riesling
8,20€ | 12%

○ **2021** Sauvignon Blanc
8,20€ | 12%

○ **2021** Weißburgunder
8,20€ | 12%

● **2018** Apfelgarten Spätburgunder
28€ | 13%

● **2018** Edesheimer Kirchberg Spätburgunder
18€ | 13%

● **2019** Edesheimer Kirchberg Spätburgunder
18€ | 13%

● **2020** Edesheimer Rosengarten Spätburgunder
20€ | 13%

● **2017** Chardonnay brut nature
16€ | 12%

trinkreif

● **2017** Apfelgarten Spätburgunder
28€ | 13%

WEIN. GUT. PAN

Lindenbergstraße 36
76829 Landau in der Pfalz
T +49 (0) 6341 9691 87
www.vinopan.de

Thomas Pfaffmann
Rebfläche 16 ha
Produktion 50.000 Flaschen
Verkaufszeiten Mo–Fr 9–12 Uhr und 14–18 Uhr
Sa 9–18 Uhr

Profil online

Das Familien-Weingut wurde in den 1980er Jahren von Hildegard und Theobald Pfaffmann gegründet. 20 Jahre später ist Thomas Pfaffmann der Mann im Keller, der 2016 auch die Führung des Betriebs in Nußdorf übernimmt. Er bewirtschaftet heute 16 Hektar, bestockt mit 60 Prozent Weißen und 40 Prozent Roten. Benannt wurde das Weingut nach Pan, dem Hirtengott, der seit dem Altertum alles Leben verkörpert.

○ **2019** Zeitlos Riesling
16€ | 12,5%

○ **2020** Zeitlos Weißburgunder
17€ | 14%

● **2018** Pan Noir Cuvée
20€ | 14%

● **2018** Pinot Noir
20€ | 13,5%

● **2014** Pan Pinot Cuvée brut
18€ | 12,5%

HEINZ PFAFFMANN

Hauptstraße 19–25
76833 Walsheim
T +49 (0) 6341 61696
www.1616pfaffmann.com

Gustav Pfaffmann
Eugen Schurk
Verbände Bioland
Rebfläche 160 ha
Produktion 500.000 Flaschen
Verkaufszeiten Mo–Fr 9–17 Uhr
Sa 9–15 Uhr

Profil online

○ **2017** Kalksteinmergel Chardonnay
21€ | 0,8%

KARL PFAFFMANN

Allmendstraße 1
76833 Walsheim
T +49 (0) 6341 9691 30
www.karl-pfaffmann.de

Helmut & Markus Pfaffmann
Markus Pfaffmann
Markus Pfaffmann & Bernhard Schwaab
Verbände Fair'n Green
Rebfläche 80 ha
Produktion 550.000 Flaschen
Gründung 1955
Verkaufszeiten Mo–Fr 8–12 Uhr und 13–18 Uhr
Sa 10–16 Uhr

Profil online

Namensgeber und Weingutsgründer Karl Pfaffmann war der Großvater von Markus Pfaffmann, der den Betrieb heute führt – und zwar ganz bewusst nachhaltig. Bei 80 Hektar Rebfläche steht oftmals die Frage nach Quantität und Qualität im Raum, aber Markus Pfaffmann zeigt mit seinen geradlinigen Weinen immer wieder aufs Neue, dass Größe und Qualität kein Widerspruch sein müssen. Im Weingut setzt man vornehmlich auf Riesling und Burgundersorten.

○ **2019** Grand Réserve Chardonnay
21,90€ | 13,5%

○ **2019** Walsheimer Silberberg Grande Réserve Chardonnay
21,90€ | 13,5%

○ **2019** Walsheimer Silberberg Selection Riesling
9,70€ | 13,5%

○ **2020** Walsheimer Silberberg Grande Réserve Chardonnay
21,90€ | 13,5%

○ **2020** Walsheimer Silberberg Pauline Réserve Grauburgunder
16€ | 13,5%

○ **2021** Knöringer Hohenrain Selection Weißburgunder
9,90€ | 13,5%

○ **2021** Walsheimer Linzenbuckel Chardonnay
11,90€ | 13,5%

○ **2021** Walsheimer Silberberg Grande Réserve Chardonnay
21,90€ | 13,5%

○ **2021** Walsheimer Silberberg Pauline Réserve Grauburgunder
16€ | 13,5%

○ **2021** Walsheimer Silberberg Riesling Spätlese
9€ | 10%

○ **2021** Walsheimer Silberberg Selection Chardonnay
9,20€ | 13,5%

○ **2021** Walsheimer Silberberg Selection Grauburgunder
9,20€ | 13,5%

○ **2021** Walsheimer Silberberg Selection Riesling
9,90€ | 13,5%

● **2017** Walsheimer Silberberg Charlotte Grande Réserve Pinot Noir
21,90€ | 13,5%

● **2017** Walsheimer Silberberg Charlotte Spätburgunder
21,90€ | 13,5%

● **2017** Walsheimer Silberberg Lara Grande Réserve Cuvée
21,90€ | 14,5%

● **2018** Walsheimer Silberberg Lara Grande Réserve Cuvée
21,90€ | 14,5%

● **2021** Cuvée
7,50€ | 12,5%

● **2021** Walsheimer Silberberg Riesling Auslese
8,80€ | 10%

Pfalz

WEINGUT PFEFFINGEN

Pfeffingen 2
67098 Bad Dürkheim
T +49 (0) 6322 8607
www.pfeffingen.de

Doris & Jan Eymael
Jan Eymael
Rainer Gabel
Verbände VDP, Fair'n Green
Rebfläche 17 ha
Produktion 120.000 Flaschen
Verkaufszeiten Mo–Fr 8–12 Uhr und 13–18 Uhr
Sa 9–12 Uhr und 13–16 Uhr

Profil online

Riesling und Burgunder, klar. Schließlich kann die Familie Eymael ihre Trauben auf so prächtigen Lagen wie dem Weilberg oder dem Herrenberg ernten. Das tut sie auch, aber Jan Eymael feiert vor allem die Scheurebe, mit der er und Kellermeister Rainer Gabel gerne experimentieren. Drei Generationen sind auf dem Gutshof in Pfeffingen vereint, wo auf 17 Hektar nachhaltig und ganzheitlich gearbeitet wird.

○ **2019** Herrenberg Riesling GG
27€ | 14%

○ **2019** Herrenberg Ungstein Weißburgunder GG
22€ | 13,5%

○ **2019** O Scheurebe
41€ | 13,5%

○ **2019** Weilberg Ungstein Riesling GG
27€ | 13%

○ **2021** Ungstein Kalkstein Riesling
14,50€ | 13%

○ **2021** Ungstein SP Roter Riesling
16,50€ | 12,5%

○ **2021** Ungstein SP Scheurebe
18€ | 14%

○ **2021** Ungstein Terra Rossa Riesling
14,50€ | 12,5%

○ **2021** Ungsteiner Herrenberg Riesling GG
30€ | 13,5%

○ **2021** Ungsteiner Herrenberg Weißburgunder GG
25€ | 13,5%

○ **2021** Ungsteiner Weilberg Riesling GG
30€ | 13%

ÖKONOMIERAT REBHOLZ

Hall of Fame

Weinstraße 54
76833 Siebeldingen
T +49 (0) 6345 3439
www.oekonomierat-rebholz.de

Hansjörg Rebholz
Hansjörg & Hans & Valentin Rebholz
Verbände VDP, respekt-BIODYN, La Renaissance des Appelations
Rebfläche 25 ha
Produktion 130.000 Flaschen
Verkaufszeiten Mo–Fr 9–12.30 Uhr und 13.30–17.30 Uhr
Sa 10–16 Uhr

Profil online

Die Familiengeschichte der Rebhölzer reicht weit ins 16. Jahrhundert zurück und irgendwie hatten die Vorfahren immer was mit Wein zu tun, manchmal aber auch mit Bier. Seit drei Generationen konzentriert man sich aber nun voll und ganz auf den Weinbau. Die 25 Hektar Weinberge befinden sich auf exzellenten Lagen wie Kastanienbusch, Im Sonnenschein oder Ganz Horn. Bereits seit 2006 wird das Weingut biodynamisch bewirtschaftet. Hansjörg und Birgit Rebholz mit Hans, Valentin und Helene rücken um keinen Preis von den Prinzipien ab, die bereits Eduard Rebholz nach dem Zweiten Weltkrieg angetrieben haben. Sein Schwerpunkt: Naturwein.

○ **2018** Kastanienbusch Riesling GG
57€ | 13%

○ **2018** R Chardonnay
42€ | 13%

○ **2019** Im Sonnenschein Weißburgunder GG
60€ | 13%

○ **2019** Kastanienbusch Riesling GG
55€ | 13%

○ **2019** R Chardonnay
38€ | 13%

○ **2019** R Hansjörg Rebholz Chardonnay
38€ | 12,8%

○ **2019** Siebeldinger vom Muschelkalk Weißburgunder
24,50€ | 13,5%

○ **2021** Kastanienbusch Riesling GG
63€ | 12,5%

○ **2021** R Chardonnay
42€ | 13%

● **2017** Im Sonnenschein Spätburgunder GG
70€ | 12,5%

● **2012** π No. Gold Cuvée extra brut
49€ | 12%

trinkreif

● **2014** Siebeldingen Im Sonnenschein Spätburgunder GG
59€ | 13%

● **2015** Im Sonnenschein Spätburgunder GG
62€ | 12,5%

● **2016** Im Sonnenschein Spätburgunder GG
64€ | 12,5%

WEINGUT RINCK

Klingbachstraße 11
76831 Heuchelheim-Klingen
T +49 (0) 6349 8542
www.weingut-richard-rinck.de

Annette Rinck & Niko Leonhard
Niko Leonhard
Rebfläche 13 ha
Produktion 70.000 Flaschen
Verkaufszeiten Mo–Fr 9–12 Uhr und 14–18 Uhr
Sa 9–16 Uhr

Profil online

Nach dem Tod des Großvaters, der das Weingut Ende der 1970er mit seiner Frau Ingrid gegründet hatte, musste etwas geschehen. 2009 war das – und das war der Start für den Enkel. Niko Leonhard hatte im Prinzip gerade erst seine Winzerausbildung abgeschlossen, als er zusammen mit Mutter und Großmutter den Betrieb übernahm. Der Fokus im Drei-Generationen-Betrieb liegt dabei auf den typischen Pfälzer Rebsorten Riesling und Silvaner und den Burgundersorten. 13 Hektar gilt es in den Lagen Klingener Herrenpfad und Mörzheimer Pfaffenberg zu bewirtschaften.

○ **2019** Klingener Herrenpfad Riesling
9,50€ | 12,5%

○ **2021** Alte Reben Silvaner
7,50€ | 12,5%

○ **2021** Element Riesling
7€ | 12,5%

○ **2021** Klingener Herrenpfad Riesling
10€ | 12,5%

○ **2021** Mörzheimer Pfaffenberg Grauburgunder
10€ | 13%

○ **2021** Mörzheimer Pfaffenberg Weißburgunder
10€ | 13%

● **2017** Herrenpfad Spätburgunder
12€ | 14%

● **2017** Klingener Herrenpfad Spätburgunder
12€ | 14%

● **2020** Klingener Herrenpfad Spätburgunder
14€ | 13%

● **2020** Tal Portugieser
15€ | 13%

WEINGUT FAMILIE SAUER

Aublickstr. 1
76829 Landau in der Pfalz
T +49 (0) 6341 61175
www.weingut-sauer.de

Heiner & Moni & Valentin Sauer
Heiner Sauer
Felix Haertel & Heiner Sauer
Verbände Bioland
Rebfläche 32 ha
Produktion 170.000 Flaschen
Gründung 1987
Verkaufszeiten Mo–Fr 9–18 Uhr
Sa 10–17 Uhr

Profil online

Ökologischer und nachhaltiger Weinbau – dafür steht Heiner Sauer, der sich guten Gewissens als Bio-Pionier der Pfalz bezeichnen darf. Bereits seit 1987 wird auf seinem Weingut nach den Bioland-Richtlinien gearbeitet. Das heißt für Heiner Sauer auch, auf Reinzuchthefen zu verzichten. 2020 konnten fast alle Weine spontan vergoren werden. In den letzten 30 Jahren wurde das Weingut von 2,5 auf 32 Hektar ausgebaut. Weil die Familie außerdem eine Bodega in Spanien hat, findet man neben den Pfälzer Weinen auch spanische Bio-Rotweine auf der Liste.

○ **2019** Gleisweiler Hölle Riesling
14,50€ | 12,5%
○ **2020** Burrweiler Schäwer Riesling
18€ | 12%
○ **2020** Fumé Sauvignon Blanc
16,50€ | 11,5%
○ **2020** Gleisweiler Hölle Riesling
15€ | 12%
○ **2020** Godramstein Münzberg Weißburgunder
13€ | 13,5%
○ **2021** Gutswein Riesling
5,90€ | 11,5%
○ **2021** Gutswein Weißburgunder
7,40€ | 12,5%
○ **2021** Löss Grauburgunder
9,50€ | 12,5%
● **2017** Nußdorfer Kaiserberg Spätburgunder
18,50€ | 13,5%
● **2019** Nussdorfer Kaiserberg Spätburgunder
19,50€ | 13%
● **2020** Kalkmergel St. Laurent
12,90€ | 14,5%

KARL SCHAEFER

Weinstraße Süd 30
67098 Bad Dürkheim
T +49 (0) 6322 2138
www.karl-schaefer.com

Dr. Job & Nana von Nell
Johann Seibt
Verbände VDP
Rebfläche 17,5 ha
Produktion 80.000 Flaschen
Gründung 1843
Verkaufszeiten Mo–Fr 9–12 Uhr und 13–18 Uhr
Sa 10–16 Uhr

Profil online

Vor über zehn Jahren haben Nana und Dr. Job von Nell das 1843 gegründete Pfälzer Weingut Karl Schaefer übernommen und die Weichen auf ökologische Bewirtschaftung gestellt. Seitdem wird streng biozertifiziert vinifiziert. Der Star des Weinguts heißt ganz klar Riesling. 85 Prozent der rund 18 Hektar sind mit der Rebsorte bestockt, aus der Kellermeister Johann Seibt den Charakter des jeweiligen Terroirs herauskitzelt. Zu den Spitzenlagen des Weinguts gehören Forster Pechstein, Spielberg, Herrenberg oder Fuchsmantel.

○ **2018** Dürkheimer Michelsberg Riesling GG
29€ | 13,1%
○ **2018** Dürkheimer Spielberg Riesling 1. Lage
16,09€ | 12,8%
○ **2018** Ungsteiner Herrenberg Riesling GG
29€ | 13,2%
○ **2018** Ungsteiner Weilberg Riesling GG
33€ | 13,2%
○ **2018** Wachenheimer Fuchsmantel Quetschenbaum Riesling 1. Lage
16,09€ | 12,5%
○ **2018** Wachenheimer Gerümpel Riesling 1. Lage
16,09€ | 12,7%
○ **2019** Dürkheimer Michelsberg Riesling GG
33€ | 12,3%
○ **2019** Forster Pechstein Riesling GG
48€ | 12,5%
○ **2019** Ungsteiner Herrenberg Riesling GG
33€ | 12,7%
○ **2019** Ungsteiner Weilberg Riesling GG
33€ | 12,3%

○ **2019** Wachenheim Basalt Riesling
11,70€ | 12%

○ **2020** Dürkheimer Fuchsmantel Riesling 1. Lage
17,50€ | 12,3%

○ **2020** Dürkheimer Spielberg Riesling 1. Lage
17,50€ | 12,4%

○ **2020** Wachenheimer Gerümpel Riesling 1. Lage
17,50€ | 12,1%

○ **2021** Basalt Wachenheim Riesling
13,50€ | 12,5%

○ **2021** Dürkheimer Spielberg Schöne Anna Riesling 1. Lage
17€ | 8,8%

○ **2021** Sonnentropfen Dürkheim Riesling feinherb
12,50€ | 10,5%

● **2018** Pinot Blanc Weißburgunder brut
19€ | 11,2%

WEINGUT SCHENK-SIEBERT

Leininger Straße 16
67269 Grünstadt
T +49 (0) 6359 2159
www.weingut-schenk-siebert.de

Gerhard & Hildegard Siebert
Gerhard & Christoph & Johannes Siebert
Gerhard & Johannes Siebert
Rebfläche 40 ha
Produktion 250.000 Flaschen
Gründung 1675
Verkaufszeiten Mo–Fr 10–18 Uhr
Sa 10–16 Uhr
und nach Vereinbarung

Profil online

„Es tut sich was", hat die älteste Winzerfamilie in Grünstadt verlauten lassen. Heißt: Die beiden Söhne, Christoph und Johannes, drehen gemeinsam mit den Senioren an der Qualität der Weine - inspiriert von ihren Auslandspraktika in Südafrika, Kalifornien und Australien. Seit 1675 wird in der Familie Wein gemacht, heute vor allem mit einer nachhaltigen Bewirtschaftung im Fokus.

○ **2021** Grünstadter Röth Réserve Riesling
18,50€ | 13%

○ **2021** Sausenheimer Hütt Alte Reben Riesling
11,90€ | 13%

● **2020** Neuleininger Feuermännchen Réserve Spätburgunder
25€ | 13%

● **2020** Sausenheimer Klostergarten Cabernet Sauvignon
15,90€ | 14%

● **2021** Fumé Spätburgunder
8,20€ | 12,3%

● **2021** Sundreamer Cabernet Franc
7,20€ | 11,6%

● **2017** Pinot Blanc de Noir brut
10,50€ | 13,3%

● **2017** Réserve Chardonnay brut
14,90€ | 13,6%

EGON SCHMITT

Am Neuberg 6
67098 Bad Dürkheim
T +49 (0) 6322 5830
www.weingut-egon-schmitt.de

Jochen Schmitt
Meike Schwaab
Verbände Fair'n Green, Partnerbetrieb Naturschutz, Wine in Moderation
Rebfläche 19 ha
Produktion 170.000 Flaschen
Gründung 1978
Verkaufszeiten Mo–Di, Do–Fr 10–12 Uhr und 14–18 Uhr
Sa 9–15 Uhr

Profil online

Das Weingut Egon Schmitt ist eine Familienangelegenheit. Die Gründer Inge und Egon Schmitt haben den Betrieb mittlerweile in die Hände ihres Sohnes Jochen gegeben, der sich für die knapp 20 Hektar vor allem Nachhaltigkeit auf die Fahnen geschrieben hat. Als Mitglied von Fair'n Green gelten alle Weine seit 2015 als CO_2-neutral. Voraussichtlich mit dem Jahrgang 2023 soll die Biozertifizierung erreicht sein. Mit über 40 Prozent der Fläche nimmt Riesling den größten Anteil ein, zukünftig sollen zudem bis zu 20 Prozent mit Piwi-Sorten bestückt werden.

○ **2019** Dürkheimer Steinberg Sauvignon Blanc
12€ | 12%

○ **2019** Dürkheimer Steinberg Sherlock Schmitt Fall 2: Spiel mit dem Feuer Sauvignon Blanc
16,50€ | 12,5%

○ **2021** Drei Steine Riesling
9€ | 12%

○ **2021** Green Vibes Sauvignac
10,80€ | 11,5%

○ **2021** Vom Löss Grauburgunder
11,50€ | 13%

● **2019** Drei Reben Rot Cuvée
13€ | 13,5%

● **2017** Herr Schmitt & die Pinots extra brut
17,50€ | 12,5%

● **2018** Riesling brut
15€ | 12%

● **2018** Spätburgunder Rosé brut
15€ | 11,5%

HEINRICH SCHÖNLAUB *Aufsteiger*

Bergstraße 14
76889 Gleiszellen-Gleishorbach
T +49 (0) 6343 8142
https://weingut-schoenlaub.de/

Andreas Schönlaub
Rebfläche 30 ha
Gründung 1746
Verkaufszeiten Mo–Sa 8–12 Uhr und 13–18 Uhr

Profil online

Die Wurzeln des Weinguts gehen bis ins 17. Jahrhundert zurück. Auf den 30 Hektar ist mittlerweile die 5. Generation am Werk, die ein gutseigenes Klassifizierungssystem eingeführt hat. Beispiel: die „Fingerprint"-Weine mit Traubenhalbierung im Sommer, Flachbogenerziehung, maximal 40 Hektoliter Ertrag pro Hektar und zweifacher Handlese. Riesling und Spätburgunder spielen die Hauptrolle.

○ **2021** Bacchus
7,10€ | 10%

○ **2021** Blanc de Noir Spätburgunder
7,10€ | 12,5%

○ **2021** Grauburgunder
7,40€ | 12,5%

○ **2021** Riesling
7,10€ | 12,5%

○ **2021** Vom Buntsandstein Grauburgunder
9,80€ | 13,5%

○ **2021** Vom Muschelkalk Chardonnay
9,20€ | 13,5%

○ **2021** Von Muschelkalk Muskateller feinherb
9,10€ | 12,5%

○ **2021** Weißburgunder
7,10€ | 12,5%

● **2019** Merlot
12,80€ | 13,5%

● **2019** Red Vision St. Laurent
11,10€ | 13%

● **2020** Black Berry Cuvée N° 2
11,60€ | 13%

● **2020** Dornfelder
8,30€ | 13%

● **2021** Spätburgunder
7,40€ | 12,5%

WEINGUT SCHOLLER

Alte Kirchstraße 7
76831 Birkweiler
T +49 (0) 6345 3529
www.weingut-scholler.de

Jakob Scholler
Rebfläche 30 ha
Produktion 90.000 Flaschen
Gründung 1889
Verkaufszeiten nach Vereinbarung:
Mo–Fr 9–12 Uhr und 14–17 Uhr
Sa 9–16 Uhr

Profil online

Früher wurde der Wein über die gerade fertiggestellte Eisenbahnlinie in kleinen Holzfässern verschickt. Das ist allerdings über 130 Jahre her, heute steht Ururenkel Jakob Scholler im Keller und kümmert sich um Riesling und Burgunder, aber auch um Sauvignon Blanc, Chardonnay, Merlot und Cabernet Sauvignon aus den 30 Hektar Weinbergen. Die Besten liegen im Birkweiler Kastanienbusch und Rosengarten.

○ **2021** Birkweiler Kastanienbusch Riesling
9,20€ | 11,5%

○ **2021** Ranschbacher Seligmacher Chardonnay
9,20€ | 12,5%

● **2020** Spätburgunder Chardonnay extra brut
12,40€ | 12%

MICHAEL SCHROTH

Im Auweg 42
67269 Grünstadt
T +49 (0) 6359 8015 251
www.weingut-schroth.de

Michael Schroth
Verbände Forum Pfalz
Rebfläche 30 ha
Produktion 280.000 Flaschen
Verkaufszeiten Mo–Sa 9–17 Uhr
So 13–20 Uhr

Profil online

Wenn man Wein im Nebenerwerb macht und niedliche 1,3 Hektar hat, dann könnte das ein schönes Hobby sein. Nicht so bei Michael Schroth, der daraus in rund 20 Jahren ganze 30 Hektar Rebfläche gemacht hat. Angetrieben hat ihn immer das Ziel, Topweine zu erzeugen. Ein Macher, vielleicht auch im positiven Sinne ein bisschen besessen. Das Etikett seiner Flaschen ziert seine eigene Hand – ein Symbol für den stetigen Aufbau des Weinguts eben mit eigener Hand aus dem Nichts, wie er sagt.

○ **2018** Asselheim handgeformt Chardonnay
14,90€ | 13%

○ **2020** Asselheimer Goldberg Riesling
14,40€ | 13%

○ **2021** Asselheim Sauvignon Blanc
7,40€ | 12%

○ **2021** Riesling Kabinett trocken
7,40€ | 12,5%

● **2017** Asselheimer Goldberg Pinot Noir
17,40€ | 14%

● **2019** Asselheimer Goldberg Spätburgunder
18,90€ | 14%

● **2019** Asselheimer St. Stephan Cabernet Sauvignon
18,90€ | 14%

● **2019** Asselheimer St. Stephan Merlot
18,90€ | 14%

trinkreif

● **2015** Handgeformt Cuvée brut
k. A. | 12,5%

GERHARD SCHWARZTRAUBER

Lauterbachstraße 20
67435 Neustadt an der Weinstraße
T +49 (0) 6321 9685 61
www.schwarztrauber.com

Verbände Bioland
Verkaufszeiten Mo–Do 8–12 Uhr

Fr 8–12 und 13–18 Uhr
Sa 11–16 Uhr

Profil online

Seit 1986 Mitglied im Bioland-Verband und alle Weine vegan, darauf ist Gerhard Schwarztrauber stolz. Er hat den elterlichen Weinbaubetrieb am Rande des Mittelhardt-Gebirges 1994 übernommen und in den letzten Jahren auf 20 Hektar vergrößern können. Konsequent führt er die Philosophie seiner Eltern fort und verzichtet auf synthetische Spritz- und Düngemittel, denn er ist überzeugt, dass das, was für den Menschen gilt, auch für den Weinberg gilt: „Je stärker die natürlichen Abwehrkräfte sind, umso geringer ist die Gefahr, die von Krankheiten ausgeht."

○ **2019** Haardter Herzog Riesling
15,90€ | 13%

○ **2019** Mußbacher Glockenzehnt Grauburgunder
14,80€ | 13,5%

○ **2021** Auxerrois
8,90€ | 13%

○ **2021** Chardonnay
8,90€ | 13%

○ **2021** Gimmeldinger Kapellenberg Riesling
14,90€ | 13,5%

○ **2021** Haardter Herzog Riesling
17,90€ | 12,5%

○ **2021** Muscaris
9,20€ | 9,5%

○ **2021** Muskateller halbtrocken
9,20€ | 12%

○ **2021** Mußbacher Eselshaut Chenin blanc
18,90€ | 13%

○ **2021** Mußbacher Glockenzehnt Grauburgunder
14,90€ | 13,5%

○ **2021** Sauvignon Blanc
8,90€ | 13%

● **2018** Mußbacher Glockenzehnt Blaufränkisch
18,90€ | 13%

● **2018** Red Opium Cuvée
23,90€ | 13,5%

● **2019** Gimmeldinger Biengarten Pinot Noir
29,90€ | 12,5%

● **2017** Emily Chardonnay brut
23,70€ | 12,5%

● **2018** Blanc de Blancs Jahrgangssekt Cuvée extra trocken
13,90€ | 12,5%

● **2018** Chardonnay brut
23,90€ | 11,5%

● **2018** Emily Chardonnay brut
23,90€ | 11,5%

WEINGUT SIEGRIST

Am Hasensprung 4
76829 Leinsweiler
T +49 (0) 6345 1309
www.weingut-siegrist.de

Familie Siegrist & Schimpff
Bruno Schimpf
Verbände VDP
Rebfläche 16 ha
Produktion 100.000 Flaschen
Verkaufszeiten Mo–Fr 8–12 Uhr und 13.30–18 Uhr
Sa 9–16 Uhr
und nach Vereinbarung

Profil online

Im Prinzip war es eine kleine Rebellion, als Thomas Siegrist 1974 zusammen mit seiner Frau Gisela beschlossen hatte, dass Schluss ist mit dem grundsoliden Gemischtbetrieb. Nur noch Wein. Punkt. Fortan war er einer der ersten Winzer in Deutschland, der im Barrique ausgebaut hat, was einer Revolution gleichkam. Im Zusammenspiel mit Quereinsteiger, Schwiegersohn und Kellermeister Bruno Schimpf erzeugt er unter anderem Rieslinge, Burgundersorten und Chardonnay. Auf den 16 Hektar Flächen wachsen auch Cabernet-Sauvignon oder Merlot.

○ **2017** Leinsweiler Sonnenberg Réserve Sauvignon Blanc
24€ | 14,5%

○ **2018** Chardonnay Réserve 2018 1. Lage
22€ | 14%

○ **2018** Réserve Sauvignon Blanc
24€ | 15%

○ **2019** Leinsweiler Sonnenberg Riesling GG
24€ | 12,5%

○ **2019** Leinsweiler Sonnenberg Weißburgunder GG
26€ | 13%

○ **2019** Wollmesheimer Mütterle Grauburgunder 1. Lage
26€ | 13,5%

○ **2020** Réserve Sauvignon Blanc
26€ | 14,5%

○ **2021** Gelber Muskateller Gutswein
8,80€ | 12%

○ **2021** Pinot Blanc Cuvée Gutswein
8,80€ | 12,5%

○ **2021** Riesling Gutswein
8,80€ | 12%

○ **2021** Sauvignon Blanc Gutswein
9,90€ | 12%

○ **2021** Sonnenberg Pinot Blanc Große Lage
26€ | 12,5%

● **2016** Pinot Noir Schelmenstück Spätburgunder
22€ | 13,5%

● **2018** Johan Adam Hauck Cuvée
9,80€ | 13,5%

● Cuvée Trois Années Cabernet Sauvignon
26€ | 14%

● Trois Années Réserve Cabernet Sauvignon
28€ | 14%

● **2019** Pinot Cuvée
16€ | 12,5%

trinkreif

● **2015** Ilbesheimer Kalmit Pinot Noir GG
35€ | 13,5%

● **2015** Leinsweiler Sonnenberg Pinot Noir GG
35€ | 13,5%

● **2017** Kalmit Pinot Noir GG
35€ | 13,5%

● **2017** Sonnenberg Pinot Noir GG
35€ | 13,5%

Pfalz

HEINRICH SPINDLER

Weinstraße 46
67147 Forst an der Weinstraße
T +49 (0) 6326 9629 10
www.weingutheinrichspindler.de

Markus Spindler
Jochen Fleischmann
Verbände WineChanges
Rebfläche 20 ha
Produktion 140.000 Flaschen
Gründung 1620
Verkaufszeiten Di–Fr 9–12 Uhr und 13–18 Uhr
Sa 9–17 Uhr

Profil online

Wenn 400 Jahre kein Grund zum Feiern sind! Im Jahr 2020 konnte das Weingut Heinrich Spindler dieses historische Jubiläum begehen – den Blick aber in die Zukunft gerichtet. Markus Spindler bewirtschaftet seine 20 Hektar streng nach ökologischen Richtlinien mit selbst hergestelltem Kompost, vielfältigen Begrünungen und biologischem Pflanzenschutz. In den Weinbergen dominiert der Riesling mit 80 Prozent, der Sauvignon Blanc spielt für den Kellermeister aber auch eine wichtige Rolle. Hier setzt er auf intensive und präzise Frucht.

○ **2017** Jesuitengarten Forst Riesling
41€ | 13,5%

○ **2019** Forster Jesuitengarten Riesling
28€ | 13,5%

○ **2019** Forster Kirchenstück Riesling
35€ | 13,5%

○ **2019** Forster Musenhang Riesling 1. Lage
12,90€ | 12,5%

○ **2019** Forster Pechstein Riesling
21€ | 13%

○ **2019** Jesuitengarten Forst Riesling
37€ | 13,5%

○ **2019** Pechstein Forst Riesling
21,50€ | 13%

○ **2019** Ungeheuer Forst Riesling
20€ | 13%

○ **2020** Ungeheuer Forst Riesling
21€ | 12,5%

○ **2021** Beppo Riesling
8,50€ | 11,5%

○ **2021** Elster Forst Riesling 1. Lage
14€ | 13%

○ **2021** Herrgottsacker Deidesheim Riesling 1. Lage
14€ | 13%

○ **2021** Musenhang Forst Riesling 1. Lage
15€ | 13%

● Spätburgunder Henri brut
14,40€ | 12,5%

ERICH STACHEL

Aufsteiger

Bahnhofstraße 40
67487 Maikammer
T +49 (0) 6321 5112
www.weingut-stachel.de

Matthias & Erich Stachel
Matthias Stachel
Verbände Forum Pfalz
Rebfläche 20 ha
Produktion 90.000 Flaschen
Gründung 1901
Verkaufszeiten Mo–Fr 9–12 Uhr und 14.30–18 Uhr
Sa 10–16 Uhr

Profil online

Als reiner Familienbetrieb machen die Stachels alles selbst – vom Rebschnitt bis zur Abfüllung. Sohn Matthias hat einige Zeit in den USA und in Neuseeland verbracht, bevor er 2003 die Leitung im Keller übernahm. Er sagt von sich: „Ich will immer weiter, noch besser werden und Menschen für meine Weine begeistern." Zu denen zählen Rieslinge, Burgunder, aber auch Sorten wie Malbec oder Syrah.

- **2019** Alsterweiler Kapellenberg Held Chardonnay
  15,90€ | 14,2%
- **2019** Alsterweiler Kapellenberg Riesling
  10,80€ | 12,5%
- **2021** Diedesfelder Paradies Sauvignon Blanc
  10,20€ | 12,5%
- **2018** Maikammer Heiligenberg Pinot Noir
  20€ | 13,2%
- **2018** Maikammer Heiligenberg Syrah
  32€ | 14,5%
- **2019** Maikammer Heiligenberg Malbec
  28€ | 14%

JÜRGEN & ASTRID STENTZ

Mörzheimer Hauptstraße 47
76829 Landau in der Pfalz
T +49 (0) 6341 30121
www.stentz.de

Jürgen Stentz
Verbände Vinissima
Rebfläche 15 ha
Produktion 80.000 Flaschen
Verkaufszeiten Do–Fr 10–12 Uhr und 14–18 Uhr
Sa 10–14 Uhr
und nach Vereinbarung

Profil online

So tief wie seine Rebstöcke ist Jürgen Stentz mit dem Weinanbau in seiner südpfälzischen Heimat verwurzelt, sagt der Winzer, der den Betrieb 1999 mit seiner Frau Astrid übernommen hat. Das traditionelle Familienweingut hat 15 Hektar, die überwiegend mit Riesling und Burgundersorten bestockt sind, eine besondere Rolle spielt aber auch der Muskateller. Alle Weine werden vegan ausgebaut.

- **2018** Goldkapsel Weißburgunder
  11,50€ | 13%
- **2019** Mörzheimer Pfaffenberg Goldkapsel Grauburgunder
  11,50€ | 13%
- **2020** Mörzheimer Pfaffenberg Fingerprint Weißburgunder
  29,50€ | 13%
- **2021** Mörzheimer Pfaffenberg Weißburgunder
  7,50€ | 12,5%
- **2020** Riesling
  12€ | 12,5%

Pfalz

WEINGUT STERN

Hauptstraße 199
76879 Hochstadt
T +49 (0) 6347 7005 80
www.weingut-stern.de

Wolfgang & Dominic Stern
Dominic Stern
Verbände PinoTimes
Rebfläche 11 ha
Produktion 100.000 Flaschen
Gründung 1952
Verkaufszeiten Mo–Fr 9–12 Uhr und 14–18 Uhr
Sa 9–17 Uhr

Profil online

„Weniger ist mehr!", das ist das Motto von Wolfgang und Sohn Dominic Stern und so setzen sie nicht auf Expansion, sondern bewirtschaften mit viel Hingabe ihre gut elf Hektar. Der Riesling des Familienweinguts wächst auf drei berühmten Lagen: Forster Ungeheuer, Ruppertsberger Reiterpfad und Deidesheimer Kieselberg. Angebaut werden aber vor allem auch Burgundersorten, Chardonnay oder St. Laurent.

○ **2017** Réserve *** Silvaner
16,50€ | 13,5%

○ **2019** Forster Ungeheuer Stern *** Riesling
28€ | 12%

○ **2021** Forster Ungeheuer *** Riesling
28€ | 12,5%

○ **2021** Hochstadt Weidenberg *** Chardonnay
45€ | 13,5%

○ **2021** Ruppertsberger Reiterpfad *** Riesling
22€ | 12,5%

● **2018** Cuvée Josef *** Cuvée
15€ | 14,5%

● **2018** Stern Réserve *** Pinot Noir
26€ | 13,5%

● **2019** Grande Réserve *** Pinot Noir
45€ | 13,5%

● **2021** Fumé Syrah
16,50€ | 12,5%

● **2014** Pinotimes Pinot Rosé brut
17,90€ | 13%

● **2016** Stern *** Pinot brut
16€ | 13%

● **2018** Grande Cuvée *** Chardonnay brut
17€ | 12%

trinkreif

○ **2017** Forster Ungeheuer Stern *** Riesling
28€ | 13%

WEINGUT STORTZ-NICOLAUS

Aufsteiger

Weinstraße 601
67434 Neustadt an der Weinstraße
T +49 (0) 6321 31575
www.stortz-nicolaus.de

Roland Stortz-Nicolaus
Verbände Bioland
Rebfläche 5 ha
Produktion 25.000 Flaschen
Gründung 1955
Verkaufszeiten Sa 10–17 Uhr und nach Vereinbarung

Profil online

Roland Stortz-Nicolaus ist viel in der Welt herumgekommen. Als er 2000 zurück ins Familien-Weingut kam, hatte er viele Ideen im Gepäck und fing an, internationale Rebsorten anzupflanzen. Darunter Sauvignon, Chardonnay und Syrah. Außerdem begann er, die Weinberge ökologisch zu bewirtschaften. Das fünf Hektar große Weingut Stortz-Nicolaus ist mittlerweile biozertifiziert.

○ **2021** Riesling Auslese
12,50€ | 9%

○ **2021** Sauvignon Blanc
9€ | 11,5%

● **2015** Invictus Cabernet Sauvignon
15€ | 14,5%

● **2018** Merlot
10,50€ | 14%

● **2018** Pinot Noir
11€ | 14%

● **2018** Réserve Pinot Noir
15€ | 13,5%

● **2018** Syrah
20€ | 14%

● **2021** Saignée Syrah
8,50€ | 12%

● **2017** Invictus Cuvée brut
15€ | 12,5%

● **2019** Blanc de Blancs Chardonnay brut
12,50€ | 13%

WEINGUT STURM

Aufsteiger

Hauptstraße 6
76831 Ilbesheim bei Landau in der Pfalz
T +49 (0) 6349 9966 817
www.weingutsturm.de

Ulrich Sturm
Sabrina Sandt
Rebfläche 20 ha
Gründung 1860
Verkaufszeiten nach Vereinbarung

Profil online

2017 war ein Jahr, in dem Ulrich Sturm und Sabrina Sandt anscheinend gesagt haben: „So machen wir das nicht mehr!" Bis dahin hat das Weingut nur etwa 15 Prozent der Ernte selbst abgefüllt. 2017 wurde dann alles auf links gedreht, vor allem bei den Weinen. Historische Rebsorten wurden gepflanzt, darunter Roter Veltlner, Schwarzurban, Weißer Lagler, Grüner Adelfränkisch und Schwarzblauer Riesling.

○ **2018** Ilbesheimer Kalmit Aprilwetter Weißburgunder
7,30€ | 13%

○ **2021** Roter Veltliner S – Historische Rebsorte
24€ | 11,5%

○ **2021** Roter Veltliner – Historische Rebsorte
12,60€ | 12%

○ **2021** Weißer Lagler – Historische Rebsorte
16,90€ | 11,5%

● **2021** Schwarzurban - Historische Rebsorte Schwarzurban
13,60€ | 12%

MICHAEL TRIEBEL

Neu

Weinstraße 6
67269 Grünstadt
T +49 (0) 172 7324 331
www.michaeltriebel.de

Michael Triebel
Verkaufszeiten Di, Do 10–18 Uhr
Sa 10–16 Uhr

Profil online

● **2021** #Fortschritt 2.0 Müllerrebe, Frühburgunder & St. Laurent
7,30€ | 11,5%

VIERMORGEN

Hauptstraße 23
76889 Niederhorbach
T +49 (0) 173 8875 787
www.viermorgen-wein.de

Dr. Boris Peter & Axel Becht
Dr. Boris Peter
Rebfläche 1 ha
Produktion 10.000 Flaschen
Gründung 2012
Verkaufszeiten nach Vereinbarung

Profil online

Boris Peter und Axel Pecht machen Wein auf vier Morgen, sprich: auf einem Hektar. Das ist wahrlich keine große Fläche, reicht den beiden aber, weil sie quasi jede einzelne Traube kennen möchten. Ihr Ziel: kleiner Ertrag und große Weine. Für die kleine Fläche gibt es verhältnismäßig viele Rebsorten. Riesling, Sauvignon und Burgundersorten, aber auch Shiraz und Cabernet Franc.

○ **2021** Klingenmünster Maria Magdalena 500 Weißburgunder Spätlese trocken
9,50€ | 13%

○ **2021** Niederhorbach Silberberg 500 Chardonnay Spätlese halbtrocken
9,50€ | 13%

● **2018** Gleiszellen Gleishorbach Kirchberg Syrah Spätlese trocken
16€ | 13,5%

● **2019** Gleiszellen Gleishorbach Kirchberg Cuve no1 Cuvée Spätlese trocken
14€ | 14%

● **2021** Cabernet Franc Kabinett feinherb
7,50€ | 11,5%

WEINLAND WACHTENBURG

Weinstraße 2
67157 Wachenheim an der Weinstraße
T +49 (0) 6322 9798 20
www.weinland-wachtenburg.de

Albert Kallfelz
Theo Bassler
Verbände Vereinigung Pfälzer Winzergenossenschaften
Rebfläche 325 ha
Gründung 1901
Verkaufszeiten Mo–Fr 9–18 Uhr
Sa 9–17 Uhr
So 11–16 Uhr

Profil online

Manchmal verderben viele Köche den Brei. Viele Winzer anscheinend nicht. Zumindest nicht im Weinland Wachtenburg, einer der ältesten Winzergenossenschaften der Pfalz. Seit der Gründung durch 53 Winzerfamilien im Jahr 1900 verstehen sich die Wachtenburg-Winzer als ein großes Mehrfamilienweingut. 325 Hektar Rebfläche werden bewirtschaftet, darunter sind Lagen wie Altenburg, Gerümpel und Fuchsmantel.

○ **2019** Wachenheimer Edition SL Riesling
8,10€ | 12,5%

○ **2021** Edition Crafted Cuvée
8,30€ | 12,5%

○ **2021** Edition Junge Winzer Grauburgunder
7,90€ | 13%

○ **2021** Edition selektive Lese Grauburgunder
9,50€ | 13%

○ **2021** Edition selektive Lese Riesling
8,50€ | 12,5%

○ **2021** Edition selektive Lese Weißburgunder
8,90€ | 13%

○ **2021** Forster Riesling
5,30€ | 11,5%

○ **2021** Wachenheimer Altenburg Premium Wachenburg Riesling Spätlese trocken
12,90€ | 12%

○ **2021** Wachenheimer Fuchsmantel Riesling Spätlese 1. Lage trocken
7,90€ | 12%

○ **2021** Wachenheimer Gerümpel Premium Wachtenburg Riesling Spätlese trocken
12,90€ | 12,5%

● **2018** Réserve Merlot
19,90€ | 15%

● **2019** Edition selektive Lese Cabernet Sauvignon
9€ | 14,5%

● **2019** Edition selektive Lese Spätburgunder
8,30€ | 14%

WEINGUT WAGECK

Aufsteiger

Luitpoldstraße 1
67281 Bissersheim
T +49 (0) 6359 2216
www.wageck-weine.de

Wageck-Pfaffmann GbR
Frank & Thomas Pfaffmann

Verbände Forum Pfalz
Rebfläche 60 ha
Produktion 350.000 Flaschen
Verkaufszeiten Mo–Sa 9–12 Uhr und 13–18 Uhr
So 10–12 Uhr
und nach Vereinbarung

Profil online

Frank und Thomas Pfaffmann führen das Weingut gemeinsam mit ihren Eltern Gertraud und Gunter in jetzt vierter Generation. Fragt man sie nach ihrer Philosophie: „Erfahrung und Bauchgefühl bestimmen mehr und mehr unser Handeln. Aufwendige Weinbergspflege, minimale Erträge, Handlese, Spontangärung und Zeit." Auf den kalkreichen Böden (besonders in den Top-Lagen Burgweg, Goldberg und Steinacker) gedeihen vor allem Spätburgunder und Chardonnay. Die Pfaffmanns nennen auch die Bourgogne als „Vorbild".

○ **2017** Sülzner Weg Chardonnay
21,90€ | 13,5%
○ **2018** Fumé Réserve Sauvignon Blanc
19,90€ | 14%
○ **2018** Geisberg Chardonnay
34,90€ | 13,5%
○ **2018** Sülzner Weg Chardonnay
21,90€ | 13,5%
○ **2020** Bissersheimer Am Unteren Geisberg Chardonnay
35,90€ | 13,8%
○ **2020** Bissersheimer Links am Sülzner Weg Chardonnay
23,90€ | 13,7%
● **2016** Bissersheimer Spätburgunder Kalkmergel
16,90€ | 13%
● **2017** Geisberg Spätburgunder
54,90€ | 13%
● **2018** Burgweg Spätburgunder
29,90€ | 13,5%
● **2018** Goldberg Spätburgunder
29,90€ | 13,5%
● **2019** Bissersheimer Am Unteren Geisberg Pinot Noir
55,90€ | 13,6%
● **2019** Bissersheimer Goldberg Spätburgunder
30,90€ | 13,7%
● **2019** Großkarlbacher Burgweg Spätburgunder
30,90€ | 13,7%
● **2013** Cuvée Chardonnay extra brut
19,90€ | 12%
● **2013** Cuvée extra brut
19,90€ | 12%
● **2014** Cuvée extra brut
21,90€ | 12%
● **2015** Cuvée extra brut
21,90€ | 12%

trinkreif

○ **2017** Geisberg Chardonnay
34,90€ | 13,5%
● **2016** Bissersheimer Goldberg Spätburgunder
29,90€ | 13,5%
● **2016** Goldberg Spätburgunder
54,90€ | 12,5%
● **2017** Burgweg Spätburgunder
29,90€ | 13,5%
● **2017** Goldberg Spätburgunder
29,90€ | 13,5%
● **2017** Großkarlbacher Burgweg Spätburgunder
29,90€ | 13%

KARL WEGNER

Aufsteiger

Am Neuberg 4
67098 Bad Dürkheim
T +49 (0) 6322 9893 27
www.weingut-wegner.de

Joachim Wegner
Verbände Forum Pfalz, ProRiesling, Fair'n Green
Rebfläche 12 ha
Produktion 100.000 Flaschen
Gründung 1979
Verkaufszeiten Mo–Fr 9–12 Uhr und 13–18.30 Uhr
Sa 9–16 Uhr
und nach Vereinbarung

Profil online

„Unser Ziel ist es, Weine zu kreieren, die schmecken und Lust auf ‚mehr' machen", sagt Inhaber und Kellermeister Joachim Wegner, der seine Barrique-Weine sogar satte 30 Monate reifen lässt. Die Vorbilder heißen hier ganz klar Bordeaux und Burgund. Von den zwölf Hektar nehmen die Rotweine etwa 40 Prozent ein, größtenteils Spätburgunder und Dornfelder, Cabernet Sauvignon und Merlot. Bei den Weißen gibt der Riesling ganz klar den Ton an.

2018 Dürkheimer Spielberg Augenstern Chardonnay
17,30€ | 13,5%

2020 Ungsteiner Herrenberg Lunatic Riesling
17,90€ | 12,8%

2021 Dürkheimer Rittergarten Riesling
8,50€ | 12,8%

2021 Riesling
6,60€ | 12,5%

2021 Ungsteiner Herrenberg Riesling
17,90€ | 13%

2021 Ungsteiner Herrenberg Vision Riesling
12,80€ | 12,7%

2021 Ungsteiner Weilberg Augenstern Chardonnay
17,90€ | 13,1%

2015 Dürkheimer Feuerberg Sinnreich Syrah
19,90€ | 14,6%

2015 Dürkheimer Schenkenböhl Kleinod Spätburgunder „GG"
21,30€ | 14%

2016 Dürkheimer Fronhof Kleinod Spätburgunder „GG"
25,50€ | 13,9%

2016 Dürkheimer Nonnengarten Spätburgunder
13,50€ | 13,5%

2018 Dürkheim Spätburgunder
8,50€ | 13,5%

Pfalz

WEINGUT DR. WEHRHEIM

Weinstraße 8
76831 Birkweiler
T +49 (0) 6345 3542
www.weingut-wehrheim.de

Karl-Heinz & Franz Wehrheim
Franz Wehrheim
Verbände VDP, respekt-BIODYN
Rebfläche 20 ha
Produktion 100.000 Flaschen
Gründung 1902
Verkaufszeiten Mo–Fr 8–12 Uhr und 14–18 Uhr
Sa 10–16 Uhr

Profil online

Für Vater Karl-Heinz und Sohn Franz Wehrheim, die das Weingut heute führen, spielen vor allem die Burgundersorten und der Riesling eine tragende Rolle: klassisch-trockene Spitzenweine, deren Reben auf bekannten und höchst unterschiedlichen Böden gedeihen. 2007 wurde auf biologisch-dynamischen Anbau umgestellt, seit 2010 ist der Betrieb vollständig biozertifiziert. Zu den besten Lagen zählen Kastanienbusch, Mandelberg und Sonnenschein.

○ **2019** Birkweiler Rotliegendes Riesling
16,90€ | 12%

○ **2019** Kastanienbusch Köppel Riesling GG
39€ | 13,5%

○ **2019** Mandelberg Weißburgunder GG
37€ | 13,5%

○ **2021** Birkweiler Am Dachsberg Riesling 1. Lage
24€ | 12,5%

○ **2021** Kastanienbusch Riesling GG
43€ | 13%

○ **2021** Mandelberg Weißburgunder GG
42€ | 13,5%

● **2017** Siebeldingen Muschelkalk Spätburgunder
20€ | 13%

● **2020** Im Sonnenschein Spätburgunder GG
45€ | 13%

● **2017** Spätburgunder brut
18,80€ | 12,5%

trinkreif

● **2017** Kastanienbusch Köppel Spätburgunder GG
43€ | 13%

WEINBIET MANUFAKTUR

An der Eselshaut 57
67435 Neustadt an der Weinstraße
T +49 (0) 6321 67970
www.weinbiet.de

Dr. Bastian Klohr
Patrick Öttl
Verbände Vereinigung Pfälzer Winzergenossenschaften
Rebfläche 330 ha
Produktion 2.750.000 Flaschen
Gründung 1902
Verkaufszeiten Mo–Fr 9–18 Uhr
Sa 10–16 Uhr

Profil online

325 Hektar an Weinbergen alleine zu bewirtschaften wäre eine ziemliche Herausforderung. In einer Genossenschaft mit 50 Mitgliedern sieht es dann aber schon anders aus. Die Weinbiet Manufaktur hat ihren Namen von dem Berg, zu dessen Fuße die Winzer arbeiten. 554 Meter hoch thront er über den Weindörfern Mußbach, Gimmeldingen und Haardt. Die Mußbacher Eselshaut ist die beste Lage der Manufaktur.

○ **2019** Philipp Bassler Fumé Sauvignon Blanc
14€ | 13%

○ **2020** Haardter Schlossberg Riesling
7€ | 13%

○ **2020** Philipp Bassler Chardonnay „GG"
13€ | 13%

○ **2020** Philipp Bassler Grauburgunder „GG"
13€ | 13%

○ **2020** Philipp Bassler wurzelecht Riesling
15€ | 13,5%

○ **2021** Philipp Bassler Fumé Sauvignon Blanc
15€ | 12,5%

● **2020** Philipp Bassler Spätburgunder „GG"
14€ | 14%

WEINGUT WICK

Zeller Hauptstraße 2
67308 Zellertal
T +49 (0) 6355 2001
www.weingut-wick.com

Jochen Wick
Verbände Ecovin, Slow Food
Rebfläche 11 ha
Produktion 100.000 Flaschen
Gründung 1900
Verkaufszeiten Fr 14–18 Uhr
Sa 10–14 Uhr
und nach Vereinbarung

Profil online

Seit gut 35 Jahren betreiben die Wicks ökologischen Weinbau. Seit 1986 stellen sie Biowein nach Ecovin-Standards her, weil sie sagen, dass ihre Philosophie von Ökologie, Ökonomie und sozialem Handeln dort auf einen fruchtbaren Boden trifft. Apropos Boden: Einige ihrer Reben sind über 50 Jahre alt, Riesling und Gewürztraminer kommen von 30 und 40 Jahre alten Rebstöcken.

○ **2020** Zeller Kreuzberg Riesling 1. Lage
13,50€ | 13%

○ **2020** Zeller Schnepfenflug Grauburgunder
22€ | 13%

○ **2020** Zeller Schwarzer Herrgott Riesling
16,50€ | 12,7%

○ **2021** Kaleidoskop Cuvée
9,80€ | 13,2%

○ **2021** Zeller Kreuzberg Sauvage Riesling
10€ | 11,3%

● **2018** Crémant de Pfalz Riesling extra trocken
17€ | 12%

Pfalz

WILHELMSHOF

Queichstraße 1
76833 Siebeldingen
T +49 (0) 6345 9191 47
www.wilhelmshof.de

Barbara Roth
Thorsten Ochocki
Verbände Verband traditioneller Sektmacher, Vinissima
Rebfläche 22 ha
Produktion 146.000 Flaschen
Verkaufszeiten Mo–Fr 8–12 Uhr und 13–18 Uhr
Sa 9–16 Uhr und nach Vereinbarung

Profil online

Den Wilhelmshof gibt es seit über 350 Jahren und die längste Zeit davon war er ein reines Weingut. In den 1970ern allerdings fingen Herbert und Christa Roth an, sich mit Sekt zu beschäftigen. Ihre Vorliebe für Prickelndes hat sie in wenigen Jahren zu Top-Sekterzeugern gemacht. Mittlerweile machen Barbara Roth und Thorsten Ochocki in Siebeldingen charakterstarke Winzersekte, die mindestens 15 Monate auf der Hefe liegen. Das Familienweingut kann sich auf die Fahnen schreiben, erster Hersteller eines Blanc-de-Noirs-Sekts in Deutschland gewesen zu sein.

2005 Patina Blanc de Noirs Spätburgunder brut
54€ | 13%
2007 Patina Pinot B Spätburgunder brut
54€ | 13,5%
2015 Blanc de Noirs Privé Spätburgunder brut
24€ | 12%
2015 Privé Weißburgunder brut
24€ | 12,5%
2017 Wilhelmshof Cuvée brut
18€ | 12%
2018 Blanc de Noirs Spätburgunder brut
17€ | 12%
2019 Riesling brut
13€ | 12%
2019 Riesling extra brut
13€ | 12%

WEINGUT WILKER

Hauptstraße 30
76889 Pleisweiler-Oberhofen
T +49 (0) 6343 2202
www.wilker.de

Jürgen Wilker
Michael Naab
Verbände MEJS, Fair'n Green
Rebfläche 42 ha
Produktion 150.000 Flaschen
Verkaufszeiten Mo–Fr 9–18 Uhr
Sa 14–18 Uhr
So 10–12 Uhr

Profil online

Jürgen Wilker möchte in seinem Weingut Tradition und Moderne verknüpfen. Die Erfahrung, die er dafür mitbringt, hat er auch in Weingütern in Australien, den USA und Südafrika gesammelt. Auf rund 42 Hektar wachsen vor allem die klassischen Rebsorten wie Riesling, Weiß-, Grau- und Spätburgunder. Hinzu kommen aber auch Exoten wie Cabernet Franc und Acolon.

2018 Schlossberg Riesling
18€ | 13,5%
2020 Schlossberg Chardonnay
16€ | 14%
2018 Spätburgunder
13€ | 12,3%
2019 Spätburgunder brut
13€ | 13,1%

WEINGUT VON WINNING

Weinstraße 10
67146 Deidesheim
T +49 (0) 6326 9668 70
www.von-winning.de

Familie Niederberger
Stephan Attmann
Kurt Rathgeber
Verbände VDP
Rebfläche 64 ha
Produktion 500.000 Flaschen
Gründung 1849
Verkaufszeiten Mo–Fr 8–18 Uhr
Sa, So und Feiertag 10–18 Uhr

Profil online

Die Trauben, die im Weingut von Winning den Weg in das historische Kellergewölbe finden, stammen allesamt von den besten Lagen, die die Pfalz zu bieten hat. Wo soll man anfangen, wo aufhören? Ruppertsberger Reiterpfad, Forster Ungeheuer und Jesuitengarten, Maushügel, Grainhübel, Kalkofen, Kieselberg – das sind nur einige der Top-Lagen, auf denen sich die Reben äußerst wohlfühlen. Betriebsleiter Stephan Attmann strebt danach, seine komplexen Weine weltweit in Top-Restaurants und in Kellern internationaler Sammler untergebracht zu sehen. Mit Erfolg.

○ **2017** I Sauvignon Blanc
19,50€ | 13%
○ **2018** 500 Sauvignon Blanc
40€ | 13%
○ **2018** Forster Jesuitengarten Riesling GG
59€ | 13%
○ **2018** Forster Kirchenstück Riesling GG
79€ | 13%
○ **2018** Forster Ungeheuer Riesling GG
35€ | 13%
○ **2018** II Chardonnay
14,50€ | 13%
○ **2019** Deidesheimer Mäushöhle Riesling 1. Lage
15,50€ | 12%
○ **2019** Deidesheimer Paradiesgarten Riesling 1. Lage
15,50€ | 11,5%
○ **2019** Ruppertsberger Reiterpfad Riesling 1. Lage
16,50€ | 12%
○ **2019** Win Win Riesling
11€ | 11%
○ **2020** Imperiale Chardonnay
32€ | 13,5%
○ **2020** Imperiale Sauvignon Blanc
25€ | 12,5%
○ **2020** Jesuitengarten Riesling GG
60€ | 13%
○ **2020** Pechstein Riesling GG
60€ | 13%
○ **2021** Deidesheimer Mäushöhle Riesling 1. Lage
16,80€ | 12%
○ **2021** II Sauvignon Blanc
11€ | 12%
○ **2021** Ruppertsberger Reiterpfad Riesling 1. Lage
19€ | 12%
○ **2021** Win Win Riesling
11,50€ | 12%
● **2018** Am Gutenberg Pinot Noir
59€ | 12,5%
● **2020** Am Gutenberg Pinot Noir
59€ | 13%

trinkreif

○ **2017** Marmar Riesling
85€ | 13%
● **2016** Violette Pinot Noir
49€ | 13,5%

Pfalz

FAMILIENSEKTGUT WINTERLING

Im Brühl 15
67150 Niederkirchen bei Deidesheim
T +49 (0) 6326 8952
winterling-sekt.de

Familiensektgut Winterling
Martin Winterling
Sebastian Winterling
Verbände Verband traditioneller Sektmacher, Vinissima
Rebfläche 12 ha
Produktion 100.000 Flaschen
Gründung 1982
Verkaufszeiten Mo–Fr 9–12 Uhr und 14–18 Uhr
Sa 10–16 Uhr

Profil online

Die Familie Winterling hat sich ganz dem Crémant Pfalz verschrieben. Seit nunmehr 40 Jahren werden die Schaumweine aus Burgunderrebsorten und Riesling im Crémantverfahren hergestellt. Die zwölf Hektar Weinberge liegen teilweise in Lagen wie Deidesheimer Herrgottsacker und Paradiesgarten oder Ruppertsberger Reiterpfad und werden in ökologischer Handarbeit bewirtschaftet, bevor die ganzen Trauben dann schonend gepresst werden und mindestens neun Monate auf der Hefe liegen. Seit 2008 ist das Sekt- und Weingut in Niederkirchen biozertifiziert.

2016 La Coulée D'Or Crémant Pfalz Chardonnay brut
16€ | 12,5%

2018 Blanc de Blancs Chardonnay brut
13€ | 12%

2018 Crémant Pfalz Blanc de Blancs brut
13,50€ | 12%

2018 Crémant Pfalz Riesling brut
14,90€ | 12,5%

2018 Crémant Pfalz Spätburgunder brut
13,50€ | 12%

2018 Fleur de Spätburgunder brut
14,90€ | 12%

2018 Ruppertsberger Reiterpfad Riesling brut
14,50€ | 12,5%

WEINGUT WÖHRLE

Leininger Ring 64
67278 Bockenheim an der Weinstraße
T +49 (0) 6359 4215
www.weingut-woehrle.de

Andreas Wöhrle
Verbände Ecovin
Rebfläche 13,5 ha
Produktion 75.000 Flaschen
Gründung 1844
Verkaufszeiten Sa 9–15 Uhr und nach Vereinbarung

Profil online

Das Motto der Familie Wöhrle aus Bockenheim lautet „Ursprung, Natürlichkeit, Mensch und Wein im Einklang." Dazu passt, dass Betriebsleiter und Kellermeister Andreas Wöhrle zu den Gründungsmitgliedern von Ecovin gehört. Seit vielen Jahren schon bewirtschaftet er seine 13,5 Hektar biologisch, dazu gehören in Bockenheim Schlossberg, Heiligenkirche, Goldgrube und Vogelsang. Allesamt sehr kalkhaltig. Kultiviert werden hauptsächlich Riesling, aber auch Cabernet Sauvignon und Auxerrois.

2019 Goldgrube Riesling Spätlese trocken
9€ | 13%

2019 Vogelsang Alte Reben Riesling Spätlese trocken
11€ | 13%

2021 Riesling
6€ | 12%

WEINGUT ZELT

Binsenstraße 2
67229 Laumersheim
T +49 (0) 6238 3281
www.weingutzelt.de

Mario Zelt
Lotte Iglhaut
Verbände Fair'n Green
Rebfläche 16 ha
Produktion 130.000 Flaschen
Verkaufszeiten Mo–Fr 10–12 Uhr und 14–18 Uhr
Sa 10–16 Uhr

Profil online

„Es ist unsere Aufgabe, ein intaktes Ökosystem auf natürliche Art und Weise zu fördern", davon ist Mario Zelt als Mitglied von Fair'n Green überzeugt. Und weil das für ihn nicht nur ein Spruch ist, begrenzt er die Nachhaltigkeit nicht nur auf den Weinberg, sondern blickt über den Tellerrand hinaus. Auf 16 Hektar wachsen vor allem Riesling, Chardonnay und Burgundersorten.

○ **2018** Laumersheimer Kirschgarten Riesling
23€ | 13,5%

○ **2018** Laumersheimer Steinbuckel Riesling
23€ | 13,9%

○ **2019** Laumersheimer Kirschgarten Chardonnay
19€ | 14%

● **2018** Großkarlbacher Burgweg Spätburgunder 1. Lage
22€ | 13%

● **2018** Laumersheimer Kirschgarten Spätburgunder
30€ | 13,5%

AUGUST ZIEGLER

Bahnhofstraße 5
67487 Maikammer
T +49 (0) 6321 95780
www.august-ziegler.de

Harald & Uwe Ziegler
Uwe Ziegler
Rebfläche 25 ha
Produktion 200.000 Flaschen
Gründung 1717
Verkaufszeiten Mo–Fr 8–18 Uhr
Sa 9–15 Uhr
und nach Vereinbarung

Profil online

Wenn man im Weingut August Ziegler von „damals" spricht, meint man „vor über 300 Jahren". Die Familien- und Weingutsgeschichte geht bis ins Jahr 1717 zurück. Mittlerweile sind es die Brüder Harald und Uwe, die die Geschicke führen, die Senioren stehen aber weiterhin mit Rat und Tat zur Seite. Knapp 25 Hektar werden in den Lagen Gimmeldinger Biengarten und Mandelgarten oder Alsterweiler Kapellenberg bewirtschaftet. Neben Riesling und Burgunder finden sich bei den Zieglers unter anderem auch Scheurebe, Chardonnay, Gewürztraminer oder Shiraz.

○ **2016** Maikammer Mandelhöhe Chardonnay Spätlese trocken
15€ | 13,5%

○ **2017** Maikammer Heiligenberg Riesling Spätlese trocken
10,80€ | 13%

○ **2018** Alsterweiler Kapellenberg Chardonnay
15€ | 14%

○ **2019** Gimmeldinger Biengarten Riesling Kabinett trocken
7,90€ | 12,5%

○ **2020** Maikammer Mandelhöhe Cuvée Spätlese trocken
14€ | 14%

● **2004** Maikammer Kirchenstück Shiraz
30€ | 14,5%

● **2014** Maikammer Mandelhöhe Spätburgunder
30€ | 14%

● **2015** Gimmeldinger Meerspinne Venus Cuvée
30€ | 14%

● **2018** Kaltblut Cuvée
33€ | 14,5%

● **2018** Maikammer Kirchenstück Cabernet Cubin
35€ | 15,5%

● **2007** Gimmeldinger Meerspinne Scheurebe Trockenbeerenauslese
38€ | 8%

● **2019** Gimmeldinger Meerspinne Rieslaner Beerenauslese
18€ | 6,5%

WEINGUT ZIMMERMANN

Grabenstraße 5
67157 Wachenheim an der Weinstraße
T +49 (0) 6322 2384
www.wein-zimmermann.de

Jürgen Zimmermann
Rebfläche 12 ha
Produktion 80.000 Flaschen
Verkaufszeiten Mo–Fr 9–12 Uhr und 14–18 Uhr
Sa 9–15 Uhr

Profil online

Der Riesling ist es für Jürgen Zimmermann. Seine absolute Leidenschaft und auch seine Stärke, wie der Winzer sagt. Seine zwölf Hektar Rebfläche in und um Wachenheim sind zu zwei Drittel mit Riesling bestockt, hinzu kommen Burgundersorten, Sauvignon Blanc, Merlot oder Cabernet Sauvignon. Die besten Rieslinge des kleinen Familienweinguts wachsen auf den Lagen Fuchsmantel, Gerümpel und Altenburg. Jürgen Zimmermann hat den Betrieb 1990 von seinem Vater Emil übernommen und führt ihn damit in der zweiten Generation.

○ **2019** Gerümpel Riesling Spätlese trocken
15€ | 13%

○ **2019** Wachenheimer Altenburg Riesling
17€ | 13,2%

○ **2020** Wachenheimer Altenburg Riesling
17€ | 13%

○ **2020** Wachenheimer Gerümpel Riesling
17€ | 13%

○ **2021** Riesling
7,20€ | 11%

● **2018** Riesling brut
12€ | 11,5%

RHEINGAU

RHEINGAU

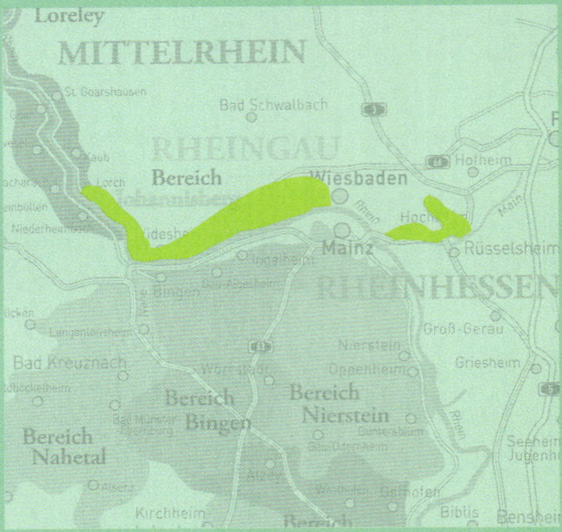

REBFLÄCHE
3.197 Hektar, ein Bereich, elf Großlagen, 129 Einzellagen

REBSORTEN
Weißwein 86 % (Riesling 77,4 %, Weißburgunder 2 %, Grauburgunder 1,1 %), Rotwein 14 % (Spätburgunder 12,2 %)

BÖDEN
Schwere tertiäre Mergelböden; Schiefer, Quarzit, Kiesel und Sandstein; Lehm; tiefgründige, meist kalkhaltige Böden aus Sandlöss oder Löss; mittel- und tiefgründige Phyllitschiefer

BESONDERHEIT
Im Jahr 1775 entdeckte das Kloster Johannisberg den Vorteil einer späten Weinlese – auch heute noch zählen die Rheingauer Riesling-Spätlesen zu den Vorzeigeweinen der Region.

SPITZENWEINE VON WELTRUHM

von ANKE KRONEMEYER

Der Rheingau steht für weinhistorische Ereignisse: Zum einen wurde im Rheingau zum ersten Mal Wein in Flaschen gefüllt, zum anderen wurden zum ersten Mal Trauben so spät gelesen, dass dieser Wein als Spätlese in die Annalen einging. Der Rheingau belegt mit knapp 3.200 Hektar Rebfläche Platz acht der 13 Weinanbaugebiete.

Ganz weit vorn liegt der Rheingau mit anderen Daten und Fakten: So befindet sich das größte deutsche Weingut im Rheingau, mit der Drosselgasse in Rüdesheim aber auch eines der schmalsten Sträßchen. Und beim Riesling ist der Rheingau ohnehin ganz weit oben und vorn. Der Rheingau ist bei Touristen aus dem In- und Ausland sehr beliebt. Auf 120 Kilometern führt die Rheingauer Riesling Route durch die malerischen Weinorte, alte Klöster und Schlösser laden am Wegesrand zu Besichtigungen ein. Station kann man auch in Gutsschänken und Straußwirtschaften machen, denn in jedem Ort des Rheingau wird Wein angebaut. Egal, ob in Eltville, Flörsheim, Hattenheim, Oestrich-Winkel, Geisenheim, Hochheim, Rüdesheim oder Assmannshausen. Überall dominieren die Weinberge, die hier allesamt Richtung Süden ausgerichtet sind. Das liegt vor allem an der Fließrichtung des Rheins. Eigentlich fließt er in Richtung Norden, im Rheingau macht er aber einen Knick, ändert kurz vor Wiesbaden seinen Lauf, wandert erst nach Westen, dann dreht er wieder ab nach Norden. Und so entstand in einem rechten Winkel der Rheingau, der sich von Ost nach West als schmales Band durch die hessische Landschaft zieht. Wein wächst auf rund 3.200 Hektar, zu fast 80 Prozent werden Riesling, zu zwölf Prozent Spätburgunder angebaut. Hier wachsen fast ausnahmslos Spitzenweine, die einen legendären Ruf im eigenen Land, aber auch im Ausland zum Beispiel am englischen Königshof haben. Skandinavier lieben den Riesling aus dem Rheingau ebenso wie Amerikaner und Chinesen.

EIN KNICK IM FLUSS UND EINE FOLGENSCHWERE VERSPÄTUNG

Das größte Weingut Deutschlands
Eines der großen, bedeutenden Weingüter ist Kloster Eberbach, mit seinen 250 Hektar das größte Weingut in Deutschland und eine der besterhaltenen mittelalterlichen Klosteranlagen. Das Kloster, früher eine Zisterzienserabtei, stammt aus dem 12. Jahrhundert. Schon die ersten Mönche hatten burgundische Weinreben gesetzt; der Weinbau wurde im Laufe der Jahrhunderte zum wichtigsten wirtschaftlichen Faktor. 1803 verließen die letzten Mönche das Gelände, 1998 wurde die Anlage in eine Stiftung überführt. Im Sommer 2008 wurde der Steinbergkeller als eine der modernsten Weinproduktionsstätten Europas in Betrieb genommen. In diesem Kloster finden übrigens regelmäßig traditionelle Weinversteigerungen statt.

Geburtsstunde der Spätlese
Ein weiteres wichtiges Weingut ist Schloss Johannisberg, das früher ein Benediktinerkloster war. 1716 wurde der Fuldaer Fürstabt Konstantin von Buttlar der Hausherr. Dort wurde dann Wein angebaut, es brauchte aber immer eine Genehmigung des Fürstbischofs in Fulda. So auch im Jahr 1775, als die Trauben eigentlich schon längst reif waren, der reitende Bote mit der Genehmigung in der Tasche aber auf sich warten ließ. Trotzdem und eben verspätet wurden die Trauben gelesen. Ergebnis: Der Wein schmeckte. Die Spätlese ward geboren.

Auch der Wald spielt im Rheingau eine große Rolle, denn hier liegt das größte Waldgebiet Hessens, das sich ebenfalls gut durchwandern lässt. Zum Beispiel auf den Wisper-Trails, benannt nach dem Nebenfluss des Rheins. Sie sind unterschiedlich lang, führen durch die Natur mit Bäumen, Orchideen, Felsen oder Gewässern.

Der Rheingau-Gast liebt zudem die Kultur, die ihm übers ganze Jahr geboten wird. Das Rheingau-Musikfestival ist nur eins von vielen Beispielen, das Gourmet- und Weinfestival ein anderes.

WEINGÜTER

WEINGÜTER
ÜBERSICHT A-Z

553
BIBO RUNGE
Eberbacherstraße 5
65375 Oestrich-Winkel

554
MICHAEL SCHÖN
Hauptstraße 80
65385 Rüdesheim am Rhein

554
WEIN- UND SEKTGUT F. B. SCHÖNLEBER
Obere Roppelsgasse 1
65375 Oestrich-Winkel

555
WEINGUT SCHREIBER
Johanneshof
65239 Hochheim

555
WEINGUT SCHUMANN-NÄGLER
Nothgottesstraße 29
65366 Geisenheim

556
WEINGUT SOHLBACH
Oberstraße 15
65399 Kiedrich

556
JOSEF SPREITZER
Rheingaustraße 86
65375 Oestrich-Winkel

557
THILO STRIETH
Hauptstraße 43
65385 Rüdesheim am Rhein

558
SEKTMANUFAKTUR SCHLOSS VAUX
Kiedricher Straße 18a
65343 Eltville am Rhein

559
WEGELER GUTSHAUS RHEINGAU
Friedensplatz 9–11
65375 Oestrich-Winkel

560
ROBERT WEIL
Mühlberg 5
65399 Kiedrich

561
WEINGUT IM WEINEGG
Kirchstraße 38
65239 Hochheim

FAMILIE ALLENDORF

Kirchstraße 69
65375 Oestrich-Winkel
T +49 (0) 6723 91850
www.allendorf.de

Ulrich Allendorf & Christine Schönleber
Josef Schönleber
Max Schönleber
Verbände VDP
Rebfläche 70 ha
Produktion 550.000 Flaschen
Verkaufszeiten Täglich von 10 bis 16 Uhr

Profil online

Als Fritz Allendorf das Weingut 1955 übernahm, hatte es gerade einmal 1,5 Hektar Weinberge. Heute ist das Weingut Allendorf mit 70 Hektar das größte familiengeführte Weingut rund um Winkel, Rüdesheim und Assmannshausen. Den Betrieb leitet seit dem frühen Tod von Fritz Sohn Ulrich Allendorf gemeinsam mit seiner Schwester Christine Schönleber und dem Familienclan. Hier wird Riesling in all seinen Facetten gelebt. Hintergründe gibt's dazu in der Wein-Erlebnis-Welt mit der damals ersten Licht-Weinprobe und Historisches im Brentanohaus, wo einst Goethe weilte.

○ **2018** Rüdesheimer Berg
Riesling 1. Lage
17,50€ | 12%

○ **2018** Rüdesheimer Berg Roseneck
Riesling GG
27,50€ | 12,5%

○ **2018** Winkeler Hasensprung
Riesling GG
25€ | 12%

○ **2018** Winkeler Jesuitengarten
Riesling GG
25€ | 12,5%

○ **2020** Winkeler Hasensprung
Riesling GG
27,50€ | 12%

○ **2020** Winkeler Jesuitengarten
Riesling GG
27,50€ | 13%

● **2018** Assmannshäuser Höllenberg
Spätburgunder GG
48€ | 13%

● **2018** Winkeler Hasensprung
Riesling Auslese
29,50€ | 8,5%

trinkreif

○ **2017** Winkeler Hasensprung
Riesling GG
25€ | 12%

● **2014** Winkeler Hasensprung Sekt
Riesling brut nature
36,50€ | 13%

SEKTKELLEREI BARDONG

Bahnstraße 7
65366 Geisenheim
T +49 (0) 6722 47136
www.bardong.de

Norbert & Renate Bardong
Verbände Verband traditioneller Sektmacher
Gründung 1984
Verkaufszeiten nach Vereinbarung

Profil online

Der Name Bardong steht für eine dieser feinen Sektmanufakturen, die der Rheingau hervorgebracht hat. Norbert Bardong entdeckte im Studium in Geisenheim und bei Trips in die Champagne seine Liebe zum Prickelnden, in historischen Gewölben in Geisenheim gründete er 1984 seine Sektmanufaktur. Seither werden hier beste Grundweine aus dem Rheingau in klassischer Flaschengärung zu Sektcharakteren veredelt. Mindestens 36 Monate reifen die Tropfen auf der Hefe, manche bis zu 18 Jahre. Bardong beweist: Sekt kann reifen und er ist ein genialer Essensbegleiter.

2014 Erbacher Marcobrunn Riesling extra brut
28€ | 12,5%

2014 Erbacher Honigberg Riesling extra brut
14€ | 12,5%

2015 Assmannshäuser Hinterkirch Blanc de Noir Spätburgunder brut
21€ | 12,5%

2015 Bardong Chardonnay brut
19€ | 12,5%

2016 Bardong Chardonnay brut
19€ | 12,5%

2016 Erbacher Honigberg Riesling extra brut
16€ | 12%

WEIN- UND SEKTGUT BARTH

Bergweg 20
65347 Eltville am Rhein
T +49 (0) 6723 2514
www.weingut-barth.de

Christine & Mark Barth
Mark Barth
Verbände VDP, Verband traditioneller Sektmacher
Rebfläche 22 ha
Produktion 150.000 Flaschen
Gründung 1948
Verkaufszeiten Mi–Fr 14–18 Uhr
Sa 11–16 Uhr
und nach Vereinbarung

Profil online

Seit 30 Jahren machen sie hier bereits ihre Schaumweine selbst: Familie Barth hat die Sektgeschichte des Rheingaus fraglos mitgeschrieben. Wein ist die Disziplin, der Sekt wird als der Ritterschlag begriffen. Gutstochter Christine Barth sammelte Erfahrungen beim kalifornischen Super-Weinmacher Gallo, Mann Mark Barth gilt als „der Riesling-Meister" und als Pionier des Lagensekts. Die Weine werden auf 22 Hektar konsequent biologisch angebaut, das gibt auch so manchen feinen Riesling aus Großen Lagen. Verkostet werden können sie in der eigenen Vinothek.

2018 Hattenheim Hassel Barth Hassel – Bio Riesling GG
37€ | 12,5%

2019 Hattenheim Hassel Riesling GG
37€ | 12,5%

2020 Charta Riesling
14€ | 11,5%

2020 Hattenheim Schönhell Riesling GG
34€ | 12,5%

2015 Hassel Hattenheim Riesling Goße Lage brut nature
65€ | 12,5%

2016 Schützenhaus Hattenheim Riesling 1. Lage brut nature
37€ | 12%

trinkreif

2017 Hattenheimer Hassel Riesling GG
38€ | 12,5%

2013 Blanc de Noir Ultra
29€ | 12,5%

2013 Hattenheimer Hassel Riesling
65€ | 12,5%

Rheingau

- **2013** Ultra Pinot Spätburgunder brut nature — **30€** | 12,5%
- **2014** Barth Hassel Riesling – Bio Riesling brut nature — **65€** | 12,5%
- **2014** Schützenhaus Riesling brut nature — **36€** | 12,5%
- **2014** Ultra Pinot Spätburgunder brut nature — **30€** | 12%
- **2015** Schützenhaus Riesling brut nature — **36€** | 12,5%

HANS BAUSCH

Waldbachstraße 103
65347 Eltville am Rhein
T +49 (0) 6723 9992 03
www.weingut-hans-bausch.de

Hans Bausch
Katharina Bausch
Verbände Rheingauer Weinbauverband, Rheingauer Jungwinzer
Rebfläche 17 ha
Produktion 80.000 Flaschen
Gründung 1981
Verkaufszeiten Mo–Fr 8–17 Uhr
Sa 11–16 Uhr

Profil online

Im Weingut Hans Bausch kommen nicht nur Traktoren zum Einsatz: Der Chef kommt auch mal mit Pferdestärke daher. Zwei hofeigene Pferde helfen bei der Bewirtschaftung der Weinberge und liefern auch gleich die Düngung für die dauerbegrünten Rebzeilen – hier wird bodenständig und naturnah Wein angebaut. Seit 1981 baut Hans Bausch das Weingut in Hattenheim auf, ein Drittel der Lagen sind Große Gewächse. Das Ziel: gute und ehrliche Rieslinge. Sohn Max ist für die Weinberge zuständig, Tochter Katharina für den Ausbau im Keller.

- **2018** Hattenheimer Engelmannsberg RGG Riesling „GG" — **21,50€** | 13%
- **2019** Hattenheimer Engelmannsberg Rheingau Riesling „GG" — **21,50€** | 12,5%
- **2019** Hattenheimer Schützenhaus Riesling — **9,50€** | 13%
- **2021** Hattenheimer Engelmannsberg Riesling „GG" — **22€** | 12,5%
- **2021** Hattenheimer Riesling — **7,50€** | 12%
- **2021** Hattenheimer Riesling Kabinett feinherb — **7,50€** | 11%
- **2021** Hattenheimer Schützenhaus Riesling — **10€** | 12%
- **2021** Kiedricher Gräfenberg Riesling „GG" — **28€** | 12,5%

○ **2021** Oestricher Unser Lenchen
Riesling Kabinett
7,50€ | 9%

● **2019** Hattenheimer Wisselbrunnen
Riesling Spätlese
9,50€ | 8,5%

J. B. BECKER

Rheinstraße 5
65396 Walluf
T +49 (0) 6123 74890
www.jbbecker.de

Johann Josef Becker
Rebfläche 11 ha
Produktion 45.000 Flaschen
Gründung 1893
Verkaufszeiten nach Vereinbarung

Profil online

„Handgemacht seit 1893", lautet das Motto des Weinguts J. B. Becker, es passt zum Chef: Hajo Becker hält nichts von Schnelllebigkeit, seine Weine bekommen Zeit zum Reifen. Die überaus langlebigen Rieslinge bleiben bis zu zwölf Monate auf der Hefe im Fass und überzeugen noch nach Jahrzehnten mit Frische und vielschichtigem Aromenspiel. Auch beeindruckende Spätburgunder und Restsüße, oftmals perfekt gereifte Rieslinge findet man hier. Im Weinberg wird konsequent auf Mineraldünger und Herbizide verzichtet. Ein Traum ist auch der Weingarten direkt gegenüber am Rhein, den Picknickkorb darf man mitbringen.

○ **2018** Wallufer Walkenberg
Riesling Kabinett trocken
13€ | 12,5%

○ **2019** Eltviller Sonnenberg
Riesling Spätlese
15€ | 11%

○ **2019** Wallufer Walkenberg
Riesling Auslese trocken
39€ | 13,9%

○ **2019** Wallufer Walkenberg
Riesling Spätlese trocken
15€ | 12,7%

○ **2020** Wallufer Berg Bildstock
Riesling Kabinett
13,50€ | 11%

○ **2020** Wallufer Riesling
12€ | 11,8%

○ **2020** Wallufer Walkenberg Alte Reben
Riesling Spätlese trocken
19,50€ | 12,5%

○ **2020** Wallufer Walkenberg
Riesling Kabinett trocken
13,50€ | 12,2%

○ **2020** Wallufer Walkenberg
Riesling Spätlese trocken
15,50€ | 12,5%

Rheingau

● **2017** Wallufer Walkenberg Spätburgunder
16,50€ | 12,6%

● **2018** Wallufer Walkenberg Spätburgunder Spätlese trocken
35€ | 14,2%

● **2019** Wallufer Walkenberg Alte Reben Spätburgunder Spätlese trocken
38€ | 13,8%

trinkreif

○ **2017** Wallufer Walkenberg Riesling Auslese trocken
28€ | 13,5%

● **2016** Wallufer Walkenberg Alte Reben Riesling brut nature
29€ | 11,7%

● **2010** Wallufer Oberberg Riesling Beerenauslese
150€ | 8,6%

GEORG BREUER

Grabenstraße 8
65385 Rüdesheim am Rhein
T +49 (0) 6722 1027
www.georg-breuer.com

Marcia & Theresa Breuer
Hermann Schmoranz
Markus Lundén
Verbände dieGueter.de, Fair'n Green
Rebfläche 38 ha
Produktion 280.000 Flaschen
Gründung 1880
Verkaufszeiten Mo–So 10–18 Uhr

Profil online

Bernhard Breuer war der Visionär des Rheingaus, dem Rüdesheimer Winzer verdankt der Rheingau einen Gutteil seines Qualitätssprungs in den 1980er-Jahren: Breuers trockene Rieslinge setzen bis heute Maßstäbe. Nach seinem plötzlichen Tod 2004 übernahm Tochter Theresa mit gerade 20 Jahren das Weingut und führt es seither mit Betriebsleiter Hermann Schmoranz und Kellermeister Markus Lundén auf höchstem Niveau fort. In den ökologisch bewirtschafteten Weinbergen stehen auch historische Rebsorten wie Orléans und Heunisch, die Rieslinge sollen „das Merkmal ihrer Herkunft im Gesicht tragen", wie einst Bernhard Breuer sagte. Maßstäbe in Moderne und Eleganz setzt auch die Vinothek in Rüdesheim.

○ **2019** Estate Lorch Riesling
16,50€ | 12%

○ **2019** Estate Rüdesheim Riesling
16,50€ | 12%

○ **2019** Lorcher Pfaffenwies Riesling
49€ | 12%

○ **2019** Rauenthaler Nonnenberg Riesling
59€ | 12%

○ **2019** Terra Montosa Riesling
24€ | 12%

○ **2021** Nonnenberg Riesling
89€ | 11,5%

○ **2021** Pfaffenwies Riesling
68€ | 11,5%

● **2018** Spätburgunder Pinot Noir
23€ | 12%

trinkreif

○ **2013** Rüdesheimer Berg Roseneck Riesling
45€ | 12%

● **2008** Georg Breuer Cuvée brut
38€ | 12,5%

WEINGUT CORVERS-KAUTER

Aufsteiger

Rheingaustraße 129
65375 Oestrich-Winkel
T +49 (0) 6723 2614
www.corvers-kauter.de

Dr. Matthias & Brigitte Corvers
Dr. Matthias Corvers
Verbände Bioland
Rebfläche 37 ha
Produktion 250.000 Flaschen
Verkaufszeiten Apr.–Okt.
Mo–Di 9–17 Uhr
Mi–So 9–20 Uhr
Nov.–März
Mo–Sa 9–17 Uhr
und nach Vereinbarung

Profil online

Die Familie macht kein großes Aufsehen um ihre lange Tradition. Der Blick der Covers ist immer in die Zukunft gerichtet. So wurde auch mit der Übernahme der Weinberge des legendären Eltviller Weingutes Langwerth von Simmern die Rebfläche deutlich vergrößert. Um den Wein kümmert sich Matthias Covers, der sich nun vor allem über die Hattenheimer Lagen als echte Filetstücke freuen kann. Die Weinberge werden umweltschonend bewirtschaftet, die von Hand gelesenen Trauben mit Bedacht und Sorgfalt zu charaktervollen Weinen verarbeitet.

○ **2019** Rüdesheimer Berg Rottland Riesling
31€ | 12,5%

○ **2019** Rüdesheimer Berg Schlossberg Riesling
31€ | 12,5%

○ **2020** R3 Rheingau Riesling Remastered Riesling
9,50€ | 12,5%

○ **2021** Erbacher Marcobrunn Riesling
39€ | 12%

○ **2021** Rheingau Remastered R3 Riesling
9,90€ | 12%

○ **2021** Rüdesheimer Berg Rottland Riesling
39€ | 12%

○ **2021** Rüdesheimer Berg Schlossberg Riesling
39€ | 12%

● **2018** Assmannshäuser Höllenberg Pinot Noir
68€ | 13,5%

2018 Rüdesheimer Drachenstein Pinot Noir 1. Lage
48€ | 13,5%

2019 Assmannshäuser Höllenberg Pinot Noir
68€ | 13,5%

2019 Rüdesheimer Drachenstein Pinot Noir 1. Lage
48€ | 13,5%

2018 Oestricher Doosberg Riesling Trockenbeerenauslese
290€ | 6%

2019 Erbacher Marcobrunn Riesling Trockenbeerenauslese
230€ | 6,5%

2020 Erbacher Marcobrunn Riesling Trockenbeerenauslese
290€ | 6%

2021 Erbacher Marcobrunn Riesling Trockenbeerenauslese
290€ | 7,5%

2021 Oestricher Doosberg Riesling Trockenbeerenauslese
290€ | 6,5%

trinkreif

2017 Assmannshäuser Höllenberg Pinot Noir
68€ | 13,5%

2017 Rüdesheimer Drachenstein Pinot Noir
48€ | 13,5%

DOMDECHANT WERNER

Aufsteiger

Rathausstraße 30
65239 Hochheim
T +49 (0) 6146 8350 37
www.domdechantwerner.com

Dr. Franz Werner Michel
Michael Bott
Verbände VDP
Rebfläche 14 ha
Produktion 100.000 Flaschen
Gründung 1780
Verkaufszeiten Mo–Fr 9–17 Uhr
Sa 9–13 Uhr
und nach Vereinbarung

Profil online

Domdechant Franz Werner baute einst den Mainzer Dom nach dem Beschuss durch die Preußen wieder auf, das Gutshaus von 1864 oberhalb der Hochheimer Weinberge mit dem Blick bis Mainz atmet bis heute Geschichte. Riesling lieben und leben sie hier, Tochter Catharina ist bereits die 8. Generation. Seniorchef Dr. Franz Michel kann selbst Geschichten in Fülle erzählen, am liebsten bei einem Riesling zwischen den Antiquitäten des Gutshauses. Man gehört zu den ältesten Mitgliedern des VDP Rheingau, Kellermeister Michael Bott kreiert elegante, große Rieslinge.

2019 Hochheimer Kirchenstück Riesling GG
26€ | 13,5%

2020 Hochheimer Kirchenstück Riesling Spätlese
16€ | 9,5%

2021 Hochheimer Domdechaney Riesling 1. Lage
18,50€ | 12,5%

2021 Hochheimer Kirchenstück Riesling 1. Lage
16€ | 12,5%

2021 Hochheimer Riesling
13€ | 12,5%

2021 Hochheimer Riesling Kabinett
12€ | 9,5%

2021 Frühburgunder
12€ | 10,5%

2020 Hochheimer Stielweg Riesling Auslese
25€ | 9%

WEINGUT EGERT

Rheinallee 33
65347 Eltville am Rhein
T +49 (0) 6723 5557
www.weingut-egert.shop

Manfred Egert
Sophie Egert
Verbände Rheingauer Jungwinzer, Vinissima, Rheingauer Weinbauverband, Generation Riesling
Rebfläche 10 ha
Produktion 45.000 Flaschen
Verkaufszeiten Mo–Sa 10–13 und 15–18 Uhr und nach Vereinbarung

Profil online

Seit dem 18. Jahrhundert schreibt das Weingut Egert in Hattenheim Weinbau- und Familiengeschichte, auf zehn Hektar werden hier inzwischen zu 90 Prozent Riesling, aber auch Weiß und Spätburgunder angebaut. Seit Herbst 2020 ist mit Max und Sophie bereits die nächste Generation im Weingut aktiv. Der Fokus liegt immer mehr auf der Sektherstellung, die Weine kommen aus Hattenheim, Erbach und dem Oestricher Lenchen. Im edlen Gutshaus lässt sich stilvoll feiern, zum Übernachten stehen moderne Ferienwohnungen bereit.

2019 Hattenheimer Hassel Riesling Spätlese trocken
10,80€ | 13%

2019 Hattenheimer Wisselbrunnen Rheingau Riesling Spätlese trocken „GG"
21,50€ | 13%

2021 Spätburgunder
10,80€ | 12%

2018 Schwarze Linie Riesling brut nature
13,80€ | 13%

WINZER VON ERBACH

Ringstraße 28
65346 Eltville am Rhein
T +49 (0) 6123 62414
www.winzer-von-erbach.de

Ronald Müller-Hagen
Steve Eberding
Rebfläche 33 ha
Produktion 200.000 Flaschen
Gründung 1953
Verkaufszeiten Mo–Fr 9–12 Uhr und 13–18 Uhr
Sa 10–13 Uhr

Profil online

Winzer von Erbach, das sind 31 kleine Weinbaubetriebe, die sich 1953 zu einer Genossenschaft zusammenschlossen. 33 Hektar Weinberge rund um Erbach, Kiedrich und Rauenthal gehören heute dazu, zehn Hektar sind Eigentum. Steve Eberding kreiert fruchtbetonte Rieslinge und samtige Spätburgunder. Seit 2020 gibt es eine „Junge Linie" aus frischen und süffigen Partyweinen in Weiß, Rosé und Rot.

2021 Cabernet Blanc feinherb
7,50€ | 11,4%

2021 Classic Riesling feinherb
7,50€ | 11,3%

2021 Erbacher Honigberg Riesling
6,90€ | 11%

2021 Erbacher Honigberg Riesling Spätlese
8,50€ | 8%

2021 Golsmuskateller feinherb
8,50€ | 10,6%

2021 Grauburgunder
7,90€ | 12,5%

2021 Riesling
7,50€ | 9%

2015 Pinot Noir Auslese trocken
19,90€ | 14,5%

2019 Barrique Spätburgunder
14,90€ | 12,4%

2019 Spätburgunder
8,90€ | 11,2%

2021 Blanc de Noir Spätburgunder
7,50€ | 12%

H. J. ERNST

Holzstraße 38–40
65343 Eltville am Rhein
T +49 (0) 6123 2363
www.weingut-ernst.de

Johannes Ernst
Rebfläche 36 ha
Produktion 275.000 Flaschen
Gründung 1912
Verkaufszeiten Mo–Fr 8–12 und 13–18 Uhr
Sa 10–17 Uhr

Profil online

Es tut sich etwas bei H. J. Ernst in Eltville: Frische und aufgeräumte Etiketten zieren die Weinflaschen, die moderne Vinothek lädt zum Verkosten. Johannes Ernst lenkt in 4. Generation den Familienbetrieb, der mit 36 Hektar zu den größeren Weingütern im Mittleren Rheingau gehört. Das Sortiment ist breit: Neben Riesling gibt es Sauvignon Blanc und Gewürztraminer – und einen alkoholfreien „Zero“.

○ **2020** Eltviller Sonnenberg Rheingau Großes Gewächs Riesling
16€ | 12,5%

○ **2021** Classic Riesling feinherb
7,50€ | 12%

○ **2021** Eltviller Langenstück Selection Riesling Spätlese trocken
12€ | 12%

○ **2021** Eltviller Sonnenberg Riesling Spätlese halbtrocken
9€ | 11,5%

○ **2021** Eltviller Taubenberg Riesling Spätlese
9€ | 9,5%

○ **2021** Kernstück Cuvée
8€ | 11,5%

○ **2021** Rauenthaler Wülfen Riesling Kabinett halbtrocken
7,50€ | 11,5%

○ **2021** Sauvignon Blanc
8€ | 11,5%

● **2020** Eltviller Sonnenberg Spätburgunder Auslese trocken
16€ | 14%

● **2018** Sauvignon Blanc brut
12€ | 12%

● **2020** Riesling brut
10€ | 12,5%

● **2021** Eltviller Sonnenberg Riesling Auslese
15€ | 8,5%

AUGUST ESER

Friedensplatz 19
65375 Oestrich-Winkel
T +49 (0) 6723 5032
www.eser-wein.de

Désirée Eser Freifrau zu Knyphausen
Dodo Freiherr zu Knyphausen & Désirée Eser Freifrau zu Knyphausen
Verbände VDP, Charta, Rheingauer Jungwinzer
Rebfläche 11 ha
Produktion 75.000 Flaschen
Gründung 1759
Verkaufszeiten Mo–Fr 9–12 Uhr und 13–17 Uhr
Sa 9–12 Uhr

Profil online

In der nunmehr 10. Generation führen Désirée Eser Freifrau zu Knyphausen und ihr Mann Dodo das Weingut August Eser, seit 40 Jahren ist man VDP-Mitglied: Das Weingut atmet die Geschichte, die junge Generation Dynamik. Das gilt auch für die Böden: Die Weinberge in acht Rheingau-Gemeinden bieten Auen-, Schiefer-, Sand- und Lösslehmböden. Die Vielfalt prägt die Weinstilistik und spiegelt sich in den eleganten Rieslingen, die kombiniert in Holz und Edelstahl ausgebaut werden. Im Weinberg arbeitet man naturnah, aus der Gutsküche kommt Edles passend zum Wein.

○ **2019** Auktion Réserve Riesling
k. A. | 12,5%

○ **2019** Hattenheimer Nussbrunnen Riesling GG
35€ | 12,5%

○ **2019** Oestricher Doosberg Riesling GG
33€ | 12,5%

○ **2021** Hattenheimer Engelmannsberg Riesling 1. Lage
14,90€ | 12%

○ **2021** My Way, Désirée Eser Riesling
8,50€ | 11,5%

○ **2021** Vom Löss Riesling
9,90€ | 11,5%

● **2019** Oestricher Doosberg Riesling Auslese
25€ | 8%

trinkreif

○ **2015** Hattenheimer Nussbrunnen Riesling
25€ | 12,5%

● **2003** Hattenheimer Wisselbrunnen Riesling Auslese
30€ | 8%

JOACHIM FLICK

Straßenmühle
65439 Flörsheim
T +49 (0) 6145 7686
www.flick-wein.de

Reiner Flick
Matteo Betteto
Verbände VDP
Rebfläche 20 ha
Produktion 185.000 Flaschen
Gründung 1650
Verkaufszeiten Mo–Fr 15–19 Uhr
Sa 10–14 Uhr
und nach Vereinbarung

Profil online

Das Weingut mit dem herrlichen Gelände ist der östliche Außenposten des Rheingaus, aus der Straßenmühle in Wicker kommen elegante, klare, authentische Rieslinge. Winzer Reiner Flick ist die 9. Generation, weltberühmt ist seine Monopollage Hochheimer Königin Victoriaberg: Die Rieslinge werden schon mal der Royal Family in London kredenzt. Auf knapp 20 Hektar wird aber nicht nur Riesling (81 %) angebaut, sondern auch Spätburgunder, Chardonnay und Sauvignon Blanc. Mit Tochter Katharina steht die nächste Generation in den Startlöchern.

○ **2019** Hochheimer Königin Victoriaberg Riesling 1. Lage
13,90€ | 12,5%

○ **2019** Nonnberg Wicker Nonnberg Riesling 1. Lage
13,90€ | 12,5%

○ **2019** Wicker Nonnberg Vier Morgen Riesling GG
28,50€ | 13%

○ **2021** Charta Riesling halbtrocken
9,80€ | 12,5%

○ **2021** F. vini et vita Riesling
8€ | 12,5%

○ **2021** Hochheim Königin Victoriaberg Riesling 1. Lage
14,50€ | 12,5%

○ **2021** Hochheim Königin Victoriaberg Riesling Kabinett 1. Lage
14,90€ | 8,5%

○ **2021** Lorchhausen Riesling
9,80€ | 12,5%

○ **2021** Wicker Nonnberg Riesling 1. Lage
14,50€ | 12,5%

○ **2021** Wicker Riesling
9,80€ | 12,5%

- **2018** Wicker Nonnberg
  Spätburgunder 1. Lage
  28,50€ | 14%
- **2019** Wicker Nonnberg Fuhshol
  Spätburgunder 1. Lage
  28,50€ | 13,5%

MEINE FREIHEIT

Rheinstraße 3
65375 Oestrich-Winkel
T +49 (0) 6723 9980 420
www.weingutmeinefreiheit.de

Sascha Magsamen
Sabrina Schach
Verbände Wine in Moderation, Verband historischer Rebsorten
Rebfläche 25 ha
Produktion 90.000 Flaschen
Gründung 2010
Verkaufszeiten Mo–Fr 9–15 Uhr
Sa–So 12–18 Uhr

Profil online

Das Weingut Meine Freiheit gehört sicher zu den ungewöhnlichsten im Rheingau: Gegründet 2010, werden hier auf rund 25 Hektar mit viel Leidenschaft und streng nach biologischen Richtlinien Rieslinge und Burgunder produziert, etwa im Assmannshäuser Höllenberg und im Rüdesheimer Berg Schlossberg. Man geht eigene Wege, die „Freiheit" im Namen ist Programm – auch auf den zwei Hektar an der Burgruine Schloss Gutenberg an der Nahe. Aus den Sektanfängen 2020 sind heute zehn verschiedene Sekte geworden, das Ziel ist es, zu den besten Sekthäusern Deutschlands gehören.

- **2017** Assmannshäuser Höllenberg
  Spätburgunder
  18€ | 13%
- **2013** Berg Roseneck
  Réserve Riesling brut
  28€ | 12,5%
- **2013** Rüdesheimer Berg Roseneck
  Réserve Riesling brut
  28€ | 12,5%
- **2015** Rheingau Chardonnay
  brut nature
  23€ | 12%
- **2016** Geisenheimer Rothenberg
  Réserve Riesling brut
  28€ | 12,5%

- 2016 **Pinot Noir brut nature**
  45€ | 12,5%
- 2016 **Rheingau Pinot Meunier brut nature**
  45€ | 13%
- 2017 **Geisenheimer Rothenberg Chardonnay brut**
  28€ | 13%
- 2017 **Rüdesheim Chardonnay brut nature**
  23€ | 12,5%

EVA FRICKE

Aufsteiger

Elisabethenstraße 6
65343 Eltville am Rhein
T +49 (0) 6123 7036 58
www.evafricke.com

Eva Fricke
Oliver Schmid
Verbände Rheingauer Weinbauverband, Vegan Society
Rebfläche 17 ha
Produktion 80.000 Flaschen
Gründung 2006
Verkaufszeiten nach Vereinbarung

Profil online

Sie ist der Shooting-Star der Rheingauer Weinszene, was vermutlich daran liegt, dass „Szene" sie nicht schert: Eva Frickes Rieslinge sind puristisch, rein und haben dabei „das Maximum an Ausdruck und Eleganz im Blick", wie sie selbst sagt. Es stimmt: Die Weine der gebürtigen Bremerin gehören zu den Tropfen, die Kenner schwärmen lassen und einen Sinnesrausch auf die Zunge zaubern. Glück hat, wer einen ihrer herausragenden Rieslinge ergattert, denn trotz 17 Hektar ist das Angebot rar. Berühmt sind ihre Rieslinge aus der Lage Krone bei Lorch.

- 2019 **Mélange Riesling**
  25€ | 13,5%
- 2021 **Kiedrich Riesling**
  19,80€ | 12%
- 2021 **Lorch Rheingau Riesling**
  19,80€ | 12,5%
- 2021 **Lorch Schlossberg Rheingau Riesling feinherb**
  53€ | 12%
- 2021 **Mélange Riesling**
  28€ | 12,5%
- 2021 **Riesling**
  14,80€ | 12%
- 2019 **Pinot Noir brut nature**
  29€ | 12,5%

GOLDATZEL

Aufsteiger

Hansenbergallee 1a
65366 Geisenheim
T +49 (0) 6722 50537
www.goldatzel.de

Familie Groß
Gerhard & Johannes Groß
Rebfläche 13 ha
Produktion 90.000 Flaschen
Verkaufszeiten Di–So 10–18 Uhr
März–Nov. im Gutsausschank

Profil online

Der Name Goldatzel kommt von einer diebischen Elster, die Wurzeln von Familie Groß gehen bis ins 16. Jahrhundert zurück: Damals hieß man noch Claudy, später Klein. Gerd Groß wandelte mit seinem Vater den Hof in ein reines Weingut um und legte den Grundstein für den berühmten Gutsausschank, wo Forellen aus der Region sowie Deftiges serviert wird. Sohn Johannes schwingt inzwischen das Zepter in Keller und Weinberg und macht aus den Johannisberger Lagen wie Vogelsang, Hölle und Goldatzel Weine voller Persönlichkeit und Konzentration.

○ **2019** Goldatzel Bestes Fass Riesling Spätlese trocken
11,50€ | 12,5%

○ **2019** Hasensprung Riesling „GG"
20€ | 12,5%

○ **2019** Kläuserweg Riesling „GG"
18€ | 13%

○ **2019** Winkeler Hasensprung Hasensprung Riesling
20€ | 12,5%

○ **2021** Glanzstück Riesling
7,90€ | 11,5%

○ **2021** Hasensprung Riesling „GG"
20€ | 12,5%

○ **2021** Kläuserweg Riesling „GG"
18€ | 12%

● **2018** Kläuserweg Pinot Noir Auslese „GG" trocken
25,50€ | 13,5%

● **2020** Spätburgunder
9,50€ | 13%

● **2021** Wie im Fluge Pinot Noir
7,90€ | 11,4%

● **2020** Riesling extra brut
13,50€ | 12,5%

trinkreif

● **2015** Kläuserweg Pinot Noir Auslese „GG" trocken
25,50€ | 14%

● **2016** Kläuserweg Pinot Noir Auslese „GG" trocken
25,50€ | 13,5%

WEINGUT HAMM

Hauptstraße 60
65375 Oestrich-Winkel
T +49 (0) 6723 2432
www.hamm-wine.de

Karl-Heinz Hamm
Aurelia Wehrheim-Hamm
Verbände VDP
Rebfläche 7 ha
Produktion 50.000 Flaschen
Verkaufszeiten Fr und Sa ab 18 Uhr
So und Feiertag ab 12 Uhr

Profil online

Senior Karl-Heinz Hamm gehörte zu den Öko-Pionieren im Rheingau, seit 1974 wird hier bereits biologisch gearbeitet. Heute verfügt man über sieben Hektar Rebflächen, die noch nie ein chemisches Spritzmittel gesehen haben. Im VDP-Weingut entstehen filigrane Rieslinge und vielschichtige Spätburgunder, im barocken Patrizierhaus an der Hauptstraße wird auch ein zauberhafter Gutsausschank geführt. Seit 2015 ist Tochter Aurelia mit im Boot, seit 2020 Junior Julius. Die Jungen setzen neuerdings mit jungen Neuanpflanzungen ein Gegenpendant zu den gehaltvollen Alten Reben.

○ **2020** Alte Reben Riesling
15,90€ | 12,5%

○ **2020** Dachsberg Riesling 1. Lage
16,90€ | 13,5%

○ **2020** Feinfruchtig Riesling Kabinett
9,80€ | 9,5%

○ **2021** Junge Reben Riesling
10,50€ | 12%

○ **2021** Riesling Kabinett trocken
9,80€ | 11,5%

○ **2021** Tradition Riesling
8,80€ | 12%

○ **2021** Feinfruchtig Riesling Kabinett
9,80€ | 9,5%

● **2020** Hasensprung Riesling Beerenauslese
k. A. | 8,5%

WEINGUT HÖHN

Freudenbergstraße 200
65201 Wiesbaden
T +49 (0) 6117 1687 89
www.weinguthoehn.de

Wilhelm & Jürgen Höhn
Jürgen Höhn
Rebfläche 19,5 ha
Produktion 1.300.000 Flaschen
Gründung 1696
Verkaufszeiten Mo–Fr 17–19 Uhr
Sa 10–12 Uhr
und nach Vereinbarung

Profil online

Wenn man aus allen Nähten platzt, muss man zusehen, dass man sich etwas Neues sucht. Zehn Jahre lang hat man im Weingut Höhn Ausschau nach einem größeren Betriebsgelände gehalten, letztendlich ist man in Freudenberg fündig geworden. Winzermeister Jürgen Höhn hat seine Weinberge in den Vororten von Wiesbaden, außerdem bewirtschaftet er einige Parzellen weiter rheinabwärts. Die besten Rotweine kommen aus der Steillage Frauensteiner Herrnberg. Alle Weine werden seit 2017 vegan ausgebaut.

○ **2019** Erbacher Marcobrunn RGG Riesling
23,50€ | 12,5%

○ **2019** Erbacher Marcobrunn RGG Riesling Spätlese trocken
23,50€ | 12,5%

○ **2019** Hattenheimer Mannberg RGG Riesling
22,50€ | 12,5%

○ **2019** Hattenheimer Mannberg RGG Riesling Spätlese trocken
22,50€ | 12,5%

○ **2019** Rheingau Chardonnay
7,90€ | 12,5%

○ **2019** Schiersteiner Hölle RGG Riesling
21,50€ | 12%

○ **2020** Erbacher Marcobrunn RGG Riesling
23,50€ | 12,5%

○ **2020** Hattenheimer Mannberg RGG Riesling
22,50€ | 12,5%

○ **2020** Hattenheimer Mannberg Riesling
15,50€ | 12,7%

Rheingau

2019 Frauensteiner Herrnberg Merlot 1. Lage
15,50€ | 13,9%

2015 Schiersteiner Hölle Riesling Beerenauslese 1. Lage
17,50€ | 7,5%

2018 Schiersteiner Hölle Riesling Trockenbeerenauslese 1. Lage
95€ | 6,5%

2019 Hattenheimer Nussbrunnen Riesling Spätlese
13,50€ | 7,5%

2020 Hattenheimer Nussbrunnen Edelsüß Riesling Spätlese 1. Lage
13,50€ | 7%

SCHLOSS JOHANNISBERG

Aufsteiger

Schloss Johannisberg
65366 Geisenheim
T +49 (0) 6722 70090
www.schloss-johannisberg.de

Stefan Doktor
Gerd Ritter
Verbände VDP
Rebfläche 50 ha
Produktion 300.000 Flaschen
Gründung 1100
Verkaufszeiten Mo–So 10–18 Uhr

Profil online

Es macht schon ordentlich was her, das Schloss Johannisberg. Wie es da so majestätisch auf einem vorstehenden Bergrücken im Rheingau liegt. Seit 1200 Jahren wird hier Wein angebaut, seit 1720 ausschließlich Riesling. Und damit wurde auf Schloss Johannisberg Weinbaugeschichte geschrieben: das erste Riesling-Weingut der Welt, 50 Hektar groß, exakt nach Süden ausgerichtet. Hier wurde auch die Spätlese entdeckt, die bis heute zu den bekanntesten deutschen Prädikatsweinen zählt. Geleitet wird dieses Vorzeige-Gut von Stefan Doktor und Marcel Szopa. Im Keller trägt Gerd Ritter seit 1999 die Verantwortung für die Spitzenweine und der jüngste im Team, Michael Städter, ist für die Weinbergsarbeiten zuständig.

2019 Schloss Johannisberg Ex-Bibliotheca Subterranea Riesling
150€ | 13%

2019 Schloss Johannisberg Goldlack Riesling
165€ | 13%

2019 Schloss Johannisberg Rosalack Riesling Auslese
35€ | 8%

2019 Schloss Johannisberg Silberlack Riesling GG
45€ | 13%

2020 Schloss Johannisberg Silberlack Riesling GG
52€ | 13%

2021 Schloss Johannisberg Bronzelack Riesling
26,50€ | 13%

2021 Schloss Johannisberg Gelblack Riesling
16€ | 13%

○ **2021** Schloss Johannisberg Gelblack Riesling feinherb
16€ | 12,5%

○ **2021** Schloss Johannisberg Grünlack Riesling Spätlese
42,50€ | 8%

○ **2021** Schloss Johannisberg Rosalack Riesling Auslese
40€ | 7,5%

○ **2021** Schloss Johannisberg Rotlack Riesling Kabinett feinherb
26,50€ | 11%

● **2019** Schloss Johannisberg Blaulack Riesling Trockenbeerenauslese
325€ | 7%

● **2021** Schloss Johannisberg Purpurlack Riesling Beerenauslese
170€ | 6,5%

JOHANNISHOF

Aufsteiger

Grund 63
65366 Geisenheim
T +49 (0) 6722 8216
www.weingut-johannishof.de

Johannes Eser
Verbände VDP, Charta Rheingau
Rebfläche 20 ha
Produktion 120.000 Flaschen
Gründung 1900
Verkaufszeiten Mo–Fr 9–12 Uhr und 13–17 Uhr
Sa 10–13 Uhr
Weintempel neben dem Gut
Sa 13–18 Uhr
So 11–17 Uhr

Profil online

Auf dem Johannishof in Geisenheim haben sie dem Wein einen Tempel gebaut: Die Vinothek zu Füßen des Johannisberg kommt im modern-klassischen Stil daher. Johannes und Sabine Eser führen das Weingut in zehnter Generation, die Palette der Weine ist breit, im Mittelpunkt des VDP-Betriebs steht der Riesling: 99 Prozent der 20 Hektar sind mit der Leitrebsorte des Rheingaus bewachsen. Neben Ersten und Großen Lagen werden hier auch edelsüße Raritäten produziert

○ **2019** Johannisberg Hölle Riesling GG
35€ | 12,5%

○ **2019** Johannisberger V Riesling Kabinett
10,60€ | 10%

○ **2019** Rüdesheim Berg Rottland Riesling GG
35€ | 13%

○ **2019** Winkeler Jesuitengarten Alte Reben Riesling
15€ | 11,5%

○ **2020** Berg Rottland Riesling
35€ | 12,5%

○ **2020** Hölle Riesling
35€ | 12,5%

● **2016** Eser Cabinet Riesling brut
20€ | 12%

● **2019** Johannisberger Klaus Riesling Spätlese
15,40€ | 9,5%

Rheingau

JAKOB JUNG

Eberbacher Straße 22
65346 Eltville am Rhein
T +49 (0) 6123 9006 20
www.weingut-jakob-jung.de

Alexander Johannes Jung
Alexander Johannes & Ludwig Jung
Verbände VDP
Rebfläche 16 ha
Produktion 130.000 Flaschen
Verkaufszeiten Mo–Fr 13–18 Uhr
Sa 10–17 Uhr

Profil online

Mitten in Erbach ist das VDP-Weingut Jakob Jung seit 1799 im Familienbesitz, angestaubt ist man hier dennoch nicht: Junior Alexander Jung mischt derzeit die Karten neu und nimmt sich mit Kapuzenpulli und Jeans gerne die Freiheit für neue Wege, während Bruder Ingmar die Region im Bundestag vertritt. Auf 16 Hektar wächst natürlich Riesling und gedeihen elegante Spätburgunder. Im Glas setzt Alexander auf authentischen Trinkspaß. Die Weine lagern im 250 Jahre alten Fasskeller acht Meter unter der Erde, daneben reifen Rheingauer Käse im Trestermantel.

○ **2018** Hohenrain Erbach Riesling GG
26,40€ | 13%

○ **2021** Riesling
8,60€ | 11,5%

○ **2021** Sauvignon Blanc
11,90€ | 12%

○ **2021** Weißburgunder & Chardonnay Cuvée
11,90€ | 12,5%

trinkreif

● **2015** Alexander Johannes R Spätburgunder
39,40€ | 14%

LAMM JUNG

Aufsteiger

Eberbacher Straße 50
65346 Eltville am Rhein
T +49 (0) 6123 7059 300
www.lammjung-wein.de

Günther Weisel
Paul Will
Rebfläche 17 ha
Produktion 100.000 Flaschen
Gründung 2016
Verkaufszeiten Mi–Fr 14–18Uhr
Sa 10–14Uhr
und nach Vereinbarung

Profil online

Über 250 Jahre gab es das Weingut Lamm Jung in Erbach, bis es 2014 stillgelegt wurde. 2016 kaufte Günther Weisel den Betrieb und holte sich den preisgekrönten Jungwinzer Paul Will an seine Seite. In die historischen Kellergewölbe zog modernste Technik ein, die Weine aus den 16 Hektar Rebflächen von Eltville bis Rüdesheim, Assmannshausen und Lorch dürfen lange reifen und spiegeln die Vielfalt.

○ **2016** Alte Reben Erbach Premium Riesling
54€ | 12,5%

○ **2017** Alte Reben Erbach Premium Riesling
17,50€ | 11,5%

○ **2017** Steillage Lorch Premium Riesling
19,50€ | 12%

○ **2020** Riesling & Chardonnay
12,80€ | 12%

○ **2021** Basis Riesling
8,50€ | 11,5%

○ **2021** Basis feinherb Riesling feinherb
8,50€ | 11%

○ **2021** Meisterwein Riesling feinherb
10,80€ | 11%

● **2021** Blanc de Noir Spätburgunder feinherb
9,80€ | 10%

● **2021** Lamm Jung Spätburgunder feinherb
10,80€ | 12%

● **2016** Lamm Jung Cuvée brut
19,50€ | 12,5%

● **2016** Lamm Jung Riesling brut
17,50€ | 12,5%

● Lamm Jung extra trocken
11,50€ | 12%

GRAF VON KANITZ

Rheinstraße 49
65391 Lorch
T +49 (0) 6726 346
www.weingut-kanitz.de

Sebastian Graf von Kanitz
Marc Leitis
Verbände VDP, Ecovin
Rebfläche 14 ha
Produktion 50.000 Flaschen
Verkaufszeiten Mo–Sa 12–16 Uhr
Mittwoch Ruhetag
und nach Vereinbarung

Profil online

In Lorch am Beginn des Mittelrheintals wird Weinbau schon 1085 schriftlich erwähnt. Im 13. Jahrhundert gründeten hier die Herren von Staffel ein Weingut, das später den Freiherrn vom Stein gehörte – vom Reformer Friedrich Freiherr von und zum Stein ging es 1926 im Zuge der Erbfolge an die Grafen von Kanitz über. Riesling, aber auch Burgunder und Gewürztraminer werden heute im renommierten VDP-Betrieb angebaut, schon 1968 verpflichtete man sich zu ökologischem Anbau. Marc Leitis, seit 2020 Betriebsleiter, treibt die Finesse der Rieslinge voran.

○ **2021** Lorcher Bodental Steinberg Riesling 1. Lage
13,50€ | 12,5%

○ **2021** Lorcher Krone Alte Reben Riesling 1. Lage
17,50€ | 12,5%

○ **2021** Lorcher Pfaffenwies Riesling 1. Lage
12,50€ | 12,5%

○ **2021** Quarzit Riesling feinherb
9€ | 12%

○ **2021** Riesling
8€ | 12%

○ **2021** Riesling Kabinett
9,50€ | 8,5%

○ **2021** Schiefer Riesling
9€ | 12,5%

● **2018** Lorcher Schloßberg Spätburgunder 1. Lage
13,90€ | 14,5%

● **2021** Spätburgunder feinherb
8€ | 12%

WEINGUT KAUFMANN

Rheinallee 6
65347 Eltville am Rhein
T +49 (0) 6723 2475
www.kaufmann-weingut.de

Urban Kaufmann
Verbände VDP, Demeter
Rebfläche 20 ha
Produktion 120.000 Flaschen
Gründung 2013
Verkaufszeiten Mo–Fr 8–12
und 13–18 Uhr
Sa 9–14 Uhr

Profil online

Das Weingut Kaufmann ist die Geschichte vom Schweizer Käsemacher, der in den Rheingau zum Weinmachen ging: Urban Kaufmann war Chef einer Appenzeller Käserei, bevor er 2013 das Hattenheimer Weingut Hans Lang kaufte. Gemeinsam mit Partnerin Eva Raps produziert er hochspannende, biodynamische Rieslinge von großer Tiefe und Mineralität, dazu geschliffene Spätburgunder und einige würzige weiße Burgunder. Neu sind Sekte aus Riesling und Pinot Rosé, die in der Kellerei Raumland entstehen. Im Winter wird der Schweiz gehuldigt, bei Käsefondues natürlich.

○ **2019** Tell Riesling
18,50€ | 12,5%

○ **2019** Uno Cuvée
18,50€ | 13%

○ **2019** Wisselbrunnen Riesling GG
25€ | 13%

○ **2020** Hattenheimer Wisselbrunnen Riesling GG
35€ | 12,5%

○ **2021** Riesling
10,50€ | 12,5%

○ **2021** Weißburgunder
10,50€ | 12,5%

● **2019** Hattenheim +++ Pinot Noir
35€ | 13,5%

● **2020** Hattenheimer Hassel Pinot Noir GG
70€ | 13,5%

2013 Pinot Noir brut
15€ | 12%

2014 Riesling brut
15€ | 12%

2018 Edel + Weiß Chardonnay brut
35€ | 12%

trinkreif

2016 Hattenheimer Hassel Pinot Noir GG
70€ | 13,5%

AUGUST KESSELER

Lorcher Straße 16
65385 Rüdesheim am Rhein
T +49 (0) 6722 9099 200
www.august-kesseler.de

August Kesseler
Simon Batarseh
Max Himstedt
Verbände VDP, Deutsches Barrique-Forum
Rebfläche 33 ha
Produktion 250.000 Flaschen
Gründung 1977
Verkaufszeiten nach Vereinbarung

Profil online

Das Weingut liegt in der Spätburgunder-Hochburg Assmannshausen, die Berge ragen steil über dem Mittelrheintal auf. Winzer August Kesseler, der das Gut mit 19 Jahren übernahm, verfügt mit Weinbergen im Höllenberg, dem Rüdesheimer Berg Schlossberg oder dem Hattenheimer Wisselbrunnen über beste Lagen: Das Herz schlägt für hochelegante, feinfruchtige Rieslinge und die Pinot Noirs von Weinmacher Max Himstedt, seit vielen Jahren Vorbild und Wegweiser. Weinproben leitet der Senior gerne persönlich.

2019 Lorchhausen Seligmacher Riesling GG
50€ | 13%

2019 Rüdesheim Berg Roseneck Riesling GG
45€ | 13%

2019 Rüdesheim Berg Schlossberg Riesling GG
60€ | 13,5%

2021 Lorch Orstwein Riesling
16€ | 13%

2021 R Riesling Kabinett
10,90€ | 9%

2021 Rüdesheim Riesling
16,50€ | 12,5%

2021 The Daily August Riesling
10,90€ | 12,5%

2018 Assmannshausen Höllenberg Pinot Noir GG
165,09€ | 14%

2018 Cuvée Max Pinot Noir
75€ | 14%

2020 The Daily August Pinot Noir
13,50€ | 14%

● **2021** The Daily August Pinot Noir feinherb
10,90€ | 11,5%

trinkreif

○ **2017** Lorcher Schlossberg Alte Reben Riesling feinherb
30€ | 10%

○ **2017** Lorchhäuser Seligmacher Riesling GG
45€ | 13%

○ **2017** Rüdesheimer Berg Roseneck Riesling GG
45€ | 13,5%

○ **2017** Rüdesheimer Berg Schlossberg Riesling GG
45€ | 14%

○ **2017** Rüdesheimer Berg Schlossberg Riesling Spätlese feinherb
30€ | 13%

● **2016** Assmannshäuser Höllenberg Pinot Noir GG
110€ | 14%

● **2016** Cuvée Max
75€ | 14%

● **2016** Rüdesheimer Berg Schlossberg Pinot Noir GG
110€ | 14%

● **2017** Momentum Gaudeo Pinot Noir
30€ | 14%

WEINGUT KISSELBACH

Neu

Eberbacher Straße 59
65346 Eltville am Rhein
T +49 (0) 6123 9996 060
www.weingut-kisselbach.de

Peter Vinnemeier
Burkhard Kirchner
Verbände Hessen a la carte
Rebfläche 6 ha
Produktion 40.000 Flaschen
Gründung 2021
Verkaufszeiten nach Vereinbarung

Profil online

Am 1. Mai 2021 schlug die Geburtsstunde des Weinguts Kisselbach: Winzer und Rheingau-Original Burkhard „Buggy" Kirchner wagte den Schritt, das bekannte Weingut Lebert zu übernehmen. Gemeinsam mit Partner Peter Vinnemeier wird hier nun mit viel frischen Ideen an der Erneuerung gearbeitet. Der Name kommt vom Kisselbach, der von Kloster Eberbach herabfließt – und von der Musikcombo des Winzers.

○ **2021** Erbach Erbacher Alte Reben Riesling
11€ | 12,5%

○ **2021** Erbach Riesling
9€ | 12%

○ **2021** Erbacher Hohenrain Riesling
12,50€ | 12,5%

○ **2021** Erbacher Michelmark Riesling Spätlese
11€ | 8,5%

○ **2021** Erbacher Michelmark Riesling feinherb
12,50€ | 12%

○ **2021** Erbacher Steinmorgen Riesling „GG"
22,50€ | 12,5%

○ **2021** Riesling
7,50€ | 12%

● **2021** Erbach Spätburgunder feinherb
7,50€ | 11%

Rheingau

KRONE ASSMANNSHAUSEN

Aufsteiger

Niederwaldstraße 2
65385 Rüdesheim am Rhein
T +49 (0) 6722 2525
www.weingut-krone.de

Ralf Frenzel
Michael Burgdorf
Dominic Borgwardt
Verbände VDP
Rebfläche 5,5 ha
Produktion 20.000 Flaschen
Verkaufszeiten Fr ab 16 Uhr
Sa ab 14 Uhr
So ab 13 Uhr (Sommer und Herbst)

Profil online

Nicht der Riesling, der Spätburgunder steht im Mittelpunkt dieses traditionsreichen Weinguts, das 1860 am Fuße des Assmannshauser Höllenbergs gebaut wurden. Der Naturfelskeller wurde 60 Meter lang in den Berg gehauen. Heute gehört der Betrieb Ralf Frenzel, der zusammen mit den Teams unter der Leitung von Richard Grosche auch die Weingüter Wegeler in Oestrich-Winkel und in Bernkastel an der Mosel führt. Steht Wegeler sonst für Rieslinge, so werden in Assmannshausen von Dominic Borgwardt komplexe und kantige Pinot Noirs im Burgunderstil kreiert – die „Hölle" verpflichtet.

○ **2020** Hallgartener Weißburgunder
20€ | 13,5%

○ **2021** Krone Riesling
15,90€ | 12,5%

● **2018** Assmannshäuser Spätburgunder
20€ | 12,5%

● **2018** Frankenthal Spätburgunder 1. Lage
30€ | 13%

trinkreif

● **2013** Assmannshäuser Juwel Spätburgunder
61€ | 13,5%

● **2014** Assmannshäuser Höllenberg Spätburgunder
43€ | 13,5%

● **2014** Juwel Spätburgunder
63€ | 13,5%

● **2015** Höllenberg Spätburgunder GG
42€ | 13%

● **2016** Frankenthal Spätburgunder 1. Lage
32€ | 13%

● **2016** Höllenberg Spätburgunder GG
44€ | 13%

PETER JAKOB KÜHN

Mühlstraße 70
65375 Oestrich-Winkel
T +49 (0) 6723 2299
www.weingutpjkuehn.de

Peter Bernhard Kühn
Verbände VDP, La Renaissance des Appellations, Demeter
Rebfläche 20 ha
Produktion 100.000 Flaschen
Verkaufszeiten Vinothek & Weinverkauf
Mo–Fr 13–16 Uhr
Sa 11–17 Uhr

Profil online

Peter Bernhard Kühn ist ein Visionär und Revoluzzer, als einer der Ersten im Rheingau setzte er als Jungwinzer auf Biodynamie – und kreiert seither hochkomplexe, facettenreiche Rieslinge, die ihresgleichen suchen. Die Basis legte Vater Peter Jakob, selbst eigenwilliger Visionär, der 1979 das Weingut mit der 230 Jahre alten Tradition in 11. Generation übernahm und konsequent die Weichen Richtung Bio und Individualität stellte. Die Weine, etwa aus dem Hallgartener Hendelberg oder dem Oestricher Lenchen, bekommen im Keller bis zu drei Jahre Zeit zu reifen. „Ein gesunder Most findet selbst seinen Weg", lautet die Philosophie. Das Ergebnis: Terroir pur im Glas und Erlebnis auf der Zunge.

○ **2019** Hallgartener Hendelberg Riesling 1. Lage
27€ | 12,5%

○ **2019** Mittelheim St. Nikolaus Riesling GG
47€ | 12,5%

○ **2019** Oestrich Doosberg Riesling GG
44€ | 12,5%

○ **2019** Oestrich Lenchen Riesling GG
44€ | 12,5%

○ **2019** Oestrich Lenchen Riesling Spätlese
26€ | 9%

○ **2019** Schlehdorn Riesling
99€ | 12,5%

○ **2020** Hallgartener Hendelberg Riesling 1. Lage
35€ | 12,5%

○ **2020** Mittelheimer St. Nikolaus Riesling GG
59€ | 12,5%

○ **2020** Oestricher Doosberg Riesling GG
59€ | 12,5%

○ **2020** Oestricher Klosterberg Riesling 1. Lage
31€ | 12,5%

○ **2021** Hallgarten Alte Reben Riesling
19,50€ | 12,5%

○ **2021** Oestrich Quarzit Riesling
21€ | 12,5%

○ **2021** Oestricher Lenchen Riesling Kabinett
20,50€ | 9,5%

○ **2021** Oestricher Lenchen Riesling Spätlese
31€ | 8,5%

● **2019** Oestrich Lenchen Riesling Auslese
39€ | 7,5%

trinkreif

○ **2017** Mittelheimer Sankt Nikolaus Riesling GG
44€ | 13%

○ **2017** Oestricher Doosberg Riesling GG
44€ | 12,5%

WEINGUT KÜNSTLER

Aufsteiger

Geheimrat-Hummel-Platz 1a
65239 Hochheim
T +49 (0) 6146 83860
www.weingut-kuenstler.de

Gunter Künstler
Rolf Schregel
Gunter Künstler & Rolf Schregel
Verbände VDP, Fair'n Green
Rebfläche 50 ha
Produktion 350.000 Flaschen
Gründung 1965
Verkaufszeiten Mo–Fr 8–12 Uhr
und 13–18 Uhr
Sa 10–16 Uhr
So 11–16 Uhr

Profil online

Der Name Künstler steht seit Jahrzehnten für charaktervolle, herausragende Rieslinge. Gunter Künstler machte aus dem Weingut in Hochheim eine Top-Adresse. Mit nur 19 Jahren übernahm Künstler die Leitung des 1965 neu ausgegründeten Weinguts – die Familientradition reicht 370 Jahre zurück. Die Weine sind längst Weltklasse, seit März 2022 gibt es auf dem Hofgut auch französische Küche im Restaurant Les deux Dienstbach. 2021 übernahm Künstler zudem Spitzenlagen des Domänenweinguts Schloss Schönborn in Hattenheim, nun wird dort auch die Vinothek betrieben.

2018 Kalkstein Sauvignon Blanc
18,50€ | 13%

2019 Barrique Chardonnay
29,90€ | 13,5%

2019 Hochheimer Hölle Riesling GG
37€ | 13%

2019 Kostheimer Weiß Erd Riesling GG
26€ | 13%

2019 Rüdesheim Berg Rottland Riesling GG
37€ | 12,5%

2020 Barrique Chardonnay
29,50€ | 13,5%

2020 Hochheimer Hölle Riesling GG
37€ | 13%

2020 Hochheimer Kirchenstück Riesling GG
37€ | 12,5%

2020 Kostheimer Weiß Erd Riesling GG
26€ | 12,5%

2020 Rüdesheimer Berg Roseneck Riesling GG
32€ | 12,5%

2020 Rüdesheimer Berg Rottland Riesling GG
37€ | 12,5%

2020 Rüdesheimer Berg Schlossberg Riesling GG
48€ | 12,5%

2021 Riesling
10,70€ | 12,5%

2018 Assmannshausen Höllenberg Spätburgunder GG
55€ | 14%

2018 Hochheimer Reichestal Spätburgunder GG
45€ | 13,5%

2018 Hochheimer Stein Spätburgunder 1. Lage
26,50€ | 13,5%

2019 Assmannshäuser Höllenberg Spätburgunder GG
65€ | 14%

2019 Hochheimer Reichestal Spätburgunder GG
49€ | 14%

2021 Spätburgunder feinherb
10,70€ | 12%

2011 Chardonnay brut nature
22€ | 12%

2017 Assmannhäuser Spätburgunder brut nature
22€ | 12%

2018 Assmannshäuser Rosé Spätburgunder brut nature
22€ | 12%

2018 Hochheimer Stein Prestige Riesling brut nature
34€ | 12%

2018 Spätburgunder brut nature
22€ | 12%

trinkreif

2016 Hochheimer Reichestal Spätburgunder GG
45€ | 14%

2016 Hochheimer Stein Riesling extra brut
34€ | 12%

PAUL LAQUAI

Aufsteiger

Gewerbepark Wispertal 2
65391 Lorch
T +49 (0) 6726 8308 38
www.weingut-laquai.de

Gundolf & Gilbert Laquai
Gilbert & André Laquai
Verbände Wine in Moderation
Rebfläche 24 ha
Produktion 140.000 Flaschen
Gründung 1716
Verkaufszeiten Mo–Sa 8–18 Uhr

Profil online

1716 entstand das Stammhaus in der Schwalbacher Straße in Lorch, ab 1950 modernisierte Paul Laquai das Weingut. Heute lenken Gilbert und die Söhne André und Henrik die Geschicke des 24-Hektar-Guts, von denen 13 Hektar aus stillgelegten Steillagen rekultiviert wurden. Ganz untypisch für den Rheingau: Der Riesling macht „nur" 56 % aus, viel Wert wird auf Burgunder gelegt, samt Exoten wie Auxerrois. 26 % sind Spätburgunder. Natur und Handarbeit sind oberste Maxime auf den Lorcher Querterrassen, die Weine gibt es (auch) in der schicken Laquai's Weinbar in Wiesbaden.

2019 Lorcher Schloßberg Rheingau Riesling „GG"
23€ | 13,5%

2020 Lorcher Schloßberg 1716 Q Riesling Spätlese trocken
15€ | 12%

2020 Lorcher Schloßberg Rheingau Riesling „GG"
23€ | 12,5%

2018 Lorcher Bodental-Steinberg Rheingau Großes Gewächs Spätburgunder
25€ | 14,5%

2019 Lorcher Bodental-Steinberg Rheingau Spätburgunder „GG"
26,50€ | 13,5%

2019 Riesling brut
13€ | 13,5%

WEINGUT LEITZ

Rüdesheimer Straße 8a
65366 Geisenheim
T +49 (0) 6722 9999 100
www.leitz-wein.de

Johannes Leitz
Johannes Leitz & Manuel Zuffer
Verbände VDP
Rebfläche 130 ha
Produktion 900.000 Flaschen
Verkaufszeiten Mo–Fr 8–12 und 13–17 Uhr

Profil online

Vor 30 Jahren hatte das Weingut Leitz ganze 2,5 Hektar, dann übernahm Johannes Leitz die Leitung der Familienweinberge – und machte daraus den internationalen Riesling-Topspezialisten, der heute 130 Hektar Weinberge im oberen und mittleren Rheingau hält. Seit 1996 ist Leitz Mitglied im VDP, seine Terroir-betonten Spitzenweine werden in 37 Länder exportiert. Mit dem Riesling „Dragonstone" und dem „EINS-ZWEI-DRY" kreierte Leitz internationale Marken, auch mit Discountern hat man keine Berührungsängste. Kenner kommen angesichts von Konzentration und Finesse in den Rieslingen aus Rüdesheimer Steilstlagen wie Berg Schlossberg und Roseneck ins Schwärmen: „Aller guten Dinge sind Dry." Oder Leitz.

2018 Rüdesheimer Berg Kaisersteinfels Terrassen Riesling GG
40€ | 13%

2018 Rüdesheimer Berg Roseneck Katerloch Riesling GG
40€ | 13%

2018 Rüdesheimer Berg Rottland Hinterhaus Riesling GG
40€ | 12,5%

2018 Rüdesheimer Berg Schlossberg Ehrenfels Riesling GG
40€ | 12,5%

2018 Rüdesheimer Rosengarten Monopole Riesling GG
40€ | 13%

2019 Magic Mountain Riesling
17,50€ | 12,5%

2019 Rüdesheimer Drachenstein Riesling 1. Lage
25€ | 13%

2020 Berg Kaisersteinfels Terrassen Riesling GG
40€ | 12,5%

○ **2020** Berg Roseneck Katerloch Riesling GG
40€ | 13%

○ **2020** Berg Rottland Hinterhaus Riesling GG
40€ | 13%

○ **2020** Berg Schlossberg Ehrenfels Riesling GG
40€ | 12,5%

○ **2020** Rosengarten Monopol Riesling GG
40€ | 12,5%

● **2021** Rheingau Eins-Zwei-Dry Pinot Noir
8,90€ | 12%

● **2009** One of 500 Riesling brut
16€ | 12,5%

trinkreif

○ **2011** Berg Rottland Rüdesheim Riesling Auslese trocken
65€ | 14%

○ **2014** Berg Schlossberg Rüdesheim Ehrenfels Riesling GG
50€ | 13,5%

○ **2016** Rüdesheimer Berg Roseneck Katerloch Riesling GG
40€ | 12,5%

○ **2016** Rüdesheimer Rosengarten Monopole Riesling GG
40€ | 12,5%

○ **2017** Rüdesheimer Berg Kaisersteinfels Terrassen Riesling GG
40€ | 12,5%

○ **2017** Rüdesheimer Berg Roseneck Katerloch Riesling GG
40€ | 12,5%

○ **2017** Rüdesheimer Berg Rottland Hinterhaus Riesling GG
40€ | 13%

○ **2017** Rüdesheimer Berg Schlossberg Ehrenfels Riesling GG
40€ | 13%

○ **2017** Rüdesheimer Rosengarten Monopole Riesling GG
40€ | 12,5%

BERNHARD MEHRLEIN

Rieslingstraße 49
65375 Oestrich-Winkel
T +49 (0) 6723 2934
www.weingut-mehrlein.de

Profil online

Thorsten Mehrlein
Rebfläche 65 ha
Produktion 800.000 Flaschen
Verkaufszeiten nach Vereinbarung

Familie Mehrlein hat sich voll der Rheingauer Leitrebsorte verschrieben: Auf den mehr als 60 Hektar Rebflächen wächst zu 97 Prozent Riesling, damit wird vielfach der Lebensmittelhandel bedient. Effizienz bestimmt den Großbetrieb, den Thorsten Mehrlein in 3. Generation führt. Dass die Qualität Auftrieb hat, zeigen jüngste Auszeichnungen wie „aufsteigender Neueinsteiger" 2021: gefährlich gute Weine.

○ **2021** Alte Reben Edition Prestige Riesling
10,90€ | 12%

○ **2021** Gentleman Riesling
9,90€ | 11,5%

○ **2021** Mittelheimer Edelmann Riesling
6,90€ | 11,5%

○ **2021** Oestricher Klosterberg Riesling
14,50€ | 12%

○ **2021** Winkeler Hasensprung Riesling
6,99€ | 12%

● **2021** Spätburgunder
9€ | 11%

GEORG MÜLLER STIFTUNG

Eberbacher Straße 7–9
65347 Eltville am Rhein
T +49 (0) 6723 2020
www.georg-mueller-stiftung.de

Peter Winter
Tim Lilienström
Verbände VDP
Rebfläche 20,5 ha
Produktion 120.000 Flaschen
Gründung 1882
Verkaufszeiten Mo–Fr 9–12 Uhr und 14–17 Uhr
Apr.–Okt.
Sa–So 14–18 Uhr

Profil online

Der Name Georg Müller Stiftung steht heute für hochwertige Rieslinge, doch das 21-Hektar-Weingut verfügt auch über hervorragende Spätburgunder aus den Lagen Hattenheimer Hassel oder Engelmannsberg. Weingutsgründer Georg Müller stammte aus der berühmten Eltviller Sektdynastie Matheus Müller, sein 1882 gegründetes Weingut schenkte er drei Jahrzehnte später als Stiftung seiner Heimatstadt Hattenheim, die es wiederum 2003 privatisierte und an Peter Winter verkaufte. Unterstützt von Sohn Daniel und Tochter Katharina führen die Winters, zusammen mit dem Gutsverwalter und Önologen Tim Lilienström, das Weingut zurück an die Gebiets-Spitze. Im historischen Riesenfasskeller gibt es beeindruckende Kunst, Kultur und Weinproben.

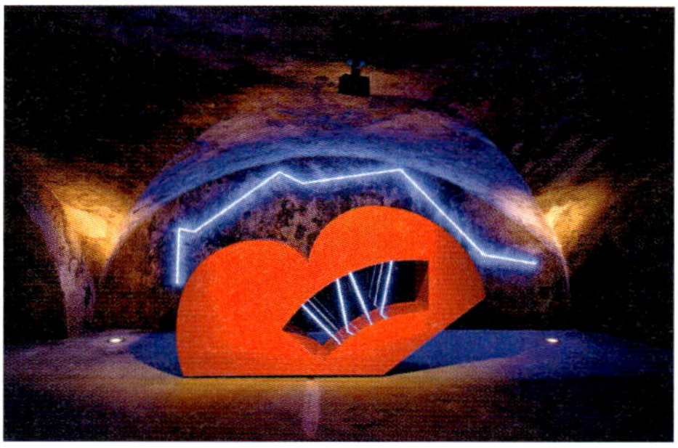

- **2018** Hallgartener Jungfer Riesling GG — **38€** | 13%
- **2018** Hattenheimer Nussbrunnen Riesling GG — **38€** | 13%
- **2019** Hallgartener Jungfer Riesling GG — **38€** | 12%
- **2019** Hattenheimer Nussbrunnen Akazie Riesling — **48€** | 12,5%
- **2020** Artist Edition Riesling — **18€** | 12,5%
- **2020** Erbacher Siegelsberg Riesling GG — **38€** | 12%
- **2020** Hattenheimer Wisselbrunnen Riesling GG — **38€** | 12,5%
- **2021** Riesling — **9,95€** | 11,5%
- **2016** Hommage à George Spätburgunder — **128€** | 13,5%
- **2018** Artist Edition Guimarães Spätburgunder — **28€** | 13%
- **2018** Assmannshäuser Frankenthal Spätburgunder 1. Lage — **28€** | 13%
- **2019** Artist Edition Pinot Noir — **28€** | 13%
- **2019** Hommage à George Pinot Noir — **98€** | 13,5%
- **2020** Saignée Spätburgunder — **16,80€** | 13%
- **2017** Blanc de Noir Pinot Noir brut nature — **19,80€** | 11,5%
- **2018** Hattenheimer Hassel Riesling Trockenbeerenauslese — **k. A.** | 6%
- **2019** Hattenheimer Nussbrunnen Riesling Spätlese — **25€** | 8,5%
- **2019** Oestricher Lenchen Riesling Auslese — **25€** | 7,5%
- **2021** Hattenheimer Nussbrunnen Riesling Auslese — **48€** | 8,5%
- **2021** Hattenheimer Wisselbrunnen Riesling Beerenauslese — **98€** | 7,5%

trinkreif

○ **2015** Nussbrunnen Riesling GG
58€ | 13%

○ **2015** Wisselbrunnen Riesling GG
58€ | 13,5%

○ **2016** Hattenheimer Wisselbrunnen Riesling GG
27,50€ | 13%

● **2017** Hattenheimer Hassel Spätburgunder GG
48€ | 13,5%

● **2017** Hommage à George Spätburgunder
98€ | 13,5%

OFFENSTEIN ERBEN

Aufsteiger

Holzstraße 14
65343 Eltville am Rhein
T +49 (0) 6123 2137
www.offenstein-erben.de

Thomas Schumacher
Verbände Generation Riesling, Fingerprint – Jungwinzer Rheingau
Rebfläche 10 ha
Produktion 85.000 Flaschen
Gründung 1883
Verkaufszeiten Mo–Fr 10–19 Uhr
Sa 9–19 Uhr
April–Dez.
So und Feiertag 9–13 Uhr

Profil online

1883 von Wilhelm Offenstein gegründet, blüht das Traditionsweingut in Eltville in den letzten Jahren erst so richtig auf: Für Thomas Schumacher Junior hagelte es in den vergangenen Jahren Preise, seit er 2016 Jungwinzer des Jahres war. Gemeinsam mit Frau Tamara wurden der umweltschonende Weinbau intensiviert und neue Qualitätsmaßstäbe gesetzt, das gemütliche Weinhotel ist frisch modernisiert.

○ **2019** Eltviller Sonnenberg Avantgarde Riesling
14,90€ | 13%

○ **2020** Eltviller Sonnenberg Avantgarde – Spitzenwein Riesling „GG"
15,40€ | 13,5%

● **2018** Rheingau Avantgarde Spätburgunder
15,90€ | 15,5%

● **2019** Avantgarde – Spitzenwein Spätburgunder „GG"
17,40€ | 14%

● **2019** Riesling brut
13,90€ | 12,5%

REBENHOF – WILLI ORTH

Frankfurter Straße 57–59
65239 Hochheim
T +49 (0) 6146 9897
www.weingut-rebenhof.de

Pia Rosenkranz
Rebfläche 9 ha
Produktion 40.000 Flaschen
Gründung 1965
Verkaufszeiten Mo–Fr 9.00–13 Uhr und 14–18.30 Uhr

Profil online

Auf dem Rebenhof machen sie seit Generationen Wein, 1965 wurde das Weingut aus der Altstadt heraus verlegt – seit 2002 finden im „Landhaus" Veranstaltungen statt. Auf den neun Hektar wachsen zu 85 Prozent Riesling, doch auch die Spätburgunder wie aus dem Hochheimer Reichestal lassen Herzen schneller schlagen. Man orientiert sich an der Qualitätspyramide des VDP, Tonmergel und Kalkstein geben den Rieslingen ihre besonderen Noten. Links von Hochheim lockt Mainz, rechts winkt Frankfurt: Auf dem Rebenhof öffnet sich das Tor zum Rheingau.

2021 Classic Riesling feinherb
7€ | 11,5%

2021 Roter Riesling
8€ | 12%

2019 Hochheim Spätburgunder
25€ | 13,5%

2021 Spätburgunder
7,50€ | 12%

WEINGUT PRINZ VON HESSEN

Aufsteiger

Grund 1
65366 Geisenheim
T +49 (0) 6722 409180
www.prinz-von-hessen.de

Hessische Hausstiftung
Bärbel Weinert
Sascha Huber
Verbände VDP
Rebfläche 37 ha
Produktion 240.000 Flaschen
Verkaufszeiten Mo–Fr 10–16 Uhr
Sa 12–17 Uhr
und nach Vereinbarung

Profil online

Markenzeichen sind die Adelswappen auf dem Etikett samt rot-weiß gestreiftem Löwen des hessischen Fürstenhauses: 1957 kaufte Philipp Landgraf von Hessen das Weingut für die Hessische Hausstiftung. Heute führt Donatus Prinz von Hessen mit der engagierten Direktorin Bärbel Weinert das 47 Hektar große VDP-Weingut, das aktuell auf bio umgestellt wird. Der Fokus liegt auf Rieslingen aus den Lagen rund um Johannisberg, die sich von Jahr zu Jahr qualitativ weiterentwickeln und viele Auszeichnungen einheimsen. Zur Unternehmensgruppe gehören eine Trakehnerzucht, Hotels und mehrere Güter.

2016 Johannisberger Klaus Riesling GG
28,90€ | 13%

2017 Dachsfilet Riesling
22,50€ | 13%

2017 Winkeler Dachsberg Dachsfilet Riesling
22,50€ | 13%

2018 Winkeler Dachsberg Dachsfilet Riesling
22,50€ | 12,5%

2020 Dachsfilet Riesling
24€ | 12,5%

2020 Johannisberger Klaus Riesling GG
32€ | 13%

2021 Johannisberger Riesling
15,90€ | 12%

2021 Riesling
11,90€ | 12%

2021 Riesling feinherb
11,90€ | 12%

○ **2021** Royal Riesling Kabinett trocken
15,90€ | 11,5%
○ **2021** Steckenpferd Riesling Spätlese
24€ | 11%
● **2021** Spätburgunder feinherb
11,90€ | 11,5%
● **2016** Winkeler Hasensprung brut Riesling
15,90€ | 13%

trinkreif

○ **2007** Dachsfilet Riesling
29,90€ | 12,5%

SCHLOSS REINHARTSHAUSEN

Aufsteiger

Hauptstraße 39
65346 Eltville am Rhein
T +49 (0) 6123 7504 813
www.schloss-reinhartshausen.de

Jürgen & Stefan Lergenmüller
Stefan Lergenmüller
Martin Vogel
Rebfläche 65 ha
Produktion 350.000 Flaschen
Gründung 1337
Verkaufszeiten Mo–Fr 10–18 Uhr
Sa–So 11–19 Uhr

Profil online

Wer sich nicht entscheiden kann, ob er lieber ein Weingut oder eine Insel haben möchte, der sollte in die Familie Lergenmüller einheiraten. Der Winzerfamilie gehört die gegenüber von Erbach liegende Mariannenaue, eine Insel im Rhein, auf der rund um ein weiteres, dort befindliches Gutshaus auch Reben angebaut werden. Die Lergenmüllers haben sich zur Aufgabe gemacht, die Geschenke der Natur nachhaltig zu nutzen, wie sie sagen. Das Anwesen ist stattliche 80 Hektar groß, davon liegen 23 Hektar auf der Insel. Auf dem Festland sind es durchwegs beste Riesling-Lagen im oberen Rheingau, herausragend die Parzellen im historisch bedeutsamen Weinberg Marcobrunn.

○ **2018** Erbacher Marcobrunn Riesling Reserve
102€ | 13%
○ **2018** Erbacher Schlossberg Riesling Monopole
80€ | 12,5%
○ **2018** Erbacher Schlossberg Monopol Riesling
52,95€ | 12,5%
○ **2018** Erbacher Siegelsberg Riesling „GG"
31,95€ | 12%
○ **2018** Hattenheim Wisselbrunnen Riesling
18,50€ | 12%
○ **2018** Insel Mariannenaue Réserve Sauvignon Blanc
21€ | 12%
○ **2019** Erbacher Siegelberg Riesling „GG"
34,95€ | 11,5%
○ **2019** Erbacher Hohenrain Alte Reben Riesling
23€ | 12%

○ **2019** Erbacher Hohenrain Riesling Spätlese
23,95€ | 9,5%

○ **2019** Erbacher Marcobrunn Réserve Riesling
56,95€ | 12%

○ **2019** Erbacher Schlossberg Monopol Riesling
52,95€ | 13%

○ **2019** Hattenheimer Nussbrunnen Riesling
16,95€ | 12%

○ **2019** Hattenheimer Nussbrunnen Riesling Kabinett feinherb
18,95€ | 10%

○ **2019** Hattenheimer Wisselbrunnen Riesling
16,95€ | 12%

○ **2019** Hattenheimer Wisselbrunnen Riesling Kabinett feinherb
16,95€ | 10%

○ **2020** Erbacher Hohenrain Riesling
23€ | 12%

○ **2020** Erbacher Marcobrunn RR Riesling
56€ | 12,5%

○ **2020** Erbacher Marcobrunn Riesling Kabinett
21€ | 10%

○ **2020** Erbacher Schlossberg Riesling
53€ | 13%

○ **2020** Hattenheimer Nussbrunnen Riesling
18,50€ | 11,5%

○ **2020** Hattenheimer Nussbrunnen Riesling Kabinett
18,50€ | 9,5%

○ **2020** Insel Mariannenaue Roter Riesling
14,80€ | 12,5%

○ **2021** Insel Mariannenaue Historischer Rebensatz Rheingau Cuvée
13,50€ | 10%

○ **2021** Insel Mariannenaue Weißburgunder & Chardonnay Cuvée
11,50€ | 11,5%

● **2018** Erbacher Siegelsberg Spätburgunder
34,95€ | 13%

● **2018** Erbacher Siegelsberg Spätburgunder „GG"
34,95€ | 13%

● **2015** Insel Mariannenaue Chardonnay extra brut
23€ | 12%

● **2018** Hattenheimer Nussbrunnen Riesling Auslese
55€ | 7%

● **2019** Erbacher Hohenrain Riesling Auslese
46€ | 8,5%

● **2020** Erbacher Schlossberg Riesling Spätlese
30€ | 8%

trinkreif

○ **2015** Erbacher Siegelsberg Riesling „GG"
34,95€ | 12,5%

BALTHASAR RESS

Rheinallee 50
65347 Eltville am Rhein
T +49 (0) 6723 91950
www.balthasar-ress.de

Christian Ress
Markus Roll
Stephan Sänger
Verbände VDP
Rebfläche 55 ha
Produktion 350.000 Flaschen
Gründung 1870
Verkaufszeiten Mo–Fr 9–18 Uhr
Sa–So 12–18 Uhr

Profil online

„Fein sei der Wein" und „Fein sei der Moment" sagen sie hier im Weingut Balthasar Ress – die Urmotivation der Familie Ress ist es, Gastgeber zu sein. 1870 gründete Balthasar Ress den Gasthof Ress in Hattenheim, er wurde die Keimzelle für so viel mehr: das Weingut mit seinen filigranen Rieslingen, VDP-Mitglied, ökologisch geführt, zu 70 Prozent mit Rheingauer Spitzenlagen. Dazu das Balthasar Ress Gutshaus, die Weinbars in Wiesbaden, Frankfurt und Hattenheim, das Guesthouse und die hier erfundene wineBANK. Legendär ist der Weinberg auf Sylt.

2019 Hattenheim Nussbrunnen Riesling
43€ | 12%

2019 RESSpekt Riesling
65€ | 12,6%

2019 Rüdesheim Berg Rottland Riesling
45€ | 12%

2019 Rüdesheimer Berg RESSpekt Rheingau Riesling
65€ | 12,5%

2021 Hattenheimer Engelmannsberg Riesling
19€ | 12,5%

2021 Hattenheimer Schützenhaus Riesling Kabinett 1. Lage halbtrocken
15,70€ | 10%

2021 Riesling
11,50€ | 12%

2021 Rüdesheim Riesling
14,90€ | 12%

2021 Schloss Reichartshausen Riesling Spätlese 1. Lage
17,70€ | 8,5%

2018 Caviar Pinot Noir
75€ | 13,5%

2018 Von Unserm S Pinot Noir
25€ | 13%

2019 Assmannshausen Pinot Noir
24,90€ | 13%

2021 Riesling
21€ | 12%

2019 Oestrich Doosberg Riesling
49€ | 8,5%

BIBO RUNGE

Eberbacherstraße 5
65375 Oestrich-Winkel
T +49 (0) 6723 9986 900
www.bibo-runge-wein.de

Markus Bonsels & Monika Eichner
Markus Bonsels
Verbände Vinissima, Fair'n Green
Rebfläche 5 ha
Produktion 35.000 Flaschen
Gründung 2014
Verkaufszeiten nach Vereinbarung

Profil online

Das Weingut Bibo Runge ist so unkonventionell wie sein Name: Die vegan ausgebauten Weine erzählen alle eine Geschichte. Winzer Markus Bonsels setzt auf aromaintensive und selbstbewusste Weine mit langen Maischestandzeiten und Spontanvergärung. Der Biotechnologe studierte nach 25 Jahren im Job kurzerhand Weinbau, seine Rieslinge heißen „Revoluzzer", eine Verbeugung vor Jakobiner-Freiheitskämpfern. Der alkoholfreie Wein und die beiden Sparklings firmieren unter „Deserteur". Es ist das Weingut mit dem geringsten CO_2-Ausstoß Deutschlands.

○ **2018** Hallgartener Jungfer Revoluzzer RGG Riesling Spätlese trocken
26,50€ | 13%

○ **2019** Hallgartener Jungfer Revoluzzer Riesling Spätlese „GG" trocken
26,50€ | 12,5%

○ **2021** Hallgartener Hendelberg Romantiker Riesling Spätlese trocken
16,50€ | 12,5%

○ **2021** Hallgartener Schönhell Achtzehn48 Riesling Spätlese trocken
19,50€ | 13%

● **2018** Frühernberg Revoluzzer Pinot Noir Spätlese 1. Lage trocken
45€ | 14%

● **2014** Rheingau Riesling brut
17,50€ | 12,5%

● **2019** Crémant Rheingau Spätburgunder brut nature
29€ | 12,5%

● Provokateur Riesling brut
14,50€ | 12,5%

MICHAEL SCHÖN

Aufsteiger

Hauptstraße 80
65385 Rüdesheim am Rhein
T +49 (0) 6722 3201
www.weingut-schoen.de

Klaus Schön
Verbände Rheingauer Weinbauverband
Rebfläche 3,5 ha
Produktion 20.000 Flaschen
Gründung 1882
Verkaufszeiten Sa–So ab 17 Uhr und nach Vereinbarung

Profil online

Nur rund vier Hektar groß sind die Weinberge des Weinguts Michael Schön, doch die haben es in sich: Unter dem Label „66 Grad" werden herausragende Spätburgunder in kompromissloser Qualität aus einer Steillage mit 66 Grad hergestellt. Klaus Schön gilt als Rotweinpapst des Rheingaus, unter www.66grad.com ist ein Netzwerk für Liebhaber des Pinot Noir entstanden. Die Burgunderrebellen haben auch einen 22-Grad-Grauburgunder im Portfolio, der Riesling trägt die 33. Tradition statt Kommerz, Steilhang und Handwerk – so lautet die Philosophie des hochmodernen Betriebs.

2018 Rüdesheimer Berg Roseneck Pinot Noir Auslese trocken
19,50€ | 14,5%

2018 Rüdesheimer Berg Schloßberg 66 Grad Pinot Noir Auslese trocken
59€ | 14,5%

2018 Rüdesheimer Berg Schloßberg Steillage 66 Grad Pinot Noir Auslese trocken
59€ | 14,5%

trinkreif

2017 Rüdesheimer Berg Schloßberg 66 Grad Pinot Noir
59€ | 14%

WEIN- UND SEKTGUT F. B. SCHÖNLEBER

Obere Roppelsgasse 1
65375 Oestrich-Winkel
T +49 (0) 6723 3475
www.fb-schoenleber.de

Bernd & Ralf Schönleber
Bernd Schönleber
Verbände VDP
Rebfläche 12 ha
Produktion 85.000 Flaschen
Verkaufszeiten Mo–Sa nach Vereinbarung

Profil online

Die Brüder Bernd und Ralf Schönleber führten ihr Weingut 2013 in den VDP, ihr Markenzeichen: herausragende und vielschichtige Sekte, die in klassischer Flaschengärung auf höchstem Niveau entstehen. Ralfs Tochter Anna bekam 2021 zur Krönung als Mittelheimer Weinkönigin einen eigenen frech-fruchtigen Rosé-Sekt mit viel „Spaßfaktor" spendiert. Doch auch vielschichtige Rieslinge entstehen hier, etwa das GG aus dem Winkeler Jesuitengarten. Zum Familienbetrieb gehören außerdem eine gemütlich-rustikale Weinstube im österreichischen Stil und ein Gutshotel.

2019 Winkeler Jesuitengarten Riesling GG
24€ | 13%

2021 Oestricher Klosterberg Riesling 1. Lage
12€ | 13%

2021 Riesling
7,90€ | 12%

2021 Weißburgunder
8,50€ | 12%

2021 Spätburgunder feinherb
8,50€ | 11,5%

2018 Creation Riesling brut
17€ | 12,5%

2018 Schönleber Riesling extra brut
14€ | 12,5%

WEINGUT SCHREIBER

Johanneshof
65239 Hochheim
T +49 (0) 6146 9171
www.weingut-schreiber.de

Uwe & Simon Schreiber
Simon Schreiber
Verbände Ecovin
Rebfläche 14,5 ha
Produktion 100.000 Flaschen
Gründung 1749
Verkaufszeiten Mo–Fr 10–19 Uhr
Sa 10–16 Uhr

Profil online

○ **2019** Hochheimer Kirchenstück
Riesling „GG"
18,50€ | 13%

WEINGUT SCHUMANN-NÄGLER

Nothgottesstraße 29
65366 Geisenheim
T +49 (0) 6722 5214
www.schumann-naegler.de

Fred Schumann
Fred & David & Philipp Schumann
David Schumann
Rebfläche 40 ha
Produktion 140.000 Flaschen
Gründung 1438
Verkaufszeiten Mo–Fr 8–12.30 Uhr
und 13.30–17 Uhr

Profil online

Das ist schon beeindruckend: Das Weingut der Familie Schumann-Nägler wird heute in der 25. Generation geführt, denn seit über 580 Jahren ist sie fester Bestandteil der Rheingauer Weingeschichte. Rund 40 Hektar kamen im Laufe der Zeit zusammen, beste Lagen in Geisenheim, Winkeler und Hattenheim, auf denen fast ausschließlich Riesling steht. Nachhaltigkeit ist für die Familie gelebte Tradition.

○ **2018** Geisenheimer Rothenberg
Riesling „GG"
21€ | 13%

○ **2021** Schumann-Nägler
Réserve Riesling
8,50€ | 11,5%

○ **2021** Schumann-Nägler Réserve halb
Riesling halbtrocken
8,50€ | 11%

WEINGUT SOHLBACH

Oberstraße 15
65399 Kiedrich
T +49 (0) 6123 2281
www.weingut-sohlbach.de

Georg Sohlbach
Fabian Sohlbach
Verbände Rheingauer Weinbauverband
Rebfläche 10 ha
Produktion 55.000 Flaschen
Gründung 1934
Verkaufszeiten Mo–Fr 9–12 Uhr
und 15–18 Uhr
Sa 9–14 Uhr
und nach Vereinbarung

Profil online

Vorfahr Kaspar Bibo war noch Bäckermeister, doch 1910 kaufte die Familie das heutige Weingut samt großem Kreuzgewölbekeller – fortan wurde hier Wein gemacht. Der Großvater pflanzte 1967 den ersten Spätburgunder in Kiedrich, heute führen Georg und Petra Sohlbach das zehn Hektar große Weingut. Sohn Fabian leitet seit 2011 den Keller, in dem auch Dornfelder, Gewürztraminer und Roter Riesling reifen.

○ **2021** Riesling
6,60€ | 11,5%

○ **2021** Riesling feinherb
6,60€ | 11,5%

● **2021** Spätburgunder
7,60€ | 12%

JOSEF SPREITZER

Rheingaustraße 86
65375 Oestrich-Winkel
T +49 (0) 6723 2625
www.weingut-spreitzer.de

Bernd & Andreas Spreitzer
Bernd Spreitzer
Andreas Spreitzer
Verbände VDP
Rebfläche 30 ha
Produktion 230.000 Flaschen
Gründung 1641
Verkaufszeiten Mo–Fr 9–12 Uhr
und 13.30–18.30 Uhr
Sa 10–16 Uhr

Profil online

Die Wurzeln des Weinguts liegen im Jahr 1641, davon zeugen bis heute der einzigartige Gewölbekeller aus dem Jahr 1743 sowie die denkmalgeschützte Jugendstilvilla. Seit 1997 führen die Brüder Bernd und Andreas Spreitzer das Weingut mit Innovation und Finesse in die Spitze. 2020 war man Weingut des Jahres im Rheingau. Von der Rieslingader reden sie hier: Von 30 Hektar steht auf 28 Hektar Riesling. Der Anbau ist naturnah, Solaranlage und Geothermie sorgen für Nachhaltigkeit, gerade wurde der alte Hausbrunnen von 1820 für die Wasserversorgung reaktiviert.

○ **2019** Hallgartener Hendelberg Alte Reben Riesling 1. Lage
15,20€ | 12,5%

○ **2019** Hattenheimer Wisselbrunnen Riesling GG
27€ | 13%

○ **2019** Oestricher Doosberg Alte Reben Riesling
15,20€ | 12,5%

○ **2019** Oestricher Lenchen 303 Riesling Spätlese
24€ | 7,5%

○ **2019** Oestricher Rosengarten Riesling GG
28€ | 13%

○ **2021** Josef Spreitzer Riesling
8,90€ | 12%

● **2015** Hattenheimer Goldberg Spätburgunder brut
16,90€ | 12,5%

- 2019 Hallgartener Hendelberg Riesling Trockenbeerenauslese 1. Lage
  89€ | 7,5%
- 2019 Oestricher Lenchen Riesling Trockenbeerenauslese
  95€ | 7%

THILO STRIETH

Aufsteiger

Hauptstraße 43
65385 Rüdesheim am Rhein
T +49 (0) 6722 4646
www.weingut-strieth.de

Fred Strieth
Rebfläche 3,5 ha
Produktion 20.000 Flaschen
Gründung 1874
Verkaufszeiten Mai–Sept.
Sa und So ab 17 Uhr
und nach Vereinbarung

Profil online

Etwas abseits vom Touristenrummel in Rüdesheim werden im kleinen Familien-Weingut Thilo Strieth in Aulhausen trockene Weine mit Reifepotenzial ausgebaut. Fred Strieth revolutionierte einst mit seinem Blanc de Noir die Rheingauer Weinwelt, heute bringt Junior Nico Strieth Erfahrungen aus Südafrika, Neuseeland und der Karibik ein. Gehegt werden vor allem die Assmannshäuser Rotweine, zu Recht.

- **2021** Rüdesheim Berg Schlossberg Alte Reben Riesling
  13,50€ | 12%
- **2021** Rüdesheim Berg Schlossberg Saxum Riesling
  9,50€ | 12%
- **2018** Assmannshausen Frankenthal Pinot Noir
  11€ | 14%
- **2018** Assmannshausen Höllenberg Pinot Noir
  18€ | 14%
- **2019** Assmannshausen Frankenthal Spätburgunder
  11€ | 13,5%
- **2019** Assmannshäuser Höllenberg Spätburgunder
  18€ | 13,5%
- **2019** Rüdesheim Berg Schlossberg Spätburgunder
  28€ | 13,5%
- **2021** Assmannshausen Hinterkirch Fuck off Intolerance Spätburgunder
  11€ | 12,5%

2019 Assmannshausen Hinterkirch Pinot Noir brut
15€ | 13%

2021 Fred Friedrich Spätburgunder
10,50€ | 12%

trinkreif

2015 Rüdesheim Berg Schlossberg Pinot Noir
25€ | 13,5%

SEKTMANUFAKTUR SCHLOSS VAUX

Aufsteiger

Kiedricher Straße 18a
65343 Eltville am Rhein
T +49 (0) 6123 62060
www.schloss-vaux.de

Christoph Graf
Joachim Renk
Maike Maria Münster
Rebfläche 7 ha
Produktion 450.000 Flaschen
Gründung 1868
Verkaufszeiten Mo–Fr 9–17 Uhr
Sa 11–14 Uhr

Profil online

Schloss Vaux gehört zum Rheingau wie die Germania, dabei wurde die Sektkellerei 1868 in Berlin gegründet. Der Name stammt vom Mosel-Schloss Vaux eines französischen Marquis. Die Sektkellerei in Eltville erlebte mehrere Besitzerwechsel, heute ist sie eine Aktiengesellschaft, an deren Spitze gestandene deutsche Wein-Persönlichkeiten stehen. 2022 übernahm Christoph Graf die Leitung von Nikolaus Graf von Plettenberg, der Vaux zur Spitzenmarke machte. Die Philosophie ist die gleiche: edle Sekte in unglaublicher Reife, Breite und Perfektion.

2016 Assmannshäuser Spätburgunder brut
30€ | 12,5%

2016 Blanc de Blancs Cuvée brut
19€ | 12,5%

2016 Geisenheimer Rothenberg Riesling brut
39€ | 12,5%

2016 Rheingauer Réserve Riesling brut
21€ | 12%

2017 Réserve Spätburgunder brut
26€ | 12%

2017 Vaux Cuvée brut
14€ | 12%

2018 Réserve Spätburgunder brut
28€ | 12%

2018 Vaux Cuvée brut
16€ | 12%

2019 Blanc de Noirs Spätburgunder brut
17€ | 12%

2019 **Schloss Vaux Cuvée Rosé brut**
16€ | 12%

2020 **Vaux Cuvée brut**
18€ | 12%

WEGELER GUTSHAUS RHEINGAU

Aufsteiger

Friedensplatz 9–11
65375 Oestrich-Winkel
T +49 (0) 6723 99090
www.wegeler.com

Familie Wegeler-Drieseberg
Michael Burgdorf
Andreas Holderrieth
Verbände VDP
Rebfläche 45 ha
Produktion 330.000 Flaschen
Verkaufszeiten Mo–Fr 8–17 Uhr
Sa, So 11–16 Uhr
und nach Vereinbarung

Profil online

In Oestrich-Winkel kreiert die Familie Wegeler von alters her ausschließlich hochwertige Rieslinge auf der Basis von traditionellem, naturbelassenem Weinbau. Gründer Julius Wegeler hatte 1861 die Deinhard-Tochter Emma geheiratet und kaufte 1882 erst das Weingut im Rheingau, 1900 dann große Teile des legendären Bernkasteler Doctors. Heute führen Anja Wegeler-Drieseberg und ihr Mann Tom die Wegeler Güter, zu denen auch das Weingut Krone in Assmannshausen gehört. Legendär sind der Riesling Geheimrat „J" sowie die gereiften Weine aus der Schatzkammer.

2018 Geheimrat J Riesling
33€ | 12,5%

2019 Berg Schlossberg Riesling GG
33€ | 13%

2019 Jesuitengarten Riesling GG
33€ | 13%

2019 Rothenberg Riesling GG
55€ | 13%

2019 Wegeler Pur Riesling feinherb
17,50€ | 11,5%

2020 Geheimrat J Riesling
30€ | 12,5%

2020 Rothenberg Riesling GG
50€ | 13%

2021 Berg Rottland Riesling Spätlese
21€ | 8%

2021 Johannisberger Riesling feinherb
14,90€ | 11,5%

2021 Loess Riesling
10,90€ | 12%

2021 Loess Riesling feinherb
10,90€ | 11,5%

2021 Morschberg Riesling Kabinett
21€ | 10,5%

- 2019 Rothenberg Riesling Auslese
  23€ | 7%
- 2021 Rothenberg Riesling Auslese
  21€ | 8%

trinkreif

- **2013** Rothenberg Riesling GG
  49€ | 13%
- **2016** Geheimrat J Riesling
  33€ | 12,5%
- **2014** Geisenheim Rothenberg Riesling brut
  55€ | 12,5%
- **2015** Geheimrat J Riesling brut
  34€ | 12,5%

ROBERT WEIL

Hall of Fame

Mühlberg 5
65399 Kiedrich
T +49 (0) 6123 2308
www.weingut-robert-weil.com

Suntory & Wilhelm Weil
Clemens Schmitt & Philipp Bicking
Christian Engel & Fabian Kretschmer
Verbände VDP
Rebfläche 90 ha
Produktion 650.000 Flaschen
Verkaufszeiten Mo–Fr 8–17.30 Uhr
Sa 10–17 Uhr
So 11–17 Uhr

Profil online

90 Hektar Weinberge, 100 Prozent Riesling – und der König heißt Robert Weil. Das Weingut in Kiedrich ist seit Jahrzehnten das Nonplusultra in Sachen Riesling, die Weine hochkomplexe Kunstwerke mit ganz eigener Weil-Stilistik. Robert Weil kaufte 1875 die Villa des Kunstmäzens Sir John Sutton und gründete dort das Weingut – samt Philosophie des kompromisslosen Qualitätsstrebens und dem Faible für grandiose Riesling-Auslesen. Seit 1987 führt Urenkel Wilhelm Weil die Tradition fort, brachte die Marke Weil zur Weltgeltung und wurde selbst zur Legende. Die Philosophie ist klar: Riesling pur, Weltklasse. Nur ein Aspekt mag traurig stimmen, denn nach Wilhelm Weil's Prognose ist das Zeitalter der Eisweine vorbei, es wird noch maximal alle zehn Jahre einen geben und in absehbarer zeit wohl gar keinen mehr.

- **2019** Kiedrich Gräfenberg Riesling GG
  43,60€ | 13%
- **2019** Kiedrich Klosterberg Riesling 1. Lage
  27,60€ | 13%

○ **2019** Kiedrich Turmberg Riesling 1. Lage
27,60€ | 13%

○ **2019** Kiedricher Riesling
18,90€ | 12,5%

○ **2021** Kiedrich Gräfenberg GG Riesling
48€ | 13%

○ **2021** Kiedrich Gräfenberg Riesling Spätlese
48€ | 9%

○ **2021** Kiedrich Klosterberg Riesling 1. Lage
29€ | 13%

○ **2021** Kiedrich Turmberg Riesling 1. Lage
29€ | 13%

○ **2021** Kiedrich Turmberg Riesling Spätlese 1. Lage
48€ | 9%

○ **2021** Kiedricher Riesling
19,50€ | 12,5%

○ **2021** Weingut Robert Weil Riesling
15,90€ | 12%

● **2019** Kiedrich Gräfenberg Goldkapsel Riesling Auslese
190€ | 7,5%

● **2019** Kiedrich Gräfenberg Riesling Trockenbeerenauslese
325€ | 7,5%

● **2021** Kiedrich Gräfenberg Goldkapsel Riesling Auslese
k. A. | 8,5%

● **2021** Kiedrich Gräfenberg Riesling Auslese
48€ | 8,5%

● **2021** Kiedrich Gräfenberg Riesling Trockenbeerenauslese
350€ | 7,5%

● **2021** Kiedrich Turmberg Riesling Auslese 1. Lage
48€ | 8,5%

● **2021** Kiedrich Turmberg Riesling Beerenauslese 1. Lage
170€ | 8%

WEINGUT IM WEINEGG

Kirchstraße 38
65239 Hochheim
T +49 (0) 6146 9072 229
www.weingut-weinegg.de

Fabian Schmidt
Verbände Demeter
Rebfläche 10,5 ha
Produktion 65.000 Flaschen
Verkaufszeiten Mo 9–11 Uhr
Mi 9–11 Uhr und 18–20 Uhr
Do 9–11 Uhr
Fr 18–21 Uhr
Sa 12–14 Uhr
So 14–19 Uhr

Profil online

Im Weingut Weinegg geht es schon mal majestätisch zu: Hier wird der Königinnenwein für die jeweilige Hochheimer Weinkönigin kreiert. Winzer Fabian Schmidt übernahm 2009 direkt nach dem Studium den historischen Dompräsenzhof, dessen Wurzeln bis ins 13. Jahrhundert zurückreichen. Heute wachsen auf zehn Hektar charaktervolle Rieslinge, die auch schon mal aus dem Holzfass kommen. Inzwischen ist man Demeter-zertifiziert, die Reise geht Richtung Authentizität und Nachhaltigkeit. In der Vinothek gibt es Kunst, im Weinberg kann man einen eigenen Rebstock pachten.

○ **2020** Hochheimer Hölle Stückfass Riesling
16,50€ | 12,5%

○ **2020** Riesling
7€ | 12,5%

○ **2021** Hochheimer Domdechaney Riesling
19,50€ | 12,5%

○ **2021** Hochheimer Kirchenstück Riesling
19,50€ | 13%

○ **2021** Hochheimer Reichestal Riesling
8,50€ | 7,5%

○ **2021** Hochheimer Reichestal Stückfass Riesling feinherb
16,50€ | 12%

○ **2021** Hochheimer Stielweg Riesling
12,50€ | 12,5%

● **2020** Hochheimer Reichestal Merlot
16,50€ | 14%

● **2019** Hochheimer Reichestal Riesling
15€ | 10,5%

Rheingau

RHEINHESSEN

RHEIN HESSEN

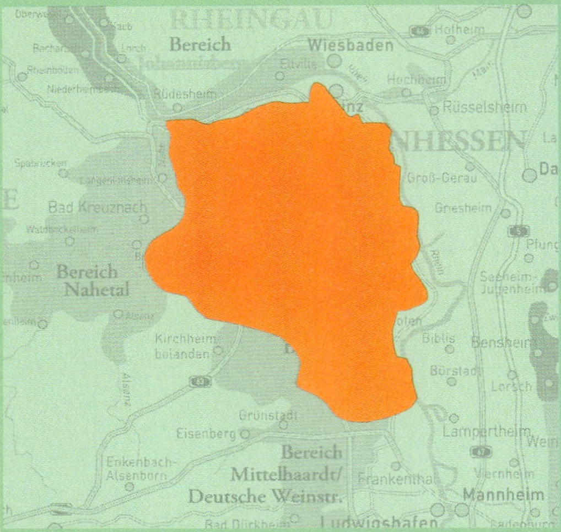

REBFLÄCHE

27.159 Hektar, drei Bereiche, 23 Großlagen, 414 Einzellagen

REBSORTEN

Weißwein 73 % (Riesling 19 %, Müller-Thurgau 14,6 %, Grauburgunder 7,9 %, Silvaner 7,3 %, Weißburgunder 5,7 %, Chardonnay 3,5 %, Scheurebe 2,7 %), Rotwein 27 % (Dornfelder 11,8 %, Spätburgunder 5,5 %, Portugieser 3, 6 %)

BÖDEN

Löss, Sand, Mergel, Kalkstein, Ton, Rotliegend, Braunerde, Quarzit und Porphyr

1000 HÜGEL, 30 TRULLI, DER ROTE HANG UND DAS KORALLENRIFF

von ANKE KRONEMEYER

Besonderes Kennzeichen: die sanfte Hügellandschaft. Deswegen ist der Markenclaim von Rheinhessen auch „Das Land der 1.000 Hügel". Im größten deutschen Anbaugebiet mit seinen fast 27.000 Hektar wachsen ebenso große Weine. Verschiedene rheinhessische Verbände zeigen, dass besonders viele Jungwinzer erfolgreich ihre Weine auf die Flasche bringen. Mit dem Ergebnis, dass sich hier Tradition und Moderne in harmonischer Symbiose begegnen.

Der Begriff Rheinhessen führt oft in die Irre. Denn das Anbaugebiet hat mit dem Bundesland Hessen nichts zu tun, sondern liegt in Rheinland-Pfalz, ganz in der Nähe der Anbaugebiete Nahe und Pfalz. Der Rhein ist dominierendes Element, aber auch Hunsrück, Taunus und Odenwald bilden einen natürlichen Schutz für die Reben, die in den Gebieten Bingen, Nierstein und Wonnegau wachsen.

Zu fast 20 Prozent gedeiht in Rheinhessen der Riesling, an zweiter Stelle steht Müller-Thurgau, Grauburgunder, Silvaner, Dornfelder und Spätburgunder folgen auf den Plätzen. 2.400 Betriebe bauen Wein an, davon 1.250 ausschließlich Flaschenwein. Rheinhessen ist der größte deutsche Weinexporteur. Die USA stehen auf Platz 1 beim Kauf von rheinhessischen Weinen, die Niederlande und Skandinavien sind ähnlich wichtig. Was sie am Wein made in Nierstein oder Bingen lieben, ist klar: der „dry style" dieser Weine, also der vor allem trockene Ausbau.

Und weil der Wein aus dem beschaulichen Saulheim, aus den Lagen von Gau-Odernheim, vom Roten Hang in Nierstein oder dem Korallenriff in Appenheim so beliebt ist, kommen auch immer mehr Touristen ins Anbaugebiet, um sich vor Ort von Klima, Gastfreundschaft und gutem Essen zu überzeugen. Ein stetig steigender Trend ist dabei das Weinwandern. Dabei ist nicht nur die Rheinhessische Schweiz westlich von Alzey gefragt, sondern auch andere Regionen in Rheinhessen, die sich über knapp 300 Kilometer Wanderwege erschließen lassen.

BEIM WEINWANDERN DIE REGION ENTDECKEN

Das Konzept: tagsüber durch die Landschaft wandern, vielleicht eine der zahlreichen „Hiwwel-Touren" zwischen sechs und 14 Kilometern absolvieren, abends zum Spundekäs in der Straußwirtschaft oder zum Fine-Dining-Menü im Gourmet-Restaurant einkehren und ein Glas von dem Wein trinken, an dem man bei der Wanderung in den Weinbergen vorbeigekommen ist. Einen Überblick über die kulinarischen Angebote erhält man beim Blick in die 100 Seiten starke Broschüre „Rheinhessen schmeckt gut", in der nicht nur Restaurants, Straußwirtschaften und Gutsschänken aufgelistet, sondern auch viele Geschichten erzählt werden. Zum Beispiel die, warum aus Kuhställen Restaurants wurden.
Bei Wanderungen durch die rheinhessische Hügellandschaft kann man auch eine kleine Besonderheit erleben: ein kleines weißes, aus Stein gemauertes Häuschen, das im Weinberg steht. Genau: der Trullo. Im Plural: Trulli. Eigentlich stehen diese runden Bauwerke nur in Apulien, dort wurden sie als Wohnhäuser genutzt. Wie sie nun nach Rheinhessen kamen, ist unklar. Der bekannteste Trullo in Rheinhessen – insgesamt gibt es rund 30 – stammt aus dem Jahr 1756, steht in Flonheim auf dem Adelberg und ist als Fotomotiv bei Wanderern sehr beliebt.

In Rheinhessen spielt viel Musik

Aber auch die Kultur bringt Touristen nach Rheinhessen: Festspiele wie in Worms, Musikfestivals wie in Bingen, die Dome in Worms oder Mainz, die Chagall-Fenster in Mainz, das Oppenheimer Kellerlabyrinth, die Reste der Kaiserpfalz in Ingelheim, römische Baukultur und Ausgrabungen in Mainz locken jedes Jahr mehr Besucher in diese Region von Rheinland-Pfalz.

WEINGÜTER

WEINGÜTER
ÜBERSICHT A-Z

586
FAMILIE ERBELDINGER
Bechtheim-West 3
67595 Bechtheim

587
FLIK GMBH
Klein-Winternheimer-Weg 4
55129 Mainz

587
WEINGUT FREY
Weedegasse 10
55234 Ober-Flörsheim

588
WEINGUT FRITZSCH & SOHN
Schmittstraße 16
55576 Sprendlingen

588
WEINGUT GEHRING
Außerhalb 17
55283 Nierstein

589
OEKONOMIERAT JOHANN GEIL I. ERBEN
Kuhpfortenstraße 11
67595 Bechtheim

590
GEILS SEKT- UND WEINGUT
Zeller Straße 8
67593 Bermersheim

590
ECKEHART GRÖHL
Uelversheimer Straße 4
55278 Weinolsheim

591
LOUIS GUNTRUM
Rheinallee 62
55283 Nierstein

592
GUTGALLÉ RHEINHESSEN
Langgasse 69
55237 Flonheim

592
WEINGUT HAUCK
Albiger Straße 15
55234 Bermersheim vor der Höhe

593
WEINGUT HEMMES
Grabenstraße 13 & 34
55411 Bingen am Rhein

594
WEINGUT HIESTAND
Nordhöferstraße 19
67583 Guntersblum

594
HIRSCHHOF
Seegasse 29
67593 Westhofen

595
WEINGUT HOFMANN
Vor dem Klopp 4
55437 Appenheim

596
WEINGUT HUFF-DOLL
Weedstraße 6
55457 Horrweiler

597
WEINGUT HUNGERMÜLLER
Friedhofstraße 10
67596 Dittelsheim-Heßloch

597
WEINGUT JULIUS
Hauptstraße 5
67599 Gundheim

598
WEINGUT JUNG
Alzeyer Straße 4
55278 Undenheim

598
KAPELLENHOF OEKONOMIERAT SCHÄTZEL ERBEN
Kapellenstraße 18
55278 Selzen

599
WEINGUT KELLER
Bahnhofstraße 1
67592 Flörsheim-Dalsheim

600
MARKUS KELLER
Landgrafenstraße 74–76
67549 Worms

601
MATTHIAS KETH
Wormser Straße 33
67591 Offstein

601
WEINGUT KISSINGER
Außerhalb 13
55278 Uelversheim

602
BÜRGERMEISTER CARL KOCH
Wormser Straße 62
55276 Oppenheim

602
WEINGUT KRÄMER
Untere Pforte 19
55578 Gau-Weinheim

603
WEINGUT KREBS-GRODE
Hauptstraße 16
55278 Eimsheim

603
WEINGUT KÜHLING-GILLOT
Ölmühlstraße 25
55294 Bodenheim

604
WEINGUT LAMBERTH
Kirchstraße 20
55278 Ludwigshöhe

605
WEINGUT LANDGRAF
Außerhalb 9
55291 Saulheim

605
WEINGUT LOHR
Weinsheimer Hauptstraße 21
67551 Worms

606
THOMAS LORCH
In der Hüttstädt 1
55294 Bodenheim

606
WEINGUT MANZ
Mühlweg 18
55278 Weinolsheim

607
WEINGUT MARX
Hauptstraße 83
55232 Alzey

608
WEINGUT MEISER
Alzeyer Straße 131
55239 Gau-Odernheim

608
WEINGUT MICHEL-PFANNEBECKER
Langgasse
55234 Flomborn

609
WEINGUT MÜNZENBERGER
Lindenplatz 9
55270 Zornheim

WEINGÜTER
ÜBERSICHT A-Z

610
WEINGUT MÜSEL
Herrnsheimer Hauptstraße 12
67550 Worms

610
WEINGUT NEEF-EMMICH
Alzeyer Straße 15
67593 Bermersheim

611
J. NEUS
Bahnhofstraße 96
55218 Ingelheim am Rhein

611
NEVERLAND VINEYARDS
Ausserhalb 2
55578 Vendersheim

612
STAATLICHE WEINBAUDOMÄNE OPPENHEIM
Wormser Straße 162
55276 Oppenheim

612
J.G. ORB
Am Markt 9–13
67593 Westhofen

613
WEINGUT PAUSER
Im Baumfeld 40
55237 Flonheim

614
WEINGUT RAPPENHOF
Bachstraße 47
67577 Alsheim

614
SEKTHAUS RAUMLAND
Alzeyer Straße 134
67592 Flörsheim-Dalsheim

616
WEINGUT RIFFEL
Mühlweg 14a
55411 Bingen am Rhein

617
WEINGUT RUPPERT-DEGINTHER
Kämmerergasse 8
67596 Dittelsheim-Heßloch

618
WEINGUT RUSSBACH
Alzeyer Straße 22
55234 Eppelsheim

619
WEINGUT SANDER
In den Weingärten 11
67582 Mettenheim

620
SANDWIESE
Fahrweg 19
67550 Worms

620
WEINGUT SCHÄTZEL
Oberdorfstraße 34
55283 Nierstein

621
WEINGUT SCHALES
Alzeyer Straße 160
67592 Flörsheim-Dalsheim

621
WEINGUT SCHEFFER
Leimengasse 7
55576 Zotzenheim

622
WEINGUT SCHERNER-KLEINHANSS
Alzeyer Straße 10
67592 Flörsheim-Dalsheim

622
BIANKA & DANIEL SCHMITT
Weedenplatz 1
67592 Flörsheim-Dalsheim

623
DANIEL SCHMITT
In den Weingärten 7
67582 Mettenheim

623
WEINGUT SCHÖNHALS
Hauptstraße 23
55234 Biebelnheim

624
WEINGUT SOMMER
Mühlweg 19
55599 Siefersheim

625
WEINGUT SPIESS
Gaustraße 2
67595 Bechtheim

626
WEINGUT SPOHR
Welschgasse 3
67550 Worms

626
STEINMÜHLE
Eulenberg 18
67574 Osthofen

627
WEINGUT STEITZ
Mörsfelder Straße 3
55599 Stein-Bockenheim

627
STRAUCH SEKTMANUFAKTUR
Dalbergstr. 14 -18
67574 Osthofen

628
THEOS WEIN UND GUT
Hauptstraße 13
67587 Wintersheim

629
WEINGUT WEEDENBORN
Am Römer 4–6
55234 Monzernheim

629
WEINGUT WEINREICH
Riederbachstraße 7
67595 Bechtheim

630
WERTHER WINDISCH
Schulstraße 3
55278 Mommenheim

630
WEINGUT WITTMANN
Mainzer Straße 19
67593 Westhofen

631
JULIAN WOLF
Brunnenstraße 2
55599 Eckelsheim

632
WEINGUT ZEHE-CLAUSS
Rheinhessenstraße 109
55129 Mainz

ABTHOF

Aufsteiger

Bahnhofstraße 27
55278 Hahnheim
T +49 (0) 6737 380
www.weingut-abthof.de

Herbert & Martin Koch
Martin Koch
Verbände Generation Riesling
Rebfläche 17 ha
Produktion 50.000 Flaschen
Verkaufszeiten Mo–Do 8–12 Uhr
und 13–17 Uhr
Fr 8–12 Uhr
und nach Vereinbarung

Profil online

Im Abthof der Familie Koch steht das Thema Nachhaltigkeit im Mittelpunkt. Klimafreundliche Weine will Martin Koch erzeugen. Nicht von ungefähr sind in den letzten Jahren deshalb eine Reihe von Sorten wie Souvignier Gris, Monarch oder Solaris im Portfolio des Guts zu finden. Die klassischen Rebsorten bilden jedoch weiterhin die solide Basis.

○ **2020** Sörgenlocher Moosberg Chardonnay Spätlese trocken
12,30€ | 13%

○ **2021** Hahnheimer Moosberg Gelber Orleans
10,20€ | 13%

○ **2021** Souvignier Gris
7,90€ | 13,5%

● **2019** Premium Monarch
18,50€ | 14,5%

ADAMSWEIN

Altegasse 28
55218 Ingelheim am Rhein
T +49 (0) 6132 7908 00
www.adamswein.de

Simone Adams
Vincent Hermanns
Rebfläche 10 ha
Produktion 45.000 Flaschen
Gründung 1823
Verkaufszeiten nach Vereinbarung

Profil online

Winzerin Simone Adams scheint keine Freundin von Kompromissen zu sein. Von nun an wird komplett biodynamisch gearbeitet, ließ sie verlauten. Komplette Spontangärung, keine Schönungen, keine Filtration. Punkt. Ihre Weine klassifiziert sie in Kalibern, dem Maß für den Durchmesser von Projektilen. Sie ist passionierte Jägerin, ihre Weine sind aber auch in anderer Hinsicht ein anderes Kaliber.

○ **2019** Kaliber 25 Chardonnay
24€ | 13%

○ **2020** Ingelheim Grauburgunder
14€ | 13%

○ **2020** Ingelheim Weißburgunder
11€ | 13%

○ **2020** Lohpfad Chardonnay
25€ | 13%

● **2018** Kaliber 28 Spätburgunder
19€ | 13%

● **2018** Kaliber 48 Spätburgunder
39€ | 13%

● **2019** Auf dem Haun Spätburgunder
39€ | 12,5%

● **2019** Heerweg Spätburgunder
22€ | 12,5%

● **2019** Ingelheim Spätburgunder
14€ | 12,5%

● **2019** Pares Spätburgunder
79€ | 12,5%

● **2021** Spätburgunder
11€ | 11,5%

trinkreif

● **2016** Kaliber 48 Spätburgunder
36€ | 13%

ST. ANTONY

Aufsteiger

Wilhelmstraße 4
55283 Nierstein
T +49 (0) 6133 5091 10
www.st-antony.de

Familie Meyer & Dirk Würtz
Sebastian Strub
Robert Borenstein
Verbände VDP
Rebfläche 60 ha
Produktion 250.000 Flaschen
Gründung 1920
Verkaufszeiten Mo–Fr 8–12 Uhr und 13–17 Uhr
Sa 11–17 Uhr
So und Feiertag 12–18 Uhr

Profil online

Die St.-Antony-Hütte in Oberhausen ist der Grund, weshalb das Weingut in Nierstein den Namen des Schutzheiligen trägt. Weil für die Eisenhütte Kalk benötigt wurde, kauften die Betreiber damals kalkreiches Gebiet in Nierstein – umgeben von Reben. Vor 100 Jahren dämmerte es, dass die Lage gar nicht so schlecht ist. Seitdem wird Wein produziert, für den heute Kellermeister Sebastian Strub zuständig ist und der seit dem 2018er-Jahrgang Demeter zertifiziert ist. Auf 60 Hektar - vorrangig im Roten Hang - wachsen vor allem Riesling- und Burgunder-Sorten.

○ **2021** Brudersberg Riesling GG
30€ | 12,5%
○ **2021** Hipping Riesling GG
33€ | 13%
○ **2021** Orbel Riesling GG
19,90€ | 12,5%
○ **2021** Pettenthal Riesling GG
33€ | 13%
○ **2021** Rotschiefer Riesling
9,80€ | 12%
○ **2021** Zehnmorgen Riesling GG
26€ | 12,5%
● **2018** Paterberg Pinot Noir GG
38€ | 13%
● **2020** Paterberg Spätburgunder GG
42€ | 13%

WEINGUT BALZHÄUSER

Aufsteiger

Mittelgasse 25
67577 Alsheim
T +49 (0) 6249 9451 30
www.balzhaeuser.de

Johannes Balzhäuser
Rebfläche 10 ha
Produktion 70.000 Flaschen
Gründung 1732
Verkaufszeiten nach Vereinbarung

Profil online

Seit über 280 Jahren baut die Familie Reben an. Johannes Balzhäuser, die neunte Generation, verantwortet nach seinem Agrarstudium in Stuttgart und Auslandserfahrung seit 2012 den Betrieb. Er kultiviert hauptsächlich Riesling, Weiß- und Grauburgunder, Chardonnay sowie Portugieser, Cabernet Sauvignon und Spätburgunder. Seine Devise: „Ein guter Wein muss nicht erklärt werden – er gefällt einfach."

○ **2020** Alsheimer Frühmesse Chardonnay
15,90€ | 13,5%
○ **2020** Alsheimer Kälbchen Riesling
15,90€ | 13%
○ **2021** Chardonnay
8,50€ | 12,5%
○ **2021** Grauburgunder
8,50€ | 12,5%
○ **2021** Riesling
8,50€ | 12,5%
○ **2021** Weißburgunder
8,50€ | 12,5%

WEINGUT BATTENFELD-SPANIER

Bahnhofstraße 33
67591 Hohen-Sülzen
T +49 (0) 6243 9065 15
www.battenfeld-spanier.de

Hans Oliver Spanier & Carolin Spanier-Gillot
Frank Schuber
Axel Thieme & Christopher Full
Verbände VDP, Maxime Herkunft Rheinhessen, La Renaissance des Appellations
Rebfläche 28 ha
Produktion 150.000 Flaschen
Gründung 1991
Verkaufszeiten Ölmühlstraße 25, 55294 Bodenheim
Mo–Fr 9–17 Uhr
Sa 11–14 Uhr
und nach Vereinbarung

Profil online

2021 konnte Hans Oliver Spanier, der seit 2006 mit Carolin Spanier-Gillot verheiratet ist, sein 30-jähriges Jubiläum feiern. Auf den extrem kalkhaltigen und wasserspeichernden Böden rund um Hohen-Sülzen im Wonnegau und im Zellertal bewirtschaftet das Weingut Battenfeld-Spanier uralte Lagen. Von Beginn an ökologisch und seit 2005 biodynamisch zertifiziert. Für den Winzer ist die Biodynamie der Schlüssel zu einem gesunden Boden und der ist für ihn von besonderer Bedeutung: Spanier interessiert, was nach der Frucht an Aromen kommt. Die zweite Ebene – von Steinen und Boden. Das gilt für seinen Riesling, den Weiß- und Spätburgunder und für seinen Silvaner.

2019 Frauenberg Riesling GG
52€ | 12,5%
2019 Hohen-Sülzen Louis Pinot Blanc
21€ | 13%
2019 Hohen-Sülzen Riesling 1. Lage
18,50€ | 12,5%
2019 Kirchenstück Riesling GG
45€ | 12,5%
2019 Mölsheim Riesling 1. Lage
22€ | 12,5%
2019 Zellerweg Am Schwarzen Herrgott Riesling GG
52€ | 12,5%
2021 Am schwarzen Herrgott Riesling GG
59€ | 12,5%
2021 Frauenberg Riesling GG
59€ | 12,5%
2021 Hohen-Sülzen Riesling
19,50€ | 12%
2021 Kreuzberg Riesling GG
369€ | 12,5%
2021 Mölsheim Riesling
23,50€ | 12,5%
2021 Zellertal Riesling
39€ | 12,5%
2018 Hohen-Sülzen Spätburgunder 1. Lage
25€ | 13%
2018 Kirchenstück Spätburgunder GG
48€ | 13%
2020 Hohen-Sülzen Spätburgunder
25€ | 12,5%
2020 Kirchenstück Spätburgunder GG
52€ | 12,5%

trinkreif

2016 Hohen-Sülzener Kirchenstück Spätburgunder
45€ | 13%
2009 Blanc de Blancs Chardonnay extra brut
40€ | 12,5%
2009 Blanc de Blancs Vintage Chardonnay
40€ | 12,5%
2011 Blanc de Blancs Chardonnay extra brut
40€ | 12%
2012 Blanc de Blancs Vintage Chardonnay extra brut
40€ | 12,5%

BECK HEDESHEIMER HOF

Schildweg 2
55271 Stadecken-Elsheim
T +49 (0) 6136 2487
www.hedesheimer-hof.de

Michael Beck
Verbände Maxime Herkunft Rheinhessen, Sektmacher
Rebfläche 30 ha
Produktion 200.000 Flaschen
Gründung 1974
Verkaufszeiten Mi–Fr 14–19 Uhr
Sa 9–16 Uhr
und nach Vereinbarung

Profil online

Michael Beck sieht sich als ausgeprägten Individualisten. Trotzdem ist er einer der acht Charakterköpfe der Winzertruppe „Simply Wine". Ein Familienteam führt das Weingut Hedesheimer Hof, das seit drei Jahrhunderten besteht. Angebaut werden vor allem klassische Sorten: Riesling, Grauer und Weißer Burgunder, Kerner, Silvaner und Auxerrois. Der Betrieb bietet auch Gästezimmer an.

- **2019** Stadecker Réserve Silvaner
  21,50€ | 14%
- **2021** Freestyler Muskateller feinherb
  8,50€ | 11%
- **2021** Offroad Muskateller
  8,50€ | 11,5%
- **2021** Riesling
  8,50€ | 11%
- **2021** Silvaner
  8,50€ | 11%
- **2021** Weißburgunder
  8,50€ | 11,4%
- Karl Weißburgunder brut nature
  15,50€ | 12,5%

GERNOT & AMADEUS BECKER

Hauptstraße 10
67582 Mettenheim
T +49 (0) 176 3208 1207
www.beckerwein.de

Amadeus Becker
Verbände Generation Riesling
Rebfläche 7 ha
Produktion 35.000 Flaschen
Verkaufszeiten nach Vereinbarung

Profil online

Phillip Menger gründete sein Weingut im 19. Jahrhundert. Heute führen Urenkel Gernot Becker und sein Sohn Amadeus den Betrieb. Der Junior hat eine Ausbildung in namhaften Betrieben absolviert. Ein Viertel der Rebfläche ist mit Riesling bestockt. Grau- und Weißburgunder, Sauvignon Blanc, Scheurebe, Bacchus und vier Rotweinsorten ergänzen das Spektrum.

- **2020** Hellborn Chardonnay
  16€ | 13,5%
- **2021** Chardonnay
  6,90€ | 12%
- **2021** Cuvée
  7,20€ | 12%
- **2021** Grauburgunder
  7€ | 12%
- **2021** Riesling
  6,90€ | 11,5%
- **2021** Sauvignon Blanc
  6,90€ | 11%

WEINGUT MÜLLER-DR. BECKER

Vordergasse 14–18
67592 Flörsheim-Dalsheim
T +49 (0) 6243 5524
www.mueller-dr-becker.de

Jochen Becker
Rebfläche 16 ha
Produktion 110.000 Flaschen
Gründung 1625
Verkaufszeiten Mo–Fr 9–12 Uhr
und 14–17 Uhr
Sa und So nach Vereinbarung

Profil online

Seit 2006 leitet Jochen Becker das jahrhundertealte elterliche Weingut. Nach dem Studium in Hohenheim führten Praxisaufenthalte in Kalifornien und Südfrankreich bei ihm zur „Weinobsession". Becker setzt vor allem auf klassische Rebsorten. Riesling, Silvaner, Burgunder, St. Laurent und Chardonnay stellen zusammen über 60 Prozent der Anbaufläche. Ein Dogma ist der sortenreine Ausbau.

○ **2021** Dalsheimer Sauloch Vom Brummelochsenboden Riesling
9,90€ | 12,5%

○ **2021** Riesling halbtrocken
5,80€ | 11%

○ **2021** Silvaner
5,80€ | 11,5%

● **2019** Dalsheimer Bürgel MDCXXV Saint Laurent
18€ | 14%

WEINGUT BEISER

Außerhalb 1
55578 Vendersheim
T +49 (0) 6732 8732
www.weingut-beiser.de

Christiane Beiser
Simon Beiser
Verbände Maxime Herkunft Rheinhessen
Rebfläche 39 ha
Produktion 120.000 Flaschen
Verkaufszeiten Mo–Sa 10–12 Uhr
und 13–19 Uhr
So 11–13 Uhr
Feiertag nach Vereinbarung

Profil online

Am Rand von Vendersheim, aber inmitten der rheinhessischen Rebhügel liegt das Weingut Beiser. Das Spannende an dessen Weinen ist die territoriale Vielfalt. Simon Beiser kann hier, unterstützt von der Familie, aus dem Vollen schöpfen, denn die 39 Hektar Weinberge sind von Wallertheim im Süden bis Bingen im Norden verteilt. Aus dem Zusammenspiel von Boden, Rebe und Winzer entstehen Weine mit Kraft und Charakter. Längst über den Status des Geheimtipps hinausgewachsen ist die Vinothek des Guts, wo man sich montags zu Wein und Flammkuchen trifft.

○ **2018** Binger Schlossberg Schwätzerchen Quarzit Steillage Riesling
18€ | 12,5%

○ **2019** Sprendlingen Vom Kalkstein Gewürztraminer
7,90€ | 13%

○ **2019** Vendersheim Kleines Fass Tonmergel Chardonnay
10,60€ | 13%

○ **2020** Binger Schlossberg Schwätzerchen Vom Quarzit aus der Steillage Silvaner
18€ | 13%

○ **2020** Tabularasa Scheurebe
7,20€ | 12,5%

○ **2020** Vetter B Cuvée
8,50€ | 13%

○ **2020** Vetter Riesling
7,20€ | 12,5%

○ **2021** Gewürztraminer
6,80€ | 8%

○ **2021** Grauburgunder
6,20€ | 12,5%

○ **2021** Riesling
5,60€ | 12%

○ **2021** Scheurebe
6,50€ | 7,5%

○ **2021** Silvaner
6,20€ | 12,5%

○ **2021** Tabularasa Scheurebe
7,20€ | 12,5%

● **2016** Sprendlinger Honigberg Kalkstein Spätburgunder
14€ | 13,5%

● **2017** Sprendlinger Kalkmergel Spätburgunder
8,50€ | 14%

● **2018** Vendersheimer vom Tonmergel Frühburgunder
18,20€ | 14,5%

● Riesling brut
10,40€ | 12,5%

WEINGUT BERNHARD

Aufsteiger

Klostergasse 3
55578 Wolfsheim
T +49 (0) 6701 3578
www.weingut-bernhard.de

Jörg Bernhard & Martina Bernhard-Fazzii
Verbände Ecovin, Generation Riesling, Maxime Herkunft Rheinhessen
Rebfläche 27 ha
Produktion 150.000 Flaschen
Verkaufszeiten nach Vereinbarung

Profil online

1995, im Geburtsjahr seiner Tochter Martina, fing Jörg Bernhard an, den elterlichen Hof zum reinen Weingut umzukrempeln. Heute ist seine Tochter Winzerin und beide arbeiten auf Augenhöhe. Sie bewirtschaften ihre Weinberge biodynamisch. Das Weingut ist nicht nur EU-Öko-zertifiziert, sondern seit 2020 auch Ecovin-Mitglied. Jüngst gründete Martina den Sisters-in-Wine-Club.

○ **2020** Chardonnay
19,20€ | 13%

○ **2020** Riesling
19,20€ | 12,5%

○ **2020** Silvaner
19,20€ | 13%

● **2017** Naturstück brut nature
19€ | 12,5%

● **2019** Kellerkind Chardonnay brut nature
25€ | 12,5%

WEINGUT BOSSERT

Hauptstraße 15
67598 Gundersheim
T +49 (0) 176 2035 3105
www.bossert-gundersheim.de

Johanna & Philipp Bossert
Verbände Maxime Herkunft Rheinhessen, MOD
Rebfläche 9,3 ha
Gründung 1848
Verkaufszeiten Nach Vereinbarung

Profil online

○ **2019** Königstuhl Riesling
27€ | 13%

○ **2021** Königstuhl Riesling
30€ | 13%

WEINGUT BRAUNEWELL

Aufsteiger

Am Römerberg 34
55270 Essenheim
T +49 (0) 6136 9999 100
www.weingut-braunewell.de

Familie Braunewell
Axel Braunewell
Christian Braunewell
Verbände Maxime Herkunft Rheinhessen, Fair'n Green, Sektmacher
Rebfläche 30 ha
Produktion 280.000 Flaschen
Gründung 1655
Verkaufszeiten Mo–Do 13.30–19 Uhr
Fr 10–12 Uhr und 13.30–19 Uhr
Sa 10–17 Uhr

Profil online

1655 wurde das Essenheimer Weingut gegründet, das heute zu den herausragenden Betrieben in Rheinhessen zählt. Tradition ist dabei eng mit Innovation verzahnt, was nicht zuletzt an der neugebauten schicken Vinothek und dem neuen Keller abzulesen ist. Die Brüder Stefan und Christian Braunewell haben das Thema Nachhaltigkeit in den Fokus ihres Schaffens gerückt. Jeder Arbeitsschritt wird unter diesem Aspekt betrachtet. Die Weinqualität des Guts ist ohnehin längst über jeden Zweifel erhaben.

○ **2019** G 700 Riesling
27,50€ | 13,5%

○ **2019** Réserve Sauvignon Blanc
15€ | 14%

○ **2019** Teufelspfad Riesling
19€ | 12,5%

● **2018** Teufelspfad Spätburgunder
25€ | 13,5%

● **2020** Braunewell – Dinter der Rosé Cuvée
30€ | 13%

● **2017** Blanc de Blancs
Chardonnay brut nature
19€ | 12,5%

trinkreif

● **2015** François Grande Réserve Cuvée
40€ | 15%

● **2013** Grande Année
Chardonnay brut nature
39€ | 12,5%

● **2014** Pinot Prestige brut nature
25€ | 12,5%

2016 Braunewell – Dinter die Rosé Perle Spätburgunder brut nature
39€ | 12%

2016 Die Perle Pinot Noir extra brut
39€ | 12,5%

ERNST BRETZ

Langgasse 35
55234 Bechtolsheim
T +49 (0) 6733 356
www.weingutbretz.de

Horst Bretz
Horst & Harald Bretz
Rebfläche 40 ha
Produktion 400.000 Flaschen
Gründung 1721
Verkaufszeiten Mo–Fr 8–12 Uhr und 13–18 Uhr
Sa 10–17 Uhr

Profil online

40 Hektar muss man erst einmal bewirtschaften, vor allem als Familienbetrieb. Horst, Heike, Victoria und Harald Bretz führen das 300 Jahre alte Weingut, dessen Weinberge auf und rund um den Bechtolsheimer Petersberg mit lehm- und lösshaltigen Böden liegen. Das Portfolio ist der Rebflächengröße entsprechend umfangreich: Burgundersorten, Chardonnay, Sauvignon, Merlot, Scheurebe oder St. Laurent.

2020 Bechtolsheimer Petersberg Bacchus
6,40€ | 12,5%

2020 Bechtolsheimer Petersberg Im Barrique gereift Chardonnay
16,30€ | 12,5%

2020 Bechtolsheimer Petersberg Réserve Riesling
16,10€ | 12%

2020 Bechtolsheimer Petersberg Scheurebe
6,50€ | 12%

2021 Bechtolsheimer Petersberg Müller-Thurgau
6,30€ | 12%

2021 Bechtolsheimer Petersberg Réserve Chardonnay
12,40€ | 12,5%

2021 Bechtolsheimer Petersberg Réserve Grauburgunder
15,20€ | 12,5%

2021 Bechtolsheimer Petersberg Sauvignon Blanc
10,30€ | 12,5%

2017 Bechtolsheimer Petersberg Im Barrique gereift Cuvée
19,90€ | 14%

Rheinhessen

2018 Bechtolsheimer Petersberg Im Barrique gereift Saint Laurent
18,10€ | 14%

2018 Bechtolsheimer Petersberg Spätburgunder
13,70€ | 13%

2019 Bechtolsheimer Petersberg Im Barrique gereift Regent
17,10€ | 13%

2021 Bechtolsheimer Petersberg Blanc de Noir Spätburgunder
8,40€ | 12,5%

2021 Bechtolsheimer Petersberg Cabernet Sauvignon
11,40€ | 12,5%

2021 Bechtolsheimer Petersberg Frühburgunder Spätlese
14,90€ | 7,5%

2018 Rheinhessen Scheurebe Trockenbeerenauslese
42,50€ | 8%

2018 Rheinhessen Silvaner Trockenbeerenauslese
45,50€ | 7%

LISA BUNN

Mainzer Straße 86
55283 Nierstein
T +49 (0) 6133 59290
www.lisa-bunn.de

Lisa Bunn & Bastian Strebel
Verbände Roter Hang, Generation Riesling, Maxime Herkunft Rheinhessen
Rebfläche 21 ha
Produktion 90.000 Flaschen
Gründung 2011
Verkaufszeiten Di–Fr 13–17 Uhr
Sa 11–16 Uhr

Profil online

Aus 2 mach 1! Im Jahr 2013 haben Lisa Bunn und Bastian Strebel die elterlichen Betriebe zu einem Weingut zusammengelegt, was zur Folge hatte, dass sie jetzt über 21 Hektar verfügen, die sich vom Roten Hang in Nierstein bis nach Wintersheim erstrecken. Im Lagenportfolio finden sich Namen wie Hipping, Fraugarten, Oelberg oder Orbel. Ihr Fokus liegt ganz klar auf Riesling und Burgundersorten. Im Keller und im Weinberg wird Hand in Hand und auf Augenhöhe gearbeitet – beide teilen Geschmack, Stilistik und Philosophie.

2017 Tafelstein Dienheim Réserve Chardonnay
17€ | 12,5%

2018 Oelberg Nierstein Riesling
17€ | 12,5%

2019 Fumé Sauvignon Blanc
18,50€ | 11%

2021 Fumé Sauvignon Blanc
19€ | 11,5%

2021 Hipping Nierstein Riesling
35€ | 11,5%

2021 Nierstein Vom Rotliegenden Riesling
12,90€ | 12%

2021 Oelberg Nierstein Riesling
25€ | 11,5%

2021 Orbel Nierstein Riesling
25€ | 11,5%

2021 Scheu. Scheurebe
8,50€ | 11,5%

2021 Tafelstein Dienheim Riesling
25€ | 12%

2021 Wintersheim Riesling
10,90€ | 12%

2017 Réserve Merlot
20€ | 14%

- 2018 Nierstein vom Rotliegenden Saint Laurent
  14,50€ | 13,5%
- 2018 Réserve Merlot
  26€ | 14%
- 2018 Réserve Spätburgunder
  25€ | 13,5%
- 2018 Wintersheim Spätburgunder
  15,50€ | 13%
- 2019 Pinot Noir Spätburgunder
  10,50€ | 13%
- 2020 Nierstein vom Rotliegenden Saint Laurent
  16€ | 13,5%
- 2020 Wintersheim Spätburgunder
  16,90€ | 12%
- 2019 Pinot Réserve brut
  18,50€ | 12,5%
- 2019 Pinot Réserve brut nature
  18,50€ | 11,5%

trinkreif

- 2017 Réserve Spätburgunder
  25€ | 13,5%

CISTERZIENSER WEINGUT

Aufsteiger

Dalbergstraße 28
67596 Dittelsheim-Heßloch
T +49 (0) 6244 4921
www.cisterzienser-weingut.de

Ulrich & Karen Michel
Ulrich Michel
Rebfläche 30 ha
Produktion 250.000 Flaschen
Gründung 1173
Verkaufszeiten Mo–Fr 9–11.30 Uhr und 13–18 Uhr
Sa 9–13 Uhr

Profil online

1173 gründeten die Cisterzienser das Weingut. Die Mönche sind längst weg, geblieben ist der Weinbau. Den betreibt Ulrich Michel mit Frau Karen in achter Generation. Zielgerichtet, jedoch mit Fingerspitzengefühl für die Tradition des Guts haben die Michels in den letzten Jahren für reichlich frischen Wind gesorgt: neues Corporate Design, neue Etiketten und die Umstellung auf biologische Bewirtschaftung. Unverändert ist indes die Begeisterung für das Produkt. Diese Begeisterung wird in den Michel-Weinen schmeck- und bei einem Besuch auf dem Hof erlebbar.

- 2018 Chardonnay
  11€ | 14,1%
- 2019 Bechtheimer Hasensprung Unfiltered Riesling
  18,50€ | 13,4%
- 2019 S Riesling
  9€ | 13,5%
- 2020 Bechtheim Riesling
  9,50€ | 13,5%
- 2020 Hesslocher Edle Weingärten Maßwerk Grauburgunder
  19€ | 14%
- 2020 Hesslocher Edle Weingärten Maßwerk Weißburgunder
  19€ | 13,5%
- 2021 Bacchus Bacchus
  7€ | 11,5%
- 2021 Fumé Sauvignon Blanc
  15€ | 13%
- 2021 Muskateller
  9,50€ | 13,2%
- 2021 Roter Traminer
  9,50€ | 12,7%

Rheinhessen

● **2018** Hesslocher Liebfrauenberg St. Laurent
15€ | 13,5%

● **2019** Cisterzienser Sauvignon Blanc brut
13€ | 12,5%

● **2020** Orange Silvaner
19,80€ | 13,1%

WEINGUT DACKERMANN

Gaustraße 15
67596 Dittelsheim-Heßloch
T +49 (0) 6244 7054
www.weingut-dackermann.de

Sascha Dackermann
Verbände Generation Riesling
Rebfläche 17 ha
Produktion 150.000 Flaschen
Gründung 1913
Verkaufszeiten nach Vereinbarung

Profil online

„Tradition trifft Moderne" ist das Motto von Sascha Dackermann, der seit 2011 als Winzermeister die Verantwortung trägt. Seit 1913 ist das Weingut im Familienbesitz – von Generation zu Generation wurde der Betrieb vergrößert. Gradlinige Weine mit moderatem Alkoholgehalt und jahrestypischer Ausdruck sind sein Ziel.

○ **2019** Bechtheimer Fumé Chardonnay
8,50€ | 14%

○ **2021** Muskateller
6,95€ | 12,5%

● **2021** Pinot Noir
6,95€ | 12,5%

● **2021** Saint Laurent
6,95€ | 12,5%

● **2019** Grande Réserve Chardonnay brut
14,50€ | 14%

● **2020** Chardonnay brut
14,50€ | 13%

WEINGUT DREISSIGACKER

Untere Klinggasse 4
67595 Bechtheim
T +49 (0) 6242 2425
www.dreissigacker-wein.de

Jochen Dreissigacker
Jochen Dreissigacker & Achim Bicking
Verbände Kontrollverein ökologischer Landbau, Maxime Herkunft Rheinhessen
Rebfläche 45 ha
Produktion 300.000 Flaschen
Verkaufszeiten Mo–Fr 8–12 Uhr und 13–18 Uhr
Sa 9–16 Uhr
und nach Vereinbarung

Profil online

Seit vielen Jahren ist der Name Dreissigkacker in aller Munde, wenn es um bemerkenswerte Weine geht, die die Familie Jahr für Jahr auf die Flasche bringt. Rund um Bechtheim und Westhofen liegen die Weinlagen des Weinguts, die konsequent ökologisch und biodynamisch bearbeitet werden. Kellermeister Jochen Dreissigacker hat das elterliche Weingut in die Zukunft geführt. Gemeinsam mit Achim Bicking achtet er ganz genau auf den schonenden und nachhaltig natürlichen Ausbau der Gewächse. Knapp 1000 Arbeitsstunden Handarbeit stecken sie pro Jahr in einen Hektar.

○ **2018** Bechtheim Riesling
18€ | 13%

○ **2018** Kirchspiel Westhofen Riesling
46€ | 13,5%

○ **2018** Morstein Westhofen Riesling
59€ | 13,5%

○ **2018** Rosengarten Bechtheim Riesling
38€ | 13%

○ **2018** Tonneau Weißburgunder
38€ | 13,5%

○ **2019** Bechtheim Chardonnay
25€ | 13,5%

○ **2019** Einzigacker Weißburgunder
54€ | 13,5%

○ Vintages weiß Riesling
15,50€ | 12,5%

● **2014** Pinot Noir brut nature
23€ | 12,5%

● **2018** Chardonnay brut
19€ | 12%

● **2019** Riesling brut
17€ | 12%

trinkreif

○ **2015** Bechtheimer Geyersberg Riesling
42€ | 13,5%

○ **2016** Bechtheimer Geyersberg Riesling
41€ | 13,5%

○ **2017** Bechtheim Geyersberg Riesling
52€ | 13%

○ **2017** Legenden Riesling
375€ | 13%

○ **2017** Westhofen Kirchspiel Riesling
52€ | 13,5%

○ **2017** Westhofen Morstein Riesling
62€ | 13%

WEINGUT EBERLE-RUNKEL

Niedergasse 25
55437 Appenheim
T +49 (0) 6725 2810
www.weingut-eberle-runkel.de

Michael Runkel
Stefan Runkel
Rebfläche 14 ha
Produktion 40.000 Flaschen
Verkaufszeiten Fr 14–18 Uhr
Sa 10–17 Uhr
und nach Vereinbarung

Profil online

Der ehemalige Gemischtbetrieb hat sich über Generationen immer mehr zum Weingut entwickelt. Heute baut Michael Runkel regionaltypische Rebsorten wie Müller-Thurgau, Silvaner, Riesling und Portugieser an, aber auch internationale. Sein Sohn Stefan ist nach seinem Studium in Geisenheim für den Keller verantwortlich. Zum Weingut gehören ein Gewölbekeller für Gruppen und eine Straußwirtschaft.

○ **2021** Appenheimer Hundertgulden Riesling
9,80€ | 12,5%

○ **2021** Nieder-Hilbersheimer Honigberg Riesling
9,80€ | 12,5%

● Grillwein Spätburgunder
8,50€ | 14%

FAMILIE ERBELDINGER

Bechtheim-West 3
67595 Bechtheim
T +49 (0) 6244 4932
www.weingut-erbeldinger.de

Stefan Erbeldinger
Christoph Erbeldinger
Verbände Vinissima
Rebfläche 28 ha
Produktion 250.000 Flaschen
Gründung 1960
Verkaufszeiten Mo–Fr 8–18 Uhr
Sa 8–17 Uhr
So 9–12 Uhr

Profil online

Im Familienweingut arbeiten Stefan Erbeldinger und Sohn Christoph Hand in Hand. Gehaltvolle Weine, naturnah erzeugt, zu einem attraktiven Preis – so lässt sich die Philosophie des Guts auf den Punkt bringen, das sich in der Öko-Umstellungsphase befindet. Die Weine trinken sich am besten im gutseigenen Gartenrestaurant, in dem Christophs Frau Gundi von Mai bis August kulinarische Genüsse kreiert.

○ **2021** Bechtheimer Heiligkreuz privat Gewürztraminer feinherb
18,90€ | 12,5%

○ **2021** weissBURGUNDER!
6,90€ | 11,5%

● **2018** Gundersheimer Höllenbrand Cuvée E Réserve Syrah
29€ | 15%

● **2018** Gundheimer Sonnenberg privat Spätburgunder
19,90€ | 14,5%

● **2019** spätBURGUNDER!
7,50€ | 12,5%

● **2021** rosé! trocken
6,90€ | 10%

● **2018** Westhofener Aulerde Luisa Riesling – deutscher teilweise gegorener Traubenmost
100€ | 2,5%

FLIK GMBH

Aufsteiger

Klein-Winternheimer-Weg 4
55129 Mainz
T +49 (0) 151 6409 0292
www.flik.de

Adrian van Kampen
Rüdiger Flik
Verbände Verband der traditionellen Sektmacher
Rebfläche 1 ha
Produktion 20.000 Flaschen
Gründung 2013
Verkaufszeiten Weingut
Fr, Sa 12–18 Uhr
Flik Bar
(Große Rittergasse 64, 60594 Frankfurt)
Do, Fr ab 17 Uhr
Sa ab 13 Uhr

Profil online

Für die Leichtigkeit des Sekts steht die Libelle als Erkennungszeichen der Manufaktur. Wie im Flug hat sich der gebürtige Karlsruher Rüdiger Flik mit seinem erst 2015 gegründeten Betrieb einen festen Platz in der Sektwelt erobert. Er hat sein Handwerk bei Bernhard Huber gelernt, bevor er sich in Mainz selbstständig machte. In Champagner verliebt, kreiert er dort seitdem nach klassischer Methode seine Schaumweine. Seine (und andere) Produkte inszeniert er auch in der Flik Bar in Frankfurt.

2018 Auxerrois brut
16,50€ | 12,5%
2018 Pinot Noir brut
23,90€ | 12,5%
2018 Suavium Pinot Noir extra brut
29,90€ | 12,5%
2019 David Cuvée brut nature
21,90€ | 12,5%
2019 Simon Cuvée brut nature
21,90€ | 12,5%
2020 Auxerrois brut
19,90€ | 12,5%
2020 Chardonnay brut
20,90€ | 12,5%
2020 Riesling brut
15,90€ | 12,5%
Spätburgunder brut
17,50€ | 12,5%

WEINGUT FREY

Weedegasse 10
55234 Ober-Flörsheim
T +49 (0) 6735 9412 72
www.frey-wines.com

Philipp & Christopher Frey
Christopher Frey
Philipp Frey
Rebfläche 10 ha
Produktion 75.000 Flaschen
Verkaufszeiten nach Vereinbarung

Profil online

Im Weingut Katharinenhof vollzieht sich gerade ein Generationswechsel. Philipp Frey hat das Studium in Geisenheim abgeschlossen, sein Bruder Christopher studiert dort noch. Vater Stefan Frey hat beide bereits voll in den Betrieb integriert. Die Ursprünge des Weinbaus in der Familie reichen bis ins 18. Jahrhundert zurück, seit 2013 erfolgt der Rebanbau nach den EU-Richtlinien für ökologischen Weinbau. Die Reben – gut die Hälfte Riesling – wachsen auf Böden von Kalksteinverwitterung über Lösslehm mit Kalkfels bis hin zu tonigem Kalkmergel.

2019 Chardonnay
14,80€ | 12,5%
2019 Hangen-Weisheim Riesling
13,60€ | 13%
2021 Grauburgunder
8,80€ | 12,5%
2021 Riesling
9€ | 12,5%
2021 Weißburgunder
8,80€ | 13%
2018 Hangen-Weisheim Sommerwende Pinot Noir
21,40€ | 14%
2019 Pinot Noir
13€ | 13%

Rheinhessen

WEINGUT FRITZSCH & SOHN

Schmittstraße 16
55576 Sprendlingen
T +49 (0) 6701 2007 902
www.weingut-fritzsch.de

Thomas Fritzsch
Rebfläche 20 ha
Produktion 60.000 Flaschen
Verkaufszeiten Mo–Fr nach Vereinbarung
Sa 9–15 Uhr

Profil online

Die Vorfahren betrieben ab 1798 Wein- und Ackerbau, ehe sich der Weinbau zunehmend als wichtiger Betriebszweig herauskristallisierte. Heute bewirtschaften Norbert und Thomas Fritzsch das Weingut als Familienbetrieb. Sie bauen ausschließlich „alteingesessene" Rebsorten an, mit dem Ziel, jeweils das typische Sortenaroma herauszuarbeiten. 61 Prozent der Rebfläche sind weiß, 39 Prozent rot bestockt.

○ **2021** Grauburgunder
5,90€ | 12%
○ **2021** Sauvignon Blanc
5,90€ | 12%
○ **2021** Weißburgunder
5,90€ | 12%
○ **2021** Wißberg Chardonnay
6,70€ | 12%
○ **2021** Wißberg Gelber Muskateller
6,70€ | 12%
○ **2021** Wißberg Riesling
6,70€ | 12%
● **2019** Klostergarten Cabernet Sauvignon
9,90€ | 13,5%
◐ **2021** Chardonnay
8,90€ | 12,5%

WEINGUT GEHRING

Außerhalb 17
55283 Nierstein
T +49 (0) 6133 5470
www.weingut-gehring.com

Diana & Theo Gehring
Theo Gehring
Rebfläche 16 ha
Produktion 110.000 Flaschen
Verkaufszeiten Fr 17–19 Uhr
Sa 10–16 Uhr
und nach Vereinbarung

Profil online

Theo und Diana Gehring folgen in ihrem inmitten der Weinberge gelegenen Gut der Tradition. Klassiker wie Riesling oder Scheurebe werden umweltschonend an- und mit Zeit zur Reife ausgebaut. Das Ergebnis sind Weine mit Nachhall und Charakter. Ein besonderes Augenmerk gilt historischen Sorten wie dem Gelben Orleans. Am besten genießen lassen die sich die Gehring-Weine in der Weinwirtschaft des Guts.

○ **2019** Niersteiner Hipping Riesling
15€ | 13%
○ **2020** Niersteiner Bildstock Grauburgunder
16,50€ | 14%
○ **2020** Niersteiner Hipping Riesling
18€ | 13%
○ **2020** Niersteiner Oelberg Gelber Orleans
15€ | 13%
○ **2020** Niersteiner Pettenthal Riesling
19,50€ | 12,5%
○ **2021** Grauburgunder
7,90€ | 12,5%
○ **2021** Riesling Kabinett feinherb
9,50€ | 11,5%
● **2019** Niersteiner Bildstock Frühburgunder
10,90€ | 13%
◐ **2017** Niersteiner Schloss Schwabsburg Riesling
15,90€ | 12%

OEKONOMIERAT JOHANN GEIL I. ERBEN

Kuhpfortenstraße 11
67595 Bechtheim
T +49 (0) 6242 1546
www.weingut-geil.de

Johannes Geil-Bierschenk
Verbände Maxime Herkunft Rheinhessen
Rebfläche 32 ha
Produktion 280.000 Flaschen
Gründung 1871
Verkaufszeiten Mo–Fr 8–11.30 Uhr und 13–17 Uhr
Sa 9–11.30 Uhr und 13–16 Uhr

Profil online

Johannes Geil-Bierschenk war vor 20 Jahren Gründungsmitglied der Winzervereinigung Message in a bottle und ist Vorsitzender des Vereins Maxime Herkunft Rheinhessen. Mit seiner Frau Elisabeth verwaltet er das Erbe seines Vorfahren Johann Geil, der für seinen Einsatz für Bürger und Gemeinde vom hessischen Großherzog einst den Ehrentitel Oekonomierat erhielt. Geil-Bierschenk studierte in Geisenheim und arbeitete in Australien und Südafrika. Er setzt auf regionale Tradition: Der Fokus liegt klar auf Riesling, Burgunder und Silvaner.

2019 Bechtheim Réserve Weißburgunder
23,50€ | 14%
2019 Bechtheimer Geyersberg Riesling
17,50€ | 13%
2019 Bechtheimer Rosengarten Riesling
18,50€ | 13%
2021 Bechtheimer Geyersberg Riesling
19,50€ | 12,5%
2021 Bechtheimer Rosengarten Riesling
19,90€ | 12,5%
2021 Bechtheimer Stein Réserve Weißburgunder
24,50€ | 14%
2021 Muskateller
9€ | 12,5%
2021 Riesling
9€ | 12%
2021 Silvaner
11,20€ | 13%
2021 Weißburgunder
9€ | 12,5%
2020 Bechtheimer Stein Spätburgunder
28,50€ | 13,5%
2017 Riesling brut
11,90€ | 12%
2019 Bechtheim Rieslaner Beerenauslese
16,90€ | 8%

GEILS SEKT- UND WEINGUT

Zeller Straße 8
67593 Bermersheim
T +49 (0) 6244 4413
www.geils.de

Rudolf & Birgit & Florian R. Geil
Florian R. Geil
Verbände Maxime Herkunft Rheinhessen, Generation Riesling
Rebfläche 14 ha
Produktion 90.000 Flaschen
Verkaufszeiten Mo–Sa nach Vereinbarung

Profil online

Die Wurzeln des Weinguts Geil liegen in Nieder-Flörsheim und reichen weit in das 17. Jahrhundert zurück. Rudolf Geil und Sohn Florian sind beide zwischen Rebstöcken und Weinfässern groß geworden: „Jahrgang für Jahrgang versuchen wir unseren Weinbergen die eigenständigsten Weinpersönlichkeiten zu entlocken." Der Junior hat in Geisenheim studiert, heute arbeiten die beiden Hand in Hand.

2018 Nieder-Flörsheimer Frauenberg Riesling
22,90€ | 13%
2018 Frühwerk Spätburgunder
19,50€ | 13%
2016 Pinot 3 Cuvée brut nature
19,90€ | 12,5%
2017 Blanc de Noirs Cuvée brut
16,60€ | 12,5%

trinkreif

2016 Dalsheimer Bürgel Spätburgunder
29,90€ | 13%

ECKEHART GRÖHL

Aufsteiger

Uelversheimer Straße 4
55278 Weinolsheim
T +49 (0) 6249 8090 00
www.weingut-groehl.de

Eckehart Gröhl
Verbände Maxime Herkunft Rheinhessen, Generation Riesling, Roter Hang
Rebfläche 25 ha
Produktion 180.000 Flaschen
Gründung 1625
Verkaufszeiten Mo–Fr 8–12.30 Uhr und 14–17 Uhr
Sa 10–16 Uhr
und nach Vereinbarung

Profil online

Seit 1625 wird in der Familie Weinbau betrieben. Eckehart Gröhl hat das Gut 1994 übernommen und zielstrebig zu einem der rheinhessischen Vorzeigebetriebe entwickelt. Mittlerweile ist die „wilde 13. Generation" ins Team eingestiegen. Während Sohn Johannes für den Ausbau der Lagenweine zuständig ist, kümmert sich Tochter Franziska um Marketing und Vertrieb. 25 Hektar Weinberge bewirtschaftet das Gut, darunter auch Spitzenlagen wie Niersteiner Pettenthal und Oppenheimer Sackträger. Ein prickelndes Statement sind die Sekte aus traditioneller Flaschengärung.

2019 Niersteiner Hölle Weißburgunder
25€ | 12,5%
2019 Niersteiner Pettenthal Riesling
25€ | 13%
2020 Niersteiner Hölle Weißburgunder
28€ | 12,5%
2020 Niersteiner Pettenthal Riesling
28€ | 12%
2020 Oppenheimer Sackträger Riesling
22€ | 12,5%
2021 Riesling
7,90€ | 12%
2021 Scheurebe
7,90€ | 12,5%
2021 Scheurebe
7,20€ | 10%
2021 Weißburgunder
7,90€ | 12%
2018 Niersteiner Hölle Pinot Noir
26,50€ | 13,5%
2018 Niersteiner Hölle Pinot Noir
28€ | 13,5%

● **2018** Oppenheimer Herrenberg Pinot Noir
19€ | 12,5%

● **2018** Oppenheimer Herrenberg Pinot Noir
17,50€ | 12,5%

● **2021** Sinnesrausch Cuvée
6,90€ | 12%

● **2018** Blanc de Blanc Chardonnay brut nature
19,90€ | 12%

trinkreif

● **2016** Niersteiner Hölle Pinot Noir
26,50€ | 12,5%

LOUIS GUNTRUM

Aufsteiger

Rheinallee 62
55283 Nierstein
T +49 (0) 6133 97170
www.guntrum.de

Louis Konstantin Guntrum
Dirk Roth
Rebfläche 12 ha
Produktion 100.000 Flaschen
Verkaufszeiten Mo–Do 7–12 Uhr und 13–16.30 Uhr
Fr 7–12 Uhr
und nach Vereinbarung

Profil online

Wenn man vom Weingut Louis Guntrum aus Nierstein spricht, muss man die Geschichte von der Übernahme des Familienbetriebs durch Konstantin Guntrum erzählen. Aus Groll gegen den Sohn verkaufte der Vater einst fast alle Weinberge und Gerätschaften. Schlechter kann man eigentlich nicht starten, aber das Weingut erzeugt heute Top-Qualitäten und ist auch im Export stark. Um das auf die Beine zu stellen, braucht es Mut, Herzblut, Leidenschaft und Ehrgeiz. All das haben die Guntrums und ein Top-Lagenportfolio, zu dem u. a. Pettenthal, Oelberg und Orbel gehören.

○ **2018** Nierstein Hipping Riesling „GG"
26€ | 13%

○ **2019** Oppenheim Sackträger Riesling 1. Lage
16,50€ | 13,5%

○ **2021** Niersteiner Riesling
10,50€ | 12,5%

● **2018** Réserve Pinot Noir
30€ | 14,5%

● **2018** Riesling brut
16€ | 12%

trinkreif

○ **2014** Niersteiner Pettenthal Riesling
25€ | 13%

○ **2017** Nierstein Hipping Louis Guntrum Riesling „GG"
25€ | 13%

○ **2017** Riesling Nierstein Hipping „GG"
25€ | 13%

● **2017** Réserve Pinot Noir
30€ | 14%

GUTGALLÉ RHEINHESSEN

Langgasse 69
55237 Flonheim
T 067348961
www.gutgalle.de

Klaus Gallé
Klaus & Jonathan Gallé
Verbände Generation Riesling, Silvaner Forum, Wine in Moderation
Rebfläche 13 ha
Produktion 60.000 Flaschen
Gründung 1995
Verkaufszeiten nach Vereinbarung

Profil online

Das Familienweingut ist im Aufbruch – und das nicht nur wegen der laufenden Umstellung auf ökologischen Weinbau. Neuer Name und Markenauftritt signalisieren frischen Wind. Seit 2021 ist Jonathan Gallé alleine im Keller verantwortlich. Sein Bruder Johannes will ebenfalls ins elterliche Gut mit seinen 13 Hektar Weinbergen einsteigen, während Klaus und Ortrud Gallé sich sukzessive zurückziehen.

○ **2020** Flonheimer Rotenpfad Silvaner
15€ | 13%

○ **2021** Guter Leichter Riesling Kabinett trocken
7,50€ | 11%

○ **2021** Identität Sauvignon Blanc
8,90€ | 12,5%

● **2017** Flonheimer Rotenpfad Portugieser
22,70€ | 13,5%

● **2018** Guter Spätburgunder
8,90€ | 13,5%

● **2018** Uffhofener La Roche Spätburgunder
25,90€ | 14%

● **2021** Guter Blanc de Noir Spätburgunder
7,50€ | 12,5%

● **2021** Rosato Identität Pinot Noir
8,40€ | 12,5%

WEINGUT HAUCK

Albiger Straße 15
55234 Bermersheim vor der Höhe
T +49 (0) 6731 1272
www.weingut-hauck.de

Jana & Heinz Günter & Heike Hauck
Jana & Heinz Günter Hauck
Rebfläche 30 ha
Verkaufszeiten Mo–Sa 9–17 Uhr und nach Vereinbarung

Profil online

Jana Hauck promovierte im Bereich Familienunternehmen. Mittlerweile ist sie staatlich geprüfte Technikerin für Weinbau und Önologie, sammelte Praxiserfahrung unter anderem in Neuseeland und ist das junge Gesicht des Weinguts. Unterstützt von ihren Eltern Heinz Günter und Heike Hauck führt sie die 300-jährige Weinbautradition der Familie fort. Rheinhessentypisch sind zwei Drittel der Reben weiß.

○ **2021** kunststück Cuvée
8,50€ | 12%

● **2016** Pinot brut
11,50€ | 13%

● **2019** Pinot Cuvée brut
12€ | 12%

WEINGUT HEMMES

Grabenstraße 13 & 34
55411 Bingen am Rhein
T +49 (0) 6721 12420
www.hemmeswein.de

Frank Hemmes
Frank & Felix Hemmes
Verbände Generation Riesling
Rebfläche 20 ha
Produktion 140.000 Flaschen
Gründung 1970
Verkaufszeiten Mo, Mi–Fr 10–12 Uhr
und 14–18 Uhr
Di 10–12 Uhr
Sa 10–16 Uhr

Profil online

Wer in Bingen-Kempten ausdrucksstarke Weine genießen will, geht zur alten Dorfschule. 2008 kaufte die Familie Hemmes das Gebäude. Heute sind in den einstigen Klassenräumen Vinothek und Weinschule untergebracht – Dreh- und Angelpunkt der Vermarktung des 20-Hektar-Betriebs. Frank und Felix Hemmes erzeugen mit akribischer Arbeit in Weinberg und Keller Gewächse mit individueller Note und Potenzial.

○ **2020** Binger Scharlachberg Riesling
15,50€ | 13%

○ **2020** Binger Scharlachberg Riesling Kabinett feinherb
13,50€ | 9,5%

○ **2021** Binger Scharlachberg Riesling
15,50€ | 12%

○ **2021** I Sell Riesling
8€ | 12,5%

○ **2021** Meister Müller Müller-Thurgau halbtrocken
6€ | 11,5%

○ **2021** Riesling Kabinett
7,80€ | 9,5%

○ **2021** Scheurebe
7,50€ | 12%

○ **2021** Silvaner
7€ | 12%

○ **2021** Silvaner halbtrocken
7€ | 12%

● **2019** Binger Kirchberg Spätburgunder
16,50€ | 13.5%

● **2021** Cuvée halbtrocken
6,30€ | 11%

● **2021** Spätburgunder
6,30€ | 12%

● **2021** Hemmes Spätburgunder
6,30€ | 12%

● **2021** Binger Scharlachberg Riesling Auslese
20€ | 9%

WEINGUT HIESTAND

Aufsteiger

Nordhöferstraße 19
67583 Guntersblum
T +49 (0) 6249 2266
www.hiestand-weingut.de

Gunther Hiestand
Verbände Maxime Herkunft Rheinhessen
Rebfläche 13 ha
Produktion 90.000 Flaschen
Gründung 1784
Verkaufszeiten Sa 10–16 Uhr
und nach Vereinbarung

Profil online

Gunther Hiestand will höchste handwerkliche Qualität in die Flasche bringen: Weine, die geprägt sind von Lage und Kleinklima. Damit das gelingt, lässt der Winzer seinen Gewächsen Zeit, sich zu entwickeln. Das gilt in besonderem Maße für seine „Große Lagen"-Weine aus Guntersblumer Kachelberg und Kreuz, aber auch für das Ortsweinsegment. Eine Spezialität des Guts ist der Gewürztraminer.

○ **2019** Gewürztraminer
12,50€ | 13%
○ **2019** Guntersblum Silvaner
12,50€ | 12,5%
○ **2019** Kreuz Riesling „GG"
26€ | 13,5%
○ **2020** Gewürztraminer
13,50€ | 14,5%
○ **2020** Kreuzkapelle Riesling Kabinett
18€ | 9,5%
○ **2020** Riesling
13,50€ | 12,5%
○ **2020** Silvaner
13,50€ | 13%
● **2021** Pinot Meunier feinherb
8€ | 11,5%

HIRSCHHOF

Seegasse 29
67593 Westhofen
T +49 (0) 6244 349
www.weingut-hirschhof.de

Tobias Zimmer
Verbände Bundesverband ökologischer Weinbau, Maxime Herkunft Rheinhessen
Rebfläche 30 ha
Produktion 200.000 Flaschen
Verkaufszeiten Mo–Do 8–17 Uhr
Fr–Sa nach Vereinbarung

Profil online

Tobias Zimmer ist Winzer aus Leidenschaft. Für den Westhofener ist ein intaktes Ökosystem mit widerstandsfähigen Reben die Grundlage seines Schaffens. Ziel des Biowinzers ist es, traditionelle Werte mit einem jungen Weinstil zu verbinden. Und das gelingt ihm in beeindruckender Weise. Schon 1991 hat die Familie begonnen, den heutigen 30-Hektar-Betrieb auf biologische Bewirtschaftung umzustellen.

○ **2021** Riesling
7€ | 12%
○ **2021** Riesling feinherb
7€ | 11,5%
○ **2021** Sauvignon Blanc
7,60€ | 12%
○ **2021** Scheurebe
5,70€ | 11%
○ **2021** Westhofener Kirchspiel Gewürztraminer Spätlese
8,60€ | 10%
● **2020** Muskateller
11€ | 12,5%

WEINGUT HOFMANN

Aufsteiger

Vor dem Klopp 4
55437 Appenheim
T +49 (0) 6725 3000 63
www.schiefer-trifft-muschelkalk.de

Carolin & Jürgen Hofmann
Jürgen Hofmann
Verbände Maxime Herkunft Rheinhessen
Rebfläche 26 ha
Produktion 260.000 Flaschen
Verkaufszeiten Mo-Sa 9-12 Uhr und 13-18 Uhr

Profil online

Schiefer trifft Muschelkalk. Auf diese Formel ist die Vereinigung zweier Weingüter von der Saar und aus Rheinhessen zu bringen. Mit der Hochzeit im Jahre 2006 spannten Carolin und Jürgen Hofmann den Bogen zwischen beiden Gebieten. Ihr gemeinsames Ziel ist die Erzeugung von Spitzenweinen – angesichts der Entfernung der Weinberge aus beiden Regionen eine echte Herausforderung. Die meistert das Winzerpaar im Appenheimer Gut, unterstützt von Kellermeister Alex Luff, glänzend. Die Kollektion beeindruckt Jahr für Jahr mit Topqualitäten in allen Segmenten.

○ **2019** Appenheim Hundertgulden Riesling
23€ | 12,5%

○ **2019** Gau-Algesheimer Goldberg Riesling
23€ | 12,5%

○ **2019** Nierstein Ölberg Riesling
23€ | 12,5%

○ **2021** Appenheimer Urmeer Weißburgunder
11,50€ | 12,5%

○ **2021** Appenheimer Vom Muschelkalk Riesling
11,50€ | 12,5%

○ **2021** Eselspfad Weißburgunder
25€ | 13%

○ **2021** Goldberg Riesling
25€ | 12,5%

○ **2021** Hundertgulden Riesling
25€ | 12,5%

○ **2021** Laurenzikapelle Sauvignon Blanc
25€ | 13%

○ **2021** Lieblingsei Sauvignon Blanc
25€ | 14%

○ **2021** Riesling
8,50€ | 12,5%

○ **2021** Rothenberg Riesling
25€ | 12,5%

○ **2021** Réserve Chardonnay
25€ | 13%

○ **2021** Sauvignon Blanc
11,50€ | 12,5%

○ **2021** Scheurebe
8,50€ | 12%

○ **2021** Silvaner
8,50€ | 12%

○ **2021** Weißburgunder
8,50€ | 12%

WEINGUT HUFF-DOLL

Weedstraße 6
55457 Horrweiler
T +49 (0) 6727 343
www.huff-doll.de

Bettina & Ulrich Doll
Ulrich Doll
Verbände Silvaner Forum, Maxime
Herkunft Rheinhessen
Rebfläche 12 ha
Produktion 60.000 Flaschen
Gründung 1848
Verkaufszeiten Mo–Sa
nach Vereinbarung

Profil online

Das Weingut im Norden zählt zu den „Hidden Champions" in Rheinhessen. Ullrich und Bettina Doll haben 2011 die Leitung übernommen und den Betrieb seither zielgerichtet weiterentwickelt. Klarer Schwerpunkt ist die Erzeugung trockener Weine. Deren Spanne reicht von den sortentypischen Guts- bis hin zum spontan vergorenen Lagenriesling. Drei neue Ferienwohnungen laden zu einer Auszeit im Weingut ein.

○ **2020** Horrweiler Silvaner
9,50€ | 13%

○ **2021** Cabernet Blanc
9,50€ | 11,5%

○ **2021** Gewürzgärtchen Riesling
12,90€ | 12,5%

○ **2021** Grauburgunder
7,50€ | 12%

○ **2021** Horrweiler Frederick Chardonnay
12,90€ | 13%

○ **2021** Horrweiler Grauburgunder
9,90€ | 13,5%

○ **2021** Horrweiler Riesling
9,90€ | 12,5%

○ **2021** Independent Scheurebe
7,50€ | 12%

○ **2021** Riesling
7,50€ | 12%

○ **2021** Silvaner
7,50€ | 11,5%

○ **2021** Weißburgunder
7,50€ | 11,5%

● **2018** Horrweiler Gewürzgärtchen Spätburgunder
19,90€ | 15,5%

● **2019** Horrweiler Spätburgunder
12,90€ | 13,5%

● **2018** Chardonnay brut nature
24,90€ | 11,5%

WEINGUT HUNGERMÜLLER *Neu*

Friedhofstraße 10
67596 Dittelsheim-Heßloch
T +49 (0) 6244 6949 400
www.hungermueller.de

Ralf & Heike Hungermüller
Verbände Vinissima
Rebfläche 5 ha
Produktion 6.000 Flaschen
Verkaufszeiten nach Vereinbarung

Profil online

Ralf und Heike Hungermüller stammen beide aus Weinbaubetrieben, trotzdem schlug jeder für sich beruflich zuerst andere Wege ein. Jetzt wollen sie es gemeinsam wissen. Heike schloss ihre Ausbildung zur Winzerin an der LWG Veitshöchheim 2020 erfolgreich ab. Im ehemaligen Fassweinbetrieb von Ralf Hungermüllers Vater Werner wird nun Flaschenwein produziert. Zum Weingut gehört auch ein Gästehaus.

○ **2019** Dittelsheim Kloppberg Müller-Thurgau Auslese trocken
8€ | 13%

● **2021** Müllerchen Secco Müller-Thurgau
7€ | 10%

● **2018** Dittelsheim Mönchhube orange Silvaner Auslese trocken
15€ | 13%

WEINGUT JULIUS

Hauptstraße 5
67599 Gundheim
T +49 (0) 6244 9193 50
www.weingut-julius.de

Georg Julius
Verbände Naturland
Rebfläche 20 ha
Produktion 100.000 Flaschen
Gründung 1926
Verkaufszeiten Nach Vereinbarung

Profil online

Was 1926 der Großvater als Bauernhof erwarb, hat Georg Julius zum Weingut ausgebaut. Seit September 2007 bewirtschaftet er seine Weinberge nach Richtlinien des ökologischen Weinbaus. Er ist Mitglied im Verband Naturland. In den Weinbergen gedeihen Riesling, Weiß- und Grauburgunder sowie Dornfelder, Früh- und Spätburgunder. Im Keller wird moderne Technik mit traditionellen Methoden kombiniert.

○ **2020** Westhofener Morstein Riesling
12,50€ | 12,2%

○ **2021** Abenheimer Klausenberg Weißburgunder
8,30€ | 12,5%

○ **2021** Niederflörsheimer Frauenberg Grauburgunder
8,80€ | 12,2%

○ **2021** Westhofener Rotenstein Muskateller
8,80€ | 11,4%

WEINGUT JUNG

Aufsteiger

Alzeyer Straße 4
55278 Undenheim
T +49 (0) 6737 246
www.wein-macht-jung.de

Georg Jung
Johannes Jung
Verbände Generation Riesling
Rebfläche 21 ha
Produktion 70.000 Flaschen
Gründung 1892
Verkaufszeiten Mo–Fr 15–18 Uhr

Profil online

Die Ahnen kamen im 16. Jahrhundert aus der Schweiz und gründeten einen Bauernhof. Heute steht der Weinbau an erster Stelle. Georg Jung ist der Chef, Sohn Johannes ist als sechste Generation bereits mit dabei. Er absolvierte eine Winzerlehre und bringt Erfahrungen aus Neuseeland mit. In den Weinbergen stehen 23 Rebsorten. Zum Betrieb gehört auch eine Weinstube.

- **2019** In der Sau Grauburgunder
  13€ | 14,2%
- **2019** Undenheim Goldberg Chardonnay
  18€ | 13%
- **2021** Muskateller feinherb
  7,30€ | 9,2%
- **2021** Undenheim Sauvignon Blanc
  8,70€ | 12,5%
- **2018** Undenheim Höllkopf Spätburgunder
  18€ | 13,5%
- **2019** Selzen Sankt Laurent
  14€ | 13,5%

KAPELLENHOF OEKONOMIERAT SCHÄTZEL ERBEN

Aufsteiger

Kapellenstraße 18
55278 Selzen
T +49 (0) 6737 204
www.weingut-kapellenhof.de

Thomas Schätzell
Rebfläche 18 ha
Produktion 100.000 Flaschen
Gründung 1350
Verkaufszeiten Mo–Fr 8–18 Uhr
Sa 9–14 Uhr

Profil online

„Traditionell anders" ist die Weinlinie Kapellenhof 5. Die Ziffer steht für die fünfte Generation. Und für die steht Christian Schätzel. Er will die lange Tradition der Weinkultur in der Familie in die Zukunft tragen und unter dem Label Kapellenhof 5 ein modernes, aber dennoch traditionsbewusstes Lebensgefühl vermitteln. Geführt wird der 18-Hektar-Betrieb von seinen Eltern Thomas und Sabine. Im Keller greift Thomas Schätzel so wenig wie möglich in die natürlichen Prozesse ein. Das Ergebnis sind individuelle, rebsortenreine Weine mit enormem Potenzial.

- **2016** Selzener Osterberg Beyond Chardonnay
  21€ | 13%
- **2018** Hahnheimer Knopf Ökonomierat E Riesling
  15€ | 13,5%
- **2019** Hahnheimer Knopf Ökonomierat E Riesling
  15€ | 13,5%
- **2020** Hahnheimer Knopf Ökonomierat E Riesling
  15€ | 12,5%
- **2020** Selzen Silvaner
  9,80€ | 12,5%
- **2020** Selzener Gottesgarten Beyond Grauburgunder
  21€ | 14%
- **2021** Kapellenhof Rivaner feinherb
  6,70€ | 11,5%
- **2021** Kapellenhof Sauvignon Blanc
  7,90€ | 12%
- **2021** Riesling Kabinett trocken
  7,40€ | 12%

2021 Kapellenhof Spätburgunder feinherb
6,90€ | 12%

2017 Ökonomierat E Riesling brut
12€ | 12,5%

WEINGUT KELLER

Hall of Fame

Bahnhofstraße 1
67592 Flörsheim-Dalsheim
T +49 (0) 6243 456
www.keller-wein.de

Familie Keller
Klaus Peter Keller
Klaus Peter & Felix Keller
Verbände VDP, Message in a bottle
Rebfläche 19,5 ha
Produktion 120.000 Flaschen
Gründung 1789
Verkaufszeiten Mo–Fr 8–12 Uhr und 13–17 Uhr
Sa 10–15 Uhr
nach Anmeldung

Profil online

„Wir sind glücklich – aber nie zufrieden!" Mit dieser Philosophie strebt Klaus Peter Keller nach immer neuen Superlativen. 2000 stieg der Geisenheim-Absolvent mit Erfahrungen in Südafrika und Burgund in das bereits hochdekorierte Weingut seines Vaters Klaus Keller ein, das er heute mit Ehefrau Julia in neunter Generation verantwortet. Inzwischen mischt auch Sohn Felix mit. In Spitzenlagen in Dalsheim, Westhofen und Nierstein stehen zu 60 Prozent Riesling und zu 30 Prozent Burgunder. Mit Niersteiner Riesling beliefern die Kellers das englische Königshaus. In der Schatzkammer im Buckingham Palace liegt Hipping HM (Her Majesty).

2019 Dalsheim Hubacker Riesling GG
59€ | 12,5%

2019 Westhofen Abts E Riesling GG
k. A. | 12,5%

2019 Westhofen Morstein Riesling GG
k. A. | 12,5%

2019 Westhofen Riesling
39€ | 12,5%

2021 Dalsheim Oberer Hubacker Monopol Riesling GG
k. A. | 12,5%

2021 Feuervogel Silvaner
k. A. | 13%

2021 Grüner Slvaner
k. A. | 12%

2021 Westhofen Kirchenspiel Riesling GG
k. A. | 12,5%

2021 Westhofen Silvaner
k. A. | 12,5%

Rheinhessen

● **2018** Dalsheim Bürgel Spätburgunder GG
59€ | 12,5%

● **2020** Nieder-Flörsheim Frauenberg Spätburgunder GG
k. A. | 12,5%

MARKUS KELLER

Landgrafenstraße 74–76
67549 Worms
T +49 (0) 6241 75562
www.weingutkeller.de

Markus Keller
Karlheinz Keller
Rebfläche 22,5 ha
Produktion 200.000 Flaschen
Gründung 1601
Verkaufszeiten Mo–Di, Do–Fr 9–18 Uhr
Mi 9–13 Uhr
Sa 9–14 Uhr

Profil online

Die Wurzeln des Weinguts reichen bis ins Jahr 1601 zurück. Heute legt Markus Keller den Schwerpunkt auf Riesling und Burgundersorten. Aber er hat auch südlich der Alpen beheimatete Rebsorten im Anbau, etwa Lagrein. Seine Frau Judith stammt aus Südtirol. Die Bewirtschaftung ist naturnah, seit Anfang der 90er verzichten die Kellers auf Insektizide. Daneben bietet Keller Brände, Liköre und Gin an.

○ **2021** Bluthohl Riesling
10,70€ | 13%

○ **2021** Grüner Veltliner
8,40€ | 13%

○ **2021** Sauvignon Blanc
6,70€ | 12,5%

○ **2021** Weißburgunder
7,80€ | 13%

● **2018** Gabriel Cuvée
11€ | 13,5%

● **2018** Nieder Flörsheimer Frauenberg Spätburgunder
18,50€ | 13%

● **2020** Lagrein
18,90€ | 13,5%

● **2021** Syrah
18,90€ | 13,5%

● 1601 Cuvée
13,90€ | 13,5%

MATTHIAS KETH

Wormser Straße 33
67591 Offstein
T +49 (0) 6243 7522
www.weingut-keth.de

Matthias Keth
Rebfläche 80 ha
Produktion 300.000 Flaschen
Verkaufszeiten Mo–Fr 9–18 Uhr
Sa 9–17 Uhr

Profil online

Mit 80 Hektar hat das Offsteiner Weingut eine selbst für rheinhessische Verhältnisse beachtliche Größe. Noch beachtlicher ist es, dass Matthias Keth die komplette Ernte über die Flasche vermarktet. Den Grundstein für die exzellente Rotwein-Expertise hat sein Vater Georg-Jakob gelegt. Doch auch die Weißweine des Betriebs beeindrucken. Gewirtschaftet wird biologisch, nachhaltig und innovativ. Beleg dafür ist der Gutsneubau, der Ende 2022 bezogen werden soll. Geschmackvoll eingerichtete Gästezimmer laden zum besseren Kennlernen von Betrieb und Region ein.

○ **2019** Westhofener Morstein Riesling
13,40€ | 13%
○ **2020** Sauvignon Blanc
8€ | 12,5%
○ **2021** Grauburgunder
7,90€ | 13%
○ **2021** Muskateller
7,40€ | 11,5%
○ **2021** Offsteiner Riesling
8,90€ | 12%
○ **2021** Riesling
7,40€ | 12,5%
○ **2021** Sauvignon Blanc
8,40€ | 12,5%
● **2018** Saint Laurent
18,50€ | 14%
● **2018** Westhofener Morstein Spätburgunder
21€ | 13%
● **2019** Saint Laurent
8,40€ | 13,5%

WEINGUT KISSINGER

Außerhalb 13
55278 Uelversheim
T +49 (0) 6249 7969
www.weingutkissinger.de

Jürgen Kissinger
Moritz & Jürgen Kissinger
Verbände Demeter
Rebfläche 12,8 ha
Produktion 80.000 Flaschen
Verkaufszeiten nach Vereinbarung

Profil online

Die Kissingers sind wie ihre Reben tief mit der rheinhessischen Landschaft verwurzelt. Jürgen und Moritz Kissinger haben sich dem biologischen Wirtschaften verschrieben. Der biozertifizierte Demeter-Betrieb befindet sich in der Umstellung auf biodynamischen Weinbau. Bei der Vinifikation liegt ein Schwerpunkt auf der Erzeugung trockener Weine, die die facettenreichen Bodenformationen widerspiegeln.

○ **2020** Chardonnay
38€ | 12,5%
○ **2020** Cuvée
15€ | 12,5%
○ **2020** Riesling
18,50€ | 12,5%
○ **2021** Grauburgunder
10,20€ | 12,5%
○ **2021** Riesling
10,20€ | 12%
○ **2021** Weißburgunder
10,20€ | 13%

BÜRGERMEISTER CARL KOCH

Wormser Straße 62
55276 Oppenheim
T +49 (0) 6133 2326
www.carl-koch.de

Paul Berkes
Agustin G. Novoa
Verbände Ecovin
Rebfläche 11,5 ha
Produktion 60.000 Flaschen
Gründung 1833
Verkaufszeiten Mo–Fr 9–12 Uhr und 13–17 Uhr
Sa 10–13 Uhr
und nach Vereinbarung

Profil online

Im Weingut Bürgermeister Carl Koch setzt man auf Biodiversität, Nachhaltigkeit und natürliche Vielfalt. Paul Berkes führt das Ecovin-Gut in siebter Generation. Zusammen mit Kellermeister Agustin G. Novoa arbeitet er akribisch an der Erzeugung bestmöglicher Qualität. Im Fokus steht dabei auch das Naturweinsegment. Nicht nur das kann in der Säulenvinothek in stilvollem Ambiente verkostet werden.

○ **2021** Pinot Funk Weißburgunder
10,70€ | 13%

● **2020** Oppenheimer Pinot Noir
8,20€ | 14%

● **2019** Monopol Riesling brut nature
15€ | 12,5%

trinkreif

● **1971** Oppenheimer Kreuz Silvaner Beerenauslese
47€ | 11,6%

WEINGUT KRÄMER

Aufsteiger

Untere Pforte 19
55578 Gau-Weinheim
T +49 (0) 6732 8460
www.kraemer-straight.de

Tobias & Hans-Bernhard Krämer
Tobias Krämer
Verbände Generation Riesling
Rebfläche 19 ha
Produktion 80.000 Flaschen
Verkaufszeiten nach Vereinbarung

Profil online

Seit 2013 führt Tobias Krämer das Gut im Schatten des Wißbergs. Er hat seinen damals eingeschlagenen Weg zielstrebig verfolgt, die Gegebenheiten von Boden und Klima mit den angebauten Rebsorten in Einklang zu bringen. Das Ergebnis sind klar strukturierte Weine mit kühler Mineralität und Nachhall. Schmeckbar ist beides bereits in der Basislinie „Straight" – und verdichtet bei Orts- und Lagenweinen.

○ **2018** Kaisergarten Chardonnay
21,50€ | 13,5%

○ **2019** Gau-Weinheimer Kaisergarten Chardonnay
21,50€ | 13,5%

○ **2021** Chardonnay
22,50€ | 13%

○ **2021** Straight Chardonnay
9,70€ | 12,5%

○ **2021** Straight Riesling
8,70€ | 12,5%

● **2021** Good Stuff
9,70€ | 13%

WEINGUT KREBS-GRODE

Hauptstraße 16
55278 Eimsheim
T +49 (0) 6249 9080 50
www.krebs-grode.de

Hubertus Krebs
Annette & Hubertus Krebs
Verbände Maxime Herkunft Rheinhessen
Rebfläche 28 ha
Produktion 200.000 Flaschen
Verkaufszeiten Mo–Fr 8:00–12 Uhr
und 13–18 Uhr
und nach Vereinbarung

Profil online

Hubertus und Annette Krebs betreiben ihr 1854 gegründetes Weingut heute ökologisch. Die Weinberge verteilen sich von Eimsheim über Gau-Odernheim bis in die Rheinebene auf unterschiedliche Bodenarten. „Wir haben die Erde nicht von unseren Vorfahren geerbt, wir haben sie von unseren Nachkommen geliehen", so die Philosophie. Zum Weingut gehören eine 2022 ausgezeichnete Vinothek und ein Gästehaus.

○ **2021** Gewürztraminer
7,50€ | 12,4%

○ **2021** Muskateller
7,50€ | 11,8%

● **2015** Frühburgunder
13,90€ | 13,5%

WEINGUT KÜHLING-GILLOT

Aufsteiger

Ölmühlstraße 25
55294 Bodenheim
T +49 (0) 6135 2333
www.kuehling-gillot.de

Carolin Spanier-Gillot & Hans Oliver Spanier
Axel Thieme
Axel Thieme & Christopher Full
Verbände VDP,
Maxime Herkunft Rheinhessen
Rebfläche 25 ha
Produktion 100.000 Flaschen
Verkaufszeiten Mo–Fr 9–17 Uhr
Sa 11–14 Uhr
und nach Vereinbarung

Profil online

Carolin Spanier-Gillot feiert ihr Zwanzigjähriges! Seit 2002 ist sie für die Geschicke des einst vom Vater übernommenen Weinguts verantwortlich und hat in dieser Zeit Beachtliches geleistet. Gemeinsam mit Hans-Oliver aka „HO" Spanier bildet sie das „Powerpaar" des deutschen Weinbaus. Seit zwei Jahren gibt es im Weingut einen unterirdischen Reifekeller, in dem manch eine Flasche der „Treasure Collection" nach ihrer Abfüllung noch zwei bis drei Jahre auf ihren Auftritt wartet. Spontan vergoren und ungeschönt sind sie alle, egal in welcher Preisstufe.

○ **2019** Hipping Riesling GG
52€ | 12,5%

○ **2019** Nackenheim Riesling 1. Lage
22€ | 12,5%

○ **2019** Nierstein Riesling 1. Lage
22€ | 12,5%

○ **2019** Oppenheim R Chardonnay 1. Lage
25€ | 12,5%

○ **2019** Oppenheim Riesling 1. Lage
18,50€ | 12,5%

○ **2019** Pettenthal Riesling GG
52€ | 12,5%

○ **2019** Ölberg Riesling GG
45€ | 12,5%

○ **2021** Hipping Riesling GG
59€ | 12,5%

○ **2021** Nackenheim Riesling
23,50€ | 12,5%

○ **2021** Nierstein Riesling
23,50€ | 12,5%

○ **2021** Pettenthal Riesling GG
59€ | 12,5%

○ **2021** Rothenberg Riesling GG
195€ | 12,5%

○ **2021** Ölberg Riesling GG
52€ | 12,5%

● **2018** Bodenheim Spätburgunder 1. Lage
25€ | 13,5%

● **2018** Kreuz Spätburgunder GG
48€ | 13%

● **2020** Kreuz Spätburgunder GG
52€ | 12,5%

trinkreif

● **2016** Bodenheimer Spätburgunder
25€ | 13,5%

● **2016** Oppenheimer Kreuz Spätburgunder
45€ | 13,5%

WEINGUT LAMBERTH

Kirchstraße 20
55278 Ludwigshöhe
T +49 (0) 6249 8611
www.weingut-lamberth.de

Carsten Lamberth
Rebfläche 19 ha
Produktion 60.000 Flaschen
Verkaufszeiten Mo–Fr 10–12 Uhr und 14–18 Uhr und nach Vereinbarung

Profil online

Dass Carsten Lamberth auch ein guter Musiker ist, mag ein Grund für Harmonie und Lebendigkeit seiner Weine sein. Im Keller des Ludwigshöher Guts zeigt er ein sicheres Gespür für den Ausbau charakterstarker Weine. Die Basis dafür legt Vater Armin mit aufwendiger Arbeit im Weinberg. Welches Potenzial die Lamberth-Weine haben, zeigen die gereiften Gewächse, die es auch in der Magnumflasche gibt.

○ **2018** Himmelthal Grauburgunder
12,50€ | 13%

○ **2020** Kalkstein Chardonnay & Weißburgunder
8,90€ | 13%

○ **2021** Sauvignon Blanc
7,40€ | 12,5%

○ **2021** Silvaner
5,80€ | 12,5%

● **2018** Kalkstein Spätburgunder
10,70€ | 13,5%

● **2018** Steig-Terrassen Trés fins R Pinot Noir
21€ | 13,5%

● **2015** Cabernet Franc & Merlot
17,50€ | 13,5%

● **2021** Blanc de Noir Cabernet Sauvignon & Merlot
7,40€ | 12%

● **2016** Pinot Noir brut nature
14,50€ | 12,5%

● **2020** Alte Reben Riesling Spätlese Riesling
7,20€ | 8,5%

WEINGUT LANDGRAF

Außerhalb 9
55291 Saulheim
T +49 (0) 6732 5126
www.weingut-landgraf.de

Andre Landgraf
Verbände Maxime Herkunft Rheinhessen, Message in a bottle
Rebfläche 20 ha
Produktion 150.000 Flaschen
Gründung 1752
Verkaufszeiten nach Vereinbarung

Profil online

Der Name Landgraf steht seit 1752 für Weinbau. Andre Landgraf ist Diplom-Ingenieur für Weinbau und Önologie und sammelte Erfahrung in Südafrika. 2007 stellte er mit seiner Frau Katrin den Betrieb auf „Weinbau mit bestem Gewissen" um: biologisch, nachhaltig, vegan. „Unsere Weine schmecken nach ihrer Herkunft, nach ihrem Terroir", sagt Landgraf. Landgraf ist Gründungsmitglied der Winzervereinigung Message in a bottle.

- **2018** Saulheimer Hölle Weißburgunder
  21€ | 13%
- **2019** Réserve Chardonnay
  25€ | 13%
- **2019** Saulheimer Hölle Riesling
  21€ | 12,5%
- **2019** Saulheimer Hölle Weißburgunder
  23€ | 13,5%
- **2020** Saulheimer Hölle Riesling
  23€ | 12,5%
- **2020** Saulheimer Schlossberg Riesling
  23€ | 12,5%
- **2018** Saulheimer Hölle Spätburgunder
  24€ | 13%
- **2014** Pinot Spätburgunder brut
  23€ | 12%

trinkreif

- **2015** Saulheimer Hölle Henri Pinot Noir
  27€ | 13%
- **2017** Saulheimer Hölle Henri Pinot Noir
  29€ | 13%

WEINGUT LOHR

Weinsheimer Hauptstraße 21
67551 Worms
T +49 (0) 6241 33327
www.weingut-lohr.de

Frank Lohr
Verbände MOD
Rebfläche 18,6 ha
Gründung 1665
Verkaufszeiten nach Vereinbarung

Profil online

- **2019** Goldberg Riesling
  30€ | 13%
- **2020** Flomborner Goldberg Riesling Spätlese trocken
  30€ | 13%

Rheinhessen

THOMAS LORCH

Neu

In der Hüttstädt 1
55294 Bodenheim
T +49 (0) 6135 5404
www.thomaslorch.de

Klaus Ritter
Thomas Lorch
Rebfläche 11 ha
Gründung 1850
Verkaufszeiten Mo–Fr 9–13 Uhr
Sa 10–15 Uhr

Profil online

Die Familie ist seit Jahrhunderten mit dem Weinanbau verbunden. Seit 1850 baut sie Wein in Bodenheim an. Weinbautechniker Thomas Lorch übernahm 1992 das Weingut seiner Eltern, die bis heute mitarbeiten. Die Weinberge sind über drei Orte verteilt. Auf Rotliegend, Kalkstein, Tonmergel und Löss wachsen Riesling, Weißburgunder, Grauburgunder, Sauvignon Blanc, Chardonnay, Spätburgunder und Merlot.

○ **2019** Im Holzfass gereift Chardonnay
14,50€ | 12,5%

○ **2019** Nackenheim Vom Rotliegenden Riesling
5,80€ | 12%

○ **2020** Im Holzfass gereift Chardonnay
14,50€ | 13%

○ **2021** Nackenheim Rothenberg Der Wirt & der Winzer Riesling
8,50€ | 12%

○ **2021** Weißburgunder
5,60€ | 12%

● **2019** Cuvée
8,50€ | 13,5%

WEINGUT MANZ

Mühlweg 18
55278 Weinolsheim
T +49 (0) 6249 8030 08
www.manz-weinolsheim.de

Eric Manz
Verbände Pro Riesling
Rebfläche 35 ha
Produktion 250.000 Flaschen
Verkaufszeiten nach Vereinbarung

Profil online

Vier Generationen packen in dem Weingut, das die Vorfahren 1725 gründeten, gemeinsam mit an. Eric Manz ist heute das Gesicht und der Macher im Betrieb. „Manchmal kommt es mir vor, als würde ich mit sechs Bällen jonglieren, so viele Dinge muss man heute als Winzer denken", sagt er. Gemeinsam mit seinem Vater Erich entscheidet er, welche Weine wie ausgebaut werden. Besondere Freude haben beide beim Zusammenstellen von Cuvées. Die Weinberge verteilen sich bis hin zur Rheinfront und zum Roten Hang.

○ **2019** Chardonnay Réserve
16,90€ | 13,5%

○ **2019** Niersteiner Pettenthal Riesling
24,90€ | 13,5%

○ **2019** Oppenheimer Herrenberg Riesling
15,60€ | 13,5%

○ **2019** Weinolsheimer Kehr *** Riesling Spätlese trocken
17,90€ | 13%

○ **2019** Weinolsheimer Kehr Riesling
18,60€ | 13%

○ **2021** Alte Reben Silvaner
9,50€ | 13%

● **2018** Oppenheimer Herrenberg Réserve Spätburgunder
28,50€ | 13,5%

● **2021** EMotion Cuvée
9,90€ | 13%

● **2019** Niersteiner Hipping 196° Riesling Trockenbeerenauslese
99€ | 7,5%

trinkreif

● **2016** M Réserve Cuvée
40,50€ | 13,5%

● **2016** Oppenheimer Herrenberg Réserve Spätburgunder
28,50€ | 13,5%

WEINGUT MARX

Hauptstraße 83
55232 Alzey
T +49 (0) 6731 41313
www.weingut-marx.de

Klaus Marx
Rebfläche 12 ha
Verkaufszeiten Mo–Fr 8–12 Uhr
und 13–18 Uhr
Sa 9–16 Uhr

Profil online

○ **2021** Rivaner
6,20€ | 12%

○ **2021** Silvaner
5,40€ | 12%

WEINGUT MEISER

Alzeyer Straße 131
55239 Gau-Odernheim
T +49 (0) 6733 508
www.weingut-meiser.de

Familie Meiser
Frank Meiser
Charlotte Meiser
Verbände Message in a bottle, Maxime Herkunft Rheinhessen
Rebfläche 35 ha
Produktion 120.000 Flaschen
Gründung 1696
Verkaufszeiten nach Vereinbarung

Profil online

Seit 1696 widmet sich die Familie der Erzeugung von Weinen mit Charakter. Charlotte und Julius Meiser führen diese Tradition mit Tatendrang und neuen Ideen fort. Dabei steht ihnen Vater und Lehrmeister Frank zur Seite. Ein besonderes Augenmerk gilt dem Schutz der natürlichen Ressourcen. Wer Familie, Gut und Weine besser kennenlernen möchte, kann sich im nostalgisch-schicken Gästehaus einbuchen.

○ **2020** Rotenfels Riesling
15€ | 13,5%
○ **2021** Alzeyer Kalk Riesling
9€ | 12%
○ **2021** Westhofener Grauburgunder
9,50€ | 14%
● **2017** Weinheimer Hölle Réserve Spätburgunder
18€ | 13,5%
● **2020** Weinheimer unfiltrert Frühburgunder
12€ | 13%
● **2021** Weinheimer Spätburgunder
12€ | 13%
● **2017** Weinheimer Kirchenstück Sauvignon Blanc Beerenauslese
16€ | 9%
● **2019** Alzeyer Rotenfels Riesling Auslese
14,90€ | 9%

WEINGUT MICHEL-PFANNEBECKER

Langgasse
55234 Flomborn
T +49 (0) 6735 1363
www.michel-pfannebecker.de

Heinfried & Gerold Pfannebecker
Heinfried Pfannebecker
Gerold Pfannebecker
Rebfläche 11,7 ha
Produktion 60.000 Flaschen
Gründung 1950
Verkaufszeiten Mo–Sa 9–18 Uhr

Profil online

Heinfried und Gerold Pfannebecker sind das gelebte Understatement. Denn bei aller Wertschätzung, die ihre Weine bei Kunden und Berufskollegen genießen, sind die Brüder sympathisch bescheiden geblieben. Knapp zwölf Hektar bewirtschaften die Pfannebeckers. Ihre Leidenschaft gilt den traditionellen Rebsorten Riesling, Silvaner und Spätburgunder. Über 80 Prozent der Weine werden trocken ausgebaut.

○ **2019** Flomborner Feuerberg Riesling
10,50€ | 13,5%
○ **2019** Flomborner Feuerberg Selection Rheinhessen Silvaner
10,50€ | 13,5%
○ **2019** Westhofener Steingrube Riesling
10,50€ | 13,5%
○ **2021** Flomborner Feuerberg An dem Sonnbrunnen Grauburgunder
7,90€ | 13%
○ **2021** Flomborner Feuerberg An dem Sonnbrunnen Riesling
7,90€ | 12,5%
○ **2021** Flomborner Feuerberg An dem Sonnbrunnen Silvaner
7,90€ | 12%
○ **2021** Flomborner Feuerberg An dem Sonnbrunnen Weißburgunder
7,90€ | 12,5%
○ **2021** Flomborner Goldberg Chardonnay
7,90€ | 12,5%
○ **2021** Riesling
5,60€ | 12%
○ **2021** Westhofener Morstein Riesling
8,90€ | 12,5%

○ **2021** Westhofener Steingrube Riesling
11€ | 13%

● **2016** Gundersheimer Höllenbrand Spätburgunder
14,50€ | 14%

● **2017** Westhofener Morstein Selection Rheinhessen Spätburgunder
19,50€ | 14%

● **2017** Westhofener Morstein Spätburgunder
19,50€ | 14%

● **2018** Ober-Flörsheimer Blücherpfad Cabernet Sauvignon
16,50€ | 14,5%

● **2019** Flomborner Goldberg Merlot
14,50€ | 14,5%

WEINGUT MÜNZENBERGER

Lindenplatz 9
55270 Zornheim
T +49 (0) 6136 44573
www.weingut-muenzenberger.de

Andreas Münzenberger
Verbände Maxime Herkunft Rheinhessen, Rheinhessenwein, Bauern- und Winzerverband, Selection Rheinhessen, Vinissima
Rebfläche 19 ha
Produktion 75.000 Flaschen
Verkaufszeiten nach Vereinbarung

Profil online

Die Devise von Andreas Münzenberger heißt „Handwerk mit Handschrift". Der Weinbautechniker stellte den 1590 gegründeten Betrieb komplett auf Weinbau um. Sohn Dominik studiert „Internationale Weinwirtschaft". Er hat seit 2016 im Weingut seine eigene Weinlinie und produziert auch Orange Wine. Die Weinberge befinden sich in Zornheim, Hahnheim, Selzen und Nierstein. Der Schwerpunkt liegt auf Riesling und Weinen der Burgunderfamilie.

○ **2019** Hahnheim Feuerstein Riesling
8,30€ | 13%

○ **2019** Zornheim Decoded Poetry Riesling
10,50€ | 12,5%

○ **2019** Zornheimer Guldenmorgen Alte Reben Riesling
15,90€ | 13%

○ **2020** Nierstein Rebenmeer Riesling
8,60€ | 12%

○ **2020** Zornheim Other Worlds Silvaner
9,90€ | 12,5%

○ **2021** Dark Matter Grauburgunder
8,70€ | 12,5%

○ **2021** La Fleur Muskateller feinherb
7,30€ | 10%

○ **2021** Selzen Grüner Letten Chardonnay
8,90€ | 12,5%

● **2018** Zornheimer Vogelsang Alte Reben Réserve Spätburgunder
17,90€ | 15%

● **2020** Zornheim Prometheus Cabernet Sauvignon
8,40€ | 12,5%

WEINGUT MÜSEL

Herrnsheimer Hauptstraße 12
67550 Worms
T +49 (0) 6241 58369
www.mueselwein.de

Profil online

Christian & Hans-Jürgen Müsel
Christian Müsel
Verbände Rheinhessenwein
Verkaufszeiten nach Vereinbarung

2021 Spätburgunder
7,20€ | 12,5%

WEINGUT NEEF-EMMICH

Alzeyer Straße 15
67593 Bermersheim
T +49 (0) 6244 9052 54
www.neef-emmich.de

Profil online

Dirk Emmich
Verbände Maxime Herkunft Rheinhessen
Rebfläche 22 ha
Verkaufszeiten nach Vereinbarung

Die Winzerfamilie Neef-Emmich führt seit fünf Generationen ihr Weingut als Familienbetrieb. Dirk Emmich versteht sich im Wortsinn als Weinbauer – „mit bodenständiger Arbeit nach traditioneller Art". Die sechste Generation, Philipp Emmich, studiert zur Zeit Weinbau in Geisenheim und beginnt mit eigenem Kopf und frischen Ideen schon heute, den Weg in die Zukunft des Weinguts mitzugestalten. Die Weinberge sind über mehrere Gemeinden verteilt, entsprechend variieren die Böden, auf denen eine Vielfalt weißer und roter Rebsorten wächst.

2019 Bermersheimer Silvaner
9,50€ | 12,5%
2021 Bermersheim Silvaner
10,50€ | 12,5%
2021 Grauburgunder
8,40€ | 13%
2021 Hundskopf Riesling
15€ | 12%
2021 Höllenbrand Riesling
22€ | 12%
2021 Riesling
8,40€ | 11,5%
2021 Rotenstein Weißburgunder
15€ | 13%
2021 Scheurebe
8,40€ | 11%
2021 Scheurebe feinherb
8,40€ | 11%
2021 Silvaner
8,40€ | 12,5%
2021 Weißburgunder
8,40€ | 12%
2018 Gundersheimer Höllenbrand Spätburgunder
25€ | 14%
2019 Spätburgunder
8,80€ | 13%
2021 St. Laurent und Spätburgunder
7,80€ | 11%

J. NEUS

Aufsteiger

Bahnhofstraße 96
55218 Ingelheim am Rhein
T +49 (0) 6132 73003
www.weingut-neus.de

Familie Schmitz
Simon Kissmann
Toni Frank
Verbände VDP
Rebfläche 12 ha
Produktion 50.000 Flaschen
Gründung 1881
Verkaufszeiten Mo-Fr 09:00-18:00Uhr

Profil online

Seit 1881 steht das Weingut J. Neus für Spätburgunder-Tradition in Ingelheim. Schon Gründer Josef Neus senior hatte damals das Ziel, Spätburgunder auf Spitzenniveau zu erzeugen. Seit 2012 wird der Betrieb von der Unternehmerfamilie Schmitz aus Mainz geführt. Kellermeister Toni Frank knüpft an die glorreichen Zeiten an. Der im 19. Jahrhundert entwickelte Neus-Klon, vermehrt durch Selection Massale, wird bis heute in den kalkhaltigen Lagen gepflegt. Ausgebaut werden die Weine im größten Gewölbekeller Rheinhessens.

2018 Ingelheimer Horn Spätburgunder GG
45€ | 13,5%

2018 Ingelheimer Pares Spätburgunder GG
55€ | 13,5%

2018 Pares Spätburgunder GG
55€ | 13%

2020 Horn Spätburgunder GG
45€ | 13%

2020 Pares Spätburgunder GG
55€ | 13%

2018 Blanc de Noirs Alte Reben Spätburgunder
22€ | 12,5%

trinkreif

2017 Ingelheimer Horn Spätburgunder GG
42€ | 13,5%

NEVERLAND VINEYARDS

Ausserhalb 2
55578 Vendersheim
T +49 (0) 6732 6006 767
www.neverland-vineyards.com

Marcel & Sebastian Class
Sebastian Class
Marcel Class
Rebfläche 15 ha
Produktion 40.000 Flaschen
Verkaufszeiten nach Vereinbarung

Profil online

Man liest „Neverland" und ist direkt bei Peter Pan. Für ein Weingut mag der Name vielleicht verspielt klingen, er beschreibt aber den Traum, den sich die Brüder Sebastian und Marcel Class erfüllt haben: Weine zu produzieren, die einen mit auf eine fantastische Reise nehmen. Der Fokus liegt auf Burgunder- und Bukettsorten, mit denen sie auch experimentieren, ohne dabei ihre Wurzeln zu vergessen.

2020 Class A vom Kalkriff Grauburgunder
16€ | 13,5%

2020 Femme Fatale Riesling feinherb
14€ | 12,5%

2020 GOT - Good Old Times Cuvée
12€ | 13%

2021 Jurassic Sands Sauvignon Blanc
14€ | 12,5%

trinkreif

2016 Unartig Cuvée
44€ | 13,5%

2016 Vendersheim Hidden Vineyard – Réserve Bio Chardonnay
51€ | 13,5%

2016 Wolfsheim Apocalypse Now! Réserve Bio Chardonnay
43€ | 13,5%

Rheinhessen

STAATLICHE WEINBAUDOMÄNE OPPENHEIM

Wormser Straße 162
55276 Oppenheim
T +49 (0) 6133 9303 05
www.domaene-oppenheim.de

Land Rheinland-Pfalz
Michael Lipps
Thorsten Eller
Verbände VDP, Maxime Herkunft Rheinhessen
Rebfläche 24 ha
Produktion 120.000 Flaschen
Verkaufszeiten Mo, Di, Fr 9–12 Uhr und 13–16 Uhr
Mi 9-12 Uhr
Do 9–12 Uhr und 13–18 Uhr
Sa nach Vereinbarung

Profil online

Forschung, Lehre und Praxis. Ein Dreiklang, den das im Besitz des Landes Rheinland-Pfalz befindliche Gut pflegt, um Tradition und Moderne zu verbinden. 1895 vom hessischen Großherzog Ernst Ludwig gegründet, bewirtschaftet die Domäne heute 24 Hektar Weinberge, darunter Toplagen an der Rheinterrasse. Kellermeister Thorsten Eller arbeitet mit seinem Team akribisch an der Erzeugung terroirgeprägter Weiß- und charaktervoller Rotweine. Eine Fundgrube für Liebhaber gereifter Gewächse ist die Schatzkammer mit Weinen aus den vergangenen neun Jahrzehnten.

○ **2019** Niersteiner Glöck Riesling GG
25€ | 13,5%

○ **2019** Niersteiner Oelberg Riesling Spätlese
9€ | 8%

○ **2020** Oelberg Riesling Spätlese
9€ | 9%

○ **2021** Glöck Riesling GG
25€ | 12,5%

○ **2021** Nierstein Aus ersten Lagen Riesling
14,90€ | 13%

● **2021** N Grauburgunder
14,90€ | 11,5%

trinkreif

○ **2015** Glöck Riesling Beerenauslese feinherb
31€ | 14,5%

J.G. ORB

Neu

Am Markt 9–13
67593 Westhofen
T +49 (0) 6244 828
www.weingut-orb.de

Verbände Generation Riesling
Rebfläche 12 ha
Gründung 1464
Verkaufszeiten Mo–Fr 9–12 und 14–18 Uhr
Sa 9–12 Uhr

Profil online

Mit dem Jahrgang 2019 übernahmen Jan Giselher und Jens Gregor Orb in 17. Generation das Weingut Julius Georg Orb. Die Brüder haben an den Hochschulen Geisenheim, Wien und Neustadt studiert und in Südafrika, Neuseeland, Österreich und Kalifornien gearbeitet. Sie sind hauptverantwortlich für die Weinbergs- und Kellerarbeit. Zum Weingut gehören ein historischer Kräuterlehrgarten und ein Rosarium.

○ Kernstück Cuvée feinherb
6,50€ | 11%

● Indiz Cuvée
6,50€ | 12,5%

● Tabula Rosa Sankt Laurent
6,50€ | 10,5%

WEINGUT PAUSER

Im Baumfeld 40
55237 Flonheim
T +49 (0) 6734 8764
www.weingut-pauser.de

Familie Pauser
Friedrich Pauser & Eva Pauser-Brand
Friedrich Pauser & Eva Pauser-Brand & Matthias Schanz
Verbände Generation Riesling, Vinissima, Slow Food, Great Wine Capitals
Rebfläche 33 ha
Produktion 200.000 Flaschen
Verkaufszeiten Mo–Sa 9–12 Uhr und 13–18 Uhr und nach Vereinbarung

Profil online

Zusammenhalt und Teamwork werden bei den Pausers großgeschrieben. Die Weine des 33-Hektar-Betriebs sind rebsortentypisch, bestechen mit Frische und Nachhall – und sie sind unglaublich „trinkig". Für die Qualität der Weine sind Friedrich Pauser und Tochter Eva Pauser-Brand verantwortlich, die im Keller Hand in Hand arbeiten. Die Begeisterung für das Produkt spricht aus jedem ihrer Weine.

○ **2021** Blanc de Blancs Riesling
5,30€ | 13%
○ **2021** Flonheimer Chardonnay feinherb
6,90€ | 13%
○ **2021** Flonheimer Chenin Blanc
6,90€ | 12%
○ **2021** Flonheimer Geisterberg Chardonnay
8,70€ | 13,5%
○ **2021** Flonheimer Geisterberg Grauburgunder
8,70€ | 13,5%
○ **2021** Flonheimer Geisterberg Sauvignon Blanc
8,70€ | 12,5%
○ **2021** Flonheimer Grauburgunder
6,60€ | 13,5%
○ **2021** Flonheimer Klostergarten Riesling
8,70€ | 13,5%
○ **2021** Flonheimer Sauvignon Blanc feinherb
7,10€ | 11,5%
○ **2021** Flonheimer Weißburgunder
6,60€ | 13%
● **2018** Flonheimer Binger-Berg Cabernet Sauvignon
11,80€ | 14%
● **2018** Flonheimer Binger-Berg Spätburgunder
9,20€ | 14%
● **2021** Syrah
6,20€ | 12%

Rheinhessen

WEINGUT RAPPENHOF

Aufsteiger

Bachstraße 47
67577 Alsheim
T +49 (0) 6249 4015
www.weingut-rappenhof.de

Klaus & Elisabeth Muth
Hermann Muth
Pascal Balzhäußer
Verbände VDP, Maxime Herkunft Rheinhessen, Deutsches Barrique-Forum, Vinissima
Rebfläche 45 ha
Produktion 280.000 Flaschen
Gründung 1604
Verkaufszeiten Mo–Fr 8–17 Uhr und nach Vereinbarung

Profil online

Seit über 400 Jahren ist der Rappenhof in Familienbesitz. Aktuell führen ihn Klaus Muth und seine Tochter Elisabeth Muth in 12. und 13. Generation. Die Weinberge sind über sechs Gemeinden mit unterschiedlichen Bodenstrukturen verteilt. Riesling hat mit etwa 55 Prozent den Löwenanteil im Sortenspektrum. „Wir wollen elegante, fruchtbetonte Weine mit ausgeprägtem Sorten- und Terroir-Charakter", beschreibt Klaus Muth den Weinstil.

○ **2018** Nierstein Pettenthal Riesling GG
33€ | 12,5%

○ **2018** Pettenthal Riesling GG
33€ | 12,8%

○ **2019** Nierstein Pettenthal Riesling GG
33€ | 12,5%

○ **2019** Pettenthal Riesling GG
35€ | 12,5%

○ **2020** Alsheim wurzelecht Riesling 1. Lage
19,50€ | 12,5%

○ **2020** Hieronymus und Alexander Riesling Kabinett feinherb
9,50€ | 10,5%

○ **2020** Pettenthal Riesling GG
35€ | 12,5%

○ **2021** Pettenthal Riesling GG
35€ | 12,5%

● **2020** Alsheim Spätburgunder
15€ | 12,3%

trinkreif

○ **2012** Sackträger Riesling GG
29€ | 12,5%

SEKTHAUS RAUMLAND

Hall of Fame

Alzeyer Straße 134
67592 Flörsheim-Dalsheim
T +49 (0) 6243 9080 70
www.raumland.de

Volker Raumland
Verbände VDP, Verband traditioneller Sektmacher
Rebfläche 10 ha
Produktion 90.000 Flaschen
Gründung 1990
Verkaufszeiten Mo–Fr 8.30–17 Uhr
Sa 10–13 Uhr nach Vereinbarung

Profil online

Daran, dass das Sekthaus Raumland in der absolut obersten Liga der Schaumwein-Erzeuger in Deutschland und darüber hinaus spielt, gibt es keinen Zweifel. Fast unnötig zu erwähnen, dass Volker Raumland seine Sekte im traditionellen Flaschengärverfahren herstellt und sie sehr lange auf der Hefe liegen lässt, um den feinen Schaumweinen ihren besonderen Schliff zu geben. Die Trauben, die auf zehn Hektar biozertifizierter Rebfläche wachsen, werden selbstverständlich handverlesenen. Was Volker Raumland in den letzten Jahrzehnten auf die Flaschen gebracht hat, hat ihm den Beinamen „Sektpapst" eingebracht. Auch daran gibt es keinen Zweifel.

● **2008** Blanc de Blancs Grande Réserve Weißburgunder extra brut
69€ | 11%

● **2008** Blanc de Noirs Grande Réserve Pinot Noir brut
69€ | 11,5%

● **2008** Grande Réserve Riesling brut
69€ | 12%

● **2008** MonRose Cuvée brut
86€ | 12%

● **2008** Vintage Blanc de Blancs Pinot Blanc brut
69€ | 11%

● **2008** Vintage Blanc de Noirs Pinot Noir brut
69€ | 11,5%

● **2008** Vintage Chardonnay brut
69€ | 11,5%

● **2008** Weißburgunder extra brut
69€ | 11%

2010 Blanc de Blancs Prestige Pinot Blanc brut
26€ | 12%

2010 Blanc de Blancs Prestige Weißburgunder brut
26€ | 12%

2010 Grande Réserve Chardonnay brut nature
72€ | 12%

2010 X. Triumvirat Grande Cuvée brut
39€ | 12%

2011 Kirchenstück Pinot brut nature
36€ | 12%

2011 Pinot Noir Kirchenstück Réserve brut nature
36€ | 12,5%

2011 Prestige Chardonnay brut
31€ | 12%

2011 XI. Triumvirat Grande Cuvée brut
49€ | 12%

2012 Blanc de Blancs Réserve Weißburgunder brut
27€ | 12%

2012 Réserve Chardonnay brut
31€ | 12%

2012 XII. Triumvirat Grande Cuvée Pinot Noir brut
49€ | 12%

2013 Blanc de Blancs Bürgel Weißburgunder extra brut
36€ | 12%

2013 Blanc de Noirs Réserve Pinot Noir brut
36€ | 12,5%

2013 XIII. Triumvirat Grande Cuvée brut
54€ | 12,5%

2014 Marie-Luise Pinot Noir Cuvée brut
19,50€ | 12%

2014 Réserve Pinot Noir brut
28€ | 12%

2015 Katharina Cuvée brut nature
19,50€ | 12%

2015 Katharina Pinot Noir Cuvée brut nature
19,50€ | 12%

2015 Prestige Pinot Noir brut
21€ | 12%

2015 Réserve Pinot Noir Rosé brut
22€ | 12%

2017 Katharina Cuvée brut nature
22€ | 12%

2017 Marie-Luise Pinot Noir Cuvée brut
22€ | 12%

Tradition Pinot Noir brut
24€ | 12%

Tradition brut
24€ | 12%

WEINGUT RIFFEL

Mühlweg 14a
55411 Bingen am Rhein
T +49 (0) 6721 9946 90
www.weingut-riffel.de

Carolin & Erik Riffel
Erik Riffel
Verbände Maxime Herkunft Rheinhessen, Ecovin
Rebfläche 18 ha
Produktion 120.000 Flaschen
Gründung 1992
Verkaufszeiten Mo–Fr 10–12 Uhr und 14–18 Uhr
Sa 10–16 Uhr

Profil online

1991 stieg Erik Riffel in den Betrieb seiner Eltern ein, 2005 übernahm er ihn und führt ihn nun in vierter Generation. „Ich möchte Weine auf höchstem Niveau machen. Weine, die uns selbst Spaß machen und unser Terroir spiegeln", so seine Devise. Vom Biologischen hin zum Biodynamischen war eine logische Entwicklung. Dieses Prinzip verfolgen Riffels in den Weinbergen, im Keller und bei der Arbeitsweise – „sozial, wirtschaftlich und für die Umwelt". Zudem sind alle Weine vegan.

2018 Binger Bubenstück Chardonnay
25€ | 13%
2018 Kirchberg Riesling
25€ | 13%
2018 Scharlachberg Riesling
27€ | 13%
2019 Binger Kirchberg Riesling
25€ | 13%
2019 Binger Osterberg Riesling
25€ | 13%
2019 Binger Scharlachberg 105° Riesling Auslese
19€ | 8%
2019 Binger Scharlachberg Riesling
27€ | 13%
2019 Réserve Chardonnay
25€ | 13%
2020 Binger Kirchberg Riesling
29€ | 13%
2020 Binger Osterberg Riesling
29€ | 13%
2020 Binger Scharlachberg Riesling
35€ | 13%
2019 Binger Bubenstück Pinot Noir
25€ | 13%
Cuvée brut
15,90€ | 12%
2019 Orange – Naked Gewürztraminer
15,90€ | 13%

WEINGUT RUPPERT-DEGINTHER

Kämmerergasse 8
67596 Dittelsheim-Heßloch
T +49 (0) 6244 292
www.ruppert-deginther.de

Profil online

Justus Ruppert
Rebfläche 26 ha
Verkaufszeiten nach Vereinbarung

Die Weinbautradition der Familie ist seit 1854 belegt. Die Verbindung der Familien Ruppert und Deginther machte vor drei Generationen den Gutshof der Familie Deginther zum Mittelpunkt des Weinguts. Dort zeichnet heute Geisenheim-Absolvent Justus Ruppert verantwortlich für Weinberg und Keller, unterstützt von Vater Karl-Joachim Ruppert. Im Fokus stehen traditionelle rheinhessische Rebsorten, vor allem Riesling und Silvaner. Aber es gibt auch einige internationale Klassiker. Alle angebotenen Weine stammen vollständig aus eigenen Weinbergen.

○ **2019** Hesslocher Burgunder Trilogie Cuvée
10,95€ | 14%

○ **2020** Bechtheimer Hasensprung Chardonnay
15,30€ | 14,5%

○ **2020** Hesslocher Liebfrauenberg Auxerrois
17,90€ | 13,5%

○ **2021** Bechtheim Grauburgunder
9,30€ | 13,5%

○ **2021** Cuvée Blanc
15,30€ | 13,5%

○ **2021** Hessloch Burgunder Trilogie
11,50€ | 13,5%

○ **2021** Hesslocher Edle Weingärten Riesling
17,90€ | 12%

○ **2021** Sauvignon Blanc
8,70€ | 12,5%

● **2017** Bechtheimer Spätburgunder
11,85€ | 14%

● **2018** Schwarzwild Cuvée
15,30€ | 13,5%

● **2019** Bechtheimer Hasensprung Cabernet Franc
28,60€ | 13,5%

● **2019** Hessloch Spätburgunder
12,50€ | 13,5%

● **2019** Hesslocher Liebfrauenberg Cabernet Sauvignon
28,60€ | 13,5%

● **2019** Wild Cuvée
17,90€ | 14%

trinkreif

● **2017** Hesslocher Liebfrauenberg Cabernet Sauvignon
28,30€ | 14%

WEINGUT RUSSBACH

Alzeyer Straße 22
55234 Eppelsheim
T +49 (0) 6735 9603 02
www.weingut-russbach.de

Bernd Russbach
Verbände Maxime Herkunft Rheinhessen, Selection Rheinhessen
Rebfläche 29 ha
Produktion 290.000 Flaschen
Gründung 1970
Verkaufszeiten nach Vereinbarung

Profil online

Weine mit Persönlichkeit und Charakter will Bernd Russbach in seinem 29-Hektar-Betrieb in Eppelsheim erzeugen. Das gelingt ihm mit einem sorgfältigen naturnahen, umweltschonenden Anbau und konsequenter Ertragsreduzierung. In temperaturgesteuerter, langsamer Vergärung entstehen ausbalancierte Weine mit feinem Süße-Säure-Spiel und klarer Struktur, die Lust auf ein zweites Glas machen.

○ **2018** Westhofener Morstein Riesling
15,50€ | 12,5%

○ **2021** Eppelsheimer Felsen Kalkstein Riesling halbtrocken
15,50€ | 12,5%

○ **2021** Eppelsheimer Felsen Kalkstein Silvaner
14,50€ | 13%

○ **2021** Esselborner Goldberg Auxerrois
14,50€ | 13%

○ **2021** Flomborner Goldberg Grauburgunder
15,50€ | 12,5%

○ **2022** Grauburgunder
8,90€ | 12,5%

○ **2022** Riesling halbtrocken
8,80€ | 12%

○ Terra Fusca Sauvignon Blanc
14,50€ | 12,5%

● **2021** Merlot
8,80€ | 12%

WEINGUT SANDER

In den Weingärten 11
67582 Mettenheim
T +49 (0) 6242 1583
www.sanderweine.de

Familie Sander
Verbände Naturland, La Renaissance des Appellations, Message in a bottle, Herkunft Maxime Rheinhessen
Rebfläche 31 ha
Produktion 200.000 Flaschen
Gründung 1956
Verkaufszeiten Mo–Fr 10–16 Uhr und nach Vereinbarung

Profil online

Bereits seit 1925 verkauft die Familie Flaschenweine – damals eine Besonderheit in dieser Gegend. Großvater Ottoheinrich Sander interessierte sich schon für Bio-Anbau, als Anwender- oder Verbraucherschutz noch lange kein Thema war. Enkel Stefan Sander, der heute das Weingut in dritter Generation führt, setzt die Ideen der Biodynamie konsequent um. Die besten Weinberge wurden nie flurbereinigt. Im Keller arbeitet Sander auch mit Tonamphoren. Zum Weingut gehört ebenfalls eine Ferienwohnung.

2018 Réserve Chardonnay
34€ | 13,5%

2018 Réserve Riesling
32€ | 13,5%

2019 Schloßberg Riesling
21,50€ | 13%

2021 Chardonnay
9,90€ | 13,5%

2021 Riesling
8,40€ | 12%

2021 Sauvignon Blanc
9,90€ | 12,5%

2021 Weißburgunder
8,40€ | 13%

2019 Zeiten-Sprung Fränkischer Burgunder
16€ | 13,5%

Prestige Cuvée Riesling brut
13,90€ | 12,5%

trinkreif

2017 Réserve Chardonnay
34€ | 13%

2017 Réserve Riesling
32€ | 13%

2015 Réserve Pinot Noir
34€ | 13,5%

2017 Réserve Pinot Noir
34€ | 13,5%

SANDWIESE

Neu

Fahrweg 19
67550 Worms
T +49 (0) 6241 9561 212
www.sandwiese.com

Profil online

Daniel Schäfer
Rebfläche 40 ha
Verkaufszeiten Mo–Sa 6–20 Uhr
So 7–11 Uhr

○ **2018** Ruppertsberger Reiterpfad Riesling
7,20€ | 12,5%

● Pinot Blanc brut
15,90€ | 12,5%

WEINGUT SCHÄTZEL

Oberdorfstraße 34
55283 Nierstein
T +49 (0) 6133 5512
www.schaetzel.de

Kai Schätzel
Verbände VDP,
Herkunft Maxime Rheinhessen,
Roter Hang
Rebfläche 15 ha
Produktion 80.000 Flaschen
Verkaufszeiten nach Vereinbarung

Profil online

Kai Schätzel gehört zu den profilierten Persönlichkeiten der rheinhessischen Weinszene. Und das vor allem, weil er eine klare Idee von dem hat, was er auf die Flasche bringen will. Dabei konzentriert er sich auf den Riesling. Den gibt es in drei Eskalationsstufen vom Gutswein mit mineralischer Frische bis zur selektionierten, spontan vergorenen Spitze aus den Toplagen Hipping und Oelberg. Besonders am Herzen liegt Schätzel der Kabinett, zu dessen Renaissance in Rheinhessen er beigetragen hat. Seine Kabis vereinen leichtfüßige Finesse und Klasse in sich.

○ **2019** Hipping Fuchs Riesling
60€ | 11%

○ **2019** Roter Hang Niersteiner Kabinett Riesling 1. Lage feinherb
19€ | 8%

○ **2019** Ölberg Riesling GG
29€ | 11,5%

○ **2020** Hipping Riesling GG
60€ | 12%

○ **2021** Riesling Kabinett
14€ | 7,5%

WEINGUT SCHALES

Alzeyer Straße 160
67592 Flörsheim-Dalsheim
T +49 (0) 6243 7003
www.schales.de

Annette Schales-Allendorf
Astrid Schales
Christian Schales
Verbände Vinissima, Bauern- und Winzerverband Rheinland-Pfalz Süd, Schutzverband Deutscher Wein
Rebfläche 40 ha
Produktion 350.000 Flaschen
Gründung 1783
Verkaufszeiten nach Vereinbarung

Profil online

2021 Her mit dem schönen Leben!
Rosé-Cuvée halbtrocken
8,70€ | 10,5%

WEINGUT SCHEFFER

Leimengasse 7
55576 Zotzenheim
T +49 (0) 6701 7427
www.weingutscheffer.de

Christoph Scheffer
Verbände keine
Rebfläche 15 ha
Produktion 128.000 Flaschen
Gründung 1772
Verkaufszeiten nach Vereinbarung

Profil online

Die Weinbautradition reicht bis ins Jahr 1772 zurück. 2010 hat der gelernte Winzer Christoph Scheffer in fünfter Generation die Leitung des Weinguts übernommen. Vater Friedhelm kümmert sich noch um die Pflege der Weinberge und den Vertrieb. Drei Generationen arbeiten im Team. In den Weinbergen wachsen vorwiegend klassische Rebsorten, allen voran weiße und rote Burgunder und Rieslinge.

2020 Kraftpaket Cuvée
8,30€ | 13,5%
2021 Luftikuss Cuvée
5,10€ | 11,5%
2021 Riesling
5,30€ | 12,5%
2021 S-Optimum Grauburgunder
6,20€ | 13%
2021 Sauvignon Blanc feinherb
6,20€ | 12,5%
2020 Kraftpaket Cuvée
8,30€ | 13,5%

Rheinhessen

WEINGUT SCHERNER-KLEINHANSS

Aufsteiger

Alzeyer Straße 10
67592 Flörsheim-Dalsheim
T +49 (0) 6243 435
www.scherner-kleinhanss.de

Monika Bank-Scherner & Sonia & Julia Scherner
Rebfläche 12 ha
Produktion 80.000 Flaschen
Verkaufszeiten nach Vereinbarung

Profil online

Bereits in der neunten Generation führt Klaus R. Scherner das 1726 von Joseph Jodokus Scherner gegründete Weingut. Durch Heirat kam 1954 die Verbindung mit dem Weingut Kleinhanß (Petitjean) in Burgund zustande. Scherner hat nach Abschluss des Studiums in Geisenheim vier Jahre als Kellermeister in Nordamerika und anschließend zwei Jahre beratend in British Columbia und Kalifornien gearbeitet.

○ **2020** Dalsheimer Bürgel Riesling „GG"
18,80€ | 12,8%

○ **2021** Dalsheimer Riesling
9,20€ | 12,3%

○ **2021** Dalsheimer Weißburgunder
9,20€ | 12,5%

○ **2021** Grauburgunder
7,50€ | 12,4%

○ **2021** Nieder-Flörsheimer Sauvignon Blanc
9,20€ | 12%

● **2021** Spätburgunder
7,30€ | 12,7%

● **2018** Spätburgunder brut
15€ | 12,5%

BIANKA & DANIEL SCHMITT

Aufsteiger

Weedenplatz 1
67592 Flörsheim-Dalsheim
T +49 (0) 173 3174 117
www.biankaunddaniel.de

Bianka & Daniel Schmitt
Verbände Demeter
Rebfläche 16 ha
Produktion 100.000 Flaschen
Gründung 1980
Verkaufszeiten nach Vereinbarung

Profil online

Seit 2012 gehen Bianka und Daniel Schmitt ihren Weg in ihrem Weingut gemeinsam – und ergänzen sich dabei ideal. Ihr Ziel: „In echter Balance zwischen Mensch und Natur große Weine zu schaffen, die maximal naturbelassen sind." Dabei setzen sie auf Biodynamie, der Betrieb ist bio- und Demeter-zertifiziert. In den Weinbergen wachsen eine Vielzahl weißer und roter Rebsorten – vom Riesling über klassische Burgunder- und Bouquet-Rebsorten bis hin zu Portugieser, St. Laurent und Merlot. Auch eine Amphore steht im Weinkeller.

○ **2019** Feminín Chardonnay
23€ | 12,5%

○ **2020** Müller-Thurgau
18€ | 11,5%

○ **2020** Silvaner
23€ | 12%

○ **2020** Sárga Muskateller
18€ | 11,5%

DANIEL SCHMITT

In den Weingärten 7
67582 Mettenheim
T +49 (0) 6242 1717
www.schmitt-weine.com

Profil online

Daniel Schmitt
Rebfläche 18 ha
Produktion 80.000 Flaschen
Verkaufszeiten nach Vereinbarung

Nach dem Studium in Geisenheim ging es für Daniel Schmitt erst einmal nach Neuseeland und Südafrika, bevor er sich wieder auf den Weg zurück ins beschauliche Mettenheim machte, um das Weingut von seinem Vater zu übernehmen. Mit frischen Ideen im Gepäck machte er sich daran, alles auf links zu krempeln. Der Auftritt des Familienbetriebs wurde modernisiert, das Sortiment neu ausgerichtet und die Rebfläche von 8 auf 18 Hektar erweitert. Die Weinberge befinden sich in den besten Lagen von Mettenheim und Bechtheim, darunter Michelsberg, Schlossberg und Stein.

○ **2018** Bechtheimer Geyersberg Riesling
12,50€ | 13%
○ **2020** Bechtheimer Stein Riesling
13,30€ | 12,5%
○ **2021** Chardonnay
7,70€ | 12,5%
○ **2021** Chardonnay
10,50€ | 12,5%
○ **2021** Sauvignon Blanc
7,70€ | 12,5%
● **2019** Bechtheimer Stein Pinot Meunier
18,50€ | 14%
● **2019** Bechtheimer Stein Schwarzriesling
20,50€ | 13,5%

WEINGUT SCHÖNHALS

Hauptstraße 23
55234 Biebelnheim
T +49 (0) 6733 9600 50
www.weingut-schoenhals.de

Hanneke Schönhals
Martin Knab
Verbände Demeter, Ecovin, Vinissima, Farmers for Future, Zukunftsweine
Rebfläche 13 ha
Produktion 100.000 Flaschen
Gründung 1971
Verkaufszeiten Mo–Fr 9–17 Uhr
Sa–So nach Vereinbarung

Profil online

Schon vor über 30 Jahren betrieb Vater Eugen Schönhals ökologischen Weinbau. „Wir verstehen uns nicht als Weinbereiter, sondern als Weinbegleiter", sagt Hanneke Schönhals. Im Rahmen der Biodynamie setzt sie mit Betriebsleiter Martin Knab zudem auf Zukunftsweine aus pilzwiderstandsfähigen Rebsorten. Zum Angebot zählt auch Orange Wine.

○ **2020** Biebelnheimer Pilgerstein Pinot Blanc
24,50€ | 13,5%
○ **2020** Biebelnheimer Rosenberg Pur Riesling
24,50€ | 12,5%
○ **2021** Cabernet Blanc Zukunftswein Cabernet Blanc
8,50€ | 11%
○ **2021** Muschelkalk Weißburgunder
11€ | 12,5%
○ **2021** Saphira Zukunftswein Saphira
8,50€ | 11,5%
○ **2021** Steine Riesling
7,50€ | 11,5%
● **2019** Biebelnheimer Pilgerstein Pinot Noir
19,50€ | 13,5%
● **2020** Biebelnheimer Pilgerstein Löss Pinot Noir
12,50€ | 13,5%
● **2020** Groove Cuvée
9,50€ | 12,5%
● **2021** Heroldrebe
7,50€ | 11,5%

2020 Riesling brut
13€ | 12%

2020 Oranje Orange-Wine Cabernet Blanc
19€ | 12,5%

trinkreif

2016 Pilgerstein Réserve Cuvée Kabinett trocken
29€ | 14%

WEINGUT SOMMER

Mühlweg 19
55599 Siefersheim
T +49 (0) 6703 3977
www.weingut-sommer.com

Heinz-Willi & Erik Sommer
Erik Sommer
Verbände Kontrollverein Karlsruhe
Rebfläche 16 ha
Produktion 70.000 Flaschen
Gründung 1972
Verkaufszeiten Mo–Sa 11.30–13 Uhr

Profil online

2018 Steinwunder Weißburgunder
14,50€ | 12,5%

WEINGUT SPIESS

Aufsteiger

Gaustraße 2
67595 Bechtheim
T +49 (0) 6242 7633
www.spiess-wein.de

Jürgen & Johannes & Christian Spiess
Johannes Spiess
Verbände Maxime Herkunft Rheinhessen
Rebfläche 30 ha
Produktion 240.000 Flaschen
Verkaufszeiten Mo–Fr 8–12 Uhr und 13–18 Uhr
Sa 8–12 Uhr und 13–16.30 Uhr

Profil online

Lange Zeit war der 1509 gegründete Betrieb ein typischer rheinhessischer Gemischtbetrieb. Erst seit Ende der 1950er Jahre konzentrierte die Familie sich verstärkt auf Weinbau. Jürgen Spiess trieb dies zuletzt ehrgeizig voran, heute setzen die Söhne gemeinsam auf Innovation und Tradition. Seit 2011 verantwortet Geisenheim-Absolvent Johannes Spiess den Weinkeller, Weinbauwirtschafter Christian kümmert sich seit 2014 um die Arbeit im Weinberg. Gemeinsam haben sie sich auf Rieslinge, weiße Burgundersorten und Spätburgunder spezialisiert.

○ **2019** Bechtheimer Geyersberg Riesling
23€ | 13,5%

○ **2019** Bechtheimer Rosengarten Riesling
23€ | 13,5%

○ **2019** Oppenheimer Herrenberg Riesling
28€ | 13%

○ **2019** R Chardonnay
25€ | 13,5%

○ **2019** Weißburgunder
25€ | 13,5%

○ **2021** Bechtheimer Geyersberg Riesling
25€ | 13%

○ **2021** Oppenheimer Herrenberg Riesling
31€ | 13%

○ **2021** R Chardonnay
28€ | 13%

○ **2021** R Weißburgunder
28€ | 13%

● **2017** Bechtheimer Hasensprung Pinot Noir
22€ | 13%

● **2018** Bechtheimer Hasensprung Pinot Noir
25€ | 13,5%

● **2019** Bechtheimer Hasensprung Pinot Noir
29€ | 13%

● **2019** R Cabernet Sauvignon
28€ | 13%

● **2019** R Merlot
28€ | 14,5%

● **2019** R Syrah
38€ | 14%

● Chardonnay brut
14,90€ | 12,5%

● Pinot brut
12,20€ | 12%

● Pinot trocken
11,20€ | 12%

Rheinhessen

WEINGUT SPOHR

Aufsteiger

Welschgasse 3
67550 Worms
T +49 (0) 6242 9110 60
www.weingutspohr.de

Familie Spohr
Christian Spohr
Verbände Maxime Herkunft Rheinhessen, Message in a bottle
Rebfläche 27 ha
Verkaufszeiten Mo–Fr 8–17.30 Uhr
Sa 9–13 Uhr
und nach Vereinbarung

Profil online

Christian Spohr ist seit 20 Jahren der Macher in der Familie, die sich seit 1738 mit Wein beschäftigt. Aber auch Vater Heinz Spohr, der den in den 1970er-Jahren noch kleinen Betrieb deutlich ausbaute, ist weiter mit an Bord. Das große Rebsortenspektrum umfasst die klassischen nationalen, aber auch internationale Sorten.

○ **2019** Wormser Liebfrauenstift-Kirchenstück Riesling 1. Lage
15€ | 13%

○ **2020** Wormser Liebfrauenstift-Kirchenstück Chardonnay 1. Lage
16€ | 13%

○ **2021** Abenheimer Grauburgunder
9,90€ | 13%

○ **2021** Bechtheimer Riesling
9,90€ | 12,5%

○ **2021** Chardonnay
7,90€ | 13%

○ **2021** Riesling
7,70€ | 12%

○ **2021** Weißburgunder
7,70€ | 12,5%

○ **2021** Wormser Liebfrauenstift-Kirchenstück Riesling 1. Lage
16€ | 12,5%

● **2021** Blanc de Noir Cuvée
7,50€ | 11,5%

STEINMÜHLE

Eulenberg 18
67574 Osthofen
T +49 (0) 6242 1478
www.weingut-steinmuehle.de

Axel May
Verbände Maxime Herkunft Rheinhessen
Rebfläche 25 ha
Produktion 70.000 Flaschen
Gründung 1737
Verkaufszeiten Mo–Sa
nach Vereinbarung

Profil online

○ **2019** Osthofener Auf dem Schnapp Riesling
19,90€ | 12,8%

WEINGUT STEITZ

Aufsteiger

Mörsfelder Straße 3
55599 Stein-Bockenheim
T +49 (0) 6703 8352 870
www.weingut-steitz.de

Familie Steitz
Christian Steitz

Profil online

Verbände Maxime Herkunft Rheinhessen
Rebfläche 14 ha
Produktion 140.000 Flaschen
Verkaufszeiten nach Vereinbarung

Wein und Design sind die Leidenschaft von Christian und Diana Steitz. Beim Wein sind sie überzeugt: Gute Trauben wachsen nur auf gesunden Böden. Daher läuft seit September 2019 offiziell die Umstellung auf ökologischen Weinbau. Im Kundenbereich herrscht vinophile Atmosphäre mit klarem Design für genussvolle Tastings. Steitz ist Gründungsmitglied der Maxime Herkunft Rheinhessen.

○ **2019** Neu-Bamberg Heerkretz Riesling
19€ | 11,5%

○ **2020** Neu-Bamberg Heerkretz Riesling
19€ | 12%

○ **2021** Neu-Bamberg Heerkretz Riesling
22€ | 12,2%

○ **2021** Neu-Bamberg Riesling
13€ | 12%

○ **2021** Stein-Bockenheim Silvaner
13€ | 12,5%

○ **2021** Stein-Bockenheim Weißburgunder
13€ | 13%

○ **2021** Wonsheim Sonnenberg Chardonnay
20€ | 12,5%

● **2017** Fürfeld Eichelberg Spätburgunder
20€ | 13,5%

● **2019** Pinot brut
15€ | 12,5%

● **2020** Amphore Silvaner
20€ | 13%

STRAUCH SEKTMANUFAKTUR

Dalbergstr. 14 -18
67574 Osthofen
T +496242913000
www.strauch-sektmanufaktur.de

Isabel Strauch-Weißbach & Tim Weißbach
Tim Weißbach

Verbände Verband traditioneller Sektmacher, Vinissima, Weinelf
Rebfläche 25 ha
Produktion 40.000 Flaschen
Verkaufszeiten Mo–Mi 8–13 Uhr
Do und Fr 13–18 Uhr
Sa 10–14 Uhr

Profil online

Einen Bio-Sekt der Extraklasse zu trinken, ist für Tim Weißbach mindestens so gut wie ein Ritt mit dem Snowboard im Tiefschnee. Aber auch für Nicht-Wintersportler sind die prickelnden Erzeugnisse der Sektmanufaktur Strauch ein genussvolles Erlebnis. 2011 haben Weißbach und seine Frau Isabell Strauch die Sektkellerei ihres Vaters in Osthofen übernommen. Die Grundweine zu den in Flaschengärung erzeugten Sekten stammen aus eigenen Weinbergen. Das Sortiment der biozertifizierten Manufaktur kann in der schmucken Vinothek mit Sektlounge verkostet werden.

● **2012** Grande Réserve Cuvée brut nature
59,90€ | 12%

● **2012** Réserve Bio brut nature
34,90€ | 12%

● **2016** Prestige Bio Rosé brut
18,90€ | 12%

● **2016** Zero Bio Weißburgunder brut nature
19,90€ | 12%

● **2016** Vieilles Vignes Riesling extra brut
27,90€ | 11,5%

● **2017** Crémant Chardonnay brut
17,90€ | 11%

● **2017** Pinot Blanc Bio brut
15,90€ | 12%

● **2017** Pinot Blanc brut
15,90€ | 11,5%

2017 Prestige Chardonnay brut
18,90€ | 11,5%
2017 Zero Weißburgunder brut nature
19,90€ | 11,5%
2018 Riesling brut
13,90€ | 11%

THEOS WEIN UND GUT

Hauptstraße 13
67587 Wintersheim
T +49 (0) 6733 960159
www.theos-weinundgut.de

Achim Dettweiler
Verbände PIWI
Rebfläche 14 ha
Produktion 20.000 Flaschen
Gründung 2020
Verkaufszeiten Mo–Sa 9–18 Uhr

Profil online

2020 teilten die Brüder Heiko und Achim Dettweiler das Weingut Dätwyl, um eigene Wege zu gehen. Achim Dettweiler, Geisenheim-Absolvent mit Auslandserfahrung, führt seinen Teil unter dem Namen seines Sohnes Theo. Neben klassischen Rebsorten baut er pilzwiderstandsfähige Neuzüchtungen an. Zum Weingut gehören ein Ferienhaus und zwei Wohnmobilstellplätze.

2020 Grauburgunder
5,90€ | 13%
2021 Calardis blanc
7,90€ | 11,5%
2020 Calardis blanc brut
9,80€ | 11,5%

WEINGUT WEEDENBORN

Aufsteiger

Weinpersönlichkeit des Jahres

Am Römer 4–6
55234 Monzernheim
T +49 (0) 6244 387
www.weedenborn.de

Gesine Roll
Rebfläche 20 ha
Verkaufszeiten Mo–Fr nach Vereinbarung

Profil online

Gesine Roll hat das Winzerhandwerk bei Bassermann-Jordan in Deidesheim und bei Vergelegen in Südafrika gelernt. Im Anschluss studierte sie Handelsmanagement. Das familieneigene Weingut übernahm sie von ihren Eltern Heidrun und Udo Mattern. Den Rebsorten-Schwerpunkt hat die erfolgreiche Winzerin mittlerweile auf über 50 Prozent Sauvignon Blanc umgestellt. „Eleganz und Zugkraft ist mir bei den Weinen besonders wichtig. Dass die Weine sehr präzise und ‚gut trinkbar' sind, nicht fett oder satt machend", sagt sie. Sauvignon Blanc spielt auf dem Gut die zentrale Rolle, dazu kommen neben dem Riesling vor allem Burgundersorten.

- **2018** Chardonnay — **32€** | 13%
- **2018** Kirchspiel Riesling — **27€** | 13%
- **2018** Terra Rossa Sauvignon Blanc — **18,50€** | 13%
- **2019** Grande Réserve Cuvée — **48€** | 13%
- **2019** Kirchspiel Riesling — **24€** | 13%
- **2019** Réserve Chardonnay — **32€** | 13%
- **2020** Réserve Chardonnay — **34€** | 13%
- **2020** Réserve Sauvignon Blanc — **34€** | 13%
- **2016** Chardonnay brut nature — **18,90€** | 12,5%

trinkreif

- **2017** Grande Réserve Cuvée — **45€** | 13%

WEINGUT WEINREICH

Riederbachstraße 7
67595 Bechtheim
T +49 (0) 6242 7675
www.weinreich-wein.de

Ilse & Jan & Marc Weinreich
Marc Weinreich
Marc & Jan Weinreich
Verbände Maxime Herkunft Rheinhessen, Verband traditioneller Sektmacher
Rebfläche 20 ha
Produktion 150.000 Flaschen
Gründung 2009
Verkaufszeiten Mo–Fr nach Vereinbarung

Profil online

Seit 2009 führt Marc Weinreich das Weingut, inzwischen gemeinsam mit Bruder Jan. Sie arbeiten konsequent ökologisch und vegan. Das Sortiment ist straff. Der Fokus liegt auf Riesling, den Burgunder-Sorten und Scheurebe. Die große Leidenschaft gilt zudem Sekt nach klassischer Champagner-Rezeptur aus Pinot Meunier, Pinot Noir und Chardonnay.

- **2021** Cuvée — **9€** | 13%
- **2021** Geyersberg Riesling — **23,50€** | 12,5%
- **2021** Grauburgunder — **9€** | 12,5%
- **2021** Hasensprung Riesling — **23,50€** | 12,5%
- **2021** Riesling — **9€** | 12%
- **2021** Rosengarten Riesling — **23,50€** | 12,5%
- **2021** Scheurebe — **9€** | 12%
- **2021** Spätburgunder — **9€** | 11,5%
- **2018** Pinot Noir brut nature — **25€** | 12,5%
- **2018** Riesling Perlen vor die Säue brut nature — **18€** | 12,5%
- Mineral Cuvée brut — **25€** | 12%

WERTHER WINDISCH

Schulstraße 3
55278 Mommenheim
T +49 (0) 6138 9417 665
www.werther-windisch.de

Jens Windisch
Lars Thielmann
Rebfläche 12 ha
Produktion 60.000 Flaschen
Verkaufszeiten nach Vereinbarung

Profil online

1981 stieg Hans Albert Windisch in den klassischen rheinhessischen Mischbetrieb seines Schwiegervaters Erwin Werther ein. Seit 2010 ist Sohn Jens Windisch die treibende Kraft im Weingut. Der Geisenheim-Absolvent mit Neuseeland-Erfahrung will den Weinbau nicht neu erfinden, sondern Traditionen und Gewohnheiten hinterfragen und das Potenzial des Terroirs ausschöpfen. 90 Prozent der Reben sind weiß.

2016 Harxheimer Schloßberg Riesling
19€ | 12,5%
2019 Schloßberg Riesling
19€ | 12%
2020 8grad 14minuten Silvaner
11€ | 13%
2020 Lieth Silvaner
19€ | 13,5%
2021 Harxheimer Lieth Silvaner
20€ | 13%
2021 Harxheimer Schloßberg Riesling
20€ | 12%
2021 Riesling
7,90€ | 11,5%
2021 Silvaner
7,90€ | 12%
2021 Rosé
6€ | 12%
2021 Riesling Beerenauslese
k. A. | 6%

WEINGUT WITTMANN

Mainzer Straße 19
67593 Westhofen
T +49 (0) 6244 9050 36
www.wittmannweingut.com

Philipp & Günter Wittmann
Philipp Wittmann
Georg Rieser
Verbände VDP, respekt-BIODYN, Maxime Herkunft Rheinhessen
Rebfläche 30 ha
Verkaufszeiten Mo–Fr 9–17 Uhr
Sa 11–15 Uhr
und nach Vereinbarung

Profil online

350 Jahrgänge und rund 15 Generationen umfasst die in das 17. Jahrhundert zurückreichende weinbauliche Geschichte der Wittmanns. Und sie gehören zu den Bio-Pionieren Deutschlands: Schon 1990 stellte Günter Wittmann alle Weinberge auf biologische Bewirtschaftung um. 2004 folgte die Weiterentwicklung zur Biodynamie. Da war Sohn Philipp schon mit dabei, längst ist er das Gesicht des Betriebs. Er ist überzeugt: „Nur durch den Mut zum Wandel bleibt eine Tradition lebendig." Die Weinberge liegen vor allem in den vier besten Lagen Westhofens. Die Weine reifen im 1829 erbauten Gewölbekeller.

2019 Aulerde Riesling GG
40€ | 12,5%
2019 Brunnenhäuschen Riesling GG
58,50€ | 12,5%
2019 Kirchspiel Riesling GG
48,50€ | 12,5%
2019 Morstein Riesling GG
58,50€ | 12,5%
2019 Niersteiner Riesling 1. Lage
22,50€ | 12,5%
2019 Réserve Cuvée
50,50€ | 13%
2019 Vom Kalkstein Riesling
16,40€ | 12,5%
2019 Westhofener Riesling 1. Lage
22,50€ | 12,5%
2021 Gundersheimer Riesling 1. Lage
24,50€ | 12%
2021 Scheurebe
14,40€ | 12,5%
2021 Weißburgunder
14€ | 12%

○ **2021** Westhofen Brunnenhäuschen Riesling GG
65,50€ | 12,5%

○ **2021** Westhofen Kirchspiel Riesling GG
55,50€ | 12,5%

○ **2021** Westhofen Morstein Riesling GG
65,50€ | 12,5%

○ **2021** Westhofener Cuvée
21€ | 12,5%

○ **2021** Westhofener Riesling 1. Lage
26,50€ | 12,5%

○ **2021** vom Kalkstein Riesling
17,50€ | 12%

trinkreif

○ **2017** Réserve Chardonnay
37€ | 13%

○ **2017** Réserve Weißburgunder
37€ | 12,5%

JULIAN WOLF

Brunnenstraße 2
55599 Eckelsheim
T +49 (0) 6703 1346
www.weingut-peter-wolf.de

Profil online

Julian Wolf
Rebfläche 20 ha
Gründung 1852
Verkaufszeiten nach Vereinbarung

Seit sieben Generationen kultiviert Familie Wolf Wein. Heute führt der Winzermeister Peter Wolf zusammen mit Sohn Julian, der 2011 seinen Abschluss in Geisenheim machte, den Familienbetrieb. Während der Senior vor allem die Außenarbeiten leitet, ist Julian Wolf inzwischen der Chef im Keller. Die J-Linie trägt dessen ganz eigene Handschrift. Das Weingut bietet auch Gästezimmer.

○ **2020** Eckelsheimer Sonnenköpfchen J-Linie Silvaner
8,10€ | 13%

○ **2020** Gumbsheimer Schlosshölle J-Linie Riesling
7,90€ | 12,5%

○ **2020** Wöllsteiner Äffchen J-Linie Rosa Chardonnay
10,50€ | 15%

○ **2021** Grauburgunder halbtrocken
5,70€ | 12,5%

○ **2021** Riesling
5,20€ | 12,5%

○ **2021** Riesling halbtrocken
5,70€ | 12,5%

● **2020** J-Linie II Lupo Cuvée
13,70€ | 13,5%

● **2021** Spätburgunder
5,40€ | 12,5%

WEINGUT ZEHE-CLAUSS

Rheinhessenstraße 109
55129 Mainz
T +49 (0) 6131 9728 942
www.zehe-clauss.de

Verkaufszeiten Mo–Fr 13–19 Uhr
Sa 10–17 Uhr

Profil online

2021 Cabernet Sauvignon
7,70€ | 12,5%

2017 Pinot brut
13,50€ | 12,5%

SAALE-UNSTRUT

SAALE-UNSTRUT

REBFLÄCHE

837 Hektar, drei Bereiche, vier Großlagen, 34 Einzellagen

REBSORTEN

Weißwein 76 % (Müller-Thurgau 15,1 %, Weißburgunder 13,5 %, Riesling 8,8 %, Bacchus 6,7 %), Rotwein 24 % (Dornfelder 6,7 %)

BÖDEN

Muschelkalk, Buntsandstein, Lösslehm, Kupferschiefer

BESONDERHEIT

In dieser Region verläuft der 51. Breitengrad nördlicher Breite, das Anbaugebiet ist somit das nördlichste Anbaugebiet Deutschlands.

60 REBSORTEN AUS DER NÖRDLICHSTEN WEINBAU-REGION DEUTSCHLANDS

von ANKE KRONEMEYER

Ein bemerkenswertes Anbaugebiet: Allein dass in diesen nördlichen Breitengraden überhaupt Wein wächst, ist schon besonders. Dass sich die drei Bundesländer Sachsen-Anhalt, Thüringen und Brandenburg das Gebiet „Saale-Unstrut" teilen – auch nicht gerade gang und gäbe. Außergewöhnlich zudem die Landschaft mit von Menschenhand angelegten Weinterrassen, davon viele in Steillage.

Eine mehr als tausendjährige Weinbaugeschichte prägt das Gebiet Saale-Unstrut, das sich durch drei Bundesländer zieht und das nördlichste Weinanbaugebiet Deutschlands ist. Die Kulturlandschaft präsentiert sich mit Terrassenweinbergen und zahlreichen Weinbergshäuschen, vielen Burgen, Schlössern, Kirchen und Klöstern. Mehr als 60 Rebsorten werden in dieser alten Kulturlandschaft angepflanzt. Weine aus Freyburg, Bad Kösen oder Bad Sulza gelten schon lange nicht mehr als Exoten im Glas. Hier wachsen Riesling, Müller-Thurgau und Spätburgunder. Saale-Unstrut nimmt mit seinen rund 850 Hektar den neunten Platz im Ranking der deutschen Anbaugebiete ein. Vor 20 Jahren waren es übrigens noch 200 Hektar weniger (651 Hektar). In der Region wurde 1824 die erste Fabrik Deutschlands für moussierenden Wein gegründet.

DREI LÄNDER, ZWEI FLÜSSE UND HUNDERTE VON MALERISCHEN WEINBERGSHÄUSERN

WEINGÜTER

640
KLOSTER PFORTA
Saalberge 73
06628 Naumburg

640
ROTKÄPPCHEN-MUMM SEKTKELLEREIEN
Sektkellereistraße 5
06632 Freyburg

641
WEINHAUS SIEGMUND & KLINGBEIL
Markt 13
06618 Naumburg

KLOSTER PFORTA

Saalberge 73
06628 Naumburg
T +49 (0) 3446 33000
www.kloster-pforta.de

Landgesellschaft Sachsen-Anhalt
Philipp Kollmar
Maximilian Handt
Verbände Breitengrad51
Rebfläche 50 ha
Produktion 350.000 Flaschen
Verkaufszeiten Vinothek Schulpforte (Schulstraße 8)
Mo–So 10–18

Profil online

Die Anfänge des Landesweinguts Kloster Pforta gehen auf die Zisterzienser-Mönche zurück. 1378 wurden die Weinberge der Saalhäuser erstmalig erwähnt. Seit hunderten von Jahren wird dort also Wein gemacht. Heute werden auf rund 50 Hektar u. a. Blauer Zweigelt, Riesling, Blauer Spätburgunder oder Weißburgunder geerntet. Darunter sind Einzellagen wie Saalhäuser oder Gosecker Dechantenberg.

○ **2021** Auxerrois
9,90€ | 10,5%
○ **2021** Bacchus
9,50€ | 11%
○ **2021** Gosecker Dechantenberg Riesling
17,90€ | 12%
○ **2021** Saalhäuser Riesling
16,90€ | 11,5%
○ **2021** Saalhäuser Weißburgunder
13,50€ | 11%
● **2020** Saalhäuser Zweigelt
13,50€ | 12%

ROTKÄPPCHEN-MUMM SEKTKELLEREIEN

Sektkellereistraße 5
06632 Freyburg
T +49 (0) 3446 4340
www.rotkaeppchen-mumm.de

Volker Faust
Manon Dague
Verbände VDP
Rebfläche 90 ha
Produktion 900.000 Flaschen
Verkaufszeiten Mo–So und Feiertag 10–18 Uhr

Profil online

● Rotkäppchen Weißburgunder extra trocken
14,99€ | 12,5%
● Sondercuvée 1894 Riesling brut
18,94€ | 11,5%

WEINHAUS SIEGMUND & KLINGBEIL

Markt 13
06618 Naumburg
T +49 (0) 1766 4077 879
www.weinhaus-siegmund-klingbeil.com

Sören Siegmund
Rebfläche 1 ha
Produktion 9.000 Flaschen
Gründung 2013
Verkaufszeiten nach Vereinbarung

Profil online

Experimentierfreudig – das dürfte die Freunde Sören Siegmund und Sebastian Klingbeil am besten beschreiben. Es wird viel probiert: auch mit Sandstein-Ei oder Ton-Amphore, um spannende Weine zu entwickeln. Neben den Trauben aus ihrer Steillage im Dorndorfer Rappental kaufen sie auch handverlesene von anderen Winzern zu. Ausgebaut werden die Weine im Keller eines der ältesten Häuser in Naumburg.

○ **2019** Dorndorfer Rappental NackedEi Silvaner
16€ | 13,5%

○ **2020** Missgunst Cuvée
50€ | 13,5%

○ **2020** Kellerkunst Cuvée
20€ | 12,5%

○ **2020** NackedEi Silvaner
16€ | 12%

○ **2020** Sauvignon Blanc
16€ | 11,5%

○ **2020** Sauvignon Blanc Spätlese trocken
30€ | 12,5%

○ **2020** Werderaner Wachtelberg Müller Thurgau
12€ | 11,5%

○ **2021** Großjenaer Blütengrund Riesling
16€ | 12%

● **2020** Dornfelder & Regent Holzfass Rosé Cuvée
14€ | 12%

SACHSEN

SACHSEN

REBFLÄCHE

509 Hektar, zwei Bereiche, vier Großlagen, 17 Einzellagen

REBSORTEN

Weißwein 81 % (Riesling 13,2 %, Müller-Thurgau 12,8 %, Weißburgunder 12,2 %, Grauburgunder 9,4 %), Rotwein 19 % (Spätburgunder 7,9 %)

BÖDEN

Granit- und Granitporphyr-Verwitterungen bis zu Lehm, Löss und Sandstein

BESONDERHEIT

Sachsen ist das östlichste und eines der kleinsten Weinanbaugebiete Deutschlands; sächsische Weine gelten als Rarität.

HEIMAT DES GOLDRIESLINGS

von ANKE KRONEMEYER

Das liebliche Elbtal macht neben der terrassierten Weinlandschaft viel vom Charme dieses Anbaugebiets aus. Außergewöhnlich sind in Sachsen auch viele Rebsorten wie Kernling, Helios, die Perle von Zala, Cabernet Cortis oder auch der Goldriesling, für den diese Region insbesondere bekannt ist. In Sachsen wächst aber auch der Elbling, eigentlich der Wein der Römer.

Mit rund 500 Hektar zählt Sachsen zu einem der kleinsten deutschen Anbaugebiete. Aber: Mit 67 Rebsorten wächst unter klimatisch günstigen Bedingungen entlang der Elbe eine Vielzahl von Weinen, die zumeist im Steilhang und auf landschaftlich prägenden Terrassenlagen gedeihen. Dabei sind es oft große Tropfen, die unter einzigartigen klimatischen Bedingungen heranwachsen und die mit ihrer aromatischen Eleganz national und international begeistern. Dabei sind es nicht nur die Weine, sondern auch Sekte zum Beispiel von Schloss Wackerbarth, die den Ruf des sächsischen Weinanbaus prägen. Eine Besonderheit: Nur in Sachsen wächst der Goldriesling, der mit 5,8 Prozent einen nicht unbedeutenden Anteil im Weißweinanbau hat. Er wird früh reif, ist oft schon im Dezember gefüllt und wird auch als eleganter Sommerwein genossen. Die Sächsische Weinstraße zieht sich über 55 Kilometer von Pirna nach Dresden, Radebeul und Meißen bis nach Diesbar-Seußlitz.

TERRASSEN, TROCKENMAUERN, STEILLAGEN

WEINGÜTER

DREI HERREN

Weinbergstraße 34
01445 Radebeul
T +49 (0) 351 7956 099
www.weingutdreiherren.de

Prof. Dr. Rainer Beck
Franz Ahnert
Rebfläche 6 ha
Produktion 40.000 Flaschen
Gründung 16
Verkaufszeiten
Mo–Mi 10–18 Uhr
Do–Fr 15–21 Uhr
Sa, So und Feiertag 12–21 Uhr
und nach Vereinbarung

Profil online

Das Weingut heißt nicht so, weil drei Männer allein den ganzen Laden schmeißen. Es waren aber drei Herren, die einem der ältesten Weingüter Sachsens, dem Gut Hermannsberg, neues Leben eingehaucht haben. Der neue Kellermeister Franz Ahnert hat sich „mehr Rotwein" auf die Fahnen geschrieben. Aktuell werden in den Steillagen in Radebeul und Sörnewitz vor allem Riesling und Burgundersorten geerntet.

○ **2020** Grauburgunder
15€ | 13,3%

○ **2020** Muskateller
18€ | 13%

○ **2020** Sörnewitzer Boselberg Riesling Spätlese trocken
18€ | 12%

○ **2020** Weißburgunder
15€ | 12,2%

○ **2021** Blanc de Noir Spätburgunder feinherb
14€ | 11,5%

● **2019** Radebeuler Hermannsberg Eigensinn Cabernet Franc
23€ | 14%

● **2018** Muskateller Auslese
21€ | 9%

SCHLOSS PROSCHWITZ PRINZ ZUR LIPPE

Heiliger Grund 2
01662 Meißen
T +49 (0) 352 1476 790
www.schloss-proschwitz.de

Georg Prinz zur Lippe
Alexey Ryabow
Verbände VDP, Weinbauverband Sachsen
Rebfläche 70 ha
Produktion 350.000 Flaschen
Verkaufszeiten Mo–So 11–18 Uhr

Profil online

Über viele Jahre gehörten die Weinberge Schloss Proschwitz der Familie zur Lippe, bis der Zweite Weltkrieg kam und das Familienweingut entschädigungslos enteignet wurde. 1990, direkt nach der Wende, gab es für Georg Prinz zur Lippe kein Halten mehr. Er begann damit, die elterlichen Weinberge Stück für Stück zurückzukaufen. Heute sind es rund 70 Hektar in Meißen auf beiden Seiten der Elbe. Neben der größten Einzellage Sachsens, Schloss Proschwitz, wird seit knapp zwanzig Jahren auch die wieder aufgerebte Lage Kloster Heilig Kreuz bewirtschaftet.

○ **2020** Kloster Heilig Kreuz Riesling Spätlese 1. Lage
29,50€ | 10%

○ **2020** Pauline Cuvée
14€ | 10,5%

○ **2021** Kloster Heilig Kreuz Grauburgunder 1. Lage
19€ | 12,5%

○ **2021** Weingut Schloss Proschwitz Pauline Cuvée
13€ | 11,5%

○ **2021** Weingut Schloss Proschwitz Riesling feinherb
13€ | 11,5%

● **2018** Kloster Heilig Kreuz Frühburgunder 1. Lage
29,50€ | 13,5%

● **2018** Kloster Heilig Kreuz Spätburgunder 1. Lage
29,50€ | 13,5%

● **2018** Schloss Proschwitz Spätburgunder GG
42€ | 14,5%

● **2019** Kloster Heilig Kreuz Spätburgunder 1. Lage
29,50€ | 14%

ROTHES GUT MEISSEN

Lehmberg 4
01662 Meißen
T +49 (0) 352 1754 5467
www.rothesgut.de

Tim Strasser
Lucas Bornschein
Rebfläche 19 ha
Produktion 90.000 Flaschen
Gründung 2010
Verkaufszeiten
April–Okt.
Mo–Di 10–16 Uhr
Mi–Sa 10–18 Uhr
So und Feiertag 11–16 Uhr
Nov.–März
Mo–Sa 10–16 Uhr
So und Feiertag 11–16 Uhr

Profil online

Die beeindruckend hohen Ziegelmauern mit den Steinrosetten sind das Wahrzeichen des „Rothen Gutes" in Meißen. 1765 wurde die alte Scheune des Hofes erstmalig erwähnt, jetzt steht eine hochmoderne Produktionsstätte direkt nebenan. Winzer Tim Strasser setzt auf naturnahe und umweltschonende Methoden, um am Ende fruchtig-frische Weine auf die Flasche zu bringen, darunter Goldriesling und Helios.

○ **2021** Bereich Meißen Müller-Thurgau
9,50€ | 11%

○ **2021** Bereich Meißen Scheurebe
14€ | 11%

○ **2021** Kurfürstlicher Weinberg Muscaris Muskateller halbtrocken
12€ | 10,5%

● **2020** Meißner Ratsweinberg Spätburgunder
17€ | 13%

● **2021** Pinot Noir
12€ | 11%

● **2019** Sauvignon Blanc extra trocken
19€ | 12,5%

Sachsen

MARTIN SCHWARZ

Dresdener Straße 71
01662 Meißen
T +49 (0) 3518 9560 72
www.schwarz-wein.de

Martin Schwarz
Verbände Weinbauverband Sachsen
Rebfläche 2,2 ha
Produktion 20.000 Flaschen
Verkaufszeiten nach Vereinbarung

Profil online

Zwei Perfektionisten, die keine Kompromisse machen wollen: Das sind Martin Schwarz und Grit Geißler, die gemeinsam die gut 2,2 Hektar großen Steillagen entlang der Sächsischen Weinstraße bewirtschaften. Dort gedeihen fast 30 Jahre alte Riesling- und Traminer-Rebstöcke, neu sind Pinot Noir und Chardonnay. Hier wird nur von Hand gelesen und schonend ausgebaut, denn Kellermeister Martin Schwarz will individuelle Weine, die Komplexität und Finesse besitzen. Dafür nimmt er sich Zeit.

○ **2018** Meissner Kapitelberg Riesling
24€ | 13%
○ **2019** Riesling & Traminer Cuvée
25€ | 12,5%
○ **2019** Weiß von Schwarz Spätburgunder
28€ | 13,5%
● **2018** Friedstein Pinot Noir
45€ | 13,5%

SCHLOSS WACKERBARTH – SÄCHSISCHES STAATSWEINGUT

Wackerbarthstraße 1
01445 Radebeul
T +49 (0) 351 89550
www.schloss-wackerbarth.de

Sächsische Aufbaubank
Andreas Stuhl
Verbände Verband traditioneller Sektmacher, Weinbauverband Sachsen
Rebfläche 90 ha
Produktion 600.000 Flaschen
Verkaufszeiten Gutsmarkt
Mo–Sa 10–19 Uhr
So und Feiertag 10–19 Uhr

Profil online

August Christoph Graf von Wackerbarth ließ einst die barocke Schlossanlage inmitten der Radebeuler Weinberge bauen. Heute ist das Staatsweingut nach umfangreicher Sanierung ein echtes Erlebnisweingut, bei dem die Besucher durch die historische Gartenanlage spazieren können, um anschließend einen Blick in die moderne Wein- und Sektmanufaktur zu werfen. Vor 180 Jahren brachten Kellermeister aus Frankreich die klassische Flaschengärung nach Radebeul, die noch heute gelebt wird. Zu den Top-Lagen gehören der Goldene Wagen, Paradies und Wackerbarthberg.

○ **2019** Goldener Wagen Alte Reben Gemischter Satz
59€ | 13%
○ **2020** Radebeuler Goldener Wagen Alte Reben Gemischter Satz
59€ | 13,5%
○ **2020** Radebeuler Goldener Wagen Protze Riesling
39€ | 13,5%
○ **2020** Radebeuler Goldener Wagen Terrassenlage Riesling
39€ | 13%
○ **2020** Radebeuler Goldener Wagen Traminer Spätlese
19€ | 13%
○ **2020** Radebeuler Goldener Wagen Traminer Spätlese
19€ | 13%
○ **2020** Radebeuler Wackerbarthberg Riesling Kabinett halbtrocken
19€ | 11%

○ **2020** Radebeuler Wackerbarthberg Scheurebe
24€ | 12%

○ **2020** Radebeuler Wackerbarthberg Scheurebe
29€ | 11,5%

○ **2020** Radebeuler Wackerbarthberg im Holzfass gereift Scheurebe
29€ | 11,5%

○ **2021** Bacchus
13,50€ | 11,5%

○ **2021** Müller-Thurgau halbtrocken
12,50€ | 11%

○ **2021** Scheurebe halbtrocken
15€ | 10%

○ **2021** Scheurebe halbtrocken
15€ | 10%

● **2018** Thonberg Spätburgunder
45€ | 14,5%

● **2019** Laubacher Thonberg Blaufränkisch
45€ | 13%

● **2019** Laubacher Thonberg Spätburgunder
45€ | 13%

● **2015** Pinot brut
18,90€ | 12,5%

● **2016** Pinot Grauburgunder brut nature
18,90€ | 12%

● **2016** Spätburgunder brut
24,90€ | 12%

● **2019** Riesling brut
18€ | 11,5%

● **2019** Traminer
25€ | 13%

● Hommage 1836 Spätburgunder extra trocken
14,90€ | 12,5%

● **2019** Goldener Wagen Riesling Auslese
24,90€ | 9%

● **2019** Wackerbarthberg Riesling Beerenauslese
79€ | 8%

trinkreif

● **2017** Blanc de Noir Spätburgunder brut
49€ | 11%

WÜRTTEMBERG

WÜRTTEMBERG

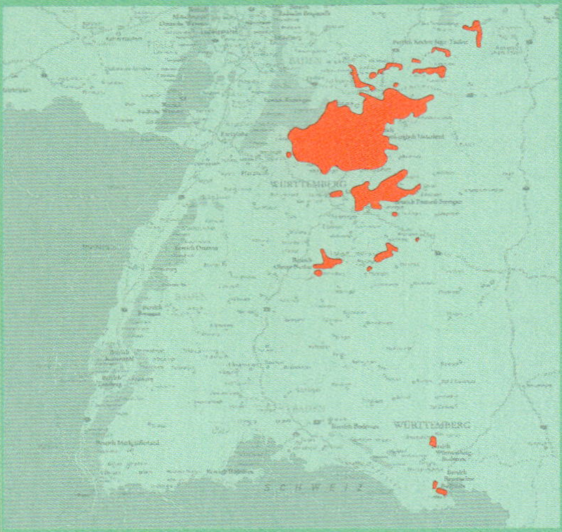

REBFLÄCHE
11.358 Hektar, sechs Bereiche, 17 Großlagen, 210 Einzellagen

REBSORTEN
Weißwein 34 % (Riesling 18,7 %), Rotwein 66 % (Trollinger 17,2 %, Lemberger 15,6 %, Spätburgunder 11,5 %, Schwarzriesling 11 %)

BÖDEN
Verschiedene Keuperformationen; am mittleren Neckarraum Muschelkalkinseln

BESONDERHEIT
Der Anteil der Genossenschaften ist relativ groß, sie vermarkten 80 % der Württemberger Weine.

WEINHÄNGE AN NECKAR UND REMS, KOCHER, JAGST UND TAUBER

von ANKE KRONEMEYER

Es sind die roten Rebsorten, die in Württemberg besonders gut gedeihen. Er wächst auf 70 Prozent der Anbaufläche. Natürlich vor allem Trollinger, der als Nationalgetränk gilt. Aber das viertgrößte deutsche Anbaugebiet allein über den Trollinger zu definieren, wäre zu kurz gedacht und unfair gegenüber den anderen Rebsorten. Es gibt ebenso beachtliche Lemberger, Schwarzriesling und Spätburgunder, Riesling oder Müller-Thurgau haben ebenfalls ihre Heimat im Süden.

Das Anbaugebiet zieht sich von der Schwäbischen Alb bis zum Taubertal, Teile des Bodensees gehören weinrechtlich auch noch zu Württemberg. Das Gebiet umfasst insgesamt 11.400 Hektar. Der Wein wächst vor allem an den Rebhängen entlang der Flüsse Neckar, Enz, Rems, Kocher, Jagst und Tauber. Weinhistorische Sehenswürdigkeit sind dabei die terrassierten Steillagen am Neckar mit ihren uralten Trockenmauern. Es gibt zwar viele Weingärtner, die hier Wengerter heißen, der Großteil des Weins wird aber über Winzergenossenschaften verarbeitet und angeboten.

Wer den Wein in Württemberg entdecken will, hat dazu zahlreiche Gelegenheiten. Er kann im Taubertal, wo sich Baden, Württemberg und Franken berühren, die autochthone Rebsorte Tauberschwarz verkosten. Er kann entlang von Kocher und Jagst in Hohenlohe Silvaner oder Sauvignon Blanc probieren, der dort auf Muschelkalk gewachsen ist. Im Heilbronner Land, dem Zentrum des Württemberger Weinbaus, wachsen besonders gute Rotweine. Den Lemberger verkostet man vielleicht am besten in Stromberg-Zabergäu, wo schon die Mönche im Kloster Maulbronn den Weinbau gepflegt haben. Am Bodensee wächst vor allem ein guter Müller-Thurgau, der hier auch „Seewein" genannt wird, sowie ein feiner Spätburgunder. Als einziger großer „Weingarten" wird das Remstal bezeichnet, das ganz in der Nähe der Landeshauptstadt Stuttgart liegt und in dem Rieslinge, aber auch Silvaner, Trollinger und Lemberger wachsen und von vielen – vor allem jungen – Winzern angeboten werden.

VOM TAUBERSCHWARZ BIS ZUM SEEWEIN

In all diesen Regionen lässt sich bei Wanderungen durch die Weinberge oder Stationen in Straußen- und Besenwirtschaften, Landgasthäusern oder Spitzenrestaurants die komplette Bandbreite des Genusses erleben. Wer an einem Restaurant ein Siegel „Haus der Baden-Württemberger Weine" oder „Schmeck den Süden" entdeckt, kann sicher sein, die richtige Adresse gefunden zu haben. Regionalität und Qualität sind hierbei mit Brief und Siegel verbürgt. Es gibt aber auch besonders ausgezeichnete Vinotheken: Die von der Winzergenossenschaft Esslingen gehört ebenso dazu wie die von Marcel Idler in Weinstadt-Strümpfelbach oder die der Winzergenossenschaft Lembergerland in Vaihingen-Rosswag.

500 Kilometer lange Weinstraße zum Wandern

Wer Lust dazu hat, das Anbaugebiet wandernd zu entdecken: Weite Teile des Weinbaugebiets erschließt die Württemberger Weinstraße, die von Weikersheim bei Bad Mergentheim bis nach Metzingen, östlich von Tübingen gelegen, über 500 Kilometer hauptsächlich am Neckar und seinen Seitentälern entlang führt. Und die regionalen Weine verkostet man am besten bei einem Weinfest. Der Weinfestkalender in Württemberg listet mehr als 200 Termine auf. Zu den bekanntesten und größten Weinfesten zählt das Heilbronner Weindorf, aber auch der Fellbacher Herbst lockt jedes Jahr Tausende von Weinfans an.

WEINGÜTER

663
GRAF ADELMANN
Burg Schaubeck 1
71711 Steinheim an der Murr

664
WEINGUT ALDINGER
Schmerstraße 25
70734 Fellbach

666
WOLFGANG ALT
Schwaigerner Straße 1
74336 Brackenheim

666
WEINGUT DR. BAUMANN
Am Ordensschloss 15–21
74182 Obersulm

667
PANORAMAWEINGUT REINHARD BAUMGÄRTNER
An der Steige 94
74343 Sachsenheim

667
GRAF VON BENTZEL-STURMFEDER
Sturmfederstraße 4
74360 Ilsfeld

668
WEINGUT BERTHOLD
Reutweg 4
74172 Neckarsulm

668
WEINGUT BEURER
Lange Straße 67
71394 Kernen im Remstal

669
WEINGUT BIRKERT
Unterheimbacher Straße 28
74626 Bretzfeld

670
WEINGUT BRUKER
Kleinaspacher Straße 18
71723 Großbottwar

670
CLEEBRONN-GÜGLINGEN
Ranspacher Straße 1
74389 Cleebronn

671
COLLEGIUM WIRTEMBERG
Württembergstraße 230
70327 Stuttgart

672
WEIN- UND SEKTGUT CHRISTEL CURRLE
Tiroler Straße 17
70329 Stuttgart

673
WEINGUT DAUTEL
Lauerweg 55
74357 Bönnigheim

674
WEINGUT DIEHL
Württembergstraße 203
70327 Stuttgart

674
WEINGUT DOREAS
Ernst-Heinkel-Straße 85
73630 Remshalden

675
WEINGUT DRAUTZ-ABLE
Faißtstraße 23
74076 Heilbronn

WEINGÜTER
ÜBERSICHT A-Z

676
WEINKONVENT DÜRRENZIMMERN
Meimsheimerstraße 11
74336 Brackenheim

676
PRIVATKELLEREI EBERBACH-SCHÄFER
Rieder 6
74348 Lauffen am Neckar

677
BERNHARD ELLWANGER
Rebenstraße 9
71384 Weinstadt

678
J. ELLWANGER
Bachstraße 27
73650 Winterbach

679
WEINGUT ESCHER
Seestraße 4
71409 Schwaikheim

680
FELLBACHER WEINGÄRTNER
Kappelbergstraße 48
70734 Fellbach

681
WEIN & GUT FRANK
Bönnigheimer Straße 29
74336 Brackenheim

681
WEINGUT GAUFER
Mariannenstraße 24
74653 Ingelfingen

682
WEINGUT UND EDELBRENNEREI GEMMRICH
Löwensteiner Straße 34
71717 Beilstein

683
LEON GOLD
Buocher Weg 9
71384 Weinstadt

683
KARL HAIDLE
Hindenburgstraße 21
71394 Kernen im Remstal

684
WEINGUT HEID
Cannstatter Straße 13/2
70734 Fellbach

685
GENOSSENSCHAFTS-KELLEREI HEILBRONN
Binswanger Straße 150
74076 Heilbronn

686
ALEXANDER HEINRICH
Kümmelstraße 2
74182 Obersulm

687
G.A. HEINRICH
Riedstraße 29
74076 Heilbronn

688
WEINGUT HERZOG VON WÜRTTEMBERG
Schloss Monrepos
71634 Ludwigsburg

689
CHRISTIAN HIRSCH
Kastanienstraße 1
74211 Leingarten

690
ERICH HIRTH
Löwensteiner Straße 76
74182 Obersulm

690
SCHLOSSGUT HOHENBEILSTEIN
Schlossstraße 40
71717 Beilstein

691
WEINGUT HOLZAPFEL
Wilfenseeweg 78/1
74172 Neckarsulm

692
JOHANNES B.
Höhe 1
70736 Fellbach

693
GERD KELLER
Rechentshofer Straße 8
74343 Sachsenheim

693
WEINGUT KISTENMACHER & HENGERER
Eugen-Nägele-Straße 23–25
74074 Heilbronn

694
WEINGUT KLOPFER
Gundelsbacher Straße 1
71384 Weinstadt

694
WEINGUT KUSTERER
Untere Beutau 44
73728 Esslingen am Neckar

695
ANITA LANDESVATTER
Schloßstraße 15
74336 Brackenheim

696
WEINGUT MAIER
Zehnmorgenweg 2
71409 Schwaikheim

696
WEINGUT MAYERLE
Bauersberger Hof 19
73630 Remshalden

697
WEINGUT MERKLE
Blankenhornstraße 12–14
74343 Sachsenheim

697
WEINGUT GRAF NEIPPERG
Schloßstraße 12
74193 Schwaigern

699
PARFUM DER ERDE
Nolten 8
71384 Weinstadt

699
SANKT ANNAGARTEN BIOLOGISCHES WEINGUT
Sankt-Anna-Gärten 1
71717 Beilstein

700
RAINER SCHNAITMANN
Untertürkheimer Straße 4
70734 Fellbach

701
MARTIN SCHROPP – VINOSPHÄRE SCHROPP
Strassenäcker 1
74235 Erlenbach

702
ALBRECHT SCHWEGLER
Steinstraße 37
71404 Korb

703
WEINGUT SEYBOLD
In den Herrenäckern 28/1
74348 Lauffen am Neckar

703
WEINGUT SEYFFER
Schwabstraße 4
74189 Weinsberg

WEINGÜTER
ÜBERSICHT A-Z

704
SONNENHOF
Sonnenhof 2, Ortsteil Gündelbach
71665 Vaihingen an der Enz

705
STROMBERG-ZABERGÄU
Neipperger Straße 60
74336 Brackenheim

705
WEINGUT DER STADT STUTTGART
Breite Straße 4
70173 Stuttgart

706
WEINGUT SUPP
Weinsberger Straße 16
74189 Weinsberg

707
TEAMWERK ESSLINGEN
Lerchenbergstraße 16
73733 Esslingen am Neckar

707
WEINGUT UNGERER
Harsberger Straße 15
74629 Pfedelbach

708
WEINMANUFAKTUR UNTERTÜRKHEIM
Strümpfelbacher Straße 47
70327 Stuttgart

709
WEINGUT WACHTSTETTER
Michelbacher Straße 8
74397 Pfaffenhofen

710
WEINGUT WEIHBRECHT
Hauptstraße 20
74626 Bretzfeld

710
STAATSWEINGUT WEINSBERG
Traubenplatz 5
74189 Weinsberg

711
WEINGUT WÖHRWAG
Grunbacher Straße 5
70327 Stuttgart

712
WEINGUT ZIMMERLE
Kirchstraße 14
71404 Korb

713
WEINGUT ZIPF
Vorhofer Straße 4
74245 Löwenstein

GRAF ADELMANN

Aufsteiger

Burg Schaubeck 1
71711 Steinheim an der Murr
T +49 (0) 7148 9212 20
www.graf-adelmann.com

Felix Graf Adelmann
Ruben J. Röder
Verbände VDP, HADES, Deutsches Barrique-Forum
Rebfläche 28 ha
Produktion 150.000 Flaschen
Gründung 1297
Verkaufszeiten Mo–Fr 14–18 Uhr
Sa 10–14 Uhr

Profil online

Die Burg Schaubeck in Kleinbottwar ist nicht nur seit 700 Jahren Geburtsort bester Weine, sondern auch eine beliebte Eventlocation. Felix Graf Adelmann hat inzwischen nicht nur die Rebfläche vergrößert und in Kellertechnik investiert. Einige Weinberge werden auch biodynamisch bewirtschaftet. Ziel sind elegante, vielschichtige Weine, die dennoch Zug und Trinkfluss haben. Gezielter, aber vorsichtiger Einsatz von Holz sorgt für Eleganz und Präzision in den Weinen aus einem klassischen Rebsortenportfolio.

○ **2018** Kleinbottwarer Süßmund Das Lied von der Erde Riesling GG
25€ | 13%

○ **2018** Süßmund Das Lied von der Erde Riesling GG
25€ | 13%

○ **2019** Oberer Berg Grauburgunder GG
25€ | 13%

○ **2020** Kleinbottwar Lichtenberg Weißburgunder 1. Lage
14,50€ | 13,5%

○ **2021** Grauburgunder
10,50€ | 12,5%

○ **2021** Grüner Veltliner
12€ | 12,5%

● **2017** Herbst im Park Lemberger, Spätburgunder, Cabernet
16,90€ | 12,5%

● **2017** Kleinbottwarer Oberer Berg Süßmund Der Rote Loewe Süßmund Lemberger
16,90€ | 12,5%

● **2018** Carpe Diem Cuvée
29€ | 13,5%

● **2018** Götzenberg Spätburgunder GG
29€ | 13%

● **2018** Oberer Berg Der Schwarze Loewe Lemberger GG
27€ | 13%

● **2018** Pinot Noir
19,50€ | 12,5%

● **2019** Lemberger
9,80€ | 12,5%

trinkreif

● **2017** Kleinbottwarer Oberer Berg Der Schwarze Loewe Lemberger GG
27€ | 12,5%

Württemberg

WEINGUT ALDINGER

Schmerstraße 25
70734 Fellbach
T +49 (0) 711 581417
www.weingut-aldinger.de

Hansjörg & Matthias Aldinger
Matthias Aldinger
Verbände VDP
Rebfläche 30 ha
Produktion 210.000 Flaschen
Gründung 1492
Verkaufszeiten Mo–Fr 9–12 Uhr und 14–18 Uhr
Sa 9–13 Uhr
und nach Vereinbarung

Profil online

Dass große Fußstapfen nicht immer einschüchternd sein müssen, haben Matthias und Hansjörg Aldinger vom gleichnamigen Weingut in Fellbach bewiesen. Auch wenn Vater Gert, einer der prestigereichsten Wegbereiter für den Siegeszug der deutschen Burgunder, nach wie vor als „Außenminister" des Weinguts tätig ist und es bei Anlässen jeder Art vertritt, haben Matthias und Hansjörg zu einem eigenen Stil gefunden, der sich zwar deutlich von dem des Vaters unterscheidet, aber qualitativ weiter auf der höchsten Ebene zu agieren weiß. Innovative Ideen wie der Sauvignon Blanc „Ovum" aus dem Betonei treffen auf moderne weiße Burgunder mit Rauch und Schmelz, kraftvolle Lemberger und einen immer wieder herausragenden Sekt, der zum allerbesten gehört, was Deutschland zu bieten hat.

○ **2018** Ovum Sauvignon Blanc trocken
39€ | 12,5%

○ **2018** Réserve Chardonnay
42€ | 12,5%

○ **2018** Réserve Sauvignon Blanc
18,90€ | 12,5%

○ **2018** Untertürkheimer Gips Marienglas Weißburgunder GG
29,90€ | 12,5%

○ **2019** Fellbacher Lämmler Riesling GG
29,90€ | 12,5%

○ **2019** Réserve Sauvignon Blanc
18,90€ | 12%

○ **2019** Uhlbacher Götzenberg Riesling Kabinett
14,10€ | 7%

○ **2019** Untertürkheimer Gips Chardonnay 1. Lage
42€ | 12,5%

○ **2019** Untertürkheimer Gips Weißburgunder 1. Lage
12,90€ | 12%

○ **2020** Ovum Sauvignon Blanc
40€ | 13%

○ **2020** Stetten Pulvermächer Riesling GG
42€ | 12,5%

○ **2020** Uhlbach Götzenberg Riesling Kabinett
14,50€ | 7%

○ **2020** Untertürkheimer Gips Chardonnay 1. Lage
42€ | 13%

○ **2020** Untertürkheimer Gips Marienglas Weißburgunder GG
33,90€ | 13%

○ **2021** Fellbacher Lämmler Riesling GG
32€ | 13%

○ **2021** Rebhuhn Riesling
8,50€ | 11,5%

○ **2021** Untertürkheimer Gips Marienglas Riesling GG
38€ | 13%

● **2018** Fellbacher Lämmler Spätburgunder GG
42€ | 13%

● **2018** Hanweiler Berg Lemberger 1. Lage
16€ | 13%

● **2018** Fellbacher Lämmler Spätburgunder GG
42€ | 12,5%

● **2018** Fellbacher Lämmler Lemberger GG
42€ | 13%

● **2018** Réserve Cabernet Sauvignon
33,90€ | 14%

● **2018** Réserve Merlot
29,90€ | 13%

● **2018** Untertürkheimer Gips Spätburgunder 1. Lage
16€ | 12,5%

● **2018** Untertürkheimer Gips Marienglas Spätburgunder GG
33,90€ | 12,5%

2019 Fellbacher Lämmler Lemberger GG
42€ | 13,5%

2019 Fellbacher Lämmler Spätburgunder GG
42€ | 13%

2019 Untertürkheimer Gips Marienglas Spätburgunder GG
33,90€ | 13%

2020 Fellbacher Lämmler Lemberger GG
42€ | 13,5%

2020 Fellbacher Lämmler Spätburgunder GG
42€ | 13%

2020 Hanweiler Berg Lemberger 1. Lage
19€ | 13,5%

2020 Spätburgunder
10€ | 12,5%

2020 Untertürkheimer Gips Marienglas Spätburgunder GG
38€ | 13%

2020 Réserve Spätburgunder
22€ | 13%

2020 Untertürkheimer Gips Trollinger 1. Lage
80€ | 13%

2021 Bentz Rosé
8,50€ | 11,5%

trinkreif

2017 Ovum Sauvignon blanc
39€ | 12,5%

2017 Untertürkheimer Gips Marienglas Weißburgunder GG
29,90€ | 12,5%

2014 Untertürkheimer Gips Marienglas Spätburgunder GG
42€ | 13,5%

2015 GJA Réserve Cuvée
50€ | 13,5%

2017 Fellbacher Lämmler Lemberger GG
42€ | 13%

2017 Fellbacher Lämmler Spätburgunder GG
42€ | 12,5%

2017 Untertürkheimer Gips Marienglas Spätburgunder GG
33,90€ | 12,5%

2012 Aldinger brut nature
50€ | 12%

2013 Aldinger brut nature
50€ | 12%

2014 Aldinger brut nature
50€ | 12%

2015 Aldinger brut nature
50€ | 12%

WOLFGANG ALT

Schwaigerner Straße 1
74336 Brackenheim
T +49 (0) 7135 9365 14
www.wolfgangalt-weingut.de

Wolfgang Alt
Moritz Alt
Rebfläche 2,9 ha
Produktion 12.200 Flaschen
Verkaufszeiten nach Vereinbarung

Profil online

Lemberger ist die Hauptrebsorte im Weingut Wolfgang Alt, doch auch Nebbiolo, Weißburgunder und Riesling baut er in seinen Lagen rund um Neipperg und Brackenheim an. Dort legt er besonderen Wert auf eine Ertragsbegrenzung von maximal 40 Liter pro Hektar, im Keller werden offene Maischegärung und Ausbau in gebrauchten 600-Liter-Fässern und Barriques betrieben. Alts kompaktes, aber aussagekräftiges Sortiment teilt sich in die Kategorien mit G wie Gefühl, R wie Ruhe und S wie Seele. Bei gutem Wetter lädt der idyllische Weingarten zum Verkosten ein.

○ **2020** G Weißburgunder
9,50€ | 12,5%

● **2016** Brackenheimer Zweifelberg S Lemberger
22,50€ | 13,5%

● **2018** Brackenheimer Zweifelberg S Lemberger
25€ | 13,5%

● **2018** Lemberger
35€ | 13,5%

● **2018** Neipperger Steingrube S Lemberger
25€ | 13,5%

● **2018** S Nebbiolo
21€ | 13,5%

WEINGUT DR. BAUMANN

Aufsteiger

Am Ordensschloss 15–21
74182 Obersulm
T +49 (0) 7130 47440
www.weingut-dr-baumann.de

Marc Baumann
Tanja Baumann
Markus Kehrer
Rebfläche 42 ha
Gründung 1928
Verkaufszeiten Mo–Fr 9–12 Uhr und 13–17 Uhr

Profil online

Mit dem Namen Dr. Baumann belebte die Schlosskellerei Affaltrach nicht nur einen historischen Namen, sondern signalisiert mit dem Begriff Meisterklasse auch den Anspruch, dem man sich stellt. Selektive Handlese, ein Sortenspektrum an Klassikern wie Riesling, Spätburgunder und Lemberger, aber auch Spezialitäten wie Muskateller und Muskattrollinger oder internationale Sorten wie Sauvignon, Merlot und Cabernet Sauvignon sollen diesen Anspruch einlösen. Verkostet werden kann im neuen „meeting life".

○ **2019** Sauvignon Blanc
12,90€ | 13,5%

○ **2020** Muskateller
8,90€ | 13,5%

○ **2020** Weißburgunder
12,50€ | 14%

● **2018** Cabernet Sauvignon Cuvée
13,90€ | 14,3%

● **2018** Contur Cuvée
10,90€ | 14,1%

● **2018** Epilog Cuvée
10,90€ | 13,3%

● **2019** Corpus Merlot
14,90€ | 14%

● **2019** Corpus Spätburgunder
14,90€ | 13,3%

● **2019** Merlot
14,90€ | 14%

● Impuls Cuvée brut nature
24,90€ | 12,5%

● **2018** Riesling Eiswein
49,50€ | 9,1%

PANORAMAWEINGUT REINHARD BAUMGÄRTNER

Aufsteiger

An der Steige 94
74343 Sachsenheim
T +49 (0) 7147 6298
www.panoramaweingut.de

Reinhard Baumgärtner
Josua Baumgärtner
Verbände Württemberger Weingüter
Rebfläche 14 ha
Produktion 80.000 Flaschen
Verkaufszeiten Mo–Sa 8–12 Uhr und 13–18 Uhr

Profil online

Das von Reinhard Baumgärtner und dessen Sohn Josua geführte Weingut in Hohenhaslach trägt zu Recht das Präfix „Panorama". Der Blick, den man von hier über das malerische Kirbachtal hat, ist einmalig. Vater und Sohn geben sich Mühe, das große Erbe des Standorts auch im Wein zu spiegeln. Ihr breites Rebsortenportfolio enthält von Riesling bis Malbec genügend Material für viele spannende Weine.

○ **2020** Kalkmergel Riesling
10,50€ | 13%

○ **2021** Weiß Cuvée feinherb
7€ | 11,5%

● **2018** Hohenhaslacher Kirchberg Lemberger
22€ | 13,5%

● **2020** Schilfsandstein Merlot
16,50€ | 13,5%

● **2021** Saignée
9€ | 12%

GRAF VON BENTZEL-STURMFEDER

Aufsteiger

Sturmfederstraße 4
74360 Ilsfeld
T +49 (0) 7133 9608 94
www.sturmfeder.de

Kilian Graf von Bentzel-Sturmfeder
Holger Matz
Verbände VDP
Rebfläche 13 ha
Produktion 80.000 Flaschen
Gründung 1396
Verkaufszeiten Mo–Fr 9–17 Uhr
Sa nach Vereinbarung

Profil online

Kilian Graf von Bentzel-Sturmfeder ist nicht nur der Erste seit drei Generationen, der sich wieder dem Wein widmet und den Verkauf des Besitzes verhinderte. Er frischt auch das Erscheinungsbild mit Sondereditionen mit Künstleretiketten auf, lädt zu Events und zum Übernachten ins Landhaus ein. Dort kann man Bekanntschaft mit den tiefgründigen Weinen vom Schozacher Roten Berg machen, der laut Besitzer das Potenzial für Spitzenweine hat. Dieses hilft Kellermeister Holger Matz tatkräftig zu entfalten.

○ **2019** Grande Etoile Cuvée
25,90€ | 14,5%

○ **2019** Schozacher Roter Berg Riesling GG
25,90€ | 13%

● **2018** *** Lemberger
13,90€ | 13%

● **2018** *** Spätburgunder
13,90€ | 13,5%

● **2018** Schozacher Roter Berg Lemberger GG
25,90€ | 13,5%

● **2018** Schozacher Roter Berg Spätburgunder GG
25,90€ | 14%

trinkreif

● **2013** Schozacher Roter Berg Spätburgunder GG
25,90€ | 13%

● **2016** Schozacher Roter Berg Spätburgunder GG
25,90€ | 13%

WEINGUT BERTHOLD

Aufsteiger

Reutweg 4
74172 Neckarsulm
T +49 (0) 7132 37117
www.weingut-berthold.de

Ludwig Berthold
Rebfläche 11 ha
Produktion 60.000 Flaschen
Gründung 1985
Verkaufszeiten Mo–Fr 17–19 Uhr
Sa 9–14 Uhr

Profil online

Neben seiner Tätigkeit im Keller des Staatsweinguts Weinsberg baute Hermann Berthold seit 1985 den Betrieb auf. Nun hat Sohn Ludwig nach seiner Ausbildung bei namhaften Winzern und in Weinsberg das Heft im Keller in die Hand genommen. In der Barrique-Serie „Fass Nr. 5" finden sich Grauburgunder und Lemberger sowie Cabernet-Weine. Neben Spätburgunder und Trollinger sind auch Samtrot oder Acolon, Grauburgunder, Riesling und Kerner ebenso wie Muskateller im Portfolio zu finden.

○ **2021** Neckarsulmer Scheuerberg Grauburgunder
7,50€ | 12,5%

● **2020** Neckarsulmer Scheuerberg Lemberger
11€ | 14%

● **2020** Neckarsulmer Scheuerberg Merlot
14€ | 14,5%

● **2021** Neckarsulmer Staufenberg Muskat-Trollinger feinherb
7,50€ | 11,5%

WEINGUT BEURER

Aufsteiger

Lange Straße 67
71394 Kernen im Remsta
T +49 (0) 7151 42190
www.weingut-beurer.de

Marion & Jochen Beurer
Verbände Demeter, Ecovin, VDP, Junges Schwaben
Rebfläche 14 ha
Produktion 100.000 Flaschen
Gründung 1997
Verkaufszeiten Fr 14–18 Uhr
Sa 10–13 Uhr
und nach Vereinbarung

Profil online

Jochen Beurer ist eigenwillig, macht eigenwillige Weine und wird in seiner Entscheidung für die Biodynamie vor rund 15 Jahren heute vollumfänglich bestätigt. Seit 2003 setzen die Beurers auf Spontangärung und wissen, dass Wein einfach Zeit braucht. Mit dem Museumsweinberg unter der Y-Burg in Stetten hat Beurer das nächste Kapitel aufgeschlagen. 25 Rebsorten, selten bis gar nicht mehr angebaut, dürfen hier im gemischten Satz wachsen und sind somit womöglich die Zukunft, allemal aber ein spannendes Erlebnis bei einer Führung.

○ **2018** Junges Schwaben Riesling
28€ | 12,5%

○ **2018** Stettener Pulvermächer Berge Riesling GG
35€ | 13%

○ **2019** Grauburgunder
19,50€ | 13%

● **2018** Secundus Lemberger & Zweigelt
55€ | 13%

● **2018** Stettener Mönchberg Schalksberg Lemberger GG
35€ | 13%

● **2018** Stettener Mönchberg Öde Halde Spätburgunder GG
35€ | 13%

trinkreif

● **2015** Stettener Mönchberg Schalksberg Lemberger GG
35€ | 13%

● **2015** Stettener Mönchberg Öde Halde Spätburgunder GG
35€ | 12,5%

WEINGUT BIRKERT

Unterheimbacher Straße 28
74626 Bretzfeld
T +49 (0) 7946 484
www.weingut-birkert.com

Boris & Regina Birkert
Boris Birkert
Verbände Fair'n Green, Württemberger Weingüter, Vinissima
Rebfläche 15 ha
Produktion 100.000 Flaschen
Gründung 1986
Verkaufszeiten Mo–Sa 8–18 Uhr

Profil online

Boris Birkert, selbsternannter „Kellermeister aus Leidenschaft", ist nicht nur ein weitgereister Mann, er weiß seine Erfahrungen aus Südafrika, Kalifornien und dem Burgund auch für seine eigenen Weine einzusetzen. Dementsprechend ist der Anteil an (einst) internationalen Rebsorten wie Syrah, Merlot oder Sauvignon Blanc in seinem Weingut recht hoch. Naturnahes Arbeiten steht dabei an erster Stelle.

2019 Adolzfurter Schneckenhof S Sauvignon Blanc
11,50€ | 13%

2020 Adolzfurter Lindelberg Sauvignon Blanc
10€ | 13,5%

2020 Adolzfurter Schneckenhof S Chardonnay
12,50€ | 13,5%

2020 Adolzfurter Schneckenhof S Riesling
10€ | 13%

2018 Adolzfurter Schneckenhof CM Cuvée
26€ | 14,5%

2018 Adolzfurter Schneckenhof Limes Cuvée
19€ | 14,5%

2018 Adolzfurter Schneckenhof Roburis M Merlot
16,50€ | 14,5%

2018 Adolzfurter Schneckenhof Roburis Syrah
19€ | 14,5%

2018 Adolzfurter Schneckenhof S Lemberger
10,50€ | 13,5%

2019 Adolzfurter Schneckenhof S Syrah
13€ | 14%

2021 Adolzfurter Schneckenhof Muskat-Trollinger
8€ | 11,5%

WEINGUT BRUKER

Kleinaspacher Straße 18
71723 Großbottwar
T +49 (0) 7148 1639 406
www.weingut-bruker.de

Markus Bruker
Verbände Ecovin
Rebfläche 13 ha
Produktion 70.000 Flaschen
Verkaufszeiten Do–Fr 16–19 Uhr
Sa 10-13 Uhr

Profil online

Das biozertifizierte Weingut in Großbottwar wurde 2005 von Markus Bruker in vierter Generation übernommen. Als Kellermeister ist er für den Ausbau der Rot- und Weißweine zuständig, darunter sind heimische Klassiker wie Riesling oder Burgunder. Im Sortiment sind aber auch internationale Rebsorten wie Syrah, Chenin Blanc und Cabernet Franc. Ein Bio-Weingut aus 100 Prozent Überzeugung.

○ **2021** Gretchen Cuvée
11€ | 13%

● **2019** Mephisto Cuvée
11€ | 13,5%

● **2021** Saignée
8,90€ | 13%

CLEEBRONN-GÜGLINGEN

Aufsteiger

Ranspacher Straße 1
74389 Cleebronn
T +49 (0) 7135 98030
www.cg-winzer.de

Max Kusic
Rebfläche 295 ha
Produktion 2.000.000 Flaschen
Gründung 1953
Verkaufszeiten Mo–Fr 8–18 Uhr
Sa 8.30–13 Uhr
März–Dez.
So 11–14 Uhr

Profil online

Eine klare Qualitätshierarchie haben sich die Weingärtner Cleebronn-Güglingen verordnet und setzen sie mit Erfolg konsequent um. Das Basis-Segment der Sankt-M-Weine ist solide, die höheren Ansprüche lassen sich in der nach Herzog Christoph benannten Linie Herzog C erschmecken. Beste Lagen, niedriger Ertrag und geduldiger Ausbau im Keller sorgen in der Linie Emotion für Top-Resultate. Die Réserve Roter Hirsch darf als Spitzenwein noch länger reifen und stellt den Gipfel dar.

○ **2019** Emotion CG Riesling
17,50€ | 13,5%

○ **2020** Emotion CG Chardonnay & Viognier
22€ | 13%

○ **2020** Emotion CG Riesling
18€ | 13%

○ **2020** Herzog C Riesling
9,90€ | 13%

○ **2021** Emotion CG Cuvée
22€ | 14%

○ **2021** Emotion CG Riesling
17,50€ | 13%

○ **2021** Emotion CG Weißburgunder
22€ | 13,5%

○ **2021** Sankt M Weißburgunder
6,90€ | 12%

● **2016** Emotion CG Cabernet Sauvignon
22€ | 14%

● **2017** Emotion CG Réserve Lemberger
22€ | 14%

● **2018** Roter Hirsch Cuvée Réserve Cuvée
38€ | 13%

● **2019** Emotion CG Réserve Lemberger
22€ | 13%

- **2019** Herzog C Lemberger
  9,90€ | 13%
- **2021** Neo Rosé trocken
  9,90€ | 12,5%
- **2021** Sagenhaft
  6,60€ | 12%
- **2017** Riesling brut nature
  15,50€ | 12%
- **2018** Pinot Meunier brut
  10€ | 12,5%

trinkreif

- **2017** Roter Hirsch Réserve Cuvée
  38€ | 13,5%

COLLEGIUM WIRTEMBERG

Aufsteiger

Württembergstraße 230
70327 Stuttgart
T +49 (0) 711 3277 7580
www.collegium-wirtemberg.de

Rainer Bubeck, Außenbetrieb
Thomas Eckard
Rebfläche 150 ha
Produktion 1.350.000 Flaschen
Gründung 2007
Verkaufszeiten Mo–Fr 9:30–18 Uhr
Sa 9–16 Uhr

Profil online

Die Grabkapelle auf dem Württemberg im Stuttgarter Stadtteil Rothenberg ist einer der magischen Orte der Region. Rund um diese Erhebung gruppieren sich die Weinberge der Mitglieder des Collegium Wirtenberg, 2007 aus den Genossenschaften Uhlbach und Rotenberg hervorgegangen. Die Collegiums-Qualitätspyramide steht auf einem sehr soliden Fundament und sowohl Tradition als auch Edition überzeugen in ihren jeweiligen Segmenten.

- **2019** Grande Réserve Chardonnay
  32€ | 13,5%
- **2019** Réserve Sauvignon Blanc
  28€ | 13%
- **2020** Katharina Riesling
  12,50€ | 13%
- **2020** Réserve Sauvignon Blanc
  29€ | 13%
- **2021** 411 n.n. Riesling
  7,30€ | 12%
- **2021** Alte Reben Riesling
  8,20€ | 12,5%
- **2021** Edition Wirtemberg Grauburgunder
  9,30€ | 13%
- **2021** Sand Riesling
  9,80€ | 12,5%
- **2021** Uhlbacher Götzenberg Riesling Kabinett halbtrocken
  7,90€ | 11%
- **2021** Weißburgunder
  9,80€ | 13%
- **2017** Grande Réserve Cuvée
  36€ | 13,5%
- **2017** Réserve Spätburgunder
  19€ | 13,5%
- **2018** Grande Cuvée
  40€ | 14%

● **2018** Réserve Merlot
20€ | 14%

● **2018** Réserve Spätburgunder
20€ | 13%

● **2018** Wirtemberg Cuvée
19€ | 14%

● **2019** Edition Wirtemberg Lemberger
9,30€ | 13,5%

● **2019** Pinot Noir
9,80€ | 13,5%

● **2019** Syrah
14€ | 14%

● **2021** Alte Reben Trollinger
7,30€ | 13%

trinkreif

● **2017** Réserve Syrah
28€ | 13,5%

WEIN- UND SEKTGUT CHRISTEL CURRLE

Neu

Tiroler Straße 17
70329 Stuttgart
T +49 (0) 711 3427 1734
www.weingut-currle.de

Christel Currle
Verbände Württemberger Weingüter
Rebfläche 5 ha
Produktion 40.000 Flaschen
Gründung 1974
Verkaufszeiten Mi, Do 16–19 Uhr
Fr 14–19 Uhr
Sa 10–14 Uhr
und nach Vereinbarung

Profil online

Christel Currle hat nicht nur ein besonderes Faible für die Produktion von Schaumweinen, die direkt im eigenen Weingut versektet werden, sondern legt auch größten Wert auf naturverträgliches Arbeiten. Seit acht Jahren sind ihre Weine vegan, seit drei Jahren wird das Weingut grundsätzlich frei von Herbiziden bewirtschaftet. Im ambitionierten Gutsausschank kann verkostet und geschmaust werden.

○ **2021** Uhlbacher Götzenberg Grauburgunder halbtrocken
10,50€ | 12%

○ **2021** Uhlbacher Götzenberg Kerner
7,50€ | 12,3%

○ **2021** Uhlbacher Götzenberg Sauvignon Blanc
10,50€ | 12%

○ **2021** Uhlbacher Götzenberg Weißburgunder
10,50€ | 12,5%

● **2019** Uhlbacher Göteznberg Merlot
25€ | 14%

● **2019** Uhlbacher Götzenberg Syrah
12€ | 13%

● **2020** Uhlbacher Götzenberg Merlot
12€ | 14%

WEINGUT DAUTEL

Lauerweg 55
74357 Bönnigheim
T +49 (0) 7143 8703 26
www.weingut-dautel.de

Christian Dautel
Verbände VDP
Rebfläche 14 ha
Produktion 100.000 Flaschen
Verkaufszeiten Mo–Fr 10–12 Uhr
und 14–18 Uhr
Sa 10–16 Uhr

Profil online

Ernst Dautel war neben der HADES-Gruppe ein Pionier für den Einsatz des Barriques in Württemberg und setzte schon früh und erfolgreich auf Chardonnay. Sohn Christian übernahm 2013 in der 21. Generation. Das Rüstzeug holte er sich in Bordeaux, im Burgund, Südafrika, den USA und Australien. Seine Weine zeigen, wo er die großen Vorbilder sieht: weniger in der Wucht als vielmehr in der Feinheit und Finesse, mit der Lage und Rebsorte optimal zum Ausdruck gebracht werden.

○ **2018** Besigheimer Wurmberg Riesling 1. Lage
15,20€ | 12,5%

○ **2018** Bönnigheimer Steingrüben Riesling GG
26€ | 13%

○ **2019** Bönnigheimer Sonnenberg Chardonnay 1. Lage
18,90€ | 12,5%

○ **2019** Bönnigheimer Steingrüben Riesling
29€ | 12,5%

○ **2019** S Chardonnay
29€ | 12,5%

○ **2019** S Weißburgunder
29€ | 12,5%

○ **2020** S Chardonnay
29€ | 12,5%

○ **2020** S Weißburgunder
29€ | 12,5%

○ **2020** Sonnenberg Chardonnay 1. Lage
19,90€ | 12,5%

● **2016** S Zweigelt
23,90€ | 13,5%

● **2018** Bönnigheimer Schupen Spätburgunder
34€ | 13%

● **2018** Cleebronner Michaelsberg Lemberger GG
34€ | 13%

● **2018** Spätburgunder GG
34€ | 13%

● **2019** Forstberg Spätburgunder GG
34€ | 13%

● **2019** Michaelsberg Lemberger GG
34€ | 13%

● **2019** Schupen Spätburgunder GG
34€ | 13%

● **2019** Sonnenberg Lemberger 1. Lage
19,90€ | 13%

● **2019** Sonnenberg Spätburgunder 1. Lage
19,90€ | 13%

trinkreif

○ **2016** Traubentausch Sauvignon Blanc
26€ | 13%

○ **2017** S Chardonnay
26,30€ | 13%

○ **2017** S Weißburgunder
26€ | 13%

● **2016** Bönnigheimer Schupen Spätburgunder GG
30,90€ | 13%

● **2016** Cleebronner Michaelsberg Lemberger GG
30,90€ | 13,5%

● **2016** Oberstenfelder Forstberg Spätburgunder GG
30,90€ | 13%

● **2017** Cleebronner Michaelsberg Lemberger GG
29,50€ | 13,5%

● **2017** Oberstenfelder Forstberg Spätburgunder GG
29,50€ | 13%

WEINGUT DIEHL

Neu

Württembergstraße 203
70327 Stuttgart
T +49 (0) 711 3340 51
www.weingut-diehl.com

Thomas Diehl
Rebfläche 7 ha
Gründung 1972
Verkaufszeiten Do, Fr 14–18 Uhr
Sa 10–16 Uhr

Profil online

„Das Weingut ist ein Ort, an dem Genuss ein Zuhause findet." So definieren die Diehls ihren Auftrag als Winzer. Seit Sohn Thomas das Weingut im Jahr 2019 in dritter Generation von seinen Eltern Marianne und Reiner übernommen hat, hat sich einiges getan. Während ein komplett neues Branding eine zeitgemäße Optik bringt, gehen im Weinbau Tradition, Treue zur Region und Weltoffenheit Hand in Hand.

2021 Grauburgunder
8€ | 12%
2021 Weißburgunder
8€ | 13%
2020 Lemberger
7,50€ | 13,5%
2020 Trollinger
7,50€ | 12,5%
2019 Spätburgunder brut
14,50€ | 13,5%

WEINGUT DOREAS

Aufsteiger

Ernst-Heinkel-Straße 85
73630 Remshalden
T +49 (0) 7151 75569
www.doreas.de

Dorothee Wagner-Ellwanger
Andreas Ellwanger
Verbände Ecovin
Rebfläche 10 ha
Produktion 35.000 Flaschen
Gründung 2006
Verkaufszeiten Do–Fr 16–18.30 Uhr
Sa 9.30–14 Uhr
und nach Vereinbarung

Profil online

Mehr Platz, mehr Rebfläche, aber weiterhin als Ecovin-Betrieb den Fokus auf der Umwelt: Dorothee Wagner-Ellwanger und Andreas Ellwanger setzen ihren Weg mit den Ballade-Weinen und der Symphonie-Linie fort. Die trinkigen Essensbegleiter finden ihre Steigerung in den barrique-gereiften, ertragsreduzierten kräftigen großen Brüdern. Grunbacher Klingle und Berghalde sind die schmeckbaren Herkünfte. Edelsüße Raritäten und ein Brut-Sekt runden das Angebot nebst Destillaten ab.

2021 Ballade Cabernet blanc
9€ | 12,9%
2018 Berghalde Choral Cuvée
50€ | 14%
2018 Berghalde S Spätburgunder
19€ | 12,8%
2018 Berghalde S Zweigelt
19€ | 13,9%
2019 Grunbacher Syrah
13€ | 13,4%
2019 Klingle Riesling Auslese
20€ | 11%

WEINGUT DRAUTZ-ABLE

Faißtstraße 23
74076 Heilbronn
T +49 (0) 7131 1779 08
www.drautz-able.de

Markus Drautz & Monika Drautz
Markus Drautz
Verbände VDP, H.A.D.E.S., Deutsches Barrique-Forum
Rebfläche 16 ha
Produktion 120.000 Flaschen
Gründung 1496
Verkaufszeiten Mo–Fr 14–18 Uhr
Sa 9–16 Uhr
und nach Vereinbarung

Profil online

Seinen Trollinger-Gutswein empfiehlt Markus Drautz als Visitenkarte, auf den H.A.D.E.S.-Sauvignon-Blanc aus dem kleinen Holz ist er besonders stolz. Wie auf seine Gin-Auswahl. Souverän und gelassen führt er das Erbe seines Vaters Richard mit seiner Mutter fort. Hatte dieser doch mit den H.A.D.E.S.-Kollegen das kleine Holzfass ins Rollen gebracht und damit auch einen ersten Qualitätsschub in Württemberg ausgelöst. Und nach wie vor marschiert der Betrieb mit seinen Weinen an der Spitze des Anbaugebiets mit.

2018 H.A.D.E.S. Grauburgunder
24,99€ | 15,8%

2019 H.A.D.E.S. Sauvignon Blanc R
29€ | 13%

2020 Stiftsberg Heilbronn Hunsperg Riesling GG
29€ | 12,5%

H.A.D.E.S. Riesling R
40€ | 15%

2015 Cuvée Héritage – Stéphanie de Longueville
65€ | 14%

2018 Scheuerberg Neckarsulm Steinkreuz Lemberger GG
38€ | 13,5%

2019 Heilbronner Drei Tauben Trollinger
14€ | 13%

2014 Cuvée MC blanc Pinot Noir extra brut
18,99€ | 12%

2017 Cuvée Jodokus Weißwein H.A.D.E.S. Trockenbeerenauslese
79€ | 9,5%

trinkreif

2015 Héritage Stéphanie de Longueville
69€ | 14%

2015 Jodokus H.A.D.E.S. Cuvée
32€ | 13,9%

2015 Jodokus rot H.A.D.E.S.
32€ | 13,5%

2015 Réserve H.A.D.E.S. Lemberger
32€ | 13,8%

WEINKONVENT DÜRRENZIMMERN

Meimsheimerstraße 11
74336 Brackenheim
T +49 (0) 7135 95150
www.weinkonvent-duerrenzimmern.de

Mirko Semmler-Lins
Kurt Freudenthaler
Verbände 298
Rebfläche 189 ha
Produktion 1.150.000 Flaschen
Gründung 1939
Verkaufszeiten Mo–Fr 9–12.30 Uhr
und 13.30–18 Uhr
Sa 9–13 Uhr

Profil online

Wer im Jahr 2022 Gast bei einem der exklusiven Berlinale-Events war, hatte wahrscheinlich einen Wein des Weinkonvents im Glas – in Form einer Lemberger-Merlot-Cuvée. Flüssige Völkerverständigung. Auf die internationale Komponente legen Kellermeister Freudenthaler und Geschäftsführer Semmler-Lins auch in Weinbergen ihrer rund 300 Winzer wert. Regionale Klassiker wachsen hier neben Bordeauxsorten.

○ **2020** Exclusiv Cellarius Weißburgunder
9€ | 13,5%
○ **2020** Exklusiv Cellarius Grauburgunder
9€ | 13,5%
● **2018** Divinus Der Abt Cuvée
39€ | 14,5%
● **2018** Divinus Réserve Lemberger
29€ | 14,5%
● **2019** Divinus Barrique
22€ | 14%
● **2019** Divinus Barrique Lemberger
22€ | 14%
● **2019** Divinus Barrique Merlot
26€ | 14,5%
● **2019** Divinus Cabernet Franc
29€ | 13,5%
● **2019** Divinus Weinkonvent Cuvée
26€ | 14%
● **2020** Divinus Lemberger
15,50€ | 13,5%

trinkreif

● **2017** Divinus Der Abt Cuvée
32€ | 14,5%

Neu

PRIVATKELLEREI EBERBACH-SCHÄFER

Rieder 6
74348 Lauffen am Neckar
T +49 (0) 7133 5222
www.eberbach-schaefer.de

Frieder Schäfer
Rebfläche 30 ha
Produktion 285.000 Flaschen
Gründung 1660
Verkaufszeiten Mo–Fr 8–12 Uhr
und 13–18 Uhr
Sa 9–14 Uhr

Profil online

Dass ein Weinbaubetrieb so gut wie autark bewirtschaftet werden kann, ist auch trotz Energiewende noch eine absolute Rarität in Deutschland. Durch Solaranlagen, Quellwasser und eine Pflanzenkläranlage können alle Weine CO_2-neutral ausgebaut werden. Das Weinsortiment des bereits seit 1660 nachgewiesenen Weinguts ergänzt Frieder Schäfer durch Brände, Destillate und selbst kreiertes Parfum.

○ **2020** Muschelkalkfelsen Chardonnay
9,90€ | 13%
○ **2021** Grauburgunder
7,50€ | 13%
○ **2021** Lauffener Riedersbückele Bienenglück Muskateller
7,50€ | 10,5%
○ **2021** Lauffener Riedersbückele Sauvignon Blanc
8,70€ | 12,5%
● **2019** Lauffener Riedersbückele Privat Réserve Lemberger
9,90€ | 13%
● **2020** Lauffener Riedersbückele Cabernero Cuvée
9,50€ | 13%
● **2019** Chardonnay brut
11,50€ | 12,5%
● **2019** Schwarzriesling extra brut
8,20€ | 12,5%

BERNHARD ELLWANGER

Aufsteiger

Rebenstraße 9
71384 Weinstadt
T +49 (0) 7151 62131
www.weingut-ellwanger.com

Yvonne & Sven Ellwanger
Sven Ellwanger
Verbände Junges Schwaben
Rebfläche 35 ha
Produktion 230.000 Flaschen
Gründung 1975
Verkaufszeiten Mo–Di, Do–Fr 10–12 Uhr und 14–18.30 Uhr
Sa 9.30–14 Uhr
und nach Vereinbarung

Profil online

Yvonne und Sven Ellwanger haben im Familienweingut nicht nur die Ökologie im Blick und arbeiten klimaneutral. Die Geschwister haben auch ein Händchen für den Holzeinsatz, sei es beim Sauvignon Blanc Fumé oder beim Lemberger aus der Großheppacher Wanne „SL" sowie dem Spätburgunder aus dem Steingrüble „SL". Der Syrah gelingt ebenso wie der einfache Sauvignon „Höhenluft", der prägnant, aber nicht laut ist, oder der Lemberger aus der Steillage. Spontane Gelüste lassen sich am Weinautomaten stillen.

○ **2018** Fumé Junges Schwaben Sauvignon Blanc
28,90€ | 13,5%

○ **2018** Grunbacher Klingle Osterberg Riesling
12,90€ | 13%

○ **2019** Großheppacher Steingrüble SL Riesling
24,90€ | 12,5%

○ **2020** Geradstettener Lichtenberg Chardonnay
18,90€ | 13%

○ **2020** Junges Schwaben Sauvignon Blanc
32,90€ | 13%

○ **2021** Großheppacher Steingrüble Riesling Kabinett feinherb
7,90€ | 10,5%

○ **2021** Großheppacher Steingrüble Riesling Spätlese
12,90€ | 8,5%

○ **2021** Höhenluft Sauvignon Blanc
10,50€ | 12,5%

○ **2021** Riesling
7,90€ | 11%

● **2018** GT Trollinger
12,90€ | 13%

● **2018** Großheppacher Wanne Lemberger
32,90€ | 13,5%

● **2018** Kreation CMX Cuvée
16,90€ | 14,5%

● **2019** Großheppacher Steingrüble SL Spätburgunder
32,90€ | 12,5%

● **2019** Großheppacher Wanne Klingenberg SL Syrah
32,90€ | 13,5%

● **2019** Vom bunten Mergel Spätburgunder
13,90€ | 13%

● **2020** Steillage Lemberger
11,50€ | 13,5%

● **2021** CCC Cuvée
10,50€ | 12,5%

● **2021** Muskat-Trollinger
8,50€ | 11%

● **2017** Pinot Noir brut
15,90€ | 12%

● **2019** Muskat-Trollinger brut
13,50€ | 12%

● **2019** Essenz Riesling Trockenbeerenauslese
29,80€ | 8%

trinkreif

- ● **2016** Großheppacher Steingrüble SL Spätburgunder — **28,90€** | 13%
- ● **2016** Großheppacher Wanne SL Lemberger — **28,90€** | 13,5%
- ● **2017** Großheppacher Wanne Klingenberg SL Syrah — **32,90€** | 13%

J. ELLWANGER

Bachstraße 27
73650 Winterbach
T +49 (0) 7181 44525
www.weingut-ellwanger.de

Jörg & Felix Ellwanger
Verbände VDP, HADES
Rebfläche 26 ha
Produktion 200.000 Flaschen
Verkaufszeiten Di–Fr 9–12 Uhr
und 15–19 Uhr
Sa 9–15 Uhr
und nach Vereinbarung

Profil online

Offen für Neues war schon Jürgen Ellwanger, als er mit seinen Kollegen von der HADES-Gruppe das Barrique in Württemberg hoffähig machte. Und dass der Zweigelt im Remstal beste Qualitäten liefert, ist auch dem Senior zu verdanken. Da können sich die Söhne Jörg und Felix getrost an den Feinschliff machen und neben aller Dichte in den Weinen auch nach Finesse und Vielschichtigkeit schürfen. Und die zeigt sich auch schon bei einfachen Qualitäten, ob aus traditionellen oder neuen Sorten.

- ○ **2018** HADES Grauburgunder — **21€** | 14%
- ○ **2018** Schnaiter Altenberg Riesling GG — **24€** | 12,5%
- ○ **2018** Winterbacher Hungerberg Weißburgunder GG — **24€** | 13,5%
- ○ **2020** Württemberg HADES Nikodemus Candidus Kerner — **23€** | 14%
- ○ **2020** Württemberg HADES Grauburgunder — **23€** | 14%
- ○ **2020** Württemberg Schnaiter Altenberg Riesling GG — **25€** | 13%
- ○ **2020** Württemberg Winterbacher Hungerberg Weißburgunder GG — **25€** | 14%
- ● **2018** Württemberg HADES Lemberger — **26€** | 14%
- ● **2018** Württemberg HADES Merlot — **27€** | 14%
- ● **2018** Württemberg HADES Nikodemus Cuvée — **29€** | 14,5%

● **2018** Württemberg HADES Zweigelt
27€ | 14%
● **2018** Württemberg Hebsacker Linnenbrunnen Spätburgunder GG
29€ | 13%
● **2019** Württemberg Hebsacker Berg Lemberger GG
30€ | 14%
● **2020** Merlot
9,80€ | 13%
● **2021** Merlot
10,50€ | 12%
● **2021** No Guns only Roses Muskat-Trollinger
9,50€ | 9,5%
● **2018** Jürgen Ellwanger Riesling brut
14,50€ | 12,5%

trinkreif

○ **2014** Schnaiter Altenberg Riesling GG
30€ | 12,5%
● **2014** Hebsacker Lichtenberg Spätburgunder GG
30€ | 12,5%
● **2016** HADES Nikodemus Cuvée
29€ | 13%
● **2016** HADES Zweigelt
28€ | 13,5%
● **2016** HADES Cabernet Sauvignon
45€ | 13%
● **2016** Nikodemus HADES
29€ | 13,5%
● **2017** HADES Cabernet Sauvignon
40€ | 13,5%
● **2017** HADES Merlot
27€ | 14%
● **2017** Hebsacker Berg Lemberger GG
29€ | 13%
● **2017** Hebsacker Linnenbrunnen Spätburgunder GG
29€ | 13%

WEINGUT ESCHER

Aufsteiger

Seestraße 4
71409 Schwaikheim
T +49 (0) 7195 57256
www.wein-escher.de

Ottmar & Christian Escher
Christian Escher
Verbände Generation Riesling, WeinImpuls, Remstal-Route
Rebfläche 15 ha
Produktion 90.000 Flaschen
Verkaufszeiten Di–Fr 16.30–18.30 Uhr
Sa 9–14 Uhr
und nach Vereinbarung

Profil online

Christian Escher hat viel frischen Wind ins Familienweingut gebracht (und wirbelt auch Stuttgart mit seinem Gin auf). Nach Handlese und Spontanvergärung – die Rotweine auf der Maische – bilden die Tropfen eine klare Qualitätspyramide mit der Basis Heimat. Auf die folgt der Bergkeuper, die Spitzengewächse in der Goldlage. Auch wenn das Angebotsspektrum breit ist, zielt Christian Escher mit seinen neuen Dichtpflanzungen klar auf die Qualitätsspitze ab.

○ **2018** Réserve Chardonnay
24€ | 13%
○ **2019** Réserve Chardonnay
35€ | 13%
○ **2021** Stettener Pulvermächer Riesling
15,20€ | 12,5%
● **2018** Korber Berg Höchste Lage Lemberger
35€ | 14%
● **2018** Steinreinacher Hörnle Pinot Noir
18,50€ | 13%
● **2018** Wunderwerk Cuvée
48€ | 14%
● **2019** Korber Sommerhalde Goldlage Cabernet Franc
25€ | 14%
● **2019** Korber Sommerhalde Zweigelt
19,50€ | 13,5%

trinkreif

● **2016** Korber Berg Höchste Lage Lemberger
33,50€ | 13,5%

FELLBACHER WEINGÄRTNER

Aufsteiger

Kappelbergstraße 48
70734 Fellbach
T +49 (0) 711 5788 030
www.fellbacher-weine.de

Tobias Single
Rebfläche 190 ha
Produktion 1.300.000 Flaschen
Gründung 1858
Verkaufszeiten Mo–Sa 9–18.30 Uhr

Profil online

Ca. 190 Hektar Rebfläche bewirtschaften die Mitglieder der 165 Jahre alten Genossenschaft, einen nicht geringen Teil davon in den hochklassigen Lagen Fellbacher Lämmler und Goldberg. Knapp 70 Prozent der angebauten Trauben bilden rote Rebsorten wie Spätburgunder und Syrah ergänzt von Württemberger Klassikern wie Trollinger und Lemberger. Weiße Sorten wie Riesling und Chardonnay runden das Bild ab.

2018 Fellbacher Lämmler
P Riesling „GG“
26,50€ | 13%

2019 Fellbacher Lämmler
P Barrique Chardonnay
19,50€ | 13%

2019 Fellbacher Lämmler
P Riesling
19,50€ | 13%

2020 Fellbacher Lämmler
P Barrique Chardonnay
19,50€ | 13,5%

2020 Fellbacher Lämmler
P Riesling
13,50€ | 13%

2020 P Sauvignon Blanc
16€ | 13,5%

2021 C fruchtig Gewürztraminer
7,50€ | 11%

2021 S Chardonnay
9,70€ | 13,5%

2021 S Grauburgunder
9,70€ | 13%

2021 S Sauvignon Blanc
9,90€ | 13%

2018 Fellbacher Lämmler Amandus
P Barrique Cuvée
26,50€ | 14,5%

2018 Fellbacher Lämmler
Lemberger „GG“
26,50€ | 14%

2018 Fellbacher Lämmler
P Spätburgunder „GG“
26,50€ | 14,5%

2019 Fellbacher Lämmler
P Barrique Lemberger
19,50€ | 14%

2019 Fellbacher Lämmler
P Barrique Spätburgunder
19,50€ | 13,5%

2019 Fellbacher Lämmler
P Barrique Syrah
19,50€ | 12,5%

2019 S Lemberger
9,50€ | 13%

2020 Kellermeister Rotweincuvée
9,90€ | 13%

2020 S Merlot
9,50€ | 13,5%

2021 Fellbacher Weingärtner
S Spätburgunder
8,90€ | 12,5%

2021 Fellbacher Weingärtner
Syrah S Syrah
9,90€ | 12%

2016 Grundwein Rotling brut nature
19,50€ | 12,5%

2020 Fellbacher Goldberg
Riesling Eiswein
39€ | 7%

trinkreif

2016 Fellbacher Lämmler
P Lemberger
26,50€ | 13,5%

2016 Fellbacher Lämmler
P Spätburgunder
26,50€ | 13,5%

WEIN & GUT FRANK

Aufsteiger

Bönnigheimer Straße 29
74336 Brackenheim
T +49 (0) 7135 9361 281
www.weingutfrank.de

Florian Frank
Rebfläche 3 ha
Produktion 25.000 Flaschen
Verkaufszeiten Fr 14–19 Uhr
Sa 10–16 Uhr
und nach Vereinbarung

Profil online

Seit der Weingutsgründung im Jahr 2009 begleiten Manuela und Florian Frank, ein Aldinger- und Ellwanger-Schüler, jede ihrer Trauben vom Rebstock bis zum fertigen Wein mit elterlicher Hingabe. Der Wein bekommt Zeit und Raum, um sich zu entfalten. Das merkt man besonders den großen „Drei Sterne"-Rotweinen an, die nach Maischegärung und langem Holzfassausbau unfiltriert auf die Flasche kommen.

○ **2019** ** Sauvignon Blanc
9,50€ | 12%
○ **2020** ** Grauburgunder
9,50€ | 13,5%
○ **2020** ** Kerner trocken
8,50€ | 11,5%
○ **2020** *** Grauburgunder
13,50€ | 13,5%
○ **2020** Riesling
9,50€ | 12,5%
○ **2020** Sauvignon Blanc
9,50€ | 13%
● **2017** ** Trollinger
8,50€ | 13%
● **2017** *** Lemberger
15€ | 13,5%
● **2017** *** Merlot
15€ | 13,5%
● **2017** *** Vom Bunten Mergel Cuvée
16,50€ | 13%
● **2019** ** Acolon
10,50€ | 13,5%
● **2019** Alte Reben Portugieser
10,50€ | 13%
● **2017** ** Lemberger brut
12€ | 13%
● **2018** Ackersegen **
Pinot Meunier brut nature
12€ | 12%

WEINGUT GAUFER

Aufsteiger

Mariannenstraße 24
74653 Ingelfingen
T +49 (0) 7940 57373
www.weingut-gaufer.de

Susanne Schmezer
Gerrit Schmezer
Verbände Verein Württemberger Weingüter
Rebfläche 11 ha
Produktion 50.000 Flaschen
Gründung 1991
Verkaufszeiten Mi–Fr 14–19 Uhr
Sa 9–13 Uhr
und nach Vereinbarung

Profil online

Das Dreamteam um Susanne und Gerrit Schmelzer bewirtschaftet schon seit 1991 insgesamt elf Hektar Rebfläche. Die Weinbaugeschichte der Familie lässt sich bis ins Jahr 1632 zurückverfolgen. Die Arbeitsweise ist dementsprechend traditionell verwurzelt, verschließt sich jedoch nicht modernen Einflüssen. Auf den teils terrassieren Lagen wachsen neben Riesling und Trollinger vor allem Burgundersorten.

○ **2019** Ingelfinger Hoher Berg Kategorie Erlesenes Riesling
13,50€ | 12,7%
○ **2019** Ingelfinger Hoher Berg Kategorie Erlesenes Weißburgunder
13,50€ | 13%
○ **2020** Kategorie Erlesenes Silvaner
12€ | 13%
○ **2020** Niedernhaller Burgstall Glücksmarie Cuvée halbtrocken
7€ | 12%
● **2018** Ingelfinger Hoher Berg Kategorie Erlesenes Cuvée
16,50€ | 14%
● **2018** Ingelfinger Hoher Berg Kategorie Erlesenes Lemberger
14€ | 14%
● **2018** Ingelfinger Hoher Berg Kategorie Erlesenes Spätburgunder
13,50€ | 14%
● **2018** Ingelfinger Hoher Berg K Kategorie Erlesenes Zweigelt
13€ | 13,5%

● **2019** Ingelfinger Hoher Berg Kategorie Geschmackvolles Spätburgunder
7€ | 12,5%

● **2020** Ingelfinger Hoher Berg Kategorie Geschmackvolles Spätburgunder
6,50€ | 13%

WEINGUT UND EDELBRENNEREI GEMMRICH

Aufsteiger

Löwensteiner Straße 34
71717 Beilstein
T +49 (0) 7062 3514
www.gemmrich.de

Bernd & Petra Gemmrich
Bernd Gemmrich
Verbände Generation Riesling, Württemberger Weingüter, Wein.Im.Puls, Wine in Moderation, PIWI
Rebfläche 7,5 ha
Produktion 60.000 Flaschen
Verkaufszeiten Mi–Fr 9–18 Uhr
Sa 9–15 Uhr

Profil online

Dass sich mit Piwi-Rebsorten sehr wohl ein Blumentopf gewinnen lässt, haben Anja und Simon Gemmrich mehrfach beweisen können. Stolze 20 Prozent ihrer Rebfläche nehmen die Neuzüchtungen ein, die sie in ihrer „Unkaputtbar" genannten Weinserie vertreiben. Die beiden können auf einen generationsübergreifenden Wissensschatz zurückgreifen und führen besonders die Tradition des naturnahen Arbeitens fort.

○ **2019** Beilsteiner Wartberg Unkaputtbar *** Muscaris
15,90€ | 15%

○ **2019** Beilsteiner Wartberg ** Sauvignon Blanc
9,40€ | 13%

○ **2020** Beilsteiner Wartberg Réserve *** Riesling
15,90€ | 12,5%

● **2016** Beilsteiner Wartberg Unkaputtbar *** Cabernet Cortis
15,90€ | 13,5%

● **2017** Beilsteiner Wartberg *** Cabernet Cubin
16,50€ | 13,5%

● **2018** Beilsteiner Wartberg Réserve ***Spätburgunder
12,90€ | 13,5%

LEON GOLD

Aufsteiger

Buocher Weg 9
71384 Weinstadt
T +49 (0) 7151 1691 215
www.weingut-gold.de

Leon Gold
Rebfläche 15 ha
Produktion 65.000 Flaschen
Verkaufszeiten Mi 17–19 Uhr
Sa 10–13 Uhr
und nach Vereinbarung

Profil online

Den Traum vom eigenen Weingut verwirklichte Leon Gold 2015 nach klassischer Ausbildung im Remstal – und hat mit seinem neuen Keller auch optisch ein Statement gesetzt. Aus biologischer Bewirtschaftung stammen die Trauben für die vier Qualitätskategorien Gutswein, Ortswein, Lagenwein und Reserve. Der Sortenspiegel der zum Teil im Halbstückfass ausgebauten Weine reicht von den Klassikern wie Riesling und Lemberger bis hin zu Cabernet Sauvignon, Zweigelt und Chardonnay.

2018 Gundelsbach Koih Chardonnay
34€ | 13%

2018 Gundelsbacher Koih Réserve Chardonnay
35€ | 13%

2021 Muskat-Trollinger halbtrocken
8€ | 11,5%

2021 Spätburgunder
8€ | 11,5%

2018 Ida Marie Pinot Noir brut
16,50€ | 11,5%

2020 Pink Pet Trollinger brut nature
15€ | 11,5%

2021 Pink Gold Trollinger
14,50€ | 11,5%

KARL HAIDLE

Hindenburgstraße 21
71394 Kernen im Remstal
T +49 (0) 7151 9491 10
www.weingut-karl-haidle.de

Moritz Haidle
Verbände VDP, Demeter
Rebfläche 23 ha
Produktion 120.000 Flaschen
Gründung 1949
Verkaufszeiten Mo–Fr 8–12 Uhr
und 13–18 Uhr
Sa 9–15 Uhr

Profil online

Am Lemberger von Moritz Haidle kommt nicht vorbei, wer die Qualitätsspitze im Blick hat. Was Vater Hans zu Höhen geführt hat, konsolidiert der Sohn mit Umstellung auf Bioanbau und seinem Faible für die alten Reben vom Riesling in der Lage Pulvermächer. Aber auch im mittleren und im Basissegment zeigt sich die Handschrift mit präzisen und gehaltvollen Weinen, die stets trinkanimierend sind. Die Großen Gewächse vom Lemberger sind internationale Spitze und mitunter monumental.

2019 Stettener Häder Riesling 1. Lage
16,90€ | 12,5%

2019 Stettener Pulvermächer Riesling GG
36€ | 13%

2019 Stettener Städlen Riesling 1. Lage
22€ | 12,5%

2020 Stettener Pulvermächer Riesling GG
38€ | 13%

2018 Stettener Berge Lemberger GG
38€ | 13,5%

2018 Stettener Gehrnhalde Lemberger GG
48€ | 13,5%

2018 Stettener Häder Lemberger 1. Lage
16,40€ | 13%

2019 Schnaiter Burghalde Pinot Noir GG
32€ | 13%

2020 Stettener Berge Lemberger GG
38€ | 13%

● **2020** Stettener Gehrnhalde Lemberger GG
48€ | 13%

● **2020** Stettener Häder Lemberger 1. Lage
16,90€ | 12%

● **2017** 1869 Chardonnay-Pinot brut
16,90€ | 12%

trinkreif

● **2017** Schnaiter Burhalde Spätburgunder GG
32€ | 13%

● **2017** Stettener Mönchberg Berge Lemberger GG
38€ | 13,5%

● **2017** Stettener Mönchberg Gehrnhalde Lemberger GG
48€ | 13%

WEINGUT HEID

Cannstatter Straße 13/2
70734 Fellbach
T +49 (0) 711 5841 12
www.weingut-heid.de

Markus Heid
Verbände Ecovin, VDP
Rebfläche 12 ha
Produktion 70.000 Flaschen
Verkaufszeiten Mo–Fr 17–19 Uhr
Sa 9–13 Uhr
und nach Vereinbarung

Profil online

Markus Heid hat sich als Autodidakt ins Weinmachen hineingefuchst und aus dem elterlichen Mischbetrieb ein VDP-Weingut gemacht. Aus dem Fellbacher Lämmler und dem Stettener Pulvermächer kommen Große Gewächse – Lemberger, Pinot Noir und Riesling sind die Protagonisten. Die Melchisedec-Weine, benannt nach einem Vorfahren, sind Cuvées und Rebsorten auf höchstem Niveau. Die bereits seit 2007 biologisch bewirtschafteten Parzellen werden streng getrennt ausgebaut, egal wie klein sie sind.

○ **2019** Stettener Pulvermächer Riesling GG
20€ | 12,9%

○ **2020** Melchisedec Chardonnay
22€ | 12,7%

○ **2020** Stettener Pulvermächer Riesling GG
22€ | 13%

● **2019** Fellbacher Lämmler Lemberger GG
30€ | 13,4%

● **2019** Fellbacher Lämmler Spätburgunder GG
30€ | 12,8%

● **2020** Fellbacher Goldberg Lemberger 1. Lage
15€ | 13,3%

● **2020** Fellbacher Goldberg Pinot Noir 1. Lage
15€ | 13,3%

● **2020** Steinmergel Syrah
16€ | 13,6%

2016 Melchisedec
Pinot Noir brut nature
20€ | 12,3%

Crémant brut
12€ | 13,3%

trinkreif

2017 Fellbacher Lämmler
Lemberger GG
28€ | 13,1%

2017 Fellbacher Lämmler
Spätburgunder GG
28€ | 13,3%

2017 Melchisedec Syrah
28€ | 13,5%

GENOSSENSCHAFTSKELLEREI HEILBRONN

Binswanger Straße 150
74076 Heilbronn
T +49 (0) 7131 1579 0
www.wg-heilbronn.de

Daniel Drautz
Arne Maier
Rebfläche 1.430 ha
Produktion 9.000.000 Flaschen
Gründung 1972
Verkaufszeiten Mo–Fr 8.30–18 Uhr
Sa 8.30–14 Uhr
So 11–17 Uhr
(erster Sonntag im Mai bis Sonntag vor Heiligabend)

Profil online

Wer es bei knapp 200 produzierten Weinen noch schafft, das individuelle Terroir vieler Weine ins Glas zu bringen, gehört zu den Großen. Im Falle der Heilbronner Genossenschaftskellerei kann sogar der Superlativ bemüht werden: Sie ist die größte in ganz Deutschland. Die rund 1400 Mitglieder liefern neben Riesling, Lemberger und Trollinger zahlreiche weitere Trauben bei Kellermeister Arne Maier ab.

2019 Grantschen Barrique
Blanc Cuvée
8,90€ | 13%

2019 Sankt Veit Riesling
11,90€ | 12,5%

2019 Triebwerk Riesling
16,90€ | 12,5%

2020 Grantschen
Exklusive Weißburgunder
8,90€ | 14%

2020 Sank Kilian Cuvée
11,90€ | 13%

2020 Triebwerk Riesling
16,90€ | 12,9%

2021 St. Kilian Sauvignon Blanc
11,90€ | 12,5%

2018 G Zwei Cuvée
19,99€ | 14,5%

2018 Grandor Cuvée
29,95€ | 13,5%

2018 Unchained Merlot
29,95€ | 14,5%

2019 Karmeliter Cuvée
8,09€ | 14%

2019 Triebwerk Lemberger
29,95€ | 13,5%
2020 Triebwerk Schillerwein
9,90€ | 12,5%
2018 Sankt Veit
Pinot Blanc Sekt brut
11,90€ | 12,5%
2019 Sankt Veit
Weißburgunder brut
11,90€ | 12,5%
2019 Sankt Veit – Fleiner
Kirchenweinberg Riesling
Sekt extra brut
11,90€ | 12,5%
2018 Sankt Veit
Samtrot Beerenauslese
28,56€ | 11%

ALEXANDER HEINRICH

Aufsteiger

Kümmelstraße 2
74182 Obersulm
T +49 (0) 7134 17469
www.weingut-heinrich.com

Alexander Heinrich
Rebfläche 9 ha
Produktion 75.000 Flaschen
Gründung 1999
Verkaufszeiten Mo–Fr 13–18 Uhr
Sa 9–12 Uhr
Weinstube
Fr ab 16 Uhr
Sa und So ab 11 Uhr

Profil online

Regeln schmälern die Kreativität. Unter diesem Motto könnte Alexander Heinrichs Art der Weinbereitung stehen. Warum nicht auch einen Riesling ins Barriquefass geben? Was spricht gegen Experimente mit Piwi-Sorten auf der einen und Homöopathie auf der anderen Seite? Das einzige Gesetz, dem sich Heinrich sich kompromisslos und erfolgreich verschrieben hat, ist der unbedingte Respekt vor der Natur.

2019 Sauvignon Blanc
9,90€ | 12%
2021 Riesling
6,80€ | 11,5%
2019 Merlot
12,90€ | 13%
2021 Lemberger
7,90€ | 11%

G.A. HEINRICH

Riedstraße 29
74076 Heilbronn
T +49 (0) 7131 1759 48
www.weingut-heinrich.de

Björn & Tobias Heinrich
Tobias Heinrich
Rebfläche 15 ha
Produktion 100.000 Flaschen
Verkaufszeiten Mo–Fr 9–12 Uhr
und 13.30–18 Uhr
Sa 10–14 Uhr
und nach Vereinbarung

Profil online

Björn und Tobias Heinrich setzen ganz auf klassische Rebsorten wie Riesling, Weißburgunder, Lemberger und Spätburgunder. Ohne Insektizide und Herbizide einzusetzen, ernten sie die Trauben vollreif, aber so früh, dass sie ihre Frische bewahren und der Alkoholgehalt moderat bleibt. Den Roten lassen sie im Keller so viel Zeit, sich zu finden, dass sie unfiltriert und ungeschönt abgefüllt werden können. Nach ausreichender Flaschenreife kommen die Weine perfekt trinkreif auf den Markt.

○ **2018** Heilbronner Hinterer Hundsberg Weißburgunder
24€ | 13%

○ **2020** Heilbronner Stiftsberg G.A. Weißburgunder
15€ | 12,5%

● **2016** Heilbronner Vorderer Hundsberg Lemberger
40€ | 13,5%

● **2017** Heilbronner Stiftsberg G.A. Spätburgunder
15€ | 12,5%

● **2018** Heilbronner Stiftsberg G.A. Lemberger
16€ | 13%

● **2019** Heilbronner Löwenherz Spätburgunder
35€ | 13%

● **2019** T Spätburgunder
20€ | 13%

● **2020** T Non Traditionel Trollinger
13,90€ | 11%

trinkreif

● **2016** Dieb Cuvée
30€ | 13,5%

● **2017** Heilbronner Löwenherz Lemberger
28€ | 13%

● **2017** Heilbronner Löwenherz Spätburgunder
35€ | 12,5%

WEINGUT HERZOG VON WÜRTTEMBERG

Aufsteiger

Schloss Monrepos
71634 Ludwigsburg
T +49 (0) 7141 2210 60
www.weingut-wuerttemberg.de

Herzog von Württemberg
Joachim Fischer
Verbände VDP
Rebfläche 38 ha
Produktion 250.000 Flaschen
Gründung 1677
Verkaufszeiten Di–Fr 10–12 Uhr
und 13–18 Uhr
Sa 10–14 Uhr

Profil online

Die Domäne Monrepos liegt in Ludwigsburg im Herzen des Lagenportfolios des adligen Produzenten. Denn die Weinberge erstrecken sich vom Kloster Maulbronn und dem Gündelbacher Steinbachhof über die Rotweinlagen Hohenhaslacher Kirchberg und Mundelsheimer Käsberg bis Untertürkheim und zur Monopollage Stettener Brotwasser. Aus letzterer kommt ein berühmter Riesling, aus Mundelsheim und Hohenhaslach Spätburgunder, Trollinger, aber auch Syrah und Zweigelt. Die Tropfen sind allesamt nahbar und animierend trinkig.

○ **2019** Maulbronner Eilfingerberg Riesling 1. Lage
11€ | 12,5%

○ **2020** Sauvignon Blanc
15€ | 13%

○ **2020** Stettener Brotwasser Riesling 1. Lage
13€ | 12,5%

○ **2021** Gündelbacher Steinbachhof Sauvignon Blanc
15€ | 13%

○ **2021** Maulbronner Eilfingerberg Riesling 1. Lage
12€ | 13%

○ **2021** Stettener Brotwasser Riesling 1. Lage
14€ | 12,5%

● **2018** Cabernet Sauvignon
20€ | 14%

● **2018** Ducissa Cuvée
25€ | 14,5%

● **2018** Dux Rotwein-Cuvée
45€ | 14,5%

● **2018** Merlot
20€ | 14,5%

● **2019** Cabernet Sauvignon
20€ | 14%

● **2019** Ducissa Cuvée
25€ | 14%

● **2019** Dux Cuvée
45€ | 14%

● **2019** Syrah
20€ | 13,5%

● **2019** Untertürkheimer Mönchberg Lemberger GG
30€ | 13,5%

● **2020** Zweigelt
15€ | 13,5%

trinkreif

● **2016** Ducissa Cuvée
25€ | 13,5%

CHRISTIAN HIRSCH

Aufsteiger

Kastanienstraße 1
74211 Leingarten
T +49 (0) 7131 4016 82
www.hirschweine.de

Christian Hirsch
Björn Schilling
Verbände Wein.Im.Puls – Junges Württemberg, PIWI Deutschland
Rebfläche 25 ha
Produktion 190.000 Flaschen
Gründung 2013
Verkaufszeiten Mo 9–12 Uhr
Di–Fr 9–12 Uhr und 14–18 Uhr
Sa 9–13 Uhr

Profil online

Seit Christian Hirsch 2015 das elterliche Weingut übernommen hat, hat er mächtig an Geweih zugelegt: Die Spitzenweine unter dem Label Großes Geweih bezeugen sein Händchen für den Barrique-Ausbau wie seine Liebe zu internationalen Rebsorten wie Syrah, Cabernet Franc und Cabernet Sauvignon. Dem Lemberger gilt ebenso sein größtes Augenmerk. Da er seinen Weinen mehr Zeit bei der Vergärung auf der Maische wie auch im Fass gönnt, zeigen sie deutlich größere Komplexität und mehr geschmacklichen Tiefgang.

2018 R! Riesling
24,90€ | 13,5%
2020 GC Großes Geweih Cuvée
24,90€ | 13,5%
2020 Kabi Riesling Kabinett
12,90€ | 8,5%
2020 R! Großes Geweih Riesling
24,90€ | 13,5%
CH Weiß Großes Geweih Cuvée
13,90€ | 13,5%
2018 CF Großes Geweih Cabernet Franc
29,90€ | 14,5%
2018 GT Großes Geweih Trollinger
24,90€ | 13,5%
2018 L! Großes Geweih Lemberger
29,90€ | 14,5%
2018 PN Großes Geweih Pinot Noir
29,90€ | 13%
2018 RC Großes Geweih Cabernet Sauvignon
39,90€ | 14,5%
2018 SY Großes Geweih Syrah
24,90€ | 14,5%
CH ROT Großes Geweih Cuvée
13,90€ | 13,5%
2021 Saignée Cuvée
7,90€ | 13,5%
2020 -11°C Pinot Noir Eiswein
39,90€ | 7,5%

Württemberg

ERICH HIRTH

Löwensteiner Straße 76
74182 Obersulm
T +49 (0) 7134 3633
www.weingut-hirth.de

Nathalie Hirth
Erich Hirth
Rebfläche 12,5 ha
Produktion 70.000 Flaschen
Verkaufszeiten Mo–Di, Do–Fr 16–18 Uhr
Sa 9–12 Uhr
und nach Vereinbarung

Profil online

Der Generationenwechsel ist vollzogen. Seit 2019 führt Nathalie Hirth nun den Betrieb ihrer Eltern Erich und Gudrun. Der Neubau einer Vinothek mit angegliedertem Gästehaus soll nicht ihr einziges neues Projekt bleiben. Auch wenn sie beim Rotwein weiterhin den eher klassischen Weg mit Maischegärung und Holzausbau geht, sind gerade bei den Weiß- und Schaumweinen erste neue Einflüsse zu erkennen.

○ **2021** Willsbacher Dieblesberg Auxerrois
8€ | 13%

○ **2021** Willsbacher Dieblesberg Riesling Spätlese trocken
8,50€ | 12%

○ **2021** Willsbacher Dieblesberg Sauvignon Blanc
8,40€ | 13%

● **2018** Willsbacher Dieblesberg Lemberger Spätlese trocken
13,95€ | 14%

● **2019** Willsbacher Dieblesberg Spätburgunder Spätlese trocken
8,90€ | 14%

● **2020** Willsbacher Dieblesberg Merlot
8€ | 13,5%

SCHLOSSGUT HOHENBEILSTEIN

Schlossstraße 40
71717 Beilstein
T +49 (0) 7062 937110
www.schlossgut-hohenbeilstein.de

Joscha Dippon
Verbände Naturland
Rebfläche 14,5 ha
Produktion 90.000 Flaschen
Gründung 1910
Verkaufszeiten Mo–Fr 9–12 Uhr
und 13–18 Uhr
Sa 9–13 Uhr

Profil online

Hartmann Dippon gehörte zu den Öko-Pionieren in Württemberg, die Reben werden im Schlossgut Hohenbeilstein über 30 Jahre biologisch bewirtschaftet, seit 1994 ziert das Naturland-Siegel die Flaschen. Und auch bei den Piwi-Sorten war der Vater des heutigen Machers Joscha Dippon Pionier und bewies, dass man aus Johanniter oder Cabernet Blanc hochwertige Weine machen kann. Aber natürlich sind die Klassiker wie Trollinger und vor allem Lemberger, Weißburgunder und Riesling von beachtlicher Qualität.

○ **2020** Cabernet Blanc
9,90€ | 12,5%

○ **2020** Mathilde Cuvée
8,90€ | 12,5%

○ **2020** Riesling
9,90€ | 12,5%

○ **2020** Schlosswengert Riesling Kabinett
12,90€ | 8,5%

○ **2021** Hohenbeilsteiner Schlosswengert Riesling GG
23€ | 13%

○ **2021** Hohenbeilsteiner Schlosswengert Weißburgunder GG
23€ | 13%

● **2016** Mergel Edition J Lemberger
16,90€ | 13,5%

● **2017** Hohenbeilsteiner Schlosswengert Lemberger GG
23€ | 14%

● **2017** Hohenbeilsteiner Schlosswengert Spätburgunder GG
23€ | 14,5%

● **2018** Hohenbeilsteiner Schlosswengert Lemberger GG
24€ | 13,5%

● **2018** Lemberger Dry Aged
35€ | 16,5%

● **2018** Schlosswengert Spätburgunder GG
24€ | 15%

● **2018** Silvaner Trockenbeerenauslese
45€ | 11%

trinkreif

● **2012** Silvaner Eiswein
31,90€ | 8,5%

WEINGUT HOLZAPFEL

Neu

Wilfenseeweg 78/1
74172 Neckarsulm
T +49 (0) 7132 37869
www.weingut-holzapfel.de

Bernhard Holzapfel
Silas Holzapfel

Verkaufszeiten Di 10–13 Uhr
Do 11–18 Uhr
Fr 14–18 Uhr
Sa 9–13 Uhr
und nach Vereinbarung

Profil online

Seit Bernhard Holzapfel 1980 das Weingut gegründet hat – sein Vater hatte zuvor bereits im Nebenerwerb Wein produziert –, ist es eng mit der hauseigenen Besenwirtschaft verknüpft. Sein Sohn Silas beweist als Kellermeister, dass sich Tradition und Innovation nicht ausschließen. Neben trinkigen Literweinen keltert er spannende und anspruchsvolle, vom Neckarsulmer Terroir geprägte Lagengewächse.

○ **2019** Neckarsulmer Scheuerberg Chardonnay
9,80€ | 12,5%

○ **2020** Chardonnay
9,80€ | 13%

○ **2021** Cabernet Blanc feinherb
6,80€ | 11%

○ **2021** Grauburgunder
6,80€ | 12%

● **2017** Lemberger
17€ | 13%

● **2018** Maella Dornfelder
9,80€ | 12,5%

● **2018** Neckarsulmer Scheuerberg Spätburgunder
9,80€ | 14%

JOHANNES B.

Aufsteiger

Höhe 1
70736 Fellbach
T +49 (0) 174 2486 728
www.weingut-johannesb.de

Johannes Bauerle
Rebfläche 13 ha
Produktion 80.000 Flaschen
Gründung 2013
Verkaufszeiten Vinothek
Mi, Fr 16–18 Uhr
Sa 10–14 Uhr
Besenzeit
Mo–So 11–20 Uhr

Profil online

Für Johannes Bauerle war es schon immer wichtig, seine Weine im Einklang mit der Natur zu erzeugen. Jetzt hat er sich entschieden, in seinen Weinbergen nur noch biologisch zu arbeiten. Ansonsten liebt es der gelernte Weinküfer, Techniker und Betriebswirt, der sich klar zu seiner Heimat Württemberg bekennt, so oft wie möglich den Rest der Welt zu erkunden. Denn auch dort gibt es bekanntlich gute Weine. Aus Neuseeland hat er zum Beispiel den dortigen Sauvignon-Blanc-Stil mit nach Hause gebracht.

○ **2020** Mergel & Keuper Grauburgunder
12,50€ | 13%

○ **2020** Partie Fumé Sauvignon Blanc
12,50€ | 12,5%

○ **2021** Berg & Tal Weißburgunder
8,90€ | 13%

○ **2021** Cuvée
9,90€ | 13%

○ **2021** Gipfelstürmer Chardonnay
13,50€ | 13%

○ **2021** Mergel & Keuper Grauburgunder
12,80€ | 13%

○ **2021** Partie Fumé Sauvignon Blanc
13,50€ | 12,5%

○ Cuvée
9,80€ | 12,5%

● **2018** Dickes B Cuvée
19,50€ | 14%

● **2019** Cannstatter Steinhalde Urgestein Spätburgunder
14,50€ | 13,5%

● **2019** Cannstatter Zuckerle Steillage Cabernet Sauvignon
14,50€ | 14,5%

● **2020** Fellbacher Lämmler Halbe Trauben Trollinger halbtrocken
7,90€ | 12,5%

● **2020** Wolfersberg Lemberger
14,50€ | 14%

● **2019** Grand Cuvée B brut nature
17,50€ | 13%

● **2019** Riesling brut
14,90€ | 13%

GERD KELLER

Aufsteiger

Rechentshofer Straße 8
74343 Sachsenheim
T +49 (0) 7147 7909
www.weinbauer-gerd-keller.de

Gerd Keller
Rebfläche 5 ha
Produktion 36.000 Flaschen
Gründung 2000
Verkaufszeiten Di–Fr 14–18 Uhr
Sa 9–16 Uhr

Profil online

Warum in die Ferne schweifen ... Schon mit 16 Jahren kaufte Gerd Keller seine ersten Weinberge. Diese sind mittlerweile auf stattliche fünf Hektar gewachsen und bilden den Nährboden für Trauben zahlreicher Rebsorten. Deren Vielfalt steht ebenso für Kellers Arbeitsweise wie sein Motto „Markant, ehrlich, bodenständig". Und trotzdem immer mit Augenzwinkern, zum Beispiel beim Wein namens „Heilix Blechle".

○ **2021** Hohenhaslach Kirchberg
Sauvignon Blanc
6,80€ | 12,5%

● **2018** Hohenhaslacher Kirchberg
Alte Reben Lemberger
11,90€ | 13,5%

● **2018** Terrassenlage Ochsenbacher
Geigersberg Geigenspiel Cuvée
11,90€ | 13,5%

WEINGUT KISTENMACHER & HENGERER

Eugen-Nägele-Straße 23–25
74074 Heilbronn
T +49 (0) 7131 1723 54
www.kistenmacher-hengerer.de

Familie Hengerer
Verbände VDP, Junges Schwaben
Rebfläche 12 ha
Produktion 75.000 Flaschen
Verkaufszeiten Mo–Fr 16–18.30 Uhr
Sa 9.30–11 Uhr und 13–16 Uhr
und nach Vereinbarung

Profil online

Mit Sohn Jonathan in den Startlöchern wird das Weingut Kistenmacher-Hengerer wieder zum Jungen Schwaben. Vater Hans hat seit 1994 eine hochwertige Basis gelegt – seine Weine sind wie der Winzer eher zurückhaltend und zeigen erst nach und nach ihr großes geschmackliches Spektrum. Bei den Roten besticht neben den Großen Gewächsen und Junges-Schwaben-Weinen die Cuvée Maximilian mit Konstanz und Dichte. Auch der Schaumwein braucht sich nach langem Hefelager nicht zu verstecken.

○ **2016** Heilbronner Wartberg Sonnenstrahl
Riesling GG
24€ | 13%

○ **2017** Heilbronner Stiftsberg VI
Grauburgunder 1. Lage
18,90€ | 13%

○ **2020** Heilbronner Stiftsberg
Chardonnay 1. Lage
21,90€ | 13,5%

● **2015** Heilbronner Stiftsberg
Junges Schwaben
Spätburgunder 1. Lage
24€ | 13,5%

● **2016** Heilbronner Stiftsberg
Gewann Klinge Spätburgunder GG
35€ | 14%

trinkreif

● **2015** Heilbronner Wartberg Sonnenstrahl
Lemberger GG
33€ | 13,5%

WEINGUT KLOPFER

Aufsteiger

Gundelsbacher Straße 1
71384 Weinstadt
T +49 (0) 7151 6038 48
www.weingut-klopfer.de

Familie Wolfgang Klopfer
Verbände Ecovin, Württemberger Weingüter
Rebfläche 18 ha
Produktion 80.000 Flaschen
Gründung 1980
Verkaufszeiten Di–Fr 16–19 Uhr
Sa 9–16 Uhr

Profil online

Mit dem Einstieg von Christoph Klopfer wurde der Betrieb 2015 komplett auf Bio umgestellt. Klassische Rebsorten spielen die Hauptrolle, Riesling aus den Top-Lagen Cannstatter Zuckerle und Großheppacher Steingrüble (auch Weiß- und Spätburgunder) bilden mit dem Lemberger Kleinheppacher Greiner die Spitze bei den Lagen- und Reserveweinen. Auch den Ortsweinen wird Zeit zur Reife (den Roten im großen Holz) gegeben. Eine Vinothek mit herrlicher Aussicht.

- **2019** Steingrüble Riesling
  14,80€ | 12,5%
- **2017** Großheppacher Steingrüble Spätburgunder
  24€ | 12,5%
- **2018** Kleinheppacher Greiner Lemberger
  24€ | 13%
- **2018** Steingrüble Spätburgunder
  24€ | 12,5%
- **2016** Cuvée brut nature
  14,80€ | 12,5%
- **2019** Riesling brut
  12,80€ | 12,5%

WEINGUT KUSTERER

Aufsteiger

Untere Beutau 44
73728 Esslingen am Neckar
T +49 (0) 711 3579 09
www.weingut-kusterer.de

Maximilian Kusterer
Rebfläche 6 ha
Produktion 40.000 Flaschen
Gründung 1983
Verkaufszeiten Di 16–19 Uhr
Sa 11–15 Uhr
und nach Vereinbarung
Vinothek (Gayernweg 55)
Fr 15–19 Uhr
Sa 10–14 Uhr

Profil online

Nach der Übernahme des Weinguts 2020 kann Maximilian Kusterer mit dem 2018er Neckarhalde Spätburgunder erstmals eine ganz eigene Duftmarke setzen. Der aus einer Dichtpflanzung von 11.000 Rebstöcken pro Hektar stammende Wein gibt die Richtung für die Zukunft vor. Auch der Chardonnay Réserve zeigt, wo es langgeht. In der modernen Kelter im Weinberg kümmert sich die Familie nach der Verschlankung des Sortiments auch besonders um die Rebsorte Blaufränkisch, die ebenfalls in der Steillage angebaut wird.

- **2018** Alte Reben Riesling
  16€ | 12,5%
- **2019** Esslinger Neckarhalde Réserve Chardonnay
  25€ | 13,5%
- **2018** Esslinger Neckarhalde Spätburgunder
  46€ | 12,5%
- **2018** Neckarhalde Blanc de Blancs Chardonnay brut
  15€ | 12,5%

trinkreif

- **2013** Neckarhalde K Grande Cuvée Spätburgunder brut nature
  25€ | 12,5%

ANITA LANDESVATTER *Aufsteiger*

Schloßstraße 15
74336 Brackenheim
T +49 (0) 7135 9318 781
www.weingut-landesvatter.de

Verbände Württemberger Weingüter, Weinbauverband Württemberg
Rebfläche 6 ha
Produktion 40.000 Flaschen
Gründung 2000
Verkaufszeiten Fr 14–18 Uhr
Sa 11–16 Uhr

Profil online

Sortenvielfalt wird bei Anita Landesvatter großgeschrieben. Von den Klassikern Württembergs wie Lemberger und Trollinger über weiße Burgunder, Aromasorten und Piwis findet sich auf den rund sechs Hektar Rebfläche der ausgebildeten Weinbautechnikerin für jeden Geschmack etwas. Auch wenn der Weinbau in ihrer Familie Tradition hat, war sie die Erste, die den Sprung in die Selbstständigkeit gewagt hat.

○ **2019** Diefenbacher König Drei Stern *** Traminer Auslese trocken
10€ | 15%

○ **2020** Diefenbacher König Chardonnay
7€ | 12,5%

○ **2020** Diefenbacher König Sauvignon Blanc
7€ | 13%

○ **2020** Diefenbacher König Zwei Stern ** Riesling
8€ | 13%

● **2018** Brackenheimer Zweifelberg Drei Stern *** Lemberger
10€ | 13%

● **2018** Brackenheimer Zweifelberg Drei Stern*** Trollinger
10€ | 12,9%

● **2018** Diefenbacher König Drei Stern *** Portugieser
10€ | 13%

● **2019** Diefenbacher König 44er Cuvée
8€ | 13%

● **2019** Diefenbacher König Drei Stern *** Spätburgunder
10€ | 13%

● **2018** Weißburgunder brut
11€ | 12%

● **2019** Muskateller
11€ | 12%

● **2019** Diefenbacher König Kerner Auslese
10€ | 9%

WEINGUT MAIER

Aufsteiger

Zehnmorgenweg 2
71409 Schwaikheim
T +49 (0) 7195 5565
www.maier-weingut.de

Weingut Maier
Rebfläche 15,5 ha
Produktion 95.000 Flaschen
Verkaufszeiten Di–Fr 17–19 Uhr
Sa 9–14 Uhr

Profil online

Geisenheim-Absolvent Michael Maier zeigt sein Können vor allem in den Lagenweinen vom Stein. Ein Ertrag von maximal 45 Liter pro Ar sind für ihn „der einzige Weg, um die Heimat und den Boden unserer Reben schmeckbar zu machen". Dazu folgt ein langer Ausbau (mit Maischestandzeiten auch bei den Weißen) in Barrique, Tonneau oder Amphore. Den Sortencharakter von Riesling, Sauvignon Blanc und Chardonnay bis zu Lemberger, Merlot und Spätburgunder bringen schon die Selektionsweine gut zum Ausdruck.

2018 Hanweiler Maien Vom Stein Riesling
15,90€ | 13,5%

2019 Hanweiler Maien vom Stein Silvaner
15,50€ | 13,5%

2020 Chardonnay
13,50€ | 12,5%

2019 Lemberger
13,50€ | 13,5%

2019 Spätburgunder
10€ | 13%

trinkreif

2016 Steinreinacher Hörnle Réserve Spätburgunder
29,50€ | 12,5%

2017 Breuningsweiler Haselstein Réserve Spätburgunder
29,50€ | 13,5%

WEINGUT MAYERLE

Aufsteiger

Bauersberger Hof 19
73630 Remshalden
T +49 (0) 7151 73408
www.weingut-mayerle.de

Nina Mayerle
Nina & Matthias Mayerle
Verbände Fair'n Green, Württemberger Weingüter, Vinissima, Remstal Tourismus
Rebfläche 10 ha
Produktion 70.000 Flaschen
Gründung 1994
Verkaufszeiten Di–Fr 14–18 Uhr
Sa 10–14 Uhr

Profil online

Das Weingut Mayerle ist ein richtiger Vorzeige-Württemberger: Nicht nur wachsen hier auf den rund zehn Hektar der Familie die großen roten Klassiker wie Lemberger, Trollinger und Spätburgunder, auch Riesling, Traminer und Kerner bekommen ihre Aufmerksamkeit. Die Rotweine sind alle maischevergoren und haben den biologischen Säureabbau durchlaufen. Das gilt auch für die Weine im Einstiegssegment.

2021 Geradstettener Lichtenberg Sauvignon Blanc
9,40€ | 12%

2021 Grauburgunder
9,40€ | 12%

2018 Lemberger
7,90€ | 13%

2018 Spätburgunder
9,40€ | 14%

2018 Zweigelt
12,90€ | 13,5%

2020 Blaufränkisch
9,90€ | 12%

2021 Geradstettener Lichtenberg Muskat-Trollinger feinherb
7,90€ | 11%

2020 Geradstettener Lichtenberg Goldtröpfle Riesling
17,90€ | 9,5%

WEINGUT MERKLE

Blankenhornstraße 12–14
74343 Sachsenheim
T +49 (0) 7046 7677
www.weingut-merkle.de

Profil online

Rebfläche 12 ha
Gründung 1988
Verkaufszeiten Mo–Fr nach Vereinbarung
Sa 10–14 Uhr

Das Weingut Merkle führt seinen besonderen Weg der Weinbereitung bereits im Namen: Wildspontan. Damit ist ein dritter Weg zwischen Spontangärung und Reinzuchthefen gemeint. Merkles haben dazu wilde Hefen aus der Natur identifiziert und reproduzierbar gemacht. Der vielschichtige Ausdruck dieses Verfahrens lässt sich am besten in der Vielfalt an Lembergern schmecken, die sich im Angebot befinden. Ebenso an den Weißweinen vom Müller-Thurgau über Riesling bis zum Sauvignon Blanc.

○ **2018** Einzellage Ochsenbacher Liebenberg Merkle Wildspontan Steillage Riesling Auslese trocken
19€ | 13,5%

○ **2019** Ochsenbacher Liebenberg Stubensandstein Sauvignon Blanc
15€ | 13%

● **2018** Einzellage Ochsenbacher Liebenberg Merkle Wildspontan Réserve Auslese Spätburgunder trocken
20€ | 14%

trinkreif

○ **2015** Einzellage Ochsenbacher Liebenberg Merkle Wildspontan Superior Riesling Auslese trocken
28€ | 14%

● **2015** Einzellage Ochsenbacher Liebenberg Merkle Wildspontan Superior Spätburgunder Auslese trocken
38€ | 14%

WEINGUT GRAF NEIPPERG

Schloßstraße 12
74193 Schwaigern
T +49 (0) 7138 9414 00
www.graf-neipperg.de

Karl Eugen Graf von Neipperg
Philipp Erbgraf zu Neipperg
Bernd Supp
Verbände VDP, Deutsches Barrique-Forum
Rebfläche 32 ha
Produktion 180.000 Flaschen
Verkaufszeiten Mo–Fr 8–12 Uhr und 13–16 Uhr und nach Vereinbarung

Profil online

Als mutmaßlicher „Importeur" des Lembergers ist es für Karl-Eugen Erbgraf von Neipperg fast Pflicht, mit dieser Rebsorte zu glänzen. Und dies tut das Haus, von seinen beiden Großen Gewächsen aus Ruthe und Schlossberg bis zu den einfachen Qualitäten. Man sollte aber ob des eher dezenten Auftritts nicht übersehen, dass sowohl Spätburgunder als auch Weißburgunder ganz erstaunliche Qualitäten erreichen. Mit Riesling, Muskateller und Traminer versteht Kellermeister Bernd Supp auch bestens umzugehen.

○ **2016** Neipperg Schloßberg Riesling GG
26€ | 13%

○ **2016** Schlossberg aus dem Reifekeller Riesling GG
26,40€ | 13%

○ **2018** Neipperger Schlossberg Riesling GG
21,50€ | 12%

○ **2021** Muskateller
9,10€ | 12,5%

○ **2021** Neipperg Weißburgunder
9,90€ | 13,5%

Württemberg

2021 Neipperger Schloßberg Sauvignon Blanc
9,90€ | 13%

2021 P.+P. Weiß Cuvée
7,20€ | 12,5%

2021 Ruthe Riesling GG
24€ | 13%

2021 Schlossberg Riesling GG
24€ | 13%

2021 Schlossberg Weißburgunder GG
24€ | 13,5%

2012 Schlossberg aus dem Reifekeller Spätburgunder GG
34,50€ | 13,5%

2018 Neipperg Lemberger
14€ | 13,5%

2018 Neipperger Schloßberg Lemberger GG
30€ | 13,5%

2018 S.E. Syrah
47€ | 14,5%

2018 Schwaigerner Ruthe Lemberger GG
30€ | 13,8%

2019 Neipperger Schloßberg Spätburgunder GG
30€ | 13,5%

2019 Ruthe Spätburgunder GG
30€ | 14%

2020 Ruthe Lemberger GG
30€ | 13,5%

2020 Schlossberg Lemberger GG
30€ | 13%

2020 Schlossberg Spätburgunder GG
30€ | 14%

P.+P. Rot Cuvée
8,60€ | 13,5%

2021 P.+P.
7,20€ | 12,5%

Kapellenkeller Rosé
15€ | 13,5%

2018 S.E. Muskateller
30€ | 10%

trinkreif

2016 Ruthe Riesling GG
25€ | 13%

2014 Schlossberg Spätburgunder GG
34,50€ | 13%

2015 Neipperger Schlossberg Spätburgunder GG
34,50€ | 13,5%

2015 Schwaigerner Ruthe Lemberger GG
34,50€ | 13,5%

2016 S.E. Cabernet Sauvignon
47€ | 13%

2017 Neipperger Schlossberg Lemberger GG
30€ | 13,3%

2017 S.E. Syrah
47€ | 13%

PARFUM DER ERDE

Nolten 8
71384 Weinstadt
T +49 (0) 170 5659 118
www.parfum-der-erde.de

Rainer Dr. Scholz
Andreas Knauß
Verbände Kontrollverein ökologischer Landbau
Rebfläche 2 ha
Produktion 5.000 Flaschen
Gründung 2006
Verkaufszeiten nach Vereinbarung

Profil online

trinkreif

○ **2012** Nonnenberg Vielfalt Riesling
28,90€ | 12,5%

● **2011** Sonnenberg Vielfalt Spätburgunder
35,80€ | 13,5%

SANKT ANNAGARTEN BIOLOGISCHES WEINGUT

Sankt-Anna-Gärten 1
71717 Beilstein
T +49 (0) 7062 3166
www.sankt-annagarten.de

Hans & Marcel Wiedenmann
Katharina Wiedenmann
Marcel Wiedenmann
Verbände Württemberger Weingüter, Generation Riesling
Rebfläche 13,5 ha
Produktion 120.000 Flaschen
Gründung 1972
Verkaufszeiten Mo–Fr 9–12 Uhr und 13.30–19 Uhr
Sa 9–15 Uhr

Profil online

Einen langen Atem zeigen Marcel und Katharina Wiedenmann mit ihrem Rekultivierungsprojekt in 480 Metern Höhe mit 2.000 Quadratmetern Trockenmauern. Aus dem Stubensandstein kommen nun Riesling und Chardonnay, die durch die Höhenlage trotz des Klimawandels eine lange Hänge- und Reifezeit genießen. Von den Traditionsweinen über die das Terroir widerspiegelnden Schichtstufenweinen bis hin zu den Lagenweinen und der Generation-Linie reicht das Ausbauspektrum dieses Vorzeige-Bio-Betriebs.

○ **2020** Eine Laune der Natur Farbecht Gewürztraminer
18€ | 12%

○ **2020** Generation Riesling
16€ | 13%

○ **2021** Sandberg Generation Sandberg Sauvignon Blanc
13,40€ | 13%

● **2018** Annaweinberge Cuvée Selbdritt Cuvée
19,50€ | 14,5%

● **2018** Generation Steinbock Lemberger
25€ | 14%

● **2018** PiNo 7 brut nature
16€ | 12,5%

trinkreif

● **2017** Beilsteiner Wartberg Generation Lemberger Steinbock
25€ | 13,5%

RAINER SCHNAITMANN *Aufsteiger*

Untertürkheimer Straße 4
70734 Fellbach
T +49 (0) 711 5746 16
www.weingut-schnaitmann.de

Rainer Schnaitmann
Verbände VDP
Rebfläche 24 ha
Produktion 120.000 Flaschen
Gründung 1997
Verkaufszeiten Mo–Fr 14–18 Uhr
Sa 9–13 Uhr

Profil online

Sein Händchen für Burgunder beweist Rainer Schnaitmann Jahr um Jahr. Und das in allen Qualitätsstufen, bis hinauf zu den Großen Gewächsen. Vor allem natürlich beim Spätburgunder. Mit der Umstellung auf Bioanbau 2015 kamen noch ein Tick Finesse und Eigenständigkeit hinzu. Neben den Burgundern sind vor allem der Sauvignon Blanc und der Lemberger Aushängeschilder, ebenso die Simonroth-Linie. Und der einfache Riesling Steinwiege zeigt, wie hoch Schnaitmann die Latte inzwischen legt.

○ **2018** Fellbacher Lämmler Grauburgunder GG
32€ | 13%

○ **2018** Fellbacher Lämmler Riesling GG
29€ | 13%

○ **2018** Fellbacher Lämmler, Uhlbacher Götzenberg, Schnaiter Altenberg Réserve Riesling
42€ | 13%

○ **2018** Grau.Weiß Cuvée
15,20€ | 12,5%

○ **2018** Götzenberg Riesling GG
32€ | 13%

○ **2018** Lämmler Riesling GG
32€ | 13%

○ **2018** Uhlbacher Götzenberg Riesling GG
29€ | 13%

○ **2019** Fellbacher Lämmler Riesling GG
32€ | 13%

○ **2019** Iflinger Sauvignon Blanc 1. Lage
18,50€ | 13%

○ **2019** Steinwiege Sauvignon Blanc
10,90€ | 11,5%

○ **2019** Uhlbacher Götzenberg Riesling GG
32€ | 12,5%

○ **2020** Bergmandel Grau.Weiss Chardonnay, Weißburgunder, Grauburgunder
15,60€ | 13%

○ **2020** Bergmandel Riesling
24€ | 13%

○ **2020** Bergmandel Sauvignon Blanc
24€ | 14%

○ **2020** Fellbacher Lämmler Grauburgunder GG
36€ | 13%

○ **2020** Fellbacher Lämmler Riesling GG
36€ | 12,5%

○ **2020** Fellbacher Lämmler Riesling GG
36€ | 13%

○ **2021** Bergmandel Sauvignon Blanc
24€ | 13%

○ **2021** Steinwiege Cabernet blanc
12,50€ | 12,5%

○ **2021** Steinwiege Weißburgunder
10,20€ | 12,5%

● **2018** Fellbacher Lämmler Lemberger GG
36€ | 13%

● **2018** Fellbacher Lämmler Pinot Noir GG
52€ | 13%

● **2018** Fellbacher Lämmler Spätburgunder GG
52€ | 13%

● **2018** Simonroth Cuvée
14,50€ | 13%

● **2018** Simonroth Lemberger 1. Lage
21€ | 13%

● **2018** Simonroth Spätburgunder 1. Lage
29€ | 12,5%

● **2019** Alte Reben Trollinger
12,90€ | 11%

● **2019** Fellbacher Lämmler Lemberger GG
48€ | 13%

● **2019** Simonroth Cabernet Franc
32€ | 13%

● **2019** Simonroth Lemberger
24€ | 13%

● **2019** Simonroth Merlot
18,50€ | 13%

● **2019** Steinwiege Lemberger
12,50€ | 13%

2020 Fellbacher Lämmler Lemberger GG
58€ | 12,5%

2020 Fellbacher Lämmler Spätburgunder GG
36€ | 12,5%

2020 Simonroth Spätburgunder
32€ | 12,5%

2016 Evoé! Blanc de Noir Pinot Meunier brut nature
19,60€ | 12,5%

trinkreif

2017 Fellbacher Lämmler Pinot Noir GG
52€ | 13%

2015 Réserve Blanc de Noir Pinot Meunier brut nature
42€ | 12%

MARTIN SCHROPP – VINOSPHÄRE SCHROPP

Neu

Strassenäcker 1
74235 Erlenbach
T +49 (0) 7132 7644
www.vinosphaere-schropp.de

Martin Schropp
Verbände PIWI International
Rebfläche 13 ha
Verkaufszeiten Weinverkauf täglich ab 17 Uhr und nach Vereinbarung
Weinlounge
Do–Sa ab 17 Uhr
So ab 14 Uhr

Profil online

Wein als multisensorisches Gesamtkunstwerk ist das Ziel von Familie Schropp. Eine Vinosphäre soll es werden, in der im Zusammenspiel von Design, Kunst und Architektur die Weine im richtigen Licht zur Geltung kommen sollen. Das geht nur im familiären Teamwork: Vater Martin und Sohn Felix kümmern sich unterstützt von Mutter Silke um den Wein, Florian um die Ästhetik und Jasmin um die Organisation.

2020 Erlenbacher Kayberg Am Fels Grauburgunder
12,50€ | 15%

2020 Erlenbacher Kayberg Cabernet Blanc
12,50€ | 14%

2020 Erlenbacher Kayberg Sandstein Riesling halbtrocken
12,50€ | 13%

2019 Erlenbacher Kayberg Zweigelt
14,50€ | 13%

2020 Erlenbacher Kayberg Haustrunk Merlot halbtrocken
20€ | 14,5%

2019 Sauvignac
15,50€ | 12%

ALBRECHT SCHWEGLER

Aufsteiger

Steinstraße 37
71404 Korb
T +49 (0) 7151 3040 137
www.albrecht-schwegler.de

Julia & Aaron Schwegler
Aaron Schwegler
Verbände Generation Riesling, Vinissima, Remstalroute
Rebfläche 15 ha
Produktion 55.000 Flaschen
Gründung 1990
Verkaufszeiten Fr 16–18 Uhr
Sa 11–14 Uhr
und nach Vereinbarung

Profil online

Albrecht Schwegler hat mit seinen großartigen Rotwein-Cuvées aus der „Garage" ab 1990 erst überrascht und dann alle Zweifler mit Beryll, Saphir und Granat zum Schweigen gebracht, mit dem „Oifache" manchmal auch das Maul gestopft. Auf dieser fantastischen Basis macht sich Sohn Aaron mit seiner Frau Julia dran, das Portfolio auszubauen. Und sich vor allem an der Königsdisziplin Pinot Noir zu versuchen. Der Anfang ist vielversprechend und mit dem akzentuierten Holzeinsatz sehr selbstbewusst!

- **2019** Alte Reben Riesling — **23,50€** | 12%
- **2019** Réserve Chardonnay — **33€** | 13,5%
- **2020** Réserve Chardonnay — **38€** | 13,5%
- **2020** Réserve Riesling — **38€** | 12,5%
- **2016** Beryll Cuvée — **19€** | 14%
- **2018** Beryll Cuvée — **19€** | 14%
- **2018** Granat Cuvée — **56€** | 14,5%
- **2018** Pinot Noir — **38€** | 13,5%
- **2018** Saphir Cuvée — **38€** | 14,5%
- **2019** Réserve Lemberger — **38€** | 14%
- **2016** Grande Cuvée brut nature — **48€** | 12%

trinkreif

- **2016** Granat Cuvée — **56€** | 14%
- **2016** Saphir Cuvée — **38€** | 14%

WEINGUT SEYBOLD

Aufsteiger

In den Herrenäckern 28/1
74348 Lauffen am Neckar
T +49 (0) 7133 12899
www.weingut-seybold.de

Peter Seybold
Christian Seybold
Verbände Bio-Zeichen Baden-Württemberg
Rebfläche 5,5 ha
Produktion 30.000 Flaschen
Gründung 2015
Verkaufszeiten Mi 17–19 Uhr
Fr 17–19 Uhr
Sa 9–14 Uhr
und nach Vereinbarung

Profil online

„Handverlesen. Natürlich. Ausgereift", lautet das Credo von Peter und Christian Seybold, die das 2015 gegründete Weingut unter gemeinsamer Regie führen. Sie gehen sogar einen Schritt weiter: „Ohne Biozertifizierung können wir uns unsere Arbeit kaum vorstellen." Den Nachhaltigkeitsgedanken merkt man auch den Weinen an. So finden sich im Portfolio neben regionalen Klassikern auch zahlreiche Piwis.

○ **2020** Y Riesling
14€ | 13%

○ **2020** Y Weißburgunder
14€ | 14%

○ **2020** YS Riesling
15€ | 12,5%

● **2018** Y Lemberger
19€ | 14,5%

● **2018** Y Samtrot
14€ | 13,5%

● **2018** YS Cuvée
14€ | 14%

● **2019** Y Pinot Meunier
14€ | 14%

WEINGUT SEYFFER

Neu

Schwabstraße 4
74189 Weinsberg
T +49 (0) 7134 6439
www.weingut-seyffer.de

Thomas Seyffer
Rebfläche 11 ha
Produktion 120.000 Flaschen
Gründung 1650
Verkaufszeiten Mo–So 10–16 Uhr

Profil online

Auf mehr als 370 Jahre Familiengeschichte können die Seyffers in ihrem Weinbaubetrieb zurückschauen. Doch der Blick hier ist nach vorne gewandt, und das bereits seit Jahrzehnten, in denen ganz nach dem Motto „Qualität entsteht im Weinberg und das wird immer so bleiben" qualitativ hochwertiger Wein gekeltert wird. Damit es den Reben gut geht, werden sie unter anderem mit eigenem Kompost versorgt.

○ **2021** Glückshalde
Riesling Kabinett trocken
7€ | 11,5%

○ **2021** Sandstein
Grauburgunder Kabinett trocken
7€ | 11,5%

● **2018** Meilenstein Cuveé
Cabernet Cubin + Lemberger
20€ | 15,5%

● **2019** Vinea Lemberger
10,50€ | 14,5%

● **2019** Vinea Spätburgunder
10,50€ | 14%

● **2021** Flamingo Lemberger
Kabinett trocken
7€ | 11,5%

SONNENHOF

Sonnenhof 2, Ortsteil Gündelbach
71665 Vaihingen an der Enz
T +49 (0) 7042 8188 80
www.weingutsonnenhof.de

Martin Fischer
Walter Bibo
Verbände HADES, Gutskomplizen
Rebfläche 50 ha
Produktion 400.000 Flaschen
Gründung 1973
Verkaufszeiten Mo–Fr 8–12 Uhr
und 13–18 Uhr
Sa 9–15 Uhr

Profil online

Der Sonnenhof gehörte zu den Barrique-Pionieren der HADES-Gruppe. Was zeigt, dass die Familie Fischer neben den Weinen für jeden Tag stets auch die Qualitätsspitze im Blick hatte. Seit 2019 ist Martin Fischer alleiniger Inhaber. Mit Walter Bibo als Betriebsleiter (vormals Joachim Heger) dürfte die Qualität des breiten Sortenspektrums auch für die Zukunft gesichert sein. Dieses reicht vom Trollinger über Lemberger und Spätburgunder bis zu Syrah, Merlot und Cabernet Sauvignon bei den Roten.

2019 Gündelbacher Wachkopf Riesling
13€ | 13%

2019 H.A.D.E.S. Chardonnay
20€ | 13%

2020 Gündelbacher Wachkopf Riesling
14€ | 13%

2020 Gündelbacher Wachtkopf Chardonnay
14€ | 13%

2020 Gündelbacher Wachtkopf Grauburgunder
14€ | 13%

2021 Gündelbacher Wachtkopf Chardonnay
14€ | 13%

2021 Gündelbacher Wachtkopf Grauburgunder
14€ | 13%

2021 Gündelbacher Wachtkopf Riesling
14€ | 13%

2021 Sauvignon Blanc
10€ | 12%

2018 Gündelbacher Wachtkopf Spätburgunder
15€ | 12,5%

2018 H.A.D.E.S. Lemberger
28€ | 13,5%

2019 Gündelbacher Wachtkopf Cabernet Sauvignon
16€ | 13,5%

2019 Gündelbacher Wachtkopf Lemberger
15€ | 13%

2019 Gündelbacher Wachtkopf Merlot
16€ | 13,5%

2019 Gündelbacher Wachtkopf Syrah
16€ | 13,5%

2021 Gündelbacher Wachkopf Rosé fumé
15€ | 11%

Riesling extra brut
12€ | 12%

2020 Gündelbacher Wachkopf Riesling Spätlese
13€ | 9%

2018 Orange Kerner
25€ | 13%

trinkreif

2016 H.A.D.E.S. Lemberger
25€ | 13,5%

STROMBERG-ZABERGÄU

Neipperger Straße 60
74336 Brackenheim
T +49 (0) 7135 98550
www.wg-sz.de

Jürgen Conz
Thomas Eberbach
Rebfläche 690 ha
Produktion 5.000.000 Flaschen
Verkaufszeiten Weinkeller Brackenheim
Mo–Fr 9–18 Uhr
Sa 9–14 Uhr
Strombergkeller Bönnigheim
(Cleebronner Straße 70,
74357 Bönnigheim)
Mo–Fr 10–18 Uhr
Sa 9–13 Uhr

Profil online

„Unsere Weine tragen den Fingerabdruck unserer Winzer", heißt es bei den Weingärtnern Stromberg-Zabergäu. Die Liebe, Energie und Sorgfalt, die die 1000 Winzer in ihre Arbeit im Weinberg stecken, soll sich in den Weinen widerspiegeln. Der Heuchel- und der Stromberg gehören zu den wichtigsten Großlagen Württembergs. Die Rebfläche beträgt 690 Hektar, bekannt ist besonders der Lemberger.

2018 Signum I Lemberger
24€ | 14%

2019 Octavio Cabernet Franc
20€ | 14%

2019 Signum II Lemberger
15,50€ | 14%

Grand Cremant
Cuvée brut nature
19€ | 13%

trinkreif

2016 Riesling Eiswein
25€ | 7,9%

WEINGUT DER STADT STUTTGART

Neu

Breite Straße 4
70173 Stuttgart
T +49 (0) 711 2165 7507
www.weingutstuttgart.de

Timo Saier
Frank Haller
Rebfläche 16 ha
Produktion 80.000 Flaschen
Gründung 1949
Verkaufszeiten Di, Mi 10–17 Uhr
Do, Fr 10–18 Uhr
Sa 12–16 Uhr

Profil online

Reben sind ein Markenzeichen an vielen Stellen des Stadtgebietes der Landeshauptstadt. Die Tropfen des städtischen Weingutes blieben oft hinter den Erwartungen zurück. Nun aber weht mit Timo Saier ein frischer Wind. Neben den Klassikern wie Riesling, Trollinger und Lemberger fühlen sich im warmen Stadtklima auch Merlot und Syrah wohl. Neupflanzungen mit Piwi-Sorten verschieben das Gewicht zu Weißweinen hin. Mit dem Cannstatter Zuckerle verfügt das Weingut über eine absolute Top-Lage.

2019 Cannstatter Halde Riesling
8,50€ | 12,5%

2019 Cannstatter Zuckerle Riesling
12€ | 13%

2019 Stuttgarter Mönchhalde Riesling
11€ | 12,6%

2019 Stuttgarter Mönchhalde Weißburgunder
12€ | 13,5%

2018 Stuttgarter Mönchhalde Syrah
14,90€ | 14,5%

2019 Stuttgarter Mönchhalde Lemberger
9€ | 13,5%

2020 Cannstatter Zuckerle Merlot
14,90€ | 14%

2020 Stuttgarter Mönchhalde Spätburgunder
14€ | 13,2%

2016 Pinot Noir extra brut
13,50€ | 12%

2018 Riesling brut
12€ | 12%

2018 Riesling extra brut
14,90€ | 12,1%

WEINGUT SUPP

Aufsteiger

Weinsberger Straße 16
74189 Weinsberg
T +49 (0) 7134 14360
www.supp-weingut.de

Benjamin & Martin Supp
Rebfläche 7,5 ha
Produktion 65.000 Flaschen
Verkaufszeiten Mi–Do 17–19 Uhr
Fr 14–19 Uhr
Sa 9–14 Uhr
und nach Vereinbarung

Profil online

Der Weinbau liegt Benjamin Supp in den Genen. Großvater Reinhold gründete das Weingut im Jahr 1955, knapp dreißig Jahre später führte es Vater Martin in die Selbstvermarktung und nun obliegen Benjamin die Geschicke des Familienbetriebs. Sein langfristig angestrebter Weinstil soll deutlicher vom jeweiligen Terroir geprägt sein. Der zunehmende Holzfassausbau vieler Weine macht sich schon bemerkbar.

○ **2020** Gellmersbacher Dezberg Alte Reben Riesling
9,50€ | 12%

○ **2020** Gellmersbacher Dezberg Grauburgunder
7,90€ | 13%

○ **2020** Gellmersbacher Dezberg Grauburgunder
9,50€ | 12,5%

○ **2021** Gellmersbacher Blumental Riesling
8,50€ | 12%

○ **2021** Gellmersbacher Dezberg Grauburgunder
7,90€ | 12,5%

● **2018** Gellmersbacher Dezberg Cuvée
17,50€ | 14%

● **2018** Gellmersbacher Dezberg Lemberger
8,90€ | 13%

● **2018** Gellmersbacher Dezberg Syrah
9,80€ | 13,5%

● **2018** Gellmersbacher Schnellberg Lemberger
18,50€ | 14%

● **2019** Gellmersbacher Dezberg **** Paul Lemberger
10,50€ | 13,5%

● **2019** Gellmersbacher Dezberg ***** Lemberger
18,50€ | 13,5%

TEAMWERK ESSLINGEN

Neu

Lerchenbergstraße 16
73733 Esslingen am Neckar
T +49 (0) 711 9189 620
www.teamwerk-esslingen.de

Rebfläche 72 ha
Produktion 400.000 Flaschen
Gründung 1901
Verkaufszeiten Mo–Fr 10–18 Uhr
Sa 9–16 Uhr
So 12–16 Uhr (Jan. geschlossen)

Profil online

Die Esslinger Weingärtner müssen ordentlich schuften und haben zugleich einen wahren Schatz: Ein Drittel ihrer Weinberge sind terrassierte Steillagen, die den Schweiß und besten Most fließen lassen, wenn man sich mit Hingabe widmet. Das tun die Genossen und gießen ihre Mühe in drei Weinsegmente, von Ebene 3 über Stufe 8 bis zu Keller 11, mit den besten Tropfen. Große Sortenvielfalt und Experimentierfreude zeigen sich hier, bis zu einem flaschenvergorenen Brut-nature-Sekt.

○ **2021** Esslinger Schenkenberg Ebene 3 Grauburgunder
6,90€ | 12,2%

○ **2021** Esslinger Schenkenberg Ebene 3 Muskateller
7,20€ | 11,5%

● **2018** Esslinger Burg Syrah
22€ | 13,5%

● **2019** Esslinger Schenkenberg Abt Fulrad Zukunft Cuvée
13€ | 14%

● **2019** Esslinger Schenkenberg Stufe 8 Wein aus Terrassenlage Lemberger
9,50€ | 13,5%

● **2019** Esslinger Schenkenberg Stufe 8 Wein aus Terrassenlage Merlot
12,50€ | 14%

WEINGUT UNGERER

Aufsteiger

Harsberger Straße 15
74629 Pfedelbach
T +49 (0) 7949 9406 90
www.weingut-ungerer.de

Familie Ungerer
Rebfläche 9 ha
Produktion 75.000 Flaschen
Verkaufszeiten Mo–Do 17.30–19 Uhr
Fr 14–19 Uhr
Sa 8–13 Uhr
und nach Vereinbarung

Profil online

Vom kleinen Besitzer eines Trollinger-Weinbergs zum Anbieter von 20 unterschiedlichen Rebsorten: Dies hat Karlheinz Ungerer seit 1993 geschafft. Der Vater lieferte die Trauben noch an die Genossenschaft ab, heute kümmert sich Ungerer mit Akribie um Reben und Weine. Weinbergbegrünung, konsequente Handlese und genügend Reifezeit für die vergorenen Tropfen: Das sind die Eckpfeiler des Weinmachens. Vor Ort lässt sich dies sehr genussvoll in der Besenwirtschaft wie in der Vinothek im Glas nachvollziehen.

○ **2020** Edition Q Riesling
10€ | 12,5%

○ **2020** Sehnsucht Sauvignon Blanc
10€ | 13,5%

● **2018** Cabernet Franc
13€ | 14%

● **2018** Große Tradition Blaufränkisch
20€ | 14%

● **2018** Saltatium virium Cuvée
21€ | 14%

● **2019** Unglaublich Cuvée
13€ | 13%

● **2020** Blaufränkisch
8€ | 12,5%

WEINMANUFAKTUR UNTERTÜRKHEIM

Aufsteiger

Strümpfelbacher Straße 47
70327 Stuttgart
T +49 (0) 711 3363 810
www.weinmanufaktur.de

Saskia Wörthwein
Jürgen Off
Verbände Fair'n Green
Rebfläche 95 ha
Produktion 600.000 Flaschen
Gründung 1887
Verkaufszeiten Mo–Fr 9–12.30 Uhr und 13.30–18 Uhr
Sa 9–14 Uhr

Profil online

Unter der Ägide von Kellermeister Jürgen Off waren es die Genossenschaftler aus Untertürkheim, die als erste Württemberger den Hebel in Richtung Qualität umlegten. Die Weinmanufaktur gliedert ihre Weine mit einem bis drei Sternen. Ganz oben in der Qualitätshierarchie die Großer-Stern-Weine. Die Cuvée Mönch Berthold war der Auftakt zu einer ganzen Reihe von Rebsortenverschnitten. Und es wird weiter experimentiert: mit Grauburgunder unfiltriert und als Orange Wine, mit Viognier oder Cabernet Franc.

2018 Chardonnay
18,50€ | 13,5%

2018 Untertürkheimer Mönchberg Riesling
28,50€ | 12,5%

2019 Chardonnay
18,50€ | 13%

2019 Untertürkheimer Mönchberg Riesling
18,50€ | 13%

2020 Grauburgunder
10,90€ | 13%

2021 Chardonnay
8,90€ | 12%

2021 Chardonnay
18,50€ | 13%

2021 Mönch Berthold Cuvée
10,90€ | 12,5%

2021 Sauvignon Blanc
11,90€ | 12,5%

2021 Untertürkheimer Mönchberg Riesling
29,90€ | 13%

2021 Weißburgunder
8,90€ | 13%

2017 Spätburgunder
19€ | 13%

2019 Untertürkheimer Altenberg Cabernet Franc
19,90€ | 13,5%

2019 Untertürkheimer Altenberg Merlot
19,90€ | 14,5%

2019 Untertürkheimer Mönchberg Lemberger
29,90€ | 13,5%

2020 Mönch Berthold Cuvée
29,90€ | 14%

2020 Trollinger
6,90€ | 12,5%

2020 Untertürkheimer Altenberg Cabernet Franc
19,90€ | 13,5%

2020 Untertürkheimer Altenberg Merlot
19,90€ | 14%

2020 Untertürkheimer Mönchberg Lemberger
29,90€ | 13,5%

2021 Cuvée
7,90€ | 12%

2021 Muskat-Trollinger halbtrocken
7,90€ | 11%

2021 Mönch-Berthold Cuvée
10,90€ | 12,5%

trinkreif

2015 Spätburgunder
26,50€ | 13%

2013 Assemblage de Pinot Cuvée brut nature
32,50€ | 12%

WEINGUT WACHTSTETTER

Michelbacher Straße 8
74397 Pfaffenhofen
T +49 (0) 7046 329
www.wachtstetter.de

Rainer Wachtstetter
Verbände VDP, Junges Schwaben
Rebfläche 20 ha
Produktion 130.000 Flaschen
Gründung 1985
Verkaufszeiten Do–Fr 9–12 Uhr
und 13.30–18 Uhr
Sa 9–16 Uhr
und nach Vereinbarung

Profil online

Rainer Wachtstetter kann Lemberger. Und das in allen Qualitätsstufen. Vom Rebsortenwein über den Felix bis zum Großen Gewächs. In der Geschichte verwurzelt sich der VDP-Winzer mit seinen „Ernst Combé"-Weinen, die seinem Großvater gewidmet sind. Doch auch bei Spätburgunder und den beachtlichen Rotwein-Cuvées sollten die Weißweine nicht übersehen werden: Wachtstetter hat beim Riesling mächtig an Qualität zugelegt. Im eigenen Gutsgasthof Adler einzukehren, ist immer wieder ein Erlebnis. Hauseigene Brände komplettieren die Auswahl.

○ **2019** Pfaffenhofener Mühlberg Riesling GG
23€ | 13,5%

○ **2019** Mühlberg Riesling GG
24€ | 13%

● **2017** Ernst Combé Cuvée
18€ | 13,5%

● **2017** Geißberg Spätburgunder GG
28€ | 13,5%

● **2018** Ernst Combé Réserve Cuvée
28€ | 14%

● **2018** Pfaffenhofener Hohenberg Ernst Combé Lemberger 1. Lage
18€ | 13,5%

● **2018** Pfaffenhofener Hohenberg Junges Schwaben Lemberger 1. Lage
29,80€ | 14%

● **2018** Spitzenberg Lemberger GG
29,80€ | 14%

trinkreif

● **2017** Junges Schwaben Lemberger 1. Lage
28€ | 13,5%

● **2017** Pfaffenhofener Spitzenberg Lemberger GG
28€ | 13,5%

WEINGUT WEIHBRECHT

Neu

Hauptstraße 20
74626 Bretzfeld
T +40 (0) 7946 2788
www.weingut-weihbrecht.de

Simon Weihbrecht
Verbände Württemberger Weingüter, Wein.Im.Puls, Vinissima, Ecovin, Weinerlebnisführer
Rebfläche 7 ha
Produktion 35.000 Flaschen
Gründung 1980
Verkaufszeiten Vinothek Do–Fr 15–18 Uhr
Sa 9–12 Uhr
und nach Vereinbarung

Profil online

Seit über zwei Jahren ist der Weinbaubetrieb von Jungwinzer Simon Weihbrecht nun bereits biozertifiziert. Die Zertifizierung war der nächste logische Schritt, nachdem Weihbrecht seit seiner Betriebsübernahme im Jahr 2013 zunehmend auf Ertragsreduktion, naturnahe Bewirtschaftung und vermehrte Handarbeit gesetzt hatte. Hier kommen Traditionsbewusstsein und Innovationsgeist wohldosiert zusammen.

○ **2020** Schwabbach Himmelreich S Chardonnay
8,90€ | 12,5%

○ **2021** Schwabbach Himmelreich Suavis Muscaris
7,20€ | 11%

● **2017** Schwabbach Himmelreich Primus S Merlot
17,50€ | 14%

● **2019** S Spätburgunder
8,90€ | 12,5%

● Crémant Schwarzriesling brut
14€ | 12%

● **2019** Muscaris
24€ | 11%

STAATSWEINGUT WEINSBERG

Traubenplatz 5
74189 Weinsberg
T +49 (0) 7134 504167
www.staatsweingut-weinsberg.de

Land Baden-Württemberg
Dr. Dieter Blankenhorn
Florian Solymari
Verbände VDP, HADES, Deutsches Barrique-Forum
Rebfläche 40 ha
Produktion 200.000 Flaschen
Verkaufszeiten Mo–Fr 10–18 Uhr
Sa 10–16 Uhr

Profil online

Das Staatsweingut Weinsberg hat als Lehr- und Forschungsanstalt schon seit Jahrzehnten nachhaltige Spuren in der Weinwelt hinterlassen. So kommt von hier der Kerner. Aber auch bei den Barrique-Experimenten der HADES-Gruppe war das Weingut von Beginn an dabei. Heute kann sich der Nachwuchs auch mit Rebsorten wie Malbec oder Pinotage vertraut machen. Zudem stehen Lagen mit großem Potenzial zur Verfügung – aus denen entsprechend gehaltvolle Weine gewonnen werden.

○ **2016** Burg Wildeck Herrschaftsberg Riesling GG
19,90€ | 13%

○ **2018** Burg Wildeck H.A.D.E.S. Chardonnay
24€ | 14%

○ **2018** Burg Wildecker Herrschaftsberg Grauburgunder GG
24€ | 14%

○ **2019** Sauvignon Blanc
8,50€ | 12,5%

○ **2020** H.A.D.E.S. Chardonnay
24€ | 13,5%

○ **2021** Abstatt Riesling
9,90€ | 12,5%

○ **2021** Sauvignon Blanc
8,50€ | 12,5%

● **2016** Réserve H.A.D.E.S. Syrah
32€ | 13,5%

● **2018** Weinsberg Schemelsberg Lemberger GG
28,90€ | 13,5%

● **2019** Burg Wildeck Spätburgunder 1. Lage
14€ | 13,5%

2019 Weinsberg Lemberger
9,90€ | 13%

2017 Pinot Noir brut
15,80€ | 13%

trinkreif

2017 Gundelsheimer Himmelreich Spätburgunder GG
25,80€ | 12,5%

2017 Weinsberger Schemelsberg Grand Réserve H.A.D.E.S Cuvée
32€ | 13%

2017 Weinsberger Schemelsberg Lemberger GG
28,90€ | 13%

WEINGUT WÖHRWAG

Grunbacher Straße 5
70327 Stuttgart
T +49 (0) 711 3316 62
www.woehrwag.de

Hans-Peter Wöhrwag
Jakob Bittner
Verbände VDP
Rebfläche 20 ha
Produktion 150.000 Flaschen
Verkaufszeiten Mo–Fr 9–12.30 Uhr und 14–18 Uhr
Sa 10–14 Uhr

Profil online

Hans-Peter Wöhrwag hat den Riesling in Schwaben neu erfunden. Elegant, spielerisch, vielschichtig statt breit und erdenschwer. Und so spielt der Riesling mit 44 Prozent noch heute die erste Geige, insbesondere aus der Monopollage Untertürkheimer Herzogenberg kommen die Vorzeigeweine. Doch auch wenn rote Rebsorten nur 40 Prozent ausmachen, sollte man an den Lembergern und Spätburgundern nicht vorbeigehen. Man darf gespannt sein, wie sich gerade hier die Impulse von Tochter Johanna auswirken.

2019 Untertürkheimer Herzogenberg Grauburgunder 1. Lage
13,50€ | 13,5%

2019 Untertürkheimer Herzogenberg Mineral Riesling 1. Lage
13,50€ | 12,5%

2020 Untertürkheimer Herzogenberg Mineral Riesling 1. Lage
13,50€ | 13%

2018 Cabernet Franc
29,50€ | 13,5%

2018 Untertürkheimer Herzogenberg Merlot 1. Lage
14,50€ | 14%

2018 X Cuvée
27€ | 14%

2019 Herzogenberg Lemberger
25,50€ | 14%

trinkreif

2017 Rotweincuvée X
26€ | 13,5%

WEINGUT ZIMMERLE

Kirchstraße 14
71404 Korb
T +49 (0) 7151 33893
www.zimmerle-weingut.de

Jens Zimmerle
Rebfläche 17,5 ha
Produktion 90.000 Flaschen
Verkaufszeiten Mo–Fr 17–18.30 Uhr
Sa 9.30–15 Uhr
und nach Vereinbarung

Profil online

Das neue Weingut am Ortsrand von Korb ist wie die Weine der Zimmerles: klar und geradlinig. Aus den biologisch bewirtschafteten Weinbergen mit den Top-Lagen Korber Berg, Sommerhalde und Kleinheppacher Greiner kommen die Trauben für die Premium-Linie Goldader mit Lemberger, Spätburgunder und Zweigelt, aber auch Trollinger, Chardonnay, Grauburgunder und Sauvignon. Unter den Zweitweinen findet sich ein Viognier. Es gibt eine sehenswerte Brennerei im Weingut.

○ **2018** Réserve Chardonnay
26€ | 13,5%

○ **2020** Réserve Chardonnay
30€ | 13%

● **2018** Age Cuvée
60€ | 14%

● **2018** Korber Berg Goldadler Lemberger
33€ | 13,5%

● **2018** Korber Sommerhalde Goldadler Zweigelt
33€ | 13,5%

● **2018** Triologie Cuvée
36€ | 14%

● **2019** Réserve Spätburgunder
38€ | 12,5%

trinkreif

● **2016** Korber Sommerhalde Goldadler Zweigelt
26€ | 13%

● **2017** Korber Berg Goldadler Lemberger
28€ | 13,5%

● **2017** Korber Berg Goldadler Spätburgunder
30€ | 12,5%

● **2017** Korber Sommerhalde Goldadler Zweigelt
28€ | 13,5%

● **2017** Réserve Merlot
35€ | 13,5%

● **2017** Réserve Spätburgunder
35€ | 13%

● **2017** Triologie Cuvée
32€ | 13,5%

WEINGUT ZIPF

Aufsteiger

Vorhofer Straße 4
74245 Löwenstein
T +49 (0) 7130 6165
www.zipf.com

Jürgen Zipf
Jürgen & Tanja Zipf
Verbände Junges Schwaben
Rebfläche 13 ha
Produktion 80.000 Flaschen
Gründung 64
Verkaufszeiten Mo–Fr 13–18.30 Uhr
Sa 9–15.30 Uhr
und nach Vereinbarung

Profil online

Rücksicht auf die Natur im Weinberg, Zurückhaltung im Keller, keine Schönung und keine Filtration: Tanja und Jürgen Zipf legen Wert auf handwerkliche Sorgfalt, sind aber dennoch experimentierfreudig. Ein Riesling aus dem Betonei ist auf der Weinkarte, ebenso ein maischevergorener Gewürztraminer als Orange Wine. Alle Weine werden spontan vergoren und neben den Traditionssorten stehen auch Cabernet oder Sauvignon Blanc im Ertrag. Riesling-Sekt mit langem Hefelager.

○ **2019** Löwensteiner Wohlfahrtsberg
Riesling Im Oi
29,90€ | 13%

○ **2020** Löwensteiner Wohlfahrtsberg ***
Alte Reben Silvaner
9,90€ | 13,5%

○ **2020** Löwensteiner Wohlfahrtsberg ****
Riesling
18,50€ | 12,5%

● **2009** Löwensteiner Wohlfahrtsberg ****
Lemberger
24,50€ | 13%

● **2018** Löwensteiner Wohlfahrtsberg ****
Lemberger
19,50€ | 13,5%

● **2018** Löwensteiner Wohlfahrtsberg ****
Réserve Spätburgunder
28,50€ | 14%

● **2014** Riesling extra brut
16,50€ | 12%

GASTLAND
SÜDTIROL

SÜD TIROL

EISACKTAL

REBFLÄCHE

380 Hektar

REBSORTEN

Weißwein 95 %, Rotwein 5 % (Müller-Thurgau, Kerner, Gewürztraminer, Sylvaner, Grüner Veltliner; Zweigelt, Blauer Portugieser)

BÖDEN

Urgesteinsböden aus Quarz, Glimmer oder sogar Schiefer

BESONDERHEIT

Das Eisacktal ist die nördlichste und kühlste Weinanbauregion Italiens, besonders geeignet für feingliedrige Weine.

BOZEN UND UMGEBUNG

REBFLÄCHE

700 Hektar

REBSORTEN

Weißwein 30 %, Rotwein 70 % (Gewürztraminer, Sauvignon, Chardonnay, Weißburgunder, Müller-Thurgau; Vernatsch, Lagrein)

BÖDEN

Die Bozner Quarzporphyrplatte ist vulkanischen Ursprungs und bestimmt mit ihren Lava- und Tuffzwischenlagern die Geologie.

BESONDERHEIT

Die Weinbergshügel rund um Bozen mit ihren kleinen Kirchen auf Kuppen sind landschaftlich besonders schön.

MERAN & VINSCHGAU

REBFLÄCHE

Meran 300 Hektar, Vinschgau 45 Hektar

REBSORTEN

Meran: Weißwein 37 %, Rotwein 63 % (Weißburgunder, Sauvignon, Gewürztraminer; Vernatsch, Blauburgunder, Merlot), Vinschgau Weißwein 51 %, Rotwein 49 % (Riesling, Weißburgunder; Vernatsch, Blauburgunder, Zweigelt)

BÖDEN

Bozner Quarzporphyr, Gneise, Glimmerschiefer, Moräne, Hangschutt

SÜDTIROLS SÜDEN

REBFLÄCHE

Das größte zusammenhängende Weinbaugebiet besteht aus dem Unterland (1860 Hektar), Überetsch (1690 Hektar) und dem Etschtal (315 Hektar).

REBSORTEN

Weißwein Unterland 67 %, Überetsch 56 %, Etschtal 63 %, Rotwein Unterland 33 %, Überetsch 44 %, Etschtal 37 %

Unterland: Pinot Grigio, Chardonnay, Gewürztraminer; Vernatsch

Überetsch: Gewürztraminer, Chardonnay, Weißburgunder, Sauvignon, Muskateller; Vernatsch, Blauburgunder, Cabernet Sauvignon

Etschtal: Sauvignon Blanc, Weißburgunder; Lagrein, Vernatsch, Merlot

BÖDEN

Schlerndolomit, Bozner Quarzporphyr, Grödner Sandstein, Werfener Schichten

BESONDERHEIT

Hier zieht sich die Südtiroler Weinstraße von Terlan bei Bozen bis Salurn.

SÜDTIROL – ZWISCHEN TRADITION UND MODERNE

von **ELLA AUTHIER**

Südtirol ist Vielfalt, Lebensart und Leichtigkeit. Am Südhang der Alpen trifft der Norden auf den Süden und sie gehen eine genussvolle Verbindung aus alpinen Traditionen und mediterranem Lebensstil ein. Die Weine, die in den Dolomiten-Tälern wachsen, begeistern in jede Richtung. Großartige Genossenschaften und Selbstvermarkter bilden eine Vielfalt, die sowohl bei Weißweinen als auch bei Rotweinen eine Menge Fans in den Nachbarländern und darüber hinaus ansprechen.

Ein buntes Blumenmeer, grüne Palmen und dahinter schneebedeckte Berge, die in den tiefblauen Frühlingshimmel ragen: Das Bild ist ein Klassiker. Persönlichkeiten wie Kaiserin Sisi, Franz Kafka und Richard Strauss genossen das milde Klima und die süßen Trauben der Kurstadt Meran schon lange vor der Erfindung von Wellness und Spa. Die bewegte Geschichte und die geografische Lage Südtirols spiegeln sich in Küche und Keller wider. Auf den Speisekarten der Gaststätten und Hotels findet sich meist ein interessantes Mit- und Nebeneinander von Klassikern aus der Bauernküche der Alpen und der kreativeren Küche des Südens. Speckknödelsuppe und Vitello tonnato, Südtiroler Schlutzkrapfen und Spaghetti alla carbonara, Bauernbratl und Ossobuco, Marillenknödel und Tiramisù: Die Südtiroler wechseln in der Küche mühelos und elegant vom Alpenländischen ins Mediterrane und wieder zurück. Und nicht nur dort. Von der rustikalen Tiroler Bauernstube zum italienischen Design im Weinkeller, vom Trachtendirndl zur Alta Moda, vom goldenen Lärchenhain vor der Almhütte zur toskanischen Säulen-Zypresse in der Auffahrt zum Edelansitz – die Gegensätze verschmelzen hier überall.

INSPIRIERENDES MITEINANDER DER KULTUREN

Neben der schönen Landschaft und dem guten Klima punktet Südtirol vor allem mit seiner gepflegten Gasthauskultur. Dabei zeigen in erster Linie die Jungen verstärkt Sensibilität für das Ursprüngliche und regionale Besonderheiten. Eine Rückkehr zur Bodenhaftung ist deutlich spürbar, ebenso das Bemühen, die Qualität

laufend zu steigern. So werden im Idealfall die köstlichen Südtiroler Spezialitäten aus hochwertigen, einheimischen, saisonalen Produkten zubereitet.
Parallel zur traditionellen Landwirtschaft mit ihren meist kleinen Familienbetrieben, die in Tallagen vorwiegend Obst- und Weinbau und in den Berggebieten Futterbau und Viehwirtschaft betreiben, entwickelt sich in Südtirol eine interessante Szene im Zeichen eines aktiven Klima-, Boden- und Naturschutzes. Bio ist in der Gesellschaft angekommen. Vor allem aber wächst das Interesse an Nischenprodukten, wobei auch alte Sorten einen neuen Aufschwung erleben. „Achtsame Landwirtschaft“ nennt sich eine Arbeitsgruppe, die nach zweijähriger Vorbereitungszeit nun konkret durchstartet.

Achtsamkeit ist auch im Weinbau zunehmend angesagt. Die mit 5.400 Hektar relativ bescheidene Weinbaufläche hat keine andere Chance, als sich der Qualität zu verschreiben. Unter dieser Voraussetzung wird seit drei Jahrzehnten im Südtiroler Weinbau Unglaubliches geleistet. Mit seinen sehr körperreichen, aber auch sehr eleganten Weinen zählt Südtirol zu den angesagtesten Anbaugebieten. Die fruchtigen und säurebetonten Südtiroler Weißweine

sind begehrt und unumstrittene Qualitätsspitze Italiens. Rote Top-Weine sind neben dem finessenreichen Blauburgunder, der für Südtirol so typische, feinwürzige St. Magdalener, mehr und mehr auch wieder Selektionen vom Kalterer See sowie der tiefgründige, kräftige Lagrein und rote Cuvées aus Cabernet und Merlot.
Beim touristischen Angebot besticht Südtirol durch seine einzigartige Vielfalt und bietet vom Hotel von Weltruf bis zum Urlaub auf dem Bauernhof, vom schicken Restaurant bis zur einfachen Schutzhütte eine breite Palette.

WEINGÜTER

WEINGÜTER
ÜBERSICHT A-Z

734
KELLEREI EISACKTAL
Leitach 50
39043 Klausen

735
SCHLOSS ENGLAR
Pigano 42
39057 St. Michael/Eppan

735
ERSTE+NEUE
Kellereistraße 12
39052 Kaltern

736
FLIEDERHOF
Untermagdalena 33
39100 Bozen

736
GARLIDER
Untrum 20
39040 Feldthurns

737
GAUDENZ GUTSHOF ISSER
Gaudententurmstr.
39020 Partschins

737
KELLEREI GIRLAN
St.-Martin-Straße 24
39057 Girlan

738
FRANZ GOJER – GLÖGGLHOF
Karneiderstraße 31
39053 Kardaun

739
GRIESBAUERHOF
Rentscher Straße 66
39100 Bozen

739
GRIESSERHOF
Griessweg 5
39040 Vahrn

740
GROSSKEMAT
Großkemat 5
39010 Tisens

740
GUMP HOF – MARKUS PRACKWIESER
Völser Straße 11 – Prösler Ried
39050 Völs am Schlern

741
WEINGUT HEINER HEINRICHSHOF
Heinrichsstraße 30
39100 Bozen

742
INNERLEITERHOF
Leiterweg 8
39017 Schenna

742
KELLEREI KALTERN
Kellereistraße 12
39052 Kaltern

743
KANDLERHOF
Untermagdalena 30
39100 Bozen

744
KLOSTERHOF
Klavenz 40
39052 Kaltern

744
KÖFERERHOF
Pustertalerstraße 3
39040 Neustift

745
KORNELL – FLORIAN BRIGL
Kosmas-und-Damianweg 6
39018 Siebeneich

746
KRÄNZELHOF
Gampenstraße 1
39010 Tscherms

746
KUENHOF
Lahner 12
39042 Brixen

747
KELLEREI KURTATSCH
Weinstraße 23
39040 Kurtatsch

748
ALOIS LAGEDER
Grafengasse 9
39040 Margreid

748
LARCHERHOF
Rentscher Straße 82
39100 Bozen

749
MANINCOR
St. Josef am See 4
39052 Kaltern

750
NALS MARGREID
Heiligenberger Weg 2
39010 Nals

751
K. MARTINI & SOHN
Lammweg 28
39057 Girlan

751
SEKTKELLEREI LORENZ MARTINI
Pranzollweg 2/D
39057 Girlan

752
KELLEREI MERAN
Kellereistraße 9
39020 Marling

752
WEINGUT MORANDELL
St. Josef am See 34a
39052 Kaltern

753
KLOSTER NEUSTIFT
Stiftstraße 1
39040 Vahrn

753
IGNAZ NIEDRIST
Runggweg 5
39057 Eppan

754
WEINGUT NIKLAS
Brunnenweg 31a
39052 Kaltern

754
MANNI NÖSSING
Weinbergstraße 66
39042 Brixen

755
WEINGUT SCHMID OBERRAUTNER
Michael Pacher Straße 3
39100 Bozen

755
PFANNENSTIELHOF
Pfannenstielweg 9
39100 Bozen

756
PFITSCHER
Dolomitenstraße 17
39040 Montan

756
SCHLOSS PLARS
Mitterplars 25
39022 Algund

757
PLONERHOF
Nörderstraße 29
39020 Marling

757
PRACKFOL
Spiegelweg 9
39050 Völs am Schlern

WEINGÜTER
ÜBERSICHT A-Z

ABRAHAM

Maderneid 29
39057 St. Michael/Eppan
T +39 349 4650 714
www.weingutabraham.it

Martin Abraham
Verbände Freie Weinbauern Südtirol, FIVI, Eppanwein
Rebfläche 7 ha
Produktion 40.000 Flaschen
Gründung 2011
Verkaufszeiten nach Vereinbarung

Profil online

Die Weinberge von Martin und Marlies Abraham liegen an der geologischen Bruchstelle zwischen tiefgründigen Porphyrböden und kalkhaltigen Schwemmböden vom Dolomitgestein. Die alten Reben, die das Paar in der dritten Generation bewirtschaftet, die spontane Gärung ohne Temperatursteuerung und der Ausbau in großen Holzfässern mit langem Hefekontakt ergeben hier großartig eigenständige Weine, Weiß wie Rot oder Orange! Der eigensinnige Wiedehopf ist das für diese Stilistik symbolträchtige Wappentier und auch bei den Weinnamen steht dieser ganz besondere Vogel Pate.

○ **2018** Abraham Art Pinot Blanc
37€ | 14%
○ **2018** Upupa Orange Gewürztraminer
19,60€ | 14%
○ **2018** Vom Muschelkalk Weißburgunder
18,60€ | 13%
○ **2019** Abraham Art Pinot Blanc Weißburgunder
37,70€ | 13,5%
○ **2019** Upupa Orange Gewürztraminer
20€ | 13,5%
○ **2019** Vom Muschelkalk Weißburgunder
19,20€ | 13%
● **2017** Abraham Art Pinot Noir
54,40€ | 14%
● **2018** Abraham Art Pinot Noir Blauburgunder
55,50€ | 14%

KELLEREI ANDRIAN

Aufsteiger

Silberleitenweg 7
39018 Terlan
T +39 0471 2571 56
www.kellerei-andrian.com

Georg Eyrl (Obmann)
Rudi Kofler
Rebfläche 80 ha
Produktion 500.000 Flaschen
Gründung 1893
Verkaufszeiten Geschäft in Andrian, Wehrburgstraße 5:
Mo, Di, Do, Fr 9–12.30 und 14–18 Uhr
Mi 9–12.30 und 14.30–18 Uhr
Sa 9–12 Uhr

Profil online

Gegründet 1893 ist die Kellerei Andrian die älteste Genossenschaftskellerei Südtirols, seit 2008 gehört Andrian zu den größeren in Terlan. Ein Klassiker ist der Lagrein „Tor di Lupo", der Ende der 1980er-Jahre einer der ersten Premium-Lagreine des Landes war. Einmal mehr fällt der Merlot Riserva Gant auf, gehört er inzwischen – wie auch der Pinot Nero – zu den besten Italiens. 2019 wurde dieses Erfolgsduo um einen weiteren großen Wein, den Chardonnay Riserva Doran, zu einem Triumvirat erweitert.

○ **2018** Doran Chardonnay Riserva
31€ | 14%
○ **2019** Andrius Sauvignon Blanc
25€ | 14%
○ **2019** Doran Riserva Chardonnay
32€ | 14%
○ **2020** Andrius Sauvignon Blanc
27€ | 13,5%
● **2019** Anrar Riserva Blauburgunder
36€ | 14%
● **2019** Gant Riserva Merlot
36€ | 14,5%
● **2019** Tor di Lupo Riserva Lagrein
34€ | 14%
● **2018** Passito Juvelo Gewürztraminer
31€ | 12%
● **2019** Juvelo Passito Gewürztraminer
32€ | 11,5%

ARUNDA SEKTKELLEREI

Aufsteiger

Prof.-Josef-Schwarz-Straße 18
39010 Mölten
T +39 0471 6680 33
www.arundavivaldi.it

Josef Reiterer
Produktion 130.000 Flaschen
Gründung 1979
Verkaufszeiten Mo–Fr 8–12 und 14–18 Uhr
Sa 8–12 Uhr

Profil online

Auf 1.200 Metern gelegen ist die Sektkellerei Arunda die höchstgelegene ihrer Art in Europa. In Mölten, hoch über dem Etschtal, reifen die Schaumweine von Josef Reiterer, dem Grandseigneur des Südtiroler Sektes, in klassischer Flaschengärung mindestens 24 Monate, exklusive Exemplare bis zu 70 Monate. Sie werden ganz traditionell von Hand gerüttelt und degorgiert. „Die Qualität eines Sektes beginnt schon in der Rebe", erklärt Reiterer, „daher pflege ich engen Kontakt mit den Weinbauern, deren Arbeit und Wissen die Güte der Grundweine bestimmt."

- **2015** Arunda Riserva Cuvée extra brut — **26€** | 12,5%
- **2015** Muggi Cuvée extra brut — **25€** | 12,5%
- Arunda Excellor Blauburgunder brut — **26€** | 12,5%
- Arunda Perpetuum Cuvée extra brut — **30€** | 12,5%
- Arunda Phineas IV Cuvée extra brut — **50€** | 13%

BARON DI PAULI

Aufsteiger

Kellereistraße 12
39052 Kaltern
T +39 0471 9631 49
www.barondipauli.com

Familie Di Pauli
Gerd Zozin
Andrea Moser
Verbände wein.kaltern, Konsortium Südtirol Wein
Rebfläche 15 ha
Produktion 60.000 Flaschen

Profil online

Die Weine von Baron Di Pauli wurden schon am Kaiserhof in Wien und an jenem des Zaren in St. Petersburg getrunken. 1998 wurde die Familie di Pauli Mitglied in der Kalterer Kellerei. Das Weingut besteht heute aus zwei Höfen, dem 10,5 Hektar großen Arzenhof, der auf einem Hügel am Kalterer See liegt, sowie dem mit 4,5 Hektar um einiges kleineren Höfl unterm Stein in Söll oberhalb von Tramin. Es wird Premium-Selektion der Kellerei Kaltern vinifiziert und vermarktet.

- **2020** Enosi Weiß Riesling — **16€** | 13%
- **2020** Kinesis Sauvignon Blanc — **16€** | 13,5%
- **2017** Arzio Riserva — **35€** | 13,5%
- **2017** Carano Riserva Lagrein — **29€** | 13%

trinkreif

- **2015** Exilissi Riserva Gewürztraminer — **30€** | 15%
- **2018** Arzio Cabernet Sauvignon Riserva — **35€** | 14,5%
- **2018** Carano Lagrein Riserva — **30€** | 14,5%

BARON LONGO

Aufsteiger

Fleimstalerstraße 30
39044 Neumarkt
T +39 0471 8200 07
www.baronlongo.com

Anton von Longo Liebenstein
Verbände Freie Weinbauern Südtirol
Rebfläche 20 ha
Produktion 60.000 Flaschen
Gründung 1676
Verkaufszeiten nach Online-Voranmeldung

Profil online

Die Schönheit des Puren und Einfachen sind die Gedanken, die der junge Anton Baron Longo mit seinen eleganten Weißweinen aus biodynamischen Anbau verbindet. Das „Classic"-Segment wird von reinsortigen Weißweinen wie Weißburgunder und Sauvignon als eleganten Vertretern der klassischen Südtiroler Rebsorten repräsentiert. An der Spitze der Pyramide stehen die Linie „Nobilis", die den Familiennamen „Wellenburg" tragen darf, sowie eine großartige Weißwein-Cuvée Liebenstein, komponiert aus Chardonnay und Weißburgunder, mit sanfter Kraft und Eleganz.

○ **2020** Liebenstein Cuvée
32€ | 13,5%
○ **2021** Felix Anton Bianco Cuvée
15€ | 13%
○ **2021** Urgestein Sauvignon Blanc
16€ | 13,5%
● **2018** Friedberg Lagrein
26€ | 12%

trinkreif

○ **2018** Hohenstein Gewürztraminer
30€ | 14,5%
○ **2018** Langenstein Chardonnay
35€ | 13%
○ **2018** Liebenstein Cuvée
30€ | 13%
● **2018** Wellenburg Cuvée
30€ | 13,5%
● **2019** Wellenburg Cuvée
32€ | 13,5%

BARON WIDMANN

Endergasse 3
39040 Kurtatsch
T +39 0471 8800 92
www.baron-widmann.it

Andreas Baron Widmann
Hans Peter Baron Widmann
Verbände Freie Weinbauern
Rebfläche 15 ha
Produktion 35.000 Flaschen
Gründung 1824
Verkaufszeiten nach Vereinbarung

Profil online

In der Toplage Auhof, auf bis zu 300 Metern gelegenen und komplett nach Süden gerichteten Weinbergen, widmet sich der junge Baron Hans-Peter Widmann dem Cabernet und Merlot. Künftig wird die „Vigna Auhof" mit Weinen wie einem roten „Grand Vin" an der Spitze des hervorragenden Sortiments stehen. Der schlicht und einfach „Rot" genannte Wein wird somit das, was man in Bordeaux unter einem „Second Vin" versteht. Die Höhenlage Sulzhof in Penon auf 600 Metern eignet sich dagegen ideal für den ausdrucksstarken Sauvignon und feingliedrigen Weißburgunder.

○ **2019** Südtiroler Sauvignon Blanc
15€ | 14,3%
○ **2019** Weiß Cuvée
13,80€ | 14,3%
○ **2020** Cuvée Weiß
14,40€ | 13,7%
○ **2020** Sauvignon Blanc
15,40€ | 13%
● **2016** Auhof Cuvée
33€ | 14,6%
● **2020** Vernatsch
9,90€ | 12,5%

trinkreif

● **2018** Auhof Cuvée
35€ | 14,6%

BERGMANNHOF

Aufsteiger

Unterrainerstraße 46
39057 Eppan
T +39 338 1425 445
www.bergmannhof.it

Josef Pichler
Johannes Pichler
Verbände Eppan Wein, Freie Weinbauern Südtirol, Südtirol Wein, turn to zero;
Rebfläche 4 ha
Produktion 30.000 Flaschen
Gründung 1979
Verkaufszeiten Mo–Fr 14–17 Uhr
Sa 9–12 Uhr

Profil online

Seit 1978 keltern die Pichlers ihre Weine selbst, mittlerweile mit Johannes Pichler in dritter Generation. Verzichtet wird auf Schönungen und Filtrationen, ausgebaut werden die Weine überwiegend im Holz. So entstehen großartige Weinunikate mit Namen wie „Eart" (Erde) für eine überragend harmonisch komponierte Weißwein-Cuvée aus Chardonnay, Sauvignon und Manzoni Bianco. Für den Vernatsch „Hoamet" (Heimat) sind die Basis 20 Jahre alte Reben. Noch zehn Jahre älter sind die Merlot-, Cabernet-Franc- und Lagrein-Reben der Rotwein-Cuvée „Kålch" (Kalk).

○ **2019** Lina Chardonnay Riserva
21,50€ | 13,5%

○ **2020** Gaider Weißburgunder
18€ | 13%

trinkreif

○ **2017** Eart Cuvée
29€ | 14%

○ **2018** Lina Chardonnay Riserva
19,50€ | 14%

● **2016** Kålch
35€ | 14%

● **2017** Kålch Cuvée
35€ | 14,5%

BESSERERHOF

Aufsteiger

Völser Straße 15
39050 Völs am Schlern
T +39 338 3230 550
www.bessererhof.it

Otmar Mair
Hannes Mair
Rebfläche 6 ha
Produktion 50.000 Flaschen
Gründung 1998
Verkaufszeiten nach Vereinbarung

Profil online

Im Eisacktal, am Fuße des Schlern, produziert Hannes Mair in der fünften Generation auf dem Bessererhof hervorragende Weine, mit mittlerweile 40.000 Flaschen pro Jahr. Auf den vier Hektar Rebflächen, durchweg steile Hänge, wird naturnah gearbeitet. Besonders überzeugen kann aktuell ein feiner „einfacher" Weißburgunder, aber traditionell auch ein langlebiger und kräftiger Gewürztraminer sowie eine fulminante, lange im Holz gereifte Reserve vom Chardonnay „Fellis".

○ **2016** Fellis Weißburgunder Riserva
25€ | 14,3%

○ **2018** Fellis Chardonnay Riserva
14,50€ | 14%

○ **2020** Sauvignon Blanc
12,50€ | 12,9%

○ **2020** Weißburgunder
10,50€ | 13,5%

KELLEREI BOZEN

Aufsteiger

Moritzingerweg 36
39100 Bozen
T +39 0471 2709 09
www.kellereibozen.com

Stephan Filippi
Rebfläche 350 ha
Produktion 3.000.000 Flaschen
Gründung 2001

Profil online

340 Hektar der besten Bozner Weinberge befinden sich zwischen 200 und 1000 Metern Höhe. Mit einem präzise definierten Parzellen-System hat der visionäre Kellermeister Stephan Filippi das große Lagenpotenzial in Wert gebracht und die Kellerei vor allem mit der Riserva-Linie berühmt gemacht. Der Lagrein „Taber" gehört längst zu den Rotwein-Ikonen Südtirols. Eine besondere Liebe des Winzers ist der St. Magdalener, sein Paradewein, der „Huck am Bach", wächst in steilen Lagen zwischen 250 und 500 Metern.

2019 Greel Sauvignon Blanc Riserva
27€ | 14%

2019 Kleinstein Gewürztraminer
17,50€ | 15,5%

2019 Stegher Chardonnay Riserva
27€ | 14%

2020 Laven Cuvée
14€ | 13%

2018 Prestige Lagrein Riserva
25€ | 14%

2018 Siebeneich Merlot Riserva
33,50€ | 14,5%

2018 Thalman Blauburgunder Riserva
25€ | 14%

2019 Prestige Lagrein Riserva
27€ | 13,5%

2020 Moar Cuvée St. Magdalener
16€ | 13%

2018 Vinalia Goldmuskateller
36€ | 10,5%

2019 Vinalia Goldmuskateller
37€ | 10,5%

trinkreif

2017 Mumelter Cabernet Sauvignon Riserva
37€ | 14%

2018 Mauritius Cuvée
35€ | 14%

2018 Mumelter Cuvée Riserva
37€ | 14%

2018 Taber Lagrein Riserva
45€ | 14%

JOSEF BRIGL

Maria-Rast-Weg 3
39057 St. Michael/Eppan
T +39 0471 662419
www.brigl.com

Josef Brigl
Rebfläche 50 ha
Produktion 500.000 Flaschen
Gründung 1309
Verkaufszeiten Mo–Sa 9–12 Uhr und 14–18 Uhr

Profil online

Weinbau gibt es in Südtirol wohl seit 500 v. Chr., hier ist die Tradition etwas jünger, seit 1309 ist dieser Betrieb bereits ein Familienunternehmen. Dass diese Zahl erst seit Neuestem auch das Betriebslogo schmücken darf, wirkt da fast schon verwunderlich. Frischen Wind in den Traditionsbetrieb bringt Josef Anton Brigl, nach dem Motto „Geschichte ist gut, Zukunft ist besser" hat der Junior erfolgreich begonnen, das Sortiment aufzufrischen. Damit rüstet sich der Betrieb auch in der 32. Generation für die nächsten Jahre – und vielleicht sogar Jahrhunderte.

○ **2019** Seduction Chardonnay
21,30€ | 13,6%

○ **2019** Vigna Haselhof Weißburgunder
14,80€ | 14,4%

○ **2020** Vigna Haselhof Weißburgunder
15,20€ | 14,3%

● **2018** Vigna Haselhof Blauburgunder
14,80€ | 13,8%

● **2018** Vigna Windegg Cuvée
17,80€ | 13,7%

trinkreif

● **2018** Riserva Meisterlinie Blauburgunder
25,90€ | 13,6%

BRUNNENHOF

Neu

Gebirgsjägerstraße 5
39044 Neumarkt
T +39 0471 820687
www.brunnenhof-mazzon.it/de

Kurt Rottensteiner
Kurt + Johann Rottensteiner
Johann Rottensteiner
Verbände Vignaioli indipendenti, Vignaioli Alto Adige, Bioland
Rebfläche 7 ha
Produktion 40.000 Flaschen
Gründung 1999
Verkaufszeiten nach Vereinbarung

Profil online

Der Brunnenhof ist ein kleiner Weinhof in Mazzon, der seit über 20 Jahren von der Familie um Johann Rottensteiner bewirtschaftet wird und seit zehn Jahren biozertifiziert ist. Der bekannteste Wein aus Mazzon ist der Pinot Nero, von dem hier eine Selektion, die Vigna ZIS, nur in guten Jahren gefüllt wird. In der Neumarkter Gemarkung Vill wachsen der Lagrein und der Manzoni Bianco für den „Eva". Seit 2018 ist aus Vill auch ein Chardonnay, der zehn Monate im Tonneau reift, dazugekommen.

○ **2020** Brunnenhof Eva Riesling
17€ | 14%

○ **2020** Chardonnay
17€ | 14%

● **2019** Mazzon Blauburgunder Riserva
29€ | 14%

● **2019** Alte Reben Lagrein
17€ | 13%

trinkreif

● **2016** Blauburgunder Vigna Zis – Mazzon Riserva
60€ | 14,5%

CASTEL SALLEGG

Aufsteiger

Unterwinkel 15
39052 Kaltern
T +39 0471 9631 32
www.castelsallegg.it

Georg Graf Kuenburg
Ulrike Platter
Matthias Hauser
Rebfläche 30 ha
Produktion 200.000 Flaschen
Gründung 1851
Verkaufszeiten Nov.–März
Mo–Fr 10–13 und 14–18 Uhr
Apr.-Okt.
Mo-Fr 10–13 und 15–18 Uhr
Do bis 21 Uhr
Sa 10–14 Uhr

Profil online

Castel Sallegg ist ein seit 1851 familiengeführter Weinbaubetrieb mit stattlichen 30 Hektar Rebflächen und dem heutigen Eigentümer Graf von Kuenburg. Der nach wie vor genutzte „tiefe Keller" wird auf rund 1.000 Jahre datiert und zeugt von jahrhundertealter Tradition der Weinproduktion. Unter der Ägide von Kellermeister Matthias Hauser entstehen hier der Vernatsch „Bischofsleiten" und der fruchtbetonte Merlot „Nussleiten". Mit dem eleganten Gerbsäure-Spiel genießen sie Kultstatus unter Südtiroler Weinliebhabern.

○ **2020** Leopoldine Weißburgunder
21,50€ | 14%

○ **2020** Marei Chardonnay
21,50€ | 14%

● **2019** Karal Blauburgunder
29€ | 14%

● **2020** Bischofsleiten Vernatsch
17,50€ | 13%

trinkreif

● **2017** Nussleiten Merlot
38,10€ | 14,5%

● **2018** Nussleiten Merlot
44€ | 14%

CASTELFEDER

Aufsteiger

F.-Harpf-Straße 15
39040 Kurtinig
T +39 0471 8204 20
www.castelfeder.it

Günther Giovanett
Ines Giovanett
Rebfläche 80 ha
Produktion 600.000 Flaschen
Gründung 1969
Verkaufszeiten Nov.–März
Di–Fr 10–13 und 13.30–18.30 Uhr
Sa 9–15 Uhr
Apr.-Okt.
Mo–Fr 10–13 und 15–19.30 Uhr
Sa 9–18 Uhr

Profil online

Castelfeder heißt ein markanter Hügel im Südtiroler Süden, der bereits in der Bronzezeit besiedelt und zeitweise zur Festung ausgebaut wurde. 1989 übernahm Günther Giovanett die Leitung von seinem Vater und Betriebsgründer Anton und siedelte die Kellerei nach Kurtinig um. Heute verarbeitet der Betrieb die Ernte von 70 Hektar Reben im Südtiroler Unterland. Mittlerweile ist mit Ivan und Ines Giovanett auch die dritte Generation in dem Familienbetrieb erfolgreich.

○ **2020** Raif Sauvignon Blanc
14,50€ | 13%

trinkreif

○ **2018** Burgum Novum Chardonnay Riserva
28€ | 13%

○ **2018** Kreutzweg Chardonnay Riserva
65€ | 13,5%

● **2017** Burgum Novum Riserva Blauburgunder
33€ | 14%

● **2018** Burgum Novum Blauburgunder Riserva
35€ | 14%

CORA

Unterrainerstraße 39
39057 Eppan
T +39 335 5442 552
www.cora-weingut.com

Profil online

Verbände Freie Weinbauern Südtirol
Rebfläche 1 ha
Produktion 3.000 Flaschen
Gründung 2012

Der Cora-Hof der Familie San Nicolò ist ein kleiner Weinbaubetrieb nahe dem Weindorf Sankt Pauls im Überetsch. Die wärmste Kleinlage rund um die Hofstelle ist mit Merlot bestückt – in einem etwas kühleren Streifen wächst der Goldmuskateller. Im Jahr 2019 wurde das Weingut von Lorenz San Nicolò, eigentlich Geologe von Beruf, vergrößert und mit Cabernet Franc, Sauvignon Blanc und Petit Manseng bepflanzt. Beeindruckend sind der trocken ausgebaute Goldmuskateller ebenso wie der barocke Merlot mit zupackenden Gerbstoffen.

○ **2020** Ouvertüre Cuvée
13€ | 12,5%
● **2019** Merlot Riserva
24€ | 14,5%

trinkreif

● **2015** Merlot
25€ | 14,9%

PETER DIPOLI

Villnerstraße 5
39044 Neumarkt
T +39 0471 8134 00
www.peterdipoli.com

Profil online

Verbände FIVI
Rebfläche 6,5 ha
Produktion 50.000 Flaschen
Gründung 1987

Peter Dipolis Worte haben Gewicht, der weit gereiste Winzer spricht aus großer Erfahrung, seit 2015 wird er im Weingut von seinem Neffen und designierten Nachfolger Felix Bampi unterstützt. Dieser ist Mitbegründer der „Sauvignon Experience Südtirol" und Co-Autor einer Abhandlung über den Sauvignon Blanc in Südtirol. Mit dieser Sorte aus einer neu bestockten Lage bei Penon setzte er schon im ersten Jahr ein Ausrufezeichen. Und auch die Premiere seiner Rotwein-Cuvée „Iugum" aus Merlot und Cabernet Sauvignon ließ 1995 die Fachwelt aufhorchen.

○ **2018** Voglar Sauvignon Blanc
22€ | 13%
○ **2018** Voglar Sauvignon Blanc
22,50€ | 13%

trinkreif

● **2015** Iugum Cuvée
40€ | 14,5%
● **2016** Frauenriegel Cuvée
40€ | 15%
● **2016** Iugum Cuvée
38,50€ | 14,5%
● **2018** Frauenriegel Cuvée
42€ | 14,5%

EBERLEHOF

Aufsteiger

Untermagdalena 26
39100 Bozen
T +39 0471 981918
www.weingut-eberlehof.it

Verbände Konosortium Südtirol Wein
Rebfläche 3 ha
Produktion 30.000 Flaschen
Gründung 1312
Verkaufszeiten nach Vereinbarung

Profil online

Der Eberlehof befindet sich im St.-Magdalener-Gebiet bei Bozen und wird erstmals 1312 urkundlich erwähnt. Seit dem Jahr 1668 befindet sich der traditionsreiche Hof, dessen Stammwappen seit jener Zeit Rebmesser und Pflug schmücken, im Familienbesitz. Neben dem St. Magdalener spielt für Tomas und Margit Zisser mit den Söhnen Christian und Lukas der Merlot eine wichtige Rolle. Das i-Tüpfelchen ist der „Blaterle", hier mit einem „t" geschrieben – diese autochthone Südtiroler Rebe ist in ihrer feinen Art durchaus zukunftsweisend!

● **2020** St. Magdalener
12€ | 13,5%

trinkreif

○ **2019** Blaturum Cuvée
23€ | 13,5%

● **2018** Mabon Lagrein Riserva
27€ | 13,5%

EBNER

Aufsteiger

Weinbergweg 8
39054 Ritten
T +39 340 1521644
www.weingutebner.it

Verbände Freie Weinbauern Südtirol, Südtirol Wein, Eisacktal Wein
Rebfläche 6 ha
Produktion 40.000 Flaschen
Gründung 2013
Verkaufszeiten nach Vereinbarung

Profil online

Am Rittner Sonnenplateau im südlichen Eisacktal liegt das Weingut von Brigitte und Florian Unterthirner, die dort noch die bis zu 40 Jahre alten Pergel hegen und pflegen. Der Weinbau hat am Hof eine sehr lange Tradition. Seit 2013 wird die gesamte Ernte am Hof vinifiziert. Florian erzeugt dabei feinfruchtige, körperreiche und gut strukturierte Weine mit leicht salzigem Finale. Direkt vor Ort, im hauseigenen Buschenschank über der Eisack-Schlucht, kann man sich hervorragend vom Wein und seiner Herkunft bezaubern lassen.

○ **2019** Sauvignon Blanc
13,40€ | 14%

○ **2020** Gewürztraminer
15,30€ | 14,2%

○ **2020** Grüner Veltliner Eisacktaler
13,50€ | 12,5%

○ **2020** Sauvignon Blanc
14,50€ | 12,7%

○ **2020** Weißburgunder
12,40€ | 12,9%

EICHENSTEIN

Aufsteiger

Katzensteinstraße 34
39012 Meran
T +39 344 2820 179
www.eichenstein.it

Josef Waldner
Martin Pollinger
Verbände Freie Weinbauern Südtirol
Rebfläche 6 ha
Produktion 30.000 Flaschen
Gründung 2003
Verkaufszeiten nach Vereinbarung

Profil online

Auf 550 Metern überblickt man Meran, das Etschtal und die Texelgruppe. Die vier Hektar große Lage profitiert im Norden vom Schutz der Berge und im Süden vom Einfluss des mediterranen Klimas. Die Böden sind von Porphyr, Quarzit und Granit geprägt, auf der gegenüberliegenden Talseite in Marling stehen weitere zwei Hektar, die zum Weingut gehören. Eichenstein von Hotelier Sepp Waldner hat mit Martin Pollinger einen ausgezeichneten Betriebsleiter und Önologen.

○ **2019** Stein Sauvignon Blanc
22€ | 14%

○ **2020** Athos Riesling
16,60€ | 13%

○ **2020** Gloria Dei Cuvée
13,90€ | 13%

○ **2020** Stein Sauvignon Blanc
25,70€ | 13,5%

● **2019** Baccara Cuvée Riserva
26,80€ | 13,5%

trinkreif

○ **2019** Seppelaia Chardonnay Riserva
37,50€ | 14%

KELLEREI EISACKTAL

Aufsteiger

Leitach 50
39043 Klausen
T +39 0472 8475 53
www.kellerei-eisacktal.it

Armin Gratl
Hannes Munter
Rebfläche 150 ha
Produktion 950.000 Flaschen
Gründung 1961
Verkaufszeiten Mo–Fr 9–13 Uhr
und 14–18 Uhr
Sa 9–13 Uhr

Profil online

Die Kellerei wurde 1961 von 24 Weinbauern gegründet, heute sind das 130 Mitglieder aus elf Gemeinden. Die durchwegs saftigen, meist straff ausgebauten Weine werden auf 150 Hektar von Brixen über Klausen hinaus in oft recht steilen und terrassierten Lagen bis 1.000 Meter Höhe angebaut. Die Weinberge rund um den Dioritfelsen von Kloster Säben gehören zu den allerbesten Lagen weitum. Die „Sabiona"-Weine liegen eineinhalb Jahre auf der Feinhefe, kein Wunder, dass bei Verkostungen auch gereifte Exemplare durch ihre Jugendlichkeit zu begeistern wissen.

○ **2019** Aristos Sylvaner
16,40€ | 14%

○ **2019** Sabiona Kerner Eisacktaler
31€ | 14,5%

○ **2019** Sabiona Sylvaner Eisacktaler
31€ | 14%

SCHLOSS ENGLAR

Aufsteiger

Pigano 42
39057 St. Michael/Eppan
T +39 333 4953 606
www.weingut-englar.com

Johannes Graf Khuen-Belasi
Johannes Pichler
Verbände FIVI
Rebfläche 10 ha
Produktion 60.000 Flaschen
Gründung 2014
Verkaufszeiten nach Vereinbarung

Profil online

Zehn Hektar biologisch bearbeitete Rebfläche gehören zum Weingut des heutigen Eigentümers Johannes Graf Khuen-Belasi. Die Weinberge sind mit Weiß- und Blauburgunder, Riesling, Chardonnay, Sauvignon, Gewürztraminer und Vernatsch bestockt. Die Trauben werden im Keller unter der Ägide von Johannes Pichler ohne weitere Zusätze vinifiziert und puristisch ausgebaut. Lange Hefekontaktzeiten im Holz lassen hier kraftvolle wie langlebige und charakteristische Weine entstehen.

○ **2018** Weißburgunder Riserva
21€ | 14%
○ **2019** Belasy Chardonnay Riserva
23€ | 14%
○ **2019** Berg Weißburgunder
17€ | 13,5%
○ **2019** Fumé Sauvignon Blanc
19€ | 14%
○ **2019** St. Sebastian Weißburgunder Riserva
23€ | 13,5%

trinkreif

● **2018** Blauburgunder Riserva
34€ | 13,5%

ERSTE+NEUE

Aufsteiger

Kellereistraße 12
39052 Kaltern
T +39 0471 963149
www.erste-neue.it

Christian Sinn (Obmann)
Martin Klammer
Andrea Moser
Verbände wein.kaltern, Konsortium Südtirol Wein
Produktion 400.000 Flaschen
Gründung 1900
Verkaufszeiten Mo–Sa 9–13 Uhr und 15–18 Uhr

Profil online

Die Erste+Neue entstand 1986 aus der Fusion der Ersten Kellerei, 1900 gegründet, mit der Neuen Kellerei, gegründet 1925. Vor 17 Jahren erfolgte die Eingliederung in die Kellerei Kaltern, wobei die Marke Erste+Neue aufgrund ihres Renommees erhalten blieb. Seit 2018 sind die Weine mit dem „Fair'n Green"-Siegel für nachhaltigen Weinbau ausgezeichnet. „Diese Zertifizierung unterstützt uns dabei, Nachhaltigkeitsziele messbar zu machen und zu erreichen", erklärt Betriebsleiter Tobias Zingerle.

○ **2018** Puntay Weißburgunder
16€ | 13,5%
○ **2020** Puntay Sauvignon Blanc
15€ | 13,5%
○ **2020** Puntay Weißburgunder
16€ | 13,5%
● **2017** Puntay Lagrein Riserva
19€ | 13%
● **2019** Puntay Blauburgunder Riserva
17€ | 14%
● **2019** Puntay Lagrein Riserva
17€ | 13,5%
● **2020** Puntay Vernatsch
13€ | 13%

FLIEDERHOF

Aufsteiger

Untermagdalena 33
39100 Bozen
T +39 0471 9790 48
www.fliederhof.it

Ramoser Stefan
Ramoser Martin
Verbände Arbeitsgemeinschaft für die biologisch-dynamische Wirtschaftsweise (ARGE)
Rebfläche 3 ha
Produktion 30.000 Flaschen
Gründung 1930
Verkaufszeiten nach Vereinbarung

Profil online

„Wir suchen den Burgunder im Vernatsch", so Martin Ramoser zum Spitzenwein Gran Marie. „Wir werden uns immer weiter auf den Vernatsch fokussieren", lautet die selbstbewusste Kampfansage an den immer noch in weiten Teilen des Südtiroler Anbaugebiets anhaltenden Trend, diese klassische, anspruchsvolle Sorte zu roden, um sie durch „trendigere" Allerweltsreben zu ersetzen. Martin, mit den Eltern Stefan und Astrid – alle drei Ramosers bringen sich ins Weingut ein, der Begriff Familienweingut ist hier wörtlich gemeint.

○ **2020** Stella Sauvignon Blanc
19€ | 13,5%
● **2018** Gran Marie St. Magdalener
16€ | 14%
● **2020** Gran Marie St. Magdalener
19€ | 14%
● **2020** Helen Lagrein
15€ | 13,5%
● **2020** Marie St. Magdalener
13€ | 13%

GARLIDER

Aufsteiger

Untrum 20
39040 Feldthurns
T +39 0472 8472 96
www.garlider.it

Christian Kerschbaumer
Verbände Freie Weinbauern Südtirol
Rebfläche 4 ha
Produktion 28.000 Flaschen
Gründung 2003

Profil online

Christian Kerschbaumer bewirtschaftet vier Hektar Reben auf bis 800 Metern und baut hier biologisch zertifiziert die klassischen weißen Eisacktaler Sorten sowie Blauburgunder bei bis zu 55 Prozent Steigung an. Die Weinberge liegen auf 540 Höhe. Mit seiner „Hautnah"-Serie zeigt Christian Kerschbaumer sein großes Talent für völlig eigenständige Weinkompositionen. Es gibt nicht jedes Jahr Weine dieser Serie. Wenn sie aber verfügbar ist, sollte man zugreifen!

○ **2017** Hautnah Sylvaner
32€ | 12,5%
○ **2018** Hautnah Sylvaner
32€ | 13%
○ **2020** Grüner Veltliner
16€ | 12%
○ **2020** Sylvaner
15€ | 12,5%

GAUDENZ GUTSHOF ISSER

Neu

Gaudententurmstr.
39020 Partschins
T +39 349 5837 483
www.hofbrennerei.com

Felix von Sölder
Rebfläche 1 ha
Produktion 6.000 Flaschen
Gründung 2016
Verkaufszeiten Mo–Fr 17–19 Uhr

Profil online

○ **2020** Weißburgunder Vinschgau
11,50€ | 13%

● **2020** Vernatsch Meraner
10,50€ | 13%

KELLEREI GIRLAN

Aufsteiger

St.-Martin-Straße 24
39057 Girlan
T +39 0471 6624 03
www.girlan.it

Oscar Lorandi (Obmann)
Oscar Lorandi (Geschäftsführer und Obmann)
Gerhard Kofler
Rebfläche 215 ha
Produktion 1.350.000 Flaschen
Gründung 1923
Verkaufszeiten Mo–Fr 9–12.30 und 14–18.30 Uhr
Sa 9–12.30 Uhr

Profil online

Die Kellereigenossenschaft wurde 1923 in einem historischen Bauernhof aus dem 16. Jahrhundert gegründet. Hinter diesen Mauern und in den weit verzweigten Kellergängen verbirgt sich jetzt feinste Technologie. Heute sind es rund 200 Winzerfamilien, die 215 Hektar bewirtschaften. 2006 legte der Kellermeister Gerhard Kofler den Grundstein für die heutige außerordentlich hohe Blauburgunder-Kompetenz mit Lagen um den Trattmannhof bei Mazon, womit Girlan inzwischen in der Champions League der internationalen Weinszene spielt.

○ **2018** Flora Chardonnay
21€ | 14%

○ **2018** Flora Gewürztraminer
21€ | 15%

○ **2018** Flora Sauvignon Blanc
21€ | 14%

○ **2019** Flora Chardonnay
21€ | 14%

○ **2019** Flora Cuvée Bianco Cuvée Riserva
22,50€ | 14%

○ **2019** Flora Gewürztraminer
21€ | 15%

○ **2019** Flora Sauvignon Blanc
21€ | 14,5%

○ **2019** Flora Weißburgunder Riserva
22,50€ | 14%

○ **2020** Platt & Riegl Weißburgunder
12,50€ | 14%

● **2017** Trattmann Blauburgunder Riserva
33,50€ | 14,5%

● **2018** Curlan Blauburgunder Riserva
80€ | 15%

● **2018** Trattmann Blauburgunder Riserva
33,50€ | 14,5%

- 2018 Vigna Ganger Blauburgunder Riserva
  130€ | 15%
- 2019 Flora Blauburgunder Riserva
  24€ | 14%
- 2019 Gschleier Alte Reben Vernatsch Riserva
  15,50€ | 13%
- 2017 Pasithea Rosa Rosenmuskateller
  21,90€ | 13%
- 2018 Pasithea Oro Gewürztraminer
  30,50€ | 10,5%
- 2019 Pasithea Oro Gewürztraminer
  30,50€ | 12,5%

trinkreif

- 2016 Vigna Ganger Blauburgunder Riserva
  130€ | 15%

FRANZ GOJER – GLÖGGLHOF

Karneiderstraße 31
39053 Kardaun
T +39 0471 9787 75
www.gojer.it

Florian Gojer
Verbände Freie Weinbauern Südtirol
Rebfläche 8,5 ha
Produktion 60.000 Flaschen
Gründung 1970
Verkaufszeiten Mo–Fr 8–12 Uhr und 14–19 Uhr nach Voranmeldung

Profil online

Der aus dem 14. Jahrhundert stammende Glögglhof liegt mitten im St.-Magdalener-Gebiet und wird in der 5. Generation mit 8,5 Hektar Reben von der Familie um Florian Gojer geführt. 2020 wurde der Hof in Karneid durch Um- und Neubau des Kellers modernisiert, was eine noch schonendere Weinbereitung möglich macht. Auf bis zu 700 Metern werden Sauvignon, Kerner, Weißburgunder und Vernatsch von Alten Reben angebaut. Umgeben von Weinbergen finden dort auch Gäste in drei Ferienwohnungen ein ruhiges Urlaubsdomizil.

- 2019 Karneid Sauvignon Blanc
  12,50€ | 14%
- 2019 Karneid Weißburgunder
  13,50€ | 13,5%
- 2020 Karneid Sauvignon Blanc
  14€ | 13,5%
- 2020 Karneid Weißburgunder
  14€ | 13,5%
- 2017 Lagrein Riserva
  20€ | 14,5%
- 2019 Lagrein Riserva
  23€ | 13,5%
- 2020 Vigna Rondell St. Magdalener
  15,50€ | 13%

GRIESBAUERHOF

Aufsteiger

Rentscher Straße 66
39100 Bozen
T +39 338 6137 880
www.griesbauerhof.it

Georg Mumelter
Lukas Mumelter
Verbände Tirolensis Ars Vini, Freie Weinbauern Südtirol
Rebfläche 4 ha
Produktion 35.000 Flaschen
Gründung 1785
Verkaufszeiten nach Vereinbarung

Profil online

Der Griesbauerhof liegt in Rentsch, am Fuße des Ritten und ist bereits seit 1785 im Besitz der Familie Mumelter. Vater Georg wird von seinen Söhnen Michael, einem international ausgebildeten Sommelier, und Lukas, einem weit umhergekommenen Geisenheim-Absolventen, als Kellermeister unterstützt. Mutter Margareth kultiviert rund 30 zwischen den Reben wachsenden Tomatensorten. Und im geschützten Hof ist der teils unter freiem Himmel stattfindende Hofausschank, der von Mai bis September geöffnete Freiraum Mumi, sehr empfehlenswert.

○ **2020** Weißburgunder
15€ | 13,5%
● **2018** Cabernet Sauvignon Riserva
23€ | 13,5%
● **2018** Lagrein Riserva
23€ | 13,5%
● **2019** Isarcus St. Magdalener
15€ | 15%
● **2020** St. Magdalener
11€ | 13%

GRIESSERHOF

Aufsteiger

Griessweg 5
39040 Vahrn
T +39 339 6691 485
www.griesserhof.it

Familie Paul Huber
Rebfläche 6 ha
Produktion 20.000 Flaschen
Gründung 2010
Verkaufszeiten nach Vereinbarung

Profil online

Die sechs Hektar Reben zählen zu den nördlichsten Anlagen Italiens. In ausgesuchten Einzellagen jene Sorten, die dem rauen Klima und den 800 Metern Höhe angepasst sind: Sylvaner, Kerner, Veltliner, Zweigelt und Blauburgunder. Die Weine sind von knackiger Säure und angenehmer Straffheit geprägt. Besonders stoffig erscheinen Sylvaner und Veltliner. Sie stammen aus einer etwas wärmeren Lage. Der Buschenschank mit selbst gekelterten Weinen und Südtiroler Bauernkost ist sehr empfehlenswert.

○ **2020** Grüner Veltliner
16€ | 12,5%
○ **2020** Kerner
16€ | 12,5%
○ **2020** Sylvaner
16€ | 12,5%

GROSSKEMAT

Großkemat 5
39010 Tisens
T +39 339 8422 920
www.grosskemat.it

Michael Knoll
Verbände Konsortium Südtirol Wein
Rebfläche 1 ha
Produktion 6.000 Flaschen
Gründung 2016

Profil online

○ **2021** Pichl Weißburgunder
12,50€ | 14%

GUMP HOF – MARKUS PRACKWIESER

Aufsteiger

Völser Straße 11 – Prösler Ried
39050 Völs am Schlern
T +39 0471 601190
www.gumphof.it

Markus Prackwieser
Verbände Konsortium Südtirol Wein, Federazione Italiana Vignaioli Indipendenti, Freie Weinbauern Südtirol, Eisacktal Wein
Rebfläche 7 ha
Produktion 60.000 Flaschen
Gründung 2000

Profil online

Markus Prackwieser bewirtschaftet seit einem Vierteljahrhundert den ein halbes Jahrtausend alten Gump Hof mit viel Respekt vor der Tradition. Beständig hat dieser Tüftler einen ganz eigenen Stil entwickelt und die Gemeinde Völs am Schlern zu einem Hotspot in der alpinen Weinwelt gemacht. Einst war es der Adel von Völs, der auf Schloss Prösels den Weinbau vorantrieb. Selbstredend, dass die Premium-Linien „Praesulis" und „Renaissance", die heute zu den herausragenden Weinen Italiens gehören, eine tiefe Verneigung vor dieser Tradition sind.

○ **2014** Renaissance Sauvignon Blanc Riserva
34€ | 14%

○ **2016** Renaissance Weißburgunder Riserva
32,50€ | 14%

○ **2017** Renaissance Sauvignon Blanc Riserva
34€ | 14%

○ **2018** Renaissance Sauvignon Blanc Riserva
33€ | 14,5%

○ **2018** Renaissance Weißburgunder Riserva
35€ | 14%

○ **2019** Praesulis Sauvignon Blanc
17,20€ | 14%

○ **2019** Praesulis Weißburgunder
16,80€ | 14%

○ **2020** Praesulis Sauvignon Blanc
17,50€ | 13,5%

○ **2020** Praesulis Weißburgunder
17,20€ | 13,5%

● **2016** Renaissance Blauburgunder Riserva
54€ | 13,5%

● **2018** Praesulis Blauburgunder
22,50€ | 13,5%

● **2019** Praesulis Blauburgunder
22,80€ | 14%

WEINGUT HEINER HEINRICHSHOF

Neu

Heinrichsstraße 30
39100 Bozen
T +39 348 7496 878
www.heiner.wine

Heiner Oberrauch
Rebfläche 3 ha
Produktion 25.000 Flaschen

Profil online

● **2019** CS R XXIV Cabernet Sauvignon
27,90€ | 13%

● **2020** L'Origine Vernatsch
10,90€ | 12%

INNERLEITERHOF

Aufsteiger

Leiterweg 8
39017 Schenna
T +39 0473 9460 00
www.innerleiterhof.it

Karl Pichler
Verbände Freie Weinbauern Südtirol
Rebfläche 3 ha
Produktion 22.000 Flaschen
Gründung 1958
Verkaufszeiten März–Nov.
Mi–Mo 12–16 Uhr
und nach Vereinbarung

Profil online

Der Innerleiterhof ist ein junges Weingut, bis 2011 wurde hier lediglich für die Familie und die Gäste des Hotels produziert. Dem talentierten Karl Pichler und seinem Schwiegervater Franz Egger ist es in den vergangenen Jahren gelungen, ein rundes Portfolio aufzustellen. Dafür mussten Obstbäume auf dem nach Südwesten ausgerichteten Hang um das Hotel weichen. Hier stehen nun Vernatsch, Blauburgunder, Lagrein und Merlot sowie Weißburgunder und Sauvignon. Der Besucher hat im Innerleiterhof nicht nur Blick auf die Reben, sondern auch in den offenen Keller.

2019 Südtiroler Sauvignon Blanc
11,50€ | 14%

2020 Erzherzog Johann Weißburgunder
12,50€ | 13,5%

2020 Sauvignon Blanc
13,50€ | 13,5%

2019 Roaner Cuvée
15€ | 13,5%

2020 Vernatsch Meraner
11€ | 12,5%

2020 Mathilde Blauburgunder
13,50€ | 13%

KELLEREI KALTERN

Kellereistraße 12
39052 Kaltern
T +39 0471 9631 49
www.kellereikaltern.com

Christian Sinn (Obmann)
Andrea Moser
Verbände Konsortium Südtirol Wein, wein.kaltern
Rebfläche 440 ha
Produktion 4.000.000 Flaschen
Gründung 1900
Verkaufszeiten Mo–Sa 9–19 Uhr
So 10–18 Uhr

Profil online

Mit 650 Mitgliedern ist die Kellerei Kaltern die größte Genossenschaft Südtirols. Zu Recht sagt sie von sich: „Wir sind eine historische Winzergenossenschaft, die ein ganzes Dorf und seine Weinbauern repräsentiert." Pflicht ist ein Besuch im Wine Center mit seiner markanten modernen Architektur. Es liegt direkt an der Weinstraße und ist eine Anlaufstelle für Freunde Kalterer Weine und Südtiroler Schmankerl sowie Schauplatz von Kulturveranstaltungen.

2018 Quintessenz Sauvignon Blanc
22,50€ | 14%

2018 Quintessenz Weißburgunder
22,50€ | 13,5%

2019 Quintessenz Sauvignon Blanc
24€ | 14%

2019 Quintessenz Weißburgunder
24€ | 14%

- 2017 Quintessenz Cabernet Sauvignon Riserva
  32€ | 13,5%
- 2018 kunst.stück Merlot Riserva
  60€ | 14,5%
- 2019 Quintessenz Cabernet Sauvignon Riserva
  32€ | 14,5%
- 2020 Quintessenz Kalterersee Classico superiore
  14€ | 13%
- 2021 Quintessenz Kalterersee Classico superiore
  13,50€ | 13%
- 2016 Quintessenz Passito Goldmuskateller
  35€ | 10,5%
- 2017 Quintessenz Passito Goldmuskateller
  35€ | 11,5%

KANDLERHOF

Aufsteiger

Untermagdalena 30
39100 Bozen
T +39 338 3329 367
www.kandlerhof.it

Martin Spornberger
Hannes Spornberger
Verbände Freie Weinbauern Südtirol, Roter Hahn Südtirol
Rebfläche 2 ha
Produktion 20.000 Flaschen
Gründung 1278
Verkaufszeiten Mo–So 9–12 Uhr und 13–20 Uhr

Profil online

Hannes Spornberger strebt für seine Selektionsweine nicht nach Dichte und Kraft, sondern erreicht durch längere Maischestandzeiten und längeren Ausbau im Holzfass mehr Eleganz. Neben den Rebsorten Sauvignon, Lagrein und Merlot setzt der Winzer überzeugt und unbeirrt vor allem auf den Klassiker in diesem Anbaugebiet, den Vernatsch. Aus dieser traditionellen Rebsorte werden hier gleich drei Weine produziert: ein Rosé und ein klassischer St. Magdalener sowie die feinwürzige Selektion „Schloterpöck" als Benchmark für die Gebietsspitze.

- 2019 Sauvignon Blanc
  12,50€ | 14%
- 2020 Sauvignon Blanc
  13€ | 13,5%
- 2019 Mirum Vernatsch
  30€ | 13,5%
- 2019 Schloterpöck St. Magdalener
  16€ | 13%
- 2020 St. Magdalener
  11€ | 13%

trinkreif

- 2018 Mirum – Tschalber Vernatsch
  50€ | 13,5%

KLOSTERHOF

Klavenz 40
39052 Kaltern
T +39 0471 9610 46
www.klosterhof.it

Oskar Andergassen
Hannes Andergassen
Verbände Freie Weinbauern Südtirol, wein.kaltern, Konsortium Südtiroler Wein
Rebfläche 5 ha
Produktion 38.000 Flaschen
Gründung 1998
Verkaufszeiten nach Vereinbarung

Profil online

Seit nunmehr einem Vierteljahrhundert werden hier auf fünf Hektar klassische Rebsorten angebaut. Die Lagen befinden sich oberhalb von Kaltern, wo die kalten Fallwinde des Mendelgebirges für Finesse und Aromatik des Lesegutes stehen. Diese Eleganz zu bewahren und zum genussvollen Ausdruck zu bringen, ist die Grundidee von Oskar Andergassen mit seinen beiden bestens ausgebildeten Söhnen Daniel und Hannes. Dabei kommt dem Vernatsch dieselbe Aufmerksamkeit zu wie dem überragenden Pinot Noir „Schwarze Madonna".

2020 Acapella Weißburgunder
13,50€ | 13,5%
2019 Vernatsch
12€ | 13,5%

trinkreif

2017 Schwarze Madonna Blauburgunder
25,50€ | 13,5%
2018 Schwarze Madonna Blauburgunder Riserva
37,50€ | 14,5%
2018 Schwarze Madonna Blauburgunder
25,50€ | 13,5%

KÖFERERHOF

Aufsteiger

Pustertalerstraße 3
39040 Neustift
T +39 347 4778 009
www.koefererhof.it

Günther Kerschbaumer
Verbände Eisacktal Wein, Weingüter Südtirols, Konsortium Südtirol Wein
Rebfläche 11 ha
Produktion 90.000 Flaschen
Gründung 1995
Verkaufszeiten nach Vereinbarung

Profil online

Das schon seit Urzeiten bestehende Weingut Köfererhof liegt oberhalb des Klosters Neustift bei Brixen. Kühle Nächte, warme bis heiße Tage und eine gute Durchlüftung in den 5,5 Hektar umfassenden Lagen sind beste Voraussetzungen für das elegante Weißwein-Portfolio von Günther Kerschbaumer. Die Weingärten liegen in günstigen Steillagen an den Südseiten des Tales und setzen sich aus Sand, Kies und Klausit auf 650 Meter Höhe zusammen. Das Resultat sind subtile Aromen und eine rassige Eleganz gepaart mit einer hochattraktiven Kernigkeit.

2019 Pinot Grigio
13€ | 13,5%
2020 Kerner
15€ | 13%
2020 Pinot Grigio
14€ | 13,5%
2020 R Sylvaner
18€ | 13,5%
2020 Riesling
17€ | 13%
2020 Sylvaner
14€ | 13%

KORNELL – FLORIAN BRIGL

Aufsteiger

Kosmas-und-Damianweg 6
39018 Siebeneich
T +39 0471 9175 07
www.kornell.it

Florian Brigl
Marco Chisté
Verbände Freie Weinbauern Südtirol
Rebfläche 23 ha
Produktion 200.000 Flaschen
Gründung 1927
Verkaufszeiten Mo–Fr 8–12 Uhr und 13.30–17 Uhr

Profil online

Das geschichtsträchtige und behutsam renovierte Weingut zählt unter der langjährigen Ägide von Florian Brigl zu den modernsten von ganz Südtirol. Das Top-Segment mit den Signatur-Weinen aus Einzellagen, wie der Merlot Vigna Kressfeld als Aushängeschild, spiegeln das enorme Qualitätsstreben am besten wider. Großes Augenmerk gilt auch der „Staffes"-Linie, diese reinsortigen Rotweine werden in der Großlage angebaut, sie sind kräftig strukturiert, ohne überladen zu wirken. Die Basislinie „Sieben" überzeugt mit Geradlinigkeit und zurückhaltenden Alkoholgraden
.

○ **2019** Aichberg Cuvée
27€ | 12,5%

○ **2019** Oberberg Sauvignon Blanc
27€ | 13%

● **2017** Staffes Lagrein Riserva
23€ | 13,5%

● **2017** Staffes Merlot Riserva
23€ | 13,5%

● **2018** Staffes Cabernet Sauvignon Riserva
23,70€ | 14%

● **2019** Staffes Lagrein Riserva
23,70€ | 13%

● **2019** Staffes Merlot Riserva
23,70€ | 14%

trinkreif

○ **2018** Aichberg Cuvée
27€ | 12,5%

○ **2018** Oberberg Sauvignon Blanc
27€ | 13%

● **2016** Vigna Kressfeld Merlot Riserva
65€ | 13,5%

● **2017** Vigna Kressfeld Merlot Riserva
65€ | 13,5%

KRÄNZELHOF

Gampenstraße 1
39010 Tscherms
T +39 0473 5645 49
www.kraenzelhof.it

Franz von Pfeil
Slavomir Dobak
Rebfläche 6 ha
Produktion 35.000 Flaschen
Verkaufszeiten Mitte März–Mitte Nov.
Mo–So 9.30–19 Uhr
Mitte Nov.–Mitte Dez.
nach Vereinbarung

Profil online

Am Kränzelhof, den es seit dem 14. Jahrhundert gibt, wird seit 500 Jahren Wein angebaut. Die sechs Hektar Reben, heute von Franz Graf Pfeil bewirtschaftet, liegen zwischen 300 und 600 Metern Höhe an den Südosthängen des Meraner Beckens. Die Reben wachsen auf Moränenböden, auf künstliche Dünger oder Herbizide wird verzichtet. „Unser Bestreben ist darauf ausgerichtet, Traditionelles kreativ mit Neuem zu verbinden, dabei sind Nachhaltigkeit, Leichtigkeit und Sinnlichkeit unsere Leitlinien. Für diese Werte arbeiten wir mit Freude."

2015 Helios Weißburgunder
34€ | 14%
2016 Helios Weißburgunder
35€ | 14%
2015 Blauburgunder
35€ | 14%
2016 Baslan Vernatsch
29€ | 14%
2016 Sagittarius Cuvée
45€ | 14%
2017 Libra Blauburgunder
29€ | 13%
2017 Sagittarius Cuvée
38€ | 14,5%
2017 Dorado Weißburgunder Auslese
32€ | 10,5%

KUENHOF

Aufsteiger

Lahner 12
39042 Brixen
T +39 0472 8505 46
www.kuenhof.com

Peter & Brigitte Pliger
Simon Pliger
Verbände Freie Weinbauern Südtirol, Fivi, Eisacktal Wein, Konsortium Südtirol
Rebfläche 7 ha
Produktion 45.000 Flaschen
Gründung 1990
Verkaufszeiten nach Vereinbarung

Profil online

Der Kuenhof wird im 12. Jahrhundert im Besitz des Bischofs von Brixen erstmals erwähnt. Vor über 200 Jahren erwarb der Urgroßvater Peter Pliger den Weinhof, seitdem ist er im Besitz der Familie. „Unser Ziel ist eine ausgewogene Symbiose zwischen Mensch, Kulturpflanze und Natur. Spürbar vom Weinberg bis in die Kellerräume. Wir sehen es als unsere Aufgabe, die Natur in ihrer Fruchtbarkeit sowie in ihrem natürlichen Gleichgewicht zu unterstützen." Die Trauben wachsen auf einer Höhe von 550 bis 890 Metern an den Talhängen des Eisacktals.

2020 Grüner Veltliner Klassisch
15€ | 12,5%
2020 Kaiton Riesling Klassisch
16€ | 12%
2020 Sylvaner Klassisch
16€ | 13%

KELLEREI KURTATSCH

Aufsteiger

Weinstraße 23
39040 Kurtatsch
T +39 0471 880115
www.kellerei-kurtatsch.it

Andreas Kofler (Obmann)
Othmar Doná
Rebfläche 190 ha
Produktion 1.500.000 Flaschen
Gründung 1900
Verkaufszeiten Mo–Sa 9–19 Uhr

Profil online

Vom Talboden der Etsch bis auf 900 Meter Höhe unterhalb des Mendelkamms stehen die 190 Hektar Reben der 190 Winzerinnen und Winzer der Kellerei Kurtatsch. Vor 121 Jahren wurde die Genossenschaft gegründet, im Ansitz Brenntal, nach dem heute zwei Weine aus der Premium-Linie benannt sind. „Unsere Philosophie ist vom Terroir geprägt, also den klimatischen und geologischen Eigenschaften eines Weinbergs", erklärt Obmann Andreas Kofler. „Dank der kleinstrukturierten Familienbetriebe kann das jeweils beste Traubenmaterial Lage für Lage selektioniert werden."

○ **2018** Brenntal Gewürztraminer Riserva
23,10€ | 15%
○ **2019** Amos Cuvée
22€ | 14%
○ **2019** Brenntal Gewürztraminer Riserva
24€ | 15,5%
○ **2019** Freienfeld Chardonnay Riserva
35€ | 14,5%
○ **2019** Penon Pinot Grigio
16,90€ | 13,5%
● **2018** Ushas Rosenmuskateller
29,50€ | 12%

trinkreif

○ **2017** Freienfeld Chardonnay Riserva
33,60€ | 14%
● **2016** Freienfeld Cabernet Sauvignon Riserva
45€ | 14%
● **2018** Brenntal Merlot Riserva
38€ | 14,5%
● **2018** Freienfeld Cabernet Sauvignon Riserva
48€ | 14,5%

ALOIS LAGEDER

Grafengasse 9
39040 Margreid
T +39 0471 8095 00
www.aloislageder.eu

Profil online

Familie Lageder
Jo Pfisterer
Gründung 1823
Verkaufszeiten nach Vereinbarung

Das Familienweingut Alois Lageder erzeugt seit nunmehr fünf Generationen eine große Weinpalette mit einem ganzheitlichen Naturverständnis. Im Sinne der biologisch-dynamischen Landwirtschaft konzentriert sich das Weingutsteam um den jungen Stuttgarter Kellermeister Jo Pfisterer bei der Weinstilistik auf viel Spannung bei zurückhaltenden Alkoholgraden. 1823 gegründet, wird das Unternehmen heute in sechster Generation von Alois Clemens Lageder geführt, die Weingut-Gastronomie unter der Ägide von Flora Hohmann ist einzigartig und ein echter Leuchtturm.

○ **2017** Casón bianco Cuvée Viognier & Petit Manseng
35,60€ | 13%

trinkreif

○ **2017** Löwengang Chardonnay
44,50€ | 13%

○ **2019** Cuvée Casòn Bianco
37,10€ | 13%

○ **2019** Löwengang Chardonnay
47,50€ | 12%

● **2016** Cor Römigberg Cabernet Sauvignon
51,90€ | 13,5%

● **2017** COR Römigberg Cabernet Sauvignon
51,90€ | 12,5%

● **2018** Cuvée Löwengang historischer gemischter Satz
74,20€ | 12%

● **2018** MCMLVII Vecchie Viti Merlot
44,50€ | 13%

LARCHERHOF

Aufsteiger

Rentscher Straße 82
39100 Bozen
T +39 340 6721 183
www.weingut-larcherhof.eu

Hans Jochen Spoegler
Verbände Freie Weinbauern Südtirol
Rebfläche 5 ha
Produktion 40.000 Flaschen
Gründung 1893
Verkaufszeiten Mo–Sa 8–12 Uhr und 13–19 Uhr

Profil online

Bereits seit 1893 bewirtschaftet die Familie Egger-Spögler den Weinhof aus dem 16. Jahrhundert und seit 2008 wachsen unter der Ägide von Hans Jochen Spögler inzwischen fünf Hektar Reben – die Lagrein-Rebstöcke sind zum Teil über 100 Jahre alt. Herbizide und Insektizide kommen dabei nicht zum Einsatz. Im mediterran-milden Klima mit heißen Tagen und kühlen Nächten gedeihen die klassischen Sankt Magdalener Rebsorten Lagrein und Vernatsch, aber auch Merlot und Grauburgunder. Im alten Holzfasskeller werden die Weine bis zur Trinkreife schonend ausgebaut.

○ **2020** Pinot Grigio
10€ | 14%

● **2018** Rivelaun Lagrein Riserva
20€ | 14%

● **2020** Grauvernatsch Vernatsch
10€ | 13,5%

● **2020** Merlot
11,90€ | 13,5%

● **2020** Vernatsch St. Magdalener Klassisch
10,50€ | 13%

● **2020** Kretzer Lagrein
10€ | 13,5%

MANINCOR

Aufsteiger

St. Josef am See 4
39052 Kaltern
T +39 0471 9602 30
www.manincor.com

Michael Graf Goëss-Enzenberg
Helmuth Zozin
Verbände Freie Weinbauern Südtirol, respekt-BIODYN
Rebfläche 50 ha
Produktion 350.000 Flaschen
Gründung 1996
Verkaufszeiten Mo–Fr 9.30–18 Uhr
Sa 10–17 Uhr

Profil online

Nachhaltiges, ökologisches Wirtschaften mit komplexen Terroirweinen als Resultat ist das Credo von Michael Graf Goëss-Enzenberg. 50 Hektar eigene Weinberge werden zur Gänze biodynamisch bewirtschaftet, die natürliche Ausdruckskraft in den Weinen wird durch spontane Gärung und den Ausbau im Holz gefördert. Die Klassifizierung von Südtirols größtem Familienweingut ist dreistufig: Zur Linie „Hand" gehören leicht zugängliche Weine, mit „Herz" gekennzeichnet sind die „Premier Cru"-Lagen und die „Krone" markiert die Spitze des Portfolios.

○ **2019** Eichhorn Weißburgunder
25€ | 13,5%
○ **2019** Sophie Chardonnay
31,50€ | 13,5%
○ **2019** Tannenberg Sauvignon Blanc
25€ | 14%
○ **2020** Eichhorn Weißburgunder
25,30€ | 13,5%
○ **2020** Sophie Chardonnay
31,30€ | 13,5%
○ **2020** Tannenberg Sauvignon Blanc
25,30€ | 13,5%
● **2018** Cassiano Cuvée
29,90€ | 14%
● **2018** Mason Blauburgunder
29,90€ | 13,5%
● **2018** Mason di Mason Blauburgunder
64€ | 14%
● **2019** Cassiano Cuvée
29,30€ | 14%
● **2019** Mason Blauburgunder
29,30€ | 13,5%
● **2017** Le Petit Cuvée
47,50€ | 8,5%
● **2018** Le Petit Cuvée
45€ | 8,5%

trinkreif

● **2019** Mason di Mason Blauburgunder
63€ | 14%

NALS MARGREID

Aufsteiger

Heiligenberger Weg 2
39010 Nals
T +39 0471 6786 26
www.nalsmargreid.com

Harald Schraffl
Rebfläche 160 ha
Produktion 1.000.000 Flaschen
Gründung 1932
Verkaufszeiten nach Vereinbarung

Profil online

Auf 160 Hektar bauen 138 Familien von Nals bis Margreid Reben für die Kellerei an. Das 2011 aufwendig erneuerte Kellereigebäude ist seit 2005 Wirkungsstätte von Harald Schraffl. Beeindruckend ist seine Varianz bei Weinen aus derselben Rebsorte. Der Pinot Bianco, der auf einem auf 500 bis 600 Meter gelegenen Hochplateau bei Penon angebaut wird, unterscheidet sich mit Sanftheit vom strafferen Sirmian, dessen Reben in einem bis zu 700 Meter hohen Moränengebiet beheimatet sind. Großartig und ein echter Wurf ist die Chardonnay basierte Komposition „NAMA".

○ **2018** Mantele Sauvignon Blanc
18,70€ | 14,5%

○ **2019** Baron Salvadori Chardonnay Riserva
32€ | 14%

○ **2020** Gennen Sauvignon Blanc
12,50€ | 14%

○ **2020** Magred Chardonnay
14€ | 14%

○ **2020** Mantele Sauvignon Blanc
23€ | 14%

○ **2020** Penon Weißburgunder
12€ | 14%

○ **2020** Sirmian Weißburgunder
23€ | 13,5%

● **2017** Jura Blauburgunder Riserva
21€ | 14%

● **2018** Jura Blauburgunder Riserva
21€ | 14%

● **2017** Baronesse Goldmuskateller
32€ | 13%

● **2019** Baronesse Goldmuskateller
34€ | 12,5%

trinkreif

○ **2012** Baron Salvadori Chardonnay Riserva
52,50€ | 14%

○ **2017** Baron Salvadori Chardonnay Riserva
30€ | 14%

○ **2018** Nama Cuvée
120€ | 14%

● **2017** Anticus Cuvée Riserva
34,50€ | 14%

● **2018** Anticus Cuvée Riserva
36,50€ | 13%

K. MARTINI & SOHN

Aufsteiger

Lammweg 28
39057 Girlan
T +39 0471 663156
www.martini-sohn.it

Gabriel Martini
Lukas Martini
Verbände Eppan Wein
Rebfläche 30 ha
Produktion 250.000 Flaschen
Gründung 1979
Verkaufszeiten Mo–Fr 8–12 Uhr und 14–18 Uhr
Sa 10–13 Uhr

Profil online

1979 von Gabriel und seinem Vater Karl Martini gegründet, ist mit Lukas Martini als Kellermeister inzwischen die nächste Generation nachgerückt. Die Martinis sehen sich mit 30 Hektar bewirtschafteter Rebfläche und 250.000 Flaschen Jahresproduktion ihrer Tradition als Familienbetrieb verpflichtet und bringen ihre Weine unter dem Motto „Tradition mit hohem Anspruch" in vier verschiedenen Qualitätsstufen auf den Markt. Die Top-Linie „Palladium" bildet die Spitze des Sortiments.

○ **2019** Alte Reben Weißburgunder
32€ | 14%
○ **2019** Maturum Chardonnay Riserva
15€ | 14%
○ **2019** Palladium Weißburgunder
10,50€ | 14%
○ **2021** Palladium Sauvignon Blanc
12€ | 14%
○ **2021** Palladium Weißburgunder
11€ | 13,5%
● **2020** Palladium Blauburgunder
15€ | 14%
● **2020** Pure Origin Vernatsch
9€ | 13%

SEKTKELLEREI LORENZ MARTINI

Pranzollweg 2/D
39057 Girlan
T +39 339 7992 749
www.lorenzmartini.com

Lorenz Martini
Verbände Weinkonsortium
Rebfläche 3 ha
Produktion 20.000 Flaschen
Gründung 1985
Verkaufszeiten Mo–Fr 10–12 Uhr und 16–18 Uhr
Sa 10–12 Uhr

Profil online

Seit 1985 wird hier Schaumwein, hauptsächlich aus Weißburgunder, kombiniert mit Chardonnay und Blauburgunder, hergestellt. Die Schaumweine dürfen drei Jahre im Gewölbekeller auf der Flasche reifen, bevor sie unter dem Namen „Comitissa" – Gräfin – auf den Markt kommen. Die Trauben für seinen Sekt stehen bei Lorenz Martini in den höheren Lagen von Girlan, Glaning und Eppan-Berg auf 550 bis 800 Metern. Diese Lagenwahl ist Grundlage für den Spannungsbogen aus mediterraner Wärme, die sich nicht nur in den Weinbergen, sondern auch im Glas wiederfinden soll.

● **2011** Comitissa Gold Riserva Cuvée brut
65€ | 13%
● **2016** Comitissa Riserva Pas Dosé Cuvée brut nature
24€ | 12,5%
● **2017** Comitissa Riserva Pas Dosé Cuvée brut nature
26€ | 12,5%

KELLEREI MERAN

Aufsteiger

Kellereistraße 9
39020 Marling
T +39 0473 4471 37
www.kellereimeran.it

Kapfinger Stefan
Rebfläche 245 ha
Produktion 1.350.000 Flaschen
Gründung 1901
Verkaufszeiten Panorama Önothek
Mo–Fr 8–19 Uhr
Sa 8–18 Uhr
City.Vinothek
(Lauben 218, 39012 Meran)
Mo–Sa 9–21 Uhr
So 9–13 Uhr

Profil online

Die Kellerei entstand 2010 durch die Fusion mit der Burggräfler Genossenschaftskellerei. 2013 wurde das neue Betriebsgebäude mit seiner Panorama-Önothek in Marling eröffnet. Hier werden die Trauben der 245 Hektar von 360 Mitgliedern verarbeitet. Das Sortiment repräsentiert zwei sehr unterschiedliche Weinbauzonen: das Vinschgau mit hohen Temperaturschwankungen zwischen Tag und Nacht und steilen Weinbergen mit kargen Urgesteinsböden bis zu einer Höhe von 900 Metern sowie das Meraner Becken mit mediterranen Pflanzen wie Zypressen und Palmen.

2015 V Years Weißburgunder Meraner Riserva
50€ | 14%

2019 Goldegg Chardonnay Meraner Riserva
22€ | 14%

2019 Mervin Sauvignon Blanc Meraner Riserva
22€ | 14%

2017 Sissi Passito Goldmuskateller
35€ | 12%

2018 Passito Sissi Cuvée
34,50€ | 12%

WEINGUT MORANDELL

Neu

St. Josef am See 34a
39052 Kaltern
Armin Morandell
Rebfläche 2,5 ha
Produktion 15.000 Flaschen
Gründung 2014

Profil online

2019 Podalirius Cabernet Franc Riserva
24€ | 13,5%

KLOSTER NEUSTIFT

Aufsteiger

Stiftstraße 1
39040 Vahrn
T +39 0472 836189
www.kloster-neustift.it

Celestino Lucin
Rebfläche 86 ha
Produktion 80.000 Flaschen
Gründung 1142
Verkaufszeiten Mo–Fr 10–19 Uhr

Profil online

Seit 1142 existiertdiese Stiftskellerei und ist damit eine der ältesten aktiven Kellereien der Welt. Vom Brixner Talkessel bis hinauf auf 900 Meter Höhe wachsen hier die Reben. Unter der Ägide von Kellermeister Celestino Lucin entstehen in den historischen Gemäuern ausdrucksstarke Weinpersönlichkeiten in Weiß wie in Rot. Das Aushängeschild ist die „Praepositus"-Linie. Und weil sie das ist, ist sie zugleich auch eine Hommage an den Chef. Praepositus ist das lateinische Wort für den Probst, den Klostervorsteher also.

○ **2019** Praepositus Grüner Veltliner
16,80€ | 13,5%

○ **2019** Praepositus Riesling
22,60€ | 13%

○ **2020** Praepositus Kerner
16,80€ | 14%

○ **2020** Praepositus Sauvignon Blanc
17,10€ | 13%

IGNAZ NIEDRIST

Aufsteiger

Runggweg 5
39057 Eppan
T +39 0471 664494
www.ignazniedrist.com

Ignaz & Elisabeth Niedrist
Ignaz Niedrist
Verbände Freie Weinbauern Südtirol, FIVI
Rebfläche 10 ha
Produktion 55.000 Flaschen
Gründung 1990
Verkaufszeiten nach Vereinbarung

Profil online

Seit über 170 Jahren ist der Hof bereits im Besitz der Familie und heute ein liebevoll restauriertes Weingut. In neuen Kellern mit Naturbelüftung und traditionellem Tonnengewölbe können feine Weine, wie ein grandioser Chardonnay oder der rare Blauburgunder „vom Kalk", in Ruhe reifen. Als den wichtigsten Wein des Guts bezeichnet der Winzer, neben dem Blauburgunder, seinen Sauvignon. Aber er ist immer weiter auf der Suche nach zukunftsweisenden Lösungen, zum Beispiel mit Syrah.

○ **2017** Limes Sauvignon Blanc
23€ | 14,5%

○ **2019** Limes Weißburgunder
24€ | 14%

● **2018** Vom Kalk Blauburgunder Riserva
55€ | 14%

trinkreif

○ **2018** Vom Kalk Chardonnay
33€ | 14%

○ **2019** Vom Kalk Chardonnay
37€ | 14,5%

● **2017** Vom Kalk Blauburgunder Riserva
49,50€ | 14%

● **2018** Berger Gei Lagrein Riserva
26,50€ | 14%

WEINGUT NIKLAS

Aufsteiger

Brunnenweg 31a
39052 Kaltern
T +39 0471 9634 34
www.niklaserhof.it

Familie Sölva
Dieter Sölva
Verbände Freie Weinbauern Südtirol
Rebfläche 7 ha
Produktion 50.000 Flaschen
Gründung 1992
Verkaufszeiten Mo–Sa 8–12 Uhr und 13–19 Uhr und nach Vereinbarung

Profil online

Seit 1969 ist das Weingut, aktuell mit sieben Hektar, im Besitz der Familie Sölva. Dieter Sölva, der seit 2018 das Weingut unterstützt von Sohn Michael führt, steht für einen kompromisslosen Stil: trocken, mineralisch, langlebig. Die Reben für die Weißweine gedeihen in den höheren Lagen mit steinigen Kalkschotterböden und die Rotweine Lagrein, Kalterer See, Cabernet und Merlot in den wärmeren Lagen mit tiefgründigen, lehmig-tonigen Böden. Authentischer Geschmack und ein eigenes Profil sind für Vater Dieter wie Sohn Michael gleichermaßen von größter Bedeutung.

○ **2018** Libellula – Mondevinum Kerner Riserva
18,50€ | 14%

● **2018** Bos Taurus – Mondevinum Lagrein Riserva
20,50€ | 14%

● **2018** Stoanadler – Klaser Cuvée Riserva
15,40€ | 14%

● **2019** Stoanadler – Klaser Cuvée Riserva
17€ | 13,5%

MANNI NÖSSING

Weinbergstraße 66
39042 Brixen
T +39 335 5935 111
www.manninossing.it

Manni Nössing
Rebfläche 6 ha
Produktion 50.000 Flaschen
Gründung 1998
Verkaufszeiten nach Vereinbarung

Profil online

○ **2020** Kerner
14,50€ | 13%

○ **2020** Sass Rigais Müller-Thurgau
12€ | 12%

WEINGUT SCHMID OBERRAUTNER

Neu

Michael Pacher Straße 3
39100 Bozen
T +39 0471 2814 40
www.schmidoberrautner.it

Florian Schmid
Verbände Südtiroler Weinkonsortium
Rebfläche 7 ha
Produktion 65.000 Flaschen
Gründung 1363
Verkaufszeiten Mo–Fr 10–12 und 14–18 Uhr
Sa 9–12 Uhr

Profil online

- **2018** Anton Lagrein Riserva
  22,90€ | 13,5%
- **2020** Villa Schmid Blauburgunder
  15,90€ | 13,5%

PFANNENSTIELHOF

Pfannenstielweg 9
39100 Bozen
T +39 0471 9708 84
www.pfannenstielhof.it

Johannes Pfeifer
Verbände Freie Weinbauern Südtirol, St. Magdalener Schutzkonsortium
Rebfläche 4 ha
Produktion 43.000 Flaschen
Gründung 1561
Verkaufszeiten nach Vereinbarung

Profil online

Der bereits 1561 urkundlich erwähnte Hof ist mit vier Hektar Reben – heute in Südtirol selten – mit den charakteristischen Weinen St. Magdalener und Lagrein ein reiner Rotweinbetrieb. Dass die Tradition und die Liebe zu gutem Wein auch weiterhin gelebt werden, ist auf dem Pfannenstielhof gleich doppelt und dreifach gesichert. Denn Johannes Pfeifer wird mit seiner Frau Margareth inzwischen auch von den Töchtern Anna und Veronika, die sich beide ganz dem Weinbau verschrieben haben, unterstützt. Was mit dem St. Magdalener „ANNVER" deutlich unterstrichen wird.

- **2018** Annver Vernatsch St. Magdalener Klassisch
  17,50€ | 14%
- **2018** Lagrein Riserva
  24€ | 14%
- **2019** Annver Vernatsch St. Magdalener Klassisch
  19€ | 14%
- **2019** Lagrein Riserva
  26€ | 14%
- **2020** Vernatsch St. Magdalener Klassisch
  14,95€ | 13,5%
- **2020** Vom Boden Lagrein
  14€ | 13,5%
- **2020** Lagrein
  14€ | 14,5%

trinkreif

- **2015** Der Pfannenstiel. Vernatsch St. Magdalener Klassisch
  41€ | 14%
- **2016** Der Pfannenstiel. Vernatsch St. Magdalener Klassisch
  41€ | 14,5%

PFITSCHER

Aufsteiger

Dolomitenstraße 17
39040 Montan
T +39 0471 1681 317
www.pfitscher.it

Familie Pfitscher
Verbände Konsortium Südtirol Wein
Rebfläche 20 ha
Produktion 150.000 Flaschen
Gründung 1861
Verkaufszeiten Mo–Fr 8–12 Uhr und 14–18 Uhr
Sa 9–12 Uhr

Profil online

Seit 1861 keltern die Pfitschers Wein und bearbeiten heute 20 Hektar. Aktuell sind drei Generationen auf dem Gut aktiv, das 2011 etwas außerhalb von Montan neu erbaut wurde. Das Kernstück sind die Blauburgunderlagen in Mazon, dazu kommen Weinberge in Völs, Kaltern sowie in Kurtatsch, Auer und Neumarkt. So entsteht ein Sortiment, das von frischen Weißweinen über strukturierte Burgunder bis zu kraftvollen Roten, wie dem Merlot-Riserva Cortazo, reicht. Das Portfolio ist in zwei Linien aufgeteilt: „Tradition" und separat vinifizierte Einzellagen.

○ **2019** Mathias Sauvignon Blanc Riserva
31,50€ | 13,5%
○ **2019** Rutter Gewürztraminer Riserva
27,70€ | 14%
○ **2019** Saxum Sauvignon Blanc Klassisch
16,30€ | 13%
○ **2020** Saxum Sauvignon Blanc
16,50€ | 13%
● **2019** Cortazo Cuvée Riserva
32,50€ | 14%
● **2019** Griesfeld Lagrein Riserva
27,70€ | 13,5%
● **2019** Matan Blauburgunder Riserva
32,50€ | 13,5%

trinkreif

● **2018** Matan Blauburgunder Riserva
31,40€ | 13,5%

SCHLOSS PLARS

Aufsteiger

Mitterplars 25
39022 Algund
T +39 0473 4484 72
www.schlossplars.com

Andreas Theiner
Verbände Freie Weinbauern Südtirol
Rebfläche 2 ha
Produktion 13.000 Flaschen
Gründung 1911

Profil online

Ursprünglich hatte Andreas Theiner als Banker gearbeitet, doch seine Liebe zum Wein war stärker und er kehrte zurück zu seinen Wurzeln auf das Schloss Plars oberhalb von Algund. Sein Großvater Franz hatte hier im Jahr 1911 begonnen, Wein zu keltern. Zwei Hektar Weinberge bearbeitet Theiner heute rund um das Anwesen. „Jede einzelne Traube wandert von ihrer Blüte bis hin zur reifen Frucht durch unsere Hände", erklärt der Quereinsteiger. Verarbeitet wird die Ernte im historischen Keller des Hauses, das von Theiners Ehefrau Irene als Boutiquehotel geführt wird.

○ **2018** Marzan Sauvignon Blanc
14€ | 13,5%
○ **2019** Marzan Sauvignon Blanc
14,50€ | 13,5%
○ **2020** Pataun Weißburgunder
15€ | 13,5%
● **2019** Yhrn Cuvée
21,50€ | 13,5%

trinkreif

● **2018** Lassier Cuvée
49€ | 14,5%

PLONERHOF

Nörderstraße 29
39020 Marling
T +39 0473 4905 25
www.weingut-plonerhof.it

Erhart Tutzer
Verbände Freie Weinbauern Südtirol, Konsortium Südtirol Wein
Rebfläche 5 ha
Produktion 30.000 Flaschen
Gründung 2004
Verkaufszeiten nach Vereinbarung

Profil online

○ **2020** Exclusiv Sauvignon Blanc
31,80€ | 13%

trinkreif

● **2018** Exclusiv Blauburgunder Riserva
35,50€ | 14%

PRACKFOL

Aufsteiger

Spiegelweg 9
39050 Völs am Schlern
T +39 349 7899 909
www.prackfolerhof.it

Patrick Planer
Rebfläche 7 ha
Produktion 25.000 Flaschen
Gründung 2013
Verkaufszeiten nach Vereinbarung

Profil online

Der Prackfoler Hof befindet sich in Völser Aicha, inmitten der Bergmassive von Schlern und Rosengarten, eingebettet in die Laubwälder an der Sonnenseite des Tierser Tales. Die oft beschneiten Berggipfel ermöglichen kühle Nächte nach sehr warmen Tagen. Diese Temperaturunterschiede, zusammen mit dem Moränenboden über dem vulkanischen Bozner Quarzporphyr-Sockel, bieten beste Voraussetzungen für den Weinanbau. Seit 2013 füllt Patrick Planer als Weinhof Prackfol ab und sorgt vor allem mit seinem kleinen klar gegliederten Sortiment für Furore.

○ **2019** Sauvignon Blanc
14€ | 14,5%

○ **2020** Sauvignon Blanc
16,90€ | 13,5%

○ **2020** Weißburgunder
16€ | 14%

● **2019** Blauburgunder
25€ | 13,5%

RITTERHOF

Aufsteiger

Weinstraße 1
39052 Kaltern
T +39 0471 963 298
www.ritterhof.it

Hannes Bernard
Produktion 320.000 Flaschen
Gründung 1967
Verkaufszeiten Mo–Fr 8–18 Uhr
Sa 9.30–13.00 Uhr
(August–Oktober bis 17 Uhr)

Profil online

1967 gegründet, kauften Andreas und Günther Roner, Eigentümer der Traminer Brennerei Roner, den Ritterhof und übernahmen auch den Kalterer Kellermeister Hannes Bernard. Heute wird das Weingut von Eva Kaneppele, der vierten Generation der Familie Roner, geführt. Die drei Qualitätslinien der Ritterhof-Weine haben lateinische Namen: „Terra“ ist die Basis, „Collis“ sind ausgewählte Lagen und „Rarus“ die besten Gewächse, die nur abgefüllt werden, wenn der Jahrgang die entsprechende Qualität gewährleistet.

○ **2019** Auratus Gewürztraminer
21€ | 14%
○ **2020** Paratus Sauvignon Blanc
17,80€ | 13,5%
● **2017** Dignus Blauburgunder
26,50€ | 14%
● **2018** Ramus Cabernet Merlot Cuvée
18,30€ | 14%

HANS ROTTENSTEINER

Sarntaler Straße 1a
39100 Bozen
T +39 0471 2820 15
www.rottensteiner.wine

Hannes Rottensteiner
Davide Lucchin
Rebfläche 65 ha
Produktion 450.000 Flaschen
Gründung 1956
Verkaufszeiten Mo–Fr 8–12 Uhr
und 14–18 Uhr
Sa 9–12 Uhr

Profil online

Die Kellerei von Hannes Rottensteiner liegt an der Straße ins Sarntal, also auf der Grenze zwischen den Weinbergen von Gries und St. Magdalena. Auf diesen liegt auch das Hauptaugenmerk des 1956 gegründeten Betriebs. Rot ist das hier vorherrschende Porphyrgestein, auf das auch der Name Rottensteiner zurückgeführt wird. Zehn Hektar umfasst der Besitz, dazu kommen Trauben von 60 Weinbauern der Gegend. Für die Top-Weine werden die Trauben einzelner Weinhöfe vinifiziert, mit „Select“ sind im Barrique gereifte, kraftvoll-strukturierte Rotweine benannt.

○ **2019** Carnol Weißburgunder
15€ | 14%
○ **2019** Passito Cresta Gewürztraminer
33€ | 10,3%
○ **2019** Sauvignon Blanc
13,90€ | 14%
○ **2021** Carnol Weißburgunder
14,10€ | 13,9%
○ **2021** Sauvignon Blanc
13,60€ | 13,8%

● **2017** Select Gries Lagrein Riserva
23,50€ | 13,5%

● **2019** Select Lagrein Riserva
24,40€ | 13,7%

● **2021** Vigna Premstallerhof Cuvée St. Magdalener
13,30€ | 13,3%

● **2021** Vigna Premstallerhof Select Cuvée St. Magdalener
22€ | 13,1%

● **2021** Lagrein
11,90€ | 13,4%

● **2018** Passito Cresta Gewürztraminer
33€ | 10%

SCHRECKBICHL - COLTERENZIO

Aufsteiger

Weinstraße 8
39057 Girlan
T +39 0471 6642 46
www.colterenzio.it

Martin Lemayr
Rebfläche 300 ha
Produktion 1.900.000 Flaschen
Gründung 1960
Verkaufszeiten Mo–Fr 9–12 Uhr und 14.30–18 Uhr
Sa 9–12 Uhr

Profil online

Rebellen waren die 28 Weinbauern aus Schreckbichl bei Girlan, die 1960 ihre eigene Genossenschaft gründeten, um von den Weinhändlern unabhängiger zu sein. Heute bauen 300 Weinbauern Wein auf 300 Hektar an, die Weinberge liegen zwischen 230 und 650 Metern über dem Meeresspiegel. Arbeiten im Einklang mit der Natur ist bei Schreckbichl ein wichtiges Thema und gilt nicht nur für den Weinbau, wo so schonend wie möglich angebaut und ausschließlich von Hand geerntet wird, sondern bezieht auch den Keller unter der umsichtigen Leitung von Martin Lemayr mit ein.

○ **2018** LR Cuvée Riserva
85,90€ | 14%

○ **2018** Lafóa Sauvignon Blanc
24,90€ | 13,9%

○ **2020** Lafóa Chardonnay
24,90€ | 13,5%

○ **2020** Lafóa Sauvignon Blanc
24,50€ | 13,5%

● **2018** Cornelius Cuvée Riserva
27,50€ | 14%

● **2019** Lafóa Blauburgunder Riserva
32,90€ | 13,5%

● **2019** Lafóa Cabernet Sauvignon Riserva
62,50€ | 13,5%

trinkreif

○ **2016** LR Cuvée Riserva
85,90€ | 14,3%

● **2017** Lafóa Cabernet Sauvignon
59,90€ | 13,4%

WALTER SCHULLIAN

Kaltererhöhe 4
39052 Kaltern
T +39 335 5282 111
www.lacus-wine.com

Walter Schullian
Verbände wein.kaltern
Rebfläche 0,3 ha
Produktion 2.000 Flaschen
Gründung 2008
Verkaufszeiten nach Vereinbarung

Profil online

● **2019** Lacus Cuvée
44€ | 14,3%

trinkreif

● **2018** Lacus Selection Cuvée
130€ | 14,4%

WEINGUT SEEPERLE

Aufsteiger

Weinstraße 28
39052 Kaltern
T +39 0471 960158
www.weingut-seeperle.com

Arthur Rainer
Rebfläche 6 ha
Produktion 40.000 Flaschen
Gründung 2013
Verkaufszeiten Mo–So 8–23 Uhr

Profil online

In den drei familieneigenen Weingärten Barleit, Lavardi und Hochleiten wachsen die Rebsorten Gewürztraminer, Sauvignon, Weißburgunder und Vernatsch. 2013 wurde ein Meilenstein gelegt, denn zum ersten Mal konnten Ingrid und Arthur Rainer alle Trauben in ihren Kellerräumen selbst keltern. Das junge Paar setzt vor allem auf zugängliche, fruchtig-duftige Weine, denen sie humorvolle Namen wie Goldkuss, Höhepunkt, Rotlicht und Scheinheilig verpasst haben.

○ **2020** Chaos Chardonnay
17€ | 13,5%

○ **2020** Seitensprung Weißburgunder
25€ | 14%

● **2020** Scheinheilig Vernatsch Classico superiore
11,90€ | 13%

trinkreif

● **2017** Höhepunkt Cabernet Sauvignon Riserva
50€ | 14%

PETER SÖLVA

Goldgasse 33
39052 Kaltern
T +39 0471 9646 50
www.soelva.com

Stephan Peter Sölva
Christian Bellutti
Verbände Konsortium
Rebfläche 18 ha
Produktion 120.000 Flaschen
Gründung 1731
Verkaufszeiten nach Vereinbarung

Profil online

Seit 1731 wird das Weingut vom Vater an den Sohn weitervererbt. Tradition verpflichtet, was mit der Namensgebung der Weinlinien gewürdigt wird. So heißen die Alten Reben „DeSilva" – nach dem ursprünglichen Familiennamen. Die Linie „Amistar" erinnert an die spanische Ahnin Susanna Amistar. Für die nächste Zukunft steht eine große Neuerung im Weingut bevor, da ein umfassender Neubau bald abgeschlossen wird. Stephan Sölva, der heute das Weingut in zehnter Generation leitet, schlägt damit ein weiteres Kapitel in der Familiengeschichte auf.

○ **2018** DeSilva Sauvignon Blanc
17,50€ | 14%
○ **2019** Amistar Bianco Cuvée
26,50€ | 14%
○ **2019** DeSilva Sauvignon Blanc
17,50€ | 14%
● **2017** Amistar Rosso Cuvée
24€ | 14%
● **2019** Amistar Rosso Cuvée
26,50€ | 14%

trinkreif

● **2017** Amistar Edizone Rossa Cuvée
58€ | 14%
● **2018** Amistar Cabernet Franc
48€ | 14%

SPITALERHOF

Leitach 46
39043 Klausen
T +39 0472 8476 12
www.spitalerhof.it

Profil online

Michael Oberpertinger
Rebfläche 1,8 ha
Produktion 12.000 Flaschen
Gründung 2014

○ **2020** Muga Selection Grüner Veltliner
22€ | 13,5%
○ **2020** Sepp alte Rebe Sylvaner
14,50€ | 13%

KELLEREI ST. MICHAEL-EPPAN

Aufsteiger

Umfahrungsstraße 17-19
39057 Eppan
T +39 0471 6644 66
www.stmichael.it

Hans Terzer
Rebfläche 385 ha
Produktion 2.500.000 Flaschen
Gründung 1907
Verkaufszeiten Mo–Fr 9–18 Uhr
Sa 9–13 Uhr (Sommer 9–17 Uhr)

Profil online

1907 als Genossenschaft gegründet, zählt die Kellerei St. Michael-Eppan heute 330 Mitglieder, die 385 Hektar Weinberge bewirtschaften. Berühmt wurde der Kellermeister Hans Terzer mit der ungemein erfolgreichen „Sanct Valentin"-Linie, darüber stehen heute die Topabfüllungen „Wine Collection" und „Appius". Mit dem Jahrgang 2010 hatte die erste „Appius"-Weißwein-Symphonie ihren Auftritt und das weitere Meisterstück von Hans Terzer heißt selbstbewusst „The Wine Collection". Bereits mit dem Premierenjahrgang 2015 gelang mit einer beeindruckenden Sauvignon-Neuinterpretation wieder ein international gehörter Paukenschlag und mit der 2018er Pinot Noir Riserva setzt Terzer den Maßstab in Italien.

○ **2018** Sanct Valentin Chardonnay
23,70€ | 14%

○ **2018** Sanct Valentin Weißburgunder
23,70€ | 14%

○ **2018** The Wine Collection Sauvignon Blanc
105€ | 14%

○ **2019** Sanct Valentin Chardonnay
24,50€ | 14%

○ **2019** Sanct Valentin Sauvignon Blanc
24,40€ | 14%

○ **2019** Sanct Valentin Weißburgunder
24,50€ | 14%

○ **2020** Sanct Valentin Sauvignon Blanc
24,50€ | 14%

● **2018** The Wine Collection Blauburgunder Riserva
120€ | 14,5%

trinkreif

○ **2016** Appius Cuvée
120€ | 14%

○ **2017** Appius Cuvée
125€ | 14%

○ **2017** The Wine Collection Sauvignon Blanc
100€ | 14%

● **2016** The Wine Collection Riserva Blauburgunder
115€ | 14,5%

KELLEREI ST. PAULS

Aufsteiger

Schloss-Warth-Weg 21
39057 Eppan
T +39 0471 1807 700
www.stpauls.wine

Dieter Haas (Obmann)
Wolfgang Tratter
Rebfläche 185 ha
Produktion 1.500.000 Flaschen
Gründung 1907

Profil online

1907 gegründet, heute mit insgesamt 185 Hektar Rebflächen von 300 bis 700 Höhenmeter von 200 Familien, setzt die Kellerei seit Generationen auf Weine mit klarer Identität. Die Hügel aus der Eiszeit enthalten Porphyr, Lehm, Sand, Löss, Moränenschutt und Dolomit-Brocken vom Gantkofel. Die kühlen Fallwinde der Berge sorgen für erhebliche Temperaturschwankungen während der Reifezeit, die die Säure erhalten. 1979 wurde der erste Sekt „Praeclarus" präsentiert. Heute reift die Cuvée aus drei Chardonnay-Toplagen hinter dicken Mauern in einem alten Bunker.

2020 Kalkberg Weißburgunder
23,50€ | 14%

2020 Schliff Sauvignon Blanc
23,50€ | 13%

2017 Passion Lagrein Riserva
22,80€ | 13,5%

2018 Lehmont Blauburgunder Riserva
29,50€ | 13,5%

2019 Lagröll Lagrein Riserva
27€ | 14%

2014 Praeclarus Pas Dosé Chardonnay brut nature
21,90€ | 12,2%

trinkreif

2017 Sanctissimus Weißburgunder Riserva
80€ | 13,5%

2018 Lona Merlot Riserva
53€ | 14,5%

ST. QUIRINUS

Oberplanitzing 4/B
39052 Kaltern
T +39 329 8085 003
www.st-quirinus.it

Robert Sinn
Michael Sinn
Verbände Demeter
Rebfläche 5,5 ha
Produktion 30.000 Flaschen
Gründung 2013
Verkaufszeiten Mo–Sa 8–12 und 14–18 Uhr

Profil online

2020 Quirinus Sauvignon Blanc
14,90€ | 14%

trinkreif

2018 Planties Rot Cuvée
43€ | 14,5%

KELLEREI TERLAN

Aufsteiger

Silberleitenweg 7
39018 Terlan
T +39 0471 2571 35
www.cantina-terlano.com

Profil online

Rudi Kofler
Rebfläche 190 ha
Gründung 1893
Verkaufszeiten Mo–Fr 9–18 Uhr

1893 gegründet, gehören der Kellerei aktuell 143 Mitglieder mit einer Anbaufläche von 190 Hektar an. Beeindruckend an Rudi Koflers Sortiment ist, wie durchgängig der Qualitätsanspruch umgesetzt wird. Bereits der Einstiegs-Sauvignon „Winkl" könnte qualitativ in jeder Top-Kollektion reüssieren. Zu den tatsächlichen Top-Gewächsen der Kellerei zählen der Weißburgunder „Vorberg", der mit Preisen überhäufte Sauvignon „Quarz" sowie die mystische wie langlebige Komposition aus Weißburgunder, Chardonnay und Sauvignon namens „Nova Domus". Die Krone setzt sich Terlan neben den gereiften Raritäten mit Italiens feinster Weißwein-„Grande Cuvée Primo", mit steigendem Chardonnay-Anteil, Jahr für Jahr selbst auf.

○ **2019** Terlaner Cuvée
13,50€ | 13,5%

○ **2019** Terlaner I Grande Cuvée
165€ | 14%

○ **2020** Kreuth Chardonnay
18€ | 13,5%

○ **2020** Quarz Sauvignon Blanc
43€ | 13,5%

○ **2021** Terlaner Cuvée
15€ | 14%

○ **2021** Winkl Sauvignon Blanc
18€ | 14%

● **2018** Monticol Blauburgunder Riserva
22€ | 14%

● **2018** Porphyr Lagrein Riserva
40€ | 14%

● **2019** Monticol Riserva Blauburgunder
24€ | 14%

● **2019** Porphyr Riserva Lagrein
47€ | 14%

trinkreif

○ **2008** Rarity Cuvée Terlaner
100€ | 13,5%

○ **2009** Rarity Weißburgunder
120€ | 14%

○ **2018** Nova Domus Cuvée Riserva
34€ | 14%

○ **2018** Quarz Sauvignon Blanc
36,50€ | 14%

○ **2018** Terlaner Primo Grande Cuvée
155€ | 13,5%

○ **2018** Vorberg Weißburgunder Riserva
24€ | 14%

○ **2019** Kreuth Chardonnay
16,70€ | 14%

○ **2019** Nova Domus Riserva Cuvée
36€ | 14%

○ **2019** Quarz Sauvignon Blanc
37€ | 14%

○ **2019** Vorberg Riserva Weißburgunder
26€ | 14%

● **2018** Gries Lagrein Riserva
19€ | 13,5%

TIEFENBRUNNER

Aufsteiger

Schlossweg 4
39040 Kurtatsch
T +39 0471 880122
www.tiefenbrunner.com

Profil online

Christof Tiefenbrunner
Stephan Rohregger
Gründung 1848
Verkaufszeiten nach Vereinbarung

Christof Tiefenbrunner ist klarer Verfechter der „Vigna"-Philosophie nach burgundischem Vorbild. Der Feldmarschall von Fenner, ein eigenwilliger Weißwein aus über 30 Jahre alten Reben, wächst auf 1.000 Meter Höhe. In die Vigna Rachtl sind die Erfahrungen aus dem Feldmarschall und damit ideale Bedingungen für einen großen Sauvignon eingeflossen. Der enorm komplexe Chardonnay aus der Vigna Au und die tiefgründig noble Cabernet Sauvignon Riserva Toren feierten 2014 Premiere.

○ **2018** Feldmarschall von Fenner Müller-Thurgau
33€ | 13,5%

○ **2019** Rachtl Riserva Sauvignon Blanc
59€ | 14%

○ **2020** Feldmarschall von Fenner Müller-Thurgau
40€ | 13,5%

trinkreif

○ **2017** Rachtl Sauvignon Blanc Riserva
50€ | 13,5%

○ **2017** Vigna Au Chardonnay Riserva
60€ | 13,5%

○ **2018** Vigna Au Riserva Chardonnay
64€ | 13,5%

● **2016** Toren Cabernet Sauvignon Riserva
80€ | 14%

● **2018** Toren Riserva Cabernet Sauvignon
90€ | 14%

KELLEREI TRAMIN

Weinstraße 144
39040 Tramin
T +39 0471 096633
www.CantinaTramin.it

Willi Stürz
Rebfläche 270 ha
Produktion 1.800.000 Flaschen
Gründung 1898
Verkaufszeiten Mo–Fr 9–18 Uhr
Sa 9–17 Uhr

Profil online

1898 wurde die Genossenschaft von Christian Schrott, Pfarrer von Tramin, gegründet. Heute bearbeiten 160 Mitglieder 270 Hektar Reben mit unbestrittener Kernkompetenz beim hier heimischen Gewürztraminer. Kellermeister Willi Stürz ist der Meister der Interpretation dieser uralten, autochthonen Sorte. Schon der Einstieg mit dem „Klassischen" gelingt ihm großartig. Als „Nussbaumer" ist er ein idealer Begleiter von akzentuiert gewürzten Gerichten und als „Epokale" ein ganz eigenes, eher meditatives Mysterium.

○ **2019** Nussbaumer Gewürztraminer
23,90€ | 14,5%

○ **2019** Stoan Cuvée
22,50€ | 13,5%

○ **2019** Unterebner Pinot Grigio
23,20€ | 14%

○ **2020** Nussbaumer Gewürztraminer
24,90€ | 15%

○ **2020** Stoan Cuvée
23,20€ | 13,5%

○ **2020** Unterebner Pinot Grigio
23,20€ | 14%

● **2018** Loam Cuvée Riserva
34,50€ | 14%

● **2018** Maglen Blauburgunder Riserva
28,80€ | 14%

● **2019** Loam Cuvée Riserva
35,20€ | 14%

● **2019** Maglen Blauburgunder Riserva
29,60€ | 14%

● **2021** Hexenbichler Vernatsch
10,60€ | 12,5%

● **2017** Terminum Gewürztraminer
41,70€ | 9,5%

● **2020** Terminum vendemmia tardiva Gewürztraminer
42,30€ | 10%

trinkreif

○ **2013** Epokale Gewürztraminer
95€ | 12,5%
○ **2015** Epokale Spätlese Gewürztraminer
95€ | 12,5%
○ **2017** Troy Chardonnay Riserva
75€ | 14,5%
○ **2018** Troy Chardonnay Riserva
75€ | 14%

ERBHOF UNTERGANZNER

Aufsteiger

Kampillerweg 15
39053 Kardaun
T +39 0471 3655 82
www.mayr-unterganzner.it

Josephus Mayr
Josef & Josephus Mayr
Verbände Tirolensis Ars Vini, Freie Weinbauern Südtirol, Konsortium Südtirol Wein, FIVI
Rebfläche 10 ha
Produktion 70.000 Flaschen
Gründung 1629
Verkaufszeiten Mo–Fr 8.30–12.30 Uhr und 15.30–19 Uhr
Sa 8.30–12.30 Uhr
So, Feiertag geschlossen

Profil online

Seit 1629 werden hier Reben kultiviert, heute durch die Familie von Josephus und Barbara Mayr in mittlerweile 10. Generation als Erbhof. Das Augenmerk ist nicht nur auf den „Lamarein" gerichtet, eine Ikone, die aus angetrockneten Lagrein-Trauben entsteht. Ganz wunderbar ist auch der sogenannte „Basis Lagrein", der eigentlich Riserva-Qualität hat und mit dem die Tradition gepflegt wird, ausschließlich ab Hof einen Hauswein zu verkaufen. Großartig ist auch die Cuvée „Reif", für die die Trauben erst nach Allerheiligen bis Mitte November gelesen werden.

● **2018** Lagrein Riserva
22€ | 13,5%
● **2019** Heilmann St. Magdalener
16,50€ | 13,5%
● **2019** Lagrein Riserva
22€ | 13%
● **2019** Lamarein Lagrein
45€ | 15%
● **2019** Reif Cuvée
34€ | 14%
● Marie Josephine Cuvée
28,50€ | 9,5%

trinkreif

● **2018** Composition Reif Cabernet Sauvignon
34€ | 14,5%

WEINGUT UNTERHOFER

Oberplanitzing 5
39052 Kaltern
T +39 338 7861111
www.weingut-unterhofer.com

Profil online

Rebfläche 4,5 ha
Produktion 28.000 Flaschen
Gründung 2006

○ **2018** Finesse Chardonnay Riserva
23€ | 14,5%

○ **2020** Spalier Weißburgunder
11,50€ | 14%

UNTERMOSERHOF – GEORG RAMOSER

Aufsteiger

Untermagdalena 36
39100 St. Magdalena - Bozen
T +39 0471 9754 81
www.untermoserhof.com

Georg Ramoser
Florian & Georg Ramoser
Florian Ramoser
Verbände Freie Weinbauern Südtirol
Rebfläche 5 ha
Produktion 40.000 Flaschen
Gründung 1640
Verkaufszeiten nach Vereinbarung:
Mo–Fr 8–12 Uhr und 14–18 Uhr
Sa 8–12 Uhr

Profil online

Der Weinhof liegt inmitten der Weinberge von St. Magdalena, wurde 1630 erstmals schriftlich erwähnt und wird derzeit in 4. Generation bewirtschaftet. Das Hauptaugenmerk des Familienweinguts liegt bei den beiden autochthonen Rebsorten Vernatsch (St. Magdalener) und Lagrein. Georg Ramoser lässt seinen Hauptwein, den St. Magdalener, immer länger für mehr Struktur im großen Holzfass reifen. Neben den beiden Hauptsorten werden zudem Chardonnay und Merlot angebaut und gekeltert, die in einem etwas kühleren, von schwerem Lehmboden geprägten Weinberg wachsen.

○ **2018** Moraine Chardonnay
22€ | 14%

○ **2019** Moraine Chardonnay Riserva
23€ | 13,5%

● **2017** Lagrein Riserva
22€ | 13,5%

● **2018** Lagrein Riserva
23€ | 14%

● **2019** Hub Vernatsch St. Magdalener
17€ | 13,5%

● **2020** Vernatsch St. Magdalener
12€ | 13,5%

ELENA WALCH

Aufsteiger

Andreas-Hofer-Straße 1
39040 Tramin
T +39 0471 860172
www.elenawalch.it

Familie Walch
Stefano Bolognani

Profil online

Die beiden Töchter Karoline und Julia konnten kaum bessere Startbedingungen vorfinden, als sie das Weingut 2015 von Mutter Elena übernahmen. Und dennoch, Ideen für Neuerungen und Verbesserungen gibt es weiterhin. Sei es der konsequentere Blick auf Nachhaltigkeit und Bodenpflege oder die Umsetzung neuester Kellertechnik, die Walch-Töchter haben den innovativen Geist der Mutter geerbt und ruhen sich nicht auf dem bereits Erreichten aus und machen mit ihren Weinen vor allem aus Einzellagen weiterhin ordentlich Furore.

○ **2020** Grande Cuvée Beyond the Clouds Cuvée
56€ | 13,5%

○ **2020** Kristallberg Weißburgunder
22€ | 13,5%

○ **2020** Vigna Kastelaz Gewürztraminer
33€ | 14%

● **2017** Ludwig Pinot Nero
34€ | 13,5%

● **2019** Ludwig Blauburgunder
36€ | 13,5%

trinkreif

○ **2018** Beyond the Clouds Grande Cuvée
49€ | 14%

○ **2019** Vigna Castel Ringberg Chardonnay Riserva
41€ | 13,5%

○ **2019** Vigna Kastelaz Gewürztraminer
31€ | 14%

● **2017** Castel Ringberg Lagrein Riserva
35€ | 13,5%

● **2017** Vigna Castel Ringberg Cabernet Sauvignon Riserva
41€ | 14,5%

● **2018** Grande Cuvée Kermesse Cuvée
48€ | 14%

● **2018** Vigna Castel Ringberg Lagrein Riserva
37€ | 13,5%

● **2018** Vigna Kastelaz Merlot Riserva
40€ | 13,5%

WASSERERHOF

Völser Ried 21
39050 Völs am Schlern
T +39 331 6645 870
www.wassererhof.com

Christoph Mock
Rebfläche 9 ha
Produktion 60.000 Flaschen
Verkaufszeiten nach Vereinbarung

Profil online

Franz Mock, Vater der Zwillingsbrüder Andreas und Christoph, erwarb 1996 das Anwesen im Völser Ried. Seine Absicht war es, aus dem Wassererhof wieder einen Weinhof zu machen. Und das ist erfolgreich gelungen. Christoph kümmert sich um die Landwirtschaft und damit auch um den Weinbau, Andreas um die Küche ihres Buschenschanks. Das Weinprogramm besteht aus Vernatsch, Sauvignon, Cabernet und Weißburgunder. Der Sauvignon ist feinnervig, der eher zurückhaltende Weißburgunder präsentiert sich zart. 2017 feierte ein kraftvoll würziger Grauburgunder Premiere.

○ **2019** Sauvignon Blanc
13,20€ | 13,5%

○ **2020** Pinot Grigio
18€ | 12,8%

○ **2020** Sauvignon Blanc
15€ | 13,1%

○ **2020** Weißburgunder
15€ | 12,6%

● **2019** Cuvée Riserva
27€ | 13,9%

● **2020** Cuvée St. Magdalener
12€ | 12,6%

trinkreif

● **2017** Cabernet Sauvignon Riserva
30€ | 14%

JOSEF WEGER

Jesuheimstraße 17
39057 Girlan
T +39 0471 662416
www.wegerhof.it

Johannes Weger
Verbände Konsortium Südtiroler Wein, Die Weingüter Südtirol
Rebfläche 8 ha
Produktion 80.000 Flaschen
Gründung 1820
Verkaufszeiten nach Vereinbarung

Profil online

○ **2020** Nectarius Goldmuskateller
12€ | 12,5%

● **2018** Maso delle Rose Blauburgunder
18€ | 13,5%

PETER ZEMMER

Weinstraße 24
39040 Kurtinig
T +39 0471 817143
www.peterzemmer.com

Peter Zemmer
Alberto Postal
Verbände Konsortium Südtirol Wein
Rebfläche 56 ha
Produktion 400.000 Flaschen
Gründung 1928
Verkaufszeiten Mo–Fr 8–12 Uhr und 13.30–17.30 Uhr

Profil online

Peter Zemmer, der den 1928 gegründeten Betrieb in der 3. Generation führt, verzichtet bei den weißen, das Sortiment prägenden Burgundersorten weitgehend auf den Holzausbau. Eine Ausnahme ist die weiße Cuvée „Cortinie", hier wird ein Drittel im Barrique vergoren. Das rote Pendant „Cortinie Rosso" besteht aus Lagrein, Merlot und Cabernet und wird teils in großem, teils in kleinem Eichenfass gelagert. Das große Lagen-Portfolio reicht, wie bei der Vigna Kofl, bis auf über 1.000 Meter Meereshöhe.

○ **2015** Giatl Pinot Grigio Riserva
22,50€ | 14,5%

○ **2017** Giatl Pinot Grigio Riserva
22,50€ | 14%

○ **2017** Vigna Crivelli Chardonnay Riserva
26,50€ | 14%

○ **2019** Giatl Pinot Grigio Riserva
23€ | 14,5%

○ **2019** Vigna Crivelli Chardonnay Riserva
29€ | 14%

● **2019** Furggl Lagrein Riserva
20€ | 13,5%

● **2019** Vigna Kofl Blauburgunder Riserva
34€ | 13,5%

trinkreif

● **2017** Vigna Kofl Blauburgunder Riserva
30,50€ | 13,5%

VINO THEKEN

Genussvolle Lieblingsorte, unkomplizierte Bars, hippe Locations: wir nennen sie „places to be“.

Neben einer großartigen Weinauswahl gibt es in diesen Vinotheken häufig auch passende Kleinigkeiten zu essen oder sie sind direkt an eine Gastronomie gekoppelt. Wie dem auch sei: Die hier präsentierten Vinotheken bestechen durch eine fulminante Weinauswahl – sowohl in der Breite als auch in der Tiefe. Beratung inklusive. Da die meisten auch zuverlässige Online-Shops bieten, können Sie Ihre Lieblingsweine oder Probepakete von überall aus bestellen. Wir lieben diese schönen Orte, die den Weinen ein so stilvolles wie professionelles Zuhause bieten. Sie sind immer Inspiration, Entdeckung und Freude. Das wünschen wir Ihnen bei der Lektüre dieses Kapitels auch!

AACHEN

Kockerellstraße 13
52062 Aachen
T +49 (0) 241 9006 741
www.dieweinbar.de
Öffnungszeiten
Mo–Do 17–24 Uhr
Fr 17–1 Uhr
Sa 15–1 Uhr

VERTICAL WEINBAR

Die breit aufgestellte Weinkarte der geräumigen Bar in Aachens Zentrum lädt förmlich zum Verweilen ein. Besonders schön geht das im Sommer auf einem der gemütlichen Liegestühle vor dem Haus. Wein und ein paar kleine Leckereien aus der eigenen Bistroküche dazu: Was will man mehr?

BERLIN

Dresdener Straße 124
10999 Berlin
T +49 (0) 163 7068 369
www.ottorink.de
Öffnungszeiten
Di – Do 18–24 Uhr
Fr–Sa 18–2 Uhr

OTTORINK | WEINBAR

Als gelernter Koch und Winzer hat Andre Rink beide Berufe in seiner Kreuzberger Weinbar zusammengeführt. Förmlich sieht man zwischen den Holzstühlen, Schiefertafelwänden und Flaschen noch die Geister einer längst vergangenen Zeit umherwabern – mit reichlich Wein in der Hand.

Mohrenstraße 30
10117 Berlin
T +49 (0) 30 2045 4118
www.planet-weinhandel.de
Öffnungszeiten
Mo–Fr 12–20 Uhr
Sa 12–20 Uhr

PLANET WEIN

Als Teil der Webweinschule hat Anja Schröder eine neue Generation von Weintrinkern begeistert. In ihrer gut sortierten Vinothek am Savignyplatz kann nach Herzenslust gestöbert, verkostet und gefachsimpelt werden.

Tauentzienstraße 21–24
10789 Berlin
T +49 (0) 30 21210
www.kadewe.de
Öffnungszeiten
Mo–Do 12–22 Uhr
Fr–Sa 12–23 Uhr

WEINBAR IM KADEWE

Auch über die Öffnungszeiten der Berliner Kaufhausinstitution hinaus stehen in der Wein- und Champagnerbar die großen Weine dieser Welt zum Genießen parat. Dank per Knopfdruck gesteuerter Dispenser werden rund 40 Weine im offenen Ausschank angeboten.

BOCHUM

Herner Straße 12
44787 Bochum
Öffnungszeiten
Do–Sa 18–2 Uhr

OA WEINBAR

Gestartet als halbe Baustelle mit „Pay what you want"-Kasse hat sich die OA Weinbar schnell zum heißesten Spot für niedrigschwelligen jungen Weingenuss in Bochum entwickelt. Die von Simon Jakob ausgeschenkten Weine sind so durchdacht kuratiert, dass sie auch „alten Hasen" viel Freude bereiten.

BREMEN

Wachmannstraße 47
28209 Bremen
T +49 (0) 421 5178 885
www.ludwigs-weinbar.de
Öffnungszeiten
Di–Sa 18–24 Uhr

LUDWIG'S WEINBAR

Von Bremen nach Paris in wenigen Sekunden – Ludwig's Weinbar ermöglicht es. Die stilvoll in Weiß und Gold eingerichteten Räume verbreiten Chic à la parisienne, gestützt durch die mit Fokus auf deutsche und französische Flaschen glänzende Weinkarte.

DORTMUND

Rosental 11
44135 Dortmund
T +49 (0) 162 4044 587
www.goodwineonly.de
Öffnungszeiten
Di–Do 17.30–22 Uhr
Fr 15–22 Uhr
Sa 12–22 Uhr

GOODWINEONLY

Die Wohlfühlvinothek in Dortmunds Innenstadt bringt Genießer zusammen. Am großen Tisch in der Mitte kommt man bei einem der vielen internationalen Weine schnell mit Gleichgesinnten ins Gespräch. Wer für sich bleiben will, fläzt sich auf einen der gemütlichen Sessel und hört einfach nur zu.

DÜSSELDORF

Carlsplatz Stand A5
40213 Düsseldorf
T +49 (0) 151 1658 7478
www.conceptriesling.com
Öffnungszeiten
Mo 12–21 Uhr
Di–Sa 10–21 Uhr

CONCEPT RIESLING

Das umtriebige Trio vom Carlsplatz hat es in den vergangenen Jahren geschafft, beinahe jeden deutschen Spitzenwinzer für eine ihrer regelmäßigen Weinproben nach Düsseldorf zu holen. In ihrer „begehbaren Weinkarte" findet sich auch abseits von Events immer ein Grund zum Verweilen.

Eiskellerberg 1–3
40213 Düsseldorf
T +49 (0) 211 2005 2686
www.eiskellerbar.de
Öffnungszeiten
Di–Fr 17–24 Uhr
Sa 15–24 Uhr
So 15–22 Uhr

EISKELLER

Nach einem langen Messetag, als Schlummifix nach dem Restaurantbesuch oder einfach so: Der Eiskeller ist Düsseldorfs abendliche Einkehr-Location Nr. 1. Im Sommer lässt es sich gemütlich draußen sitzen, wer es etwas heimeliger mag, genießt seinen Wein in einem der gewölbeartigen Backsteinräume.

DRESDEN

Hoyerswerdaer Str. 26
01099 Dresden
T +49 (0) 351 8996 6747
www.weinzentrale.com
Öffnungszeiten
Mo 17–23 Uhr
Di–Fr 18–23 Uhr

WEINZENTRALE

Über 400 verschiedene Weine kann Sommelier Jens Pietzonka in seiner vielfach ausgezeichneten Weinbar den Gästen anbieten. Mittlerweile hat sich die Weinzentrale zu einem der wohl spannendsten Weinorte Sachsens, wenn nicht gar ganz Deutschlands entwickelt. Das liegt auch an ihrer herausragenden Auswahl offen ausgeschenkter Weine. Auch die Kooperation mit dem VDP bereichert die gemütlich-stylishe Weinbar um ein Unikum: In der „Adler-Ecke" hat jedes der 13 deutschen Weinbaugebiete seine eigene Regalfläche. Da Wein besonders dann gut schmeckt, wenn man weiß, wer ihn macht, gibt es in der Weinzentrale wöchentlich (!) Verkostungen mit Winzern aus den verschiedensten Regionen. Als Restaurant ausgezeichnet im Gault&Millau Restaurantguide 2022 mit einer roten Haube.

ERFURT

Kleine Arche 1
99084 Erfurt
T +49 (0) 361 4303 9105
www.weinatelier-rue.de
Öffnungszeiten
Di–Sa 19–3 Uhr
So 19–22.30 Uhr

WEINBAR – ATELIER RUE

In der hellen Weinbar mit ihrem Kontrastspiel aus industriellem und antik wirkendem Dekor kann zu einer vinophilen Weltreise aufgebrochen werden. Nahezu aus jeder Ecke der Erde hat Rüdiger Fliedner Flaschen zusammengetragen. Regelmäßige Kunstkurse ergänzen das Angebot und geben der Bar ihren Namen.

ESSEN

Emmastraße 2
45130 Essen
T +49 (9) 201 7492 7278
www.emma2.de
Öffnungszeiten
Mi–Fr 16.30–23 Uhr
Sa 11.30–16 und 19–23 Uhr

EMMA2

Mitten auf der Rü, Essens führender Ausgehmeile, liegt Rainer Podzucks schnuckelige Weinbar, die ihre Gäste neben tollen Weinen auch mit hervorragenden Feinkostprodukten versorgt. Im Sommer können die Weine – vom leichten Einsteiger bis zum Großen Gewächs – im hübschen Innenhof genossen werden.

FRANKFURT AM MAIN

Louis-Appia-Passage 12
60314 Frankfurt am Main
T +49 (0) 69 1752 6232
www.eastgrape.de
Öffnungszeiten
Di–Sa 17–00 Uhr

EAST GRAPE

„Echt – Ehrlich – Entschleunigt." Welche Schlagworte könnten eine ideale Weinbar besser beschreiben? Ralf Müller-Arnold versteht sein Werk als umtriebiger Gastgeber, der seine Winzer lieber Künstler nennt und eine ansehnliche „Ausstellung" ihrer Werke für seine Gäste kuratiert hat.

Rotlintstraße 58
60316 Frankfurt am Main
T +49 (0) 69 8090 3922
www.fleurieweinbar.com
Öffnungszeiten
Do–Sa 17–24 Uhr
Mo und So 17–22 Uhr

FLEURIE

In urgemütlicher Wohnzimmeratmosphäre kann sich hier voll und ganz dem Naturwein gewidmet werden. Ohne aus dem Thema ein zu großes Politikum zu machen, hat das junge Team neben Altbekanntem immer auch einige spannende Neuentdeckungen in petto, gern durch kleine kulinarische Köstlichkeiten begleitet.

FREIBURG IM BREISGAU

Fischerau 28
79098 Freiburg im Breisgau
T +49 (0) 761 5146 4680
www.trotte-weinbar.de
Öffnungszeiten
Di–Sa 17–24 Uhr

TROTTE WEINBAR

Die Brüder Friedrich und Vincent Keller haben gemeinsam mit Philipp Barho einen ungezwungenen Genussort in Freiburg geschaffen. Die badischen Positionen auf der Weinkarte sind eindrucksvoll und mit Bedacht zusammengestellt, aber auch der Blick ins nahgelegene Frankreich gelingt dem Trio mit Bravour. Als Restaurant ausgezeichnet im Gault &Millau Restaurantguide 2022 mit einer schwarzen Haube.

HAMBURG

W DIE WEINBAR

Dorotheenstraße 180
22299 Hamburg
T + 49 (0) 40 8797 3368
www.w-die-weinbar.de
Öffnungszeiten
Mo–Di 18–22 Uhr
Fr–Sa 18–23 Uhr

„Man trifft sich hier" – das Motto von Svita Latkina und Wladimir Jaschin ist simpel und sagt alles. Einen Treffpunkt haben sie geschaffen, hier in Winterhude, für einen gemütlichen Klönschnack, neue Begegnungen und vor allem die eine oder andere spannende Flasche Wein. Das Sortiment fasst über 850 Weine aus 19 Ländern, von denen mehr als 100 Weine glasweise ausgeschenkt werden. Die zum gemütlichen Glas mit Freunden gereichten Kleinigkeiten und Speisen sind von hervorragender Qualität und sehr bewusst zusammengestellt. Eine Auswahl an Charcuterie, handverlesenen Rohmilchkäsen und Pain grillé begleitet die Weine ebenso gut wie die spannenden Gerichte aus Fisch und Meeresfrüchten.

WEINLADEN ST. PAULI

Paul-Roosen-Straße 29
22767 Hamburg
T +49 (40) 22859 407
www.weinladen.de
Öffnungszeiten
Di–Fr 14–22 Uhr
Sa 12–22 Uhr

Wem eher nach flüssigen denn nach körperlichen Freuden ist, der wandere die Große Freiheit ganz hinunter und biege links ab. Im dynamischen Weinladen gibt es neben Kiez-Feeling mit Stil vor allem Naturweine aus der ganzen Welt – vom Refresher bis zum komplexen Abendfüller ist alles dabei.

HANNOVER

Theaterstraße 1
30159 Hannover
T +49 (0) 511 8988 4405
www.vince-hannover.de
Öffnungszeiten Di–Fr
17–1 Uhr
Sa 12–1 Uhr

VINCE WEINBAR

Der gigantische gläserne Weinschrank mit seinen mehr als eintausend Flaschen darin ist ein echter Hingucker. Am laufenden Band ziehen Weine die Aufmerksamkeit auf sich und möchten sogleich probiert werden. Ein Go-to auch für alle Musiktheaterfans, die Staatsoper liegt direkt gegenüber.

HEIDELBERG

Da-Vinci-Straße 18
69115 Heidelberg
T +49 (0) 173 9649 095
www.cenneto-heidelberg.de
Öffnungszeiten
So–Do 12–22 Uhr
Fr–Sa 12–23 Uhr

CENNETO

Unter dem Motto „Wein muss nicht kompliziert sein" gibt es hier auch große Weine niedrigschwellig zum Entdecken und direkt vor Ort Genießen. Ob auf der Terrasse, an einem der schicken Bartische oder in der funkelnagelneuen Location im Pfaffengrund – bei Koray Erdogmus ist man in den besten Händen.

IPHOFEN

Kirchplatz 7
97346 Iphofen
T +49 (0) 9323 8703 17
www.vinothekiphofen.de
Öffnungszeiten
Do–So 12.30–20.30 Uhr
Mo 10–14 Uhr
und nach Vereinbarung

VINOTHEK IPHOFEN

Einen Querschnitt durch den Weinbau in Iphofen können die Gäste in der gleichnamigen Vinothek erleben. Mit über 50 Weinen von insgesamt 18 Weingütern kann man hier einmal durch die ganze Region probieren. Wie die Winzer so vereint auch das Gebäude selbst Traditionelles mit neuen Einflüssen. Schon von außen bilden die rote Fassade des einladenden Hauses und der moderne Anbau aus Glas und Stahl eine kontrastierende, aber stimmige Einheit. Das Konzept setzt sich mit Steinwänden und Fachwerkbalken in Kombination mit zeitgemäßer Einrichtung fort. Ein kleiner Feinkostladen und der umtriebige Betrieb einer eigenen Kunstgalerie komplettieren das Gesamterlebnis an diesem besonderen Weinort.

KÖLN

Spichernstraße 10
50672 Köln
T +49 (0) 221 1681 8408
www.restaurant-acht.de
Öffnungszeiten
Mo–Sa 18–24 Uhr

ACHT

Abblätternder Putz und sichtbare Klinkersteine treffen auf stilvolle Holzmöbel und blütenweiße Servietten: Im trendigen Acht im Belgischen Viertel weiß man mit Kontrasten zu spielen. Das Hybrid aus Restaurant und Weinbar überzeugt durch unprätentiösen Stil und eine dynamische Weinkarte.

Friesenwall 58
50672 Köln
T +49 177 7108 078
www.bar-rix.de
Öffnungszeiten
Mi–Do 17–23 Uhr
Fr–Sa 17–1 Uhr

BAR RIX

Valentine Mühlberger ist die gute Seele der französischen Charme versprühenden Weinbar im Apostel-Viertel. Durch ihre herzliche Art, die hervorragende Weinkollektion und regelmäßige hochspannende Verkostungsevents hat sich die Bar Rix zu einem der bemerkenswertesten Kölner Weinspots entwickelt.

KÖNIGSWINTER

Heisterbacher Straße 149
53639 Königswinter
T +49 (0) 2223 3010
www.bungertshof.de
Öffnungszeiten
Mi–Fr 16–22 Uhr
Sa, So, Feiertag 16–22 Uhr

BUNGERTSHOF UND WEINSTUBE

Beim ersten Blick in den rustikalen Fachwerkbau mit seinen zünftigen Holzmöbeln würden wohl nur die wenigsten eine fast 80 Seiten starke Weinkarte erwarten. Und die hat es in sich! Große Weine aus ganz Deutschland mit einer Jahrgangstiefe, von der selbst manche Haubenrestaurants nur träumen können.

LEIPZIG

Dittrichring 18–20
04109 Leipzig
T +49 (0) 341 4428 5991
www.weinkostbar.com
Öffnungszeiten
Di–Do 15–24 Uhr
Fr–So 8–24 Uhr

WEIN.KOST.BAR

Wer genau hinsieht, erkennt schon am Namen, worum es Thomas Köhler und René Weißenborn geht. Es gibt nämlich nicht nur Wein in ihrem angesagten Lokal – Feinkost sowie ein ambitionierter Restaurant- und Barbetrieb runden das Gesamtkonzept ab. Hier greift alles stimmig ineinander.

MAINZ

Gartenfelstraße 9
55118 Mainz
T +49 (0) 6131 2168 660
www.laurenz-mainz.de
Öffnungszeiten
Di–Sa 17–1 Uhr

LAURENZ WEINBAR UND RESTAURANT

Das nur fünf Gehminuten vom Mainzer Hauptbahnhof entfernte pittoreske Klinkergebäude beherbergt einen der hiesigen Hot-Spots für hochklassigen, aber legeren Weingenuss. Hier kann auf einfachen Metallstühlen auch den größten Weinen deutscher und französischer Spitzenwinzer gefrönt werden.

MÜNCHEN

Ledererstraße 8
80331 München
T +49 (0) 89 2422 49504
www.grapes-weinbar.de
Öffnungszeiten
So–Do 18.30–24 Uhr
Fr–Sa 18.30–1 Uhr

GRAPES WEINBAR

Hat man es sich auf den gemütlichen Sesseln im modern-schicken Interieur bequem gemacht, bringt einen nichts mehr aus der Ruhe. Mit dem genauen Lesen der Weinkarte können schon Stunden verbracht werden. Wer darin dann noch eine der spannenden Raritäten entdeckt, möchte eigentlich nie wieder gehen. Als Restaurant ausgezeichnet im Gault&Millau Restaurantguide 2022 mit einer roten Haube.

Westermühlstraße 39
80469 München
T +49 (0) 89 4613 9006
www.kuenstlers-weinbar.de
Öffnungszeiten
Di–Sa 15–22 Uhr

KÜNSTLER'S WEINBAR

Michael und Alexandra Künstlers kleine Bar im Glockenbachviertel ist bereits zum zweiten Wohnzimmer vieler Münchner geworden. Zu zuvorkommend sind die Gastgeber, zu gut die Auswahl an Wein und kleinen Köstlichkeiten. Selbst gereifte Tropfen aus Großflaschen gibt es hier im offenen Ausschank.

Schützenstraße 11
80335 München
T +49 (0) 89 5513 77140
www.excelsior-hotel.de/vinothek
Öffnungszeiten
Mo–Sa 12–23 Uhr

VINOTHEK BY GEISEL

Die Vinothek by Geisel ist eine aus München nicht wegzudenkende, sehr charmante Weinbar. Hier erlebt man die Begeisterung für gutes Essen und ausgezeichnete Weinen. Zahllose offene Weine und Flaschenweine aus aller Welt bilden eine Auswahl, die in München ihresgleichen sucht. Als Restaurant ausgezeichnet im Gault &Millau Restaurantguide 2022 mit einer roten Haube.

Kaflerstraße 15
81241 München
T +49 (0) 89 8292 120
www.volkhardts.de
Öffnungszeiten
Di–Fr 11–13 Uhr
und 14–19 Uhr
Sa 9–14 Uhr

VOLKHARDTS WEIN UND BISTRO

Volkhardts Vinothek ist eine Institution in München. Hier finden Weinliebhaber über 700 Weine, Schaumweine, Destillate sowie weinhaltige und alkoholfreie Getränke im Sortiment. Dazu findet man kulinarische Begleiter und Accessoires.

Rumfordstraße 6
80469 München
T +49 (0) 89 8776 9460
www.walterundbenjamin.de
Öffnungszeiten
Mo–Fr 11–20 Uhr
Sa 10–19 Uhr

WALTER & BENJAMIN

Im Herzen von München liegt die Vinothek Walter & Benjamin. Ihren Fokus legt die Weinhandlung dabei vor allem auf Weine aus handwerklichen Betrieben, die organisch oder biodynamisch produzieren.

MÜNSTER

Voßgasse 4
48143 Münster
www.smellslikewinespirit.de
Öffnungszeiten
Mi–Fr 12–15 Uhr

SMELLS LIKE

Am Rande von Münsters Innenstadt liegt Erkan Ulars leger-stilvolle Weinbar. Ein Treffpunkt für Vinophile aus der ganzen Region – und darüber hinaus. Mit der eigenen Smells-like-App werden Stammgäste über Veranstaltungen und Neuigkeiten auf dem Laufenden gehalten.

NORDHEIM A. MAIN

Langgasse 33
97334 Nordheim am Main
T +49 (0) 9381 80990
www.divino-wein.de
Öffnungszeiten
Mo–Sa 10–18 Uhr
So und Feiertag 10–18 Uhr

DIVINO NORDHEIM

Selten war das Wort „Vinothek" gleichzeitig so zutreffend und doch so untertrieben wie im Bezug auf die Niederlassung der Divino-Winzergenossenschaft in Nordheim. „Weinerlebniswelt" würde es wahrscheinlich eher treffen. Beinahe schon wie in einem modernen, interaktiven Museum können sich die Besucherinnen und Besucher hier mit dem Frankenwein in all seinen Facetten auseinandersetzen. Sei es an der Aromabar, an der die unterschiedlichen Duft- und Geschmacksfacetten eines Weines für sich stehend erfahrbar gemacht werden, auf der mit Kunst und Literatur zum Frankenwein ausgestatteten Galerie oder an einer der reichhaltig ausgestatteten Verkostungstheken – hier wird Wein als Kulturgut zelebriert.

NÜRNBERG

Gostenhofer Hauptstraße 73
90443 Nürnberg
T +49 (0) 176 6245 7300
www.achtzehn97.de
Öffnungszeiten
Di–Do 12–23 Uhr
Fr 12–24 Uhr
Sa 14–24 Uhr
So 13–18 Uhr

ACHTZEHN97

Ganz so alt, wie ihr Name suggeriert, ist die heimelige Bar in Nürnbergs Weststadt dann doch nicht. Allerdings hat sich im September jenes Jahres Kaiser Wilhelm persönlich in das Goldene Buch der Stadt Nürnberg eingetragen. Hendrik Biehl wird es im Hinterkopf gehabt haben, als er 2016 eine einstige Shisha-Bar mit viel Auge fürs Detail zu einer von Nürnbergs gefragtesten Weinbars umgestaltete – und eben auch benannte. Betrachtet man den herzlich-legeren Service, mag man beinahe daran zweifeln, dass er nicht doch schon seit über einem Jahrhundert eingespielt ist. Zu den liebevoll zusammengestellten Weinen werden kleine Gerichte gereicht. Ein wöchentlich wechselnder Aktionswein hilft dabei, immer wieder Neues zu entdecken.

STUTTGART

Brennerstraße 23
70182 Stuttgart
T +49 (0) 711 2484 330
www.highfidelity.bar
Öffnungszeiten
Di–Do 18–24 Uhr
Fr–Sa 18–1 Uhr

HIGH FIDELITY

Mit dem passenden Wein im Glas aus besten Boxen Jazzplatten hören – was gibt es Schöneres? In der japanisch inspirierten HiFi-Weinbar in Stuttgart gehört das zum Tagesgeschäft. Gemeinsam mit an die peruanische Küche angelehnten Sandwich-Kompositionen kann hier schnell die Zeit vergessen werden.

Rosenstraße 32
70182 Stuttgart
T +49 (0) 711 2401 63
www.weinhaus-stetter.de
Öffnungszeiten
Mo–Fr 14–22 Uhr
Sa 11–15 und 17.30–22 Uhr

WEINHAUS STETTER

Das traditionsreiche Weinhaus vor den Toren von Stuttgarts Zentrum ist mit seiner 120-jährigen Geschichte die älteste noch bestehende Weinhandlung der Stadt. Ohne altbacken zu wirken, wird hier altbewährte schwäbische Gastlichkeit zelebriert und in Form zahlreicher Klassiker der hiesigen Küche auch kulinarisch erfahrbar gemacht. Bei allem steht natürlich der Genuss der lokalen württembergischen Weine im Vordergrund. Doch die umfangreiche Weinkarte mit über 500 Positionen bildet beinahe alle deutschen Anbaugebiete ab und auch über die Staatsgrenzen hinaus findet sich das eine oder andere Schätzchen. Wer es sich hier ganz sorglos bequem machen möchte, kann im zugehörigen Hotel übernachten.

Breite Straße 4
70173 Stuttgart
T + 49 (0) 711 2165 7507
www.weingutstuttgart.de
Öffnungszeiten
Di–Mi 10–17 Uhr
Do–Fr 10–18 Uhr
Sa 12–16 Uhr

WEINGUT DER STADT STUTTGART – VINOTHEK STADTMITTE

Hier werden die Weine der Landeshauptstadt Öffnungszeitent, denn die Stadt Stuttgart hat ein eigenes Weingut, 16 Hektar groß. Dort wachsen Chardonnay, Gelber Muskateller, Cabernet Blanc, Lemberger, Spätburgunder und Trollinger neben Syrah, Merlot oder Cabernet Sauvignon. In der dazugehörigen Bar Schattenbruder können sie auch probiert werden.

TRIER

Brückenstraße 7
54290 Trier
T +49 (0) 651 1704 924
www.weinhaus-trier.de
Öffnungszeiten
Mo–Sa 10–22 Uhr

DAS WEINHAUS TRIER

Triers historische Aura ist auch in Otti Büschings Vinothek deutlich zu spüren. Der von großen Holzregalen voller Flaschen namhafter (Mosel-)Winzer eingerahmte Gastraum strahlt klassische Eleganz aus. Der Service dabei ist alles andere als altbacken, Gastlichkeit steht hier an erster Stelle.

WEINSTADT

Hauptstraße 91
71384 Weinstadt
T +49 (0) 7151 9812 784
www.dietraube.com
Öffnungszeiten
Mi–Do 15–18 Uhr
Fr 10–13 und 15–18 Uhr
Sa 10–16 Uhr

DIE TRAUBE

Schwegler, Aldinger, Ellwanger, Beurer, Frick oder Escher: Die Weine von Weingütern aus der direkten Nachbarschaft können in der Traube unkompliziert verkostet werden. Die modern eingerichtete Vinothek bietet Weine von Traditionswinzern aus der Region, aber auch von innovativen Jungwinzern an.

WERTHEIM

Bronnbach 9
97877 Wertheim
T +49 (0) 9342 935 2020 20
www.kloster-bronnbach.de
Öffnungszeiten
Wintersaison
Mo–Fr 11–16 Uhr
Sommersaison
Mo–Sa 10–17.30 Uhr
So und Feiertag 11–17.30 Uhr

VINOTHEK TAUBERTAL IM KLOSTER BRONNBACH

Hier kann man Wein an historischer Stätte verkosten, denn das Zisterzienserkloster Bronnbach wurde bereits im 12. Jahrhundert gegründet. Und damals gehört es zum Klosterleben dazu, dass Wein angebaut wurde. Heute präsentieren 20 Winzer aus Baden, Württemberg und Franken ihre Weine in der Vinothek Taubertal unter einem Dach – im ehemaligen Cellarium.

INDEX

WEINGÜTER

A

B

C

D

IMPRESSUM

Geschäftsführung & Herausgeber:in Dr. Hannah Fink-Eder (v.i.S.d.P.), Hans Fink
Executive Editor, Leitung des Expertenrats und Verkosterteams Otto Geisel
Chefin vom Dienst Kerstin Böhning

Anzeigenvermarktung BuzzON GmbH

Vertrieb Edition Michael Fischer GmbH, Donnersbergstr. 7, 86859 Igling, www.emf-verlag.de

Redaktion Kerstin Böhning, Anke Kronemeyer

Autor:innen Eva Adler, Ella Authier, Thomas Ehlke, Gisela Kirschstein, Otto Kühnle, Nina Mann, Tanja Marschal, Nick Pulina, Stefanie Widmann, Gerold Zink

Fotoredaktion Kerstin Böhning
Fotocredits
Soweit nicht anders angegeben, wurden uns alle Fotos zu den abgebildeten Personen, Weingütern oder Restaurants mit freundlicher Genehmigung zur Verfügung gestellt.
Cover: Deutsches Weininstitut (Weinanbaugebiete Klappe vorne und Karten deutsche Weinregionen), Südtirolwein Vini Alto Adige (Klappe hinten D.O.C Weinbaugebiete)
Ammy Berent, Badischer Wein GmbH, Lukas Breusch Photography, Pieter D'Hoop, Deutsches Weininstitut – DWI, Franken – Silvaner Heimat seit 1659, Dominik Ketz, Oliver Killig, Helge Kirchberger, Gisela Kirschstein, die Lichtmalerin/Fotoatelier Daniela Möller, Ludwig Maier, Alex Moling, Jean-Bernard Nadeau, Benjamin Pfitscher, Weinland Nahe e.V., Katharina Rösch, Annette Sandner, Helmuth Scham BFF, Michael Stephan, TMBW_Mende, Henry Tornow/Romantischer Rhein Tourismus GmbH, Chris Weiß, Jonas Werner-Hohensee, Zwiesel Kristallglas AG

Layout und Satz Print Company Verlagsgesellschaft m.b.H., Gumpendorfer Str. 41/6, A-1060 Wien
Covergestaltung und Design Conni Hahn/Art Direction & Design
Lithografie Blaupapier GmbH, Türkenstraße 15/1a, 1090 Wien
Lektorat Print Company Verlagsgesellschaft m.b.H., Gumpendorfer Str. 41/6, A-1060 Wien

Verkostungslogistik Kerstin Böhning, Sandra Mair, Michael Sauer

Datenmanagement Sebastian Schäfer, Sandra Mair

Weitere Mitarbeit Charlotte Metzger, Lisa-Marie Renn

Printed in Germany by Parzeller print & media GmbH
Verlagsanschrift HENRIS Edition, Elsenheimerstr. 28, 80687 München, www.henris-edition.com

Hinweise und Anregungen gerne an: office.de@gaultmillau-media.com

30. Jahrgang

ISBN 978-3-7459-1618-8

Die Genusswelt der Restaurants und Weine finden Sie auch auf Facebook www.facebook.com/gaultmillaudeutschland und Instagram www.instagram.com/gaultmillau_deutschland

Jetzt zu unserem Newsletter anmelden und immer auf dem Laufenden bleiben **www.gaultmillau.de**